Inge Baumeister, Christian Immler

# Microsoft PowerPoint

## 2024, 2021 + Microsoft 365

Verlag:
BILDNER Verlag GmbH
Bahnhofstraße 8
94032 Passau

http://www.bildner-verlag.de
info@bildner-verlag.de

ISBN: 978-3-8328-0735-1
Bestellnummer: 100752

Autoren: Inge Baumeister, Christian Immler
Lektorat: Anja Schmid
Herausgeber: Christian Bildner

Druck: CPI Clausen & Bosse GmbH, Birkstr. 10, 25917 Leck

Bildquellen:
Cover: © Andrey Popov - stock.adobe.com

# Vorwort

Heute kommt fast kein Vortrag mehr ohne PowerPoint-Präsentation aus. Zahlreiche Designs und Vorlagen machen es auch Einsteigern leicht, mit wenigen Klicks eine effektvolle Bildschirmpräsentation zu zaubern. Manchmal leider auch mit dem Nachteil eines hohen Wiedererkennungseffekts im Publikum, da viele Vorlagen mittlerweile weit verbreitet sind. Investieren Sie also etwas mehr Zeit, stellen Sie Ihre eigenen Farben und Schriften zusammen oder orientieren Sie sich am Corporate Design Ihrer Firma und erstellen Sie individuelle Präsentationen. Diese können Sie auch als Vorlage speichern und mehrfach verwenden. Wenn Sie sich mit dem Folienmaster in Kapitel 5 näher befassen, werden Sie feststellen, der Aufwand ist geringer als gedacht.

Gleich zu Beginn finden Sie im ersten Kapitel Tipps und Hinweise für professionelle Bildschirmpräsentationen, von der Planung bis zur Farbauswahl und Layoutgestaltung. Die weiteren Kapitel beschreiben ausführlich und mit zahlreichen Bildern anhand von praxisnahen Beispielen die umfangreichen Gestaltungsmöglichkeiten von PowerPoint. Erfahren Sie außerdem, wie Sie mit Hilfe von Zoom den Präsentationsablauf flexibel halten, Ihre Bildschirmpräsentation als Video aufzeichnen und speichern oder während des Vortrags geschickt die Referentenansicht nutzen.

In Kapitel 10 zeigen wir, was der KI-Assistent Copilot für Sie erledigen kann. Bisher bietet er ansprechende Layoutalternativen für die Titelfolie und kann bei der Formulierung und Zusammenfassung von Texten behilflich sein. Bei der Erstellung einer vollständigen Präsentation gerät er momentan noch an seine Grenzen. Die gelieferten Inhalte sind zum Teil recht beliebig bis hin zu falsch. Copilot steht nur in Microsoft 365 zur Verfügung nicht in PowerPoint 2024/2021.

Da sich einige Fachbegriffe trotz aller Bemühungen nicht ganz vermeiden lassen, können Sie diese im Glossar im Anhang nachschlagen. Ebenfalls im Anhang findet sich eine Zusammenstellung wichtiger und nützlicher Tastenkombinationen.

Das Buch erfordert keinerlei Vorkenntnisse und vermittelt in Kapitel zwei und drei allen Einsteigern in Sachen PowerPoint das nötige Grundlagenwissen. Für Anwender mit Vorkenntnissen und Gelegenheitsnutzer eignet sich dieses Buch als umfassendes Nachschlagewerk.

**Schreibweise**: Befehle, Bezeichnungen von Schaltflächen, Symbolen und Beschriftungen von Dialogfenstern sind zur besseren Unterscheidung kursiv und farbig hervorgehoben, zum Beispiel Register *Start*, Symbol *Kopieren*.

**Microsoft 365 und Office 2024/2021**

Die Inhalte und fast alle Abbildungen in diesem Buch beziehen sich auf Microsoft 365. Diese Aboversion wird laufend aktualisiert und unterscheidet sich in Funktionsumfang und Aussehen geringfügig von PowerPoint 2024 und der Vorgängerversion 2021.

**Download der Beispiele**

Die im Buch verwendeten Beispiele erhalten Sie auf unserer Homepage kostenlos zum Download. Rufen Sie dazu die folgende Seite auf:

**www.bildnerverlag.com/00752**

Viel Spaß und Erfolg mit diesem Buch wünschen Ihnen
BILDNER Verlag und die Autorin Inge Baumeister

## Herzlichen Dank für den Kauf dieses Buchs!

Als kleines Dankeschön für Ihre Bestellung erhalten Sie **gratis** das E-Book:
**55 Tipps für Windows 11**.

Scannen Sie einfach den QR-Code mit Ihrer Smartphonekamera oder geben Sie in Ihren Browser diese Adresse ein:

**https://sdn.bildner-verlag.de/1wLvH0ft4**

# Inhalt

# 1 Tipps für professionelle Präsentationen

**In diesem Kapitel erfahren Sie ...**

- Was Sie bei der Planung berücksichtigen sollten
- Farben und Hintergründe gezielt einsetzen
- Tipps zur Text- und Layoutgestaltung
- Darstellung von Zahlen
- Der richtige Umgang mit Animationseffekten und Folienübergängen

Dieses Buch macht Sie in den folgenden Kapiteln mit allen Techniken für die Erstellung von PowerPoint-Präsentationen vertraut. Eine Vielzahl von Farb- und Animationseffekten verleitet natürlich dazu, alles auszuprobieren. Aber gerade wenn eine Präsentation professionell wirken soll, dann gilt die Devise: Weniger ist meist mehr. Im privaten Rahmen darf es dagegen ruhig auch mal schräg, bunt und laut sein. Dieses Kapitel gibt Ihnen vorab einige Tipps und Hinweise, wie Sie PowerPoint zur optimalen Gestaltung Ihrer Präsentation einsetzen und worauf Sie sonst noch achten sollten.

**Die allerwichtigste Regel lautet:**

Eine Bildschirmpräsentation soll Inhalte anschaulich vermitteln und Ihren Vortrag unterstützen. Sie dient keinesfalls dazu, alle Möglichkeiten und Effekte von PowerPoint zu demonstrieren!

## 1.1 Bevor Sie beginnen...

### Denken Sie an Ihre eigenen Erfahrungen als Zuhörer

Sind Sie schon einmal eingeschlafen, während Ihnen mit PowerPoint langweilige Texte und endlose Zahlen präsentiert wurden? Haben Sie manchmal mit Grauen an die bevorstehenden 30 oder 45 Minuten gedacht, wenn Ihnen auf den ersten fünf Folien zwar ausführlich Belangloses präsentiert, aber noch mit keinem einzigen Wort auf das eigentliche Thema des Vortrags eingegangen wurde? Oder haben Sie sich bei jeder neuen Folie manchmal gefragt, ob das noch dieselbe Präsentation bzw. dasselbe Thema ist, wenn Folien in unterschiedlichen Farben und mit unterschiedlichsten Hintergründen aufeinander folgen? Oder noch schlimmer, haben Sie schon einmal gebannt auf blinkende Logos und sich drehende Bilder gestarrt, bis Ihnen schwindlig wurde und dadurch die eigentlichen Inhalte kaum wahrgenommen? Vielleicht wurden Sie auch mit unzähligen Folien in schneller Folge regelrecht erschlagen.

Versetzen Sie sich daher bei der Planung einer Präsentation immer auch in die Rolle Ihrer Zuhörer/Zuschauer und denken Sie an Ihre eigenen Erfahrungen bei PowerPoint-Präsentationen. Dann kennen Sie eigentlich auch schon die häufigsten Fehler in PowerPoint-Präsentationen und sollten aus eigener leidvoller Erfahrung wissen, was Sie besser vermeiden.

### Die häufigsten Fehler in PowerPoint-Präsentationen

- Zu viele Folien
- Mit unwichtigen Details überfrachtete Folien
- Zu wenig Zeit für die Betrachtung einzelner Folien
- Schrift zu klein und/oder schwer lesbar
- Zu viele verwirrende Farben

- Keine Bilder
- Langweilige Zahlen
- Lange umständliche Texte
- Peinliche Soundeffekte, z. B. Klatschen oder Fanfaren
- Nervige Animationen

## Planen Sie Ihre Präsentation

Es gibt viele Gründe und Anlässe, eine PowerPoint-Präsentation zu erstellen und davon hängt auch die weitere Gestaltung ab. Während eine Bildschirmpräsentation mit zahlreichen Animations- und Soundeffekten im Familien- oder Freundeskreis, z. B. anlässlich eines Geburtstags durchaus für Heiterkeit sorgen kann, sollten Animationen und Sound bei geschäftlichen bzw. offiziellen Präsentationen nicht oder nur mit Vorsicht eingesetzt werden. Eine Ausnahme sind automatisch ablaufende Bildschirmpräsentationen ohne Redner, hier müssen sorgfältig eingesetzte Animationen für die nötige Abwechslung sorgen.

Neben dem eigentlichen Thema sollten Sie folgende Punkte bei der Planung Ihrer Präsentation berücksichtigen:

- An welche Zielgruppe richtet sich die Präsentation, handelt es sich um ein Fachpublikum oder Laien?
- Was ist das Ziel der Präsentation?
- Wie viel Zeit steht zur Verfügung? Zu viele Folien überfordern den Zuschauer, planen Sie daher mindestens 2 Minuten pro Folie ein, in besonderen Fällen auch 5 Minuten. Für einen 30-minütigen Vortrag benötigen Sie also etwa 10 bis 12 Folien.
- Welche technischen Voraussetzungen sind vorhanden bzw. erforderlich? In der Regel benötigen Sie neben einem Laptop entweder einen zweiten, ausreichend großen Bildschirm oder Beamer und Leinwand, bei einem größeren Teilnehmerkreis auch noch ein Mikrofon.
- Welche Bilder und sonstigen Multimedia-Elemente, z. B. Video, möchten Sie einbeziehen? Wählen Sie Ihre Bilder sorgfältig aus und beachten Sie das Urheberrecht.
- Benötigen Sie eine Druckversion Ihrer Präsentation, z. B. in Form von Handzetteln? Wenn ja, welchen Umfang sollte der Ausdruck haben?
- Überlegen Sie sich einen wirkungsvollen Einstieg.

Erstellen Sie dann im ersten Schritt eine Grobgliederung, z. B. in der Gliederungsansicht von PowerPoint. Auch mit Microsoft Word lässt sich eine Gliederung schnell erstellen und anschließend mit dem Befehl *Datei* ▶ *Öffnen* und der Anzeige *Alle Dateien* in eine PowerPoint-Präsentation importieren.

# 1.2 Farben, Hintergründe und Schrift

## Verwenden Sie, wenn möglich, keine der Microsoft-Vorlagen

Mit den Vorlagen und Designs von Microsoft lässt sich zwar schnell und mit wenig Aufwand eine beeindruckende Präsentation zusammenstellen. Allerdings kennen die meisten Ihrer Zuhörer solche Vorlagen zur Genüge. Wenn diese zu verschiedensten Zwecken und von unterschiedlichen Firmen eingesetzt werden, wie in den unten abgebildeten Beispielen, dann wirkt Ihre Präsentation beliebig und austauschbar, daran ändern auch unterschiedliche Farben wenig. Zudem erweckt eine solche Präsentation leicht den Eindruck, dass in ihre Erstellung wenig Mühe investiert wurde.

*Bild 1.1 Beispiel: Zwei unterschiedliche Themen mit demselben Design*

Viele Unternehmen verfügen bereits über ein Corporate Design und entsprechend gestaltete Vorlagen. Verwenden Sie diese oder investieren Sie etwas mehr Zeit und erstellen Sie ein, auf Ihre Firma zugeschnittenes, Präsentationsdesign. Wenn Sie dieses speichern, haben Sie auch bereits eine Vorlage für spätere Präsentationen, der Mehraufwand lohnt sich also.

## Farbauswahl

### Verwenden Sie einheitliche Farben

PowerPoint arbeitet mit Designfarben, d. h. Zusammenstellungen von je acht aufeinander abgestimmten Farben, die für ein einheitliches Erscheinungsbild der gesamten Präsentation sorgen. Wenn Sie andere Farben einsetzen möchten, sollten Sie diese nicht einfach in der Folie ändern oder hinzufügen, sondern besser gleich das gesamte Farbschema entsprechend anpassen und eventuell eigene Designfarben zusammenstellen und speichern.

### Berücksichtigen Sie die unterschiedliche Wirkung von Farben

Farben erzielen unterschiedliche Wirkungen, auch dies sollten Sie bei der Farbauswahl berücksichtigen. Mit Hilfe von Farben können Sie Beziehungen zwischen Informationen veranschaulichen, eine bestimmte Aussage transportieren und Inhalte oder Gegensätze hervorheben. So kann beispielsweise Text oder ein Objekt in roter Farbe eine andere Aussage vermitteln, als ein Objekt in blauer Farbe. Überlegen Sie, welche Information Sie transportieren möchten und setzen Sie die Farben entsprechend ein.

Hier einige Beispiele, testen Sie selbst die Wirkung:

- Im Beispiel 1 (Bild unten) vermitteln Auswahl 1 und Auswahl 2 aufgrund gleicher Farben den Eindruck gleicher Wichtigkeit.
- Bei Beispiel 2 erscheinen dagegen die Argumente von Auswahl 1 durch die Hervorhebung in roter Farbe eindeutig wichtiger als Auswahl 2.

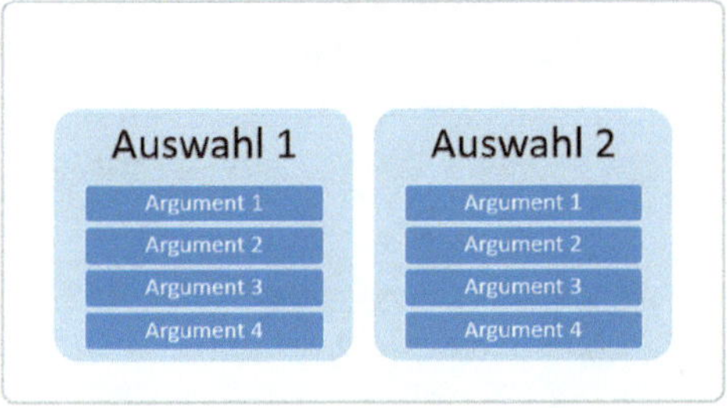


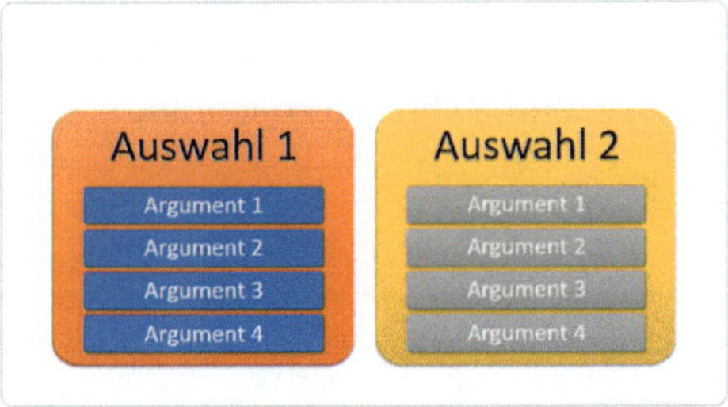


*Bild 1.2 Beispiel 1*

*Bild 1.3 Beispiel 2*

- In Beispiel 3 (unten) treten im Vergleich zu Beispiel 2 (oben) durch den weniger dominanten Hintergrund die Argumente stärker in den Vordergrund. Auswahl 1 und Auswahl 2 sind gleichwertig, vermitteln aber durch ihre Farben einen gegensätzlichen Eindruck.
- Bei Beispiel 4 ist dank der zusätzlichen Symbole auf den ersten Blick eigentlich alles gesagt! Diese sorgen auch für Barrierefreiheit, da der Unterschied nicht nur durch Farben herausgestellt wird.

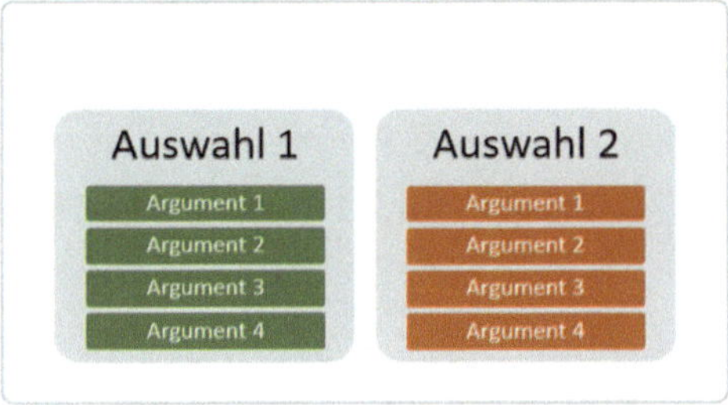


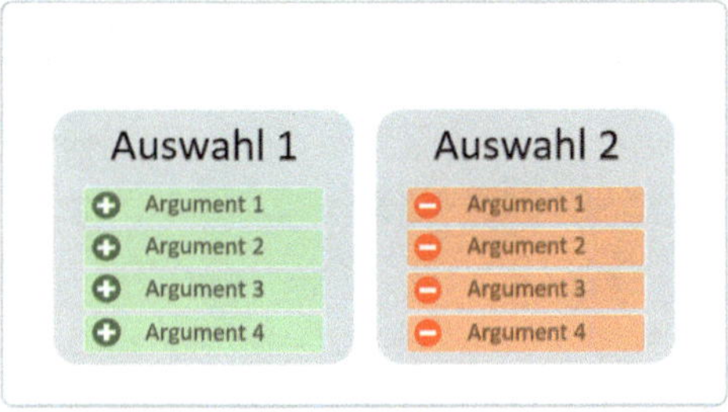


*Bild 1.4 Beispiel 3*

*Bild 1.5 Beispiel 4*

## Tipps zum Einsatz von Farben und Hintergrundeffekten

- Verwenden Sie Farben sparsam. So erzielen Sie stärkere Effekte und vermeiden den Eindruck „bunter" Folien. Farbige Elemente heben sich auch gegenüber grauen oder weißen Elementen stärker ab und werden dadurch als wichtiger wahrgenommen, siehe Beispiele oben.
- Mit Hilfe des Werkzeugs Pipette können Sie für eine einheitliche Farbgebung beispielsweise eine Farbe eines Bildes aufnehmen und einer Form oder der Schrift zuweisen.
- Vermeiden Sie dominante Hintergründe, diese lenken nur vom eigentlichen Folieninhalt ab. Daher auch Vorsicht bei Verwendung einschlägiger Designs, ein einfarbiger heller bzw. weißer Hintergrund erzielt meist mehr Wirkung. Wenn Sie

eigene Farben verwenden, dann sollten Sie eine Textfarbe wählen, die sich deutlich vom Hintergrund abhebt.

- So dominiert bei Beispiel 5 eindeutig der Hintergrund, der Text wirkt eher nichtssagend und erschließt sich erst auf den zweiten Blick.
- Beispiel 6 rückt zwar den Text stärker in der Vordergrund, aber die eigentlich überflüssigen Elemente des Foliendesigns wirken ablenkend. Die Halbkreise sind nur verwirrend und welche Bedeutung haben die schwarzen Balken links und rechts am Folienrand?

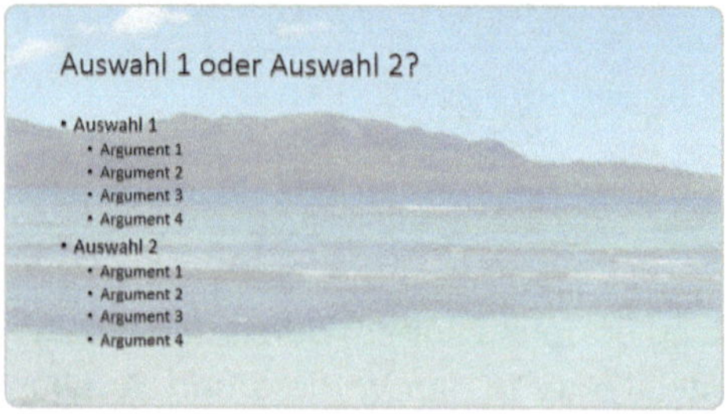


*Bild 1.6 Beispiel 5*

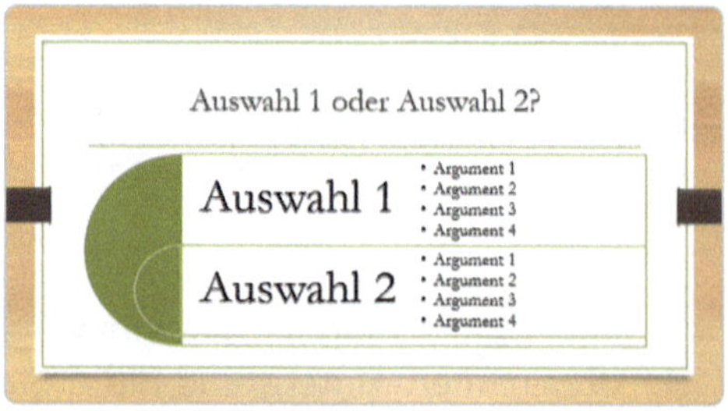


*Bild 1.7 Beispiel 6*

- Im unten abgebildeten Beispiel ist der Text der linken Folie aufgrund des unruhigen Hintergrundmusters nur schwer lesbar, im Vergleich zur Folie rechts. Außerdem ist in beiden Folien der Text zu lang.

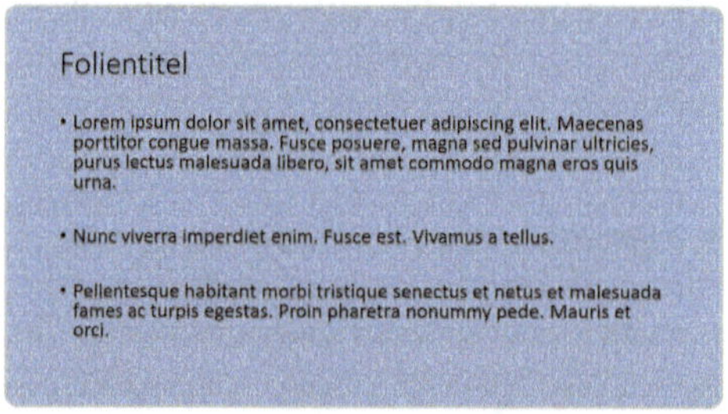


*Bild 1.8 Beispiel 7*

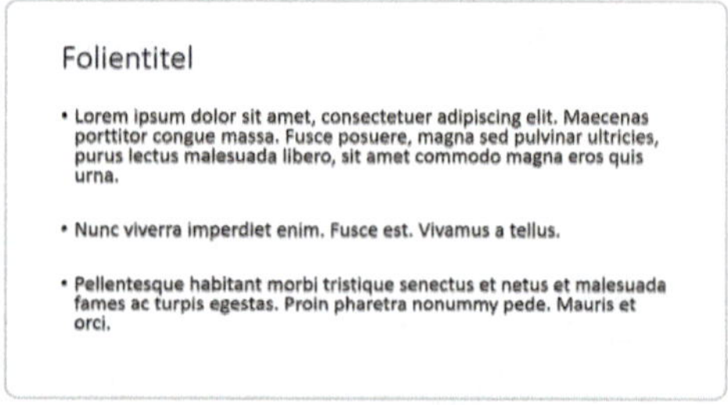


*Bild 1.9 Beispiel 8*

▶ Und noch etwas: Untersuchungen zufolge sind etwa fünf bis acht Prozent aller Männer farbenblind, meist in Form einer verminderten Wahrnehmung von roten und grünen Farbtönen. Sie sollten daher diese Farbtöne möglichst nicht für Kontraste verwenden. Vermeiden Sie also rote Schrift vor grünem Hintergrund und umgekehrt!

▶ Testen Sie nach Möglichkeit vorab Ihre Präsentation auch auf einem großen Bildschirm oder mit Beamer, da je nach Gerät manche Farben etwas anders erscheinen können.

## Schriften

Auch bei der Wahl einer Schrift ist die Lesbarkeit wichtigstes Kriterium.

▶ Ob sich eine Serifenschrift (z. B. Times New Roman) oder eine serifenlose Schrift (z. B. Calibri, Arial oder Tahoma) besser eignet, darüber kann man geteilter Meinung sein. Grundsätzlich gilt aber: vermeiden Sie verschnörkelte Schriften; mit einer Schriftart wie Comic Sans MS oder Brush Script können Sie private Präsentationen gestalten, diese gehören aber nicht in eine professionelle Präsentation. Gut lesbar sind dagegen klare schlanke Buchstaben, wie im Bild unten rechts.

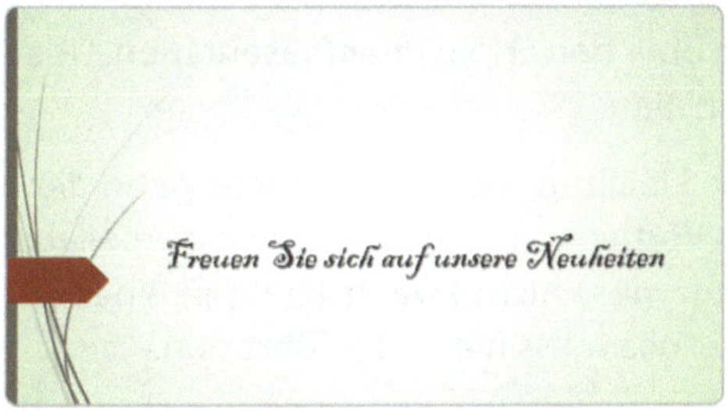


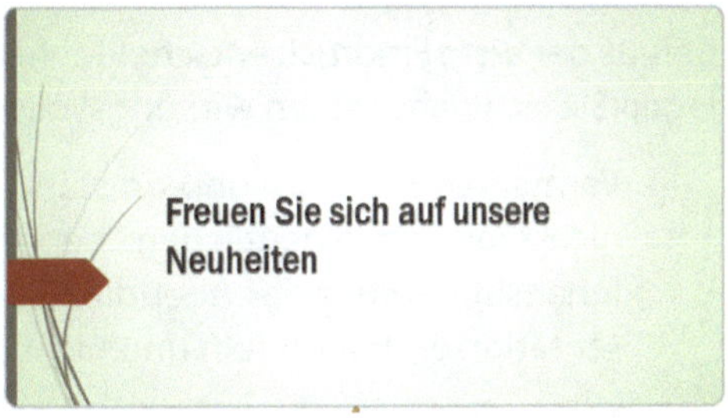


*Bild 1.10 Schriftvergleich: Es dauert wesentlich länger, eine verschnörkelte Schrift zu lesen.*

- Beschränken Sie sich auf maximal zwei verschiedene Schriftarten (Firmenlogo und -schriftzug nicht eingerechnet). Keine Schrift sollte kleiner als 24 pt. sein, Schriftgröße 30 ist dagegen auch noch in den hinteren Reihen gut erkennbar.
- Text in GROSSBUCHSTABEN eignet sich nicht zur Hervorhebung, sondern stört nur den Lesefluss, ausgenommen natürlich Firmen-, Marken- und Produktnamen, wenn es sich um die Originalschreibweise handelt. Dasselbe gilt auch für Unterstreichungen und Hervorhebungen mittels Textmarker. Eine Ausnahme ist natürlich, wenn Sie während der Vorführung wichtige Stellen mit Stift oder Textmarker hervorheben möchten, wie im Bild unten rechts.

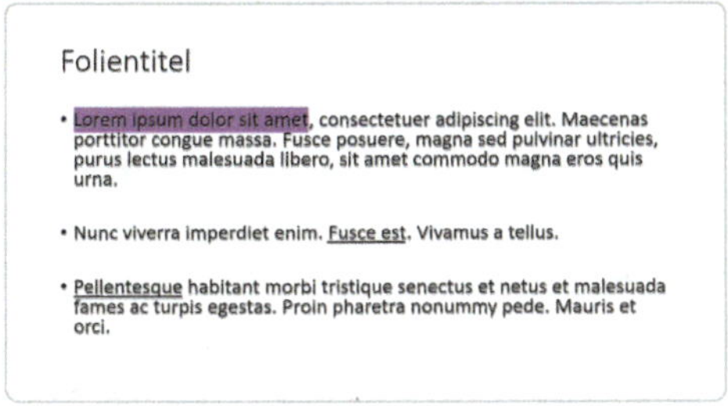


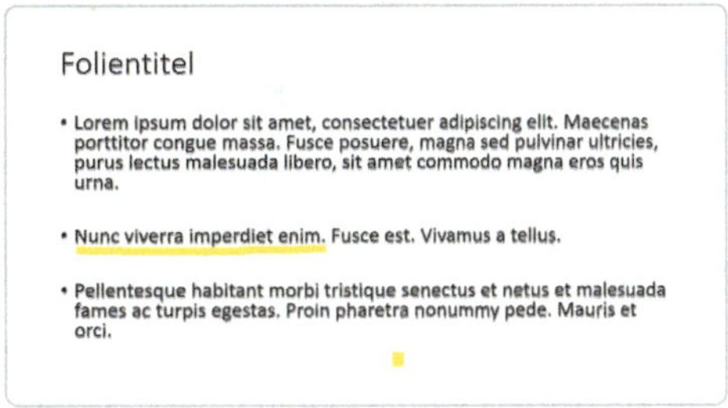


*Bild 1.11 Unterstreichungen und Textmarker in der Folie*

*Bild 1.12 ...und während der Vorführung*

- Die Schriftfarbe sollte sich deutlich vom Hintergrund abheben. Am besten ist immer noch eine dunkle Schrift vor weißem oder hellem Hintergrund. Bei weißer Schrift vor dunklem, insbesondere schwarzem Hintergrund, wie im Bild unten rechts, ermüdet hingegen das Auge schneller.

*Bild 1.13 Heller oder dunkler Hintergrund?*

## 1.3 Text und Folienlayout

### Der richtige Einstieg

Bereits der erste Eindruck entscheidet häufig über den Erfolg Ihrer Präsentation. Überlegen Sie sich daher einen wirkungsvollen Einstieg.

- Vermeiden Sie lange und umständliche Einleitungen, insbesondere wenn diese nichts mit dem eigentlichen Thema des Vortrags zu tun haben. Auch die beliebte Inhaltsübersicht oder Agenda zu Beginn muss nicht zwangsläufig in einer Präsentation enthalten sein und nicht jede Folie muss hier aufgeführt sein.
- Nutzen Sie dagegen die Gelegenheit, mit den ersten Folien das Publikum auf das Thema einzustimmen und neugierig zu machen. Dazu können Sie beispielsweise Fragen aufwerfen, etwa „Wie viel Schokolade, glauben Sie, verbraucht jeder Deutsche im Jahr?“. Andere gute Möglichkeiten des Einstiegs sind Anekdoten, Fallbeispiele, Versprechen oder indem Sie dem Publikum eine konkrete Frage stellen, z. B. „Hatten Sie schon einmal Probleme mit Ihrer Kamera?“.

### Wirkungsvolle Foliengestaltung

Innerhalb der Bildschirmpräsentation sollten die Folien so gestaltet sein, dass ein einheitlicher Stil zu erkennen ist. Falls Sie wiederkehrende Folienelemente, z. B. Firmenlogo oder Foliennummern verwenden, dann sollten sich diese selbstverständlich immer an derselben Position befinden.

Längerer Text oder gar der gesamte Vortragstext gehören auf keinen Fall in die Bildschirmpräsentation: Entweder wird der Text vom Publikum überhaupt nicht gelesen oder lenkt ab und macht Sie als Redner überflüssig. Ausnahmen sind Zitate, aber auch hier gilt: Wählen Sie möglichst kurze Zitate! Auch sollte selbstverständlich sein, dass Sie den Inhalt der Folien in Ihren Vortrag einbeziehen, aber keinesfalls vorlesen!

**Tipp**: Die Zoomfunktion bietet eine gute Möglichkeit, nur selten benötigte Details aus Folien auszulagern. Diese werden dann nur bei Bedarf gezeigt, etwa zur Beantwortung von Fragen.

Das Standardfolienlayout von PowerPoint besteht aus einem Platzhalter für den Titel und einem Inhaltsbereich. Dies bedeutet jedoch nicht, dass jede Folie auch wirklich eine Überschrift braucht und viele Inhalte lassen sich statt mit Aufzählungen besser mit Bildern oder mit SmartArt-Grafiken vermitteln. Bei einer Aufzählungsliste muss Ihr Publikum den Text lesen und benötigt etwa 5 bis 15 Sekunden, um den Inhalt zu erfassen, grafisch aufbereitet sind dagegen viele Sachverhalte auf den ersten Blick klar.

### Tipps zum Folienlayout

- Weniger ist mehr: Lassen Sie Platz zwischen den Absätzen, ein ansprechendes Layout lässt mindestens 30 % der Folie leer.

*Bild 1.14 Links das klassische Folienlayout*

*Bild 1.15 Rechts daneben dasselbe Layout, aber mit größeren Zeilen- bzw. Absatzabständen und etwas eingerückt*

- Wenn Sie das klassische Folienlayout verwenden, dann rücken Sie den Text mehr zur Mitte und verringern Sie die Breite des Platzhalters. Kurze, statt langer Zeilen lassen sich schneller lesen. Schaffen Sie auch mehr Platz zwischen Überschrift und dem restlichen Folieninhalt oder verzichten Sie ganz auf die Überschrift.
- Kurze aussagekräftige Texte mit den wichtigsten Stichwörtern besitzen wesentlich mehr Aussagekraft als lange, ausformulierte Sätze. Manchmal kann Text auch durch ein Bild oder eine gut gestaltete Grafik ersetzt werden.
- Anmerkungen und Fußnoten sind aufgrund der kleineren Schrift nur schwer lesbar und gehören nicht auf eine Folie.
- Überfrachten Sie die Folien nicht mit Inhalten: pro Folie eine Botschaft genügt.
- Beherzigen Sie die Regel: etwa vier bis sechs Wörter pro Zeile und maximal sechs Zeilen je Folie.
- Verwenden Sie, wenn möglich, keine Nummerierungen, eventuell sogar noch mit Unterpunkten, auch nicht in Überschriften! Spätestens bei Punkt 3.11.2 verliert Ihr Publikum den Überblick. Besser geeignet sind Aufzählungszeichen. Hier sollten Sie bei kleinen Bildern ein möglichst einfaches Symbol oder Zeichen verwenden und das konsequent in der gesamten Präsentation.
- Überfrachten Sie die Folien nicht mit Inhalten, indem Sie beispielsweise in einer Folie Überschrift, Text, Bild und Diagramm gleichzeitig zeigen. Verzichten Sie entweder auf einzelne Elemente oder verteilen Sie die Inhalte auf mehrere Folien.
- Erzeugen Sie Spannung und fördern Sie den Dialog mit Ihren Zuhörern, indem Sie Fragen aufwerfen und kleine Rätsel einbauen. Selbsterklärende Folien wirken dagegen ermüdend und machen Sie als Redner überflüssig.
- Überlegen Sie, ob Sie Ihre Inhalte nicht besser verdeutlichen können, wenn Sie anstelle von einzelnen Absätzen SmartArt-Grafiken einsetzen. Zum Beispiel zur Gegenüberstellung von Vor- und Nachteilen oder zur Visualisierung von Einzelschritten, Prozessen oder Hierarchien.

- Rücken Sie ab vom Standardlayout! Nicht jede Folie braucht eine Überschrift, zudem sind in den meisten Layouts die Abstände zwischen Überschrift und Inhalt zu gering. Berücksichtigen Sie bei der Auswahl des Designs auch, dass einige den Bereich der Überschrift durch ein besonderes Hintergrundformat hervorheben, die Überschrift ist aber selten der wichtigste Teil der Folie.
- Gliedern Sie umfangreiche Präsentationen, indem Sie Folien mit Zwischenüberschriften einfügen oder mit der Zoomfunktion eine Übersichtsfolie gestalten. Aus dieser heraus können Sie schnell jeden beliebigen Abschnitt ansteuern und gelangen nach der Anzeige der dazugehörigen Folien automatisch wieder zurück.
- Eine gute Methode ist es auch, die jeweilige Zwischenüberschrift am Rand jeder Folie, z. B. links oder oben anzuzeigen, dies erleichtert Ihren Zuhörern die Orientierung. Hilfreich kann auch am Rand jeder Folie eine kleine Inhaltsübersicht mit Hervorhebung des aktuellen Punktes sein.
- Kontrollieren Sie Ihre Präsentation auf Rechtschreibfehler.
- **Der wichtigste Tipp zum Schluss:**
  Verteilen Sie Handouts und Druckversionen Ihrer Präsentation, wenn möglich, erst nach Ihrem Vortrag. So vermeiden Sie das „Mitlesen" während der Bildschirmpräsentation. Weisen Sie aber am besten gleich zu Beginn Ihres Vortrags darauf hin, dass Sie später eine Druckversion austeilen werden. Dadurch ersparen Sie es Ihren Zuhörern, sich Notizen zu machen.

### Beispiele und Gegenüberstellungen unterschiedlich gestalteter Folien

**Beispiel 1: Titelfolie**
Im Bild unten links das Standardtitellayout von PowerPoint mit Bild. Rechts die Titelfolie einmal anders; das Bild füllt die gesamte Folie aus, der Text bleibt trotzdem lesbar. Als Schriftfarbe wurde eine Farbe aus dem Hintergrundbild gewählt.

*Bild 1.16 Beispiel 1: Titelfolie*

**Beispiel 2**
Als zweites Beispiel links eine Folie im Standardlayout „zwei Inhalte". Die Aussage geht im Text unter und erschließt sich erst beim Lesen, zudem wirkt die Platzaufteilung unprofessionell und die Überschrift ist überflüssig.

Lassen Sie einfach die Überschrift weg und machen Sie stattdessen mit einem frei gestalteten Layout das Publikum neugierig wie in der Folie rechts daneben. Heben Sie die eigentliche Aussage durch größere Schrift hervor.

*Bild 1.17 Beispiel 2: Bringen Sie Spannung in Ihre Präsentation*

**Beispiel 3**
Links mehrere Absätze mit Aufzählungszeichen im Standardlayout, hier ist die Besonderheit des Angebots nicht auf Anhieb erkennbar. Rechts dagegen verdeutlicht ein SmartArt-Layout den Ablauf und das besondere Angebot ist farblich und grafisch hervorgehoben.

*Bild 1.18 Text im Standardlayout ...und als SmartArt*

## Testen Sie Ihre Präsentation vorab

Testen Sie vorab, wie viel Zeit Sie für Ihre Präsentation benötigen. Geben Sie Ihrem Publikum ausreichend Zeit zur Betrachtung, mindestens zwei Minuten je Folie. Damit sich niemand von zu vielen Folien erschlagen fühlt, sollten Sie für einen halbstündigen Vortrag etwa 10 - 12 Folien einplanen, die Titelfolie nicht mitgerechnet.

Als nützliches Werkzeug lässt sich hierzu das Aufzeichnen der Einblendezeiten nutzen. Wenn Sie keine Präsentation mit automatischem Ablauf benötigen, dann beantworten Sie einfach nach Beenden der Aufzeichnung bzw. der Präsentation die Frage nach dem Speichern der Einblendezeiten mit *Nein*. Oder löschen Sie erst später die aufgezeichneten Zeiten. Näheres hierzu in Kapitel 8.1 dieses Buches.

## 1.4 Zahlen aussagekräftig darstellen

Nur wenigen Menschen erschließt sich die Aussage von Zahlen auf Anhieb. Wenn Sie nicht gerade ein Fachpublikum vor sich haben, dann sollten Sie diese Tatsache auch in Ihrer Präsentation berücksichtigen.

- Visualisieren Sie mit Grafik, Bildern und Diagrammen. Buchstaben und Zahlen sind abstrakt - Bilder und andere grafische Objekte werden hingegen wesentlich schneller registriert.
- Verdeutlichen Sie Zahlen durch einfache Vergleiche und verwenden Sie anstelle von Prozentangaben lieber Ausdrücke. Also beispielsweise statt fünfzig Prozent besser „halb so viel wie..." oder „jeder zweite...". Flächen werden dagegen häufig in Fußballfeldern oder der Fläche eines Bundeslandes (z. B. Saarland) angegeben. Die meisten Menschen können sich unter einer Größe von 140 Fußballfeldern mehr vorstellen als unter 100 Hektar.
- Wenn Sie ein Diagramm oder eine Tabelle zeigen möchten, werden nicht immer gleich alle Zahlen benötigt, beschränken Sie sich auf die wichtigsten und heben Sie diese überdeutlich hervor. Auch Nachkommastellen sind nur in seltenen Fällen wirklich notwendig, also lieber weglassen!

  Im Bild unten links erschweren z. B. überflüssige Tausenderzahlen die Lesbarkeit.

*Bild 1.19 Zahlendarstellung*

Umsatzentwicklung

| Sparte | Januar | Februar | März |
|---|---|---|---|
| Waschmaschinen | 890.000 | 950.000 | 920.000 |
| Kühlschränke | 730.000 | 790.000 | 910.000 |
| Kaffeemaschinen | 350.000 | 280.000 | 160.000 |
| Staubsauger | 690.000 | 780.000 | 1.260.000 |

Umsatzentwicklung in Tsd. EUR

| Sparte | Januar | Februar | März |
|---|---|---|---|
| Waschmaschinen | 890 | 950 | 920 |
| Kühlschränke | 730 | 790 | 910 |
| Kaffeemaschinen | 350 | 280 | 160 |
| Staubsauger | 690 | 780 | 1.260 |

- Setzen Sie einfache und verständliche Diagrammtypen ein, deren Aussage auf den ersten Blick klar zu erkennen ist. 3D-Darstellungen führen im Vergleich zu einfachen 2D-Diagrammen meist zu Verzerrungen und optischen Täuschungen, wie ein Vergleich der unten abgebildeten Diagramme zeigt. Sie sollten daher nur in Ausnahmefällen zum Einsatz kommen.

*Bild 1.20 3D- und 2D-Diagramm*

- Auch beim unten abgebildeten Beispiel eines Tortendiagramms sollten Sie besser auf eine 3D-Darstellung verzichten, da je nach Drehung bzw. Perspektive das Größenverhältnis sehr unterschiedlich erscheint. Beide Diagramme beruhen auf demselben Prozentanteil von 41 %, trotzdem erscheint dieser Anteil im linken Diagramm höher als in der rechten Abbildung.

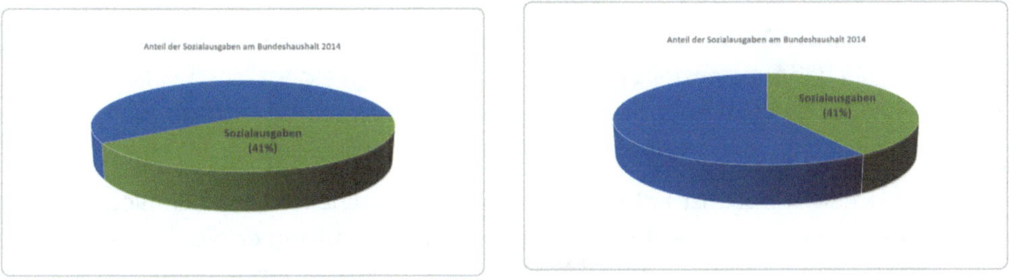


*Bild 1.21 41 Prozent können je nach Drehung und Perspektive sehr unterschiedlich wirken*

- Es muss nicht immer ein Diagramm sein. Auch ohne Diagramm lassen sich viele Informationen mit Bildern und einer kurzen Aussage vermitteln, wie das Beispiel im Bild unten zeigt.

*Bild 1.22 Eine eindeutige Aussage auch ohne Zahlen.*

## 1.5 Animationen richtig einsetzen

Viele Ratgeber für professionelles Präsentieren und auch Unternehmen stehen Animationen ablehnend gegenüber. Dabei können einige dieser Effekte, richtig eingesetzt, durchaus sinnvoll sein, hier nur einige Beispiele:

- Absätze, Aufzählungen oder andere Elemente nacheinander einblenden, vermeidet Mitlesen bzw. Vorauslesen während des Vortrags.
- Wenn Sie den jeweils aktuellen Punkt hervorheben, z. B. durch eine andere Farbe, dann sehen Ihre Zuhörer auf den ersten Blick, auf welchen Punkt Sie sich gerade beziehen.
- Mit dem Einsatz von Zoom oder Links vermeiden Sie umständliches Blättern und Suchen in den Folien. Zum Beispiel, wenn Sie bei Bedarf Zusatzinformationen oder ein Bild vergrößert in einer gesonderten Folie zeigen möchten. Oder wenn

aus der Inhaltsübersicht heraus schnell eine bestimmte Folie angesteuert werden soll.

- Automatisch ablaufende Bildschirmpräsentationen ohne Redner wirken schnell ermüdend. Gezielt eingesetzte Animationen sorgen hier für mehr Aufmerksamkeit und Abwechslung.

Generell gilt aber: Animationen sollen nicht vom Inhalt der Präsentation ablenken. Animieren Sie daher keinesfalls Elemente, die nicht zum eigentlichen Folieninhalt gehören; nichts ist nervtötender als ein hartnäckig blinkendes Firmenlogo. Wenn Sie Animationen einsetzen, dann sollten Sie die folgenden Punkte berücksichtigen:

- Wählen Sie möglichst natürliche Effekte, z. B. Erscheinen oder Einfliegen. Diese sollten auch konsequent immer aus derselben Richtung erfolgen. Spiralen und Drehungen eignen sich dagegen höchstens für Kindergeburtstage.
- Achten Sie auf die richtige Geschwindigkeit von Animationen: Ein zu schneller Ablauf wirkt verwirrend. Noch schlimmer allerdings, wenn sie zu langsam ablaufen. Spätestens wenn der Text im Schneckentempo in die Folie kriecht und das womöglich auch noch Buchstabe für Buchstabe, schläft Ihr Publikum ein.
- Auf Folienübergänge können Sie meist verzichten, sie lenken nur vom Inhalt ab. Wenn Sie trotzdem Übergangseffekte einsetzen möchten, dann bitte dezent und ohne Trommelwirbel oder sonstige Soundeffekte. Diese wirken äußerst unprofessionell. Außerdem kommt es auch hier auf den richtigen Effekt an: Zerknüllen erweckt z. B. einen abwertenden Eindruck und sollte daher, wenn überhaupt, nur gezielt eingesetzt werden.

# 2 Erste Schritte mit PowerPoint

**In diesem Kapitel lernen Sie ...**

- PowerPoint starten und beenden
- Eine erste Präsentation aus einer Vorlage erstellen, vorführen und speichern
- Vorlagen suchen und verwenden
- Die PowerPoint-Hilfe nutzen
- Grundlegende Techniken der Texteingabe und -korrektur

**Das sollten Sie bereits wissen**

- Handhabung von Maus, Touchpad und Tastatur
- Allgemeiner Umgang mit Windows
- Apps starten und beenden

# 2.1 PowerPoint starten

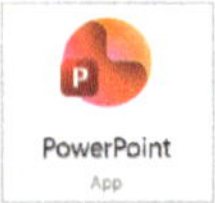


Symbol von PowerPoint in Microsoft 365

Symbol von PowerPoint 2024.

Zum Starten von PowerPoint gibt es mehrere Möglichkeiten:

- Falls sich das Symbol *PowerPoint* im Startmenü von Windows befindet, so klicken oder tippen Sie auf dieses. In der Liste *Alle Apps* finden Sie PowerPoint unter dem Buchstaben P.
- Oder klicken Sie in das Suchfeld (Windows 10) bzw. auf das Symbol Lupe in der Taskleiste (Windows 11), tippen die ersten Zeichen, z. B. „power“ ein und klicken dann in der Liste der Suchergebnisse auf *PowerPoint*.
- **Tipp PowerPoint in der Taskleiste anheften**: Um PowerPoint schneller zu starten, können Sie per Rechtsklick auf das Symbol und den Befehl *An Taskleiste anheften* das PowerPoint-Symbol auch dauerhaft in der Taskleiste anheften.

### Die Startseite von PowerPoint

Unmittelbar nach dem Start erscheint die Startseite von PowerPoint, siehe Bild unten und Sie können wählen, was Sie tun möchten.

*Bild 2.1 Nach dem Start von PowerPoint erscheint normalerweise diese Seite*

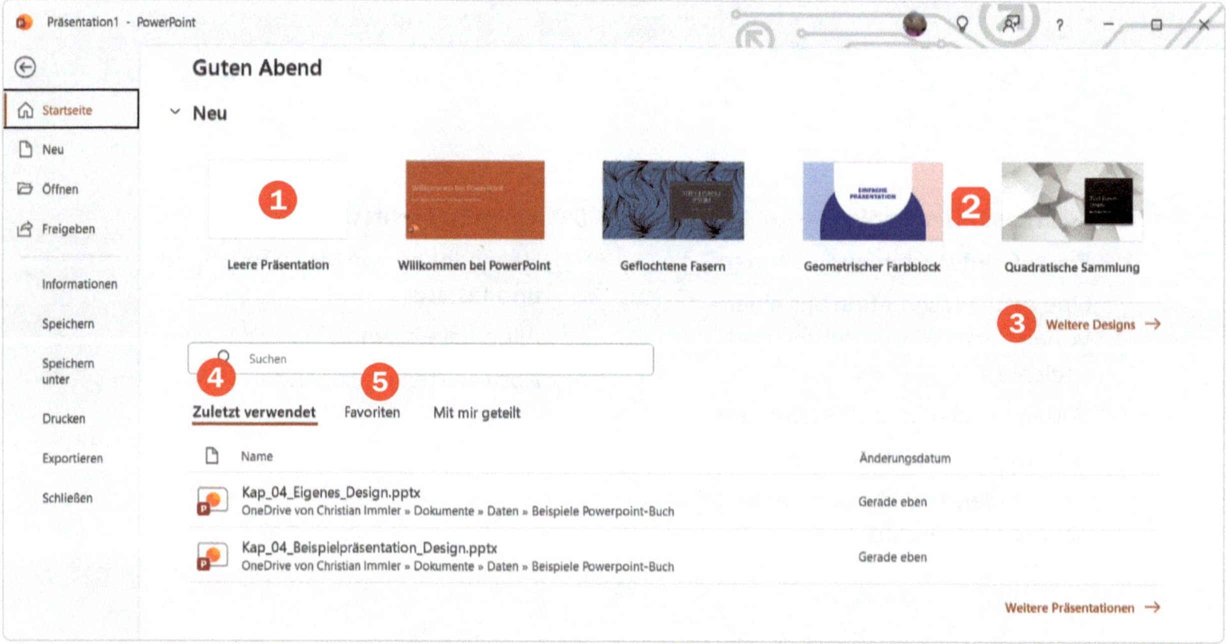


**Unterschied zu PP 2024**
Der Bereich „Favoriten“ ❺ heißt in PowerPoint 2024 „Angeheftet“. Der Bereich „Mit mir geteilt“ fehlt in PowerPoint 2024.

- Um eine neue Präsentation zu erstellen, haben Sie die Wahl zwischen einer leeren Präsentation ❶, die Sie anschließend komplett nach Ihren Vorstellungen gestalten, und verschiedenen Vorlagen bzw. Designs ❷, bei denen Sie in die Folien nur noch Text und Grafiken einfügen brauchen. Noch mehr Vorlagen erhalten Sie, wenn Sie auf *Weitere Designs* ❸ klicken. **Hinweis**: Microsoft 365 stellt auf der

Startseite von PowerPoint wesentlich mehr und andere Vorlagen zur Verfügung als PowerPoint 2021 und 2019. Bild 2.2 zeigt die Startseite von Microsoft 365.

- Unter *Zuletzt verwendet* ❹ können Sie kürzlich verwendete Präsentationen schnell durch Anklicken wieder öffnen. Zum Anzeigen weiterer gespeicherter Präsentationen klicken Sie am Ende der Liste auf *Weitere Präsentationen*.

## 2.2 Eine Präsentation aus einer Vorlage erstellen

Präsentationen zielen auf die Aufmerksamkeit des Publikums, deshalb spielt neben den Inhalten auch die optische Gestaltung eine wichtige Rolle. Für ungeübte Nutzer und schnelle Präsentationen bringt PowerPoint aus diesem Grund eine ganze Reihe von Präsentationsvorlagen mit, in die Sie nur noch Ihre Inhalte einfügen brauchen.

Eine Vorlage umfasst in der Regel mehrere Folienlayouts. Diese geben die Position von Folienelementen, z. B. Überschriften, vor. So erhalten Sie mit einer Vorlage als erste Folie in der Regel eine Titelfolie mit dem Titel der gesamten Präsentation. Danach folgen Folienlayouts für verschiedene Zwecke wie Text und grafische Inhalte oder eine zweispaltige Folienaufteilung. Manche Vorlagen bieten außerdem mehrere Farbvarianten zur Auswahl an. Einzelne Elemente, etwa Größe und Farbe der Schrift, lassen sich bei Bedarf problemlos ändern. Von Ihnen vorgenommene Eingaben und Änderungen wirken sich nur auf die aktuelle Präsentation aus, die Vorlage selbst wird dadurch nicht beeinflusst.

**Tipp**: Manche der Vorlagen wirken nicht unbedingt professionell, außerdem sollten Sie den Wiedererkennungseffekt nicht unterschätzen. Da die meisten Präsentationen mit PowerPoint erstellt werden, kennt auch nahezu jeder Anwender diese Vorlagen. Mehr Wirkung erzielen Sie mit individuellen Layouts und Gestaltungselementen. Da sich Vorlagen allerdings gut für den ersten Einstieg eignen, werden sie hier kurz vorgestellt.

### Wählen Sie eine Vorlage aus

Auf der Startseite von PowerPoint finden Sie, je nach PowerPoint-Edition verschiedene Vorlagen zur Auswahl, siehe Bild 2.1. Klicken Sie auf *Weitere Designs* ❸ (siehe Abbildung vorige Seite), um sich einen ersten Überblick zu verschaffen.

Falls die Startseite nicht angezeigt wird oder Sie bereits eine andere Präsentation vor sich haben, so klicken Sie links oben auf *Datei* und anschließend auf *Neu*. Hier erhalten Sie dieselben Designs und Vorlagen.

**Hinweis**: Microsoft 365 stellt einen wesentlich umfangreicheren Katalog an Vorlagen zur Verfügung als PowerPoint 2024.

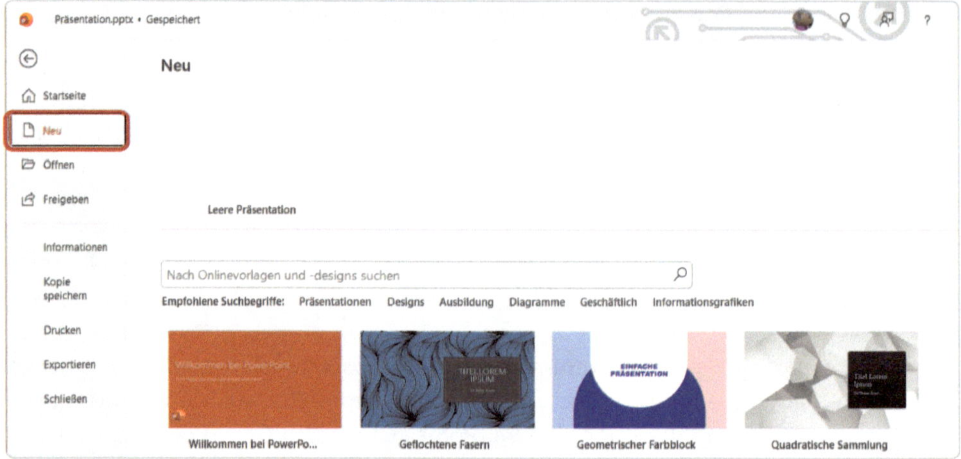


*Bild 2.2 Auch mit Klick auf Datei und dann auf Neu erscheinen die Designs zur Auswahl*

- Die Übersicht zeigt zunächst nur die Titelfolien. Weitere Informationen und eine vergrößerte Vorschau (s. Bild 2.3) erhalten Sie durch Anklicken einer Vorlage. Mit dem Pfeil nach rechts ❶ gelangen Sie zur Vorschau der nächsten Folie bzw. mit dem Pfeil nach links zur vorherigen Folie.
- Wenn Sie aus der aktuellen Auswahl eine neue Präsentation erstellen möchten, dann klicken Sie auf *Erstellen* ❷. Um dagegen die Vorschau wieder zu schließen, klicken Sie auf das Schließen-Symbol in der rechten oberen Ecke ❸.

*Bild 2.3 Klicken Sie auf eine Vorlage, um weitere Informationen zu erhalten*

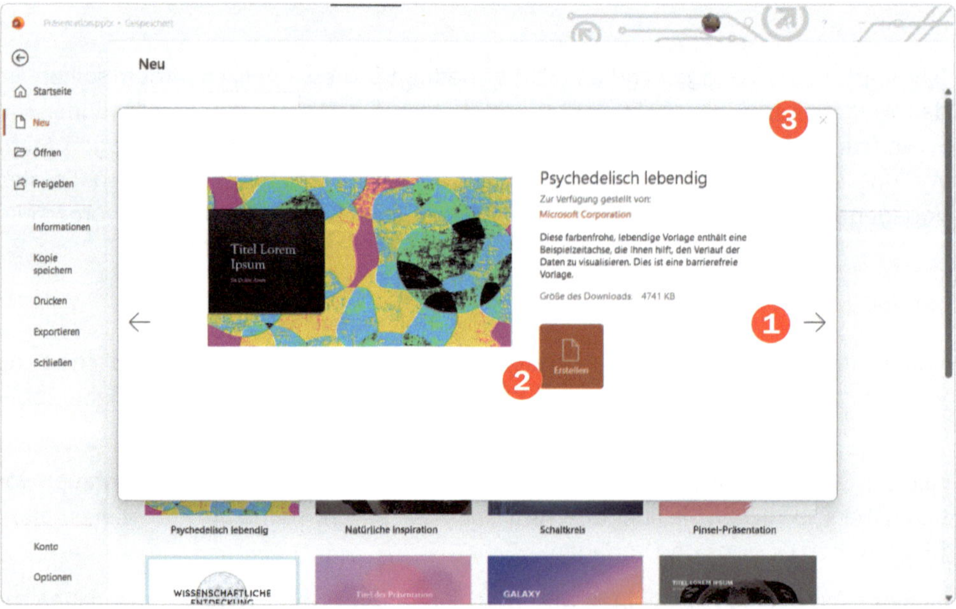


**Hinweis**: Für manche Vorlagen sind mehrere Farbvarianten verfügbar, die Sie durch Anklicken auswählen können. In einigen Fällen finden Sie auch unterhalb der Vorschau Pfeile, über die Sie durch die verschiedenen Layouts dieser Vorlage blättern.

## Vorlagen und Designs online suchen

Sollte sich auf der Startseite bzw. unter *Datei* ▶ *Neu* keine geeignete Vorlage finden, dann können Sie online nach weiteren suchen. Klicken Sie dazu entweder auf einen der empfohlenen Suchbegriffe, z. B. *Geschäftlich* oder geben Sie einen Suchbegriff ein und starten danach die Suche durch Betätigen der **Eingabetaste** oder Klick auf das Symbol *Lupe*. Mit Klick auf *Zurück* gelangen Sie wieder zurück zur vorherigen Anzeige.

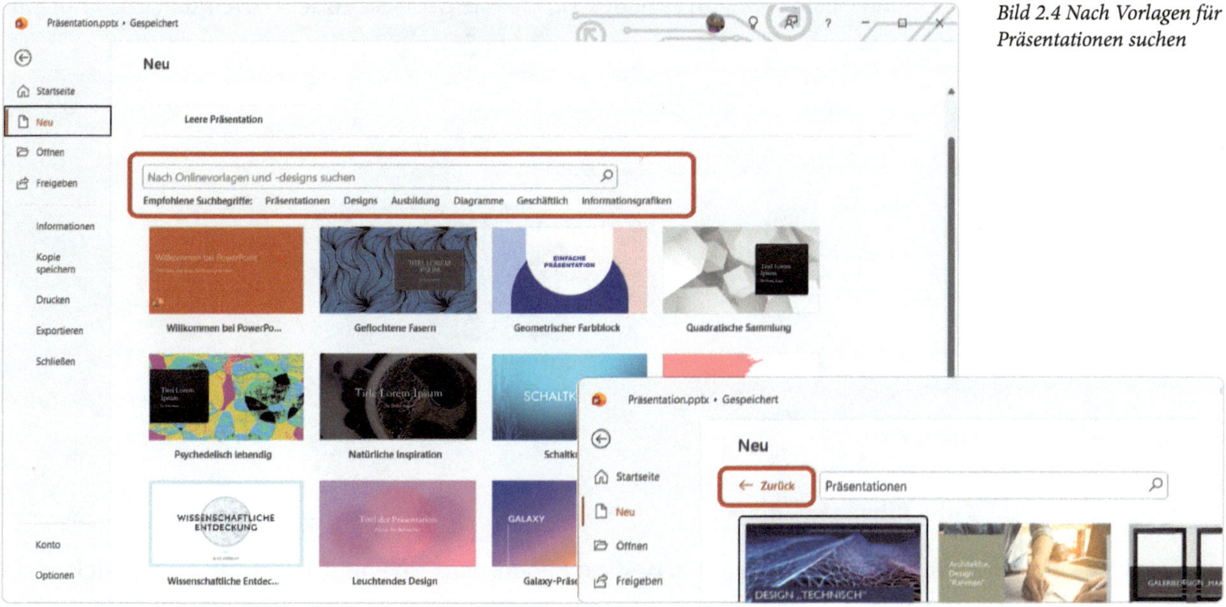


*Bild 2.4 Nach Vorlagen für Präsentationen suchen*

**Achten Sie auf das richtige Format!**

Mit PowerPoint lassen sich nicht nur die bekannten Bildschirmpräsentationen, sondern auch Infografiken, Poster usw. zum Drucken erstellen. Daher finden sich unter den Vorlagen und Designs neben dem Standardformat für Bildschirmpräsentation, nämlich Breitbild im Verhältnis 16:9 ❶ auch noch das ältere Bildschirmformat 4:3 ❷, das auch gerne für Druckerzeugnisse genutzt wird, sowie Vorlagen für Poster, Bucheinbände oder Instagram-Beiträge ❸. Diese lassen sich mit etwas Übung bereits in der Vorschau unterscheiden, wie im Bild unten, Sie können aber auch gezielt z. B. nach Bildschirmpräsentationen, Postern oder Infografiken suchen.

Vorlagen für Poster und Infografiken erkennen Sie bereits am Namen.

Tipps und Hinweise zu diesem Thema finden Sie in Kapitel 4.5 dieses Buches.

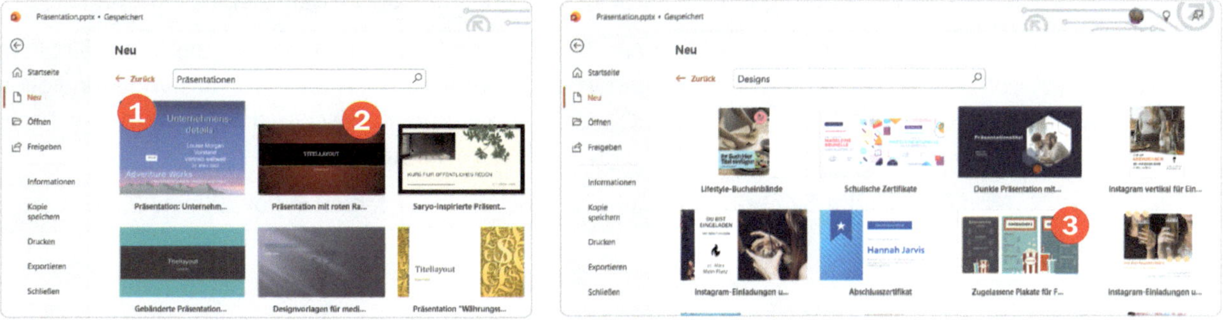


*Bild 2.5 Microsoft bietet Vorlagen in verschiedenen Formaten an*

**Vorsicht:** Bei nachträglicher Änderung des Seitenverhältnisses wird das Layout der Folien angepasst und unter Umständen beeinträchtigt.

**Die Beispielvorlage**

Für die nachfolgenden Abbildungen wurde die Vorlage *Quadratische Sammlung* verwendet, Sie können statt dessen aber auch eine beliebige andere Vorlage oder ein Design auswählen. Beachten Sie auch, dass die Reihenfolge und Verfügbarkeit von Vorlagen und Designs davon abhängt, ob Sie Microsoft 365 oder PowerPoint 2024 nutzen.

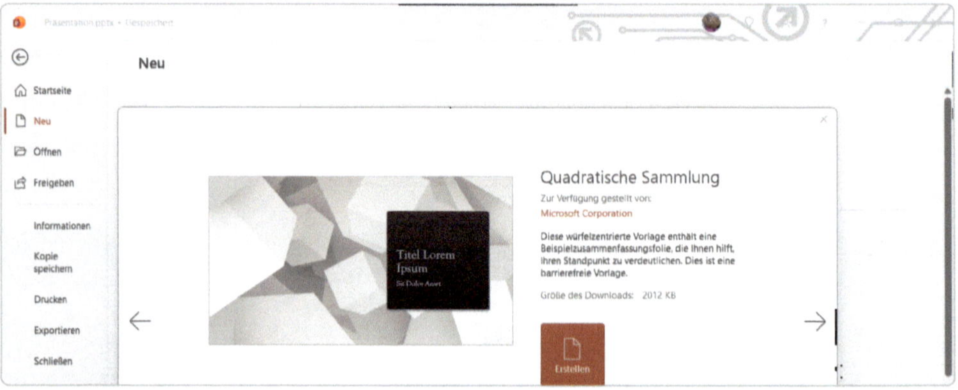


*Bild 2.6 Die verwendete Beispielvorlage*

Falls diese Vorlage nicht auf Anhieb angeboten wird, können Sie diese auch unter ihrer Bezeichnung suchen.

## Die Arbeitsansicht von PowerPoint

Nachdem Sie auf *Erstellen* geklickt haben, wird eine neue Präsentation erstellt und die erste Folie in der Ansicht *Normal*, der Arbeitsansicht von PowerPoint, angezeigt. In dieser Ansicht bearbeiten Sie die Folien der Präsentation, vorgeführt bzw. präsentiert werden die Folien dagegen in der Ansicht *Bildschirmpräsentation*.

**Die Elemente der Ansicht Normal**

**Hinweis:** Manche Designs und Vorlagen enthalten zunächst nur eine einzige Folie, in der Regel die Titelfolie, während andere gleich mehrere Folien mit unterschiedlichen Layouts mitbringen.

Den größten Bereich der Ansicht *Normal* nimmt der Folienbereich ❶ ein, in dem Sie die ausgewählte Folie bearbeiten. Der Navigationsbereich ❷ am linken Rand listet alle Folien der aktuellen Präsentation auf. Die für dieses Beispiel verwendete Vorlage bringt bereits zwei Folien mit, nämlich eine Folie für den Präsentationstitel und eine zweite Folie für Inhalte. Weitere Folien können beliebig hinzugefügt und nicht benötigte aus der Präsentation entfernt werden. Per Mausklick wechseln Sie hier zwischen den einzelnen Folien, die aktuelle Folie erkennen Sie an der roten Umrandung.

In den Registern des Menübands ❸ finden Sie alle Befehle und die Statusleiste am unteren Rand des Fensters liefert Informationen zur Anzahl der vorhandenen Folien und enthält rechts Symbole ❹, über die Sie schnell zwischen den Ansichten wechseln und die Anzeige vergrößern und verkleinern können.

Das Copilot-Symbol ❺ und alle KI-Funktionen ❻ fehlen in PowerPoint 2024.

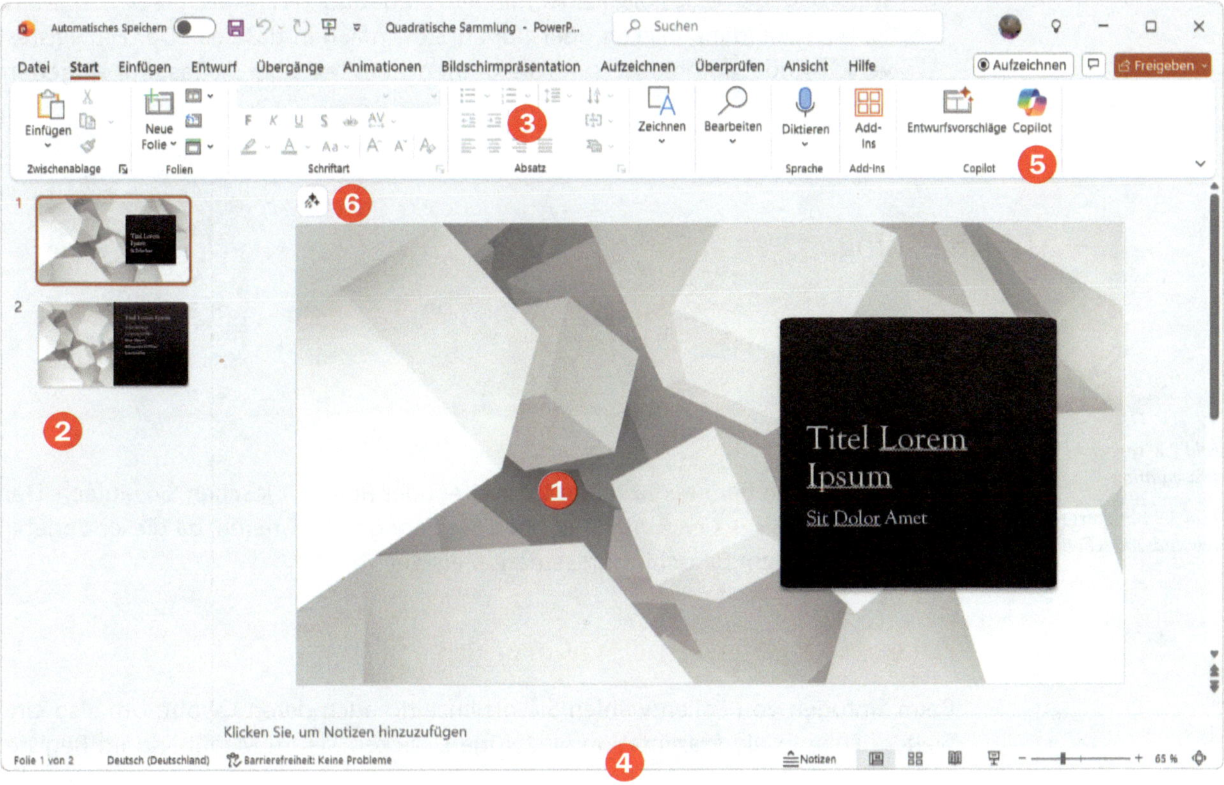


*Bild 2.7 Die leere Präsentation in der Ansicht Normal*

> Als Folien bezeichnet man die „Seiten" einer Bildschirmpräsentation, in Anlehnung an frühere Präsentationsmethoden mittels Overheadprojektor. Eine Bildschirmpräsentation kann beliebig viele Folien umfassen.

## Text eingeben

Eine neue Präsentation enthält in der Regel als erste Folie eine, als Präsentationstitel gestaltete Folie. Sie weist Felder für Titel, Untertitel und eventuell auch noch für den Referenten/Autor auf. Schriftart, -farbe und -größe sind durch die Vorlage bereits vorgegeben und Sie brauchen hier nur noch Ihren Text eingeben.

- Befindet sich hier beliebiger Blindtext, z. B. *Lorem ipsum...*, dann markieren und überschreiben Sie diesen. **Tipp**: Am schnellsten markieren Sie den gesamten Inhalt eines Platzhalters, indem Sie dreimal kurz hintereinander in den Text klicken.

  Eine kleine Einführung in die Grundlagen der Texteingabe und -korrektur finden Sie am Ende dieses Kapitels.

**Info**: Der Text „Lorem ipsum ..." ist Blindtext ohne Bedeutung. Blindtext wird in der Praxis häufig eingesetzt, um einen besseren Eindruck vom Layout zu erhalten.

- Weist dagegen eine Folie Felder mit dem eindeutigen Hinweis *Text* bzw. *Titel hinzufügen* auf, dann klicken oder tippen Sie einfach in das Feld. Der Hinweistest verschwindet automatisch und Sie können Ihren Text über die Tastatur eingeben.

*Bild 2.8 Titel einer leeren Präsentation*

*Bild 2.9 Blindtext markieren und überschreiben*

Nicht benötigten Blindtext, z. B. für Untertitel oder Referent löschen Sie einfach. Den Hinweistext *Untertitel hinzufügen* können Sie dagegen ignorieren, da dieser ohnehin nicht in der Ansicht Bildschirmpräsentation erscheint.

## Weitere Folien hinzufügen und Layout wählen

Beim Einfügen von Folien wählen Sie gleichzeitig auch deren Layout. Um also eine weitere Folie in die Präsentation einzufügen, klicken Sie im Menüband im Register *Start*, Gruppe *Folien* auf den Pfeil der Schaltfläche *Neue Folie*. Klicken Sie dann auf das gewünschte Folienlayout, im Bild unten *Titel und Inhalt*. Die Schaltfläche *Neue Folie* mit denselben Möglichkeiten finden Sie auch im Register *Einfügen* ganz links.

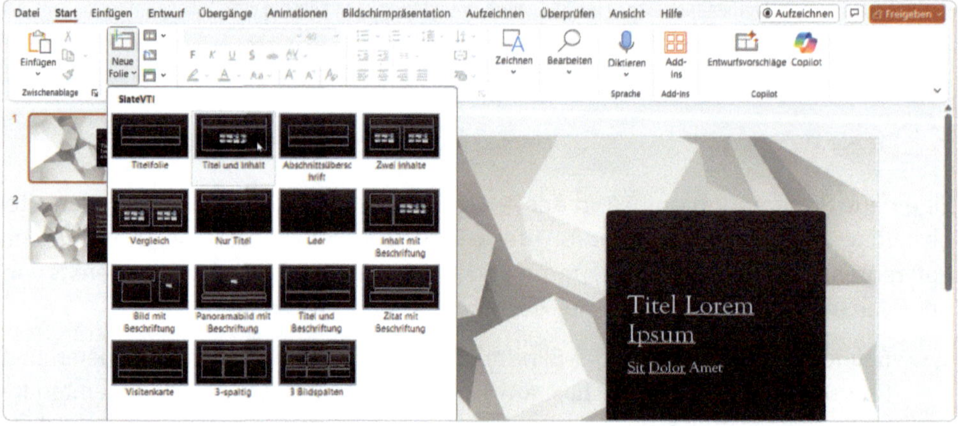


*Bild 2.10 Neue Folie einfügen und Layout wählen*

Anzahl und Aussehen der Folienlayouts unterscheiden sich je nach Vorlage. So kann sich beispielsweise der Folientitel in der Folie nicht nur oben, sondern auch links oder unten befinden.

**Beachten Sie beim Einfügen von Folien**

Die Schaltfläche *Neue Folie* ist zweigeteilt: Ein Klick direkt auf das Symbol im oberen Teil der Schaltfläche oder die Tastenkombination **Strg+M** fügt eine Folie im Standardlayout ein, in der Regel *Titel und Inhalt*. Mit Klick auf den Pfeil im unteren Teil öffnen Sie dagegen den Katalog mit den weiteren, zur Vorlage gehörenden Layouts und können ein Layout auswählen wie in Bild 2.10.

Neue Folie im Standardlayout einfügen: **Strg+M**

## Folienlayout nachträglich ändern

Falls Sie versehentlich eine Folie mit dem falschen Layout eingefügt haben, können Sie dies auch nachträglich noch ändern: Klicken Sie im Navigationsbereich auf die betreffende Folie und danach im Menüband, Register *Start* ▶ *Folien* auf *Folienlayout*. Wählen Sie dann für die aktuelle Folie das gewünschte Layout. Bereits vorhandene Textinhalte werden meist auch in das neue Layout übernommen.

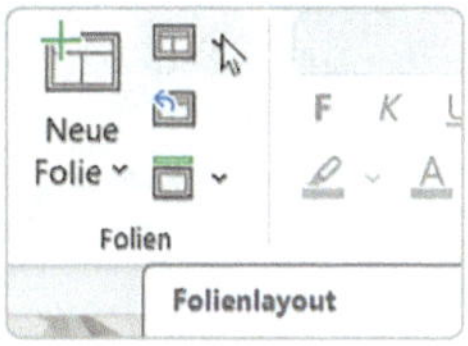


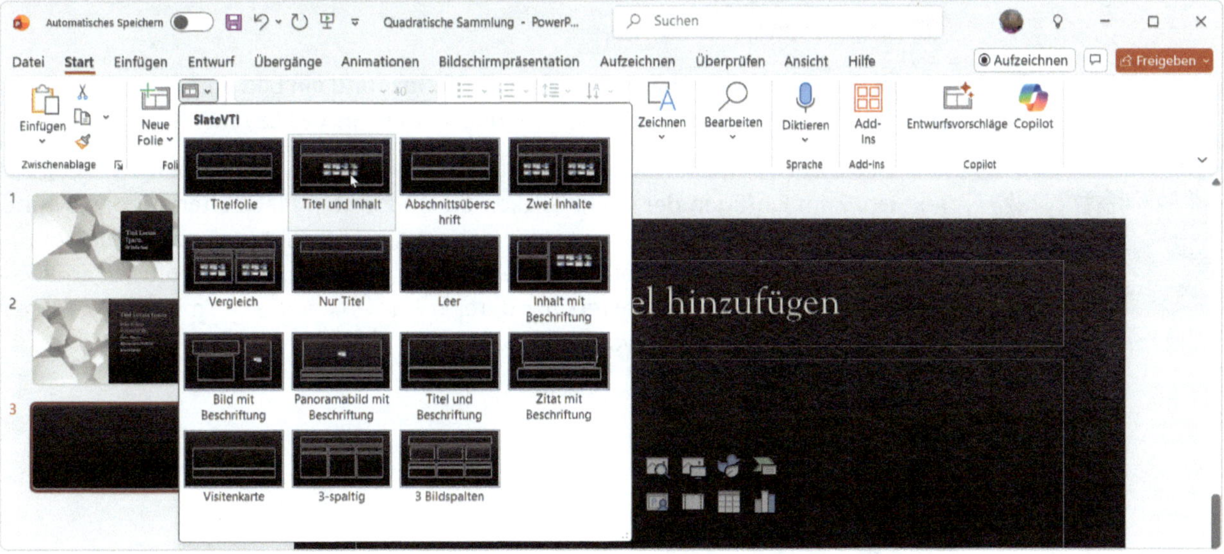


*Bild 2.11 Das Layout der aktuellen Folie ändern*

Zur Texteingabe klicken Sie in den jeweiligen Platzhalter, z. B. für die Überschrift und geben Ihren Text über die Tastatur ein ❶. Der Bereich für den eigentlichen Folieninhalt weist bei vielen Folienlayouts kleine Symbole ❷ zum Einfügen von verschiedenen Inhalten wie Tabellen, Diagrammen, Bildern, Videos oder anderen grafischen Elementen auf. Wenn Sie dagegen Text eingeben möchten, dann klicken Sie hier und beginnen mit der Texteingabe. Die Symbole verschwinden dadurch automatisch.

Während der Eingabe von Text erhält jeder Absatz automatisch ein Aufzählungszeichen ❸. Durch Drücken der **Eingabetaste** beenden Sie einen Absatz und beginnen den nächsten. Auch die Aufzählungszeichen und das Aussehen der Absätze sind vom Design bzw. der Vorlage abhängig.

Alle weiteren Folien fügen Sie auf dieselbe Weise hinzu. Zur nachträglichen Bearbeitung brauchen Sie nur im Navigationsbereich auf die Folie zu klicken. Die aktuelle bzw. markierte Folie erkennen Sie im Navigationsbereich schnell an der roten Umrandung.

*Bild 2.12 Beispiel Folientitel eingeben*

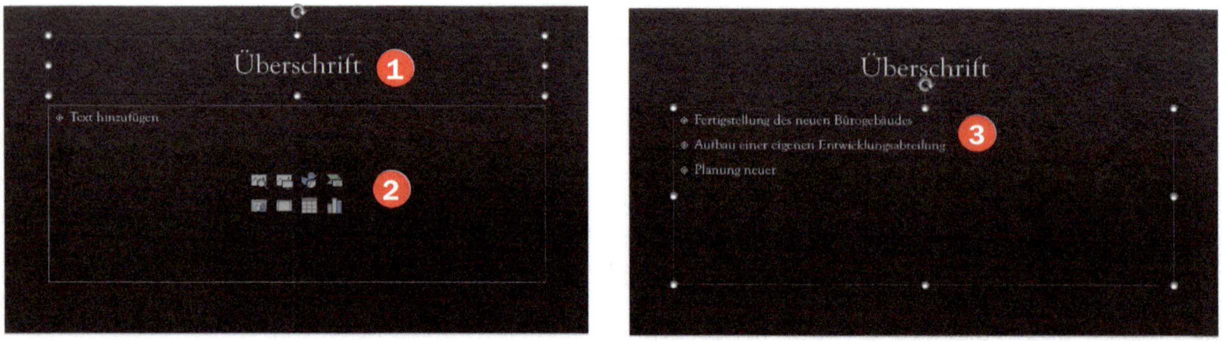


## Ein Bild einfügen

Die nächste Folie soll, neben einer Überschrift, Text und ein Bild enthalten. Klicken Sie auf den Pfeil der Schaltfläche *Neue Folie* und wählen Sie das Layout *Zwei Inhalte*.

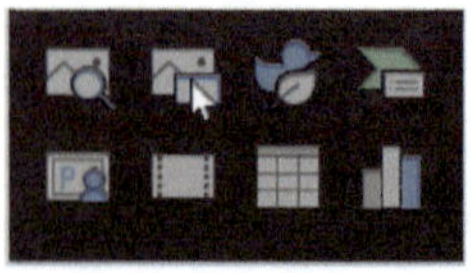

*Bild 2.13 Bild einfügen*

Klicken Sie in den ersten Platzhalter, in diesem Beispiel links, und geben Sie hier Ihren Text ein. Zum Einfügen der Grafik klicken Sie im zweiten Platzhalter auf das Symbol *Bilder*, wählen im Fenster *Grafik einfügen* das gewünschte Bild aus und klicken auf *Einfügen*. Mit Microsoft 365 öffnet sich in den meisten Fällen nach dem Einfügen am rechten Rand des PowerPoint-Fensters der Bereich *Entwurfsvorschläge* mit verschiedenen Vorschlägen zur Platzierung von Bild und Text.

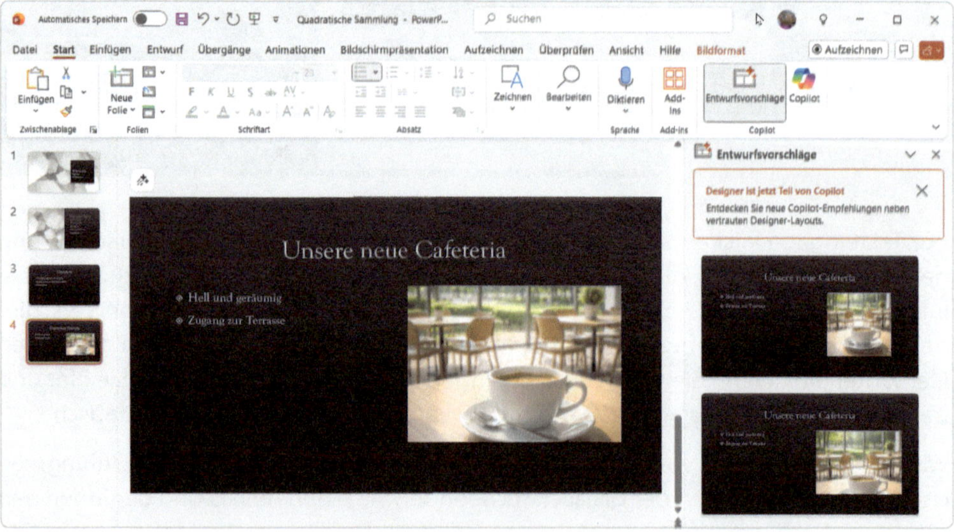


**Achtung:** Entwurfsvorschläge sind nur für Microsoft 365 verfügbar!

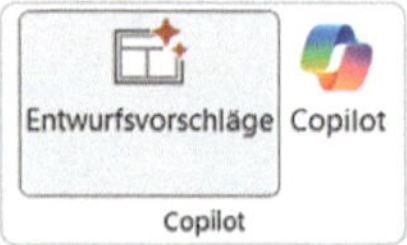


Sollte der Bereich *Entwurfsvorschläge* nicht erscheinen, so klicken Sie zum Anzeigen im Menüband, Register *Start* ganz rechts auf *Entwurfsvorschläge*. Mit Klick auf das Symbol *Schließen* in der rechten oberen Ecke blenden Sie den Bereich wieder aus.

## Folien kopieren, verschieben oder entfernen

Markierte Folien erkennen Sie schnell an der roten Umrandung und an der rot hervorgehobenen Foliennummer.

Im Navigationsbereich sehen Sie nicht nur eine Übersicht über alle Folien der Präsentation, sondern verwalten auch die Folien.

- **Folien verschieben**
  Neue Folien werden automatisch nach der aktuellen Folie eingefügt. Falls Sie die Reihenfolge der Folien ändern möchten, so klicken Sie im Navigationsbereich auf die Folie, die Sie verschieben möchten und ziehen diese mit gedrückter linker Maustaste an die gewünschte Stelle, wie in Bild 2.14.

- **Folien duplizieren/kopieren**
  Manche Vorlagen bestehen gleich aus mehreren, fertig gestalteten Folien. Wenn Sie eine dieser Folien mehrmals benötigen, dann klicken Sie zum Kopieren mit der rechten Maustaste auf die betreffende Folie und auf den Befehl *Folie duplizieren*. Oder markieren Sie die Folie und benutzen die Tasten **Strg**+**D**.

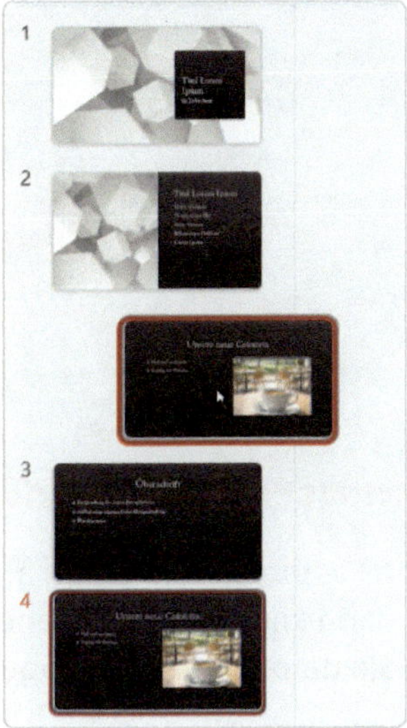

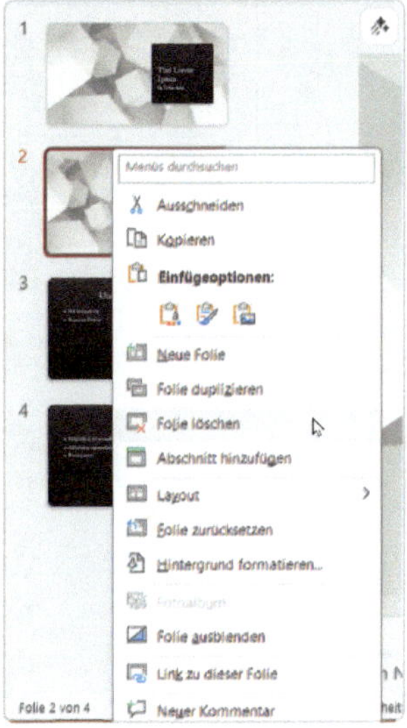


*Bild 2.14 Folie im Navigationsbereich verschieben*

*Bild 2.15 Folie im Navigationsbereich löschen*

- **Folie löschen**
  Nicht benötigte oder überzählige Folien löschen Sie, indem Sie im Navigationsbereich auf die Folie klicken bzw. diese markieren und anschließend die **Entf**-Taste betätigen. Oder klicken Sie mit der rechten Maustaste auf die betreffende Folie und wählen den Befehl *Folie löschen*.

## Präsentation speichern

Im nächsten Schritt sollten Sie die Präsentation speichern. Dazu klicken Sie ganz oben in der Titelleiste von PowerPoint auf das Symbol *Speichern* ❶. Die genaue Position des Symbols ist je nach PowerPoint-Version etwas unterschiedlich.

Anschließend öffnet sich das Fenster *Diese Datei speichern*. Als *Dateiname* ❷ wird der Titel der Präsentation vorgeschlagen. Wenn dieser wenig aussagekräftig ist, dann sollten Sie hier einen anderen, eindeutigen Dateinamen eingeben. Auch ein Speicherort wird im Feld *Ort auswählen* ❸ bereits vorgeschlagen, in der Regel der Ordner *Dokumente* auf dem Cloudspeicher *OneDrive*. Wenn Sie stattdessen im Ordner *Dokumente* auf der lokalen Festplatte Ihres Geräts speichern möchten, dann klicken Sie in das Feld und auf den Ordner *Dokumente* ❹ ohne den Zusatz OneDrive. Klicken Sie abschließend auf die Schaltfläche *Speichern* ❺.

*Bild 2.16 Microsoft 365*

*Bild 2.17 PowerPoint 2024*

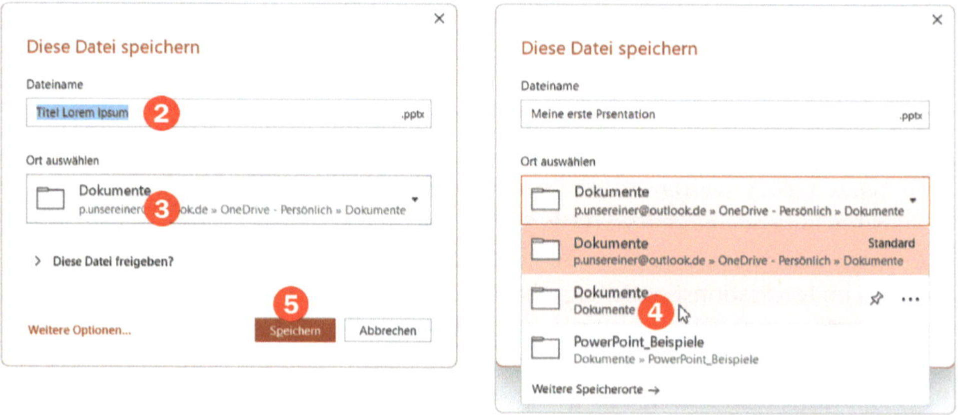


*Bild 2.18 Dateiname eingeben und Speicherort wählen*

## Die fertige Präsentation vorführen

Wenn Sie Ihre Präsentation als Bildschirmpräsentation testen bzw. vorführen möchten, dann klicken Sie im Menüband auf das Register *Bildschirmpräsentation*. Hier finden Sie ganz links die Gruppe *Bildschirmpräsentation starten*.

- Mit dem Symbol *Von Beginn an* (oder der Funktionstaste **F5**) starten Sie die Präsentation mit der ersten Folie.
- Falls Sie nur die aktuelle Folie in der Bildschirmpräsentation kontrollieren möchten, so klicken Sie auf *Ab aktueller Folie*.

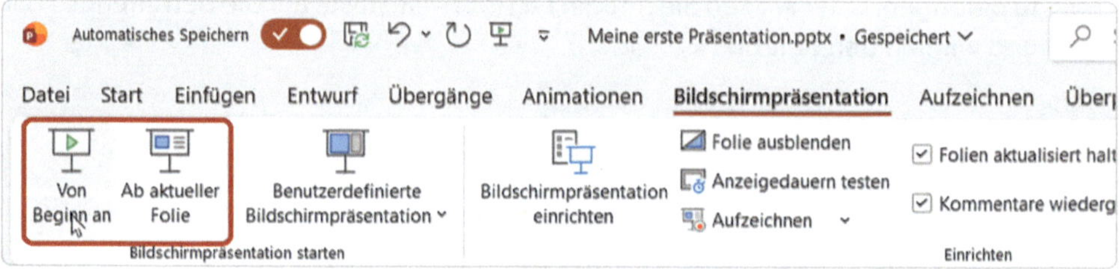


*Bild 2.19 Bildschirmpräsentation starten*

### Vorführung auf einem zweiten Bildschirm oder Beamer

PowerPoint unterstützt, ohne dass Sie irgendetwas eigens konfigurieren müssen, zwei Monitore am PC. In den allermeisten Fällen werden Sie Ihre Präsentation auf einem Beamer oder Präsentationsbildschirm zeigen und die Präsentation an einem PC oder Laptop steuern, dessen Bildschirm Sie nur selbst sehen. Die Referentenansicht (Bild 2.20 links) zeigt die aktuelle Folie, die nächste Folie und Steuerelemente zur Präsentation. Zusätzlich können Sie hier eigene Notizen speichern, die nur Sie sehen. Weitere Informationen zur Referentenansicht finden Sie im Kapitel 9.

Der Präsentationsbildschirm – oder Beamer – zeigt die Folien bildschirmfüllend. Hier können sie nicht bearbeitet werden.

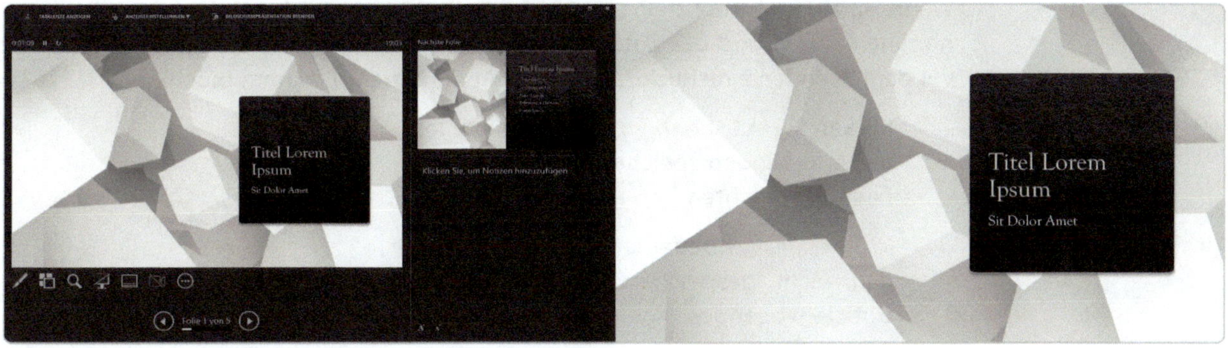


*Bild 2.20 PowerPoint-Präsentation auf zwei Bildschirmen. Links: Referentenansicht, rechts: Präsentationsbildschirm*

### Während der Bildschirmpräsentation zwischen den Folien wechseln

Um die nächste Folie anzuzeigen, klicken Sie einfach mit der Maus oder betätigen auf der Tastatur die Eingabetaste.

**Tipp:** Mit den Pfeiltasten nach rechts bzw. links oder den Pfeilsymbolen in der Referentenansicht gelangen Sie zur nächsten und wieder zurück zur vorherigen Folie. Das gleiche funktioniert auch durch Drehen des Mausrades.

Nach der letzten Folie erscheint in der Standardeinstellung ein schwarzer Bildschirm. Dann genügt ein Mausklick an eine beliebige Stelle oder das Drücken der Eingabetaste, damit die Präsentation wieder in der Ansicht *Normal* erscheint. Sie können aber auch an jedem beliebigen Punkt der Präsentation mit der Esc-Taste die Vorführung abbrechen und zur Ansicht *Normal* zurückkehren.

### PowerPoint auf nur einem Monitor

Haben Sie während der Arbeit an der Präsentation nur einen Monitor zur Verfügung, erscheint die Präsentation formatfüllend auf diesem. Hier sehen Sie zunächst keine Referentenansicht. Fahren Sie mit der Maus an den unteren Bildschirmrand, erscheinen dort die wichtigsten Symbole zur Steuerung.

Pfeiltasten, Mausklick und Mausrad funktionieren auch hier zur Steuerung der Präsentation. Ein Kontextmenü beim Rechtsklick ins Bild blendet weitere Steuerelemente ein. Hier können Sie auch die Referentenansicht anzeigen.

## PowerPoint beenden

Zum Beenden von PowerPoint benutzen Sie eine der folgenden Methoden:

- Klicken Sie in der rechten oberen Ecke des PowerPoint-Fensters auf das Symbol *Schließen*.
- Oder klicken Sie auf *Datei* und hier in der linken Spalte auf *Schließen*.
- Oder klicken Sie mit der rechten Maustaste auf das PowerPoint-Symbol in der Taskleiste und dann auf *Fenster schließen*.

Wenn Sie an der aktuellen Präsentation noch nicht gespeicherte Änderungen vorgenommen haben und das automatische Speichern ausgeschaltet ist, dann erscheint vor dem Beenden eine Rückfrage, ob Sie Änderungen speichern möchten.

*Bild 2.21 Änderungen beim Beenden speichern*

Ausführliche Erläuterungen zum Thema Speichern lesen Sie in Kapitel 3.3.

- Klicken Sie auf *Speichern*, wenn Sie Ihre letzten Änderungen speichern und PowerPoint beenden möchten.

- *Nicht speichern* bedeutet, Änderungen werden nicht gespeichert, PowerPoint aber trotzdem beendet.
- Klicken Sie dagegen auf *Abbrechen*, so passiert überhaupt nichts. Änderungen werden nicht gespeichert und PowerPoint nicht beendet.

## 2.3 Hilfe erhalten

### Schnelle aufgabenbezogene Hilfe

Suchen Sie einfach nur einen Befehl oder eine bestimmte Aufgabe, z. B. Drucken oder Einfügen einer Tabelle, dann benutzen Sie am einfachsten das Feld *Suchen* in der Titelleiste des PowerPoint-Fensters. Klicken oder tippen Sie in das Feld und geben Sie ein Stichwort ein. Unter *Aktionen* werden passende Befehle aufgelistet, die Sie an dieser Stelle auch gleich mit einen Klick ausführen können. Einige Aktionen, wie z. B. *Tabelle hinzufügen* im Bild unten, weisen rechts einen Erweiterungspfeil auf, das bedeutet beim Anklicken erhalten Sie weitere Optionen. Im abgebildeten Beispiel wählen Sie hier die Größe der Tabelle.

*Bild 2.22 Geben Sie in das Suchen-Feld einen Suchbegriff ein, z. B. Tabelle*

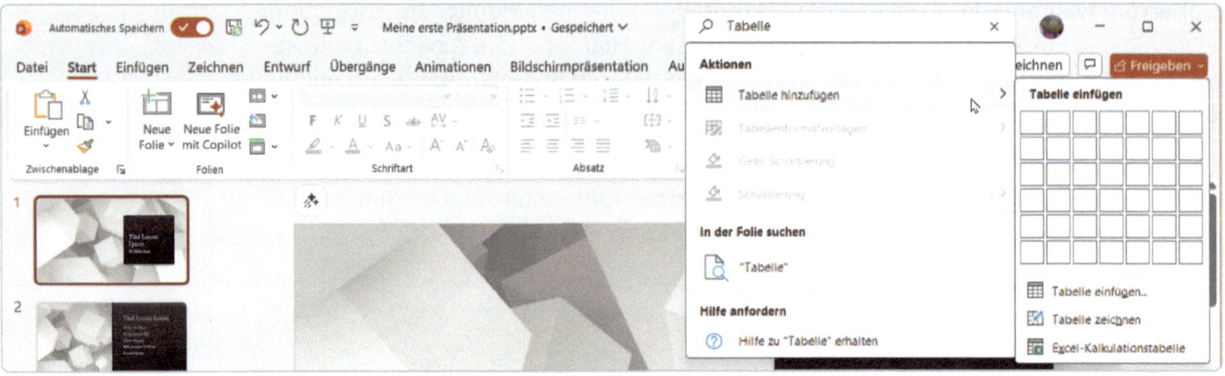


### Tipp: Präsentation durchsuchen

PowerPoint bietet im Abschnitt *In der Folie suchen* zusätzlich das Durchsuchen der Präsentation nach dem eingegebenen Stichwort an.

## Die Hilfe durchsuchen

Benötigen Sie dagegen einfach nur Informationen zu einem bestimmten Thema, dann klicken Sie im Menüband auf das Register *Hilfe* ❶ und hier auf das Symbol *Hilfe* ❷. Der Bereich *Hilfe* öffnet sich am rechten Rand des Bildschirms. Klicken Sie entweder auf ein Hilfethema, z. B. *Animationen* ❸, oder geben Sie ein Stichwort ❹ ein und klicken anschließend auf einen der vorgeschlagenen Suchbegriffe. Alternativ starten Sie die Suche mit Klick auf das Symbol *Lupe* oder Betätigen der **Eingabetaste**.

Ein Klick auf den Pfeil ❺ bringt Sie wieder zurück zur vorherigen Anzeige, mit diesem Symbol ❻ gelangen Sie dagegen direkt wieder zur Startseite der Hilfe.

**Tipp**: Der Hilfebereich rechts bleibt auch geöffnet, wenn Sie im Menüband auf ein anderes Register, z. B. *Start*, klicken. Auf diese Weise können Sie die Anleitungen der Hilfe gleich in der Folie nachvollziehen. Um den Hilfebereich wieder auszublenden, klicken Sie rechts oben auf das Symbol *Schließen* ❼.

*Bild 2.23 Das Register Hilfe mit dem Aufgabenbereich Hilfe*

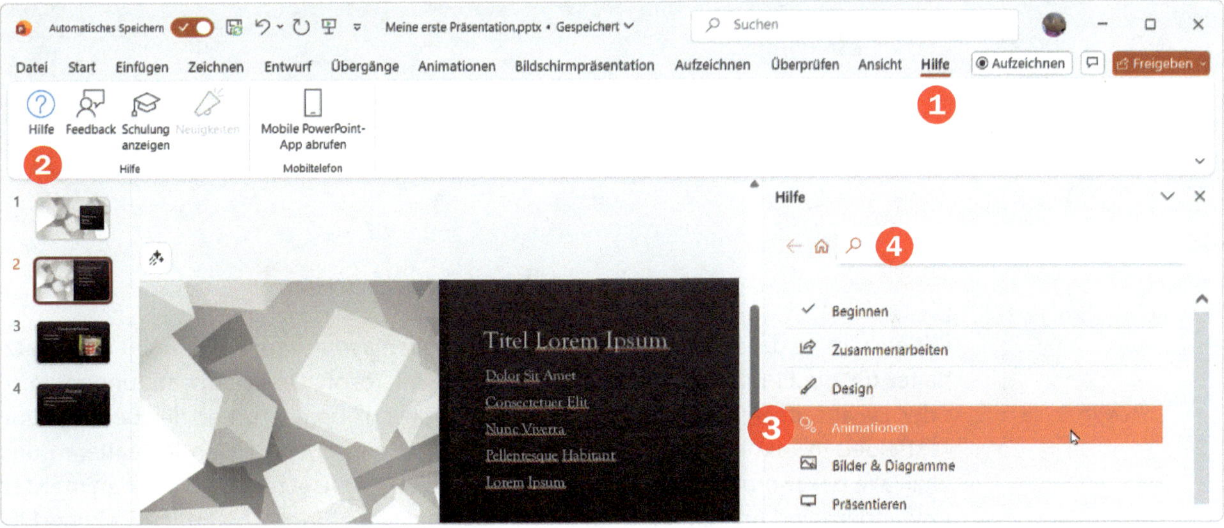


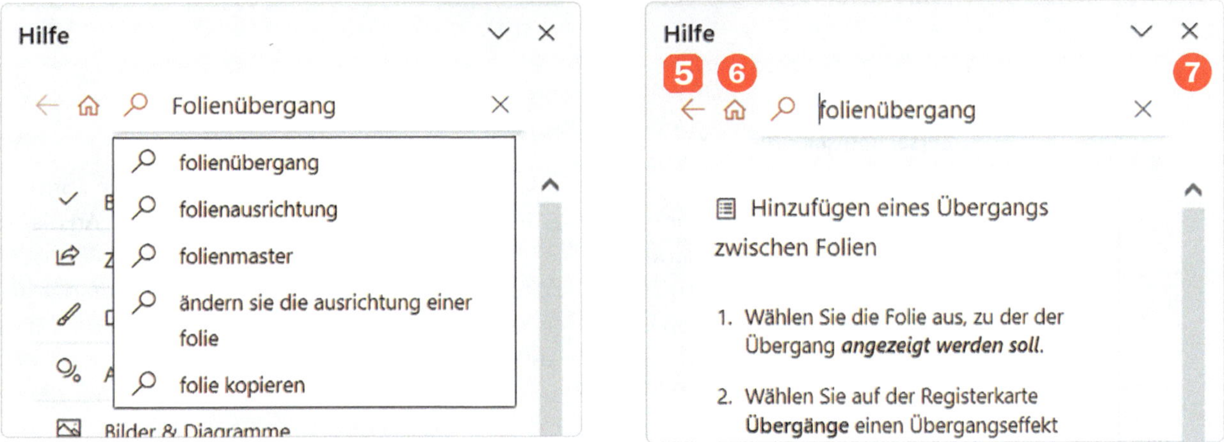


*Bild 2.24 Beispiel: Die Hilfe durchsuchen*

### Hilfe zu Schaltflächen und Symbolen

Benötigen Sie nähere Informationen zu einem Symbol im Menüband, dann zeigen Sie auf das betreffende Symbol. Zunächst erscheint eine kurze Beschreibung, für detailliertere Informationen klicken Sie auf *Weitere Infos*. Anschließend öffnet sich der Bereich *Hilfe* mit Informationen zu diesem Thema. Leider wird diese Möglichkeit nicht zu allen Symbolen angeboten.

In manchen Fällen öffnet sich auch beim Klick auf einen Befehl ein Dialogfenster, wie in Bild 2.26. Dann können Sie mit Klick auf das Fragezeichen in der rechten oberen Ecke des Fensters Hilfe zu den hier verfügbaren Möglichkeiten aufrufen.

*Bild 2.25 Weitere Infos zu Symbolen im Menüband*

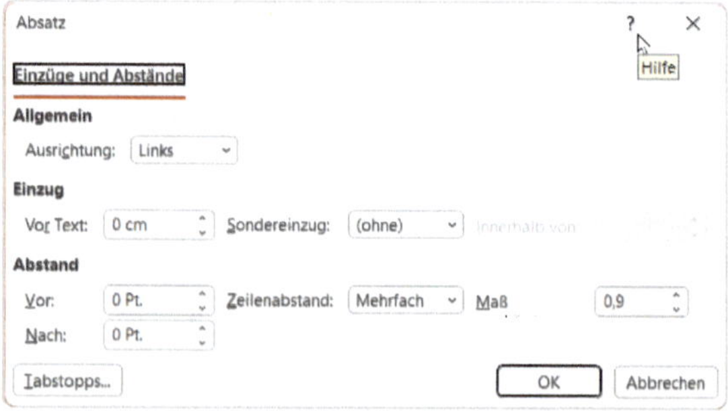


*Bild 2.26 Hilfe in Dialogfenstern*

## 2.4 Grundlagen der Texteingabe und -korrektur

Mit Ausnahme des Layouts *Leer* verfügen alle Folienlayouts von PowerPoint über Platzhalter für die Eingabe von Text. Wenn Sie die Microsoft Office-Anwendungen Word oder Excel nutzen, dann kennen Sie diese vielleicht bereits unter der Bezeichnung Textfelder. In Textfelder können Sie beliebig Text eingeben, diesen formatieren und dazu alle bekannten Techniken der Textverarbeitung einsetzen. Da diese den meisten Anwendern und Anwenderinnen bereits bekannt sein dürften, hier nur eine kurze Einführung für Neulinge auf diesem Gebiet.

### Text eingeben und korrigieren

#### Cursor positionieren

Sobald Sie in ein Textfeld geklickt haben, erscheint hier eine Einfügemarke in Form eines senkrechten, blinkenden Strichs, dieser wird auch als Cursor bezeichnet. An dieser Position werden alle Zeichen, die Sie über die Tastatur eingeben, eingefügt. Für nachträgliche Korrekturen am Text müssen Sie daher immer zuerst den Cursor an der gewünschten Stelle positionieren. Klicken oder tippen Sie dazu entweder mit der Maus an die betreffende Stelle oder verwenden Sie die Pfeiltasten der Tastatur.

### Zeilenumbruch und Absätze

- Passt während der Eingabe ein Wort nicht mehr in eine Zeile bzw. reicht die Breite des Textfeldes nicht aus, so wandert das Wort an den Anfang der nächsten Zeile. Es erfolgt somit ein automatischer Zeilenumbruch. Wenn Sie nachträgliche Änderungen am Text vornehmen, also Text einfügen, löschen oder eine größere bzw. kleinere Schrift wählen, dann passt sich der Zeilenumbruch jedes Mal automatisch neu an.
- Die Eingabe- oder Enter-Taste benötigen Sie dagegen, um einen Absatz zu beenden oder wenn Sie Leerzeilen bzw. leere Absätze einfügen möchten.

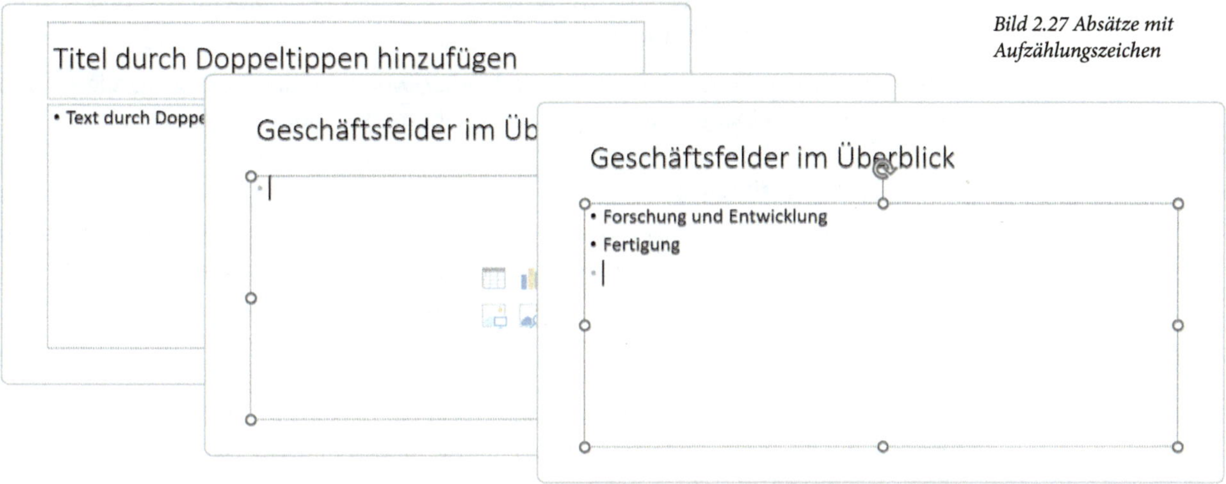


*Bild 2.27 Absätze mit Aufzählungszeichen*

> **Welche Bedeutung haben Absätze?**
> Unter einem Absatz versteht man in der Textverarbeitung und auch in PowerPoint einen zusammenhängenden Text, auch über mehrere Zeilen, der durch Drücken der Eingabetaste beendet wird. PowerPoint versieht Absätze in den Platzhaltern für Inhalte in der Regel automatisch mit Aufzählungszeichen (siehe Bild 2.27).

Möchten Sie in Ausnahmefällen eine neue Zeile beginnen, ohne den Absatz zu beenden, dann betätigen Sie die Tasten **Umschalt** (Shift) + **Eingabetaste**. Dies bezeichnet man auch als manuelle oder „weiche" Zeilenschaltung.

| Sie möchten erzeugen... | Tasten |
|---|---|
| einen neuen Absatz | Eingabetaste (Return/Enter) |
| eine neue Zeile, kein Absatzende | Umschalt (Shift) + Eingabetaste |

### Text löschen

Einzelne Zeichen löschen Sie entweder mit der **Entf**-Taste oder mit der Korrekturtaste (oberhalb der Eingabetaste). Welche der beiden Sie benutzen, hängt von der Position des Cursors ab und davon, wo sich die zu löschenden Zeichen befinden:

Die **Entf**-Taste ist auf manchen Tastaturen auch mit engl. Del beschriftet (Abkürzung für delete = entfernen).

| Taste | Bedeutung |
|---|---|
| ⌫ | Löscht das Zeichen links vom Cursor, daher auch als Rückschritt-Taste (engl. Backspace) oder Korrekturtaste bezeichnet. |
| Entf | Löscht das Zeichen rechts vom Cursor. |

Beide Tasten löschen nicht nur ein einzelnes, sondern nacheinander auch beliebig viele Zeichen. Der übrige Text rückt dann automatisch wieder nach links. Auch nicht sichtbare Zeichen wie Absatzende, Tabulator oder Leerzeichen können damit entfernt werden. Löschen Sie z. B. ein Absatzende, so rückt der nachfolgende Text nach oben und wird an den Absatz angefügt.

**Tipp**: Das Löschen längerer Texte geht schneller, wenn Sie diese zuvor markieren und dann mit einem einzigen Tastendruck auf die Korrektur- oder Entf-Taste löschen.

### Nachträglich Text einfügen

Um Text nachträglich einzufügen, klicken Sie an die gewünschte Stelle und geben über die Tastatur Ihren Text ein. Bereits an dieser Stelle vorhandener Text wird nicht überschrieben, sondern in Schreibrichtung verschoben.

### Text markieren

Viele Bearbeitungsschritte setzen voraus, dass Text markiert ist. Möchten Sie beispielsweise schnell größere Textstellen löschen oder überschreiben, dann müssen Sie den Text zuvor markieren. Auch beim Formatieren ist vorheriges Markieren erforderlich.

Am einfachsten markieren Sie mit der Maus: Bewegen Sie den Mauszeiger an den Anfang der Textstelle, die Sie markieren möchten, drücken Sie die linke Maustaste und halten Sie die Taste gedrückt, während Sie gleichzeitig den Mauszeiger über den Text bewegen, vergleichbar einem Textmarker. Lassen Sie erst los, wenn die gewünschte Textstelle markiert ist. Die Richtung ist beim Markieren egal. Sie können sowohl von links nach rechts als auch von rechts nach links markieren. Wenn Sie die Maus nach oben oder unten bewegen, dann wird Text in Schreibrichtung auch über mehrere Absätze hinweg markiert.

Markierter Text erscheint grau hinterlegt. Die Markierung ist allerdings nicht von Dauer, sondern wird wieder aufgehoben, wenn Sie an eine beliebige Stelle der Folie klicken oder tippen oder eine andere Stelle markieren.

*Bild 2.28 Text markieren*

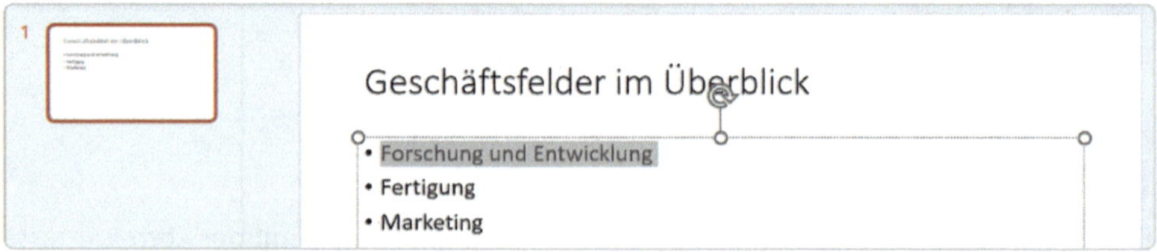

**Weitere Markierungstechniken mit der Maus**

| Sie möchten markieren... | So gehen Sie vor |
|---|---|
| ein einzelnes Wort | Doppelklicken Sie in das Wort. |
| einen Absatz | Klicken Sie dreimal innerhalb des Absatzes an eine beliebige Stelle. |
| den gesamten Text eines Textfeldes | Drücken Sie die Tastenkombination Strg+A. |

Mehrere, nicht zusammenhängende Textstellen markieren Sie mit gleichzeitig gedrückter **Strg**-Taste. So gehen Sie dabei vor:

Nicht zusammenhängende Texte markieren Sie mit gedrückter **Strg**-Taste.

1. Markieren Sie die erste Textstelle, wie oben beschrieben.
2. Drücken Sie auf der Tastatur die **Strg**-Taste und halten Sie sie gedrückt, während Sie nacheinander weitere Textstellen mit der Maus markieren. Erst dann lassen Sie die **Strg**-Taste los.

**Markierten Text überschreiben**

Grundsätzlich gilt: Markierter Text wird durch Tastatureingabe überschrieben. Wenn Sie also eine Textstelle durch anderen Text ersetzen möchten, dann genügt es, wenn Sie die Textstelle markieren und ohne vorheriges Löschen durch Tastatureingabe einfach überschreiben. Die Anzahl der Zeichen bzw. die Länge des Textes spielen dabei keine Rolle.

## Arbeitsschritte rückgängig machen oder wiederholen

Mit Ausnahme von Befehlen wie Speichern oder Drucken können die meisten Bearbeitungsschritte wieder rückgängig gemacht werden - beruhigend, wenn Sie beispielsweise Text versehentlich gelöscht oder überschrieben haben.

▶ In PowerPoint 2024 und auch in Microsoft 365 finden Sie das Symbol *Rückgängig*, wie auch in älteren Versionen links oben in der Symbolleiste für den Schnellzugriff.

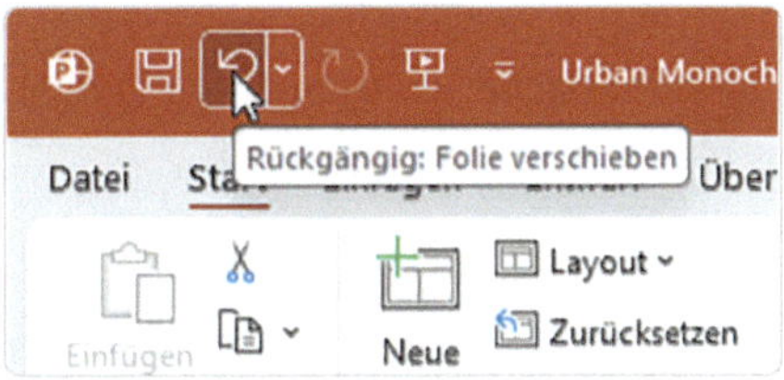


*Bild 2.29 Microsoft 365*

*Bild 2.30 PowerPoint 2024*

Oder verwenden Sie die Tastenkombination **Strg+Z**.

Mehrere Schritte können Sie durch wiederholtes Klicken auf das Symbol rückgängig machen, ein Klick auf den Dropdown-Pfeil des Symbols öffnet die Liste der letzten Schritte.

Haben Sie zu viele Schritte rückgängig gemacht bzw. wollen Sie die zuvor rückgängig gemachten Aktionen wiederherstellen, dann klicken Sie auf das Symbol *Wiederherstellen*, das sich unmittelbar neben dem Symbol *Rückgängig* befindet.

Wiederherstellen (Microsoft 365)

Wiederherstellen (PowerPoint 2024, 2021)

### Den letzten Befehl wiederholen

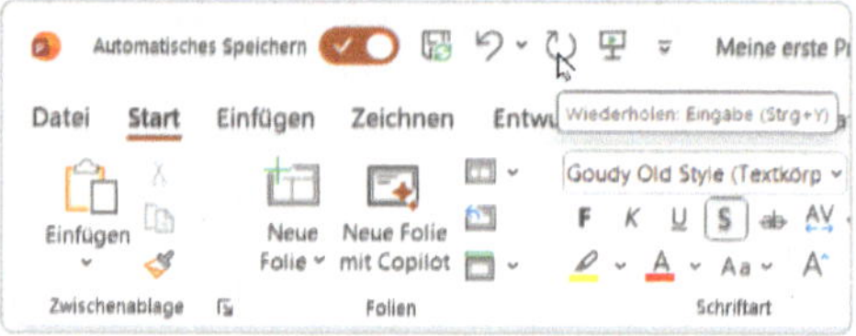


*Bild 2.31 Wiederholen*

Das Symbol *Wiederherstellen* ist nur verfügbar, wenn zuvor ein Arbeitsschritt rückgängig gemacht wurde. Ansonsten finden Sie an dieser Stelle das Symbol *Wiederholen* ↻. Dieses erlaubt es, schnell den letzten Arbeitsschritt, z. B. Löschen oder eine Formatierung anwenden, an anderer Stelle zu wiederholen.

- Auch die Funktionstaste **F4** wiederholt schnell den letzten Befehl.
- Falls in PowerPoint 2024 oder Microsoft 365 die Symbole *Rückgängig* und *Wiederherstellen* bzw. *Wiederholen* nicht in der Symbolleiste für den Schnellzugriff erscheinen sollten, so klicken Sie auf den Pfeil am Ende dieser Leiste und aktivieren die Anzeige (siehe Seite 70).

## Text mit der Maus verschieben oder kopieren

Wenn Sie Text an eine andere Stelle verschieben möchten, dann geht dies am schnellsten mit der Maus. Allerdings eignet sich diese Methode nur zum Verschieben über kurze Entfernungen bzw. innerhalb einer Folie.

1. Markieren Sie zuerst die Textstelle, die Sie verschieben möchten und lassen Sie danach die Maustaste wieder los.

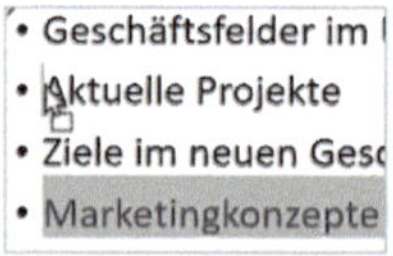


2. Zeigen Sie mit der Maus auf die Markierung (der Mauszeiger erscheint als Pfeil), drücken Sie die linke Maustaste und halten Sie die Taste gedrückt, während Sie die Maus über den Text bewegen. Am Mauszeiger wird ein kleines Kästchen sichtbar und im Text wandert der Cursor mit. Der markierte Text selbst bleibt vorerst an seiner ursprünglichen Stelle.
3. Bewegen Sie den Cursor im Text an die gewünschte Stelle, danach lassen Sie die Maustaste wieder los. Erst jetzt wird der markierte Text an dieser Stelle eingefügt. Beim Einfügen innerhalb eines Absatzes erfolgt meist auch gleichzeitig ein automatischer Ausgleich der Leerzeichen.

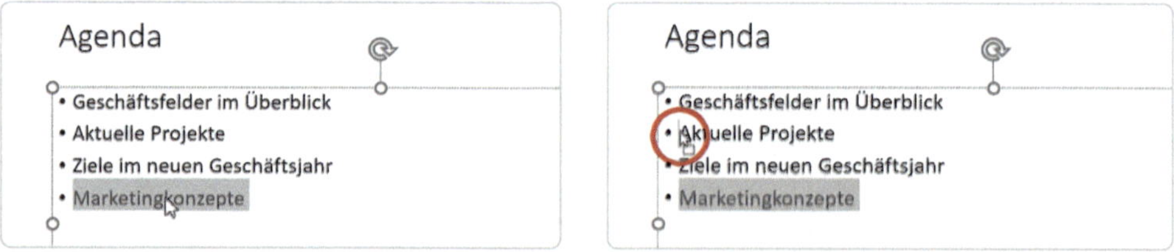


*Bild 2.32 Text verschieben*

#### Text mit der Maus kopieren

Beim Kopieren mit der Maus gehen Sie wie beim Verschieben vor, halten aber während des Ziehens gleichzeitig die **Strg**-Taste gedrückt. Am Mauszeiger erscheint dann zusätzlich ein kleines Pluszeichen.

## Die Zwischenablage zum Kopieren/Verschieben verwenden

Wenn Sie über mehrere Folien hinweg verschieben oder kopieren möchten, dann benutzen Sie besser die Zwischenablage. Diese Vorgehensweise gilt nicht nur für Text, sondern auch für alle übrigen Folienelemente und die Folien selbst. Ein weiterer Vorteil der Zwischenablage: Ausgeschnittene oder kopierte Elemente verbleiben solange in der Zwischenablage, bis Sie das nächste markierte Element ausschneiden oder kopieren und können daher auch mehrmals eingefügt werden.

Die Symbole zur Verwendung der Zwischenablage finden Sie im Menüband im Register *Start*, Gruppe *Zwischenablage*, sowie im Kontextmenü, wenn Sie mit der rechten Maustaste auf ein markiertes Element klicken. Alternativ können Sie auch Tastenkombinationen verwenden, die Sie vielleicht von Windows kennen.

**Übersicht Schaltflächen und Tastenkombinationen**

| Sie möchten... | Symbol | Tastenkombination |
|---|---|---|
| das markierte Element in die Zwischenablage ausschneiden | (Schere) | Strg+X |
| das markierte Element in die Zwischenablage kopieren | | Strg+C |
| ein Element aus der Zwischenablage an der Cursorposition einfügen | Einfügen | Strg+V |

### Daten zwischen Anwendungen austauschen

Die Zwischenablage dient auch zum Austausch von Text und anderen Elementen zwischen verschiedenen Dateien und Apps. Dies können z. B. Bilder, Diagramme oder Tabellen sein, die einzige Voraussetzung: Beide Dokumente müssen geöffnet sein. Da nahezu alle Apps von der Windows-Zwischenablage unterstützt werden, können Sie beispielsweise in der Foto-App von Windows ein Bild auswählen, kopieren und in eine Folie einfügen. Auch im Browser können Sie Elemente markieren, kopieren und anschließend in eine Folie einfügen. Die Vorgehensweise ist immer gleich:

1. Markieren Sie das betreffende Element und kopieren Sie es mit einer der oben beschriebenen Methoden in die Zwischenablage.
2. Wechseln Sie über die Taskleiste in das Zieldokument, hier Ihre PowerPoint-Präsentation.
3. Wählen Sie die gewünschte Folie aus und fügen Sie den Inhalt der Zwischenablage ein.

**Die Office-Zwischenablage**

Aus der normalen Zwischenablage kann immer nur das zuletzt ausgeschnittene oder kopierte Element eingefügt werden. Im Gegensatz dazu speichert die Office-Zwischenablage bis zu 24 Elemente und erlaubt auch späteres Einfügen, wenn Sie zwischenzeitlich noch weitere Elemente ausgeschnitten oder kopiert haben. Allerdings unterstützt die Office-Zwischenablage ausschließlich den Datenaustausch zwischen Microsoft Office-Anwendungen, beispielsweise zwischen Excel-Arbeitsmappen und PowerPoint-Präsentationen.

Damit die Office-Zwischenablage verwendet werden kann, muss der Aufgabenbereich *Zwischenablage* geöffnet, d. h. im linken Bereich des PowerPoint-Fensters sichtbar sein (siehe Bild 2.33). Zum Öffnen klicken Sie im Menüband, Register *Start* auf das Symbol der Gruppe *Zwischenablage* ❶.

Anschließend können Sie nacheinander bis zu 24 Elemente in die Zwischenablage kopieren oder ausschneiden, die Befehle sind die gleichen wie oben. Zum Einfügen klicken Sie einfach im Aufgabenbereich auf das betreffende Element ❷. Während markierter Text direkt durch Inhalte aus der Zwischenablage ersetzt wird, klappt das bei Bildern leider nicht. Ob markiert oder nicht, das Bild aus der Zwischenablage wird immer zusätzlich eingefügt.

**Tipp:** Wenn Sie ein Bild ersetzen möchten, klicken Sie dieses mit der rechten Maustaste an und wählen *Bild ändern*. Dann können Sie ein neues Foto auswählen, dass das alte ersetzt.

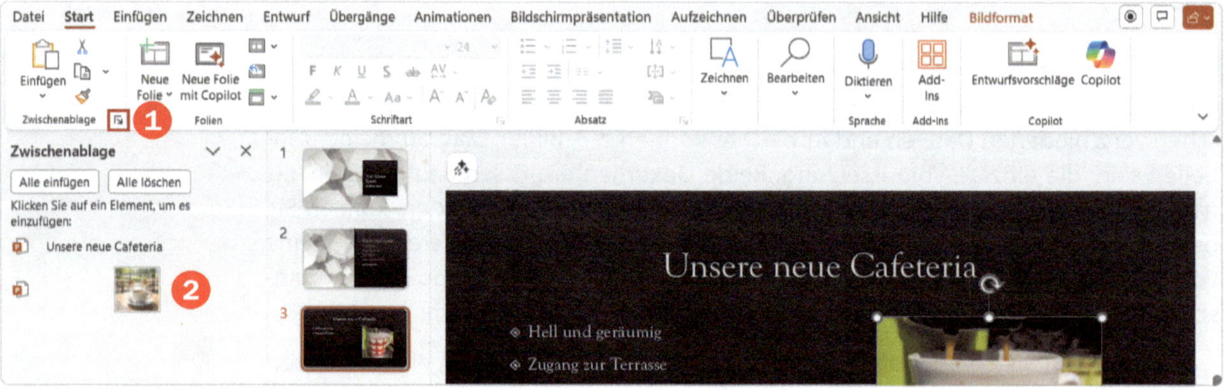


*Bild 2.33 Office-Zwischenablage*

Mit der Schaltfläche *Alle einfügen* lassen sich bei Bedarf alle Elemente in der angezeigten Reihenfolge einfügen.

**Einträge löschen**

Die Schaltfläche *Alle löschen* entfernt alle Einträge aus der Office-Zwischenablage. Um nur ein einzelnes Element zu löschen, zeigen Sie mit der Maus darauf und klicken dann auf den Dropdown-Pfeil. Ein kleines Menü erscheint, klicken Sie hier auf *Löschen*.

### Die erweiterte Windows-Zwischenablage

PowerPoint unterstützt, wie nahezu alle Windows-Programme, die erweiterte Zwischenablage von Windows 11. Alle, in die Zwischenablage kopierten Elemente erscheinen automatisch auch im Zwischenablagenbereich des Word-Fensters.

Um einen Text oder ein Bild aus der erweiterten Windows-Zwischenablage einzufügen, drücken Sie die Tastenkombination ⊞ + **V** und wählen mit der Maus oder den Pfeiltasten das gewünschte Element aus.

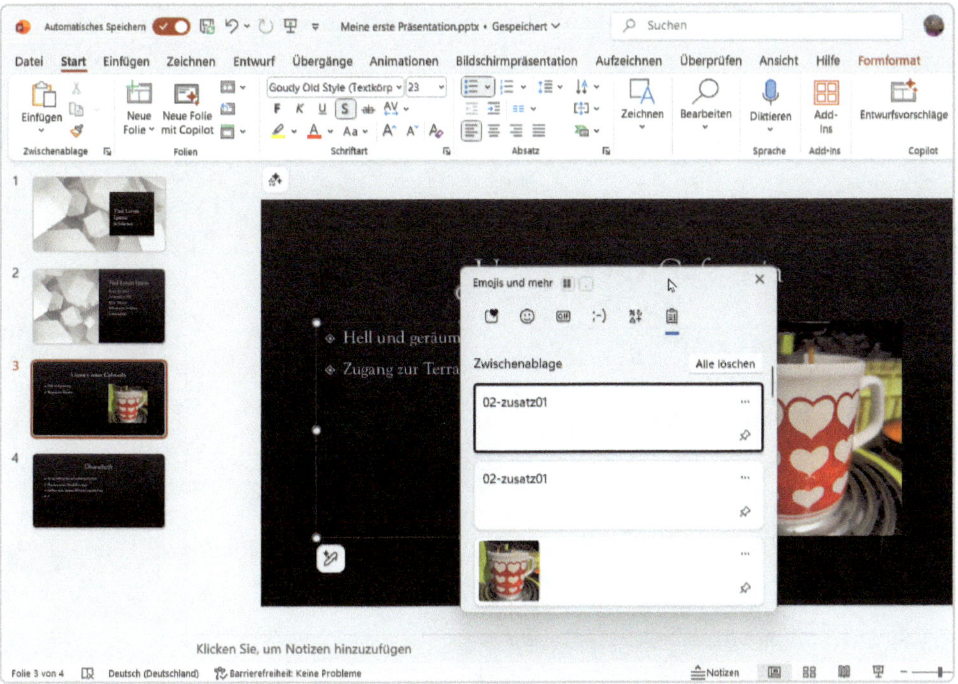


*Bild 2.34 Die erweiterte Windows-Zwischenablage in PowerPoint Microsoft 365*

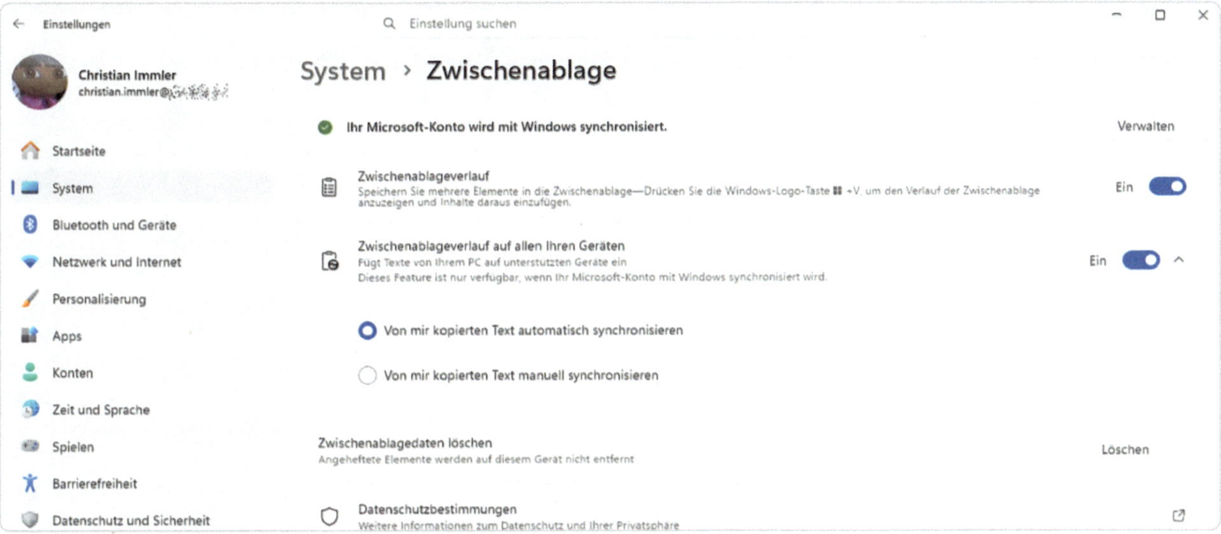


*Bild 2.35 Einstellungen zur Zwischenablage in Windows 11*

Sollte sich das Fenster der erweiterten Zwischenablage nicht öffnen, schalten Sie den Schalter *Zwischenablagenverlauf* (siehe Grafik auf der vorigen Seite) in den Windows-Einstellungen unter *System/Zwischenablage* ein.

Schalten Sie zusätzlich *Zwischenablagenverlauf auf allen Ihren Geräten* ein. Dann können sie über die Zwischenablage Daten zwischen mehreren PCs austauschen, die mit dem gleichen Microsoft-Konto angemeldet sind.

# 3 Die PowerPoint-Arbeitsoberfläche

**In diesem Kapitel lernen Sie ...**

- Elemente des PowerPoint-Fensters
- Befehlseingabe und Bedienung mit Fingergesten
- Präsentationen speichern und öffnen
- PowerPoint-Dateitypen
- Präsentationen freigeben und im Team bearbeiten

**Das sollten Sie bereits wissen**

- Umgang mit Maus, Tastatur und Touchpad
- PowerPoint starten und beenden
- Einfache Präsentationen erstellen

Dieses Kapitel wendet sich in erster Linie an Einsteiger, die mit Microsoft-Office nicht oder nur wenig vertraut sind. Sie erfahren hier den allgemeinen Umgang mit Fenstern und der Benutzeroberfläche von Microsoft-Office, wie Sie Dokumente speichern und öffnen und in Verbindung mit einem Microsoft-Konto den kostenlosen Cloudspeicher *OneDrive* nutzen. Ferner lernen Sie die verschiedenen PowerPoint-Ansichten und deren Einsatz kennen und richten Ihre Arbeitsumgebung ein.

## 3.1 Das PowerPoint-Fenster auf einen Blick

### Fensterelemente

PowerPoint wird, wie alle Anwendungen und Apps, in einem Fenster auf dem Windows-Desktop geöffnet. Über die typischen Fenstersymbole in der rechten oberen Ecke ändern Sie die Fenstergröße und beenden PowerPoint wieder. Die wichtigsten Elemente von PowerPoint in der Ansicht *Normal* sehen Sie im nachfolgenden Bild.

*Bild 3.1 PowerPoint in der Ansicht Normal (Microsoft 365)*

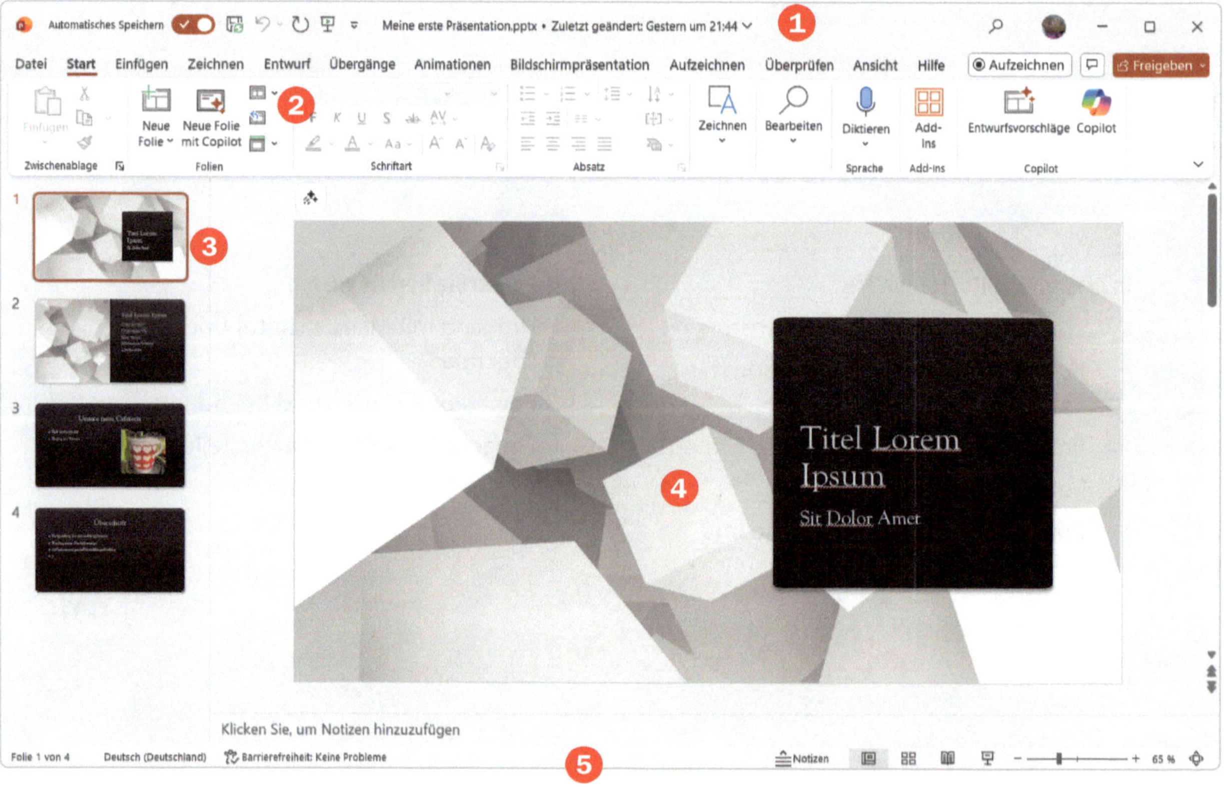


**Hinweis:** Das Aussehen der Titelleiste von PowerPoint 2024 weicht etwas von der Microsoft 365 Titelleiste ab.

1. Titelleiste mit Dateiname, Speichern-Symbol bzw. Symbolleiste für den Schnellstart und Symbolen zur Fenstersteuerung
2. Menüband mit Registern
3. Navigationsbereich mit Miniaturvorschau auf alle Folien der aktuellen Präsentation

4 Folienbereich mit der aktuell bearbeiteten Folie
5 Statusleiste

### Fenstergröße steuern

Die Titelleiste des PowerPoint-Fensters enthält neben dem Namen der aktuellen Präsentation ganz rechts die drei Windows-typischen Symbole zum Steuern der Fenstergröße und zum Schließen des Fensters.

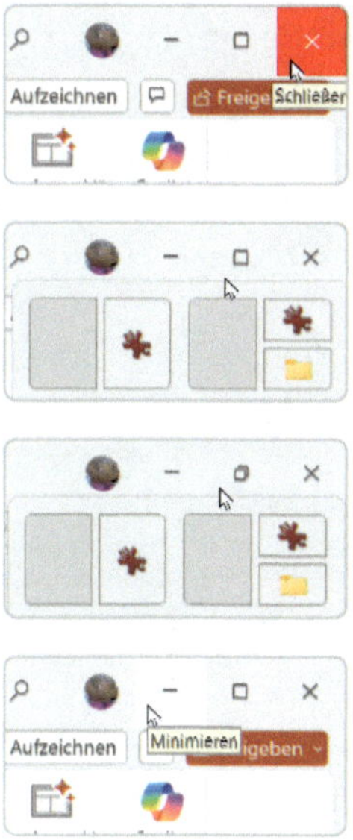


- Mit Klick auf das Symbol *Schließen* beenden Sie PowerPoint.
- Ein Mausklick auf das mittlere der drei Symbole vergrößert das Fenster über den gesamten Bildschirm (*Maximieren*) und verkleinert es wieder auf die vorherige Größe (*Verkleinern*). Beachten Sie, dass Windows 11 beim Zeigen auf dieses Symbol auch verschiedene Layoutoptionen zum Anordnen mehrerer geöffneter Fenster anbietet.
- Mit dem Symbol *Minimieren* reduzieren Sie das Fenster auf ein Symbol in der Taskleiste am unteren Bildschirmrand. Die Anwendung wird dadurch nicht beendet und ein Klick auf das Symbol stellt das ursprüngliche Fenster wieder her.

*Bild 3.2 Taskleiste: Fenster wiederherstellen*

### Statusleiste

Am unteren Rand des Fensters befindet sich die Statusleiste. Sie zeigt standardmäßig links die Anzahl der Folien, weitere Informationen wie z. B. Status der Rechtschreibprüfung, verwendete Sprache und Barrierefreiheitsprüfung können optional per Rechtsklick in die Taskleiste ein- und ausgeblendet werden. Im rechten Bereich finden Sie Symbole zur schnellen Steuerung der Anzeige.

*Bild 3.3 Die Statusleiste*

## Schaltflächen und Symbole im Menüband

Das Menüband (engl. ribbon) fasst grundlegende Aufgabenstellungen in Registerkarten zusammen. So enthält beispielsweise das Register *Start* Symbole für allgemeine Aufgaben, während Sie im Register *Ansicht* die Anzeige steuern können.

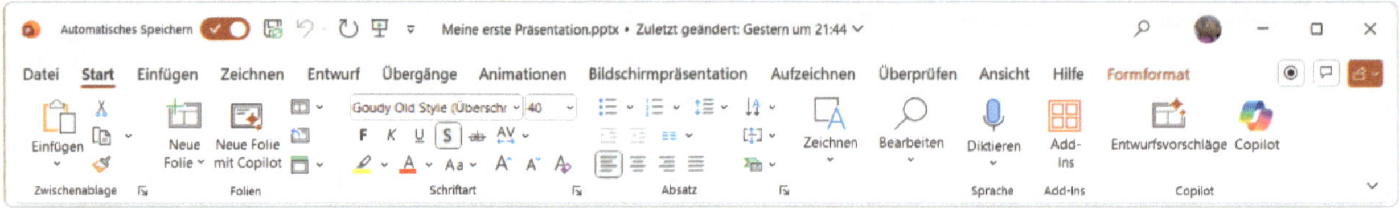


*Bild 3.4 Das Menüband mit dem Register Start*

- Zur Anzeige einer Registerkarte klicken Sie einfach auf den Namen bzw. Reiter des Registers. Der Name des aktuellen Registers ist fett und unterstrichen hervorgehoben.
- Wenn Sie den Mauszeiger im Menüband positionieren, können Sie auch durch Drehen des Mausrads durch die Register blättern.

### Menüband minimieren/vollständig anzeigen

Das Menüband kann verkleinert bzw. bis auf die Reiter ausgeblendet werden.

- **Menüband ausblenden**: Doppelklicken Sie auf den Namen des aktuellen Registers oder Rechtsklick in das Menüband und Befehl *Menüband reduzieren*. Im ausgeblendeten Zustand sind nur die Reiter mit den Namen sichtbar, die dazugehörigen Symbole erscheinen erst, wenn Sie auf eine Registerkarte klicken und verschwinden nach Anklicken eines Symbols automatisch wieder.

*Bild 3.5 Das Menüband ist bis auf die Reiter ausgeblendet*

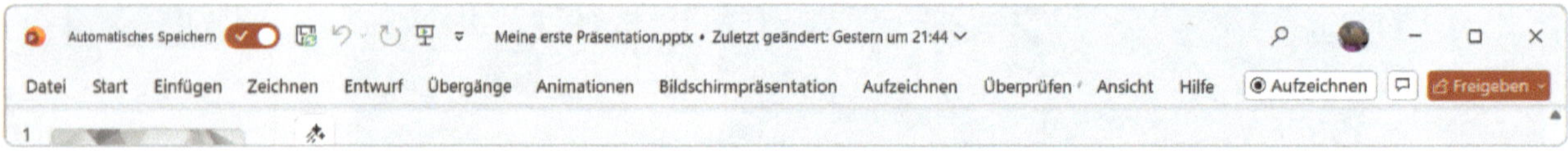


- **Menüband wieder anzeigen**: Doppelklicken Sie auf den Namen eines beliebigen Registers oder Rechtsklick und die Einstellung *Menüband reduzieren* (Häkchen) durch nochmaliges Anklicken wieder aufheben.

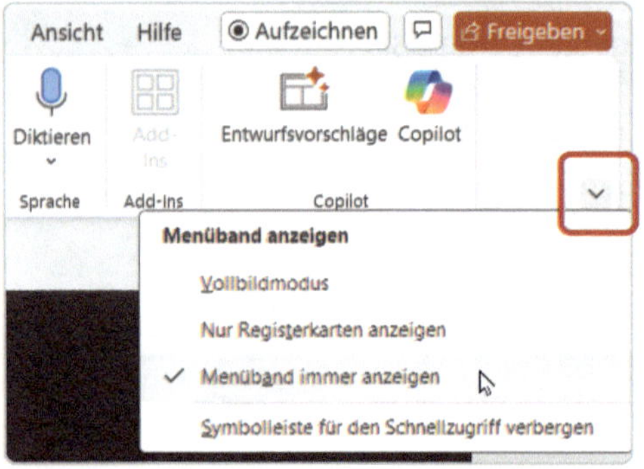


*Bild 3.6 Weitere Anzeigeoptionen*

- **Weitere Anzeigeoptionen**: Alternativ klicken Sie im Menüband ganz rechts auf den Pfeil *Menüband-Anzeigeoptionen*. *Menüband immer anzeigen* bedeutet, das Menüband ist vollständig sichtbar und *Nur Registerkarten anzeigen* blendet die Symbole aus, siehe oben. Die Option *Vollbildmodus* blendet dagegen alle Bedienelemente, also auch Reiter und Statusleiste aus und maximiert das Fenster. Um dann das Menüband anzuzeigen, klicken Sie in der rechten oberen Ecke des Fensters auf die drei Punkte. Wenn Sie die Standardanzeige wiederherstellen möchten, dann klicken Sie auf das Symbol und auf *Menüband immer anzeigen*.

### So finden Sie sich im Menüband zurecht

Innerhalb der Register sind die Befehle bzw. Symbole in Gruppen angeordnet. So finden Sie beispielsweise im Register *Start* die Gruppen *Schriftart* mit Symbolen zur

Schriftgestaltung und *Absatz* zur Absatzausrichtung. Kurzinformationen zu einem Symbol erhalten Sie, wenn Sie mit der Maus darauf zeigen.

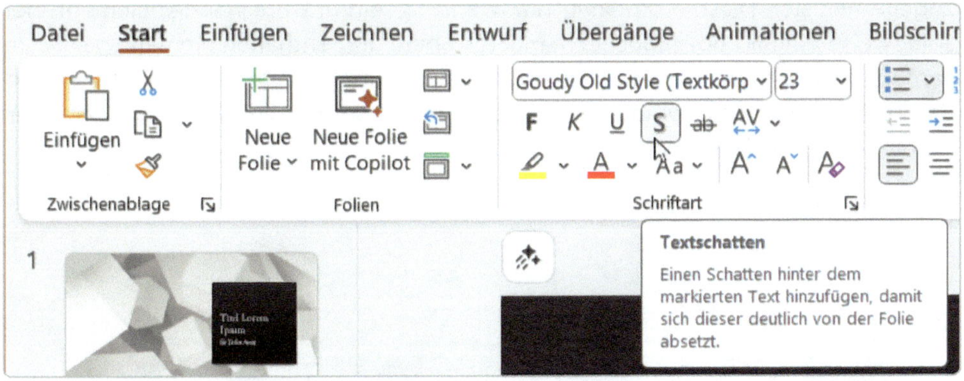


*Bild 3.7 Schaltfläche mit Kurzinfo*

Innerhalb der Gruppen passen sich Größe und Beschriftung der Symbole automatisch an die Größe des Fensters an und sehen dadurch etwas unterschiedlich aus. Möglicherweise ist auch anstelle der Symbole nur der Name der Gruppe sichtbar. Dann erscheinen die Symbole erst, wenn Sie auf den Dropdown-Pfeil klicken. Als Beispiel im Bild rechts die Symbole der Gruppe *Folien* im Register *Start*. Das Symbol *Neue Folie mit Copilot* steht nur in Microsoft 365 zur Verfügung.

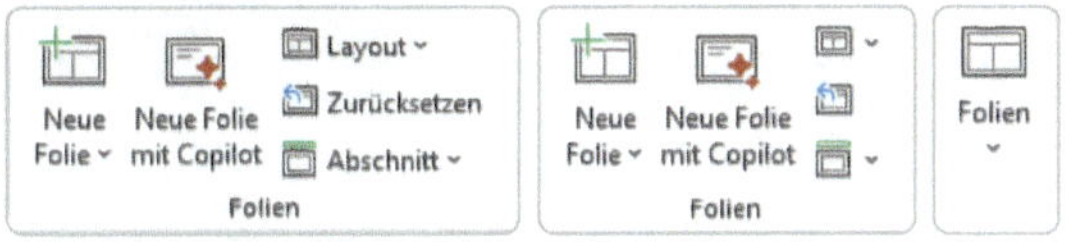


**Symbole bzw. Schaltflächen**

- Einige Symbole sind mit einem Dropdown-Pfeil versehen, dann öffnet ein Klick darauf eine Liste mit Auswahlmöglichkeiten.
- Manche Symbole bzw. Schaltflächen sind auch zweigeteilt: Ein Klick auf das Symbol liefert die Standardeinstellung oder die zuletzt gewählte Option und ein Mausklick auf den Dropdown-Pfeil öffnet dagegen eine Auswahlliste. Als Beispiel im Bild unten das Symbol *Schriftfarbe*. Ein Klick auf das Symbol liefert die angezeigte Farbe, im Bild rot. Ein Klick auf den Dropdown-Pfeil öffnet die Palette der Designfarben und bietet die Möglichkeit, eine andere Farbe auszuwählen.

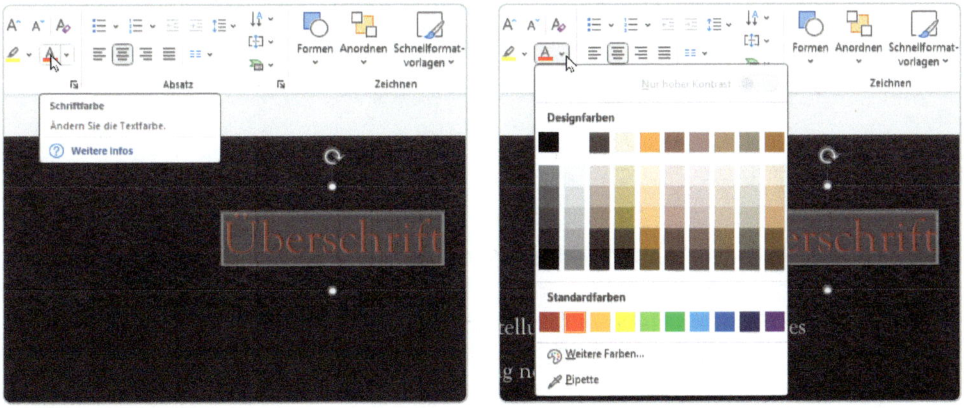


*Bild 3.8 Schaltfläche Schriftfarbe: Symbol und Dropdown-Pfeil*

**Kontextbezogene Register**

Neben den Standardregistern verfügt das Menüband noch über weitere, kontextbezogene Register. Diese erscheinen nur, wenn Sie ein entsprechendes Element, beispielsweise ein Bild oder Tabelle, markiert haben, und enthalten elementspezifische Symbole. Kontextbezogene Register erscheinen in der Regel rechts vom letzten Standardregister und verschwinden automatisch, wenn das Element nicht mehr markiert ist, hier als Beispiel das Register *Bildformat*.

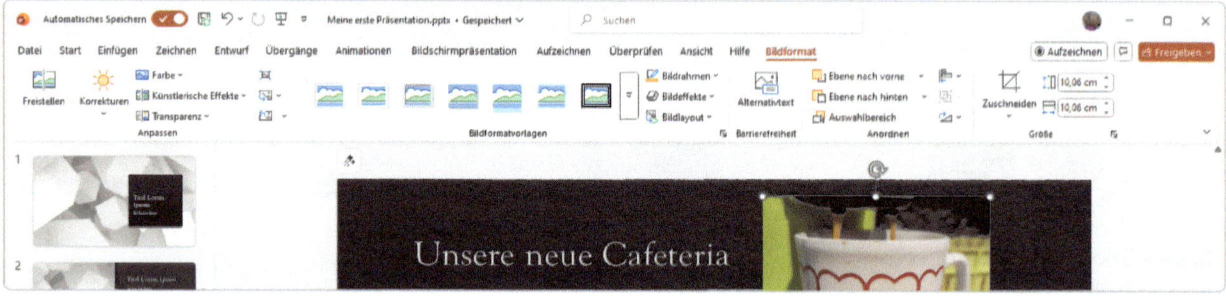


*Bild 3.9 Beispiel: Das Register Grafikformat*

**Tasten statt Schaltflächen verwenden**

Die Register und Befehle im Menüband können nicht nur mit der Maus, sondern auch über die Tastatur aufgerufen werden. Dazu gehen Sie wie folgt vor:

1 Drücken Sie die **Alt**-Taste. Das Menüband zeigt nun die Tasten an, über die Sie die Register aufrufen, z. B. **F** für das Register *Ansicht*.

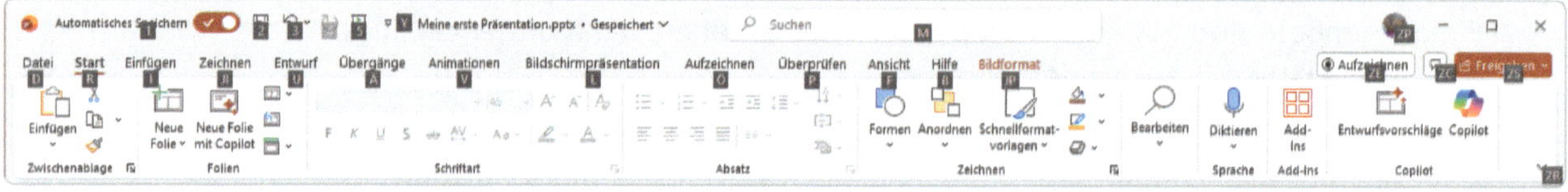


*Bild 3.10 Registerkarten mit Tasten aufrufen*

2 Nach dem Drücken einer Taste, beispielsweise **R** für das Register *Start*, erscheinen die Tasten zu den Symbolen der aufgerufenen Registerkarte. Drücken Sie beispielsweise **1**, um markierten Text fett zu formatieren. Mit dem Aufruf eines Befehls oder Drücken der **Esc**-Taste verschwindet die Tastenanzeige wieder.

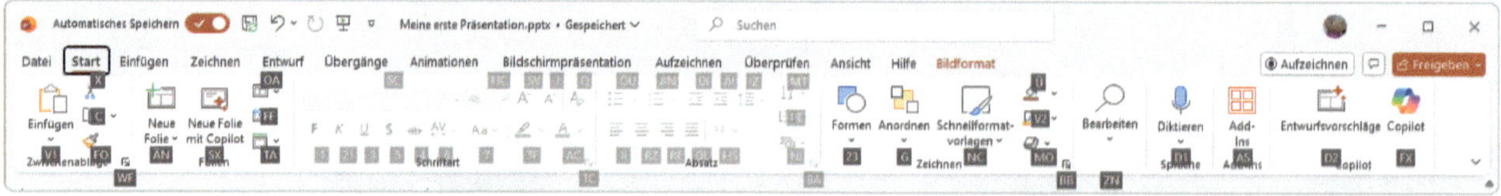


*Bild 3.11 Tasten zu den Symbolen*

**Mehrere Befehle gleichzeitig in einem Dialogfenster anzeigen**

In einigen Fällen öffnet sich statt eines Fensters am rechten Bildschirmrand der dazugehörige Aufgabenbereich mit umfassenden Möglichkeiten.

Manche Gruppen, zum Beispiel *Schriftart* und *Absatz* im Register *Start*, weisen in ihrer rechten unteren Ecke ein kleines Pfeilsymbol ↘ auf. Ein Klick auf dieses Gruppensymbol, im Bild 3.12 auf Seite 57 der Gruppe *Schriftart* ❶, öffnet ein Dialogfenster ❷, das alle Befehle der Gruppe zusammenfasst. Eine nützliche Sache, wenn Sie aus einer

Gruppe nacheinander gleich mehrere Befehle benötigen. Zudem finden Sie hier mitunter auch Befehle, die das Menüband nicht anbietet.

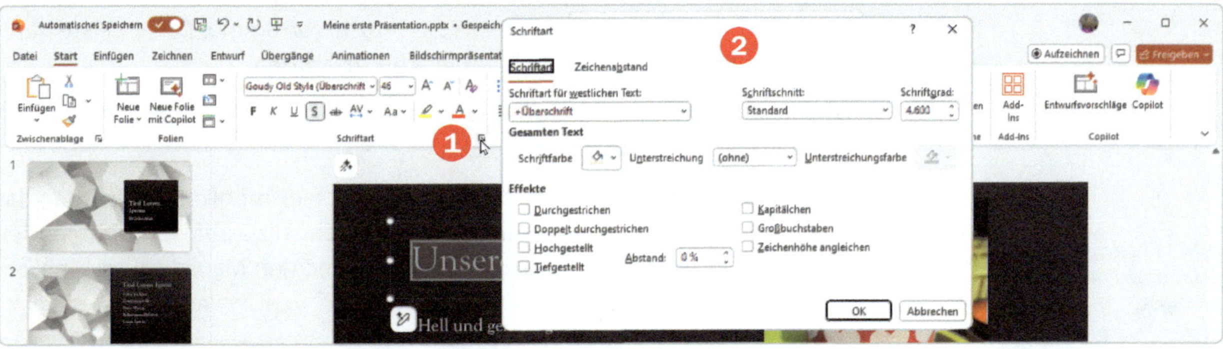


*Bild 3.12 Beispiel Dialogfenster*

## Weitere Möglichkeiten der Befehlseingabe

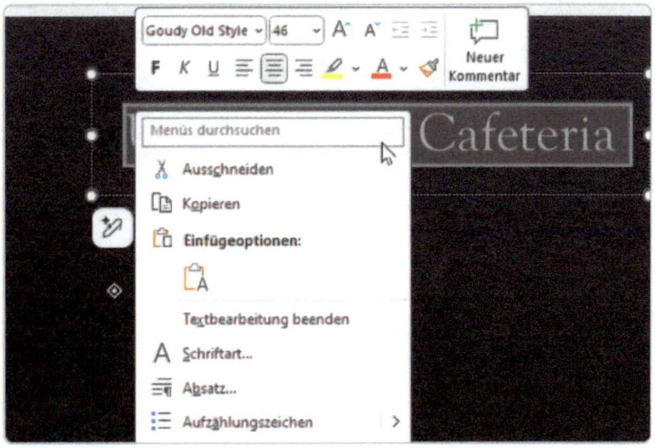


*Bild 3.13 Kontextmenü und Minisymbolleiste*

### Kontextmenü und Minisymbolleiste

Als schnelle Alternative zum Menüband bietet sich das Kontextmenü an. Es erscheint in der Folie, wenn Sie ein Element mit der rechten Maustaste anklicken und alle Befehle dieses Menüs beziehen sich ausschließlich auf dieses Element. Ober- oder unterhalb des Kontextmenüs erscheint außerdem eine Minisymbolleiste mit den wichtigsten Symbolen zur Formatierung. Die Minisymbolleiste ohne Kontextmenü erscheint außerdem auch unmittelbar nach dem Markieren von Text.

### Tastenkombinationen

Darüber hinaus lassen sich viele Befehle auch per Tastenkombination ausführen, z. B. Kopieren mit den Tasten **Strg**+**C** oder Fett formatieren mit **Strg**+**Umschalt**+**F**. Achtung: Tastenkombinationen sind nicht zu verwechseln mit dem Aufruf von Befehlen im Menüband in Verbindung mit der **Alt**-Taste, siehe Seite 56.

**Tipp:** Die Tastenkombination zu einem Befehl erscheint zusammen mit einer Kurzinfo, wenn Sie im Menüband auf das betreffende Symbol zeigen.

Eine Zusammenstellung der wichtigsten Tastenkombinationen für PowerPoint finden Sie im Anhang dieses Buches.

### Symbole in der Folie

Unmittelbar nach bestimmten Aktionen, beispielsweise dem Einfügen aus der Zwischenablage, erscheinen an dieser Stelle in der Folie kleine Symbole. Klicken Sie auf das Symbol, so öffnet sich ein Menü mit verschiedenen aktionsbezogenen Optionen, die in vielen Fällen gute Dienste leisten.

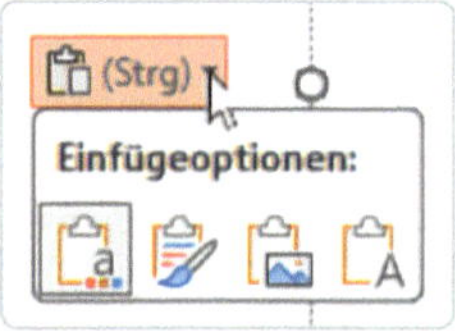

## Die Symbolleiste für den Schnellzugriff

Zum schnellen Aufruf häufig benötigter Befehle stellt PowerPoint im linken Bereich der Titelleiste die *Symbolleiste für den Schnellzugriff* zur Verfügung. Diese Leiste kann schnell und unkompliziert um weitere Befehle ergänzt werden.

- In PowerPoint 2024 finden Sie die Leiste ganz links oberhalb des Menübands (in Ausnahmefällen auch unterhalb).
- Wenn Sie Microsoft 365 nutzen, dann sehen Sie hier möglicherweise nur das Symbol *Speichern* und die Symbolleiste für den Schnellzugriff ist ausgeblendet. In diesem Fall klicken Sie zum Anzeigen mit der rechten Maustaste an eine beliebige Stelle im Menüband und auf *Symbolleiste für den Schnellzugriff anzeigen*.

*Bild 3.14 Microsoft 365: Schnellzugriffsleiste anzeigen*

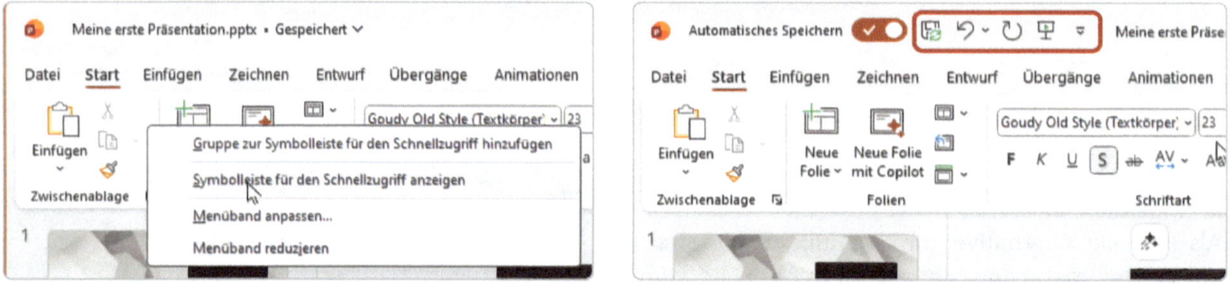


*Bild 3.15 Symbolleiste für den Schnellzugriff anpassen*

### Befehle hinzufügen

Zum Hinzufügen weiterer Befehle klicken Sie am rechten Ende der Leiste auf den Pfeil *Symbolleiste für den Schnellzugriff anpassen* ❶.

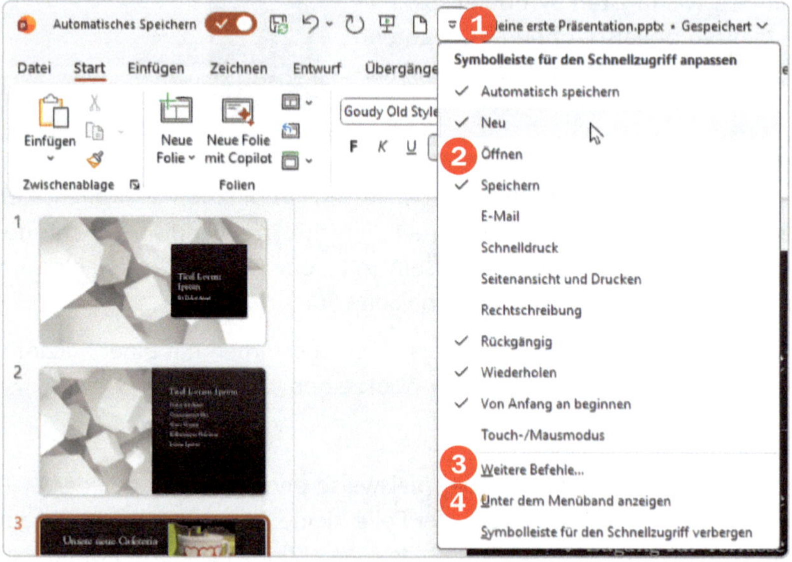


Klicken Sie dann in der Liste häufig verwendeter Befehle auf den gewünschten, z. B. *Neu* ❷ (Neue Präsentation). Bereits enthaltene Befehle sind mit einem Häkchen versehen und können mit einem Klick wieder aus der Schnellzugriffsleiste entfernt werden.

**Tipp:** Ein Mausklick auf den Eintrag *Weitere Befehle…* ❸ öffnet ein Dialogfenster mit sämtlichen, in PowerPoint verfügbaren Befehlen. Außerdem kann die Leiste sowohl ober-, als auch unterhalb des Menübands platziert werden ❹.

## PowerPoint per Toucheingabe bedienen

Neben der klassischen Eingabe mit Maus und Tastatur kann PowerPoint in Verbindung mit einem touchfähigen Bildschirm auch mit den Fingern und/oder einem entsprechenden Stift bedient werden.

### Menüband für den Touchmodus optimieren

Um für die Auswahl per Finger mehr Platz zwischen den Symbolen des Menübands zu schaffen, sollten Sie den Touchmodus aktivieren. Dazu müssen Sie zunächst das Symbol *Touch-/Mausmodus* der *Symbolleiste für den Schnellzugriff* hinzufügen, siehe vorheriger Punkt. Tippen Sie dann auf das Symbol *Touch-/Mausmodus* und wählen Sie *Fingereingabe* aus.

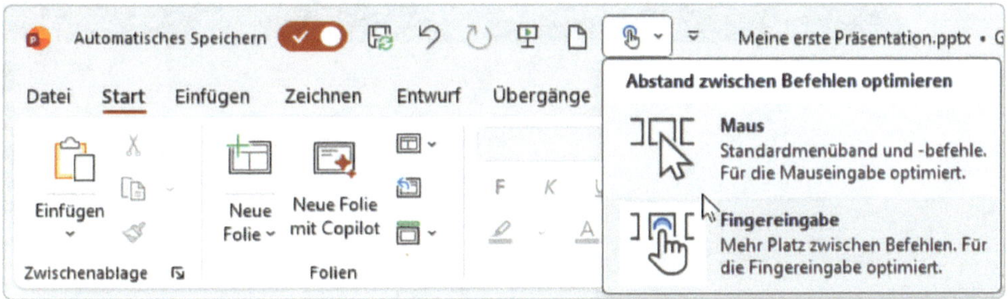


*Bild 3.16 Wechsel zwischen Maus- und Fingereingabe*

### Tipps zur Verwendung der Bildschirmtastatur

Zum Anzeigen der Bildschirmtastatur tippen Sie im rechten Bereich der Taskleiste am unteren Bildschirmrand auf das Symbol *Bildschirmtastatur*. Zum Ausblenden benutzen Sie das Schließen-Symbol ❶ in der rechten oberen Ecke der Bildschirmtastatur.

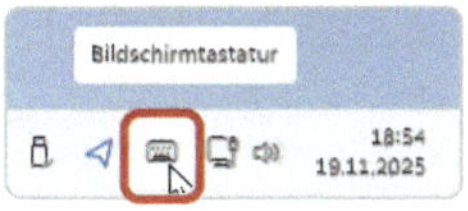


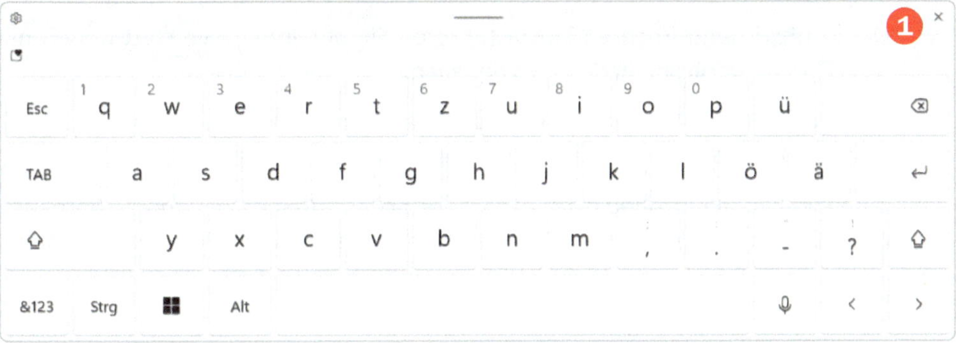


*Bild 3.17 Die Bildschirmtastatur im Standardlayout*

### Weitere Tastaturoptionen

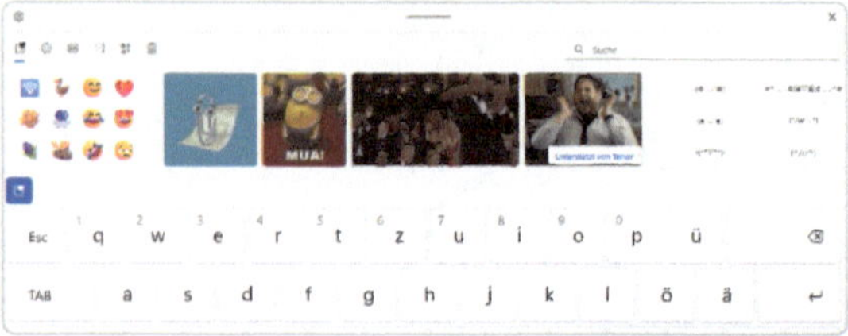

In der linken oberen Ecke der Bildschirmtastatur können Sie über das Symbol *Tastatureinstellungen* und die Auswahl *Tastaturlayout* ③ ein anderes Tastaturlayout wählen. *Traditionell* hat das Aussehen einer physischen Tastatur und zeigt Buchstaben und Zahlen zusammen an, damit erübrigt sich der Wechsel zwischen Ziffern und Buchstaben.

Das Symbol links oben blendet Symbolleisten für Emoji und GIFs ein.

Falls Sie Text per Stift eingeben möchten, so klicken Sie auf *Handschrift* ④. Anstelle der Tastatur erscheint ein Eingabefeld und durch Antippen des Symbols *Eingabe* übernehmen Sie Ihre Eingabe in das markierte Textfeld. Zurück zur Bildschirmtastatur gelangen Sie wieder über das Symbol *Tastatureinstellungen*.

Außerdem ist noch die Freihandeingabe, z. B. Zeichnen, möglich. Die Vorgehensweise finden Sie in den entsprechenden Kapiteln.

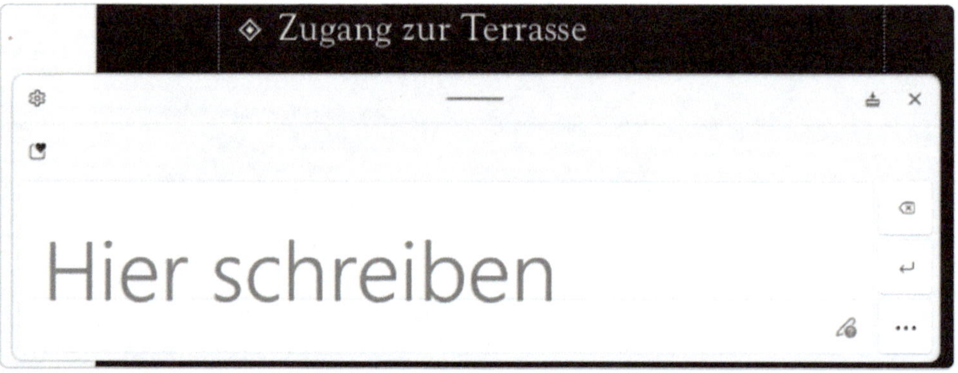


*Bild 3.18 Eingabe per Handschrift*

### Die wichtigsten Fingergesten im Überblick

- Anstelle des Mausklicks (linke Maustaste) tippen Sie zur Befehlseingabe mit dem Finger.
- Das Kontextmenü (rechte Maustaste) rufen Sie auf, indem Sie statt tippen mit dem Finger auf dieser Stelle kurz verweilen.
- Zum Verschieben des Bildschirmausschnitts (Scrollen) wischen Sie von der Bildschirmmitte aus in die gewünschte Richtung.
- Zum Zoomen der Anzeige berühren Sie den Bildschirm mit zwei Fingern und spreizen diese zum Vergrößern bzw. führen zum Verkleinern Ihre Finger zusammen.

# 3.2 Eine neue Präsentation erstellen

Nach dem Starten von PowerPoint erscheint zunächst die Startseite und Sie können Ihre Präsentation entweder aus einer Vorlage erstellen (siehe Kap. 2.2) oder mit Klick auf *Leere Präsentation* mit einer leeren Präsentation beginnen. Wenn Sie mehr Vorlagen anzeigen möchten, dann klicken Sie entweder auf *Weitere Designs* ❶ oder auf *Neu* ❷.

*Bild 3.19 Die Startseite im Register Datei*

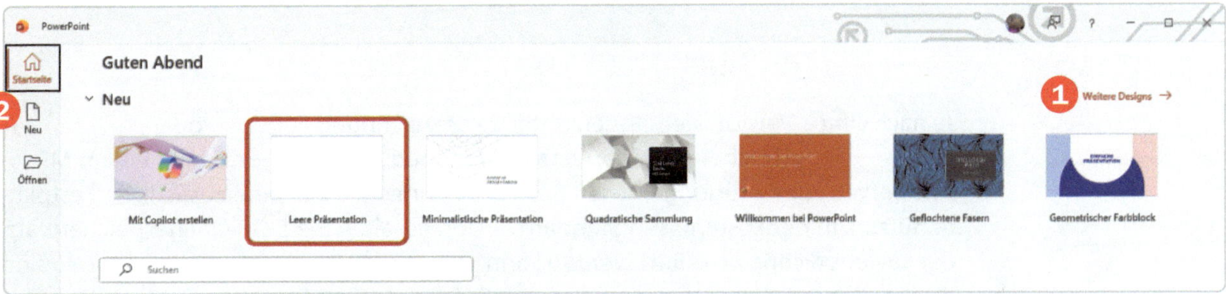


PowerPoint zeigt anschließend die erste Folie der neuen Präsentation in der Ansicht *Normal* an und Sie können beginnen. In der Titelleiste sehen Sie den Namen der Vorlage oder *Präsentation1*, wenn Sie eine *Leere Präsentation* gewählt haben.

Falls PowerPoint mit einer anderen Präsentation bereits geöffnet ist, dann klicken Sie zum Erstellen einer weiteren im Menüband auf das Register *Datei*. Anschließend erscheint die *Startseite* und Sie können eine leere Präsentation oder eine Vorlage auswählen. Falls Sie doch keine neue Präsentation erstellen möchten, klicken Sie auf den Pfeil ❸ oder verwenden die **Esc**-Taste. Damit schließen Sie das Register *Datei*. PowerPoint zeigt dann wieder die bereits geöffnete Präsentation.

**Tipp**: Mit Doppelklick auf eine Vorlage erstellt PowerPoint aus dieser sofort und ohne Vorschau eine neue Präsentation.

*Bild 3.20 Weitere Präsentation erstellen*

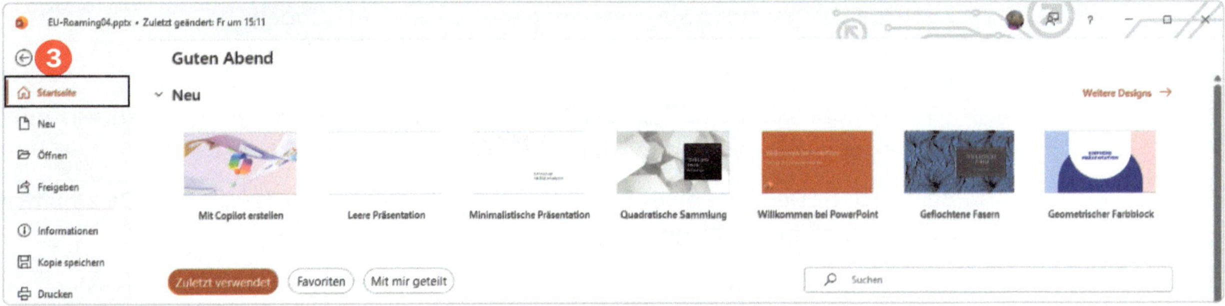


### Leere Präsentation erstellen

Nutzerinnen anderer Office-Anwendungen kennen vielleicht die Tastenkombination **Strg+N** oder das Symbol *Neu* in der Symbolleiste für den Schnellzugriff zum Erzeugen neuer Dokumente. Beides funktioniert auch in PowerPoint, jedoch wird dadurch automatisch eine leere Präsentation erstellt.

## 3.3 Präsentationen speichern und öffnen

Bevor Sie PowerPoint beenden, sollten Sie nicht vergessen, Ihre Präsentation bzw. die vorgenommenen Änderungen zu speichern. Beim ersten Speichern vergeben Sie einen Namen für die Datei und legen den Speicherort fest. Dabei entscheiden Sie, ob die Datei auf der lokalen Festplatte, auf einem angeschlossenen Gerät, z. B. USB-Stick oder externe Festplatte, oder auf OneDrive gespeichert wird.

### Der Cloudspeicher OneDrive

Je nach Office-Version steht Ihnen unter der Bezeichnung *OneDrive* oder *Microsoft 365 SharePoint* zusätzlicher Speicherplatz in der Cloud, genauer gesagt auf einem Microsoft-Server, zur Verfügung. Diesen Speicher können Sie wie eine zusätzliche Festplatte nutzen. In der kostenlosen Standardversion erhalten Sie 5 GB Onlinespeicherplatz, der kostenpflichtig erweitert werden kann. Haben Sie Microsoft 365 abonniert, so sind dies in der einfachsten Version (Microsoft 365 Single für 1 Person) 1 Terabyte (TB).

- **Vorteil**: Sie haben von jedem PC aus Zugang auf Ihre auf *OneDrive* gespeicherten Daten. Die auf OneDrive abgelegten Dateien können auch im Webbrowser angezeigt werden. Außerdem können die Präsentationen mit anderen Personen geteilt und gemeinsam bearbeitet werden.
- **Nachteil**: Auf einem Cloudspeicher liegen Ihre Daten außerhalb Ihres direkten Einflussbereichs auf einem Microsoft-Server.

> Um OneDrive verwenden zu können, benötigen Sie ein Microsoft-Konto. Zur Nutzung von Office 365 im Unternehmen und dem zugehörigen Cloud-Speicher erhält jeder Mitarbeiter ein Organisationskonto.

### Dateiname und Speicherort festlegen

Zum Speichern wählen Sie zwischen den folgenden Methoden:

- Register *Datei*.
- Symbol *Speichern* in der Titelleiste bzw. Symbolleiste für den Schnellzugriff oder Tastenkombination **Strg**+**S**.

Beim ersten Speichern einer Präsentation müssen Sie in jedem Fall einen Dateinamen angeben und den Speicherort wählen.

Der Dateiname erscheint anschließend in der Titelleiste des PowerPoint-Fensters. Ob die Präsentation in der Cloud gespeichert wurde, erkennen Sie am *Speichern*-Symbol in der Titelleiste bzw. Leiste für den Schnellzugriff. Bei Microsoft 365 ist damit außerdem der Schalter *Automatisches Speichern* aktiviert.

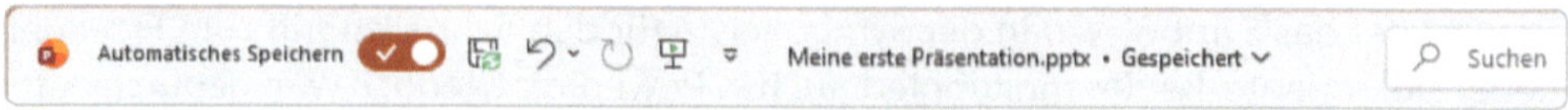


*Bild 3.21 Automatisches Speichern*

## Wichtige PowerPoint Dateitypen

Unterhalb des Dateinamens können Sie im Fenster *Speichern unter* auswählen, in welchem Dateityp die Präsentation gespeichert wird.

### Der Standarddateityp .pptx

Wenn nichts anderes angegeben wird, dann speichert PowerPoint die Datei als *PowerPoint-Präsentation* mit der Dateinamenerweiterung .pptx. Dieser Dateityp ist seit Office 2007 der Standardtyp.

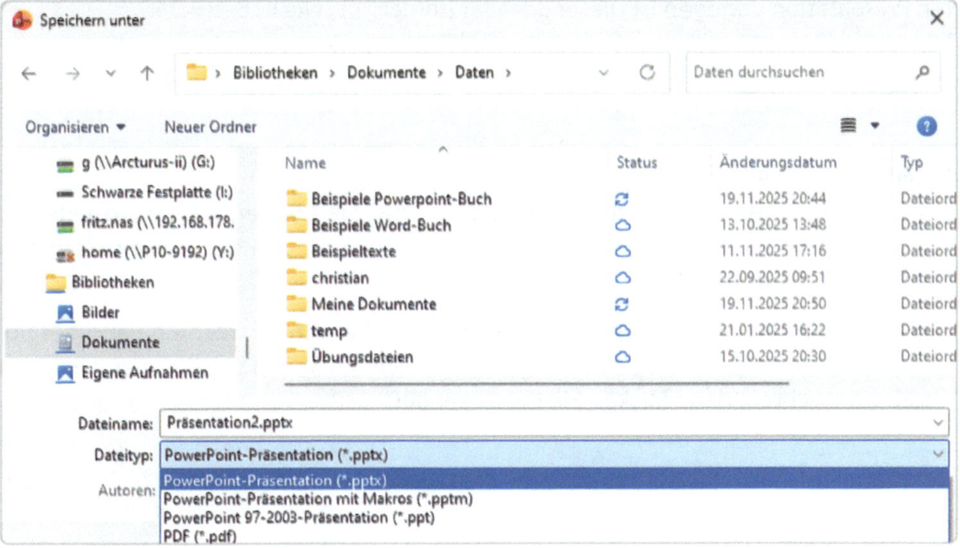


*Bild 3.22 Dateityp wählen*

**Dateinamenerweiterung anzeigen**: Ob beim Speichern die Dateinamenerweiterung sichtbar ist, hängt von Ihren Einstellungen im Datei-Explorer von Windows ab. Hier kann über die Schaltfläche *Anzeigen - Einblenden* die Dateinamenerweiterung ein- und ausgeblendet werden.

### Präsentation als Vorlage speichern

Falls Sie die Präsentation als Vorlage speichern möchten, dann wählen Sie den Dateityp PowerPoint-Vorlage (.potx).

### Präsentationen und Vorlagen mit Makros

Makros sind gespeicherte Befehlsfolgen die per Mausklick oder automatisch bei bestimmten Aktionen, z. B. Öffnen der Datei ausgeführt werden. Sie werden in erster Linie in Excel-Arbeitsmappen zur Vereinfachung von Abläufen eingesetzt, können aber auch in PowerPoint-Präsentationen enthalten sein. Aus Sicherheitsgründen werden solche Präsentationen in einem gesonderten Dateityp gespeichert und beim Öffnen erscheint eine Sicherheitswarnung. **Achtung**: Aktivieren Sie Makros nur für vertrauenswürdige Dokumente bzw. wenn Sie dem Urheber vertrauen.

Da Makros in PowerPoint-Präsentationen nur selten eingesetzt werden, wird in diesem Buch auch nicht näher auf diese Möglichkeit eingegangen.

### Achtung bei Dateitypen älterer Versionen

Ältere Präsentationen können unter Umständen noch im alten Dateityp *PowerPoint 97-2003 (.ppt)* vorliegen. Solche Präsentation werden mit aktuellen PowerPoint-Versionen im Kompatibilitätsmodus geöffnet. Da in diesem Modus nicht alle neuen Funktionen von PowerPoint unterstützt werden, sollten Sie die Präsentation vor der weiteren Bearbeitung im aktuellen Standarddateityp *PowerPoint-Präsentation* speichern.

## Automatisches Speichern (Microsoft 365)

Wenn Sie Microsoft 365 nutzen, dann ist Ihnen sicherlich schon der Schalter *Automatisches Speichern* links in der Titelleiste des PowerPoint-Fensters aufgefallen. Diese Funktion speichert jede Ihrer Änderungen sofort und im Hintergrund, steht aber nur zur Verfügung, wenn die Präsentation auf OneDrive gespeichert wurde. In diesem Fall sehen Sie rechts vom Dateinamen, im Bild 3.23 „Freiwillige Feuerwehr", den aktuellen Status *Gespeichert* und mit Klick auf den Schalter lässt sich das automatische Speichern bei Bedarf aktivieren und deaktivieren. Bei einer, auf der lokalen Festplatte gespeicherten Präsentation dagegen ist dieser Schalter immer *Aus*, wie in Bild 3.24.

*Bild 3.23 Automatisches Speichern aktiviert*

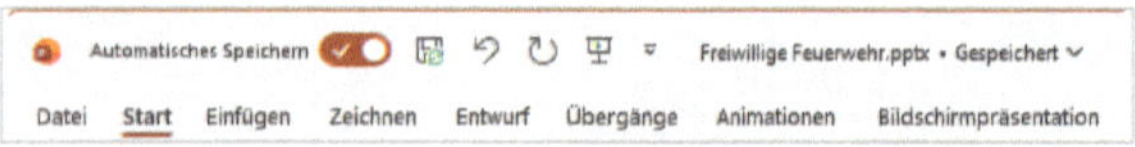


*Bild 3.24 ...Aus, da auf der Festplatte gespeichert*

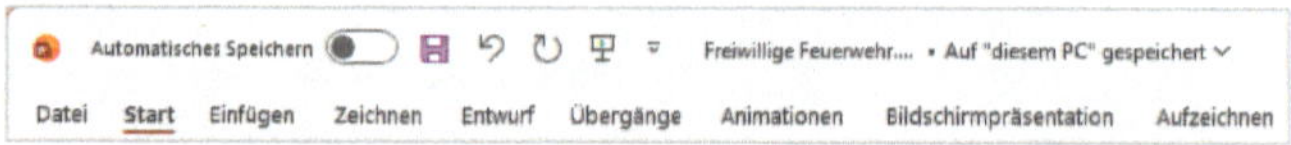


### Ältere Versionen anzeigen

Ein weiterer Vorteil des automatischen Speicherns: Sie können bei Bedarf jederzeit wieder auf ältere Versionen zurückgreifen. Klicken Sie dazu in der Titelleiste auf den Dateinamen ❶ und auf *Versionsverlauf* ❷.

Der Versionsverlauf ❸ wird in einem gesonderten Bereich am rechten Rand des PowerPoint-Fensters geöffnet und listet alle Versionen auf. Wenn Sie eine der Versionen anzeigen möchten, dann klicken Sie bei dieser auf *Version öffnen*.

*Bild 3.25 Versionen anzeigen*

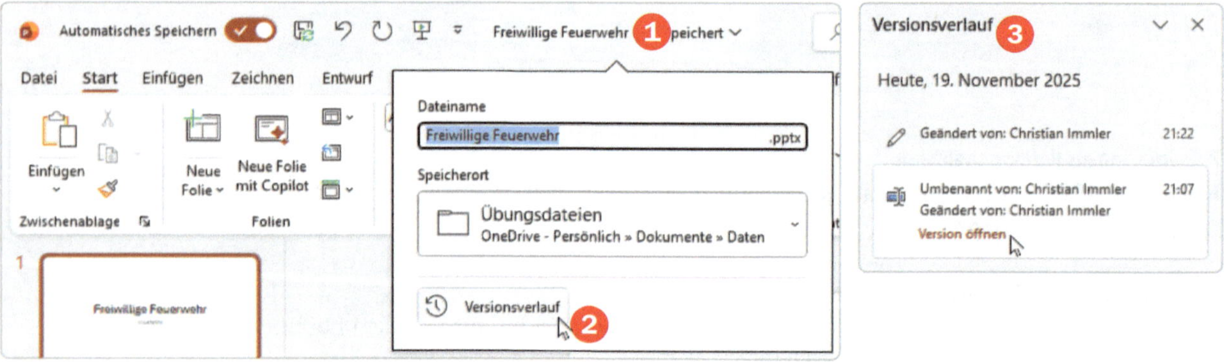


**Beachten Sie:** Ältere Versionen werden schreibgeschützt in einem eigenen Fenster geöffnet. Sie brauchen also nur das Fenster zu schließen, um zum Original zurückzukehren.

- Falls Sie die Version beibehalten möchten, so klicken Sie auf *Wiederherstellen*.
- Um eine Kopie der Version zu speichern, klicken Sie auf das Register *Datei* und auf *Speichern unter*.

*Bild 3.26 Ältere Version wiederherstellen*

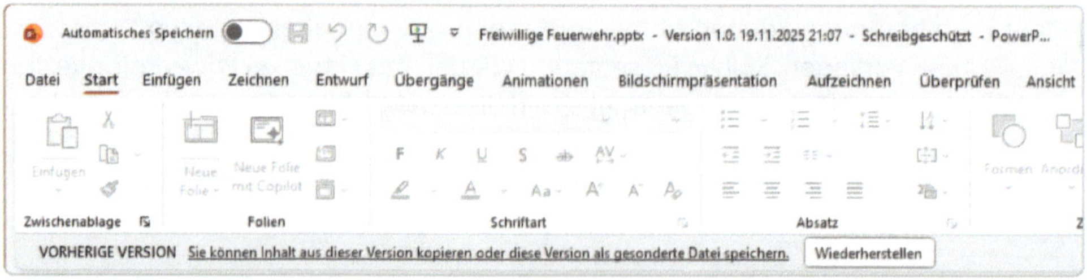

## Präsentation öffnen

### Im Datei-Explorer öffnen

Das Öffnen von Dateien im Datei-Explorer von Windows ist eine der am häufigsten verwendeten Methoden und dürfte daher den meisten Anwendern bekannt sein. Aus diesem Grund hier nur eine kurze Zusammenfassung.

Öffnen Sie den Datei-Explorer mit Klick auf das Symbol in der Taskleiste. Wählen Sie dann entweder links in der Navigationsleiste oder, falls sichtbar im rechten Inhaltsbereich, den Speicherort der Datei aus und öffnen Sie diese mit einem Doppelklick.

*Bild 3.27 Datei-Explorer über Symbol der Taskleiste öffnen*

### Aus PowerPoint heraus öffnen

Wenn PowerPoint bereits geöffnet ist, dann wählen Sie im Register *Datei* entweder auf der Startseite eine der zuletzt verwendeten Präsentationen oder klicken auf *Öffnen* ❶. Die weitere Vorgehensweise ist ähnlich wie beim Speichern.

1 Wie beim Speichern erscheinen auch beim Öffnen zunächst die zuletzt verwendeten Elemente ❷. Die Alternative ist auch hier wieder *Durchsuchen* ❸, wenn Sie einfach nur schnell das Fenster *Öffnen* anzeigen möchten.

*Bild 3.28 Register Datei - Öffnen*

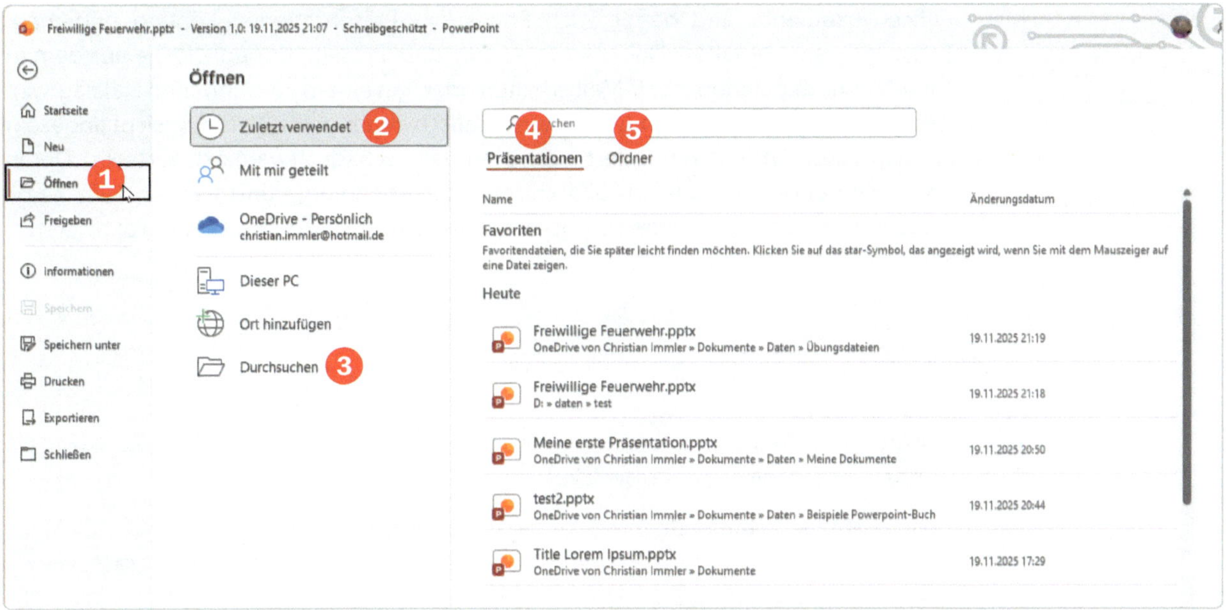

2 Im Gegensatz zum Speichern können Sie hier mit der Auswahl *Zuletzt verwendet* zusätzlich zwischen *Präsentationen* ❹ und *Ordner* ❺ wählen.

- Um z. B. einen häufig verwendeten Ordner zu durchsuchen, klicken Sie auf *Ordner* ❺ und hier auf den gewünschten Ordner ❻, hier Übungsdateien. Unterhalb listet PowerPoint alle Präsentationen in diesem Ordner auf und zum Öffnen genügt ein Mausklick.
- Da Ordner sehr viele Elemente enthalten, können Sie auch nach der Präsentation suchen und im Suchfeld ❼ einen Teil des Dateinamens eingeben.
- Mit Klick auf den nach oben weisenden Pfeil ❽ gelangen Sie schnell zurück zum übergeordneten Ordner.

*Bild 3.29 Zuletzt verwendete Ordner anzeigen*

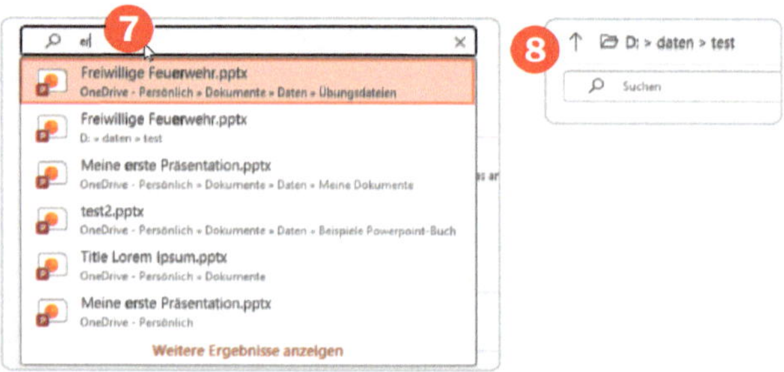


*Bild 3.30 Ordner durchsuchen*

## Sicherheitseinstellungen beim Öffnen

### Dateien aus dem Internet oder verbundenen Netzlaufwerken

Auch die Beispieldateien zu diesem Buch werden zunächst in der geschützten Ansicht geöffnet.

Office-Dokumente und damit auch PowerPoint-Präsentationen können unbemerkt Schadsoftware enthalten. Daher kann es sein, dass Präsentationen, die Sie aus dem Internet heruntergeladen, per E-Mail erhalten oder von einem verbundenen Netzlaufwerk geöffnet haben, beim ersten Öffnen automatisch in der geschützten Ansicht angezeigt werden. Diese Ansicht verhindert, dass eventuelle Schadsoftware aktiviert wird. Der Inhalt kann nur gelesen oder als Bildschirmpräsentation vorgeführt werden. Falls Sie die Präsentation auch bearbeiten möchten, müssen Sie zuvor die Bearbeitung aktivieren.

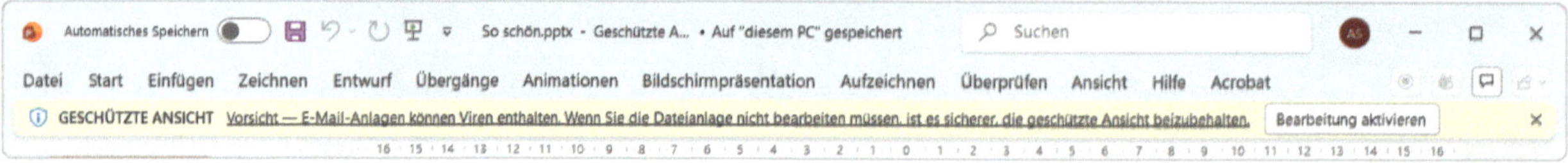


*Bild 3.31 Die geschützte Ansicht*

> **Achtung**: Mit Klick auf *Bearbeitung aktivieren* könnten auch schädliche Inhalte aktiviert werden. Klicken Sie also nur darauf, wenn Sie der Datenquelle vertrauen!
>
> Inwieweit die geschützte Ansicht aktiv ist, hängt von Ihren Einstellungen im Register Datei > Optionen > Trust Center > Einstellungen für das Tust Center > Geschützte Ansicht ab. In Unternehmen werden diese Einstellungen oft zentral über Gruppenrichtlinien von der IT festgelegt, ohne dass der einzelne Mitarbeiter darauf Einfluss nehmen kann.

### Präsentationen schreibgeschützt öffnen

Zum Schutz vor unbeabsichtigten Änderungen können Präsentationen auch schreibgeschützt oder als Kopie geöffnet werden.

1. Klicken Sie dazu in PowerPoint im Register *Datei* auf *Öffnen* und anschließend auf *Durchsuchen*, um das Fenster *Öffnen* anzuzeigen.

Auch die Tastenkombination **Strg+O** öffnet das Register *Datei* mit der Seite *Öffnen*.

2. Markieren Sie mit einem Klick die zu öffnende Präsentation und klicken Sie dann auf den Dropdown-Pfeil der Schaltfläche *Öffnen* und auf *Schreibgeschützt öffnen*.

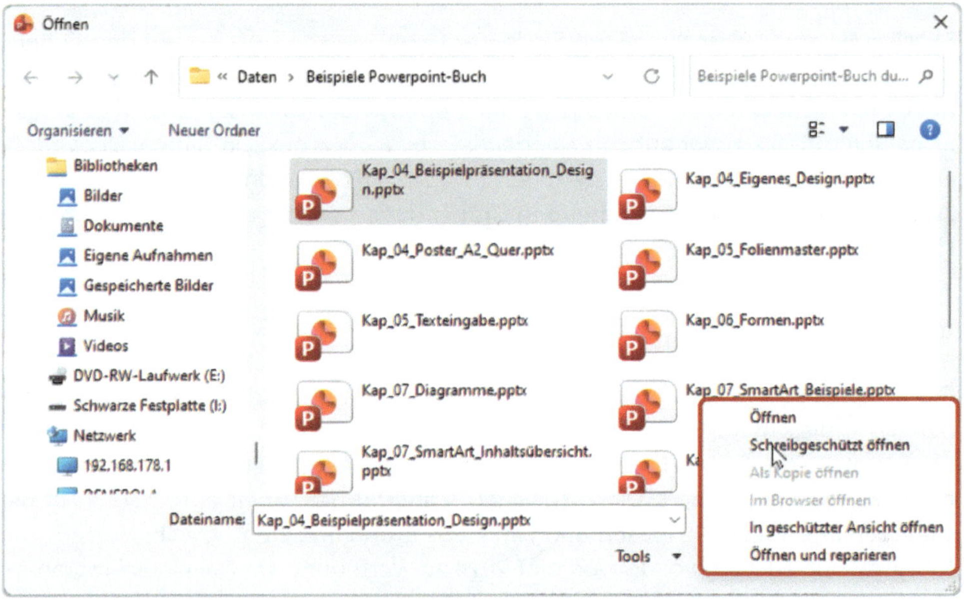


*Bild 3.32 Schreibgeschütztes Öffnen*

Eine schreibgeschützt geöffnete Präsentation ist mit einem entsprechenden Hinweis in der Titelleiste versehen. Sie können die Datei zwar bearbeiten und als Bildschirmpräsentation vorführen, Änderungen aber nicht speichern. Um Ihre Bearbeitungen trotzdem zu erhalten, müssen Sie mit dem Befehl *Speichern unter* die Präsentation unter einem anderen Namen und/oder an einem anderen Ort speichern.

Weitere Optionen sind das Öffnen in geschützter Ansicht, siehe Seite 66, und das Erstellen und Öffnen einer Kopie.

## Schneller Zugriff auf angeheftete Ordner und Dateien

Häufig benötigte Ordner heften Sie am besten fest in der Liste *Zuletzt verwendet* an, dasselbe gilt auch für Präsentationen. Angeheftete Elemente erscheinen in einem gesonderten Abschnitt am Beginn der Liste und verschwinden daraus auch nicht, wenn Sie den Ordner längere Zeit nicht verwendet haben. PowerPoint 2024 verwendet den Begriff *Angeheftet*, Microsoft 365 verwendet für die gleiche Funktion den Begriff *Favoriten*.

Fest angeheftete Elemente stehen sowohl beim Öffnen als auch beim Speichern zur Verfügung.

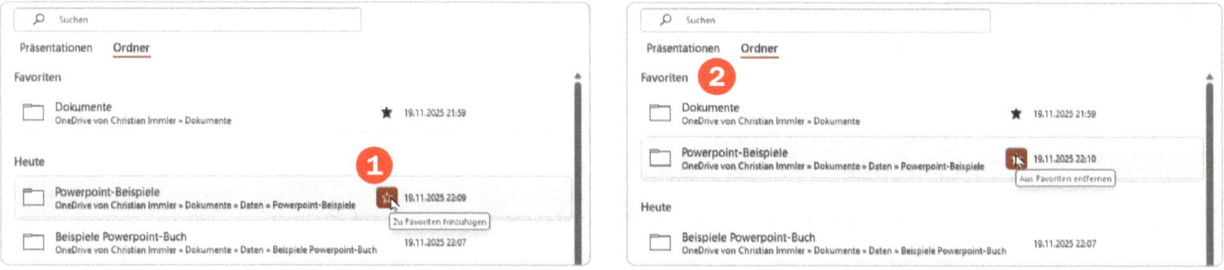


*Bild 3.33 Ordner in der Liste Zuletzt verwendet anheften*

**So heften Sie einen Ordner an:** Zeigen Sie in der Liste *Zuletzt verwendet* auf den Ordner, im Bild PowerPoint_Beispiele, oder die Datei und klicken Sie dann auf das dazugehörige Pin-Symbol (PowerPoint 2024) oder Stern-Symbol (Microsoft 365) ❶. Es spielt keine Rolle, ob Sie zuvor auf *Öffnen* oder *Speichern unter* geklickt haben. Der Ordner erscheint nun am Anfang der Liste unter *Angeheftet* (PowerPoint 2024) oder *Favoriten* (Microsoft 365) ❷. Falls Sie später den Ordner daraus wieder entfernen möchten, so klicken Sie erneut auf das Symbol.

## Nicht gespeicherte Präsentationen wiederherstellen

Das automatische Speichern mit Microsoft 365 und in Verbindung mit OneDrive haben Sie in diesem Kapitel auf Seite 64 bereits kennengelernt. Für das Speichern auf der Festplatte des PCs verfügt PowerPoint über eine ähnliche Funktion, die aber auch mit OneDrive funktioniert. Diese speichert während der Arbeit automatisch in bestimmten Intervallen die Präsentation im Hintergrund und steht sowohl Nutzern von Microsoft 365 als auch von PowerPoint 2024 zur Verfügung. Im Fall eines Programmabsturzes oder wenn Sie versehentlich die Präsentation geschlossen bzw. PowerPoint beendet haben, ohne zuvor zu speichern, kann beim nächsten Öffnen die automatisch gespeicherte Version wiederhergestellt werden.

> **Speichern Sie Ihre Daten!**
> Das sicherste Mittel gegen Datenverlust ist immer noch das regelmäßige Speichern. Speichern Sie daher Ihre Präsentation gleich zu Beginn und auch danach in regelmäßigen Abständen!

### Automatisches Wiederherstellen aktivieren

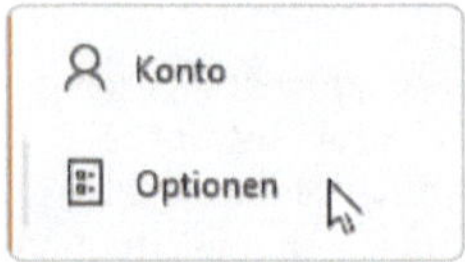


Voraussetzung ist, dass die AutoWiederherstellen-Funktion aktiviert ist. Um die dazugehörigen Einstellungen zu kontrollieren, klicken Sie im Register *Datei* ganz unten auf *Optionen* und wählen anschließend im Dialogfenster *PowerPoint-Optionen* die Kategorie *Speichern*.

Achten Sie darauf, dass das Kontrollkästchen *AutoWiederherstellen-Informationen speichern* aktiviert ist, siehe Bild unten. Das Feld daneben legt das Speicherintervall in Minuten fest. Außerdem muss das Kontrollkästchen *Beim Schließen ohne Speichern die letzte automatisch gespeicherte Version beibehalten* aktiviert sein. Den *Speicherort für*

*Autowiederherstellen* sehen Sie im Feld unterhalb. Um etwaige Änderungen zu übernehmen, schließen Sie zuletzt die PowerPoint-Optionen mit der Schaltfläche *OK*.

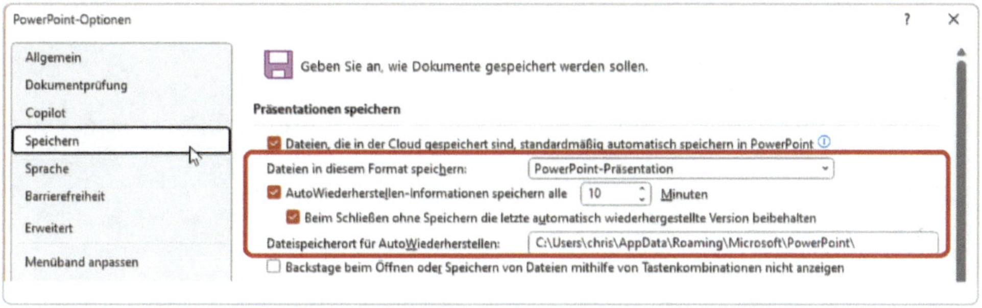


*Bild 3.34 AutoWiederherstellen Informationen speichern*

## 3.4 Microsoft-Konto, Kontoeinstellungen und Produktinformationen

Vielleicht ist Ihnen im Titel des PowerPoint-Fensters Ihr Name oder stattdessen die Schaltfläche *Anmelden* aufgefallen. Hierbei handelt es sich um Ihr Microsoft-Konto, mit dem Sie sich am Gerät bzw. Windows angemeldet haben. Diese Anmeldung wird in der Regel auch von allen Office-Anwendungen übernommen.

Die Anmeldung mit einem Microsoft-Konto ist für die Nutzung der LTSC-Versionen von PowerPoint bzw. Office nicht zwingend notwendig, bietet aber einige Vorteile, darunter das Speichern in der Cloud bzw. auf Ihrem persönlichen Cloudspeicher OneDrive und damit verbunden die Möglichkeit der Freigabe einzelner Dateien für andere Personen.

### Mit einem Microsoft-Konto bei Office an- und abmelden

Informationen zu Microsoft Office und Ihrem Konto erhalten Sie, wenn im Register *Datei* auf *Konto* ❶ klicken. Hier können Sie sich außerdem unabhängig von der Windows-Anmeldung in Microsoft Office an- und abmelden.

- **Abmelden**: Wenn Sie angemeldet sind, dann sehen Sie unter *Benutzerinformationen* Ihren Namen und Ihre E-Mail-Adresse. Wenn Sie sich abmelden möchten, dann klicken Sie auf *Abmelden* ❷ und bestätigen die nachfolgende Rückfrage mit *Ja*.
- **Anmelden**: Falls Sie nicht angemeldet sind, so finden Sie hier stattdessen die Schaltfläche *Anmelden*. Klicken Sie zum Anmelden auf diese Schaltfläche, geben Sie im nachfolgenden Fenster die E-Mail-Adresse Ihres Microsoft-Kontos und anschließend das dazugehörige Kennwort ein.

Falls Sie über kein Microsoft-Konto verfügen sollten, können Sie an dieser Stelle ein solches auch einrichten.

- Die Möglichkeit zum An- und Abmelden erhalten Sie auch, wenn Sie in der Titelleiste des PowerPoint-Fensters auf Ihren Namen bzw. auf *Anmelden* klicken.

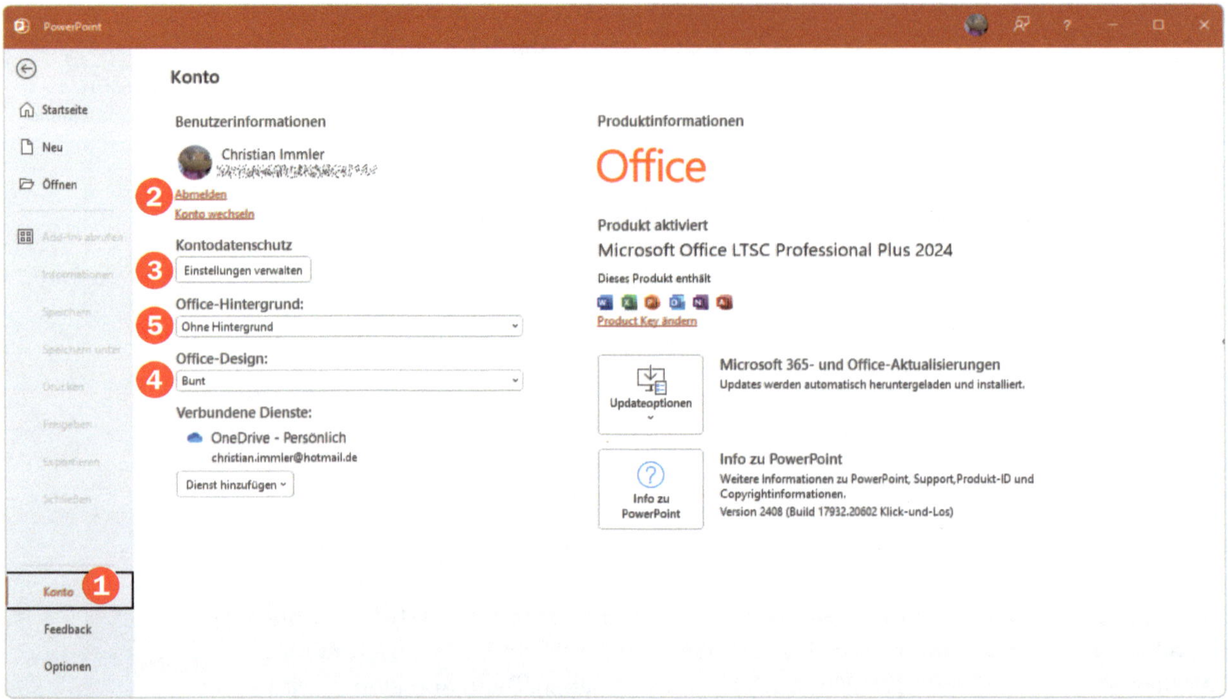


Bild 3.35 Register Datei - Konto (PowerPoint 2024)

**Datenschutzeinstellungen**

Einige Informationen zum Gerät (Diagnosedaten) und zu installierten Updates werden automatisch an Microsoft gesendet. Den Umfang können Sie unter *Kontodatenschutz* über die Schaltfläche *Einstellungen verwalten* ❸ einsehen und ggf. einschränken.

**Produktinformationen zu Microsoft-Office und PowerPoint**

Im Register *Datei* erhalten Sie im Bereich *Konto* außerdem Informationen zum installierten Office, können ggf. Office aktivieren, indem Sie den dazugehörigen Product Key eingeben oder ändern und über die Schaltfläche *Microsoft 365- und Office-Aktualisierungen* verfügbare Updates für Office installieren oder deaktivieren.

Bild 3.36 Ohne Anmeldung mit einem Microsoft-Konto stehen weniger Optionen zu Auswahl.

## Microsoft 365

Microsoft 365 ist der Name für Microsoft Office als Abomodell. Dieses ist immer an ein Microsoft-Konto gebunden. Verschiedene Einstellungen werden zwischen allen PCs mit dem gleichen Microsoft-Konto synchronisiert. Im Abo enthalten ist zusätzlicher Cloudspeicher bei OneDrive, der für alle Anwendungen innerhalb des Microsoft-Konto genutzt werden kann, nicht nur für Office.

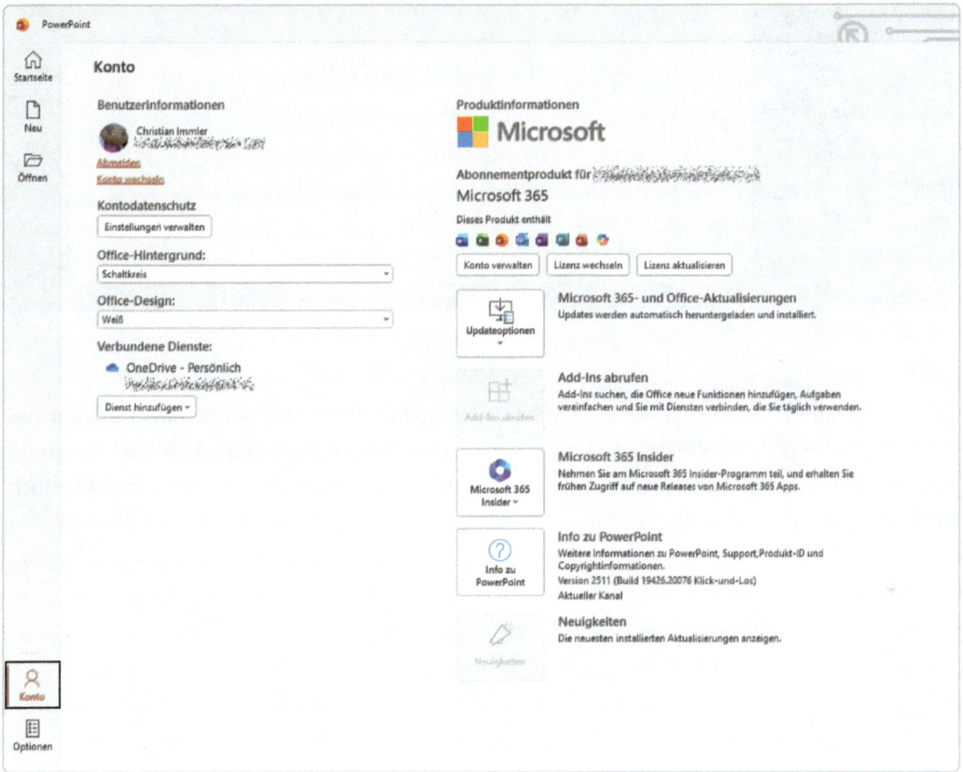


*Bild 3.37 Kontoinformationen in Microsoft 365*

## Heller oder dunkler Hintergrund?

Viele Nutzer bevorzugen aus ergonomischen Gründen einen dunklen Hintergrund. Auch Microsoft-Office bietet unter der Bezeichnung *Office-Design* Alternativen an, die allerdings für alle Office-Anwendungen gelten, also auch z. B. für Word oder Excel. Klicken Sie dazu im Register *Datei* auf *Konto* und in das Auswahlfeld *Office-Design* ❹ (Bild 3.35 auf der vorherigen Seite). Wählen Sie dann statt der Standardeinstellung *Bunt* entweder *Dunkelgrau*, wie im Bild unten, oder Schwarz.

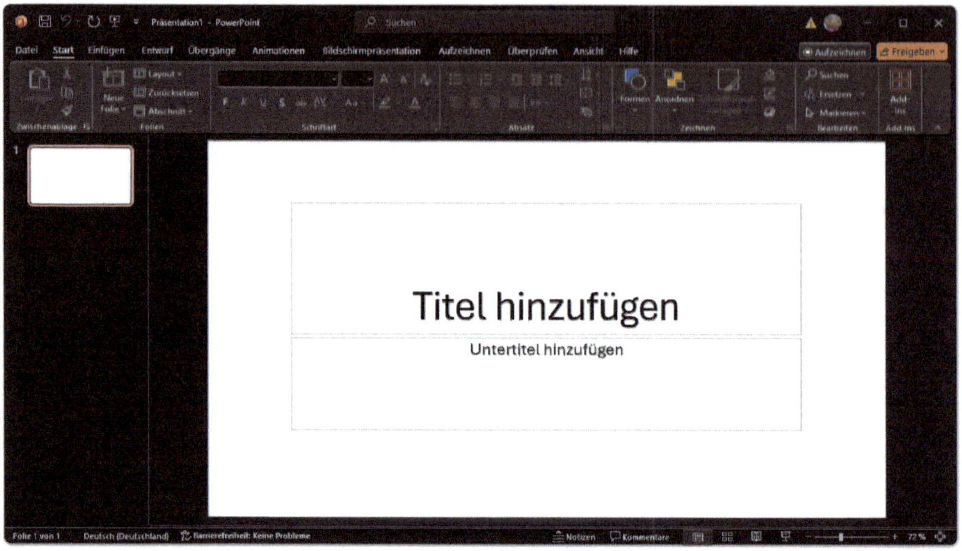


*Bild 3.38 Office-Design Dunkelgrau*

#### Titelleiste mit einem Muster verzieren

Im Auswahlfeld *Office-Hintergrund* ❺ (siehe vorige Doppelseite) finden Sie mehrere Muster, z. B. *Frühling*, mit denen Sie den Titelbereich des Anwendungsfensters verzieren können. Diese Möglichkeit steht jedoch nur zur Verfügung, wenn Sie angemeldet sind.

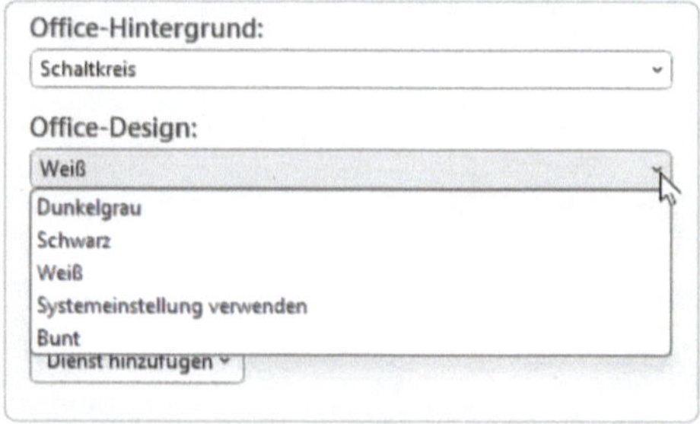


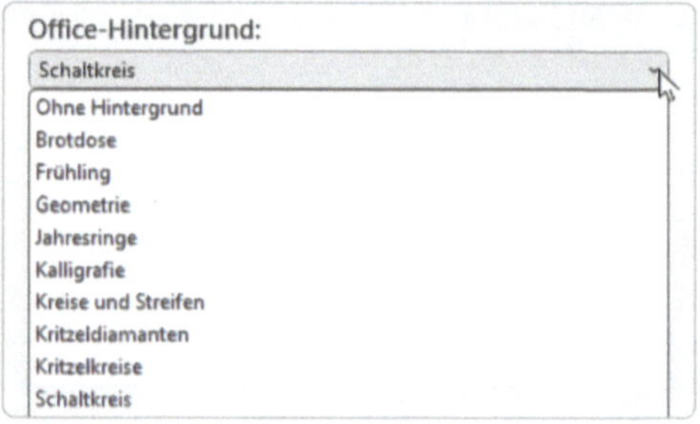


*Bild 3.39 Office-Design*

*Bild 3.40 Office-Hintergrund*

## 3.5 Ansichten und Anzeigeeinstellungen von PowerPoint

### Mit mehreren Präsentationen gleichzeitig arbeiten

#### Zwischen den Fenstern wechseln

PowerPoint öffnet jede Präsentation in einem eigenen Fenster. Sind mehrere Präsentationen gleichzeitig geöffnet, so erscheinen diese in der Taskleiste am unteren Rand des Bildschirms als gestapeltes Symbol und beim Zeigen auf das Symbol erhalten Sie eine Miniaturvorschau aller Fenster. Mit einem Klick in die Vorschau aktivieren Sie das Fenster bzw. holen es in den Vordergrund.

*Bild 3.41 Miniaturansicht geöffneter Fenster*

Eine weitere Möglichkeit finden Sie im Register *Ansicht*, Gruppe *Fenster*. Mit Klick auf die Schaltfläche *Fenster wechseln* erhalten Sie eine Liste aller geöffneten PowerPoint-Fenster und brauchen nur die gewünschte Präsentation anklicken. Die aktuelle Präsentation ist am Häkchen zu erkennen.

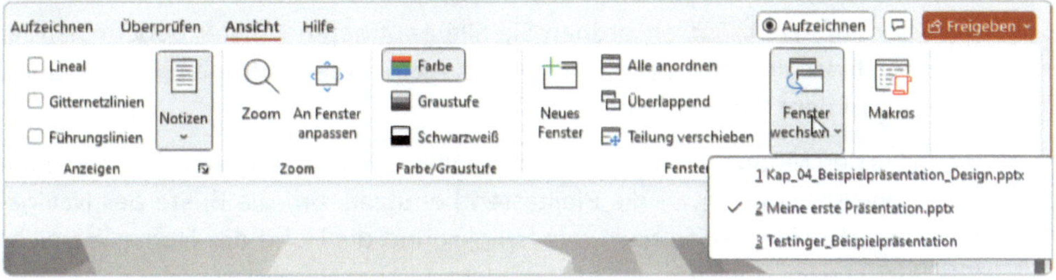


*Bild 3.42 Fenster wechseln*

## Fenster anordnen

Wenn Sie zwei Präsentationen vergleichen oder Inhalte von einer Präsentation in die andere kopieren möchten, erleichtert Ihnen eine geschickte Anordnung der Fenster die Arbeit.

Bei Windows 11 zeigen Sie einfach auf das mittlere der drei Fenstersymbole ❶ und klicken dann beim gewünschten Layout, z. B. *Zwei Fenster*, auf die gewünschte Position ❷, wie im Bild. Die übrigen geöffneten Fenster erscheinen rechts daneben. Klicken Sie auf das zweite benötigte Fenster.

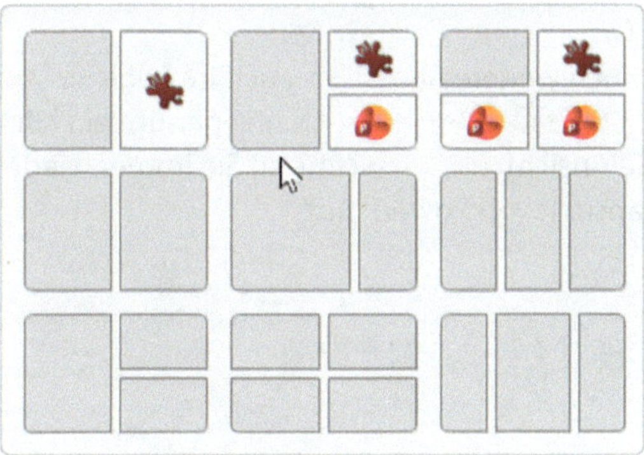

### Fenster mit PowerPoint verwalten

In PowerPoint finden Sie zu diesem Zweck im Register *Ansicht*, Gruppe *Fenster* die folgenden Möglichkeiten:

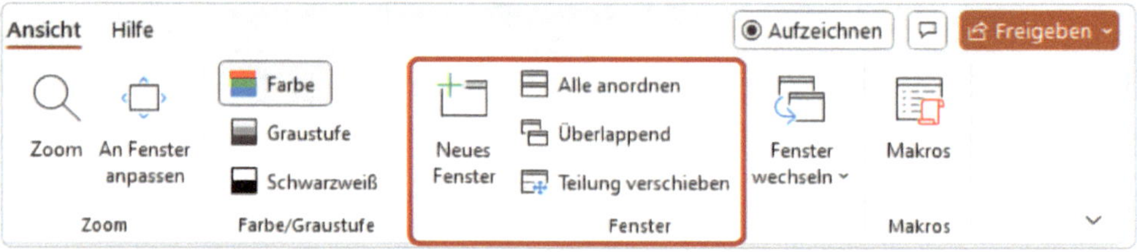


*Bild 3.43 Fenster anordnen*

- *Neues Fenster* öffnet die aktuelle Präsentation in einem zweiten Fenster. Auf diese Weise können Sie in umfangreichen Präsentationen an verschiedenen Stellen gleichzeitig arbeiten oder Folien miteinander vergleichen.
- Mit Klick auf *Alle Anordnen* ordnen Sie alle geöffneten Fenster nebeneinander auf dem Bildschirm an. *Überlappend* legt dagegen die geöffneten Fenster überlagernd auf dem Bildschirm an.
- Wenn Sie den Modus *Teilung verschieben* anklicken bzw. aktivieren, dann können Sie in der Ansicht *Normal* die Pfeiltasten benutzen, um die Breite des Navigationsbereichs (Pfeiltasten nach rechts/links) und die Höhe des Notizenbereichs (Pfeiltasten nach oben/unten) zu verändern. Mit der **Eingabetaste** oder der **Esc**-Taste beenden Sie den Modus wieder.

**Hinweis:** Durch Ziehen mit der Maus ändern Sie die Größe dieser Bereiche wesentlich schneller, *Teilung verschieben* muss dazu nicht aktiviert werden.

## Die PowerPoint-Ansichten im Überblick

Neben den Ansichten *Normal* und *Bildschirmpräsentation*, in der Sie die Präsentation vorführen, verfügt PowerPoint noch über weitere Ansichten. Zum schnellen Wechseln benutzen Sie die Symbole in der Statusleiste am unteren Rand des Fensters.

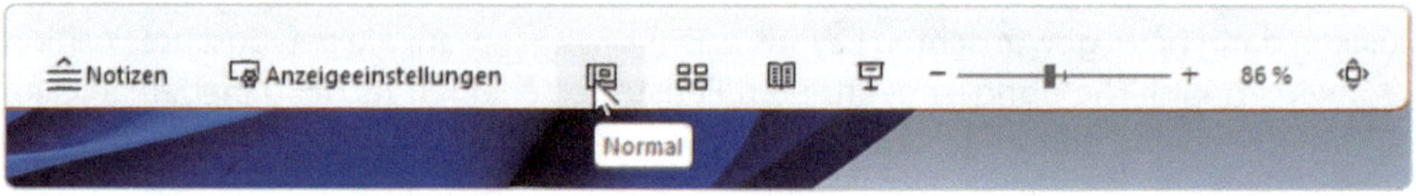


*Bild 3.44 Ansichten in der Statusleiste*

Eine Kurzinfo erscheint beim Zeigen.

Dieselben Symbole bzw. Ansichten und noch weitere finden Sie auch im Register *Ansicht* des Menübands in der Gruppe *Präsentationsansichten*. Auch hier genügt ein Klick zum Ändern der Anzeige. Mit Klick auf die Ansicht *Normal* wechseln Sie immer wieder zurück zur Standardansicht bzw. Arbeitsansicht von PowerPoint.

*Bild 3.45 Die Präsentationsansichten im Register Ansicht*

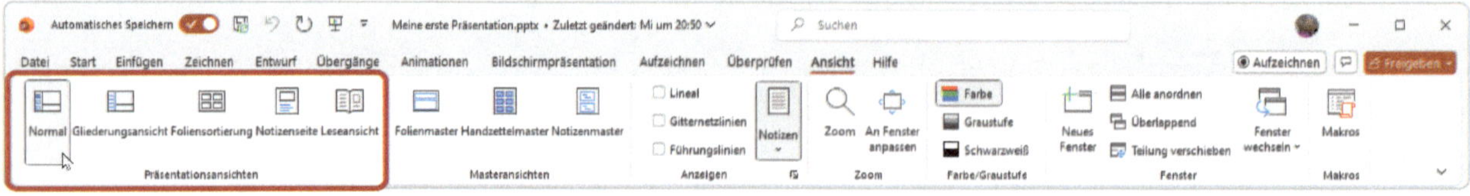


### Die Ansichten im Überblick

- **Normal:** Die Ansicht *Normal* ist die Standardansicht von PowerPoint. Sie erscheint automatisch beim Erstellen einer neuen Präsentation und nach dem Beenden der Bildschirmpräsentation. In dieser Ansicht bearbeiten Sie die Folieninhalte.

- **Gliederungsansicht**: Zeigt in der Navigationsleiste die Folientexte statt der standardmäßigen Miniaturansicht an und erlaubt so einen schnellen Überblick über die Folieninhalte.
- **Foliensortierung**: Zeigt alle Folien im Arbeitsbereich in der Miniaturansicht an. Die Reihenfolge der Folien kann durch Verschieben schnell geändert werden.
- **Notizenseite**: Mit der Ansicht *Notizenseite* erhalten Sie eine Druckvorschau der Präsentation zusammen mit der Möglichkeit, Vortragsnotizen zu speichern. Diese können später als Handzettel gedruckt werden.
- **Leseansicht**: Die Leseansicht entspricht weitgehend der Bildschirmpräsentation und dient zur Kontrolle der Folien. Die Leseansicht hat kein Menüband. Um zu einer anderen Ansicht zurück zu wechseln, verwenden Sie die Symbole in der Statusleiste rechts unten.

Daneben gibt es im Register *Ansicht* auch noch verschiedene Masteransichten. Näheres hierzu lesen Sie in Kapitel 5.4.

## Anzeigeeinstellungen in der Ansicht Normal

Die Ansicht *Normal* setzt sich zusammen aus den Bereichen Navigationsbereich ❶, Folien- oder Arbeitsbereich ❷ und Notizenbereich ❸.

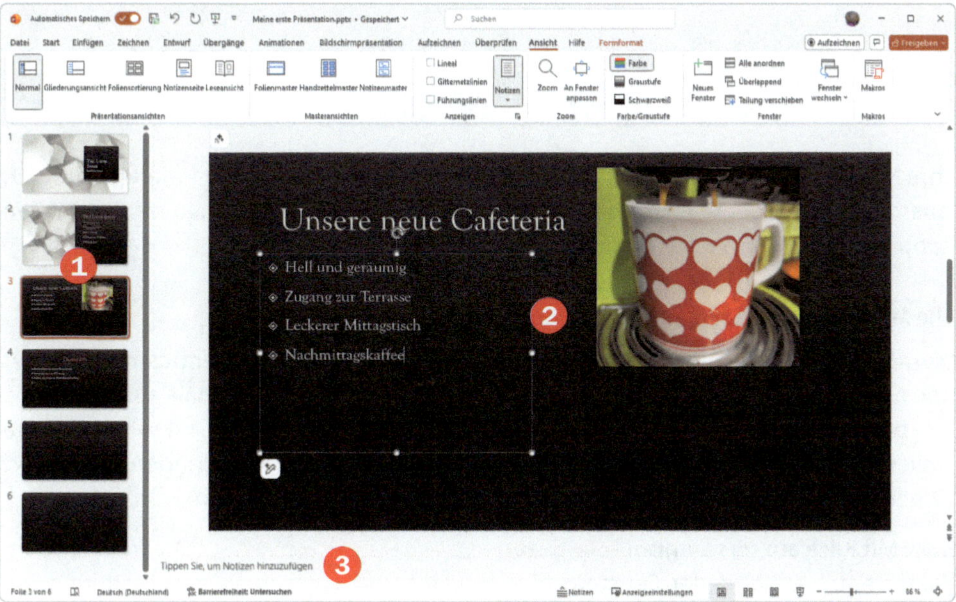


*Bild 3.46 Die Bereiche der Ansicht Normal*

Die Größe der Bereiche können Sie mit der Maus schnell ändern: Zeigen Sie auf eine der Trennlinien, so erscheint als Mauszeiger ein Doppelpfeil und Sie können mit gedrückter linker Maustaste die Linie in eine der beiden Richtungen verschieben. Die Foliengröße passt sich in der Regel der geänderten Bereichsgröße automatisch an.

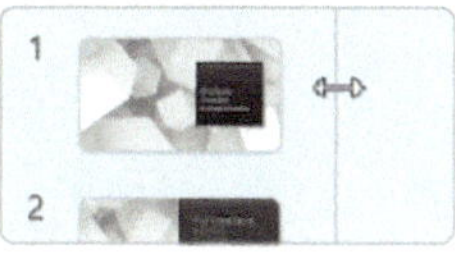

### Navigationsbereich

- Der Navigationsbereich listet alle Folien der aktuellen Präsentation in der Miniaturansicht auf. Mit Klick auf eine Folie erscheint diese im Arbeitsbereich und kann hier bearbeitet werden. Die aktuelle Folie ist umrandet hervorgehoben.
- Ferner können Sie im Navigationsbereich die Präsentationsfolien verwalten:
  - Sie können eine Folie durch Ziehen mit gedrückter Maustaste schnell an eine andere Stelle der Präsentation verschieben.
  - Um eine Folie zu kopieren oder zu löschen, klicken Sie im Navigationsbereich mit der rechten Maustaste auf die betreffende Folie und auf den entsprechenden Befehl.

### Notizenbereich

Der Notizenbereich erscheint in der Ansicht *Normal* unterhalb des Arbeitsbereichs und bietet Platz für Anmerkungen. Sollte er nicht sichtbar sein, so klicken Sie in der Statusleiste oder im Register *Ansicht* ▶ *Anzeigen* auf *Notizen*. Mit demselben Symbol kann der Notizenbereich auch wieder ausgeblendet werden, die Notizen selbst werden dadurch nicht gelöscht.

*Bild 3.47 Notizen anzeigen/ausblenden*

Ihre Notizen sind später während der Bildschirmpräsentation in der Referentenansicht ausschließlich für den Vortragenden sichtbar und können zusammen mit der Präsentation auch als Handzettel ausgedruckt werden.

### Die Anzeige im Arbeitsbereich vergrößern und verkleinern (Zoomen)

Zum Vergrößern oder Verkleinern der Anzeige im Arbeitsbereich benutzen Sie am besten den Zoombereich der Statusleiste: Klicken Sie entweder mehrmals auf die Symbole - bzw. + oder verschieben Sie den Regler dazwischen ❶ (Bild 3.48) mit gedrückter linker Maustaste. Alternativ können Sie, wie in allen Office-Anwendungen, auch durch Drehen des Mausrads bei gleichzeitig gedrückter **Strg**-Taste zoomen.

**Tipp:** Mit Klick auf das Symbol *Folie an das aktuelle Fenster anpassen* ❷ wird der Zoomfaktor entsprechend der Fenstergröße gewählt und auch dann automatisch angepasst, wenn Sie später das Fenster maximieren oder verkleinern.

Die Schaltflächen *Zoom* und *An Fenster anpassen* finden Sie außerdem im Register *Ansicht*, Gruppe *Zoom*.

*Bild 3.48 Zoom in der Statusleiste*

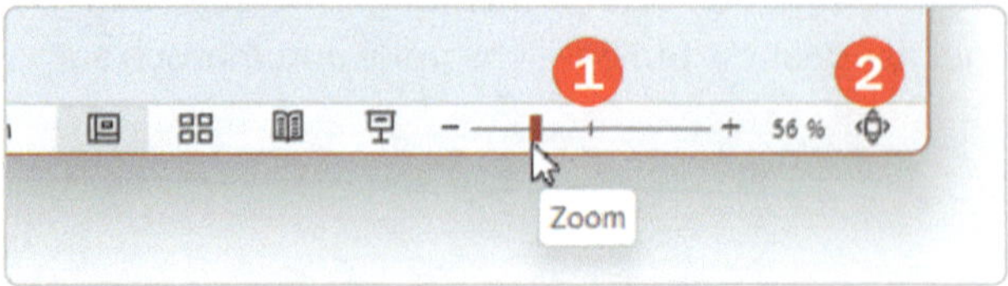


*Bild 3.49 ... und im Register Ansicht*

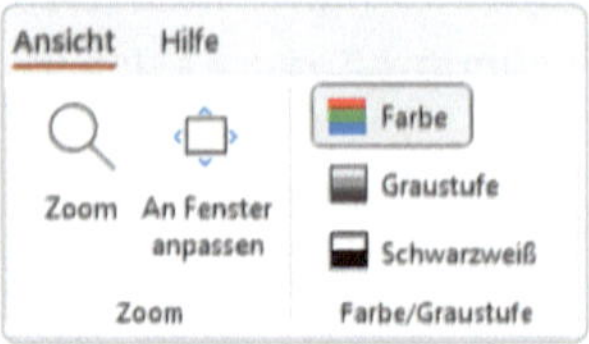

### Lineal, Gitternetz und Führungslinien

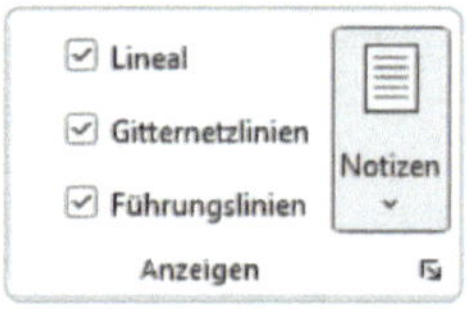


Als Hilfen zur Anordnung und Ausrichtung von Folienobjekten, z. B. Bildern, stellt PowerPoint ein Lineal ❶ sowie Gitternetz- ❷ und Führungslinien ❸ zur Verfügung. Diese werden über die gleichnamigen Kontrollkästchen der Gruppe *Anzeigen* ❹ im Register *Ansicht* des Menübands ein- und auch wieder ausgeblendet.

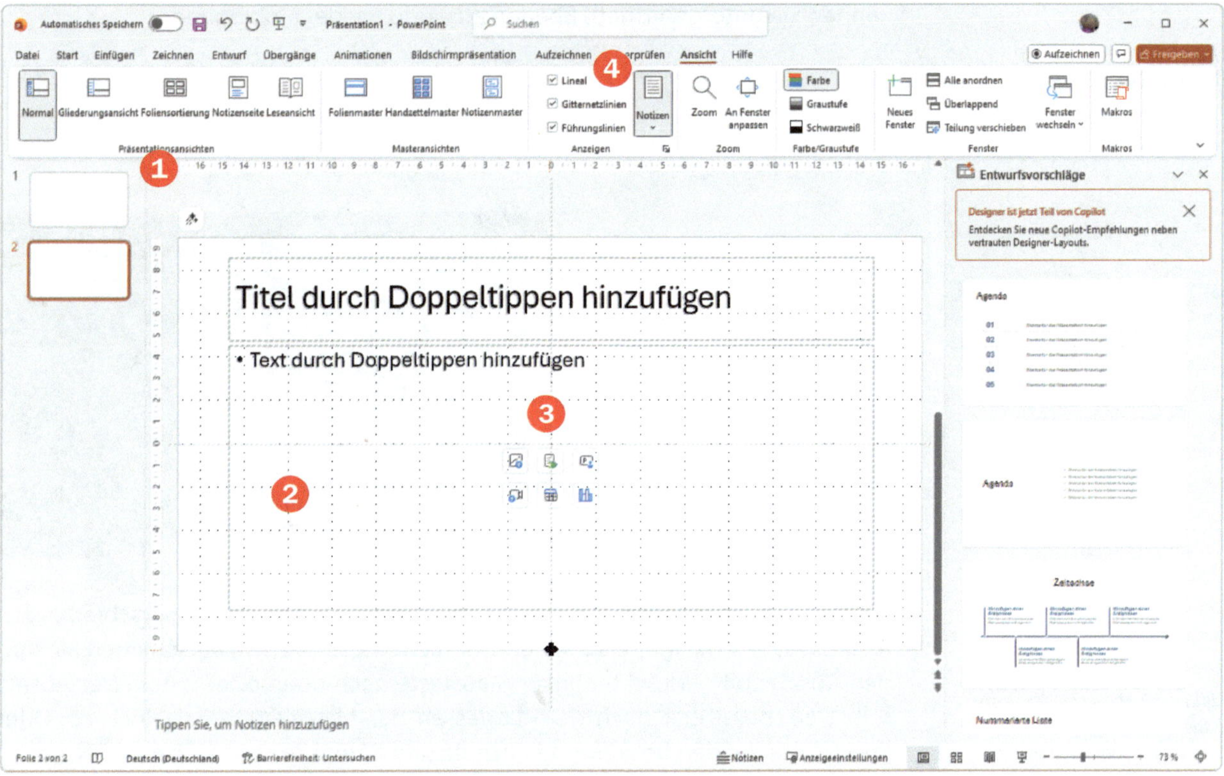


*Bild 3.50 Lineal, Gitternetz- und Führungslinien anzeigen*

- **Lineal**: Das Kontrollkästchen *Lineal* blendet ein vertikales und horizontales Lineal ein. Im Gegensatz zu Microsoft Word befindet sich der Ursprung beider Lineale bei 0 cm in der Mitte der Folie und erleichtert so die zentrierte Ausrichtung.
- **Gitternetzlinien, Führungslinien**: Die Gitternetz- und Führungslinien leisten gute Dienste beim Ausrichten neben- oder untereinander. Näheres hierzu lesen Sie in Kapitel 6.7 dieses Buches.

## Gliederung anzeigen

Die *Gliederungsansicht* unterscheidet sich von der Ansicht *Normal* eigentlich nur dadurch, dass der Navigationsbereich statt der Folien deren Textinhalte als Gliederung anzeigt und Sie den Text hier ebenfalls bearbeiten können. Damit statt der Gliederung wieder die Miniaturansichten im Navigationsbereich erscheinen, wählen Sie einfach wieder die Ansicht *Normal*. Die weiteren Vorteile der Gliederungsansicht:

- **Gliederungsebene ändern**: Um einen Absatz schnell eine Ebene höher oder tiefer zu stufen, klicken Sie diesen mit der rechten Maustaste an und wählen *Höher stufen* oder *Tiefer stufen*.
- **Ebenen aus- und wieder einblenden**: Per Rechtsklick auf eine Gliederungsebene im Navigationsbereich und den Befehl *Gliederung reduzieren* bzw. *Gliederung erweitern* können Sie untergeordnete Ebenen aus- und wieder einblenden.

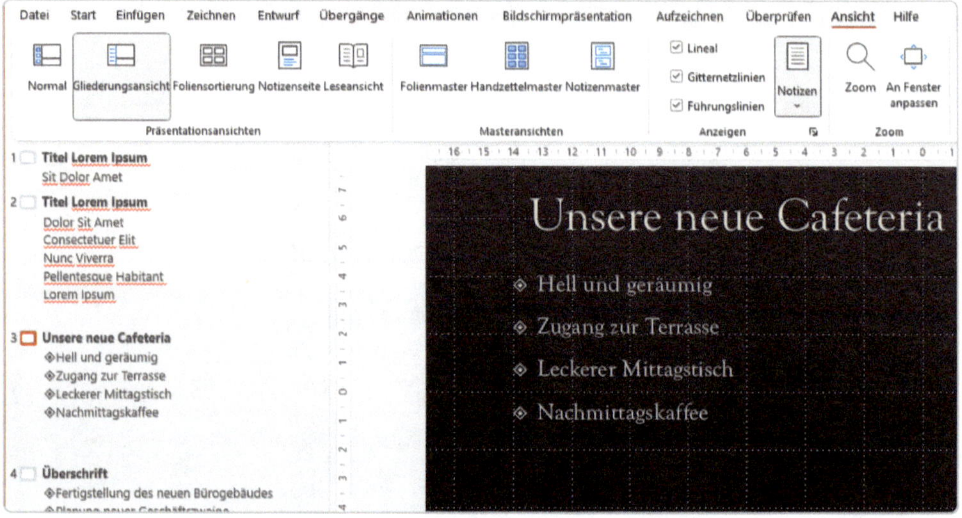


*Bild 3.51 Präsentation in der Gliederungsansicht*

- **Absätze verschieben**: Zeigen Sie in der Gliederung links vor den zu verschiebenden Absatz. Als Mauszeiger erscheinen vier Richtungspfeile ❶, verschieben Sie nun den Absatz mit gedrückter linker Maustaste nach oben oder unten. Der Absatz selbst erscheint erst nach dem Loslassen der Maustaste am Zielort ❷. Oder Rechtsklick auf den betreffenden Absatz und Befehl *Nach oben* bzw. *Nach unten*.

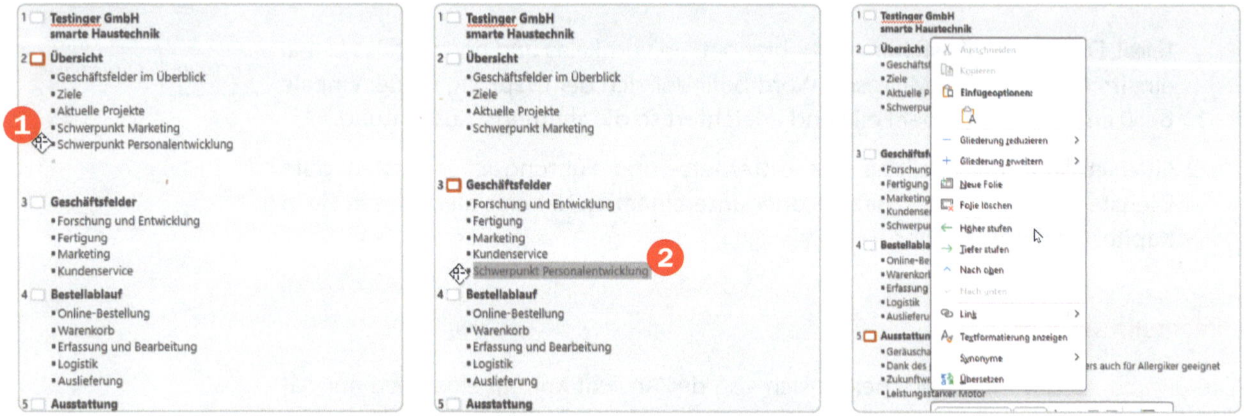


*Bild 3.52 Absatz in der Gliederungsansicht verschieben, Höher stufen*

- **Gliederung übernehmen**: Eine vorhandene Gliederung kann über die Zwischenablage aus Word übernommen werden. Dazu platzieren Sie den Cursor im Navigationsbereich an der gewünschten Stelle einer Folie und fügen die Absätze mit den Tasten **Strg+V** oder über das Register *Start* ▶ *Zwischenablage* ▶ *Einfügen* hier ein.

## Die weiteren Ansichten

### Folien in der Ansicht Foliensortierung verwalten

Einen schnellen Überblick, insbesondere in umfangreichen Präsentationen, erhalten Sie mit der Ansicht *Foliensortierung*. Diese zeigt alle Folien im Arbeitsbereich als Miniatur an, die Navigationsleiste ist nicht sichtbar.

*Bild 3.53 Ansicht Foliensortierung: Folien verschieben*

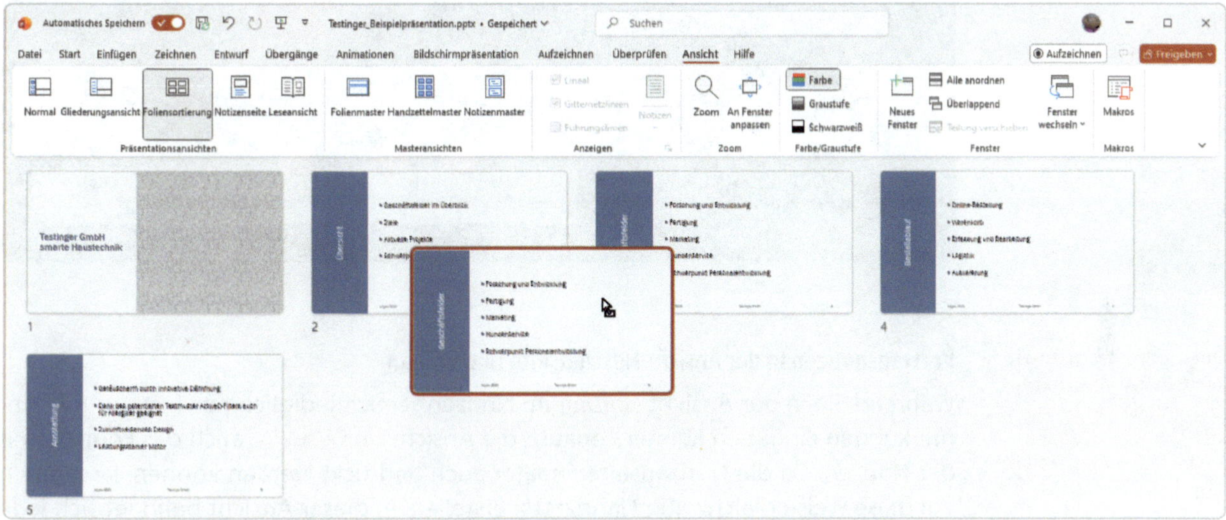


Zum Ändern der Reihenfolge ziehen Sie einfach die betreffende Folie mit gedrückter linker Maustaste an die gewünschte Stelle. Eine Folienbearbeitung ist in der Ansicht *Foliensortierung* nicht möglich. Dafür können Sie, wie im Navigationsbereich der Ansicht *Normal*, über die rechte Maustaste Folien löschen oder kopieren.

All dies funktioniert allerdings auch im Navigationsbereich der Ansicht *Normal*. Die Ansicht *Foliensortierung* ist dazu nicht zwingend erforderlich.

### Leseansicht

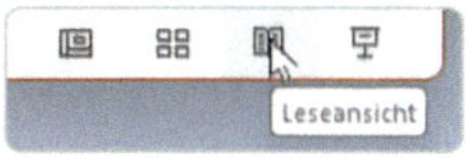


Die *Leseansicht* entspricht weitgehend der Ansicht *Bildschirmpräsentation*, wird jedoch nicht im Vollbildmodus, sondern innerhalb des PowerPoint-Fensters ausgeführt. Die restliche Arbeitsumgebung ist, mit Ausnahme einiger Navigationselemente in der Statusleiste, ausgeblendet. Sie eignet sich daher in erster Linie, um schnell einzelne Folien ohne störende Arbeitsumgebung zu kontrollieren. Eine Bearbeitung des Folieninhalts ist in der Leseansicht nicht möglich.

Zur Navigation können Sie dieselben Tasten wie in der Ansicht *Bildschirmpräsentation* oder die kleinen Pfeile der Statusleiste verwenden ❶. Mit Klick auf das Symbol *Menü* ❷ öffnen Sie ein kleines Menü, das es unter anderem erlaubt, einen Ausschnitt zu vergrößern oder die Präsentation zu drucken. Zum Beenden der Leseansicht klicken Sie entweder in der Statusleiste auf das Symbol *Normal* ❸ oder wählen im Menü *Folien bearbeiten* oder drücken die **Esc**-Taste.

*Bild 3.54 Navigation in der Leseansicht*

Ihre Notizen erscheinen nicht in der Bildschirmpräsentation und sind für den Vortragenden nur in der Referentenansicht sichtbar.

## Vortragsnotizen in der Ansicht Notizenseite hinzufügen

Während Sie in der Ansicht *Normal* im Notizenbereich lediglich per Tastatur Ihre Anmerkungen eingeben können, erlaubt die Ansicht *Notizenseite* auch das Formatieren der Notizen. Da die Notizenseiten später auch gedruckt werden können, lassen sich auf diese Weise gleichzeitig Handzettel erstellen. In dieser Ansicht befindet sich jede Folie als Bild auf einer Druckseite, standardmäßig im A4-Format. Unterhalb erhalten Sie ein Textfeld, in das Sie Ihren Text eingeben und über die Symbole des Registers *Start* oder des Kontextmenüs formatieren können.

*Bild 3.55 Vortragsnotizen in der Ansicht Notizenseite hinzufügen und formatieren*

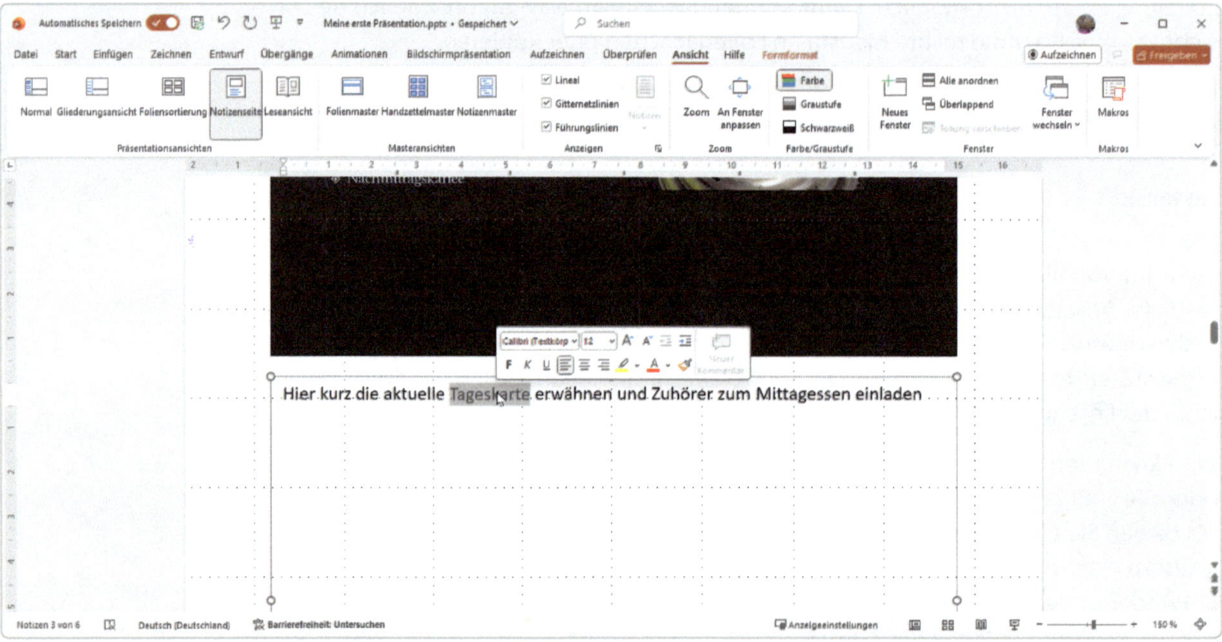

## Bildschirmpräsentation anzeigen

### Die aktuelle Folie in der Bildschirmpräsentation kontrollieren

In der Statusleiste finden Sie auch das Symbol *Bildschirmpräsentation*. Es startet allerdings die Präsentation ab der aktuellen Folie und dient somit weniger zum Vorführen, sondern zur schnellen Kontrolle der aktuellen Folie. Mit der **Esc**-Taste beenden Sie die Präsentation schnell wieder und kehren zur vorherigen Ansicht, meist *Normal*, zurück.

*Bild 3.56 Aktuelle Folie in der Bildschirmpräsentation anzeigen*

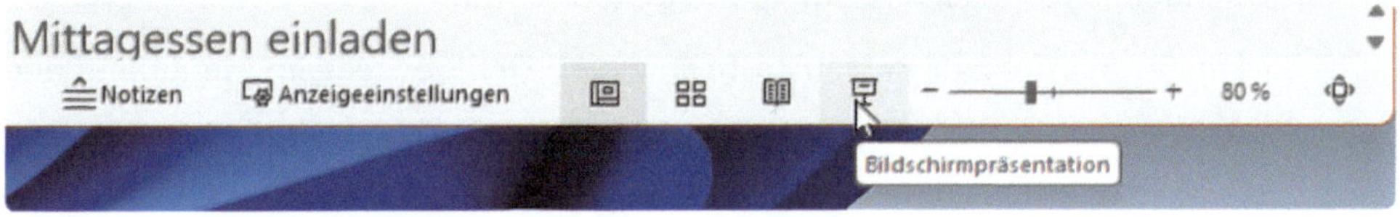


### Bildschirmpräsentation starten

Wenn Sie dagegen die Bildschirmpräsentation zum Zweck der Vorführung starten möchten, dann wechseln Sie am besten im Menüband zum Register *Bildschirmpräsentation*, hier finden Sie alle nötigen Befehle. Kapitel 9 dieses Buches befasst sich ausführlich mit diesem Thema.

Zum Starten klicken Sie in der Gruppe *Bildschirmpräsentation starten* auf die Schaltfläche *Von Beginn an* oder drücken Sie die Taste **F5**. Die Schaltfläche *Ab aktueller Folie* entspricht dagegen dem Symbol in der Statusleiste.

*Bild 3.57 Bildschirmpräsentation starten*

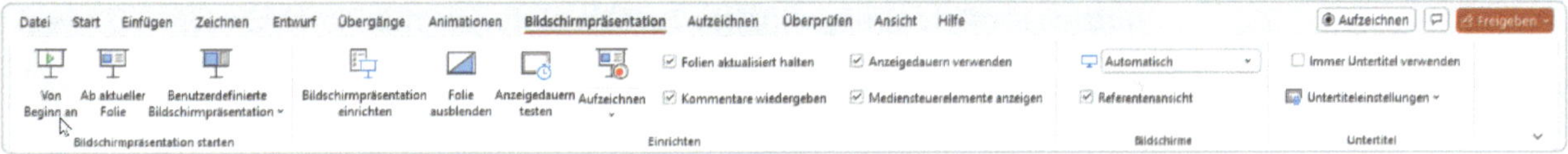


Mit Drücken der **Esc**-Taste können Sie jederzeit die Bildschirmpräsentation abbrechen und zur Ansicht *Normal* bzw. zur letzten Arbeitsansicht zurückkehren. Nach der letzten Folie erscheint ein schwarzer Bildschirm mit einem entsprechenden Hinweis. Dann genügt ein Mausklick an eine beliebige Stelle, um die Präsentation wieder in der Ansicht *Normal* anzuzeigen.

*Bild 3.58 Ansicht Bildschirmpräsentation*

*Bild 3.59 Schwarzer Bildschirm nach der letzten Folie*

# 3.6 Menüband anpassen und weitere Einstellungen zur Arbeitsoberfläche

## Menüband um weitere Befehle ergänzen

Häufig benötigte und standardmäßig nicht im Menüband enthaltene Befehle können Sie dem Menüband jederzeit hinzufügen. So gehen Sie vor:

1 Klicken Sie mit der **rechten** Maustaste an eine beliebige Stelle im Menüband und auf *Menüband anpassen*.

*Bild 3.60 Rechtsklick und Menüband anpassen*

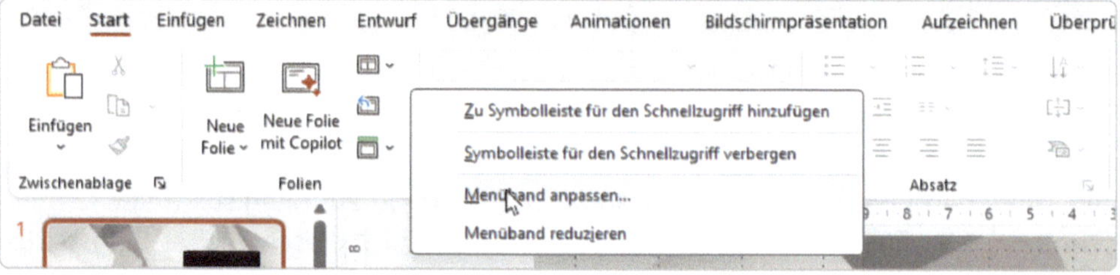


Es öffnen sich die *PowerPoint-Optionen* mit der Auswahl *Menüband anpassen* ❶. Klicken Sie auf die Schaltfläche *Neue Registerkarte* ❷ (Bild unten).

**Hinweis:** Theoretisch könnten Sie auch in eine vorhandene Registerkarte eine benutzerdefinierte Gruppe für Ihre Befehle einfügen. Aus Platzgründen und zwecks besserer Übersicht sind jedoch gesonderte Registerkarten vorzuziehen, da sich diese einfach ausblenden lassen, wenn sie nicht benötigt werden.

*Bild 3.61 PowerPoint-Optionen - Menüband anpassen*

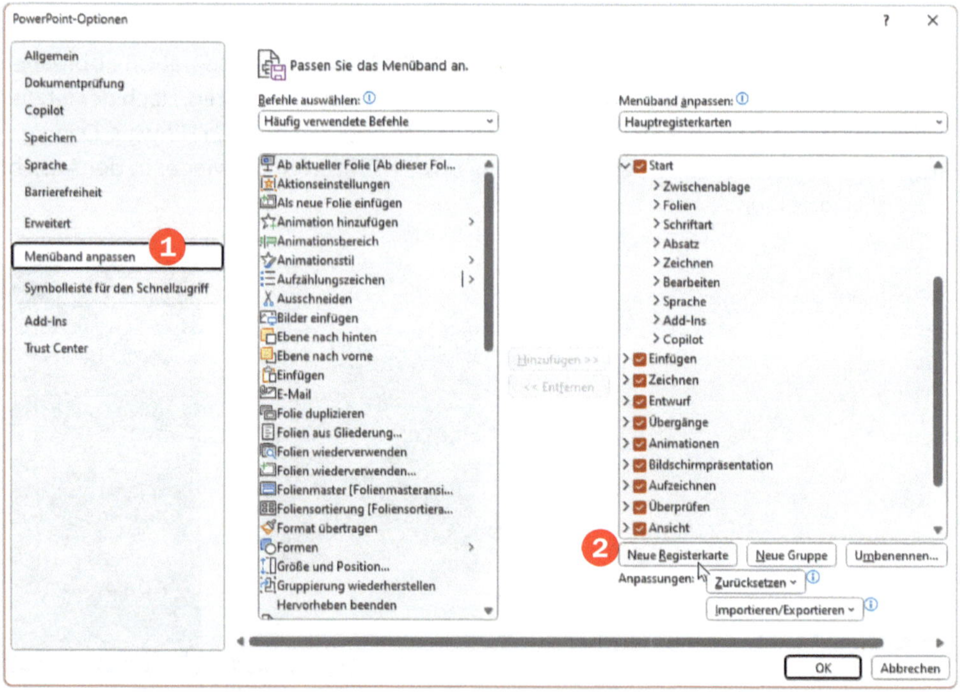

2 Die neue Registerkarte erscheint in der Liste der Hauptregisterkarten mit dem Zusatz *(Benutzerdefiniert)* ❸ und enthält bereits eine neue Gruppe. Klicken Sie auf die Registerkarte, danach auf die Schaltfläche *Umbenennen* ❹ und geben Sie einen Namen ein, mit dem diese Karte im Menüband angezeigt werden soll. Der Zusatz *Benutzerdefiniert* ist nur in den Optionen sichtbar.

3 Die neue Gruppe, die automatisch zusammen mit der Registerkarte erstellt wurde, benennen Sie auf dieselbe Weise um.

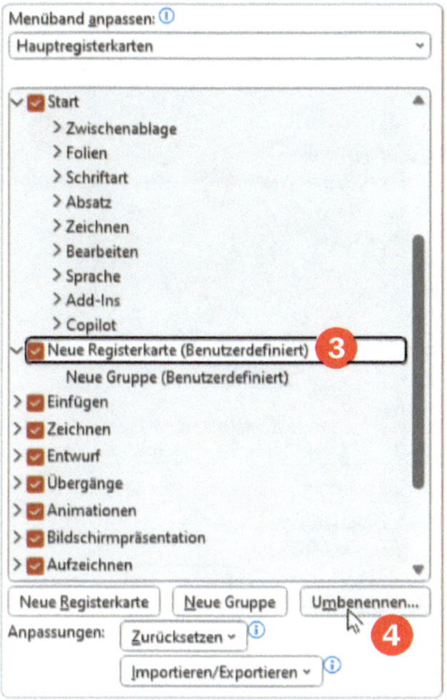


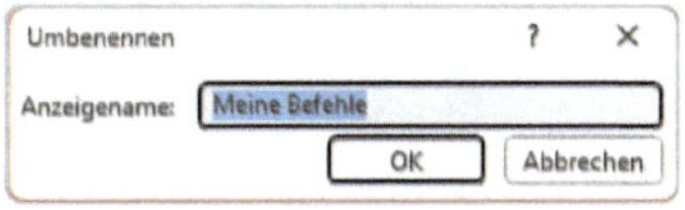


*Bild 3.62 Eigene Registerkarte erstellen und umbenennen*

**Info:** Beim Umbenennen einer Gruppe erhalten Sie zusätzlich die Möglichkeit, für die Gruppe ein Symbol zu wählen. Dieses erscheint zusammen mit einem Dropdown-Pfeil, falls zur Anzeige der Symbole der Gruppe zu wenig Platz zur Verfügung steht.

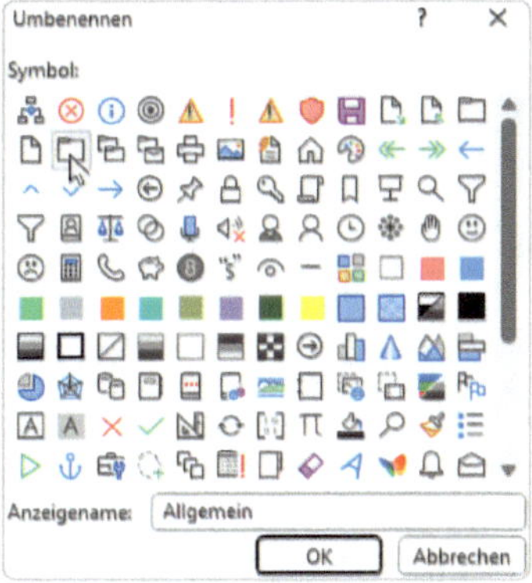


4 Anschließend fügen Sie der Gruppe Ihre Befehle hinzu: Dazu markieren Sie rechts die Gruppe ❺, klicken links auf den gewünschten Befehl, hier als Beispiel *Folie duplizieren* ❻, und danach auf die Schaltfläche *Hinzufügen* ❼. Oder ziehen Sie den Befehl mit der Maus in die Gruppe.

Sie können der Registerkarte noch weitere Gruppen hinzufügen (Schaltfläche *Neue Gruppe*) und sowohl Gruppen als auch einzelne Befehle mit den Schaltflächen *Nach oben* und *Nach unten* ❽ innerhalb des Registers verschieben.

5 Um Ihre Änderungen zu übernehmen, klicken Sie zuletzt auf die Schaltfläche *OK*.

**Tipp**: Standardmäßig erscheinen links zunächst nur *Häufig verwendete Befehle*. Falls sich der gesuchte Befehl nicht darunter befindet, so wählen Sie stattdessen entweder *Nicht im Menüband enthaltene Befehle* oder *Alle Befehle* aus.

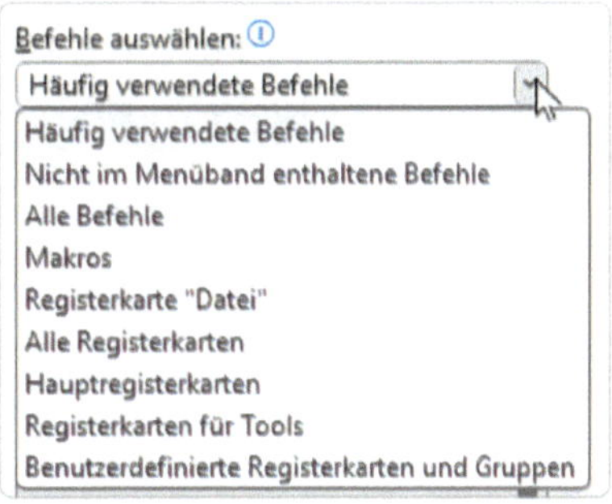

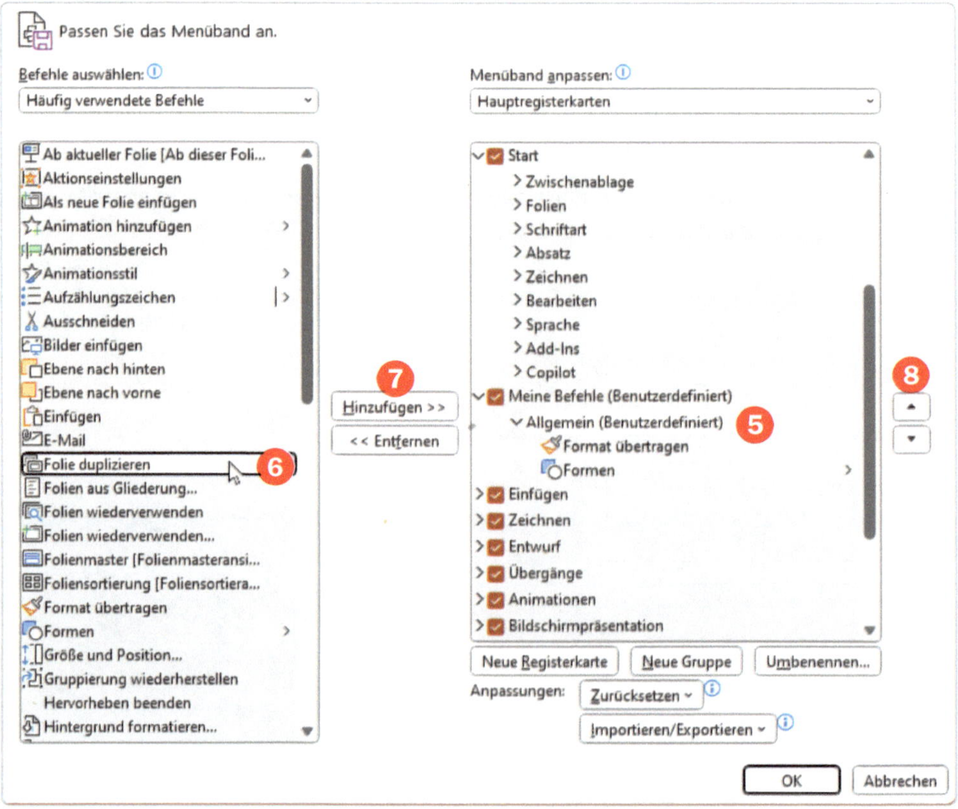


*Bild 3.63 Befehle hinzufügen*

**Registerkarten zurücksetzen, ausblenden**

Falls Sie einer bestehenden Registerkarte eine benutzerdefinierte Gruppe hinzugefügt haben, lässt sich diese mit der Schaltfläche *Zurücksetzen* schnell wieder auf die Standardeinstellung zurücksetzen. Anschließend können Sie wählen, ob nur die markierte Registerkarte oder alle Anpassungen zurückgesetzt werden sollen. Soll eine benutzerdefinierte Registerkarte nur ausgeblendet werden, so brauchen Sie nur das dazugehörige Kontrollkästchen deaktivieren.

## Arbeitsumgebung in den PowerPoint-Optionen anpassen

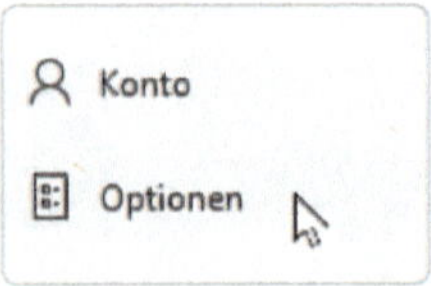


Weitere Einstellungen zur Arbeitsumgebung finden Sie ebenfalls in den PowerPoint-Optionen. Diese öffnen Sie im Register *Datei* mit Klick auf *Optionen*.

**Achtung**: Änderungen in den Optionen werden nur wirksam, wenn Sie die *PowerPoint-Optionen* mit der Schaltfläche *OK* schließen.

- **Minisymbolleiste anzeigen**: Die Minisymbolleiste mit den wichtigsten Textformaten erscheint in der Folie meist nicht nur zusammen mit dem Kontextmenü, sondern auch, wenn Sie Text markiert haben. Sollte dies nicht der Fall sein oder möchten Sie diese Leiste ausblenden, dann klicken Sie auf *Allgemein* und aktivieren bzw. deaktivieren das Kontrollkästchen *Minisymbolleiste für die Auswahl anzeigen*.
- **Live-Vorschau**: An markierten Objekten, z. B. Formen oder Bildern erhalten Sie normalerweise eine Live-Vorschau, wenn Sie auf eine Formatvorlage oder einen Effekt zeigen und können so das Ergebnis besser beurteilen. Ob eine Live-Vorschau erscheint, steuern Sie mit dem Kontrollkästchen *Live-Vorschau aktivieren*.

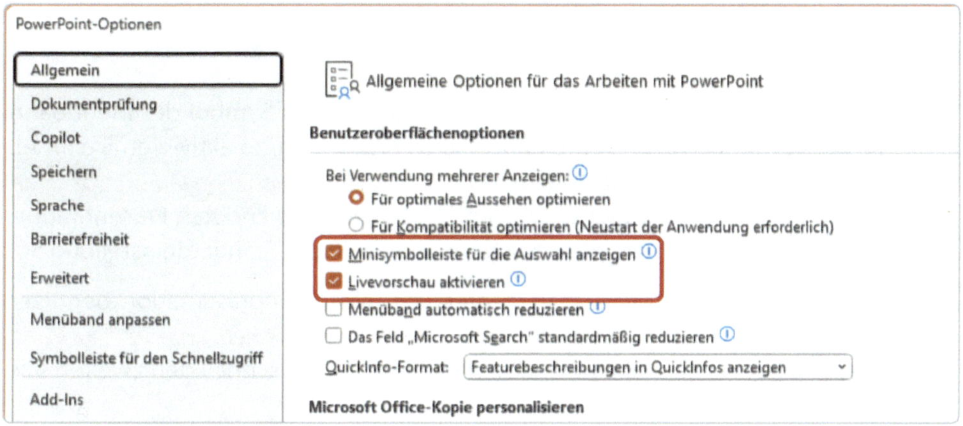


*Bild 3.64 Minisymbolleiste und Live-Vorschau*

- **Benutzername und Initialen**: Unter *Allgemein* können Sie bei Bedarf im Abschnitt *Microsoft Office-Kopie personalisieren* Ihren Benutzernamen und Ihre Initialen ändern. Standardmäßig werden diese von Ihrer Office-Anmeldung übernommen.
- **Entwurfsvorschläge ausblenden/anzeigen (Microsoft 365)**: Unmittelbar nach dem Einfügen von Bildern und anderen Aktionen erscheint rechts der Aufgabenbereich *Entwurfsvorschläge* mit verschiedenen Vorschlägen zur Platzierung, zumindest wenn Sie keine entsprechende Vorlage verwenden. Wenn Sie dies als lästig empfinden, dann deaktivieren Sie unter *Allgemein* im Abschnitt *Entwurfsvorschläge* das Kontrollkästchen *Vorschläge automatisch anzeigen*.

**Erweiterte Optionen**

Weitere Einstellungen zum Verhalten von PowerPoint, z. B. zur Anzeige, bei der Bearbeitung von Text oder während der Bildschirmpräsentation finden Sie in den Optionen in der Kategorie *Erweitert*.

- **Textbearbeitung und Zwischenablage**: Die Kontrollkästchen *Beim Markieren automatisch ganzes Wort markieren* und *Textbearbeitung durch Drag & Drop zulassen* sollten aktiviert sein. Dies gilt auch für die beiden Kontrollkästchen im Abschnitt *Ausschneiden, Kopieren und Einfügen*.

*Bild 3.65 Erweiterte Bearbeitungsoptionen*

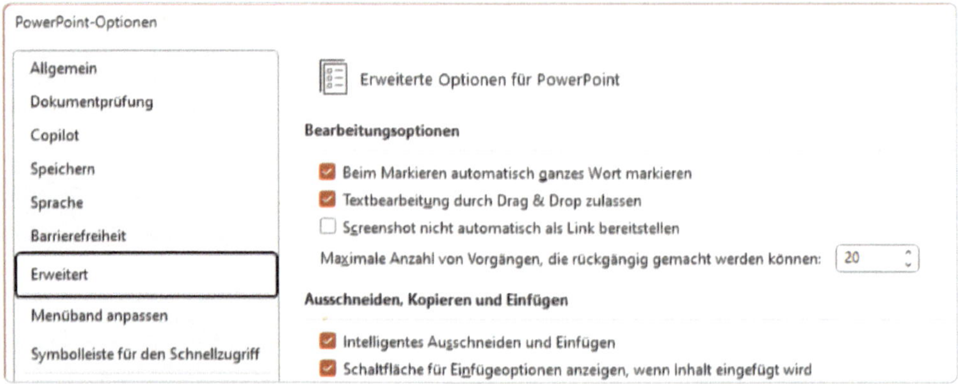


- **Tastenkombinationen anzeigen**: Sollte beim Zeigen auf ein Symbol des Menübands die dazugehörige Tastenkombination nicht erscheinen, so aktivieren Sie im Abschnitt *Anzeigen* das Kontrollkästchen *Tastenkombinationen in Quickinfos anzeigen*. Ferner können Sie hier die Anzahl der zuletzt verwendeten Präsentationen und Ordner beim Öffnen und Speichern ändern, in der Standardeinstellung 50.

  Wenn Sie einen Laptop zum Vorführen der Bildschirmpräsentation benutzen, dann sollte das Kontrollkästchen *Beim Präsentieren auf einem Laptop die Anzeige automatisch erweitern* aktiviert sein. Damit können Sie schnell den zweiten Bildschirm aktivieren.

- **Bildschirmpräsentation**: Im Abschnitt *Bildschirmpräsentation* können Sie festlegen, ob beim Rechtsklick ein Kontextmenü erscheint, beim Zeigen in der linken unteren Ecke kleine Symbole (*Popupsymbolleiste*) sichtbar sind und ob nach der letzten Folie der Bildschirmpräsentation automatisch eine schwarze Folie erscheint.

# 3.7 Präsentation im Team bearbeiten

## Präsentation für andere Personen freigeben

Sie können eine Präsentation auch gemeinsam mit mehreren Personen im Team bearbeiten. Auf einem gemeinsamen Laufwerk in einem Firmennetzwerk stellt dies normalerweise kein Problem dar. Soll allerdings von anderen Orten außerhalb des Netzwerks Zugriff auf die Datei möglich sein, z. B. von Vereinsmitgliedern, so müssen Sie die Präsentation in der Cloud speichern und für ausgewählte Personen freigeben.

*Bild 3.66 Klicken Sie auf Freigeben*

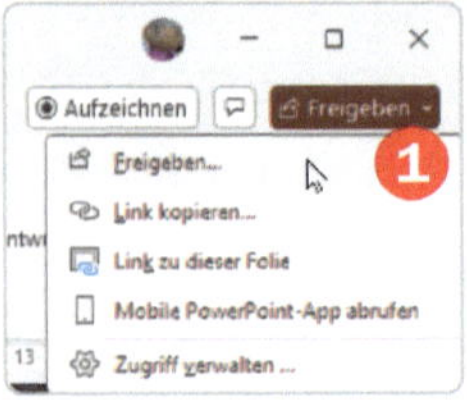


Um die aktuelle Präsentation freizugeben, klicken Sie entweder rechts oben auf *Freigeben* ❶ und wählen *Freigeben*. Oder klicken Sie im Register *Datei* auf *Freigeben*.

### Freigaben mit Microsoft 365

1 Als ersten Schritt müssen Sie die Präsentation auf *OneDrive* oder *Office 365 SharePoint* speichern, falls das noch nicht passiert ist. Klicken Sie dazu im Fenster

*Freigeben* auf OneDrive bzw. *OneDrive Persönlich* ❷. Anschließend wird die Präsentation hochgeladen, was je nach Umfang einige Sekunden dauern kann.

2 Im nachfolgenden Fenster *Link senden* geben Sie dann die Personen an, für die Sie die Präsentation freigeben möchten. Klicken Sie dazu in das Feld *An* ❸ und geben Sie die E-Mail-Adresse ein, mehrere Adressen trennen Sie durch Semikolon (;).

3 Geben Sie optional unterhalb noch eine Nachricht ein ❹ und klicken Sie auf *Senden* ❺.

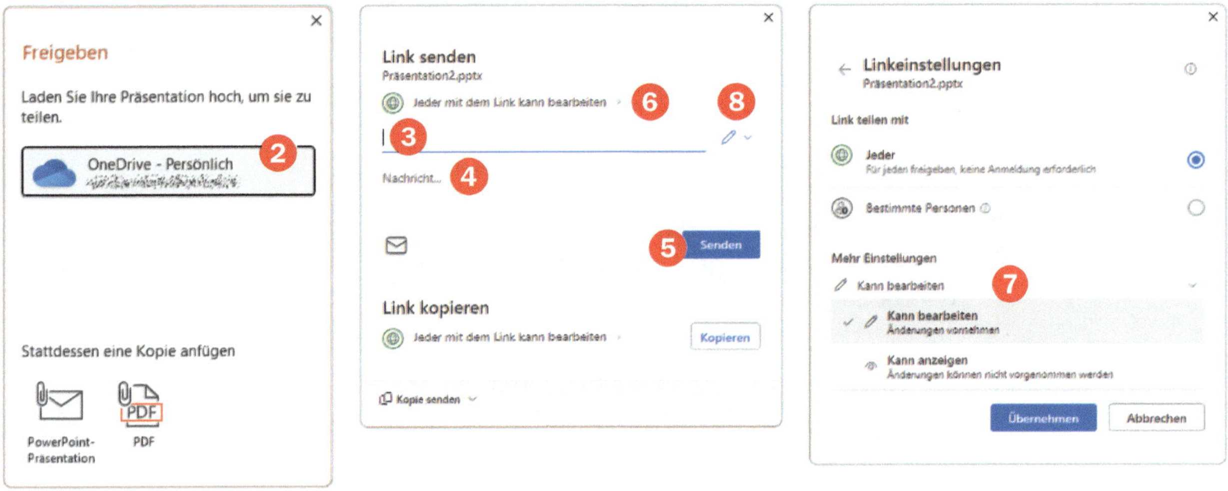


*Bild 3.67 Präsentation in der Cloud speichern und Link senden*

**Berechtigung ändern**

Voreinstellung ist *Jeder mit dem Link kann bearbeiten* ❻, d. h. jede Person, der Sie den Link senden, kann die Präsentation beliebig ändern. Falls Sie dies einschränken möchten, klicken Sie darauf und wählen in den *Linkeinstellungen* unter *Mehr Einstellungen* ❼ die Alternative *Kann anzeigen*. Dies bedeutet, die Präsentation kann nur geöffnet werden, eine Bearbeitung ist nicht möglich.

Falls Sie nur einzelnen Personen das Recht für Bearbeitungen einräumen möchten, so klicken Sie nach Eingabe der E-Mail-Adresse auf das nebenstehende Symbol *Bearbeiten* ❽ und wählen die Berechtigung aus.

**Einen Freigabelink erzeugen und versenden**

Statt einer Einladung per E-Mail können Sie auch einen Freigabelink abrufen und diesen anschließend in beliebiger Form, z. B. in einem Word-Dokument weitergeben. Klicken Sie dazu im Fenster *Link senden* unter *Link kopieren* auf die Schaltfläche *Kopieren* ❶ (Bild 3.68), eine E-Mail-Adresse wird nicht benötigt.

Der Link erscheint in einem gesonderten Fenster und ist bereits markiert. Klicken Sie auf die Schaltfläche *Kopieren* ❷, um den Link in die Zwischenablage zu kopieren und schließen Sie danach das Fenster. Anschließend können Sie den Link mit den Tasten **Strg+V** in ein beliebiges Dokument oder eine E-Mail einfügen.

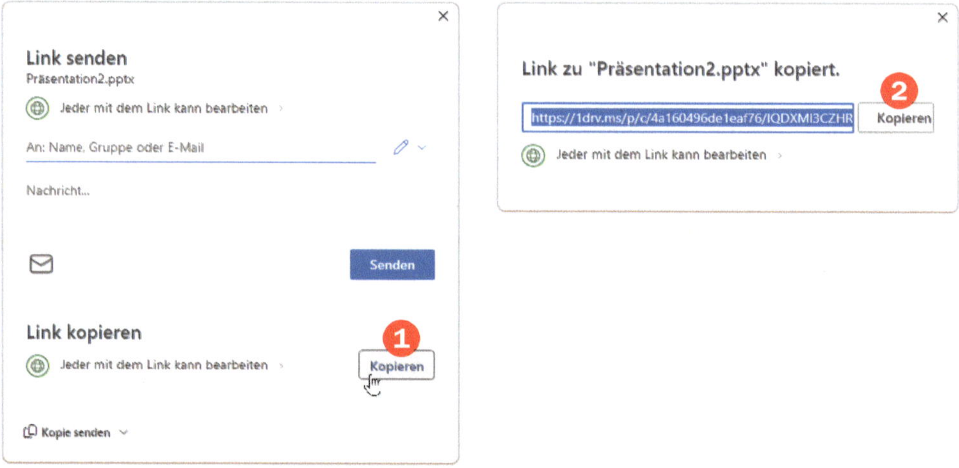


*Bild 3.68 Freigabelink erzeugen*

### Freigaben ändern oder aufheben

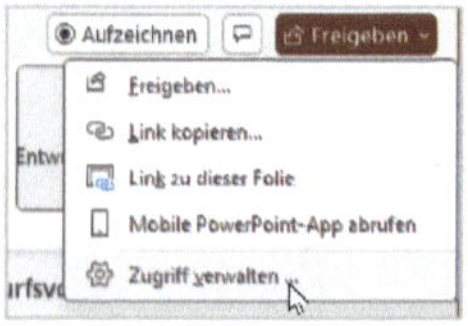


Um vorhandene Freigaben zu kontrollieren und ggf. wieder aufzuheben, öffnen Sie die Präsentation, klicken ebenfalls rechts oben im Menüband auf *Freigeben* und wählen *Zugriff verwalten*.

Im Fenster *Zugriff verwalten* werden sämtliche Freigaben aufgelistet:

- Falls die Freigabe über einen kopierten Link erfolgte, klicken Sie zum Aufheben auf dem Register *Link* auf das Papierkorbsymbol neben dem Link ❶.
- Haben Sie dagegen einen Link gesendet, so klicken Sie auf die betreffende Person und wählen entweder *Direktzugriff entfernen* ❷ oder ändern die Berechtigung.

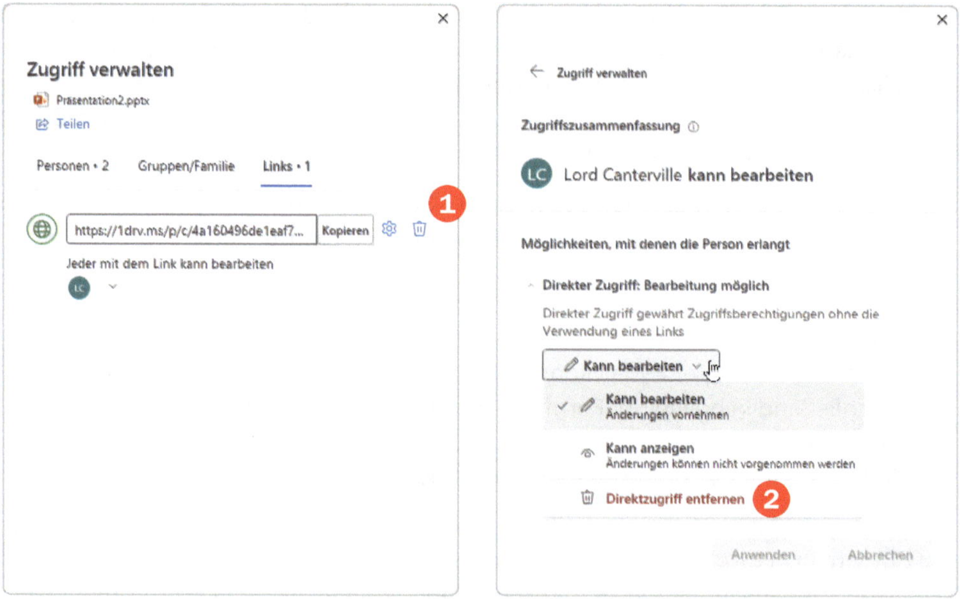


*Bild 3.69 Freigabe ändern oder aufheben*

### Präsentation mit PowerPoint 2019 oder 2021 freigeben

PowerPoint 2021 oder 2019 verwalten die Freigaben im Aufgabenbereich *Freigeben*. Dazu klicken Sie rechts oben ebenfalls auf *Freigeben* ❶ und danach im Aufgabenbereich auf *In der Cloud speichern* ❷, sofern dies noch nicht geschehen ist.

Geben Sie dann die E-Mail-Adressen der Personen ein ❸ oder fügen diese mit Klick auf das Adressbuchsymbol rechts hinzu. Unterhalb wählen Sie wieder zwischen *Kann bearbeiten* und *Nur Anzeigen* ❹, geben eventuell noch einen Nachrichtentext ein und klicken auf *Freigeben* ❺. Falls Sie stattdessen lieber einen Freigabelink erzeugen möchten, dann wählen Sie *Einen Freigabelink abrufen* ❻.

#### Freigabe ändern, entfernen

Um eine Freigabe zu ändern oder wieder zu entfernen, klicken Sie ebenfalls auf *Freigeben* und wählen *Zugriff verwalten...* Im Aufgabenbereich *Freigeben* werden nun alle Freigaben aufgelistet. Zum Entfernen einer Freigabe klicken Sie mit der rechten Maustaste auf die betreffende Person und auf *Benutzer entfernen*. Umgekehrt können Sie hier jederzeit auch noch weitere Personen einladen.

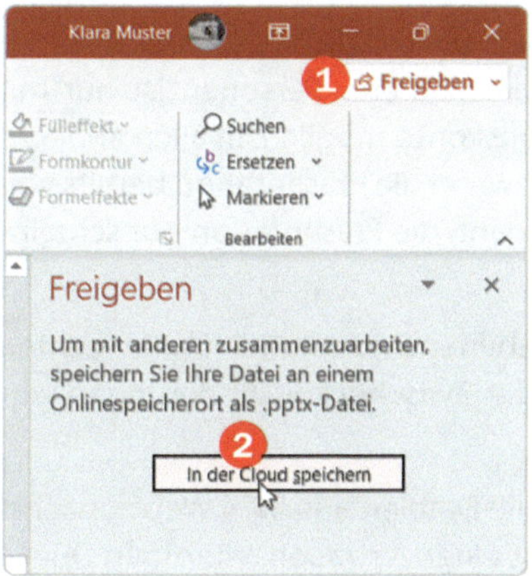


*Bild 3.70 Präsentation in der Cloud speichern*

*Bild 3.71 Personen einladen*

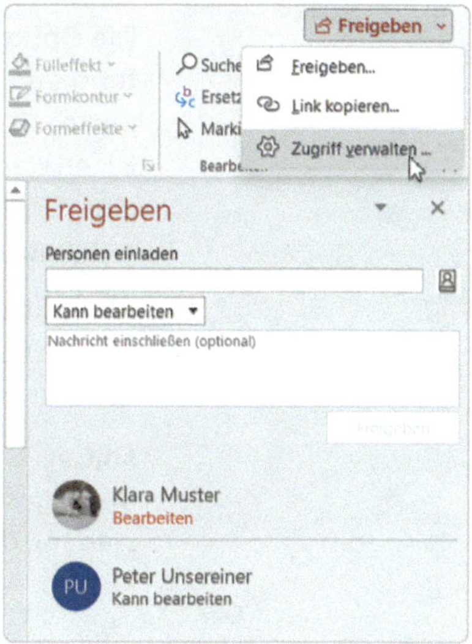


*Bild 3.72 Zugriff verwalten*

## Freigegebene Präsentation öffnen und bearbeiten

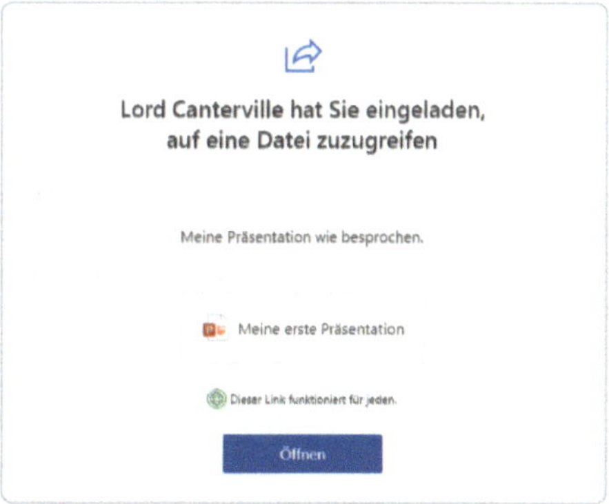


Wenn Sie eine Freigabe per E-Mail erhalten haben, dann klicken Sie in der Mail auf *Öffnen* oder auf den Link, je nachdem wie die Freigabe erzeugt wurde.

Die freigegebene Präsentation wird in Ihrem Standardbrowser zunächst mit PowerPoint Online bzw. für das Web geöffnet und Sie können die Präsentation betrachten. Falls Sie nicht automatisch angemeldet sind, sollten Sie sich außerdem anmelden, damit Ihre Initialen und die dazugehörigen Änderungen auch für die übrigen

Bearbeiter sichtbar sind. Klicken Sie dazu rechts oben auf *Anmelden* und melden Sie sich mit Ihrem Microsoft-Konto und dazugehörigem Kennwort an.

Zum Bearbeiten klicken Sie oben rechts auf *Bearbeiten* und wählen dann zwischen *Bearbeiten*, wobei Sie auch Änderungen vornehmen können und *Anzeigen*, was die Datei nur schreibgeschützt öffnet. Der Menüpunkt *In der Desktopversion öffnen* öffnet die Datei in einem installierten PowerPoint. Die beiden anderen Menüpunkte funktionieren auch ohne dass PowerPoint installiert ist.

*Bild 3.73 Präsentation bearbeiten*

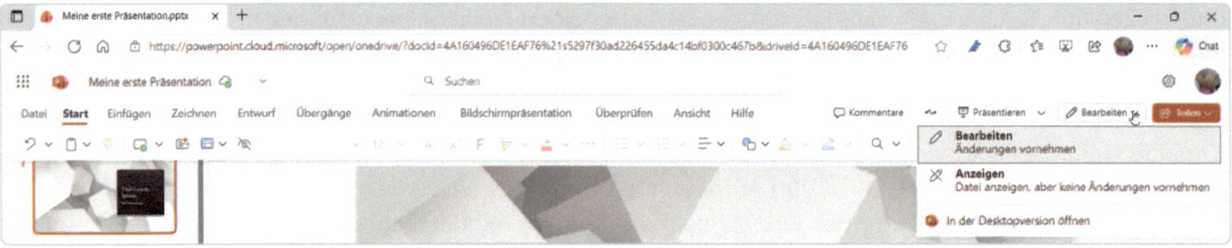


**In PowerPoint bearbeiten**

Die Option *In PowerPoint bearbeiten* stellt Ihnen zwar alle Möglichkeiten der Bearbeitung zur Verfügung, aber gleichzeitiges Bearbeiten mehrerer Personen ist nur mit Microsoft 365 in Verbindung mit einem Organisationskonto möglich. In allen anderen Fällen werden Sie beim Öffnen darauf hingewiesen, wenn die Präsentation bereits von einer anderen Person geöffnet ist, und Sie können dann die Präsentation nur schreibgeschützt öffnen.

Als Besitzer erhalten Sie beim Öffnen einer freigegebenen Präsentation in der rechten oberen Ecke eine kurze Benachrichtigung, wer in der Zwischenzeit Änderungen vorgenommen hat.

**Achtung**: Eine freigegebene Präsentation wird, wie alle Dateien aus dem Web zunächst in der geschützten Ansicht geöffnet. Wenn diese aus einer vertrauenswürdigen Quelle stammt, dann müssen Sie zum Bearbeiten auf *Dokumenten von dieser Person vertrauen* klicken.

**Im Browser mit mehreren Personen gleichzeitig bearbeiten**

Wenn Sie auch ohne Organisationskonto mit mehreren Personen gleichzeitig an der Präsentation arbeiten möchten, dann wählen Sie die Option *Im Browser bearbeiten*.

Wer aktuell die Präsentation bearbeitet, sehen Sie rechts oben in der Menüleiste ❶ und im Navigationsbereich an der betreffenden Folie ❷. Alle Änderungen, die Sie oder eine andere Person vornehmen, sind sofort für alle Bearbeiter sichtbar. Neben inhaltlichen Änderungen haben Sie auch die Möglichkeit, Kommentare einzufügen. Näheres hierzu in Kapitel 9 auf Seite 71.

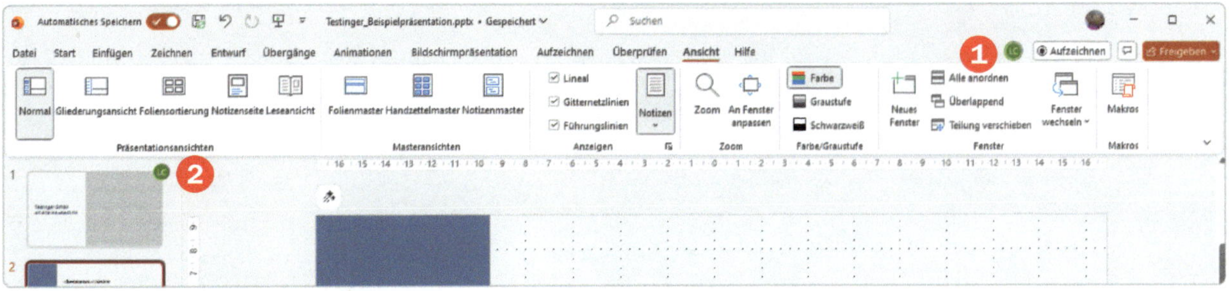


Bild 3.74 Freigegebene Präsentation mit mehreren Bearbeitern aus der Sicht des Besitzers

**Wo finden Sie freigegebene Präsentationen?**

Theoretisch könnten Sie eine freigegebene Präsentation über den Link in der E-Mail jederzeit wieder öffnen. Wenn Ihnen dies zu umständlich ist, dann rufen Sie im Browser die Seite onedrive.live.com auf, melden sich mit Benutzernamen und Kennwort Ihres Microsoft-Kontos an und wählen dann links den Ordner *Geteilt* aus. Hier finden Sie alle Dateien, die mit Ihnen geteilt wurden.

Noch einfacher macht es Ihnen Microsoft 365. Hier finden Sie in PowerPoint im Register *Datei* ▶ *Öffnen* sowie auf der Startseite die Kategorie *Mit mir geteilt* und ein Klick darauf zeigt alle freigegebenen Präsentationen an.

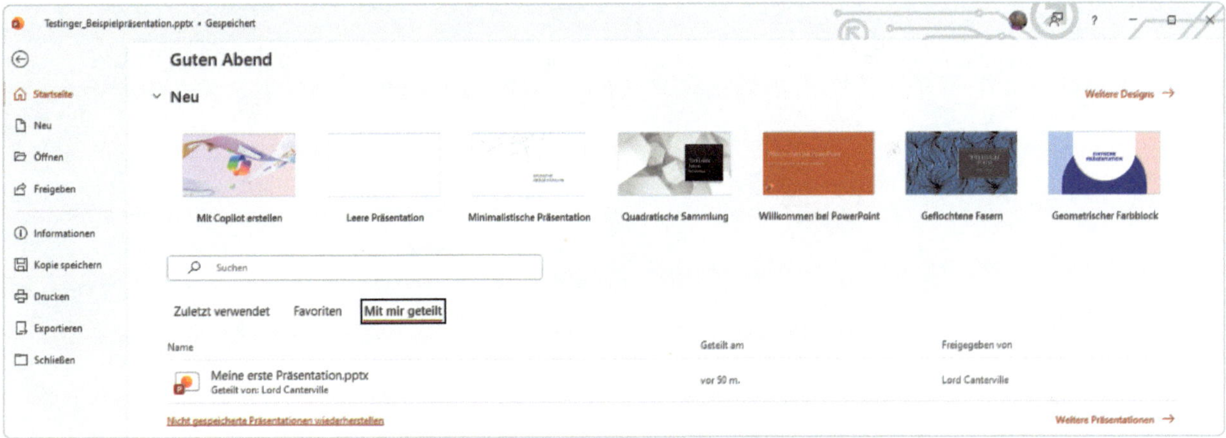


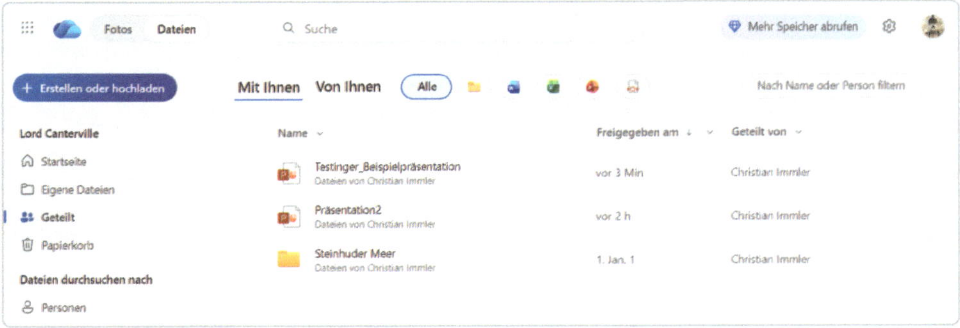


Bild 3.75 Microsoft 365: Geteilte Präsentationen anzeigen

Bild 3.76 Geteilte Dateien auf OneDrive

# 4 Präsentation erstellen und Design anpassen

**In diesem Kapitel lernen Sie ...**

- Mit einer leeren Präsentation starten
- Folien hinzufügen und Folienlayout wählen
- Design und Farben der Präsentation anpassen
- Eigene Farben zusammenstellen
- Benutzerdefiniertes Design erstellen und speichern
- Poster und Broschüren gestalten

**Das sollten Sie bereits wissen**

- Befehlseingabe in PowerPoint
- Die PowerPoint-Ansichten
- Grundlagen der Texteingabe
- Präsentation speichern und öffnen

## 4.1 Die Ausgangsmöglichkeiten

Bei Präsentationen kommt es nicht nur auf den Inhalt, sondern auch auf die optische Gestaltung an. Einheitlich gestaltete Präsentationen wirken professionell und erleichtern dem Publikum die Orientierung. So lassen sich beispielsweise durch den gezielten Einsatz von Farben Informationen verdeutlichen und Aussagen transportieren, während allzu „bunte" Darstellungen und eine Vielzahl unterschiedlicher Schriften oft nur verwirrend wirken.

Um spätere Änderungen und den damit verbundenen Arbeitsaufwand möglichst gering zu halten, sollten Sie sich vor dem Erstellen einer Präsentation überlegen, wie Sie beginnen möchten. Sie haben die Wahl zwischen folgenden Möglichkeiten:

- **Eine Vorlage oder ein Design verwenden**
  Vorlagen und Designs sind fertig gestaltete Musterpräsentationen für verschiedene Zwecke. Manchmal enthalten sie auch bereits mehrere Folien und Sie brauchen nur noch Ihre Inhalte in die entsprechenden Folien einfügen, nicht benötigte löschen und eventuell weitere Folien durch Kopieren hinzufügen. Online finden Sie auch Vorlagen für einzelne Folien, die Sie in Ihre Präsentation einfügen können. Ein Beispiel für Vorlagen haben Sie in Kapitel 2 kennengelernt.

  Vorlagen sind nur selten die optimale Lösung. Allerdings lassen sich viele davon entweder mithilfe mitgelieferter Varianten farblich variieren oder Sie passen selbst Farben, Schriften und das Layout an Ihre Vorstellungen bzw. an die Vorgaben des Corporate Designs Ihrer Firma an.

- **Eine Präsentation komplett neu gestalten**
  Als Alternative beginnen Sie mit einer leeren neutralen Präsentation. Diese können Sie völlig neu und individuell nach Ihren Vorstellungen gestalten. Da wir Ihnen mit diesem Buch die verschiedenen Werkzeuge von PowerPoint und ihre Einsatzmöglichkeiten nahebringen möchten, ist dies auch die Methode, die wir in der Folge überwiegend einsetzen werden. Außerdem können Sie mit diesen Kenntnissen jede Vorlage beliebig abändern.

  **Und noch etwas**: Eine individuell gestaltete Präsentation können Sie als benutzerdefiniertes Design oder als Vorlage speichern und anschließend beliebig oft für weitere Präsentationen verwenden. Näheres hierzu am Ende dieses Kapitels.

### Vorlage oder leere Präsentation?

Nutzer/innen von Microsoft 365 erhalten hier wesentlich mehr Vorlagen zur Auswahl als mit PowerPoint 2024 oder 2021.

Unmittelbar nach dem Start von PowerPoint erscheint standardmäßig die Startseite und bietet neben einer leeren Präsentation verschiedene Designs und Vorlagen an. Um noch mehr anzuzeigen, klicken Sie auf *Weitere Designs*. Falls PowerPoint bereits geöffnet ist oder die Startseite nicht erscheinen sollte, so klicken Sie im Menüband auf das Register *Datei* und hier am besten gleich auf *Neu*. In beiden Fällen erhalten Sie auch eine leere Präsentation zur Auswahl.

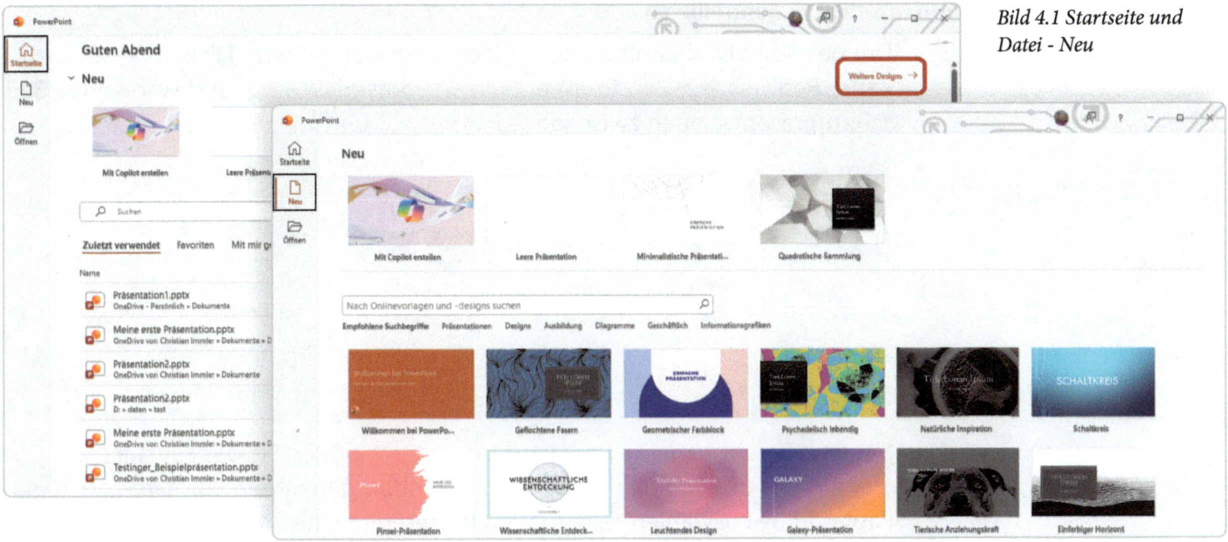


*Bild 4.1 Startseite und Datei - Neu*

Um mit einer leeren Präsentation zu beginnen, klicken Sie auf *Leere Präsentation*. Die neue Präsentation wird unter dem vorläufigen Namen *Präsentation1* geöffnet. Wenn Sie nacheinander mehrere neue Präsentationen erstellen, so erhalten diese der Reihe nach die Namen *Präsentation2*, *Präsentation3* usw. Die Zahl spielt keine Rolle, da dies nicht der endgültige Name ist und Sie beim Speichern ohnehin einen aussagefähigen Dateinamen vergeben sollten.

## Achten Sie auf das Seitenverhältnis der Folien

Neben Bildschirmpräsentationen unterstützt PowerPoint auch noch andere Präsentationsformen, z. B. Poster oder Infografik auf Papier. Wenn nichts anderes angegeben wird, geht PowerPoint allerdings in der Standardeinstellung von einer Bildschirmpräsentation aus und verwendet automatisch die entsprechende Größe.

Ein wichtiger Punkt bei Bildschirmpräsentationen betrifft das Seitenverhältnis der Folien bzw. die Frage, mit welchem Bildschirmformat die Präsentation später wiedergegeben wird. PowerPoint benutzt standardmäßig das gängige Breitbildformat 16:9, ältere Präsentationen basieren dagegen womöglich noch auf dem klassischen Bildschirmformat 4:3. Falls Sie eine Vorlage wählen, sollten Sie also unbedingt darauf achten, dass diese auf dem richtige Seitenverhältnis basiert. Auch bei einer leeren Präsentation sollte sicherheitshalber im ersten Schritt das Seitenverhältnis kontrolliert und ggf. angepasst werden.

**Achten Sie von Anfang an auf das richtige Seitenverhältnis**

Änderungen am Seitenverhältnis sind zwar auch nachträglich möglich, aber nicht zu empfehlen, da dann auch Layouts und Inhalte entsprechend angeglichen werden und so unbeabsichtigte Wirkungen entstehen.

## Seitenverhältnis kontrollieren

1 Um das Seitenverhältnis zu kontrollieren bzw. zu ändern, klicken Sie im Menüband, Register *Entwurf*, Gruppe *Anpassen* auf *Foliengröße* und wählen für Bildschirmpräsentationen zwischen *Standard (4:3)* und *Breitbild (16:9)*.

*Bild 4.2 Foliengröße kontrollieren/ändern*

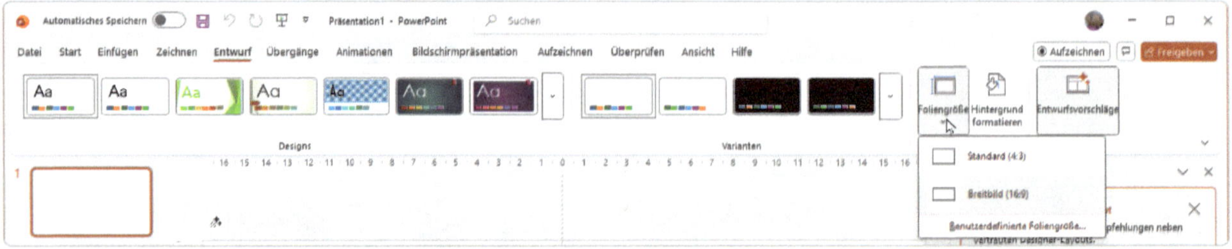


2 Mit dem Befehl *Benutzerdefinierte Foliengröße...* öffnen Sie das Fenster *Foliengröße* (Bild 4.3) und können hier neben den oben genannten Formaten auch eine Papiergröße auswählen, falls z. B. mit PowerPoint eine Broschüre im A4- oder ein Poster im A3-Format gestaltet werden soll.

## Beachten Sie beim nachträglichen Ändern der Foliengröße

Beim nachträglichen Ändern, z. B. vom Seitenverhältnis 16:9 auf 4:3 oder umgekehrt, öffnet sich automatisch ein Fenster und bietet Ihnen zwei Möglichkeiten an, wie Sie bestehenden Inhalt an das neue Seitenverhältnis angleichen können:

- Sie können den Folieninhalt *Maximieren*, allerdings ragen dann unter Umständen Elemente über den Folienrand hinaus und Platzhalter müssen entsprechend verschoben oder verkleinert werden.
- Mit der Auswahl *Passend skalieren* werden dagegen die Inhalte verkleinert, wodurch Ränder entstehen.

*Bild 4.3 Benutzerdefinierte Foliengröße: Wählen Sie ein Papierformat*

*Bild 4.4 Foliengröße nachträglich ändern*

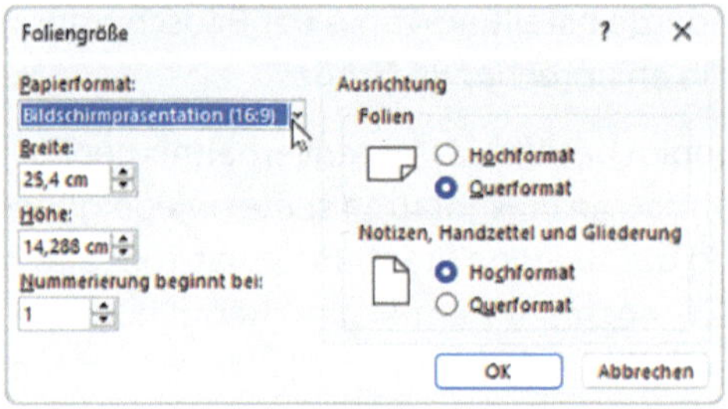


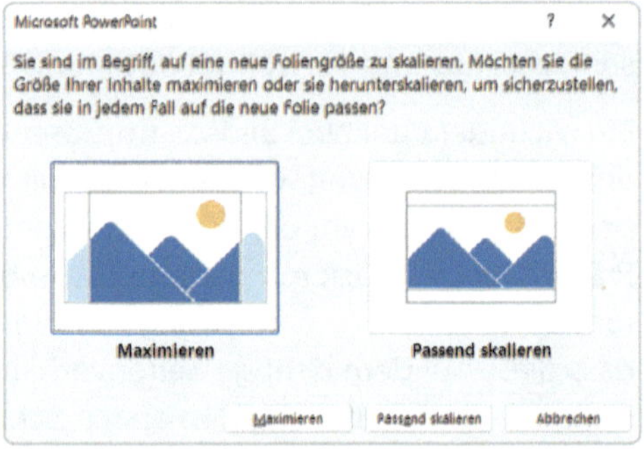

## 4.2 Allgemeine Techniken im Umgang mit Folien

Unmittelbar nach dem Erstellen einer neuen Präsentation erscheint die erste Folie, standardmäßig im Titellayout. Klicken Sie in das Textfeld und geben Sie den Titel Ihrer Präsentation über die Tastatur ein.

**Hinweis:** Für das nachfolgende Beispiel wurde eine leere Präsentation als Ausgangsbasis gewählt. Falls Sie eine Vorlage bzw. ein Design verwenden, können Position und Aussehen der Platzhalter von den Abbildungen abweichen.

In Microsoft 365 erscheint bei einer leeren Präsentation automatisch rechts der Bereich *Entwurfsvorschläge* sowie ein Auswahlmenü mit KI-Tools links oberhalb der ersten Folie. Diese Themen werden später im Buch behandelt. Schließen Sie den Bereich *Entwurfsvorschläge* zunächst mit dem X-Symbol oben rechts. Das Menü der KI schließt sich damit auch automatisch.

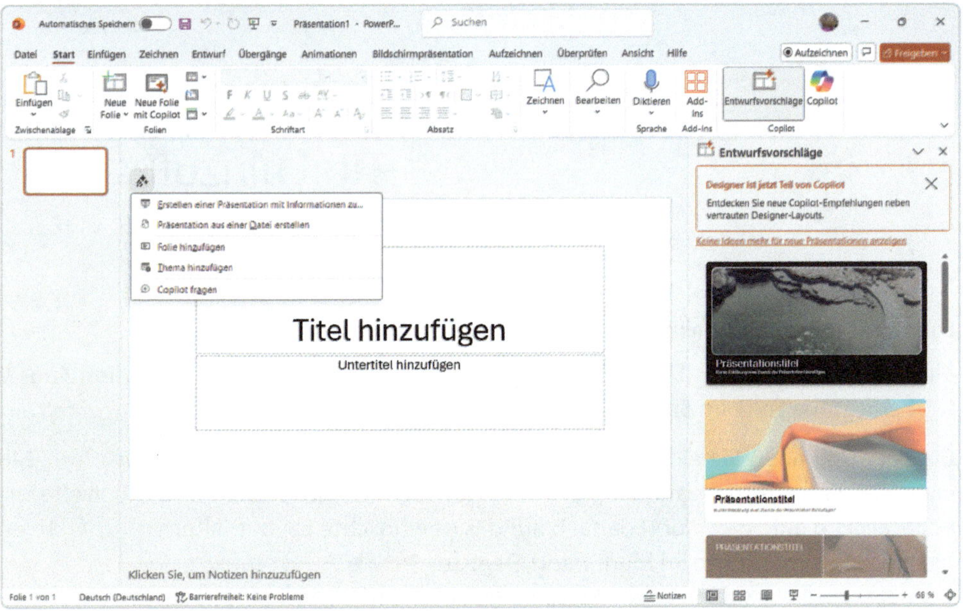


*Bild 4.5 Die erste Folie mit Platzhaltern*

Diese und die folgenden Abbildungen basieren auf einer leeren Präsentation.

### Folien hinzufügen und Layout wählen

#### Was sind Folienlayouts?

Folienlayouts steuern über Platzhalter die Anordnung von Folienelementen. Sie gewährleisten ein einheitliches Erscheinungsbild der gesamten Präsentation, da sich einzelne Elemente, z. B. Folientitel, immer an derselben Stelle befinden. Die meisten PowerPoint-Vorlagen bringen mehrere Folienlayouts für verschiedene Zwecke mit, das genaue Aussehen und die Position der Platzhalter sind abhängig von der Vorlage. So kann sich beispielsweise der Titel einer Folie nicht nur oben, sondern auch unten oder am linken Rand befinden.

Wie Sie eigene Folienlayouts gestalten, erfahren Sie in Kapitel 5.

### Layout beim Einfügen wählen

Das Layout einer Folie wählen Sie am einfachsten gleich beim Einfügen der Folie. Beachten Sie dabei, dass die Schaltfläche *Neue Folie* zweigeteilt ist und die Auswahl eines Layouts nur über den Dropdown-Pfeil der Schaltfläche möglich ist.

1. Klicken Sie im Menüband auf das Register *Start* oder das Register *Einfügen* und in der Gruppe *Folien* auf den Dropdown-Pfeil der Schaltfläche *Neue Folie*.
2. Wählen Sie ein Folienlayout, z. B. *Titel und Inhalt* durch Anklicken aus.

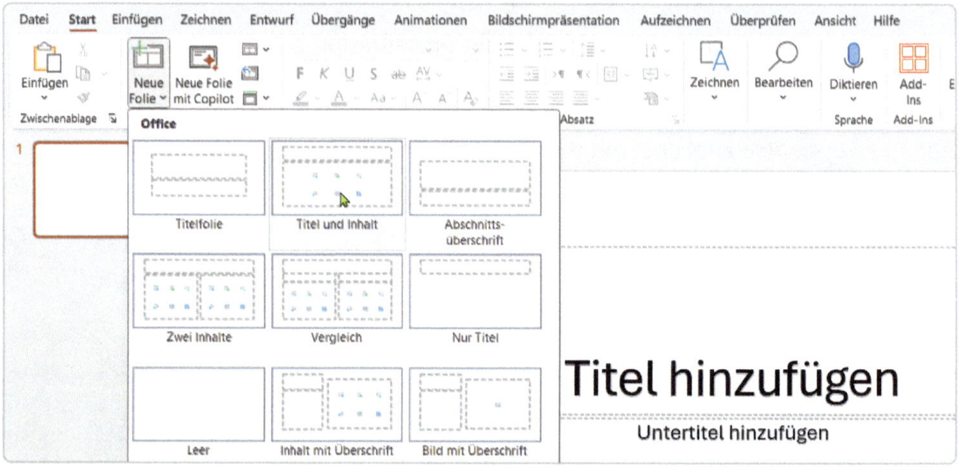


*Bild 4.6 Neue Folie einfügen und Layout wählen*

### Folie im Standardlayout einfügen, Layout nachträglich ändern

Neue Folie einfügen: **Strg+M**.

Ein Klick direkt auf das Symbol der Schaltfläche oder die Tastenkombination **Strg+M** fügt eine neue Folie im Standardlayout ein, in der Regel das Layout *Titel und Inhalt*.

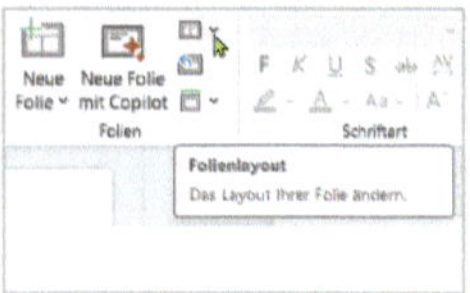


*Bild 4.7 Folienlayout nachträglich ändern*

Bei Bedarf können Sie einer Folie auch nachträglich ein anderes Layout zuweisen. Klicken Sie dazu im Navigationsbereich mit der rechten Maustaste auf die betreffende Folie, klicken auf *Layout* und danach auf das gewünschte Layout. Alternativ markieren Sie die Folie und klicken im Menüband, Register *Start* ▶ *Folien* auf *Folienlayout* (*Layout*).

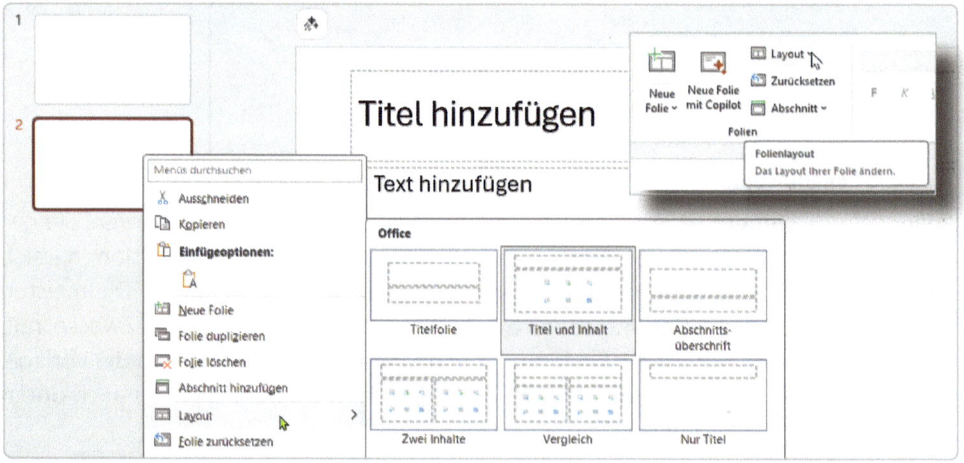

## Folien verschieben, löschen oder ausblenden

**Folien markieren und verwalten Sie im Navigationsbereich**

Eine neue Folie wird immer nach der aktuellen, also im Navigationsbereich markierten Folie eingefügt. In diesem Bereich verwalten Sie auch die Folien und ändern z. B. deren Reihenfolge. Alternativ können Sie dazu auch zur Ansicht *Foliensortierung* wechseln.

### Folien löschen

Zum Entfernen einer nicht mehr benötigten Folie klicken Sie im Navigationsbereich auf die Folie und betätigen dann die **Entf**-Taste der Tastatur. Oder klicken Sie im Navigationsbereich mit der rechten Maustaste auf diese Folie und auf den Befehl *Folie löschen* (Bild 4.8).

### Folien verschieben

Um eine Folie an eine andere Stelle zu verschieben, ziehen Sie sie im Navigationsbereich mit gedrückter linker Maustaste an die gewünschte Position (Bild 4.9). In umfangreichen Präsentationen mit zahlreichen Folien ist dazu unter Umständen die Ansicht *Foliensortierung* (Register *Ansicht*, Gruppe *Präsentationsansichten*) besser geeignet.

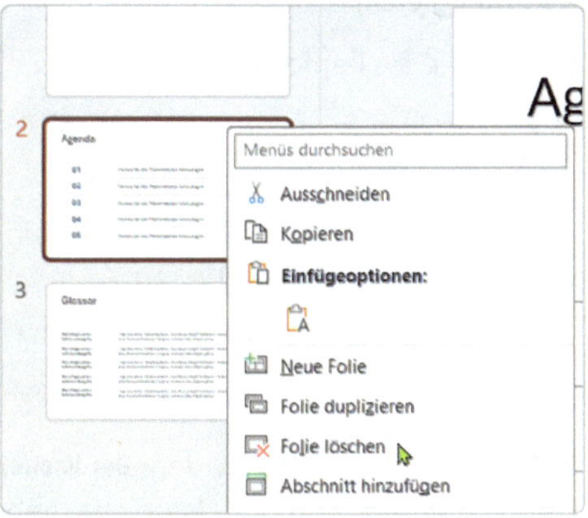


*Bild 4.8 Folie löschen*

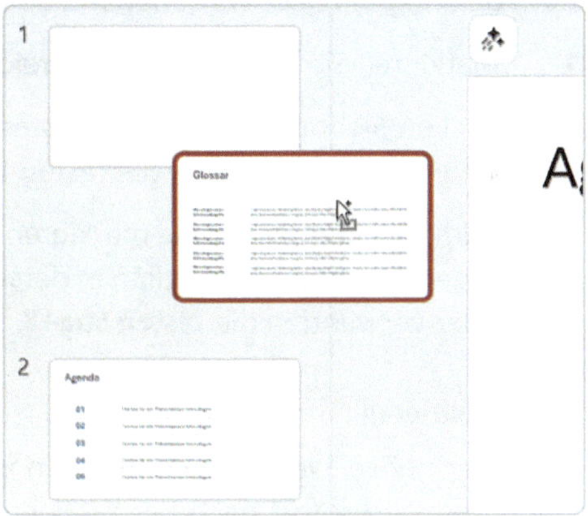


*Bild 4.9 Folie verschieben*

### Nicht benötigte Folien ausblenden

Als Alternative zum Löschen können Sie einzelne Folien auch vorübergehend ausblenden. Ausgeblendete Folien werden in der Bildschirmpräsentation nicht berücksichtigt, beim Drucken allerdings schon, und können schnell wieder eingeblendet werden.

- **Folie ausblenden**: Klicken Sie zum Ausblenden im Navigationsbereich mit der rechten Maustaste auf die betreffende Folie und auf *Folie ausblenden* oder markieren Sie die Folie und klicken im Menüband, Register *Bildschirmpräsentation* ▶ *Einrichten* auf *Folie ausblenden* ❶ (Bild 4.10). Ausgeblendete Folien erkennen Sie im Navigationsbereich an der durchgestrichenen Foliennummer ❷.

- **Ausgeblendete Folie wieder einblenden**: Klicken Sie im Kontextmenü oder Menüband auf *Folie einblenden* ❸.

*Bild 4.10 Folie ausblenden*

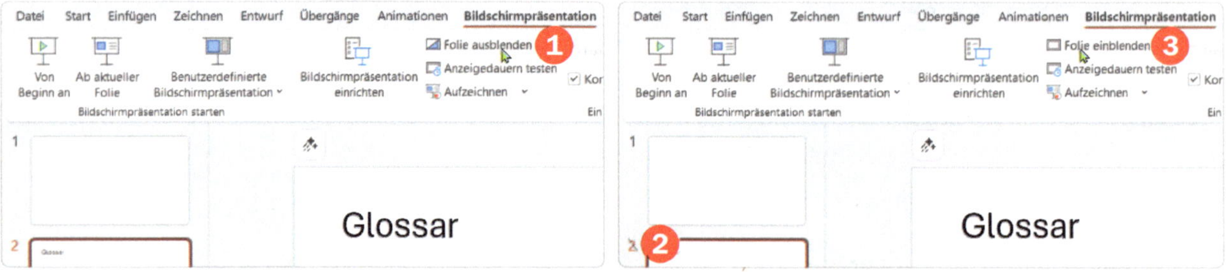


## Folien kopieren

Um eine Folie zu kopieren, bieten sich in PowerPoint gleich zwei Möglichkeiten an. Entscheiden Sie selbst, welche davon für Ihre Zwecke besser geeignet ist.

### Kopieren und über die Zwischenablage einfügen

Das Kopieren über die Zwischenablage, siehe Seite 46, dürfte den meisten Anwendern geläufig sein. Die Vorgehensweise bleibt immer gleich:

1. Markieren Sie im Navigationsbereich die Folie, die Sie kopieren möchten.
2. Klicken Sie im Menüband, Register *Start* ▶ *Zwischenablage* auf das Symbol *Kopieren* oder drücken Sie die Tasten **Strg**+**C**.
3. Zum Einfügen der Kopie markieren Sie diejenige Folie, **nach** der Sie die Kopie einfügen möchten und klicken in derselben Gruppe des Registers *Start* auf *Einfügen* oder verwenden die Tasten **Strg**+**V**.

### Folie duplizieren

Schneller geht's, wenn Sie stattdessen den Befehl *Duplizieren* verwenden. **Der Vorteil**: Die Kopie wird sofort nach der markierten Folie eingefügt, braucht also nicht mehr extra eingefügt werden. So gehen Sie vor:

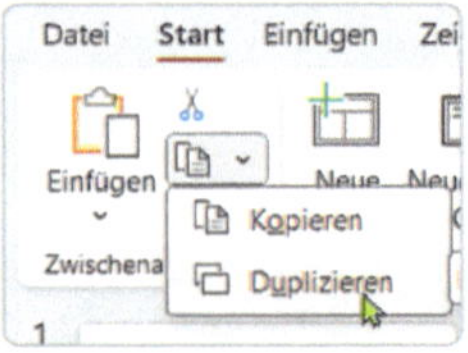


Duplizieren = **Strg**+**D**

1. Klicken Sie im Navigationsbereich mit der rechten Maustaste auf die betreffende Folie und wählen Sie im Kontextmenü den Befehl *Folie duplizieren*. Oder klicken Sie im Register *Start* ▶ *Zwischenablage* auf den Dropdown-Pfeil der Schaltfläche *Kopieren* und auf *Duplizieren*. Am schnellsten geht's mit den Tasten **Strg**+**D**.
2. Die Kopie wird sofort automatisch nach der markierten Folie eingefügt und kann anschließend an eine beliebige Stelle verschoben werden.

**Tipp**: Duplizieren mit **Strg**+**D** kann in PowerPoint auch auf alle markierten Folienelemente, also Platzhalter, Grafiken usw. angewendet werden.

### Mehrere Folien markieren

Kopieren, Duplizieren, Verschieben und Löschen kann sich nicht nur auf die aktuelle Folie, sondern auch auf mehrere markierte Folien beziehen. Um gleich mehrere davon zu markieren, klicken Sie im Navigationsbereich auf die erste Folie. Diese ist rot umrandet. Drücken Sie nun auf der Tastatur die **Strg**-Taste und halten Sie diese gedrückt, während Sie nacheinander auf weitere Folien klicken. Lassen Sie die **Strg**-Taste erst los, wenn alle gewünschten Folien markiert sind (Mehrfachmarkierung).

## 4.3 Farben und Schriften zusammenstellen

Wie bereits mehrfach erwähnt, verfügt PowerPoint über verschiedene Designs und Vorlagen zur schnellen Gestaltung. In welchem Umfang diese auf der Startseite bzw. beim Klick auf *Datei* ▶ *Neu* zur Verfügung stehen, hängt von der Office-Version ab.

Daneben finden Sie auch im Menüband im Register *Entwurf* eine Sammlung verschiedener Standarddesigns, ihre Verwendung ist allerdings nur sinnvoll, wenn Sie eine *Leere Präsentation* als Ausgangsbasis gewählt haben. In diesem Fall können Sie hier auch individuell Ihre Farben auswählen oder die verwendeten Schriftarten anpassen. Auch Hintergründe lassen sich in vielen Fällen leicht ändern.

*Bild 4.11 Designs und Farbvarianten im Register Entwurf*

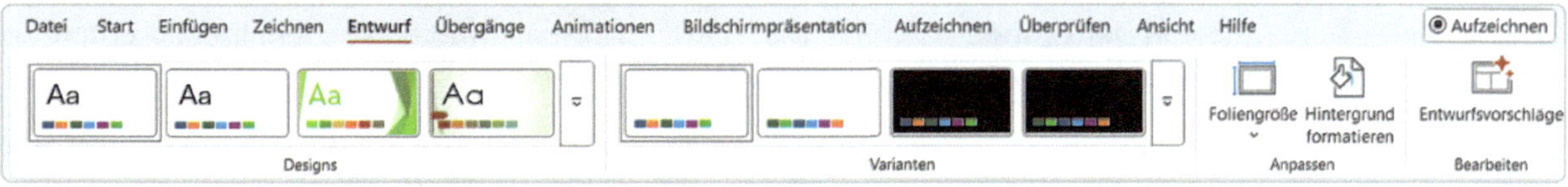


> **Vorlagen lassen wenig Spielraum für die eigene Kreativität**
>
> Vorlagen bringen ihre eigenen Hintergründe und eigens darauf abgestimmte Farben mit, daher sind für sie insbesondere Farbänderungen wenig sinnvoll. Wenn Sie die nachfolgenden Punkte nachvollziehen möchten, dann beginnen Sie am besten mit einer leeren Präsentation.

### Design auswählen

Im Register *Entwurf* stellt PowerPoint in der Gruppe *Designs* eine Sammlung verschiedener Standarddesigns zur Verfügung, die Sie Ihrer Präsentation auch nachträglich noch zuweisen können. Wenn Sie allerdings Wert auf eine individuell gestaltete Präsentation legen, dann sollten Sie von ihrer Verwendung absehen, da diese seit langem ein fester Bestandteil von PowerPoint und entsprechend bekannt sind.

Mit der Wahl eines Designs erhalten Sie einen bestimmten Folienhintergrund, zwei Schriften, zwölf aufeinander abgestimmte Farben sowie grafische Effekte, z. B. für Bilder und andere grafische Elemente. Jede einzelne dieser Komponenten kann noch weiter geändert werden, um das Design an individuelle Vorstellungen anzupassen,

siehe weiter unten. Zum Öffnen des gesamten Designkatalogs klicken Sie auf den Pfeil *Weitere* ▿. Beim Zeigen auf ein Design sehen Sie an der aktuellen Folie eine Vorschau und können so die Wirkung besser beurteilen. Im Bild unten als Beispiel das Design *Berlin*. Beim Anklicken wird das Design dann in alle Folien der aktuellen Präsentation übernommen.

*Bild 4.12 Design auswählen*

### Farbvariante wählen

Die im Register *Entwurf* angebotenen Designs umfassen meist vier Farbvarianten, die Sie in der Gruppe *Varianten* (Register *Entwurf*) auswählen können. Im Bild unten die Varianten des Designs *Berlin*.

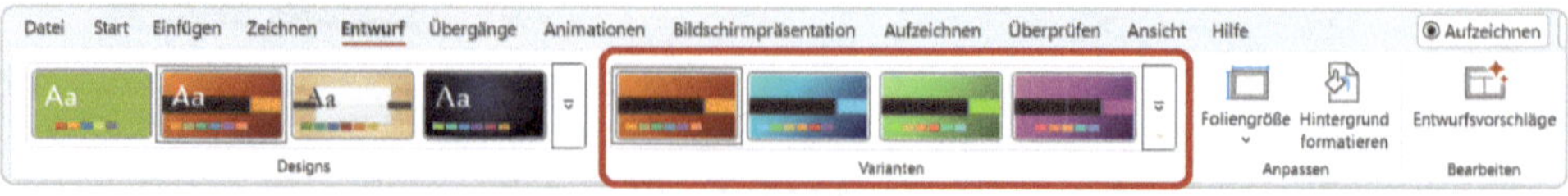


*Bild 4.13 Variante wählen, Beispiel Berlin*

### Design und Variante nur für die aktuelle Folie übernehmen?

Um ein einheitliches Aussehen zu gewährleisten, übernehmen Sie im Normalfall bzw. mit einem Mausklick Design und Variante für die gesamte Präsentation. Falls Sie trotzdem einmal ausnahmsweise ein Design ohne Hintergrund und sonstige Effekte nur der aktuellen Folie zuweisen möchten, dann klicken Sie mit der rechten Maustaste auf das Design und wählen im Kontextmenü *Für ausgewählte Folien übernehmen*. Dies funktioniert auch mit den Varianten.

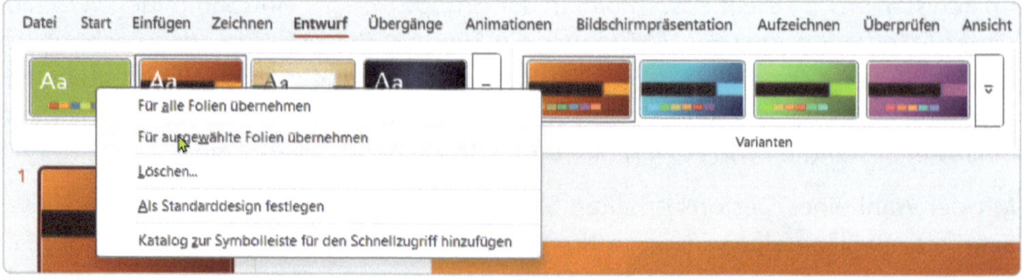


*Bild 4.14 Nur für die aktuelle Folie übernehmen*

### Entwurfsvorschläge aufgreifen (Microsoft 365)

Mit einer Microsoft 365-Lizenz öffnet sich bei der Auswahl eines Designs oder einer Farbvariante automatisch am rechten Rand des Fensters der Bereich *Entwurfsvorschläge* mit Vorschlägen zur weiteren Gestaltung des Folienlayouts. Um einen davon in die aktuelle Folie zu übernehmen, genügt ein Mausklick. Sollte dieser Bereich nicht automatisch erscheinen, so klicken Sie im Menüband, Register *Entwurf* auf *Entwurfsvorschläge*.

**Tipp**: Das automatische Erscheinen des Bereichs *Entwurfsvorschläge* kann in den PowerPoint-Optionen aktiviert bzw. deaktiviert werden (*Datei* ▶ *Optionen* ▶ *Allgemein* ▶ *Entwurfsvorschläge*), siehe Seite 71.

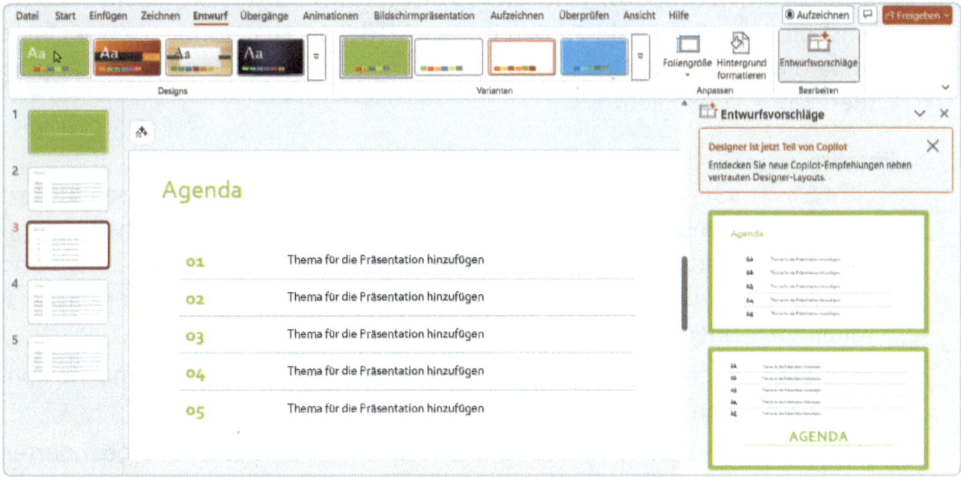


*Bild 4.15 Der Bereich Entwurfsvorschläge*

## Andere Farben wählen

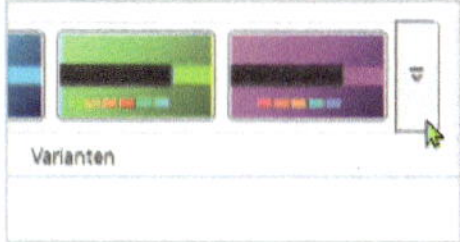


Neben den Farbvarianten erhalten Sie noch mehr Farbzusammenstellungen, wenn Sie in der Gruppe *Varianten* auf *Weitere* ⩢ und auf *Farben* klicken ❶. Auch hier macht es die Vorschau leicht, die Wirkung zu beurteilen und erst durch Anklicken übernehmen Sie die ausgewählte Farbzusammenstellung ❷ für die gesamte Präsentation. Auch hier gilt: Die Farben wirken sich auf alle Folien aus, mit Ausnahme von Text und anderen Elementen, denen Sie eine abweichende Farbe zugewiesen haben.

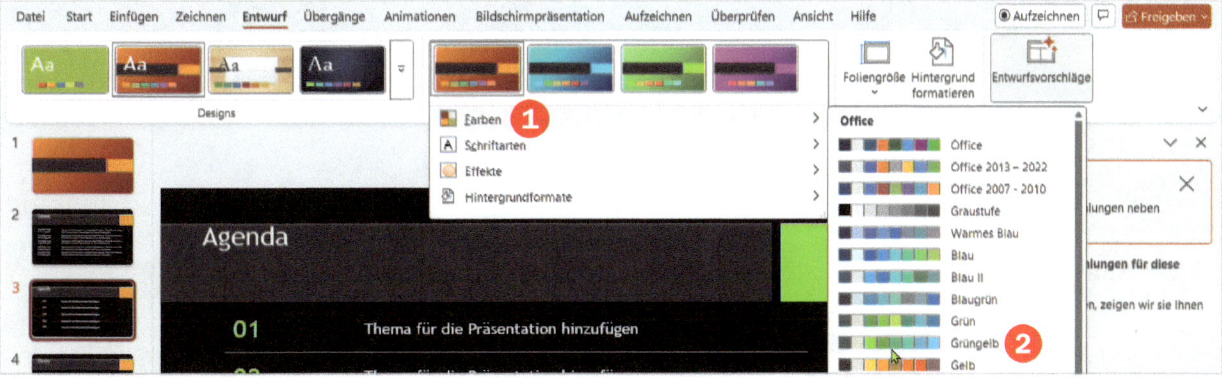

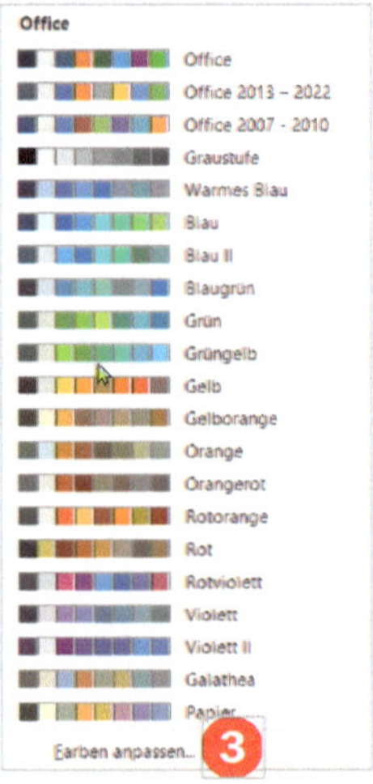


## So stellen Sie Ihre eigenen Farben zusammen

Statt der vorgegebenen Farben können Sie auch eigene, z. B. die Farben des Corporate Designs Ihrer Firma, zusammenstellen und speichern. In diesem Fall wählen Sie am besten zunächst eine Farbpalette, die Ihren Vorstellungen am nächsten kommt.

1 Klicken Sie dann bei *Varianten* erneut auf den Pfeil *Weitere* ⩡, danach auf *Farben* und wählen *Farben anpassen...* ❸.

2 Das Fenster *Neue Designfarben erstellen* (Bild 4.16) wird geöffnet und Sie können nun jede einzelne Designfarbe durch eine andere Farbe ersetzen. Klicken Sie dazu auf den Dropdown-Pfeil der zu ersetzenden Farbe. Hier erhalten Sie zunächst die aktuellen Designfarben in verschiedenen Abstufungen sowie einige Standardfarben. Mit Klick auf *Weitere Farben...* können Sie dagegen eine völlig andere Farbe auswählen.

**Hinweise**

- *Text/Hintergrund - dunkel* und *Text/Hintergrund - hell* legen die Farben für Text und Hintergrund in zwei Varianten, nämlich dunkler Hintergrund/helle Schrift und umgekehrt fest. Die Akzentfarben finden dagegen in Diagrammen und bei der Gestaltung von grafischen Elementen Verwendung. Die Vorschau ❹ gibt Ihnen einen kleinen Hinweis.
- Alle geänderten Farben wirken sich sofort auf die Vorschau aus und Sie können das Ergebnis schnell kontrollieren.
- Mit der Schaltfläche *Zurücksetzen* ❺ setzen Sie bei Bedarf alle geänderten Farben schnell wieder auf die Ausgangsfarben zurück.
- Geben Sie im Feld *Name* ❻ einen Namen ein, unter dem die geänderten Farben gespeichert werden sollen.

*Bild 4.16 Benutzerdefinierte Designfarben zusammenstellen*

*Bild 4.17 Weitere Farben*

*Bild 4.18 Farben wählen*

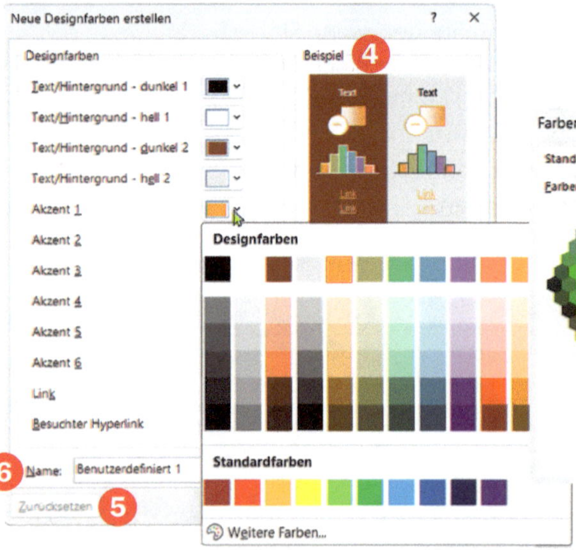

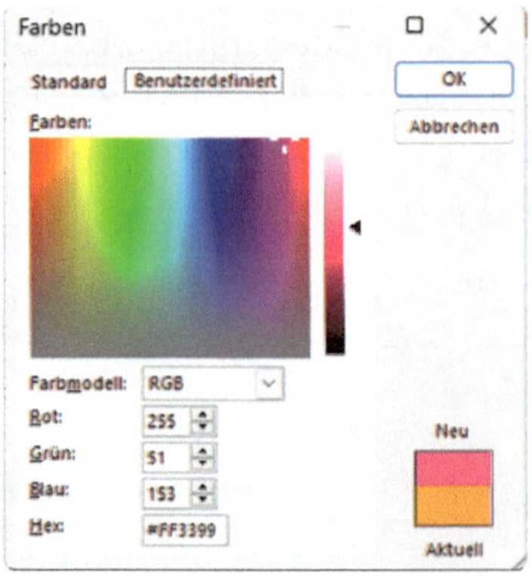

3 Ein Klick auf *Weitere Farben...* öffnet das Fenster *Farben* (Bild 4.17). Hier können Sie nun entweder im Register *Standard* eine der Standardfarben auswählen oder im Register *Benutzerdefiniert* die Farbe anhand ihres Farbwertes nach dem RGB-Farbmodell genau festlegen. Wahlweise können Sie auch den Hexdezimalwert der Farbe eingeben (ab PowerPoint 2021). Klicken Sie dann auf *OK*, um die Änderung zu übernehmen.

**Hinweis:** Das ebenfalls oft verwendete CMYK-Farbmodell wird von Microsoft Office und damit PowerPoint nicht unterstützt.

4 Nachdem Sie die Farben geändert haben, schließen Sie zuletzt das Fenster *Neue Designfarben erstellen* mit Klick auf die Schaltfläche *Speichern*. Damit werden Ihre Farben in die Präsentation übernommen und Sie finden diese ab sofort in der Liste der Farben in der Gruppe *Benutzerdefiniert* (siehe Bild unten).

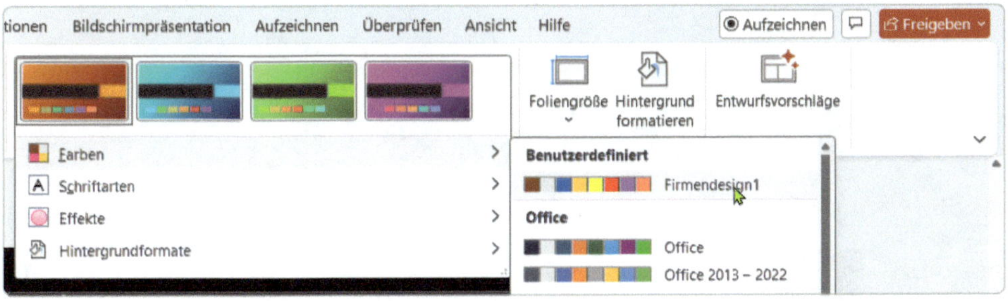


*Bild 4.19 Benutzerdefinierte Farben auswählen*

**Tipp**: Ihre benutzerdefinierten Farben können ab sofort nicht nur in dieser und in anderen PowerPoint-Präsentationen, sondern auch in den Office-Anwendungen Word und Excel verwendet werden.

**Benutzerdefinierte Farben nachträglich ändern**

Um eine benutzerdefinierte Farbzusammenstellung nachträglich zu bearbeiten, klicken Sie auf *Farben* und mit der rechten Maustaste auf die zu ändernden Farben. Wählen Sie *Bearbeiten...* (Bild 4.20), um das Fenster *Designfarben bearbeiten* zu öffnen. Hier lässt sich auch nachträglich der Name ändern, falls Sie dies vergessen haben und die Farben unter der Bezeichnung *Benutzerdefiniert 1* gespeichert wurden.

Nicht mehr benötigte Farben entfernen Sie, indem Sie mit der rechten Maustaste auf die betreffende Zusammenstellung und auf den Befehl *Löschen* klicken.

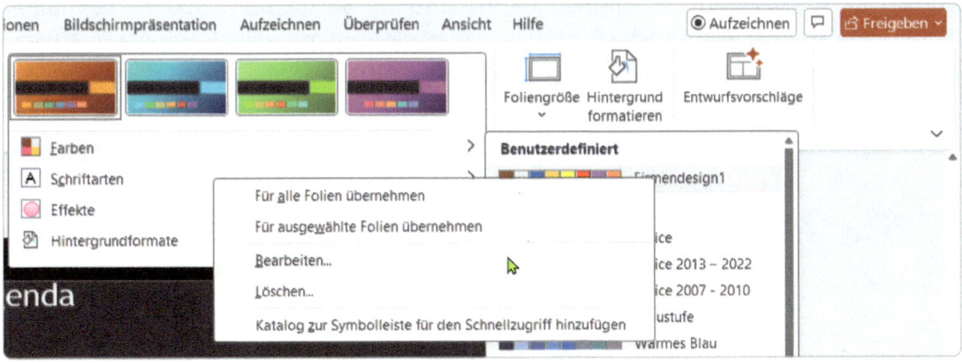


*Bild 4.20 Benutzerdefinierte Farben erneut bearbeiten, löschen*

## Schriftarten und grafische Effekte anpassen

### Schriftarten

Auf ähnliche Weise ändern Sie auch die Schriftarten eines Designs: Klicken Sie in der Gruppe *Varianten* (Menüband, Register *Entwurf*) auf *Weitere* ⊽ und auf *Schriftarten*. Wählen Sie dann entweder eine der vorgegebenen Zusammenstellungen, auch hier erhalten Sie beim Zeigen eine Vorschau, oder klicken Sie auf *Schriftarten anpassen…*, wenn Sie die Schriftarten selbst zusammenstellen möchten. Im Fenster *Neue Designschriftarten erstellen* können Sie je eine Schriftart für die Überschriften und eine für den übrigen Text auswählen und Ihre Auswahl unter einem Namen speichern.

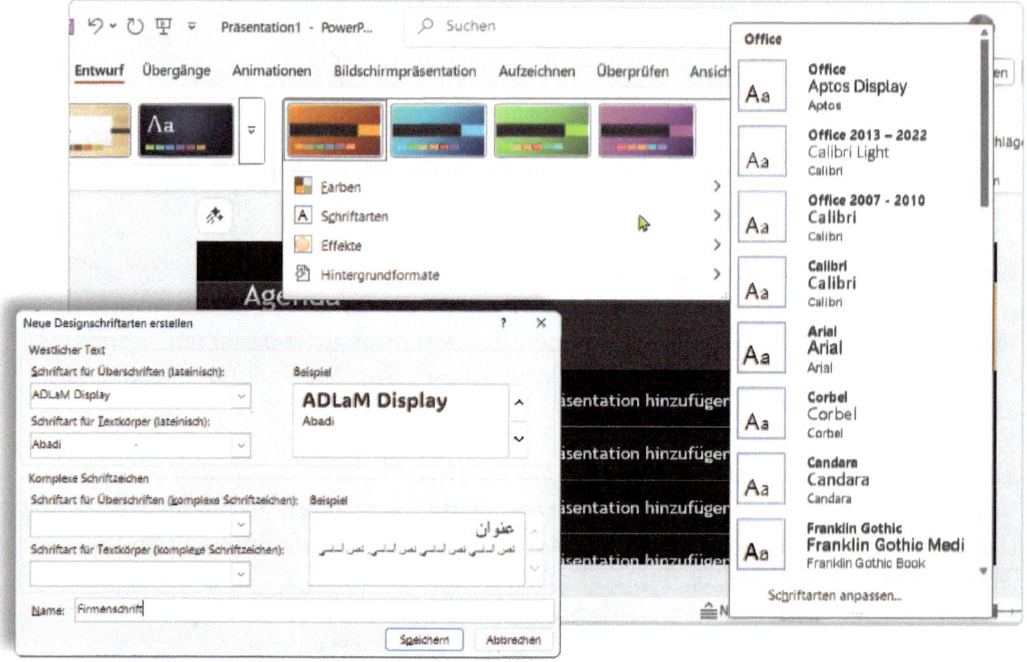


*Bild 4.21 Schriftarten auswählen oder selbst zusammenstellen und speichern*

### Grafische Effekte

Neben *Farben* und *Schriftarten* finden Sie im Menü *Weitere* auch *Effekte*. Diese beinhalten Effekte wie 3D-Darstellung oder Schatten und werden auf grafische Elemente, z. B. Bilder oder Formen angewendet. Auch hier können Sie unter verschiedenen vorgegebenen Effekten wählen. Das Zusammenstellen eigener Effekte ist dagegen nicht möglich.

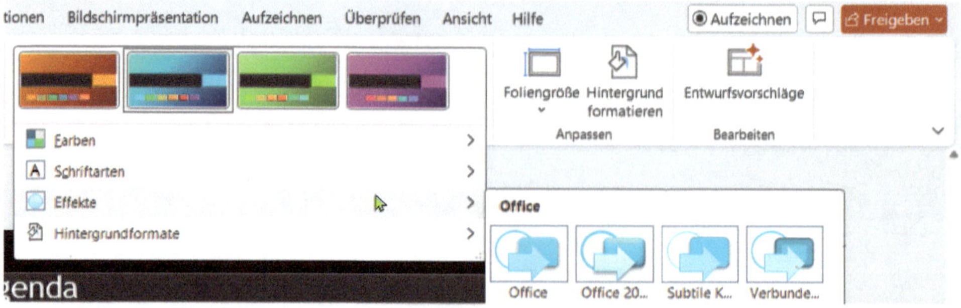


*Bild 4.22 Effekte wählen*

## Folienhintergrund ändern

Auch den Folienhintergrund Ihrer Präsentation können Sie im Register *Entwurf* ändern. Klicken Sie dazu in der Gruppe *Varianten* auf den Pfeil *Weitere* ⩢ und auf *Hintergrundformate*. Das Auswahlfeld enthält in der Regel neben hellem und dunklem Hintergrund verschiedene Varianten und Farbverläufe. Auch hier erhalten Sie beim Zeigen eine Vorschau. Im Bild unten sehen Sie je ein Beispiel für hellen und dunklen Hintergrund mit Farbverlauf.

Beachten Sie, dass bei manchen Designs und Vorlagen auch grafische Elemente oder Bilder zum Hintergrund gehören, wie im Bild unten. Diese werden durch die Auswahl eines Hintergrundformats nicht beeinflusst.

*Bild 4.23 Beispiele für Folienhintergründe*

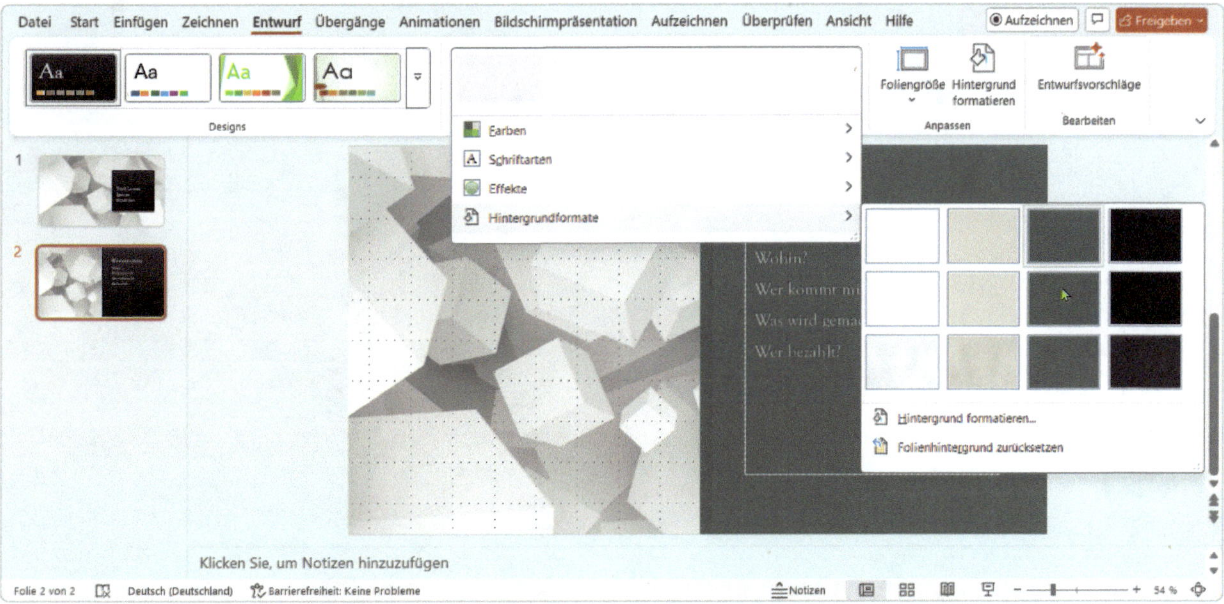


> **Gute Kontraste erhöhen die Lesbarkeit!**
>
> Hintergrund- und Schriftfarbe werden durch die Designfarben *Text/Hintergrund - dunkel* und *Text/Hintergrund - hell* festgelegt. Achten Sie daher beim Ändern dieser Farben auf gute Kontraste bzw. Lesbarkeit, siehe Seite 104. Auf diese Weise erhalten Sie durch Auswahl einer dieser Vorlagen immer helle Schrift auf dunklem Hintergrund und umgekehrt. Wenn Sie dagegen über den Befehl *Hintergrund formatieren...* eine andere Farbe auswählen, müssen Sie auch die Schriftfarbe entsprechend anpassen.

### Tipps zum Ändern des Hintergrunds

- **Den Hintergrund einzelner Folien ändern**
  In manchen Fällen wird nur für einzelne Folien ein neutraler, z. B. weißer Hintergrund benötigt. Dann klicken Sie mit der rechten Maustaste auf die gewünschte Hintergrundvorlage und wählen *Für ausgewählte Folien übernehmen*.

- **Hintergrundgrafiken ausblenden**
  Einige Designs enthalten Hintergrundgrafiken, die in manchen Folien störend wirken können. In solchen Fällen können Sie für die aktuelle oder für alle Folien die Hintergrundgrafik ausblenden. Dazu klicken Sie im Register *Entwurf*, Gruppe *Anpassen* auf *Hintergrund formatieren* ❶.
  - Am rechten Bildschirmrand öffnet sich der Bereich *Hintergrund formatieren*. Aktivieren Sie das Kontrollkästchen *Hintergrundgrafiken ausblenden* ❷.
  - Damit wird die Grafik zunächst in der aktuellen Folie ❸ ausgeblendet. Wenn Sie die Hintergrundgrafik in allen Folien der Präsentation ausblenden möchten, dann klicken Sie auf die Schaltfläche *Auf alle anwenden* ❹.
  - Zum Schließen des Bereichs klicken Sie auf das Symbol *Schließen* ❺.

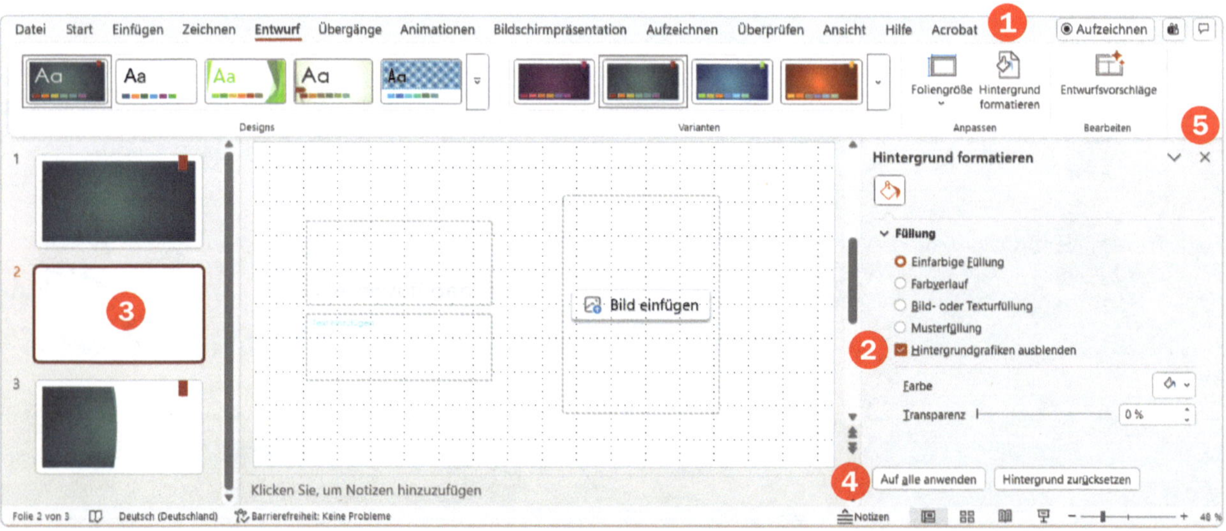


*Bild 4.24 Der Aufgabenbereich Hintergrund formatieren*

## Einen individuellen Folienhintergrund gestalten

Wenn Sie einen individuellen Folienhintergrund gestalten möchten, dann nehmen Sie dies ebenfalls im Aufgabenbereich *Hintergrund formatieren* vor.

- Zum Öffnen des Aufgabenbereichs klicken Sie im Menüband, Register *Entwurf* ▶ *Anpassen* (siehe Bild 4.24) auf *Hintergrund formatieren*. Oder klicken Sie in der Gruppe *Varianten* auf *Weitere*, danach auf *Hintergrundformate* und wählen *Hintergrund formatieren...*.
- Standardmäßig gilt der geänderte Hintergrund ausschließlich für die aktuelle bzw. markierten Folien. Sollen Änderungen am Hintergrund für alle Folien der Präsentation übernommen werden, klicken Sie auf die Schaltfläche *Auf alle anwenden*.
- Wenn Sie Ihre Änderungen zurücknehmen möchten, dann klicken Sie auf die Schaltfläche *Hintergrund zurücksetzen*. Damit erhält die aktuelle Folie wieder ihren ursprünglichen Hintergrund. **Achtung:** Diese Möglichkeit besteht nur, solange der Aufgabenbereich geöffnet ist und die Änderungen noch nicht in alle Folien

übernommen wurden. Falls doch, können Sie die Änderungen immer noch mit dem Befehl *Rückgängig* (Register *Start* bzw. Schnellzugriffsleiste) zurücknehmen.

- Zum Schließen des Aufgabenbereichs klicken Sie in dessen rechte oberen Ecke auf das Symbol x (*Schließen*).

Sie haben die Wahl zwischen folgenden Möglichkeiten:

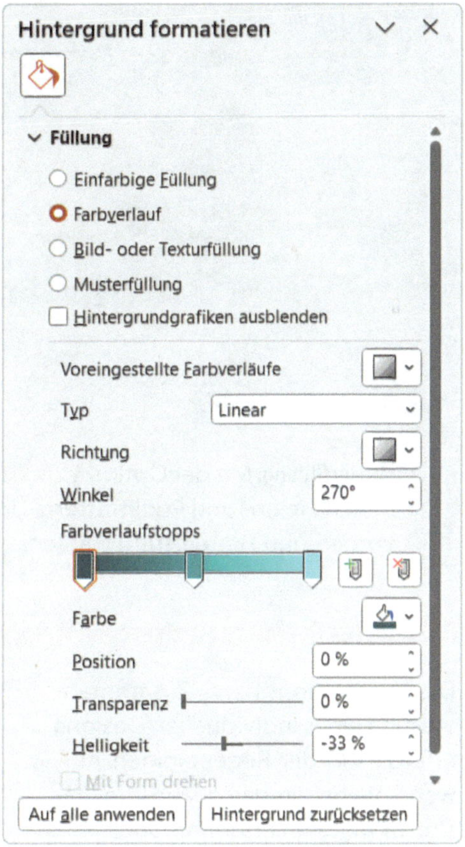


*Bild 4.25 Einfarbige Füllung, Farbe auswählen*

*Bild 4.26 Farbverlauf*

- **Einfarbige Füllung:** Um die Farbe auszuwählen, klicken Sie auf die Schaltfläche *Farbe* und auf die gewünschte Farbe. Mit dem Schieberegler unterhalb können Sie bei Bedarf Transparenz herstellen (Bild 4.25).
- **Farbverlauf:** Bei der Wahl dieser Option können Sie anschließend entweder einen voreingestellten Farbverlauf wählen oder Farbverlaufstopps setzen und mit Klick auf die Schaltfläche *Farbe* jedem Farbverlaufstopp eine Farbe zuweisen (Bild 4.26). Da sich die Vorgehensweise nicht von der Gestaltung grafischer Elemente unterscheidet, lesen Sie für detaillierte Informationen Kapitel 6.5 dieses Buches.
- **Bild- oder Texturfüllung:** Die Option *Bild- oder Texturfüllung* erlaubt ein Bild oder eine Grafik als Folienhintergrund (Bild 4.27). Zur Auswahl der Bilddatei benutzen Sie unter *Bildquelle* je nach Speicherort die Schaltflächen *Einfügen* oder *Zwischenablage*. Falls der Hintergrund zu dominant wirken sollte, kann über den Schiebereg-

ler *Transparenz* die gewünschte Transparenz hergestellt werden. Über die Felder *Offset links* bzw. *rechts* usw. verschieben Sie den Bildausschnitt.

Alternativ wählen Sie über die Schaltfläche *Textur* ein Hintergrundmuster, z. B. Stein oder Holz. Soll dieses Muster über die gesamte Folie wiederholt werden, so aktivieren Sie das Kontrollkästchen *Bild nebeneinander als Textur anordnen*.

*Bild 4.27 Ein Bild als Folienhintergrund wählen*

- **Musterfüllung:** Mit der Option *Musterfüllung* haben Sie die Wahl zwischen verschiedenen Linien- und Punktrastern. Über Schaltflächen können Sie je eine Farbe für Vorder- und Hintergrund wählen.

## Geändertes Design für weitere Verwendung speichern

Die Anpassung bzw. Zusammenstellung eines individuellen Designs erfordert in der Regel einigen Aufwand. Wenn Sie das geänderte Design in weiteren Präsentationen verwenden möchten, dann können Sie es als benutzerdefiniertes Design speichern.

*Bild 4.28 Aktuelles Design speichern*

1. Zum Speichern klicken Sie im Register *Entwurf*, Gruppe *Designs* auf die Schaltfläche *Weitere* ⊽ und auf *Aktuelles Design speichern...*.
2. Geben Sie anschließend im Fenster *Speichern unter* einen Namen ein, unter dem das Design später zur Verfügung stehen soll und klicken Sie auf *Speichern*.

**Achtung**: Als Speicherort wird standardmäßig der Ordner *Templates* oder ein Unterordner davon vorgeschlagen. Damit das Design später unter *Datei* ▶ *Neu* und im Register *Ent-*

*wurf* zusammen mit den integrierten Designs erscheint, müssen Sie diesen Speicherort beibehalten. Office-Designs werden mit der Dateinamenerweiterung .thmx gespeichert.

Wenn Sie als Designelement für **alle** Folien ein Hintergrundbild vereinbart haben, dann wird dieses mit dem Design gespeichert. Haben Sie allerdings, wie im Beispiel auf der vorigen Seite, nur ein Hintergrundbild für eine bestimmte Seite, z. B. die Titelfolie, festgelegt, wird das Bild nicht mit dem Design gespeichert. Soll das Bild für weitere Präsentationen zur Verfügung stehen, müssen Sie eine Vorlage erstellen. Mehr hierzu in Kapitel 5.7.

### Benutzerdefiniertes Design auswählen

Wenn Sie beim Erstellen einer neuen Präsentation auf ein benutzerdefiniertes Design zurückgreifen möchten, dann wählen Sie im Register *Datei* ▶ *Neu* ❶ oder klicken auf der Startseite auf *Weitere Designs*. Klicken Sie dann auf *Benutzerdefiniert* ❷.

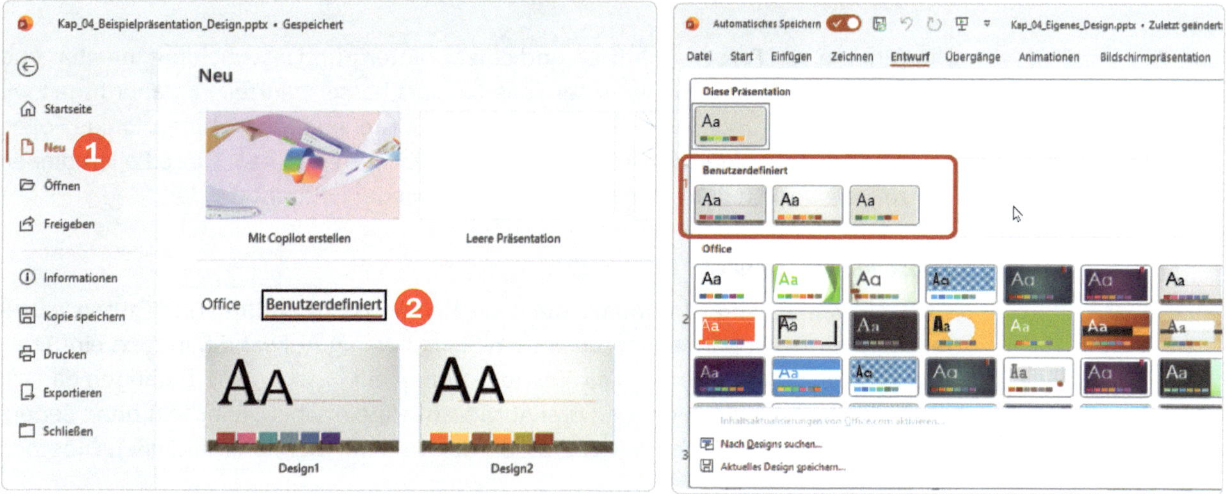


*Bild 4.29 Benutzerdefiniertes Design auswählen*
*Links: Register Datei - Neu*
*Rechts: Register Entwurf - Designs*

**Hinweis:** Benutzerdefinierte Designs werden lokal auf der Festplatte gespeichert und stehen somit nur hier zur Verfügung. Wenn das Design mehreren Personen, z. B. in der Firma zur Verfügung stehen soll, dann speichern Sie die Präsentation besser als Vorlage mit der Dateinamenerweiterung .potx. Vorlagen können in jedem beliebigen Ordner gespeichert werden und ein Doppelklick auf den Dateinamen im Windows-Explorer öffnet nicht die Vorlage, sondern erzeugt eine Kopie. Näheres zur Vorgehensweise und zu Vorlagen lesen Sie in Kapitel 5.7.

## 4.4 Workshop: Ein individuelles Design zusammenstellen

Das nachfolgende Beispiel fasst zusammen, wie Sie systematisch vorgehen und Schritt für Schritt das Design für eine Präsentation zusammenstellen und anpassen.

**Leere Präsentation als Ausgangsbasis**

Als Beispiel erstellen wir für eine fiktive Firma zur Gartengestaltung eine Bildschirmpräsentation. Sie könnten dafür natürlich ein vorgefertigtes Design oder eine Vorlage wählen. Um aber nochmals alle Punkte dieses Kapitels zusammenzufassen, beginnen wir bei diesem Workshop mit einer leeren Präsentation. Diese verwendet als Foliengröße standardmäßig das gängige Breitbildformat im Seitenverhältnis 16:9. Diese Foliengröße soll beibehalten werden.

### Einige Folien mit Inhalten hinzufügen

Die Wirkung von Farben, Schriften und einem Hintergrund lässt sich mit Inhalten und anhand mehrerer unterschiedlicher Folienlayouts besser beurteilen, daher fügen wir einige Folien mit unterschiedlichen Layouts, z. B. Titel und Inhalt, hinzu. Einige Folien sollten auch beliebigen Text und einige Beispielbilder enthalten. Diese Folien dienen nur zu Testzwecken und können anschließend wieder gelöscht werden.

**Tipp: Blindtext erzeugen**

Da der Folientext vorerst nur dazu dient, die Wirkung von Schriften und Farben zu testen, können Sie Tipparbeit sparen, indem Sie mit wenig Aufwand Blindtext einfügen. Dazu klicken Sie in der Folie in ein Textfeld, tippen ein *=lorem()* und betätigen danach die **Eingabetaste**. Dadurch werden drei Absätze mit lateinischem Blindtext ohne Bedeutung eingefügt, allerdings mit Leerzeilen dazwischen, die Sie anschließend löschen können.

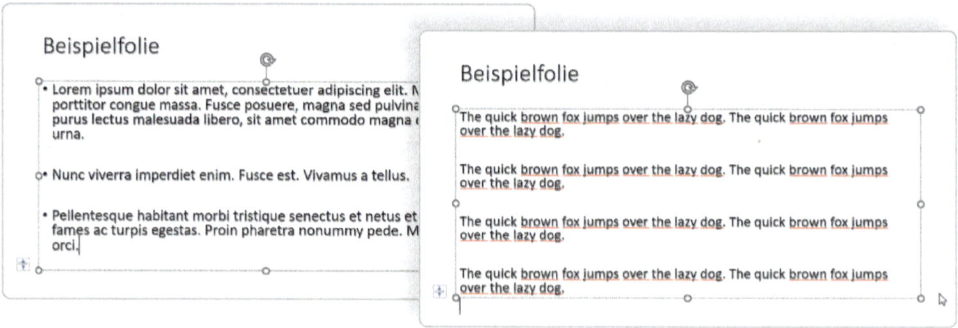


*Bild 4.30 Absätze mit Blindtext erzeugen*

*Bild 4.31 Blindtext mit genau festgelegter Anzahl Absätze und Sätze*

Wenn Sie eine bestimmte Anzahl Absätze und darin enthaltene Sätze erzeugen möchten, dann geben Sie stattdessen die Anweisung *=rand(Anzahl Absätze, Anzahl Sätze)* ein. So erzeugt beispielsweise die Eingabe von *=rand(4,2)* vier Absätze mit jeweils zwei Sätzen, diesmal in englischer Sprache und ebenfalls mit Leerzeilen dazwischen.

## Farben auswählen

Leere Präsentationen verwenden standardmäßig das Design und das Farbschema *Office* mit weißem Hintergrund. Statt diesem sollen nun passendere Farben gewählt werden. An dieser Stelle zunächst einige Hinweise zur Farbwahl:

Um den Eindruck „bunter" Folien zu vermeiden, sollten Sie Farben sparsam einsetzen. Eine gelungene Farbkombination setzt sich meist aus drei Farben zusammen: Einer dominanten Hauptfarbe, einer dazu passenden, ähnlichen Nebenfarbe und einer Kontrastfarbe zur Hervorhebung. Die Wahl von Haupt- und Nebenfarbe sollte sich natürlich auch möglichst am Unternehmen bzw. am Thema orientieren. So bieten sich für Gartengestaltung beispielsweise Grüntöne an. In vielen Firmen gibt es auch bereits Vorgaben für ein Corporate Design mit bestimmten Farben und Schriften. In diesem Fall wählen Sie zunächst eine ähnliche Farbzusammenstellung und passen dann einzelne Farben entsprechend an.

Schwarz, Weiß und Grau zählen hier nicht als Farben.

### Farbschema auswählen

Klicken Sie im Register *Entwurf*, Gruppe *Varianten* auf den Pfeil *Weitere* und wählen Sie unter *Farben* ein Farbschema, das Ihren Vorstellungen am nächsten kommt. Für unser Beispiel könnte dies etwa *Grüngelb* sein, oder *Grün* wie im Bild unten. **Tipp**: Die Farbwirkung lässt sich am besten testen, wenn Sie zur Vorschau eine Folie mit farbigen Elementen, z. B. Tabelle in beliebiger Größe, wie im Bild unten benutzen.

*Bild 4.32 Farben wählen*

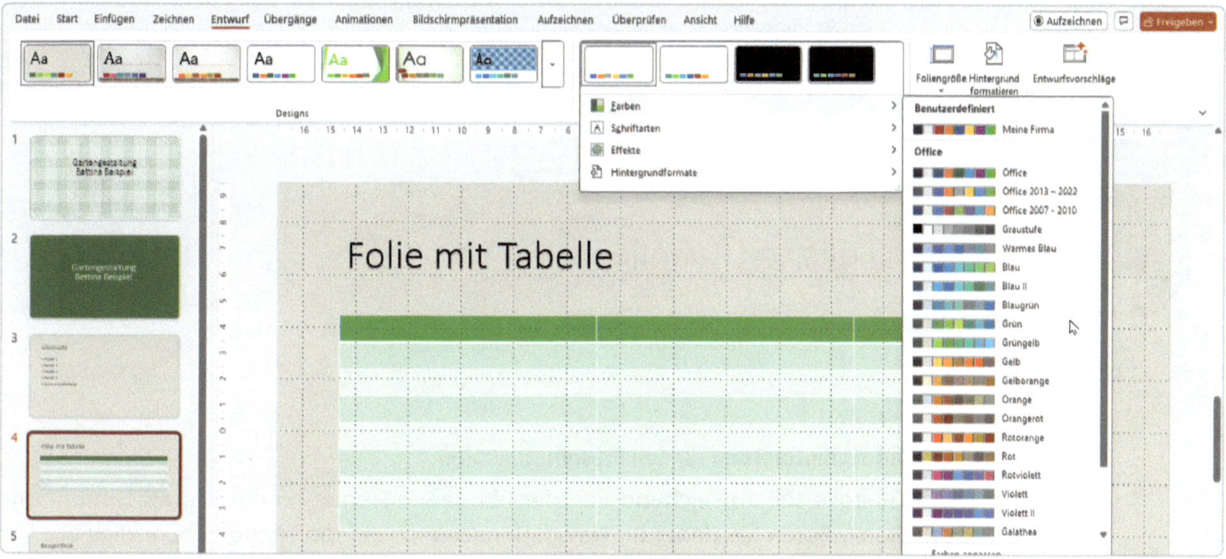


### Einzelne Farben ändern

Anschließend können Sie einzelne Farben gezielt ändern. Klicken Sie dazu erneut auf *Farben* und auf *Farben anpassen...*. Klicken Sie neben der zu ändernden Farbe, z. B. einer Akzentfarbe, auf den Pfeil und wählen Sie die gewünschte Farbe. Zuletzt geben Sie Ihrer Farbzusammenstellung einen Namen (Bild 4.33) und klicken auf *Speichern*.

*Bild 4.33 Einzelne Farben anpassen*

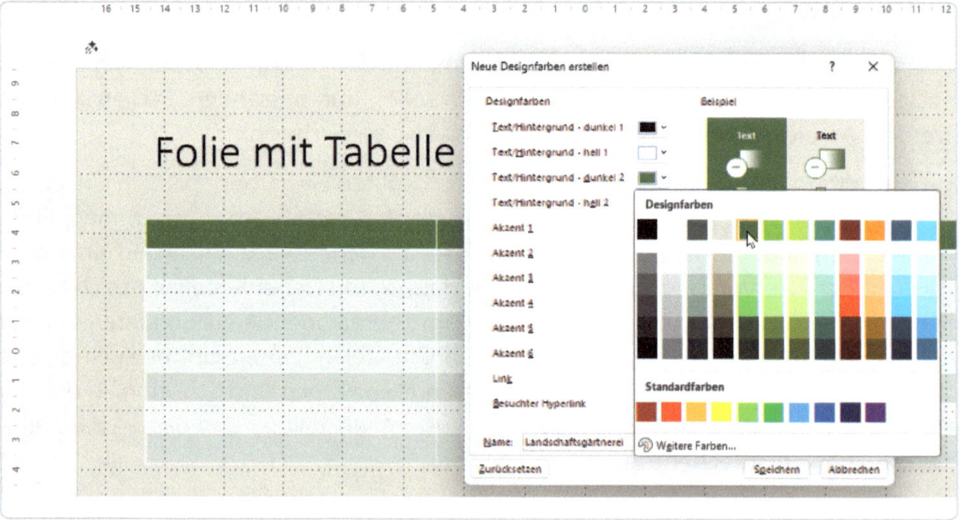


## Folienhintergrund festlegen

Danach können Sie die Farbe des Folienhintergrunds festlegen. Klicken Sie dazu in der Gruppe *Varianten* (Register *Entwurf*) auf *Weitere*, wählen *Hintergrundformate* und klicken auf die gewünschte Variante. Diese wird automatisch in alle Folien übernommen.

*Bild 4.34 Hintergrundformat auswählen*

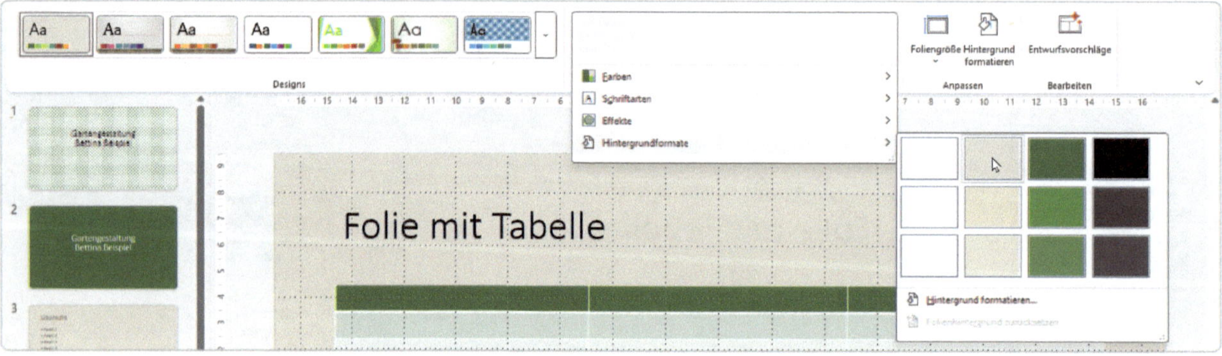


### Ein Bild als Hintergrund für den Präsentationstitel

Die Titelfolie soll abweichend von der übrigen Präsentation ein Bild als Hintergrund erhalten. Klicken Sie daher im Navigationsbereich auf die Titelfolie bzw. die Folie mit dem Layout *Titelfolie* und danach im Menüband, Register *Entwurf* ▶ *Anpassen* auf *Hintergrund formatieren* ❶.

Details zum Auswählen und Einfügen von Bildern lesen Sie in Kapitel 6.1.

Wählen Sie im gleichnamigen Aufgabenbereich die Option *Bild- oder Texturfüllung* ❷ und klicken Sie auf die Schaltfläche *Einfügen...* ❸, um das gewünschte Hintergrundbild auszuwählen. Anschließend haben Sie die Wahl zwischen einem, auf dem PC gespeicherten Bild (*Aus Datei*), einer Sammlung von *Archivbildern* (im Bild unten), *Online-*

*bildern* und *Piktogrammen*. Damit der Text im Vordergrund besser lesbar ist, erhöhen Sie zuletzt noch die Transparenz des Bildes: Entweder über den Schieberegler 4 oder über die kleinen Pfeile im Feld rechts daneben. Der gewählte Bildhintergrund gilt ausschließlich für die aktuelle Folie.

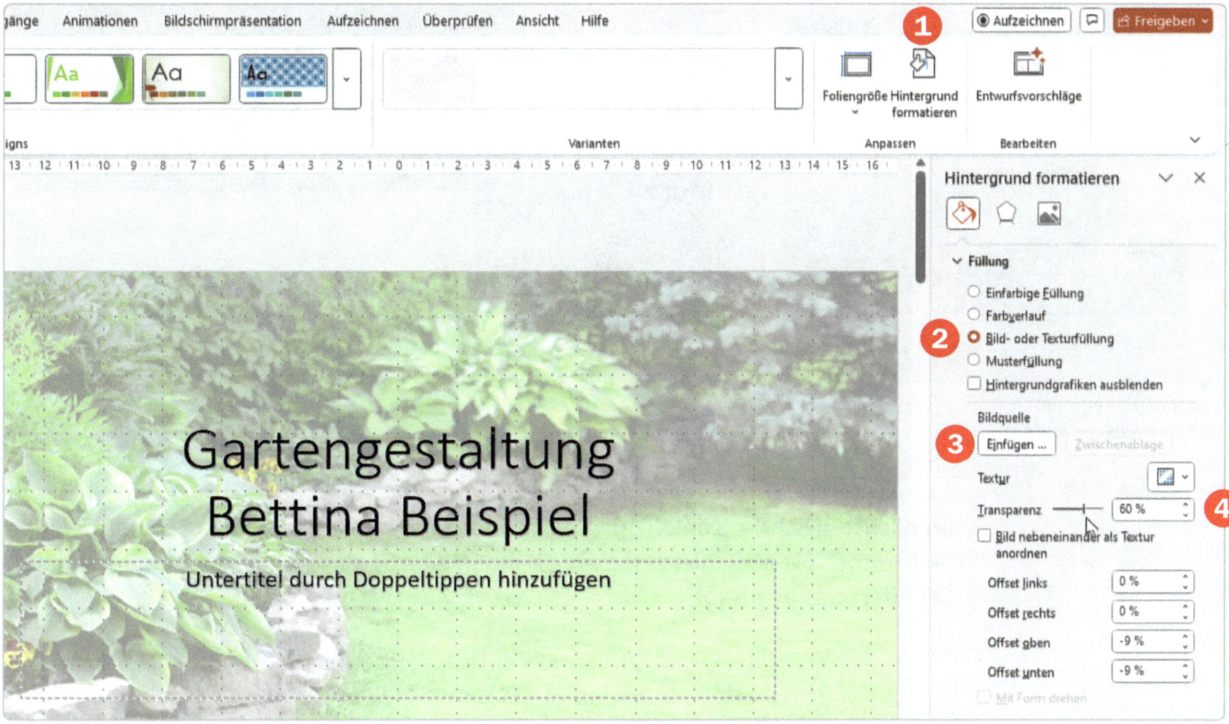


*Bild 4.35 Titelfolie mit Bild als Hintergrund*

**Tipp: Weiße Schrift auf dunklem Hintergrund**

Falls Sie ein Hintergrundbild mit eher dunklen Farben verwenden möchten, können Sie als Alternative zur Transparenz auch der Titelfolie ein abweichendes Hintergrundformat mit weißer Schrift auf dunklem Hintergrund zuweisen. Dies müssen Sie allerdings vor dem Einfügen des Hintergrundbildes vornehmen. Klicken Sie dazu in der Gruppe *Varianten* (*Entwurf*) auf *Weitere* und auf *Hintergrundformate*. Klicken Sie dann mit der rechten Maustaste auf ein beliebiges Format mit dunklem Hintergrund und wählen Sie *Für ausgewählte Folien übernehmen*.

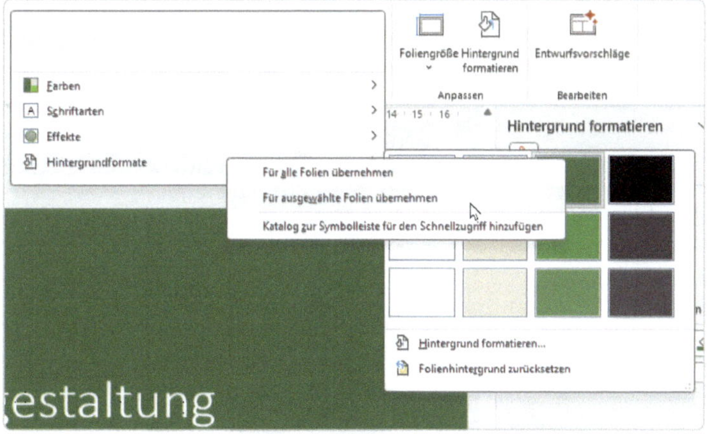


*Bild 4.36 Abweichendes Hintergrundformat für Titelfolie übernehmen*

Anschließend fügen Sie das Hintergrundbild (im Bild auf der nächsten Seite als Beispiel ein Archivbild) ein, wie oben beschrieben.

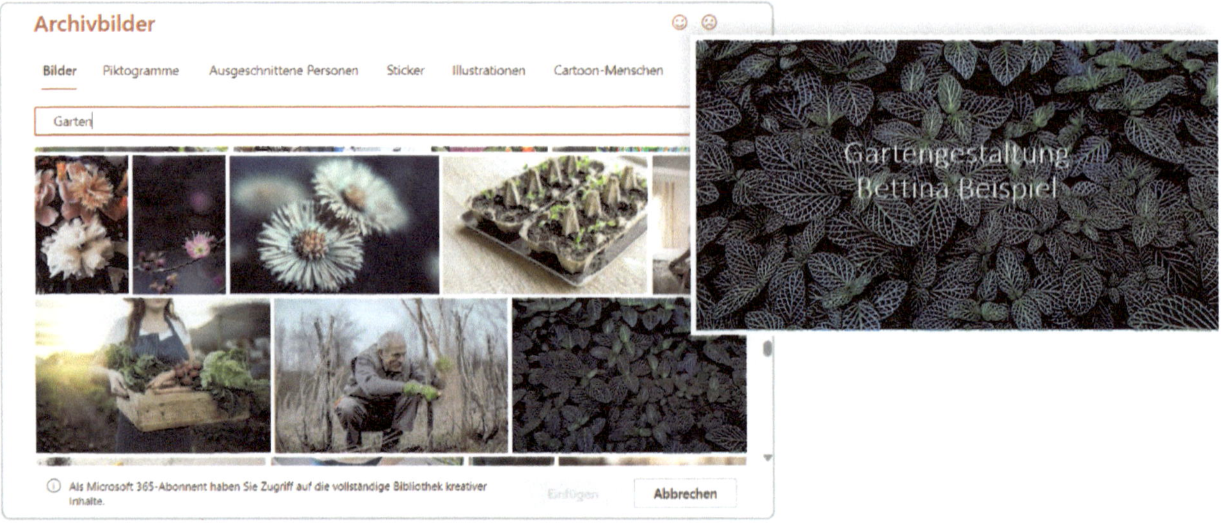


*Bild 4.37 Ergebnis mit dunklem Hintergrundbild*

## Schriftarten wählen

Im nächsten Schritt wählen Sie die Schriftarten der Präsentation. Bei dieser Gelegenheit können Sie auch gleich testen, ob Ihnen eine Serifen-Schrift oder eine serifenlose Schriftart besser zusagt.

> Als Serife (franz. Füßchen) bezeichnet man die feinen Linien, die bei manchen Schriftarten einen Buchstabenstrich am Ende, quer zu seiner Grundrichtung abschließen. Beispiele für eine solche Schriftart sind Times New Roman, Cambria oder Garamond. Generell gilt zwar die Regel, dass Serifen-Schriften besser lesbar sind als serifenlose. Da aber in PowerPoint-Folien ohnehin in der Regel große Schriften zum Einsatz kommen, sind auch schlanke Standardschriften (Condensed) sehr gut geeignet.

Klicken Sie in der Gruppe *Varianten* (Register *Entwurf*) auf *Weitere*, zeigen Sie auf *Schriftarten* und lassen Sie sich die einzelnen Varianten anhand der aktuellen Folie in der Vorschau anzeigen. Wenn Ihnen keine dieser Schriften zusagt oder das Corporate Design andere vorschreibt, dann klicken Sie auf *Schriftarten anpassen…*.

*Bild 4.38 Schriftarten wählen*

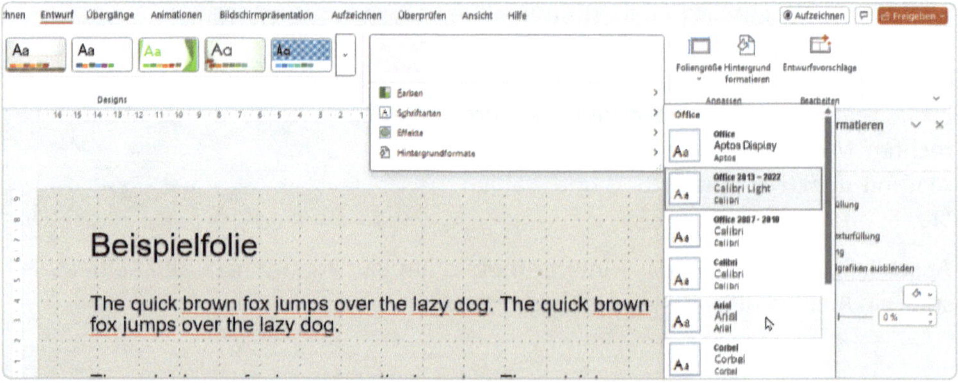

## Design speichern

Diese Präsentation kann nun mit Inhalten gefüllt werden, die vorhandenen Folien können Sie löschen oder überschreiben. Weitere, neu hinzugefügte Folien erhalten automatisch das Design.

Falls Sie das geänderte Design auch in weiteren Präsentationen verwenden möchten, so klicken Sie im Register *Entwurf*, Gruppe *Designs* auf *Weitere* ⩢ und auf *Aktuelles Design speichern...* Geben Sie einen Namen ein, unter dem das Design gespeichert werden soll.

**Achtung**: Ein von den übrigen Folien abweichendes Design, wie hier das Hintergrundbild der Titelfolie wird nicht zusammen mit dem Design gespeichert. Falls Sie auch dieses beibehalten möchten, dann müssen Sie das Ganze als Vorlage speichern. Näheres hierzu in Kapitel 5.7.

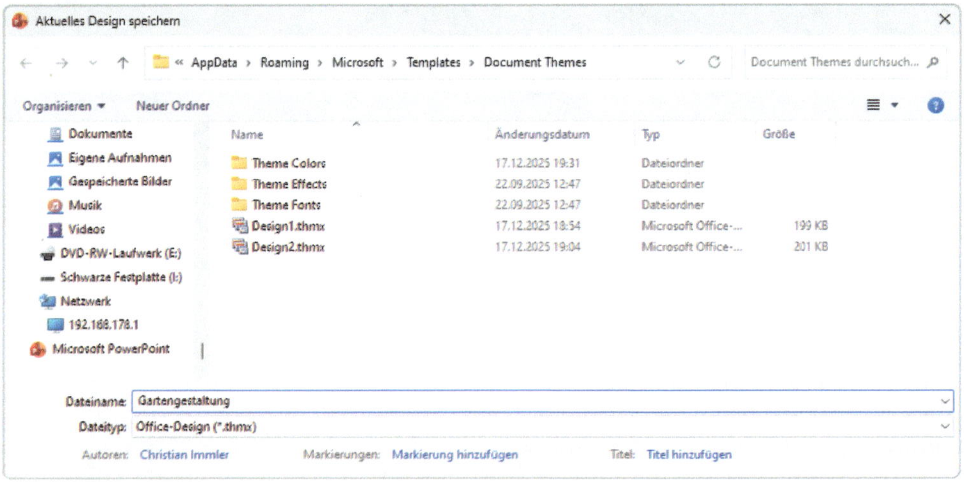


*Bild 4.39 Dateiname und Speicherort für das geänderte Design*

# 4.5 Ein Poster mit PowerPoint erstellen

Obwohl PowerPoint hauptsächlich für Bildschirmpräsentationen bekannt ist, lassen sich seine grafischen Fähigkeiten auch für Druckdokumente nutzen. So können Sie beispielsweise mit PowerPoint auch Broschüren oder Poster erstellen und sparen sich so spezielle und meist auch teure Layout-Software. Auch unter den Vorlagen finden Sie solche für Poster und Broschüren. Falls Sie gezielt danach suchen möchten, dann geben Sie im Register *Datei* ▶ *Neu* im Feld *Nach Onlinevorlagen und -designs suchen* einfach den Suchbegriff *Broschüre* oder *Poster* ein.

Bis auf das Format unterscheidet sich die Vorgehensweise bei der Erstellung nicht von Bildschirmpräsentationen, siehe die folgenden Kapitel. Als Ausgangsbasis für das folgende Beispiel eines Posters wählen wir wieder eine leere Präsentation, s. Seite 94.

## Postergröße festlegen

1 Im ersten Schritt müssen Sie die korrekte Größe festlegen. Bei nachträglichen Änderungen des Formats besteht sonst die Gefahr, dass Texte und Bilder verschoben werden. Klicken Sie im Menüband, Register *Entwurf* auf *Foliengröße* und auf *Benutzerdefinierte Foliengröße...*

2 Wählen Sie im nachfolgenden Fenster das gewünschte *Papierformat*: *A3-Papier* ist in der Auswahlliste enthalten; für andere Formate wie z. B. A2 klicken Sie auf *Benutzerdefiniert* und geben anschließend in die Felder unterhalb Breite und Höhe in cm ein. Als Beispiel im Bild 4.40 das Format A2.

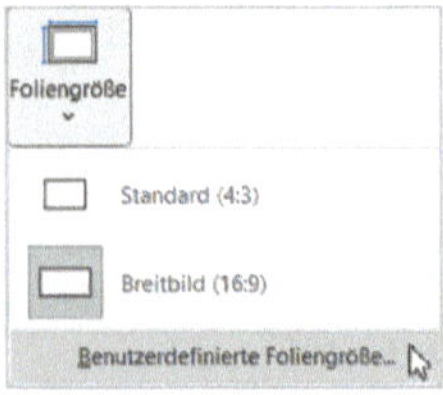


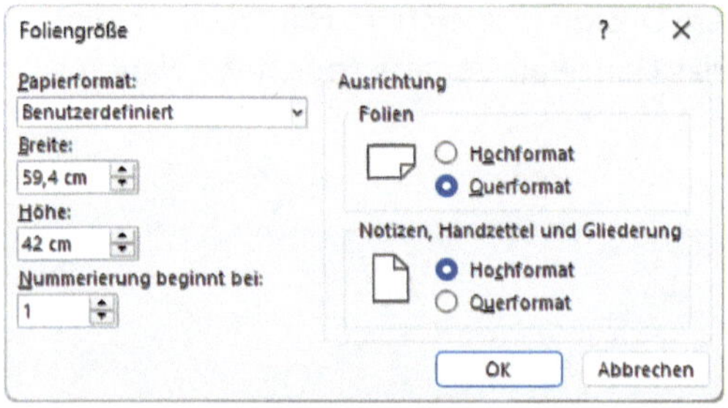


*Bild 4.40 Benutzerdefinierte Maße eingeben*

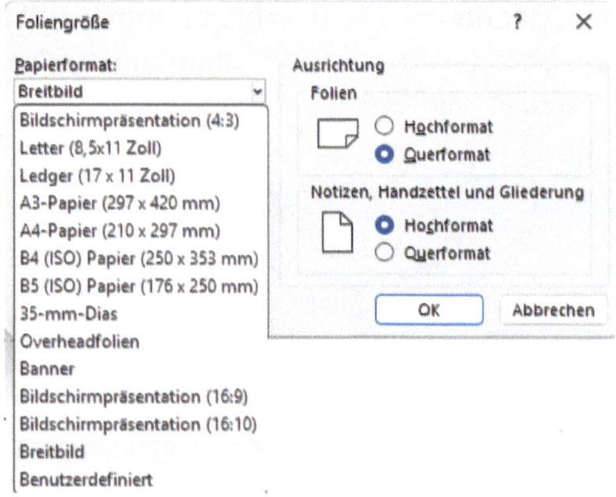


*Bild 4.41 ... oder Format auswählen*

*Bild 4.42 Beispiel: Poster im Format A3 quer mit dem Layout Leer*

Da Sie im Begriff sind, ein bestehendes Format zu ändern erscheint, nachdem Sie auf *OK* geklickt haben, ein Meldungsfenster mit der Frage, ob Sie Ihre Inhalte maximieren oder entsprechend skalieren möchten, um sie dem neuen Format anzupassen. Beim *Maximieren* ragen unter Umständen Teile des Folienlayouts über den Rand hinaus, mit *Passend skalieren* werden alle Inhalte verkleinert. Wenn Sie allerdings Ihr Poster ohnehin völlig frei ohne vorgegebenes Layout gestalten möchten, dann wählen Sie einfach *Maximieren*.

Weisen Sie dann der aktuellen Folie über das Menüband, *Start* ▶ *Folien* ▶ *Folienlayout* das Layout *Leer* zu. Anschließend fügen Sie für die Eingabe von Text Textfelder ein, die Sie beliebig platzieren können.

## Was Sie beim Posterdruck beachten sollten

### Poster selbst ausdrucken

Wenn Ihnen ein Drucker für entsprechende Großformate zur Verfügung steht, dann müssen Sie für manche Drucker bei der Gestaltung der Folieninhalte auch Seitenränder einkalkulieren. Diese lassen sich allerdings im Gegensatz zu Word und Excel nicht einstellen, sodass Sie bei der Platzierung von Text und Bildern selbst darauf achten müssen, dass nichts abgeschnitten wird.

Unterstützt Ihr Drucker maximal A4, dann können Sie trotzdem Ihr Poster auch im Format A3 oder A2 drucken, indem Sie das Poster in mehrere Seiten im A4-Format aufteilen und anschließend diese zusammenheften oder -kleben. So geht's:

1 Klicken Sie auf das Register *Datei* und hier auf *Drucken* ❶. Wählen Sie den gewünschten Drucker aus und klicken Sie auf *Druckereigenschaften* ❷.

*Bild 4.43 Poster im Format A2 drucken*

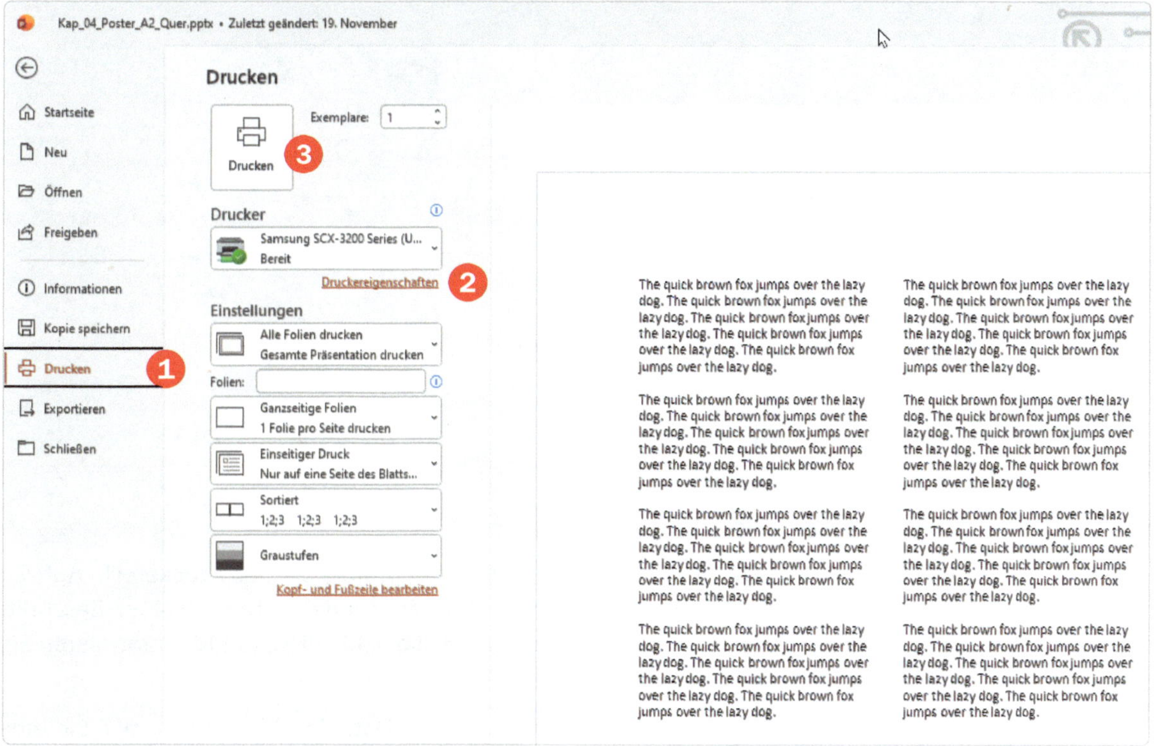


2 Wählen Sie in den Eigenschaften des jeweiligen Druckers die Option *Layout* (Bild 4.44) und wählen dort *Poster*. Das Dialogfeld *Eigenschaften* kommt vom Druckertreiber und kann daher bei jedem Drucker anders aussehen. Bei den meisten Druckern können Sie nun wählen, auf wie viele Blätter die Seite aufgeteilt wird. Im Bild unten wurde für das Format A2 automatisch 2x2 gewählt.

3. Falls Sie zum Kleben zusätzlich überlappende Kanten berücksichtigen möchten, suchen Sie im Einstellungen-Dialog nach *Überlappung*. Manchmal findet sich diese Einstellung erst in einem zweiten Fenster mit erweiterten Einstellungen.
4. Schließen Sie dann die Druckeinstellungen jeweils mit Klick auf *OK* und klicken Sie abschließend auf *Drucken* ❸.

*Bild 4.44 Poster auf mehrere Seiten aufteilen*

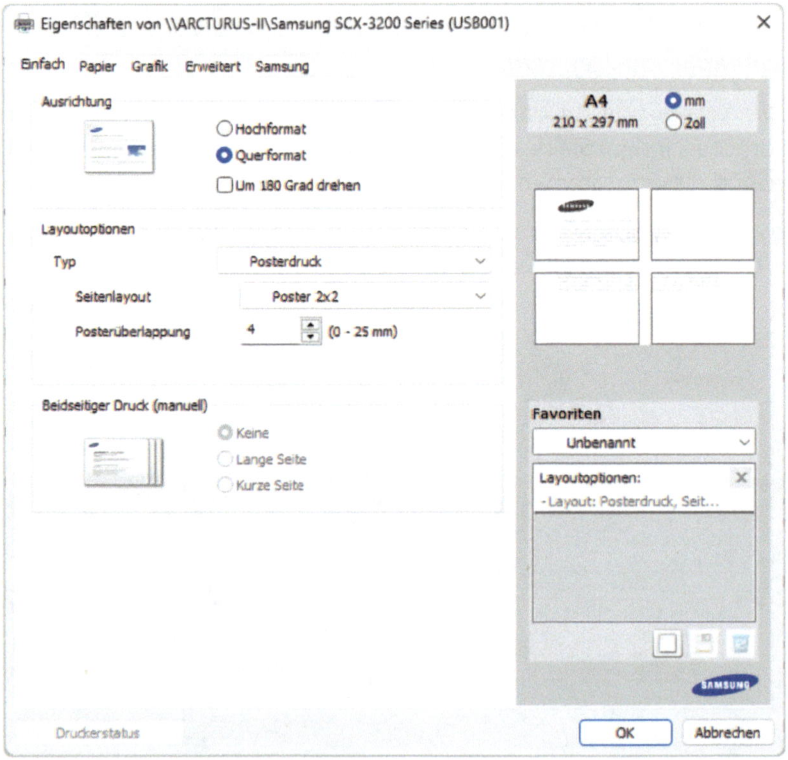


### Poster bei einer Druckerei drucken lassen

Möchten Sie dagegen Ihr Poster randlos bei einer professionellen Druckerei in Auftrag geben, dann müssen Sie meist beim Papierformat an jeder Seite noch einen Beschnitt von einigen Millimetern hinzuaddieren (siehe Bild 4.40 auf Seite 118). Informieren Sie sich am besten vorher bei der Druckerei.

Außerdem benötigt die Druckerei das Poster als Datei im PDF-Format. Wie Sie eine Präsentation oder ein Poster als PDF speichern, lesen Sie in Punkt 9.6.

# 5 Textgestaltung und Folienlayout

**In diesem Kapitel lernen Sie ...**

- Besonderheiten bei der Texteingabe
- Textfelder einfügen
- Zeichen- und Absatzformate
- Aufzählungszeichen und Nummerierung anpassen
- Gliederungen erzeugen
- Präsentationen mit dem Folienmaster gestalten
- Eigene Folienlayouts erstellen
- Foliennummerierung, Kopf- und Fußzeilen hinzufügen
- Präsentation als Vorlage speichern

**Das sollten Sie bereits wissen**

- Grundlagen der Texteingabe und -korrektur
- Neue Präsentation erstellen und Designfarben und -schriften anpassen
- Folien einfügen und Folienlayout wählen

# 5.1 Besonderheiten der Texteingabe in Folien

Zur Verdeutlichung wurde für die meisten Beispiele und Abbildungen in diesem Kapitel bewusst eine leere Präsentation mit schwarzer Schrift vor weißem Hintergrund gewählt.

## Rechtschreibprüfung und -korrektur, Sprache wählen

Genau wie Microsoft Word verfügt auch PowerPoint über eine automatische Rechtschreibprüfung, die standardmäßig aktiv ist und während der Eingabe alle Wörter anhand eines integrierten Wörterbuchs überprüft. Nicht im Wörterbuch vorhandene Ausdrücke werden mit einer roten Wellenlinie unterstrichen. Diese Hervorhebungen sind während der Bildschirmpräsentation und auch auf Ausdrucken nicht sichtbar.

Sie sollten aber bedenken, dass nicht alle Rechtschreibfehler gefunden werden und umgekehrt auch korrekt geschriebene Wörter manchmal als Fehler gekennzeichnet werden. Normalerweise verwendet PowerPoint ein deutsches Wörterbuch, sodass beispielsweise englische Ausdrücke trotz korrekter Schreibweise ebenfalls als Fehler hervorgehoben werden. Auch Adressangaben und Namen von Personen oder Firmen werden häufig als Fehler interpretiert.

### Während der Eingabe korrigieren

Am einfachsten korrigieren Sie einzelne Wörter so: Klicken Sie mit der rechten Maustaste auf ein als Fehler gekennzeichnetes Wort. Ein Kontextmenü mit Korrekturvorschlägen erscheint und mit einem Klick auf die richtige Schreibweise wird das Wort im Text ersetzt.

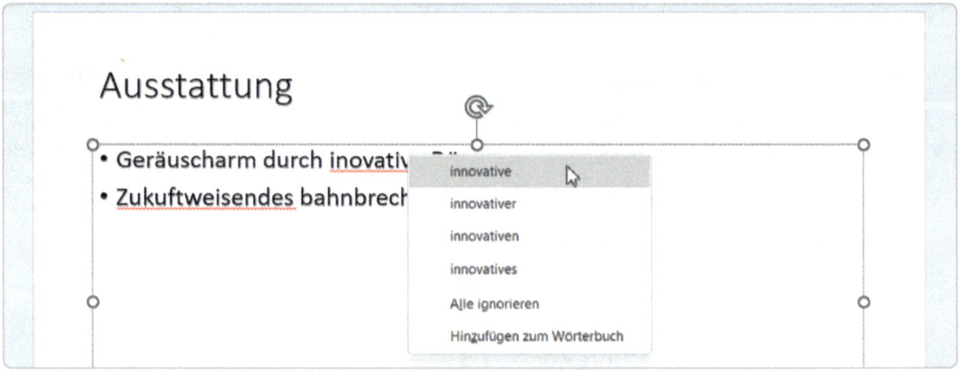


*Bild 5.1 Rechtschreibfehler korrigieren*

### Abschließende Kontrollen

Ob die Rechtschreibprüfung aktiv ist und in der Präsentation Fehler gefunden wurden, erkennen Sie am Symbol in der Statusleiste (Bild 5.2). Klicken Sie auf dieses Symbol oder das Symbol *Rechtschreibung* im Menüband, Register *Überprüfen* ▶ *Rechtschreibung*, wenn Sie die gesamte Präsentation auf Rechtschreibfehler überprüfen möchten.

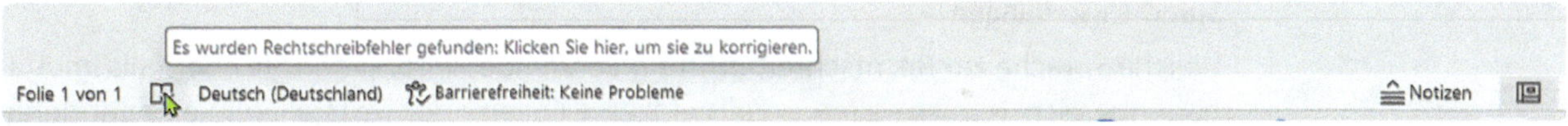


*Bild 5.2 Rechtschreibung*

PowerPoint beginnt die Suche ab der aktuellen Position und markiert den ersten Fehler. Gleichzeitig öffnet sich am rechten Rand der Aufgabenbereich *Rechtschreibung* mit Korrekturvorschlägen. Klicken Sie mit der Maus auf die gewünschte Schreibweise und dann auf *Ändern*. Das Wort wird ersetzt und sofort der nächste Fehler markiert.

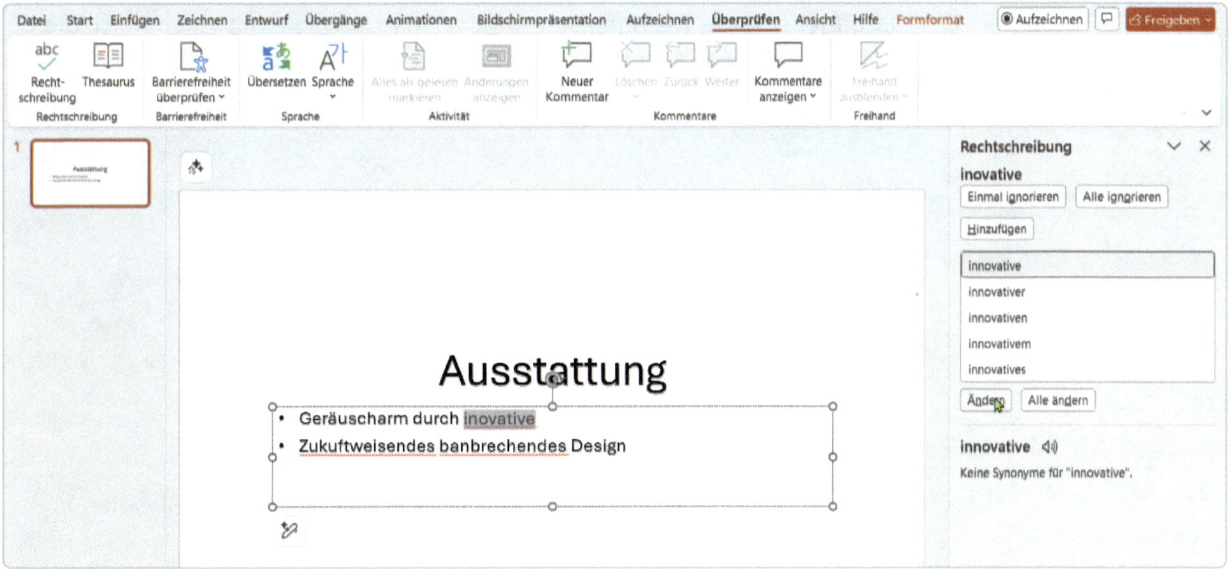


*Bild 5.3 Rechtschreibung im Aufgabenbereich prüfen und korrigieren*

**Tipps zur Korrektur**

Was in der Theorie einfach klingt, ist in der Praxis manchmal etwas komplizierter, dann wählen Sie folgende Vorgehensweise:

- **Die richtige Schreibweise ist nicht in den Korrekturvorschlägen enthalten**
  Manchmal wird ein Fehler zwar erkannt, aber es werden keine oder nicht die richtigen Korrekturvorschläge angezeigt. Dann müssen Sie selbst die nötigen Änderungen vornehmen. Das fehlerhafte Wort ist in der Folie bereits markiert und kann überschrieben werden. Klicken Sie anschließend auf *Fortsetzen*.

- **Ein Wort wurde richtig eingegeben, aber als Fehler markiert**
  Namen von Produkten, Personen und Adressenangaben sind nur selten im Wörterbuch enthalten. In diesem Fall klicken Sie entweder auf *Einmal Ignorieren*, dann wird der vermeintliche Fehler nur an dieser Stelle ignoriert, oder auf *Alle ignorieren*, wenn dieses Wort in der gesamten Präsentation ignoriert werden soll. Fremdwörter und manche Fachbegriffe sind ebenfalls nicht im deutschen Wörterbuch enthalten. Sie können aber häufig verwendete Wörter mit der Schaltfläche *Hinzufügen* in Ihr Wörterbuch aufnehmen.

### Spracheinstellungen

Welche Sprache zur Rechtschreibprüfung verwendet wird, sehen Sie ebenfalls im Aufgabenbereich *Rechtschreibung*. Falls einzelne Folien oder Textstellen in einer anderen Sprache verfasst sind, können Sie die zur Korrektur verwendete Sprache ändern.

1. Dazu markieren Sie die Textstelle, für die Sie die Korrektursprache ändern möchten.
2. Klicken Sie im Menüband, Register *Überprüfen* auf *Sprache* und wählen Sie *Sprache für die Korrekturhilfen festlegen* ❶.
3. Es öffnet sich das Dialogfenster *Sprache*. Markieren Sie mit einem Klick die gewünschte Sprache ❷ und übernehmen Sie die Änderung mit *OK* ❸.

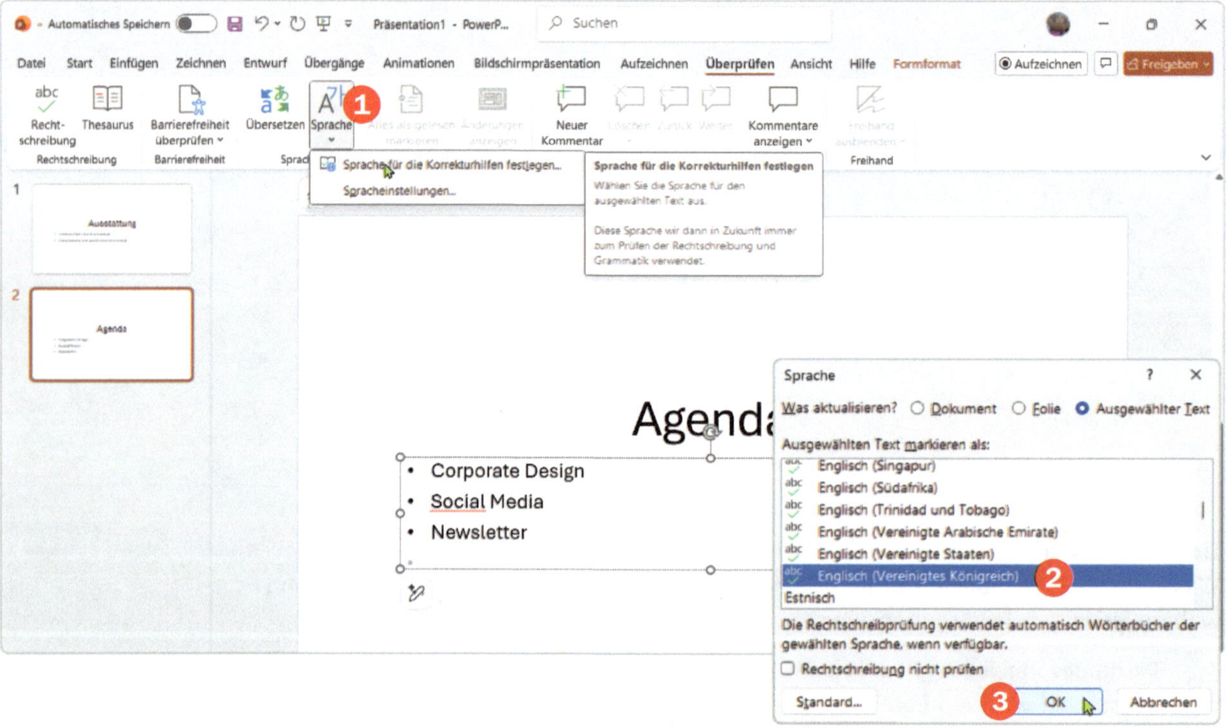


*Bild 5.4 Sprache für markierten Text ändern*

**Tipp: Sprache für die gesamte Präsentation ändern**

Wenn die gesamte Präsentation in einer anderen Sprache, z. B. Englisch verfasst wurde, wählen Sie oben im Dialogfeld *Sprache* die Option *Dokument*, um die Sprache der gesamten Präsentation zu ändern, oder *Folie*, um nur die Sprache der aktuellen Folie zu ändern.

## Automatische Korrekturen während der Eingabe

### So funktioniert die AutoKorrektur

Wenn während der Eingabe am Beginn eines neuen Absatzes der erste Buchstabe eines versehentlich oder absichtlich klein geschriebenen Wortes automatisch in einen Großbuchstaben umgewandelt wird, dann liegt dies an der AutoKorrektur. Im Gegensatz zur Rechtschreibprüfung, die Fehler nur kennzeichnet, erfolgt durch die AutoKorrektur während der Eingabe eine automatische Korrektur häufiger Rechtschreibfehler oder Buchstabendreher. So wandelt die AutoKorrektur beispielsweise die Zeichenfolge „udn" in das Wort „und" um und nach der Eingabe von (c) erscheint das Copyright-Zeichen © usw.

### Eine automatische Korrektur rückgängig machen

Allerdings ist eine automatische Korrektur nicht immer erwünscht, z. B. bei Namen. Entweder machen Sie in solchen Fällen die AutoKorrektur rückgängig, indem Sie unmittelbar danach in der Symbolleiste für den Schnellzugriff auf *Rückgängig* klicken oder Sie nutzen die AutoKorrektur-Optionen. So wurde im Bild unten der Name Dr. Yves Adneres automatisch in Dr. Yves Anderes geändert. Um mithilfe der AutoKorrektur-Optionen die ursprüngliche Schreibweise wieder herzustellen, gehen Sie so vor:

1. Zeigen Sie mit der Maus auf das automatisch korrigierte Wort. Unterhalb des ersten Zeichens wird eine blass-rote Markierung sichtbar und sobald Sie auf diese zeigen, erscheint die Schaltfläche *AutoKorrektur-Optionen*.

2. Klicken Sie auf die Schaltfläche. Nun können Sie wählen, ob Sie nur hier die Änderung zurücknehmen oder die automatische Korrektur dieses Wortes ab sofort deaktivieren möchten.

*Bild 5.5 AutoKorrektur-Optionen anzeigen*

### Das Verhalten der AutoKorrektur in den Optionen steuern

In den AutoKorrektur-Optionen finden Sie auch den Befehl *AutoKorrektur-Optionen steuern...* (Bild oben), dieser öffnet ein Dialogfenster mit weiteren Möglichkeiten. Alternativ öffnen Sie dieses Fenster, indem Sie im Register *Datei* auf *Optionen* klicken, hier *Dokumentprüfung* wählen und auf die Schaltfläche *AutoKorrektur-Optionen* ❶ (Bild 5.6) klicken.

Im Fenster *AutoKorrektur* (Bild 5.6) steuern Sie über Kontrollkästchen das Verhalten der AutoKorrektur, beispielsweise am Satzanfang oder bei unbeabsichtigtem Betätigen der Feststelltaste. Wenn Sie das automatische Ersetzen bestimmter Zeichenfolgen ganz ausschalten möchten, dann deaktivieren Sie das Kontrollkästchen *Während der Eingabe ersetzen* ❷.

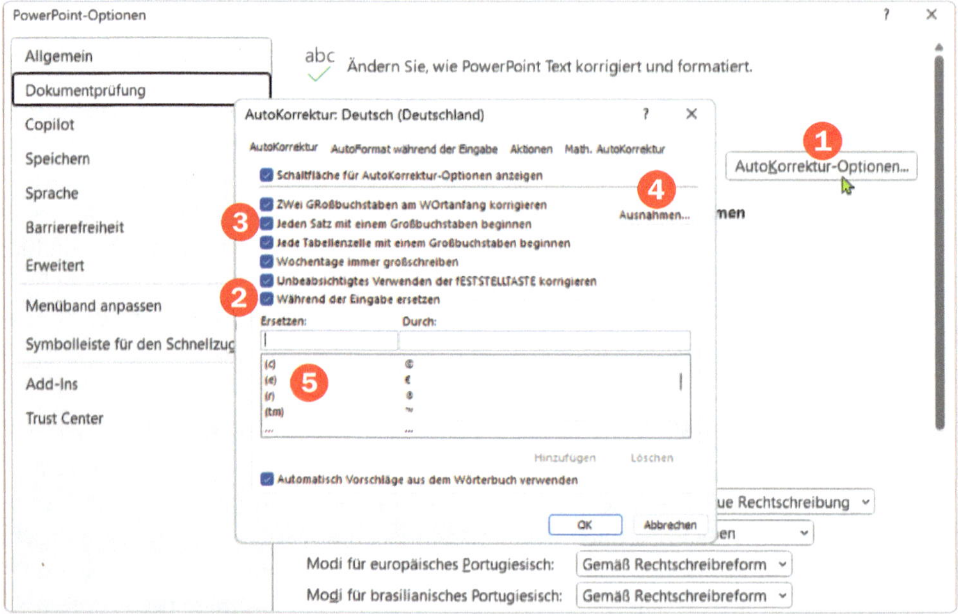


*Bild 5.6 Einstellungen in den AutoKorrektur-Optionen*

**Tipp:** Ist die Option *Jeden Satz mit einem Großbuchstaben beginnen* ❸ aktiviert, dann können Sie über die Schaltfläche *Ausnahmen...* ❹ die Liste der Abkürzungen kontrollieren und ergänzen, nach denen keine automatische Umwandlung in einen Großbuchstaben erfolgt. Dies gilt auch für die Korrektur zweier Großbuchstaben am Wortanfang.

## Die AutoKorrektur ergänzen

Im Fenster *AutoKorrektur-Optionen* finden Sie auch eine Liste ❺ aller Zeichenfolgen, die sofort nach der Eingabe automatisch korrigiert werden. Diese Liste können Sie um eigene Ersetzungen, z. B. Ihre häufigen Rechtschreibfehler, ergänzen. Sie können die AutoKorrektur aber auch dazu benutzen, um während der Eingabe bestimmte Kürzel durch häufig benötigte Textfloskeln zu ersetzen. Dann muss allerdings das Kontrollkästchen *Während der Eingabe ersetzen* aktiviert sein.

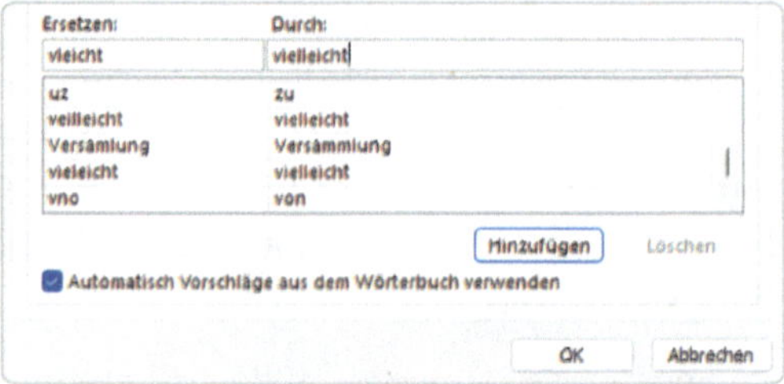


*Bild 5.7 AutoKorrektur um weitere häufige Rechtschreibfehler ergänzen*

Tragen Sie dazu im Feld *Ersetzen* die zu ersetzende Zeichenfolge, z. B. ein Wort mit vertauschten Buchstaben, ein und daneben im Feld *Durch* geben Sie das Wort in der richtigen Schreibweise ein. Dann klicken Sie auf *Hinzufügen*. Überflüssige Einträge und solche mit unbeabsichtigter Wirkung (siehe Bild 5.5 auf Seite 125) entfernen Sie, indem Sie diese markieren und auf die Schaltfläche *Löschen* klicken.

### Automatische Umwandlung von Zeichen

Genau wie Microsoft Word wandelt auch PowerPoint bestimmte Zeichen während der Eingabe automatisch um. So werden aus einfachen Bindestrichen - sogenannte Geviertstriche — und "gerade Anführungszeichen" werden in „typografische Anführungszeichen“ umgewandelt.

- Wenn Sie diese Ersetzungen kontrollieren oder deaktivieren möchten, dann wählen Sie im Fenster *AutoKorrektur* das Register *AutoFormat während der Eingabe* und deaktivieren oder aktivieren Sie unter *Während der Eingabe ersetzen* die entsprechenden Kontrollkästchen. Schließen Sie dann die AutoKorrektur mit *OK*.

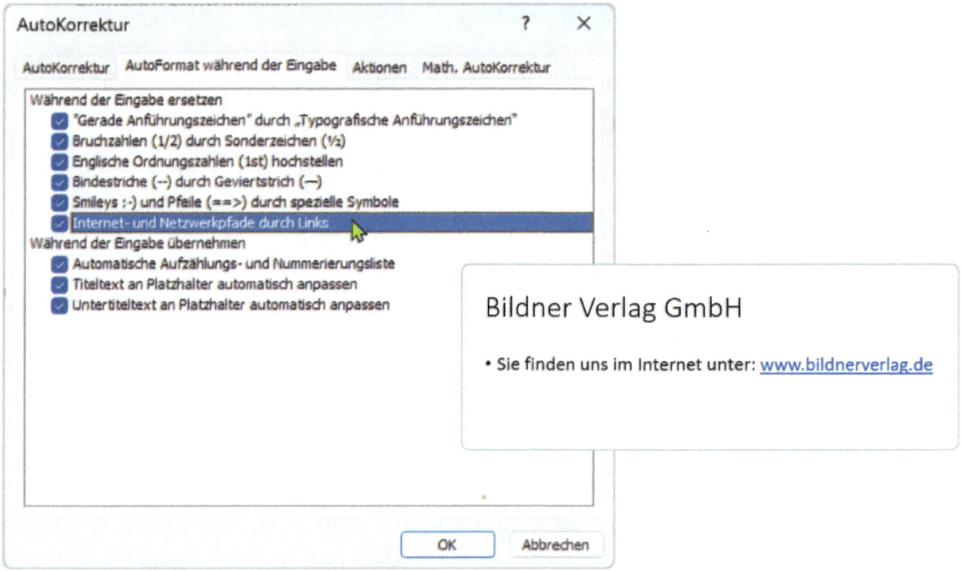


*Bild 5.8 Automatische Umwandlung von Zeichen während der Eingabe*

*Bild 5.9 Automatische Umwandlung von Webadressen in Links*

#### Automatisches Umwandeln in Links deaktivieren

Webadressen, z. B. www.bildnerverlag.de, Netzwerkpfade und auch E-Mail-Adressen werden unmittelbar nach der Eingabe in Links umgewandelt. Das bedeutet, beim Anklicken mit gleichzeitig gedrückter **Strg**-Taste (in der Ansicht *Bildschirmpräsentation* genügt einfaches Anklicken) öffnet sich der Standardbrowser mit der angegebenen Seite bzw. das E-Mail-Programm mit einer neuen Mail. Gleichzeitig wird der Link unterstrichen und erhält eine andere Schriftfarbe. Wenn Sie dies verhindern möchten, dann brauchen Sie nur in der AutoKorrektur das Kontrollkästchen *Internet- und Netzwerkpfade durch Links* deaktivieren.

## Automatisches Anpassen von Platzhaltern

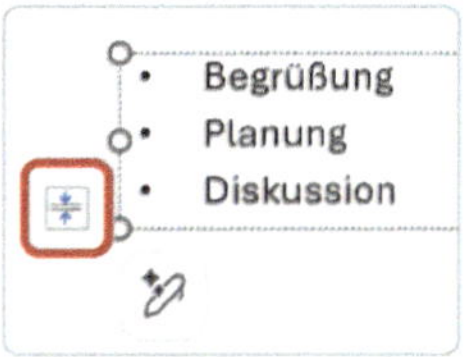


Vielleicht haben Sie auch schon das kleine Symbol bemerkt, das automatisch in der unteren linken Ecke eines Textplatzhalters erscheint, wenn dessen Größe nicht ausreicht, um den gesamten Text aufzunehmen. Standardmäßig wird in einem solchen Fall die Schriftgröße automatisch verkleinert und so an die Größe des Textfeldes angepasst. Abgesehen davon, dass umfangreiche Texte in Bildschirmpräsentationen selten sinnvoll sind, haben Sie trotzdem die Möglichkeit, das automatische Anpassen zu steuern. Sobald Sie auf das Symbol zeigen, erscheint der Hinweistext *Optionen für das automatische Anpassen* und mit Klick darauf erhalten Sie ein Menü mit verschiedenen Optionen.

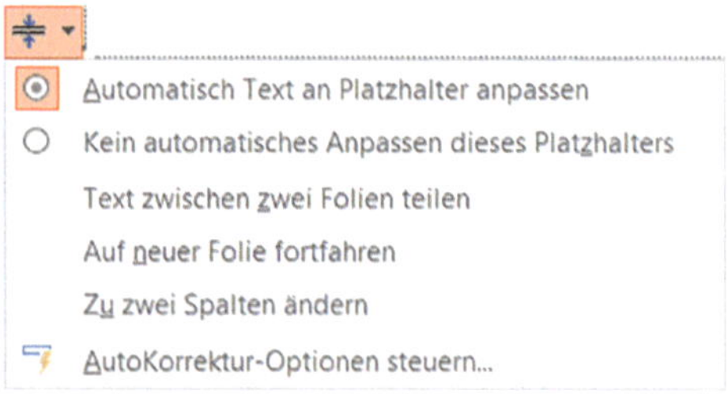


*Bild 5.10 Anpassungsoptionen für Platzhalter*

- Um die automatische Anpassung rückgängig zu machen, wählen Sie *Kein automatisches Anpassen dieses Platzhalters*.
- Falls Sie den Text in der ursprünglichen Größe beibehalten möchten, bietet PowerPoint die Aufteilung auf zwei Folien (*Text zwischen zwei Folien teilen* oder *Auf neuer Folie fortfahren*) oder mit *Zu zwei Spalten ändern* das Ändern in ein zweispaltiges Layout an.
- Wenn Sie das automatische Anpassen dauerhaft für alle Folien deaktivieren möchten, dann wählen Sie *AutoKorrektur-Optionen steuern...*, um das Dialogfenster *AutoKorrektur* zu öffnen. Klicken Sie auf das Register *AutoFormat während der Eingabe* und deaktivieren Sie unter *Während der Eingabe übernehmen* das Kontrollkästchen *Untertiteltext an Platzhalter automatisch anpassen*. Bei Bedarf können Sie dies über ein weiteres Kontrollkästchen auch für den Titeltext steuern (s. Bild 5.8 auf Seite 127).

## Mathematische Ausdrücke darstellen

Falls Sie in Ihrer Präsentation mathematische Formeln bzw. Ausdrücke darstellen möchten, stehen Sie vor dem Problem, dass die dazugehörigen Sonderzeichen und Symbole nicht auf der Tastatur zu finden sind. Deshalb stellt PowerPoint, genau wie auch die Office-Anwendungen Word und Excel, einen umfassenden Katalog an Bausteinen (z. B. für Brüche, Wurzeln, hoch- oder tiefgestellte Zeichen oder Integrale) zur Verfügung, zusammen mit einer Sammlung mathematischer Symbole, Operatoren, griechischer Buchstaben und vieles mehr.

> **Die Formeln dienen nur zu visuellen Zwecken, es erfolgt keine Berechnung!**
> Auf diese Weise eingefügte Formeln dienen ausschließlich zu visuellen Zwecken und es erfolgt keine Berechnung durch PowerPoint.

### Formel einfügen

Mathematische Ausdrücke können sowohl an der Cursorposition in den Fließtext eines Textfeldes, als auch gesondert an jeder beliebigen Stelle einer Folie eingefügt werden. In letzterem Fall ist dazu kein eigenes Textfeld erforderlich, dieses wird automatisch mit der Formel erzeugt. Falls Sie eine Formel in ein Diagramm einfügen möchten, müssen Sie zuvor das Diagramm markieren. Dadurch wird die Formel zu einem Bestandteil des Diagramms und z. B. zusammen mit diesem verschoben.

Das Symbol *Formel* finden Sie im Menüband, Register *Einfügen* in der Gruppe *Symbole*. Hier haben Sie die Wahl zwischen folgenden Möglichkeiten:

- Mit Klick auf den Dropdown-Pfeil des Symbols ❶ öffnet sich eine Liste verschiedener integrierter Formeln, z. B. zur Berechnung der Kreisoberfläche oder dem Satz des Pythagoras, die Sie durch Anklicken übernehmen können.
- Klicken Sie dagegen direkt auf das Symbol *Formel* ❷, so wird in die Folie ein Platzhalter mit dem Text *Geben Sie hier eine Formel ein* ❸ eingefügt, in dem Sie anschließend Ihre eigene Formel zusammenstellen.

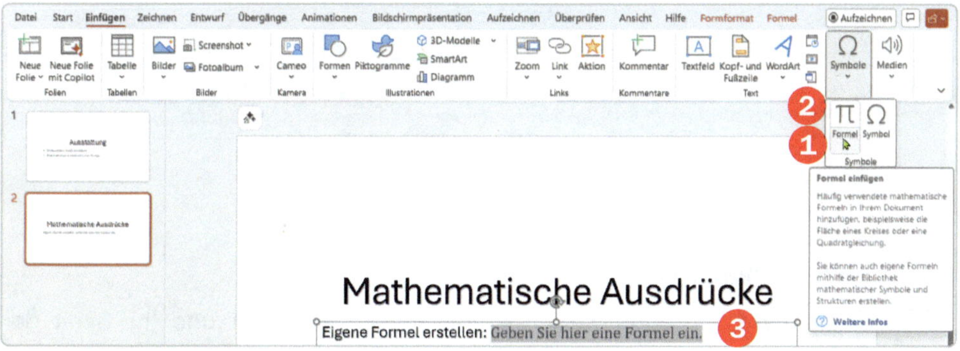


*Bild 5.11 Formel einfügen*

## Benutzerdefinierte Formel zusammenstellen

Wenn Sie Ihre eigene Formel eingeben möchten, dann fügen Sie zunächst mit Klick auf *Formel* eine leere Formel ein (s. oben). Klicken Sie dann in das Formelfeld bzw. auf *Geben Sie hier eine Formel ein* und im Menüband auf das Register *Formel*. Hier wählen Sie zunächst die grundlegende Formelstruktur ❹, z. B. *Hoch/Tief* oder *Wurzel* und fügen dann einzelne Sonderzeichen und Symbole aus dem Katalog *Symbole* ❺ hinzu.

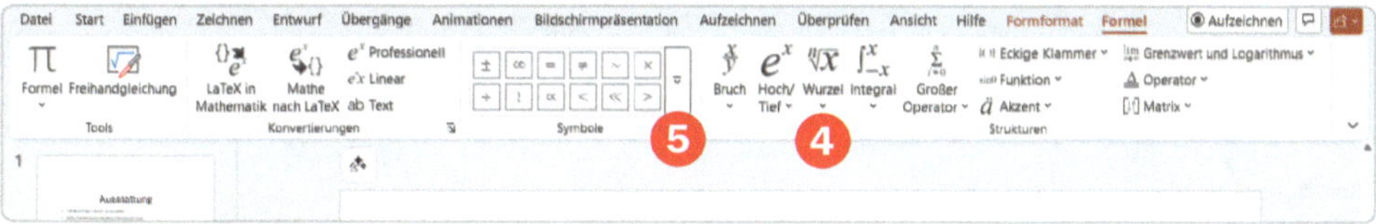


### Beispiel: Einfache Wurzel einfügen

1 Klicken Sie in das Formelfeld, danach im Register *Formel* ▶ *Strukturen* auf *Wurzel* und wählen Sie einen Typ. Die Struktur wird anschließend mit kleinen Platzhaltern in das Formelfeld eingefügt.

2 Für die weiteren Eingaben klicken Sie auf den jeweiligen Platzhalter der Formel und fügen hier entweder eine weitere Struktur, z. B. Bruch oder ein Symbol ein. Zahlen und einfache Zeichen, z. B. x, >, < usw. können Sie über die Tastatur eingeben, zum Einfügen mathematischer Sonderzeichen klicken Sie in der Gruppe *Symbole* auf den Pfeil ⩡ . Hier erscheinen zunächst grundlegende mathematische Sonderzeichen (Bild 5.13). Um weitere Symbole, z. B. griechische Buchstaben zu erhalten, klicken Sie rechts oben auf den Pfeil ❻.

**Tipp:** Mit den Pfeiltasten nach rechts bzw. links markieren Sie schnell den nächsten Platzhalter der Formel.

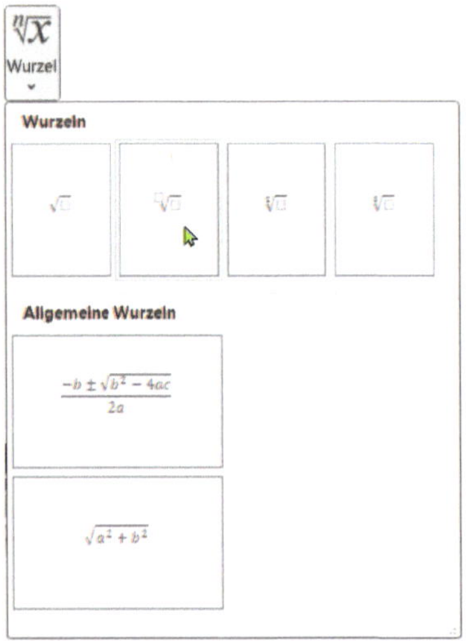


*Bild 5.12 Struktur auswählen*

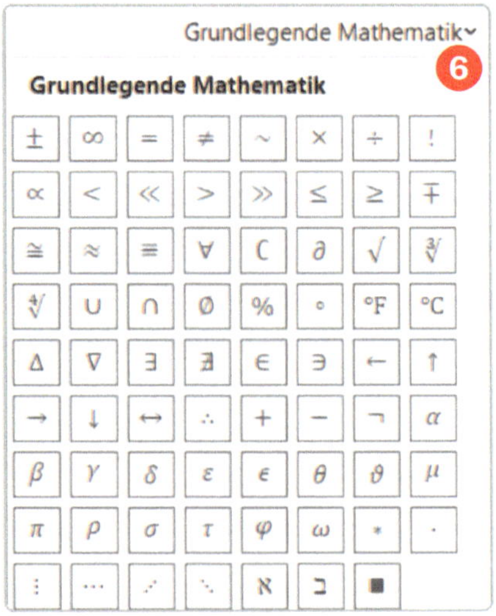


*Bild 5.13 Sonderzeichen einfügen*

### Formel handschriftlich eingeben

Alternativ klicken Sie auf den Dropdown-Pfeil des Symbols *Formel* und dann am Ende der Liste auf *Freihandgleichung*.

Wenn Ihnen diese Vorgehensweise zu umständlich erscheint und Ihr Gerät den Touchmodus bzw. Stifteingabe unterstützt, dann können Sie eine Formel auch handschriftlich eingeben. Fügen Sie dazu zunächst, wie bereits beschrieben, eine leere Formel ein, klicken Sie dann in das Formelfeld und im Menüband, Register *Formel*, Gruppe *Tools* auf *Freihandgleichung* ❶.

Es öffnet sich ein kleines Fenster, in dem Sie die Formel mit Stift, Finger oder gedrückter Maustaste „zeichnerisch" eingeben ❷. Oberhalb können Sie kontrollieren ❸, ob Ihre Eingaben korrekt umgewandelt werden und mit Klick auf *Einfügen* ❹ übernehmen Sie die Formel in die Folie.

*Bild 5.14 Formel als Freihandgleichung eingeben*

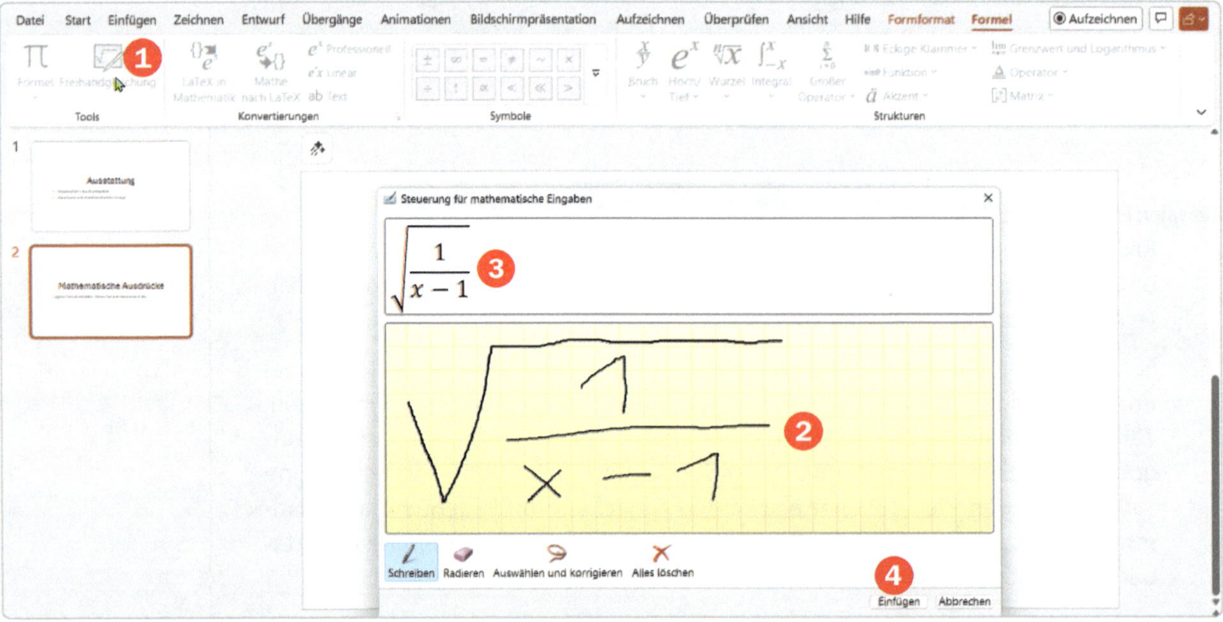

## 5.2 Mit Platzhaltern und Textfeldern arbeiten

Wie Sie bereits gesehen haben, bringen die meisten Folienlayouts Platzhalter für Text bzw. Textfelder mit. Größe und Position der Platzhalter lassen sich mit der Maus schnell ändern. Allerdings sollten Sie die nachfolgend beschriebenen Methoden nur in Ausnahmefällen und nur auf einzelne Folien anwenden. Wenn Sie dagegen Aussehen und Position der Platzhalter in der gesamten Präsentation ändern möchten, dann nehmen Sie dies besser in der Ansicht *Folienmaster* vor. Näheres hierzu auf Seite 151 ff.

### So fügen Sie weitere Textfelder ein

Texteingabe ist in PowerPoint-Folien ausschließlich in den dafür vorgesehenen Platzhaltern oder Textfeldern möglich. Wenn Sie außerhalb der Platzhalter Beschriftungen benötigen, dann müssen Sie also ein Textfeld einfügen. So gehen Sie dabei vor:

1 Klicken Sie im Menüband, Register *Einfügen* ▶ *Text* auf *Textfeld* ❶.

*Bild 5.15 Textfeld einfügen*

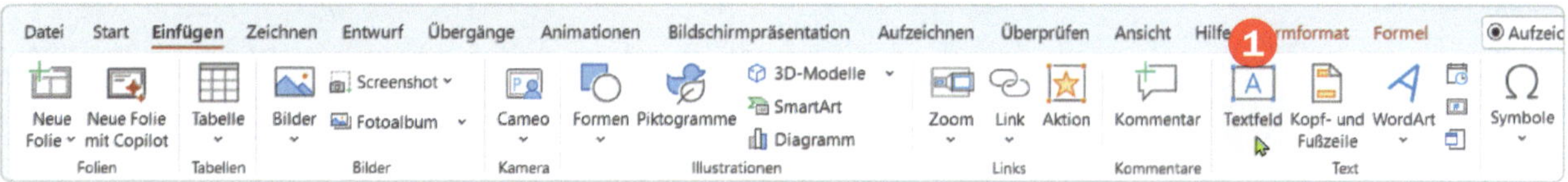


Oder klicken Sie im Register *Start* ▶ *Zeichnen* auf das Symbol *Textfeld*.

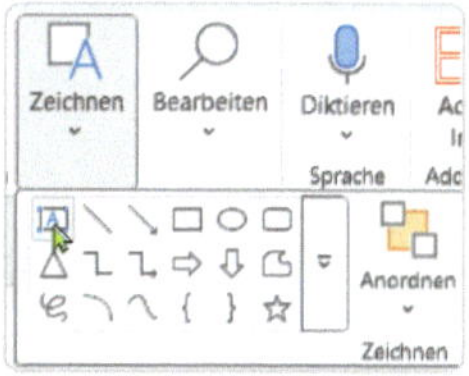


2 In der Folie erscheint der Mauszeiger als Fadenkreuz ❷. Klicken Sie mit der Maus an die gewünschte Stelle der Folie und beginnen Sie anschließend sofort mit der Texteingabe. Die Breite des Feldes passt sich während der Eingabe automatisch an den Text an.

Oder zeichnen Sie durch diagonales Ziehen mit gedrückter Maustaste ein Feld in der gewünschten Breite ❸, dann passt sich während der Texteingabe die Höhe des Textfeldes automatisch an.

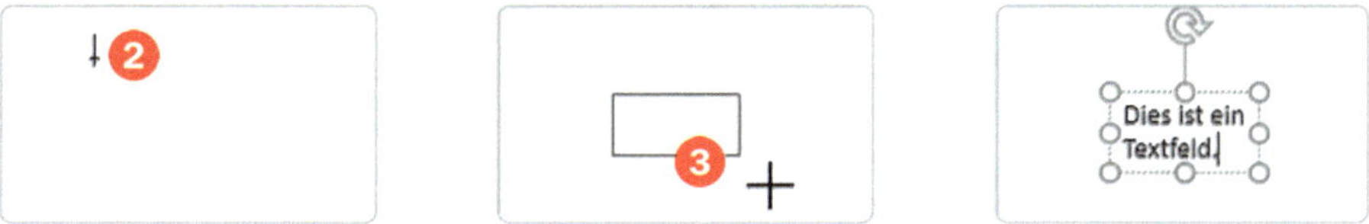


*Bild 5.16 Zeichnen Sie in der Folie ein Textfeld und geben Sie Text ein*

### Textfelder markieren und löschen

Um einen Platzhalter bzw. ein Textfeld aus der Folie zu entfernen, müssen Sie es mit einem Mausklick an eine beliebige Stelle des Rahmens markieren. **Achtung**: PowerPoint unterscheidet zwischen zwei Arten von Markierungsrahmen:

- **Text eingeben, bearbeiten**
  Eine gepunktete Rahmenlinie signalisiert, dass sich das Textfeld im Text- oder Eingabemodus befindet (Bild 5.17). Gleichzeitig ist der Cursor im Textfeld sicht-

bar und mit der **Entf**-Taste oder der Rückschritt-Taste können einzelne Zeichen oder markierter Text gelöscht werden. Ein Textfeld wechselt automatisch in den Textmodus, wenn Sie mit der Maus in den Text klicken, oder per Rechtsklick auf den Rahmen und den Befehl *Text bearbeiten*.

- **Textfeld bearbeiten**
  Eine durchgezogene Rahmenlinie hingegen bedeutet, dass das Textfeld als Objekt markiert ist und als Ganzes bearbeitet oder mit der **Entf**-Taste gelöscht werden kann. Zu dieser Art der Markierung klicken Sie an eine beliebige Stelle des Rahmens (Bild 5.18). **Tipp**: Sämtliche Textformate, z. B. Schriftgröße oder -farbe wirken sich in diesem Modus automatisch auf den gesamten Inhalt aus, der Text braucht also nicht extra markiert werden.

*Bild 5.17 Textfeld im Eingabemodus*

*Bild 5.18 Textfeld ist als Objekt markiert*

## Größe und Position von Platzhaltern und Textfeldern

- **Größe ändern**
  Sobald Sie mit der Maus in ein Textfeld klicken, erscheinen am Rahmen in den Ecken und in der Mitte jeder Seite Markierungs- oder Ziehpunkte. Diese benutzen Sie zur Größenänderung mit der Maus: Zeigen Sie auf einen der Punkte und achten Sie auf den Mauszeiger. Sobald dieser die Form eines Doppelpfeils annimmt, können Sie mit gedrückter Maustaste das Feld vergrößern oder verkleinern.
- **Verschieben**
  Zum Verschieben zeigen Sie mit der Maus abseits der Markierungspunkte an eine beliebige Stelle der Rahmenlinie. Wenn am Mauszeiger vier Richtungspfeile erscheinen, können Sie anschließend das Feld mit gedrückter linker Maustaste in jede Richtung verschieben.
- **Kopie verschieben**
  Wenn Sie eine Kopie verschieben möchten, dann halten Sie beim Ziehen mit der Maus gleichzeitig die **Strg**-Taste gedrückt. Am Mauszeiger signalisiert in diesem Fall ein kleines +-Zeichen, dass eine Kopie erzeugt und verschoben wird.

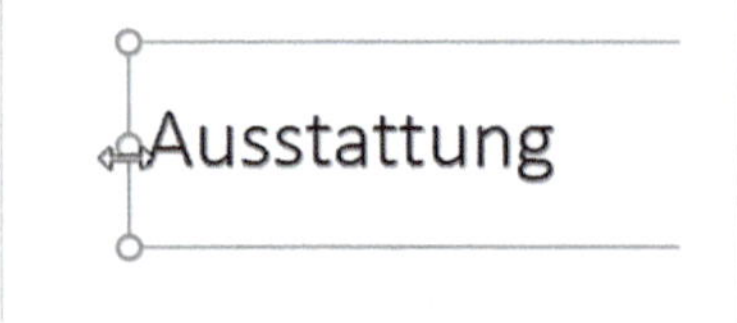


*Bild 5.19 Textfeld vergrößern/verkleinern*

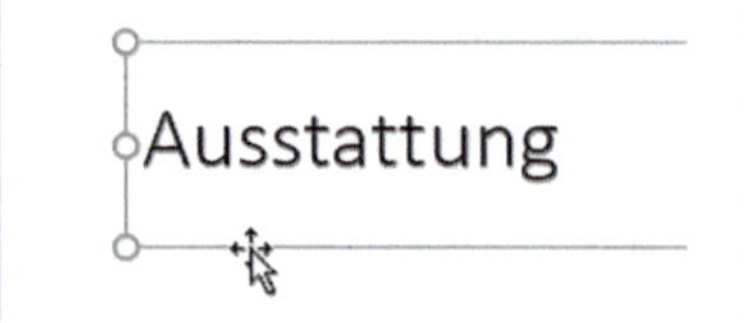


*Bild 5.20 Verschieben*

*Bild 5.21 Kopieren*

### Hilfslinien nutzen

Befinden sich in der Folie noch andere Objekte, z. B. Grafiken, Formen oder weitere Textfelder, so erscheinen während des Ziehens Hilfslinien, an denen Sie sich bei der Ausrichtung an anderen Objekten orientieren oder gleiche Abstände herstellen können, wie im Bild unten.

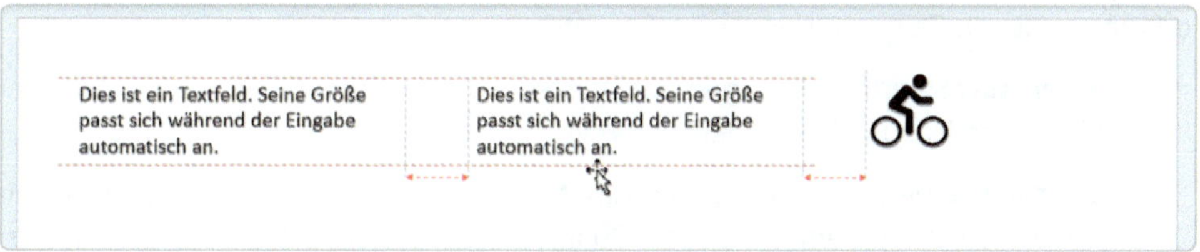


*Bild 5.22 Hilfslinien zur Ausrichtung an anderen Objekten*

**Hinweis:** Textfelder verhalten sich bei der Größenänderung und Ausrichtung bzw. Positionierung wie alle anderen Objekte einer PowerPoint-Folie. Eine detaillierte Beschreibung zum exakten Ausrichten von Objekten finden Sie in Kapitel 6.7.

### Freies Drehen

Oberhalb des markierten Textfeldes ist in der Mitte ein Drehsymbol sichtbar. Es dient zum freien Drehen des gesamten Feldes. Sobald Sie mit der Maus auf dieses Symbol zeigen, ändert sich das Aussehen des Mauszeigers und Sie können mit gedrückter linker Maustaste das Feld samt Inhalt beliebig drehen.

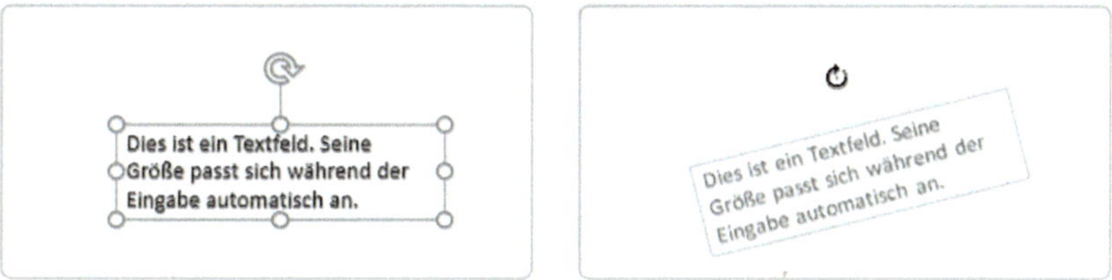


*Bild 5.23 Drehen eines Platzhalters*

**Tipp: Folie schnell wieder zurücksetzen**

Wenn Sie eine Folie in einem der Standardlayouts, z. B. *Titel und Inhalt*, vor sich haben und die Textfelder verschoben, vergrößert/verkleinert oder gedreht haben, dann können Sie schnell das ursprüngliche Layout wiederherstellen: Klicken Sie dazu im Menüband, Register *Start* ▶ *Folien* auf *Zurücksetzen*.

> **Achtung:** Diese Schaltfläche stellt nicht nur das ursprüngliche Folienlayout wieder her, sondern entfernt auch aus den Platzhaltern alle Formatierungen, die nicht Bestandteil des verwendeten Designs sind.

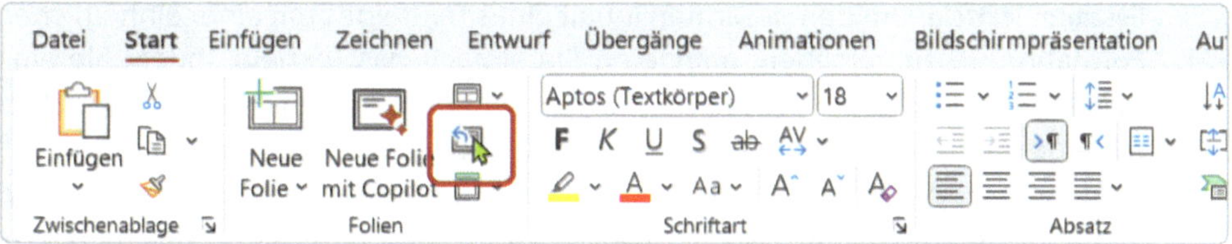


*Bild 5.24 Folie zurücksetzen*

# 5.3 Textformatierung

## Grundlegende Techniken

Zur Textformatierung können Sie in PowerPoint alle Methoden verwenden, die Sie möglicherweise bereits von Word kennen. Genau wie Word unterscheidet auch PowerPoint zwischen Zeichen- und Absatzformaten.

- **Zeichen- oder Schriftformate** legen die Darstellung einzelner Zeichen oder Zeichenfolgen fest. Dazu gehören beispielsweise Schriftart und -farbe.
- **Absatzformate** definieren hingegen das Aussehen eines Absatzes bis zum Absatzende, also auch mehrerer Zeilen. Zu ihnen zählen beispielsweise Aufzählungszeichen, die Abstände zwischen den Zeilen oder die Ausrichtung.

Beide Formate finden Sie im Register *Start* in den Gruppen *Schriftart* ❶ und *Absatz* ❷. Einige davon sind auch in der Minisymbolleiste ❸ enthalten, die erscheint, sobald Sie eine Textstelle markiert haben. Weitergehende Möglichkeiten erhalten Sie in den Dialogfenstern, die Sie mit Klick auf den Pfeil ❹ der jeweiligen Gruppe öffnen.

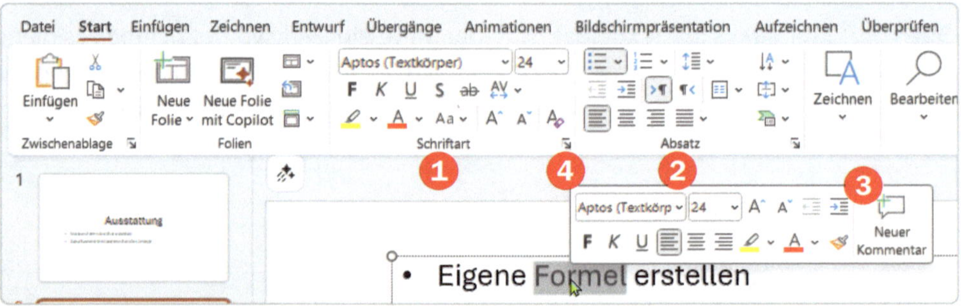


*Bild 5.25 Formate und Formatierungsmöglichkeiten*

### Text auswählen/markieren

Bevor Sie eine Formatierung zuweisen, müssen Sie angeben, auf welche Textstelle sich diese beziehen soll, dabei gilt:

- **Zeichenformate**: Vor der Verwendung von Zeichenformaten müssen Sie den gesamten zu formatierenden Textbereich markieren. Ausnahme: Zur Formatierung eines einzelnen Wortes genügt es, wenn sich der Cursor im Wort befindet.
- **Absatzformate** beziehen immer den gesamten Absatz ein. Zur Formatierung eines einzelnen Absatzes genügt es daher, wenn sich der Cursor im Absatz befindet. Wenn mehrere zusammenhängende Absätze dasselbe Format erhalten sollen, dann müssen Sie diese markieren.
- **Gesamtes Textfeld**: Um den gesamten Inhalt eines Textfeldes mit einer einheitlichen Formatierung zu versehen, markieren Sie einfach das Textfeld, indem Sie eine beliebige Stelle des Rahmens anklicken. Dieser erhält nun anstelle der gepunkteten eine durchgezogene Linie (Bild unten) und alle Formatierungen, die Sie jetzt vornehmen, egal ob Absatz- oder Zeichenformate, wirken sich auf den gesamten Inhalt des Textfeldes aus. Als Beispiel wurde im Bild unten links das markierte Wort und rechts der gesamte Text des Platzhalters fett formatiert.

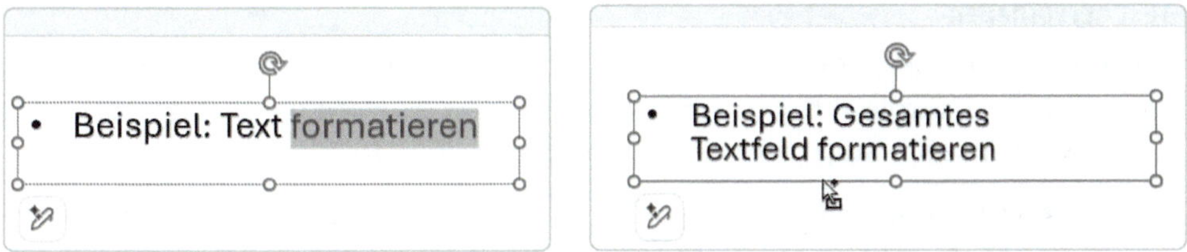


*Bild 5.26 Den gesamten Platzhalter markieren: Achten Sie auf die Rahmenlinie!*

## Zeichen- bzw. Schriftformate

**Achtung:** Um ein einheitliches Erscheinungsbild der Präsentation zu gewährleisten, sollten Sie die nachfolgend beschriebenen Formatänderungen nur in Einzelfällen direkt in der Folie vornehmen. Schrift- und Absatzformate, die für die gesamte Präsentation Gültigkeit besitzen, ändern Sie besser in der Ansicht *Folienmaster* (Masteransicht). Näheres hierzu ab Seite 144.

### Schriftart, -größe und -farbe

- **Schriftart wählen**: Zum Ändern der Schriftart klicken Sie im Register *Start* ▶ *Schriftart* auf den Dropdown-Pfeil des Feldes *Schriftart*. Die beiden Schriftarten des aktuellen Designs befinden sich am Beginn der Liste.

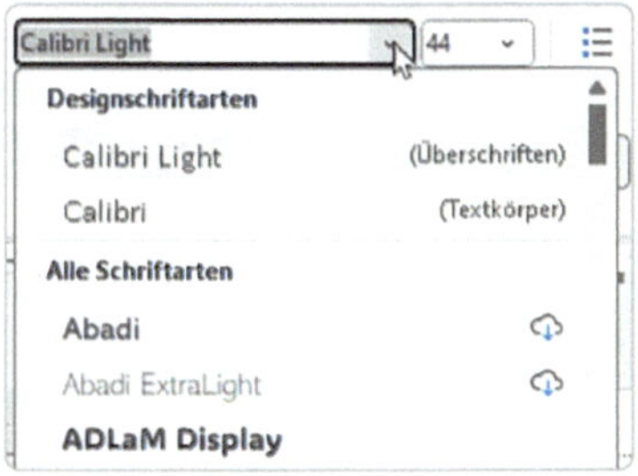


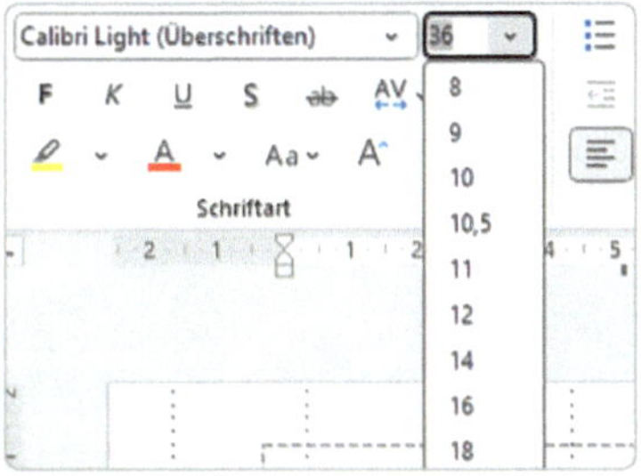

*Bild 5.27 Schriftart*

*Bild 5.28 Schriftgröße*

*Bild 5.29 Schriftfarbe*

**Info:** Falls in der Liste der Schriftarten einige das Symbol einer Wolke aufweisen, bedeutet dies, dass die betreffende Schriftart online verfügbar ist und erst beim Auswählen heruntergeladen wird.

- **Schriftgröße**: Das Feld *Schriftgrad* rechts daneben bietet mehrere Schriftgrößen zur Auswahl, diese werden in dem typografischen Maß Punkt (Pt.) angegeben. Ein Punkt entspricht etwa 0,35 mm. Sollte die gewünschte Schriftgröße hier nicht aufgeführt sein, so klicken Sie einfach direkt in das Feld, geben die gewünschte Größe, z. B. 30, über die Tastatur ein und betätigen die **Eingabetaste**.

  Über die beiden Symbole *Schriftart vergrößern/verkleinern* rechts daneben oder darunter lässt sich die Schriftgröße noch bequemer ändern: Jeder Mausklick vergrößert bzw. verkleinert die Schrift um jeweils eine Stufe.

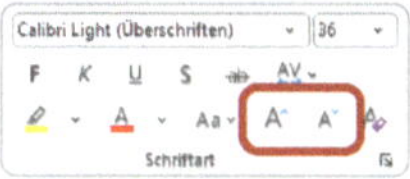


- **Schriftfarbe**: Ein Klick auf das Symbol *Schriftfarbe* formatiert den Text in der angezeigten Farbe, z. B. rot. Klicken Sie dagegen auf den Dropdown-Pfeil des Symbols, so erhalten Sie alle Farben und Farbabstufungen des aktuellen Designs zur Auswahl. Die übrigen Farben erscheinen mit Klick auf *Weitere Farben...*.

**Tipp:** Mit dem Befehl *Pipette* können Sie per Mausklick eine beliebige Farbe aus der Folie oder einem Bild aufnehmen und als Schriftfarbe verwenden.

### Text hervorheben

Vielleicht kennen Sie in Microsoft Word die Möglichkeit, bestimmte Textstellen farbig hervorzuheben, vergleichbar einem Textmarker. Dies wird seit der Version 2019 auch von PowerPoint unterstützt. Hervorheben ist auf zwei Arten möglich:

- **Markierten Text hervorheben**: Um nur eine bestimmte, einzelne Textstelle hervorzuheben, markieren Sie diese Stelle, klicken im Menüband, Register *Start* ▶ *Schriftart* oder in der Minisymbolleiste auf den Pfeil des Symbols *Texthervorhebungsfarbe* ❶ und wählen eine Farbe. Der Schalter *Nur hoher Kontrast* zeigt nur die Hervorhebungsfarben, die einen guten Kontrast zum markierten Text bieten, bei denen dieser Text also noch gut zu lesen ist.
- **Nacheinander mehrere Textstellen hervorheben**: Falls Sie gleich mehrere Textstellen nacheinander hervorheben möchten, so klicken Sie ohne vorheriges Markieren von Text auf die gewünschte Hervorhebungsfarbe. Dadurch wird der Hervorhebungsmodus aktiviert: Der Mauszeiger wird zu einem Textmarker und Sie brauchen anschließend zum Hervorheben nur die betreffenden Stellen markieren.

  Mit der **Esc**-Taste (oder Symbol *Texthervorhebungsfarbe* und *Hervorheben beenden*) beenden Sie den Modus wieder.

*Bild 5.30 Text hervorheben*

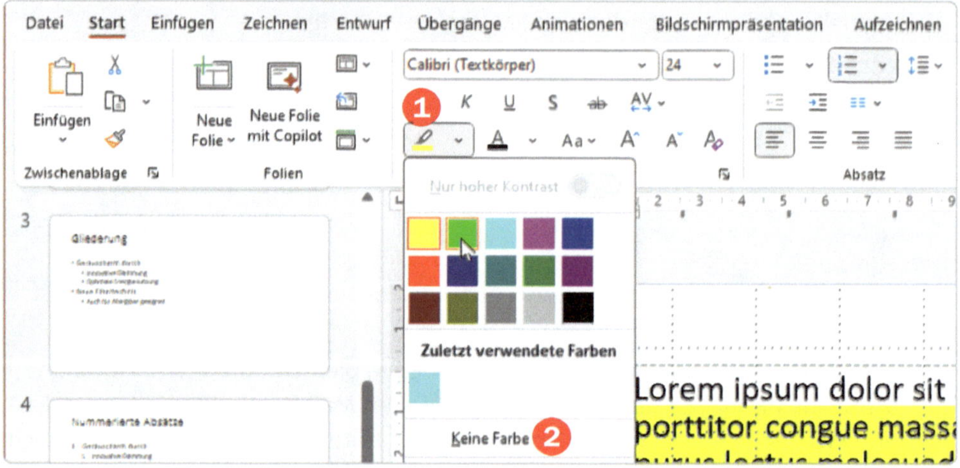


Alternativ können Sie Text auch per Freihandeingabe hervorheben, Details hierzu lesen Sie auf Seite 191.

### Hervorhebung entfernen

Dazu markieren Sie die betreffende Textstelle, klicken erneut auf den Dropdown-Pfeil *Texthervorhebungsfarbe* und wählen *Keine Farbe* ❷. **Tipp**: Um schnell alle Hervorhebungen aus dem gesamten Textfeld zu entfernen, markieren Sie zuvor mit Klick auf den Rahmen das gesamte Textfeld und wählen dann *Keine Farbe*.

### Weitere Schriftformate

Die Schriftattribute Fett, Kursiv und Unterstrichen finden Sie ebenfalls in der Gruppe *Schriftart* sowie in der Minisymbolleiste. Die weiteren Schriftformate:

| Symbol | Format |
|---|---|
| ab | Textschatten, versieht markierten Text mit einem Schatten. |
| ab | Markierten Text durchstreichen. |
| AV ⌄ | Zeichenabstand ändern. Zusätzliche Möglichkeiten erhalten Sie über *Weitere Abstände...* |
| Aa ⌄ | Erlaubt verschiedene Einstellungen zu Groß-/Kleinschreibung oder wandelt Text in Groß- oder Kleinbuchstaben um. |

Eine Zusammenstellung aller Schriftformate finden Sie im Dialogfenster *Schriftart* (Bild 5.31), welches Sie mit einem Mausklick auf den Pfeil ⧉ der Gruppe *Schriftart* öffnen. Hier finden Sie auch einige, nicht im Menüband enthaltene Formatierungen, z. B. *Kapitälchen*, verschiedene Unterstreichungsvarianten und -farben sowie *Hoch-* oder *Tiefgestellt*.

### Formatierungen entfernen

Das Symbol *Alle Formatierungen löschen* (Register *Start* ▶ *Schriftart*) entfernt alle oben beschriebenen und nachträglich vorgenommenen Formatänderungen (Zeichenformate) vom markierten Text oder Textfeld und stellt das ursprüngliche Aussehen entsprechend dem verwendeten Design wieder her.

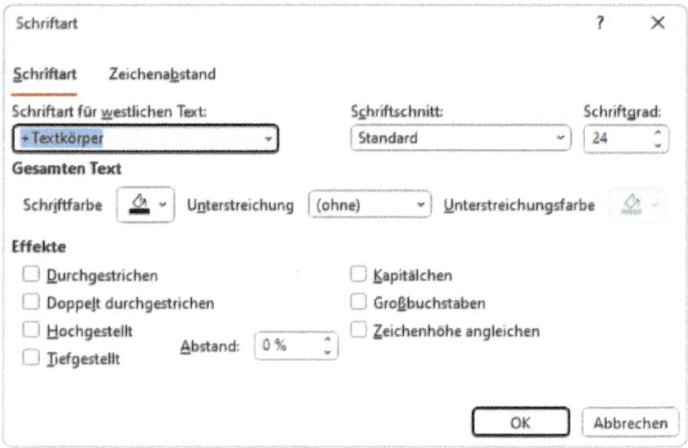


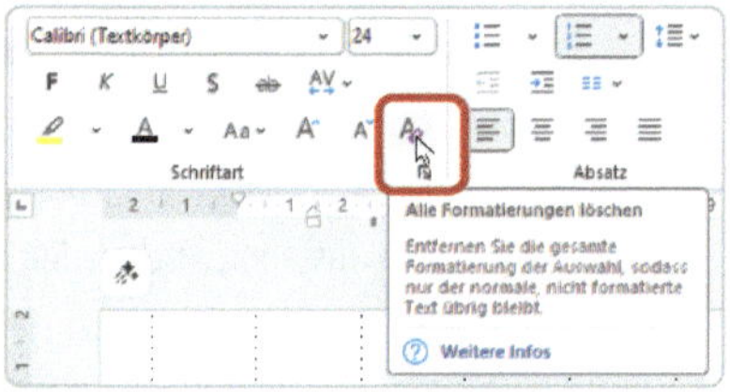


*Bild 5.31 Das Fenster Schriftart*

*Bild 5.32 Alle Formatierungen löschen*

## Absatzausrichtung, Zeilen- und Absatzabstände

Die wichtigsten Absatzformate dürften den meisten Anwendern ebenfalls bekannt sein. Diese Formate finden Sie im Register *Start*, Gruppe *Absatz*.

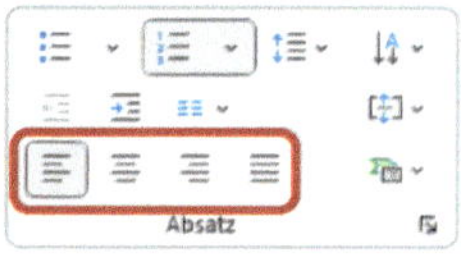


- **Absatzausrichtung:** Die Symbole *linksbündig*, *zentriert*, *rechtsbündig* und *Blocksatz* steuern die horizontale Ausrichtung eines Absatzes innerhalb des Textfeldes.

- **Zeilenabstand:** Die Abstände zwischen den Zeilen eines Absatzes ändern Sie mit dem Symbol *Zeilenabstand* (Bild 5.33) im Menüband oder in der Minisymbolleiste. Beim Klick darauf erscheinen verschiedene Auswahloptionen und Sie sehen im Textfeld bzw. markierten Absatz eine Vorschau, sobald Sie auf einen Abstandswert zeigen.

- **Zeilenabstand manuell festlegen, Absatzabstand**: Weitergehende Möglichkeiten erhalten Sie, wenn Sie hier auf *Zeilenabstandsoptionen...* oder auf das Pfeilsymbol ⧉ der Gruppe *Absatz* klicken.

  In beiden Fällen öffnet sich das Dialogfenster *Absatz* (Bild 5.34). Hier können Sie sowohl den Abstand der Zeilen innerhalb eines Absatzes ❶, als auch die Abstände ober- und unterhalb von Absätzen genau definieren. Dazu benutzen Sie unter *Abstand* die Felder *Vor* bzw. *Nach* ❷.

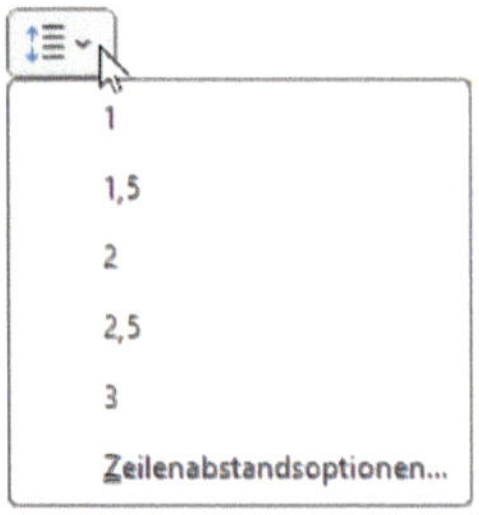


*Bild 5.33 Symbol Zeilenabstand*

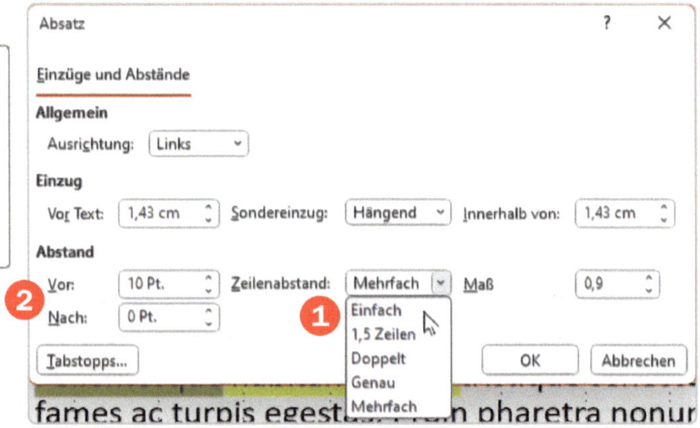


*Bild 5.34 Abstand zwischen markierten Absätzen im Fenster Absatz ändern*

**Verwechseln Sie den Zeilenabstand nicht mit dem Abstand zwischen Absätzen**

Das Symbol *Zeilenabstand* regelt nur den Abstand der Zeilen innerhalb des Absatzes. Da in Bildschirmpräsentationen jedoch häufig einzeilige Absätze in Form kurzer Aufzählungen eingesetzt werden, müssen Sie für größere Abstände den Abstand zwischen den Absätzen im Dialogfenster *Absatz* vergrößern.

## Aufzählungszeichen und Nummerierungen anpassen

Kurze prägnante Aussagen lassen sich visuell schneller erfassen, wenn sie mit Aufzählungszeichen versehen sind. Daher erhalten bei fast allen Vorlagen und Designs die Absätze im Inhaltsplatzhalter bereits während der Eingabe automatisch ein Aufzählungszeichen. Dessen Aussehen und Farbe sind abhängig vom Design und der Farbvariante.

### Aufzählungszeichen ändern

Aufzählungen und Nummerierungen gehören zu den Absatzformaten. Daher finden Sie auch die entsprechenden Symbole ebenfalls im Register *Start*, Gruppe *Absatz* des Menübands. Zum Ändern des Aufzählungszeichens markieren Sie die betreffenden Absätze oder das gesamte Textfeld und klicken auf den Dropdown-Pfeil der Schaltfläche *Aufzählungszeichen*. Die hier angebotenen Zeichen sind vom Design abhängig und Sie erhalten in der aktuellen Folie eine Vorschau, sobald Sie auf eine Variante zeigen (Bild 5.35). Erst mit einem Mausklick übernehmen Sie das ausgewählte Zeichen.

Um von den markierten Absätzen das Aufzählungszeichen zu entfernen, genügt ein Mausklick direkt auf das Symbol *Aufzählungszeichen* (Aufzählung deaktivieren) oder wählen Sie über den Dropdown-Pfeil *Kein(e)*.

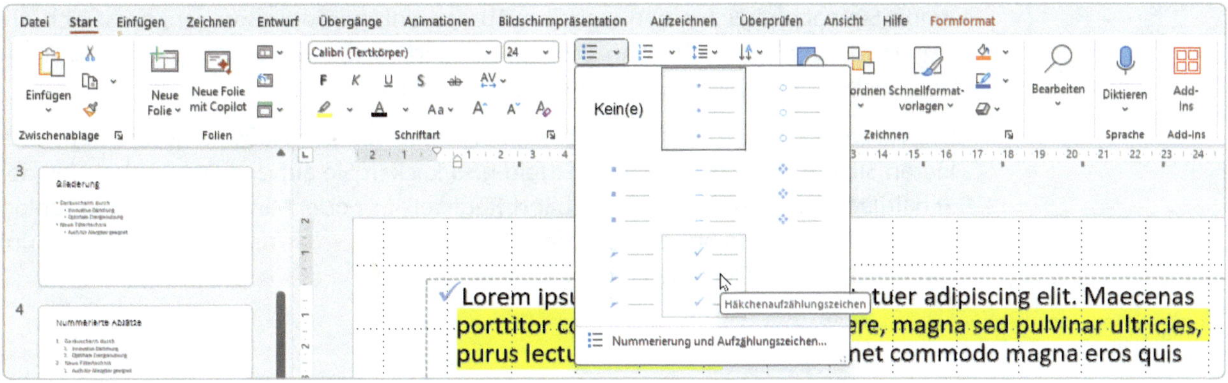


Bild 5.35 Aufzählungszeichen wählen

Weitergehende Gestaltungsmöglichkeiten erhalten Sie im Fenster *Nummerierung und Aufzählungszeichen* (Bild unten), das Sie über das Symbol *Aufzählungszeichen* und den Befehl *Nummerierung und Aufzählungszeichen...* öffnen.

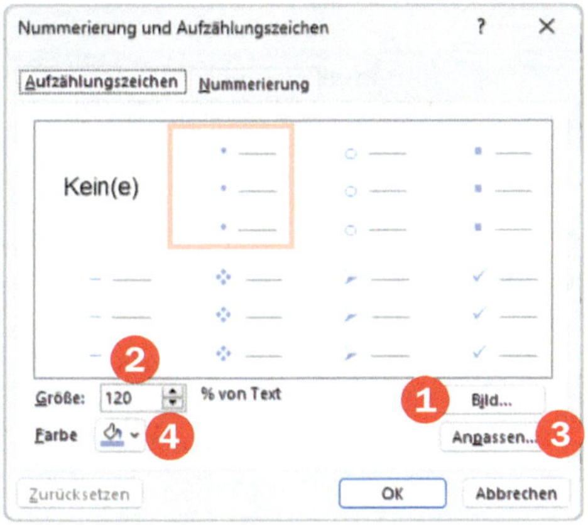


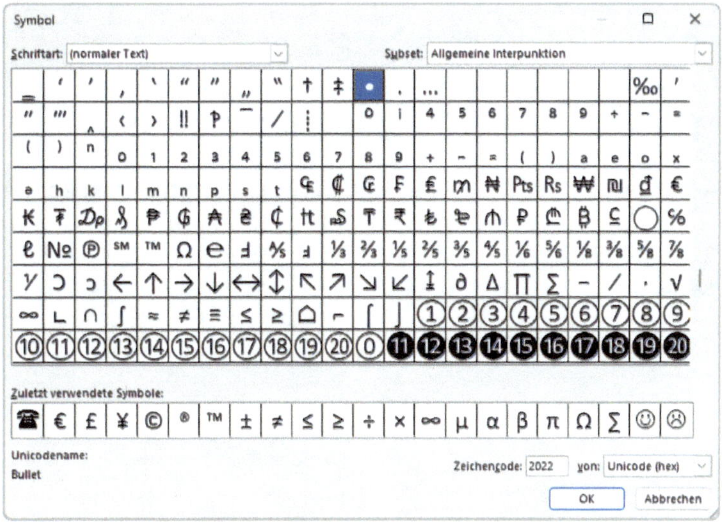


Bild 5.36 Aufzählungszeichen anpassen

Bild 5.37 Symbol auswählen

- Die Schaltfläche *Bild...* ❶ erlaubt es, ein Bild von der Festplatte Ihres Computers, ein Piktogramm, oder aus Onlinequellen auszuwählen und als Aufzählungszeichen zu verwenden. Auf diese Weise lässt sich etwa ein geeignetes Logo als Aufzählungszeichen einsetzen. Die Größe der Grafik in Relation zur Textgröße kann über die Pfeile des Feldes *Größe* ❷ angepasst werden.
- Wenn Sie ein Symbol aus einer Symbolschriftart, beispielsweise Wingdings, verwenden möchten, dann klicken Sie auf die Schaltfläche *Anpassen...* ❸ und wählen die Schriftart und anschließend das gewünschte Zeichen (Bild 5.37). In diesem Fall können Sie zusätzlich zur Größe auch die Farbe des Symbols ❹ wählen.

### Absätze nummerieren

Als Alternative zu den Aufzählungszeichen können Absätze auch automatisch fortlaufend nummeriert werden. Der Vorteil gegenüber der manuellen Zahleneingabe: Wenn Sie nachträglich einen weiteren Absatz einfügen oder löschen, passt sich die Nummerierung automatisch an. Dies funktioniert auch, wenn Sie beispielsweise durch Verschieben die Reihenfolge der Absätze umstellen.

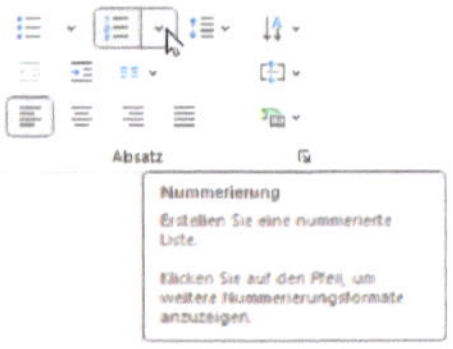


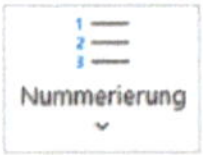


*Bild 5.38 Nummerierung*

Die Vorgehensweise unterscheidet sich nur wenig von den Aufzählungszeichen: Markieren Sie die Absätze oder das Textfeld und klicken Sie auf den Dropdown-Pfeil der Schaltfläche *Nummerierung* (Menüband, Register *Start* oder Minisymbolleiste). Wählen Sie eine der Vorlagen oder klicken Sie auf *Aufzählungszeichen und Nummerierung...*, um das gleichnamige Dialogfenster mit dem Register *Nummerierung* zu öffnen.

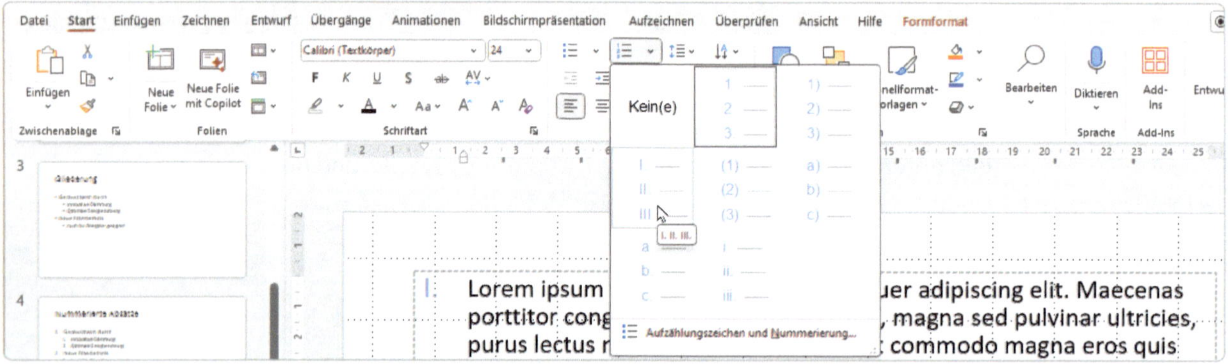


Wie bei den Aufzählungszeichen können Sie auch hier über den Befehl *Aufzählungszeichen und Nummerierung...* Größe und Farbe der Nummerierung ändern.

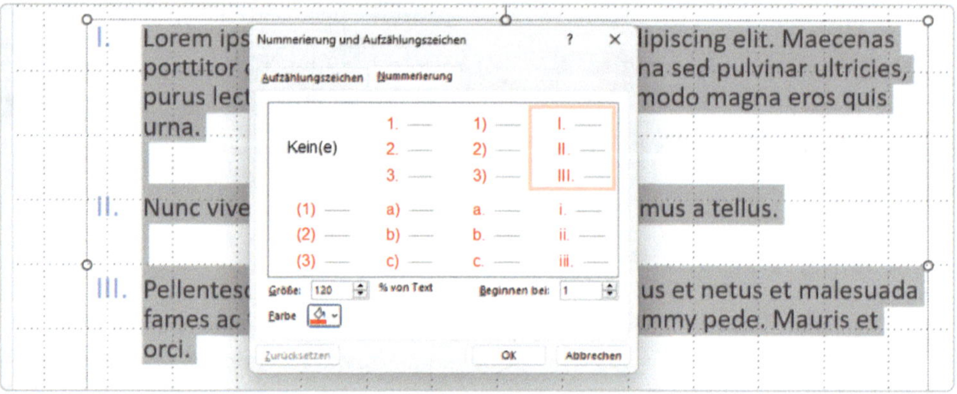


*Bild 5.39 Nummerierung bearbeiten*

## Einrückungen und Gliederungen

Einrückungen und somit Gliederungen sind in Bildschirmpräsentationen ebenfalls wichtige Gestaltungselemente, siehe Bild 5.40. Hierbei gilt:

- Untergeordnete Ebenen werden eingerückt und erhalten je nach Design ein anderes oder kleineres Aufzählungszeichen sowie eine kleinere Schrift.
- PowerPoint unterstützt maximal fünf Gliederungsebenen. Jede davon verfügt über eine eigene Formatierung. Diese kann im Folienmaster festgelegt und geändert werden (siehe Punkt 5.4 auf Seite 144).

#### Höher/ tiefer stufen

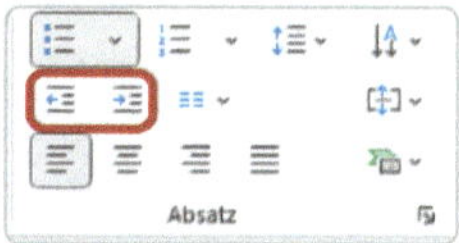


Mit den beiden Symbolen *Listenebene verringern* und *Listenebene erhöhen* im Register *Start* ▶ *Absatz* stufen Sie den aktuellen Absatz um jeweils eine Ebene höher oder tiefer. Alternativ können Sie während der Eingabe und später einzelne Absätze auch mit Tasten ein- und wieder ausrücken, vorausgesetzt der Cursor befindet sich am Beginn des neuen Absatzes bzw. links vom ersten Zeichen des Absatzes.

- **Listenebene verringern** (Symbol mit Pfeil nach links): Absatz eine Ebene höher stufen und damit nach links rücken bzw. Einzug verkleinern.
  Taste: **Umschalt+Tab**-Taste
- **Listenebene erhöhen** (Symbol mit Pfeil nach rechts): Absatz eine Ebene tiefer stufen und damit nach rechts einrücken bzw. Einzug vergrößern.
  Taste: **Tab**-Taste

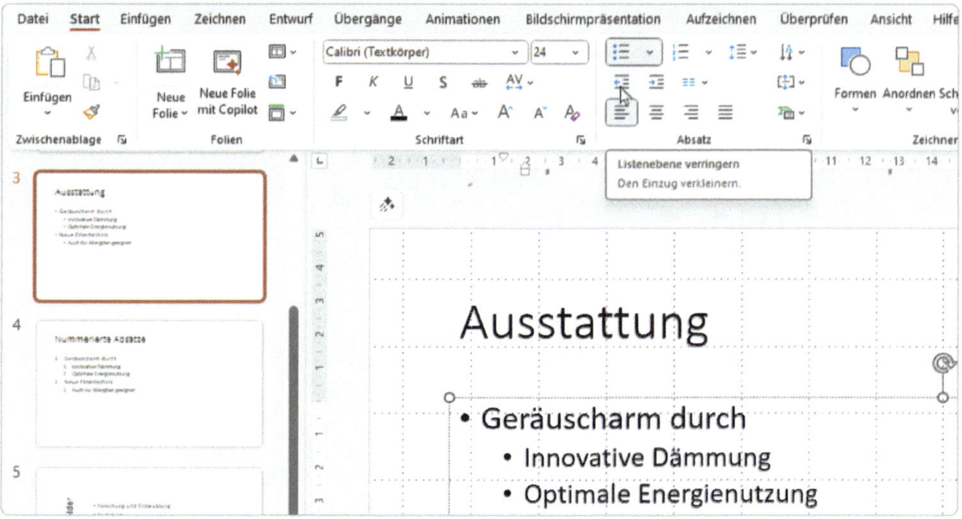


*Bild 5.40 Beispiel Gliederung*

Wenn die Absätze mit Aufzählungszeichen versehen sind, erhalten sie beim höher bzw. tiefer stufen automatisch das Zeichen dieser Ebene. Im Fall einer automatischen Nummerierung beginnt jede untergeordnete Ebene wieder mit 1.

## Text im Textfeld ausrichten

Neben der horizontalen Ausrichtung einzelner Absätze können Sie in PowerPoint auch die Ausrichtung des gesamten Inhalts eines Textfeldes steuern. Die Symbole dazu finden Sie ebenfalls im Menüband, Register *Start* ▶ *Absatz*. **Achtung**: Die folgenden Formate beziehen sich automatisch auf das gesamte Textfeld. Es genügt daher, wenn sich der Cursor innerhalb des Feldes befindet oder das Textfeld markiert ist.

### Mehrspaltiger Text

Mit dem Symbol *Spalten hinzufügen oder entfernen* haben Sie die Möglichkeit, Text in zwei oder mehr Spalten innerhalb des Textfeldes anzuordnen. Der Spaltenwechsel erfolgt automatisch, sobald das Ende der ersten Spalte erreicht ist.

### Vertikale Ausrichtung im Textfeld

In den Platzhaltern der vorgegebenen Layouts wird Text meist oben ausgerichtet, dies ist jedoch im Einzelfall abhängig vom Design. Mit dem Symbol *Text ausrichten* ändern Sie die vertikale Textausrichtung innerhalb des Platzhalters bzw. Textfeldes.

*Bild 5.41 Vertikale Ausrichtung*

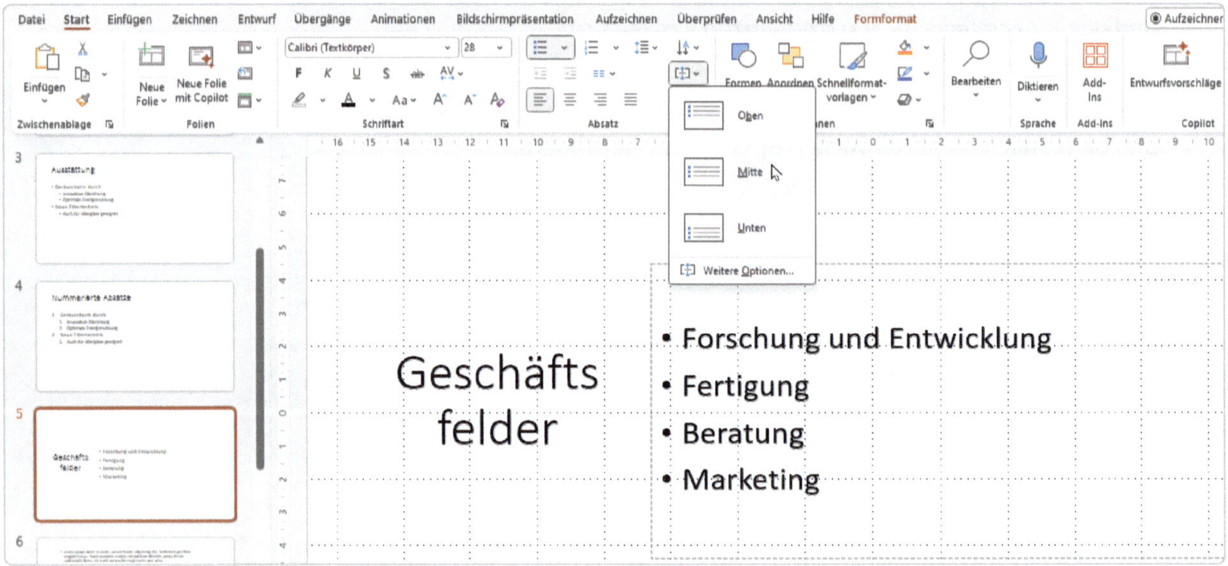


### Ränder anpassen

Falls Sie im markierten Textfeld den Abstand zum linken und rechten bzw. oberen und unteren Rand ändern möchten, etwa wenn das Textfeld mit einem Rahmen und/oder einer Füllfarbe versehen wurde, dann klicken Sie auf *Text ausrichten* und auf *Weitere Optionen...* (s. Bild oben). Damit öffnet sich am rechten Rand des PowerPoint-Fensters der Aufgabenbereich *Form formatieren*, und Sie können hier nicht nur die Ränder links, rechts, oben und unten angeben ❶, sondern auch den Textumbruch ❷ und die automatische Größenanpassung ❸ steuern (Bild 5.42).

So passen sich z. B. manuell eingefügte Textfelder automatisch an den Inhalt an und werden in der Standardeinstellung entsprechend vergrößert oder verkleinert. Mit der Option *Größe nicht automatisch anpassen* können Sie dies unterbinden.

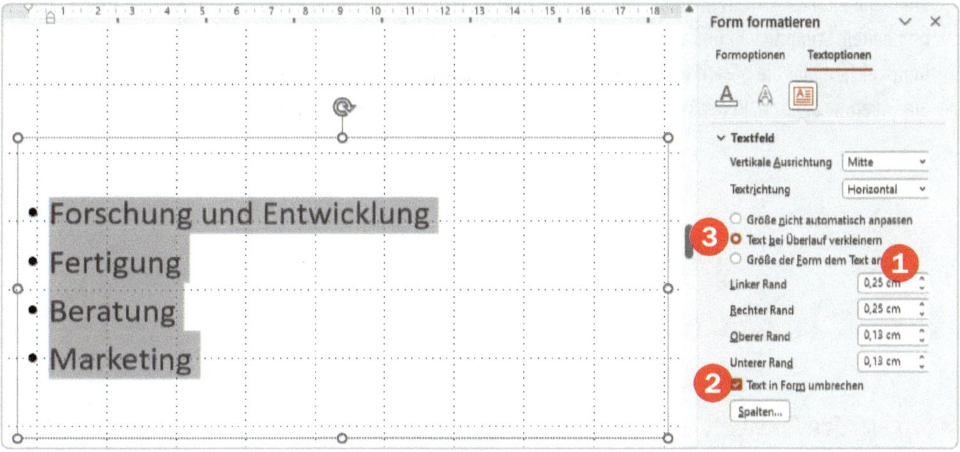


*Bild 5.42 Der Aufgabenbereich Form formatieren: Ränder festlegen*

### Textrichtung ändern

Mit dem Symbol *Textrichtung* ❶ drehen oder stapeln Sie den Inhalt eines Textfeldes. Beim Zeigen sehen Sie am aktuellen Textfeld eine Vorschau und erhalten so eine bessere Vorstellung. Das Textfeld selbst behält dabei seine ursprüngliche Größe. Um z. B. wie im Bild unten, den Folientitel links und vertikal anzuordnen, wählen Sie *Text um 270° drehen* ❷ und damit dieser zusätzlich noch vertikal zentriert ausgerichtet wird, klicken Sie auf das Symbol *Zentrieren* (Absatz) ❸. Der Befehl *Weitere Optionen...* öffnet wieder den Aufgabenbereich *Form formatieren* für detaillierte Einstellungen (siehe Bild 5.42 oben).

*Bild 5.43 Text drehen*

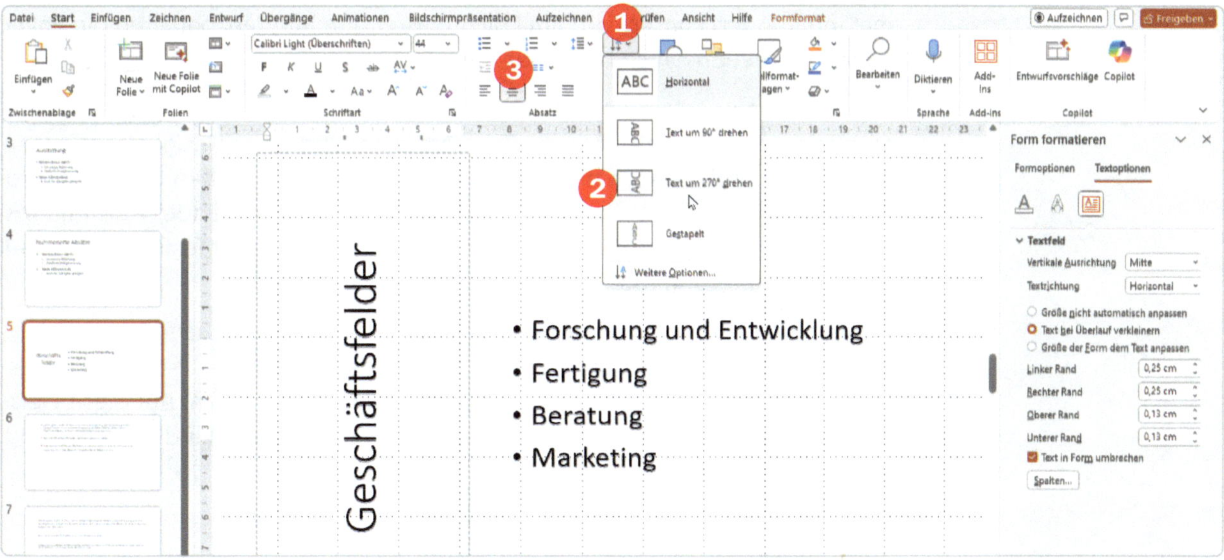

**Hinweis**: Sie haben in Punkt 5.2 und 5.3 dieses Kapitels die grundlegenden Möglichkeiten der Layoutgestaltung und Textformatierung mit PowerPoint kennengelernt. Allerdings sollten Sie nur in Ausnahmefällen, z. B. wenn Sie ein Poster bestehend aus einer einzigen Folie erstellen, Text oder Folienelemente direkt in der Folie bearbeiten. Wenn sich in umfangreichen Bildschirmpräsentationen Formate, wie etwa ein bestimmtes Aufzählungszeichen, auf die gesamte Präsentation auswirken sollen, dann nehmen Sie derartige Änderungen besser am Folienmaster bzw. in der Masteransicht vor. Die Vorgehensweise lesen Sie im nächsten Punkt.

## 5.4 Präsentation mit dem Folienmaster gestalten

### Wozu werden Masterformate und Masterfolien eingesetzt?

Als Master bezeichnet PowerPoint Vorlagen für Folien und Layouts einer Präsentation. Sie steuern das Aussehen von Schrift und Absätzen sowie das Aussehen der Platzhalter und hier vorgenommene Änderungen wirken sich auf die gesamte aktuelle Präsentation aus.

**Die Vorteile auf einen Blick**

- Alle Änderungen am Folienmaster wirken sich automatisch auf das Aussehen aller Folien der gesamten Präsentation aus. Dies betrifft sowohl bereits erstellte Folien als auch solche, die erst später hinzugefügt werden. Änderungen in einzelnen Folien dagegen, die Sie in der Ansicht *Normal* vorgenommen haben, wie beispielsweise Unterstreichungen, werden beibehalten. Wenn Sie also alle Formatänderungen konsequent am Folienmaster durchführen, behalten die Folien Ihrer Präsentation ein einheitliches Aussehen.
- Mit den Folienmastern bzw. der Ansicht *Folienmaster* erhalten Sie Gestaltungsmöglichkeiten, die weit über die Zusammenstellung eines Designs aus Farben, Schriftarten und Effekten hinausgehen (siehe Kapitel 4). Neben der Schriftgröße und -farbe können Sie beispielsweise auch Absatzabstände, Aufzählungszeichen, Textausrichtung sowie das Aussehen der Platzhalter festlegen oder auf allen oder nur bestimmten Folien ein Firmenlogo einfügen.
- In der Ansicht *Folienmaster* können Sie jede Präsentation bearbeiten und ändern, egal ob Sie mit einer leeren Präsentation bzw. dem Design *Office* beginnen oder ob Sie ein vorgefertigtes Design bzw. eine Vorlage verwenden. Auf diese Weise lässt sich etwa eine Vorlage mit wenigen Änderungen zu einer individuellen Bildschirmpräsentation abwandeln.

## So arbeiten Sie in der Ansicht Folienmaster

Die Bearbeitung der Folienmaster erfolgt in einer gesonderten Ansicht, der Ansicht *Folienmaster*. Dazu klicken Sie im Menüband, Register *Ansicht* ▶ *Masteransichten* auf *Folienmaster*. In dieser Ansicht ist im Menüband das zusätzliche Register *Folienmaster* verfügbar. Hier finden Sie auch die Schaltfläche *Masteransicht schließen*, mit der Sie die Bearbeitung beenden und zur Ansicht *Normal* zurückkehren.

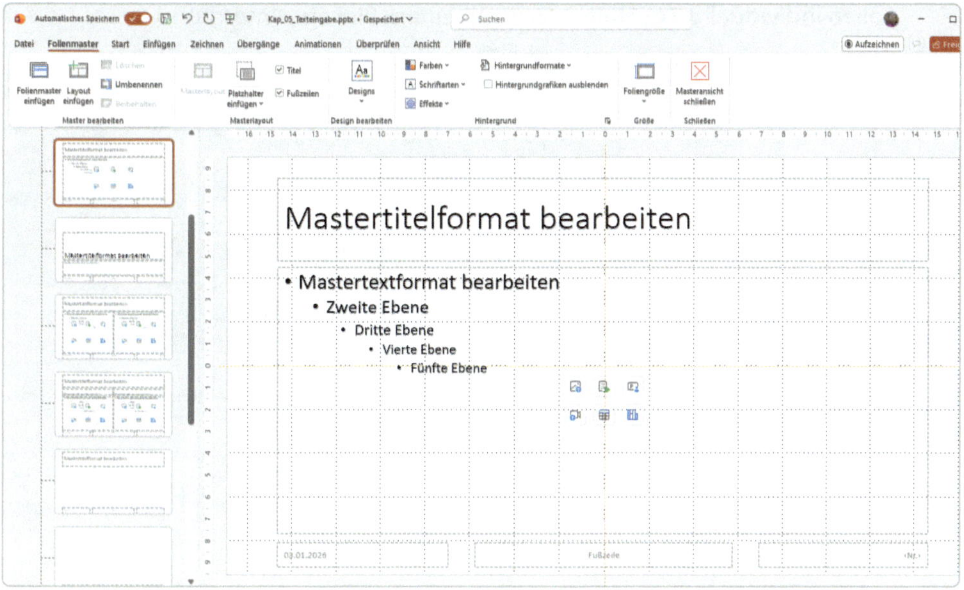


*Bild 5.44 Die Ansicht Folienmaster*

**Die Ansicht Folienmaster dient zur Gestaltung der Folien und nicht zur Texteingabe**

Beachten Sie, dass die Ansicht *Folienmaster* ausschließlich zur Gestaltung von Folien und Folienlayouts dient und nicht zur Texteingabe. Aus diesem Grund enthalten die Platzhalter auch Hinweise wie *Mastertextformat bearbeiten*. Etwaiger Text, den Sie in dieser Ansicht in die Platzhalter eingeben, erscheint also später nicht in der Präsentation. Ausnahmen sind zusätzliche Textfelder, z. B. mit dem Namen der Firma, oder Logos, die Sie in der Ansicht *Folienmaster* ebenfalls einfügen können.

Im Gegensatz zur Normalansicht zeigt in der Ansicht *Folienmaster* der linke Navigationsbereich statt der einzelnen Präsentationsfolien Vorlagen für die verschiedenen Folienlayouts an. Diese werden auch als Masterlayouts bezeichnet. Beachten Sie bei deren Bearbeitung:

- **Folienmaster bearbeiten**
  Die erste, etwas größere Folie im Navigationsbereich ist der Folienmaster ❶. Dieser steuert das Aussehen der gesamten Präsentation. Wenn Sie am Folienmaster eine Formatierung ändern, z. B. die Schriftgröße, dann wirkt sich dies auf alle Folien aus. Die Zahl 1 daneben bedeutet, dass es sich um den ersten Folienmaster der Präsentation handelt, da PowerPoint seit der Version 2016 auch mehrere Folienmaster verwalten kann. Näheres hierzu auf den folgenden Seiten.

- **Masterlayouts gestalten**
  Unterhalb des Folienmasters, eingerückt und etwas kleiner, sehen Sie einen Satz verschiedener Masterlayouts. Diese basieren auf dem Folienmaster und steuern darüber hinaus das Aussehen der Layouts, die beim Einfügen einer Folie angeboten werden, z. B. Titelfolie oder *Zwei Inhalte* ❷. Änderungen an einem Masterlayout haben nur Auswirkungen auf Folien, die auf diesem Layout basieren. Dadurch ist es beispielsweise möglich, Titelfolien abweichend von den übrigen Folien individuell zu gestalten, z. B. mit einem Bild als Hintergrund.

*Bild 5.45 Folienmaster und Masterlayouts*

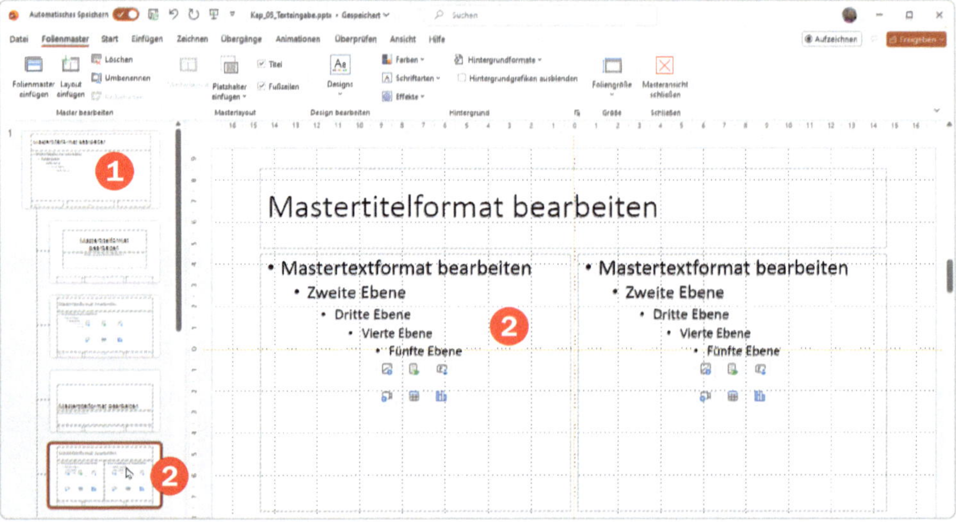


## Grundlegende Designelemente zusammenstellen

Auch bei der Präsentationsgestaltung in der Ansicht *Folienmaster* beginnen Sie zunächst mit der Auswahl der grundlegenden Farben und Schriftarten sowie des Folienhintergrunds. Falls dies nicht bereits im Register *Entwurf* geschehen ist (s. Kapitel 4), können Sie dazu auch im Register *Folienmaster* des Menübands die Symbole *Designs*, *Farben*, *Schriftarten*, *Effekte* und *Hintergrundformate* verwenden. Die angebotenen Möglichkeiten sind dieselben wie im Register *Entwurf* und wurden in Kapitel 4 dieses Buches bereits ausführlich beschrieben.

*Bild 5.46 Das Register Folienmaster*

Wenn Sie also, wie im folgenden Beispiel, eine leere Präsentation als Ausgangsbasis gewählt haben, dann kontrollieren und ändern Sie ggf. zunächst das Seitenverhältnis der Folien bzw. die Foliengröße. Legen Sie außerdem die Farben, Schriftarten und eventuell noch die Effekte für grafische Elemente fest. Für dieses Beispiel wurden die Designfarben *Galathea* gewählt und die Farbe *Text/Hintergrund - hell2* etwas abgewandelt.

## Folienhintergrund der gesamten Präsentation festlegen

Befassen wir uns zunächst mit dem Folienhintergrund der gesamten Präsentation. Dazu klicken Sie im Navigationsbereich auf die erste Folie, den Folienmaster und wählen dann über *Folienmaster* ▶ *Hintergrundformate* den gewünschten Hintergrund aus. Die angebotenen Farben sind abhängig von den gewählten Designfarben. Im Navigationsbereich sehen Sie, dass nun alle Folienlayouts dieselbe Hintergrundfarbe erhalten haben.

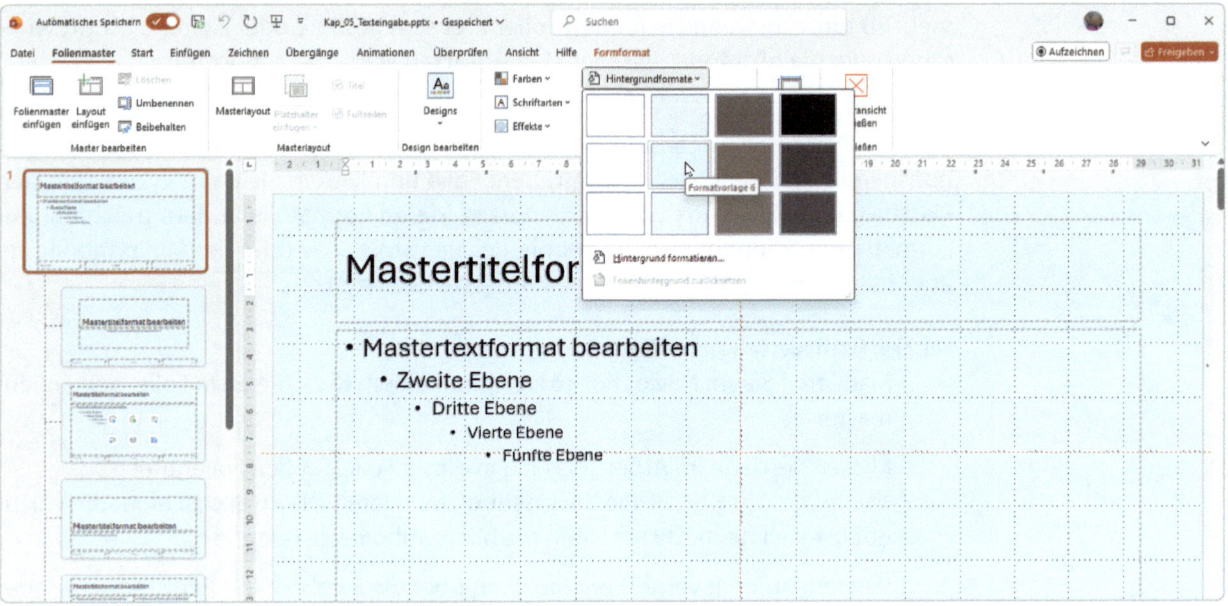


*Bild 5.47 Markieren Sie die erste Folie, den Folienmaster und wählen Sie ein Hintergrundformat*

## Abweichenden Hintergrund für ein bestimmtes Layout wählen

Falls Sie für einzelne Folienlayouts einen abweichenden Hintergrund benötigen, z. B. einfarbig weiß wie in Bild 5.48, dann erledigen Sie dies über das entsprechende Masterlayout. Klicken Sie dazu zuerst links auf das Masterlayout, das einen anderen Hintergrund erhalten soll, im Bild das Layout *Leer*, und wählen Sie dann den Hintergrund aus.

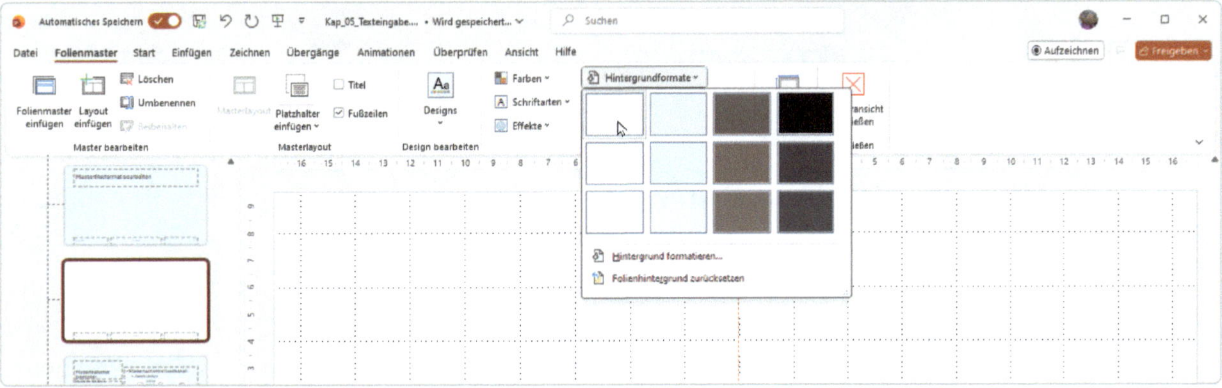


*Bild 5.48 Hintergrundformat: nur für ausgewähltes Masterlayout*

**Hinweis:** Falls Sie die Titelfolie mit einem Bild als Hintergrund gestalten möchten, finden Sie ein Beispiel dafür auf Seite 153.

## Textgestaltung anhand des Folienmasters

Wenn Sie mit einer leeren Präsentation begonnen und kein bestimmtes Design gewählt haben, dann basiert Ihre Präsentation auf dem Design *Office* mit den Schriftarten Calibri und Calibri Light (Überschriften). Wenn Sie andere Schriften verwenden möchten, dann wählen Sie diese über das Symbol *Schriftarten* aus oder stellen hier Ihre eigenen Schriften zusammen. Darüber hinaus gibt es beim Thema Schrift noch mehr zu tun, z. B. wenn Sie für den Folientitel eine größere oder kleinere Schrift wünschen oder die Abstände zwischen den Absätzen vergrößern möchten.

Am besten beginnen Sie mit den allgemeinen Schrift- und Absatzformaten für die gesamte Präsentation. Diese nehmen Sie am Folienmaster vor. Klicken Sie im Navigationsbereich auf die erste, etwas größere Folie und klicken Sie dann in dieser in den Platzhalter des Elements oder in die Ebene, deren Format Sie ändern möchten. Zur Formatierung können Sie die Symbole des Registers *Start* oder der Minisymbolleiste oder das Kontextmenü der rechten Maustaste benutzen.

**Beispiel: Schrift des Folientitels ändern**

1. Markieren Sie im Navigationsbereich mit einem Klick die erste Folie, den Folienmaster ❶.
2. Klicken Sie dann im Arbeitsbereich in dieser Folie auf den Folientitel ❷ (*Mastertitelformat bearbeiten*). Ein Klick genügt, Markieren wie im Bild ist eigentlich nicht nötig, es sei denn, Sie möchten die Minisymbolleiste benutzen.
3. Verkleinern oder vergrößern Sie dann über die Symbole des Registers *Start* oder der Minisymbolleiste ❸ die Schrift auf die gewünschte Größe. Schriftfarbe und sonstige Attribute können auf diese Weise ebenfalls angepasst werden.

*Bild 5.49 Schriftgröße aller Folientitel im Folienmaster ändern*

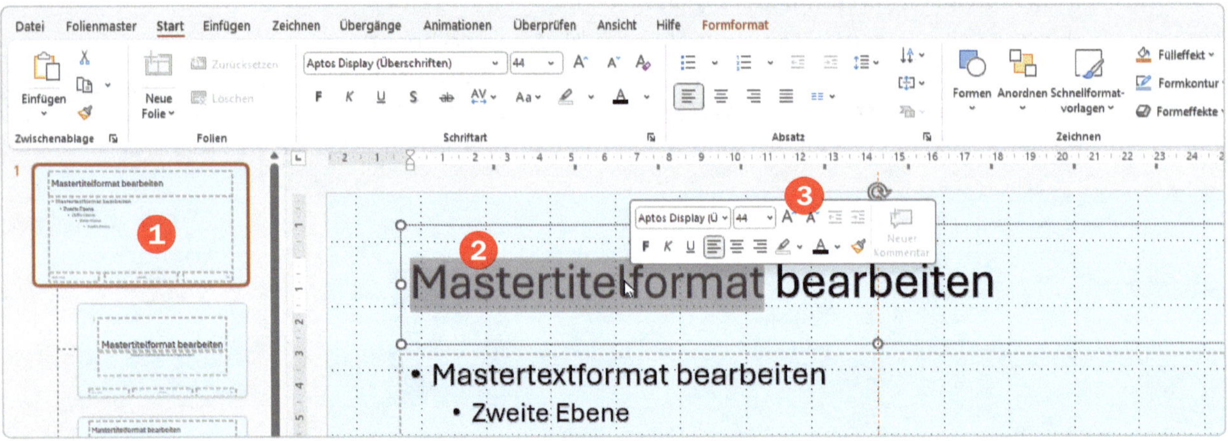


**Beispiel: Aufzählungszeichen anpassen**

Sie wollen für die erste Gliederungsebene ein anderes Aufzählungszeichen? So geht's:

1. Markieren Sie links den Folienmaster ❶ und klicken Sie dann im Platzhalter auf die erste Textebene ❷ (*Mastertextformat bearbeiten*).

2 Klicken Sie auf den Dropdown-Pfeil des Symbols *Aufzählungszeichen* ❸ (Register *Start* oder Minisymbolleiste) und wählen Sie *Nummerierung und Aufzählungszeichen...*

3 Um ein Zeichen auszuwählen, klicken Sie auf die Schaltfläche *Anpassen...* ❹, wählen eine geeignete Schriftart, z. B. Wingdings und das gewünschte Zeichen.

4 Wenn nichts anderes angegeben wird, erhält das Aufzählungszeichen die Schriftgröße des Absatzes (100 %). Eine kleinere Größe, z. B. 80 % geben Sie im Feld *Größe* ein ❺. Die Zeichenfarbe legen Sie unterhalb fest. Klicken Sie zuletzt auf *OK*.

*Bild 5.50 Aufzählungszeichen festlegen*

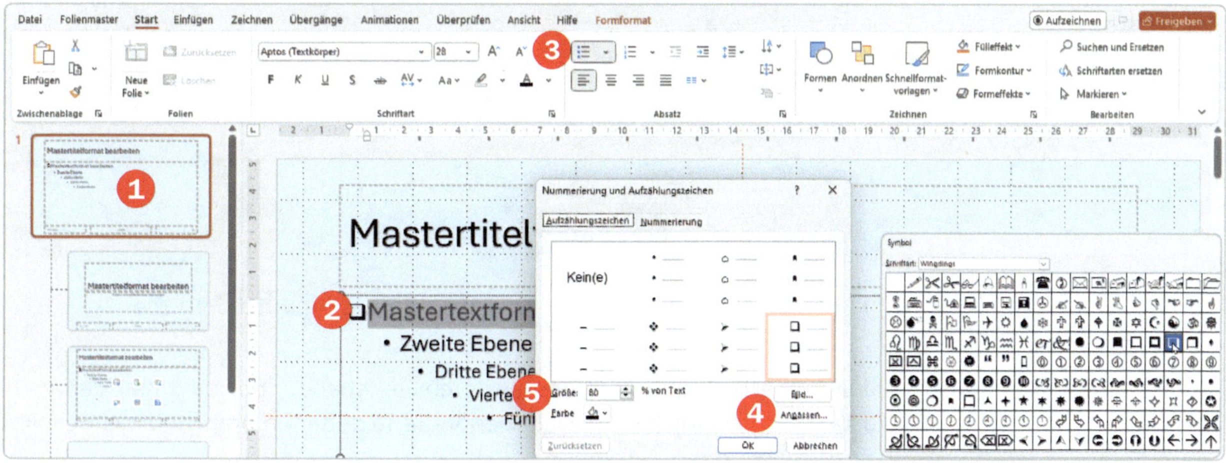


PowerPoint unterstützt bis zu fünf Textebenen. Falls Sie auch diesen ein anderes Aufzählungszeichen zuweisen möchten, verfahren Sie genauso. Dies gilt auch, wenn Sie statt der Aufzählungszeichen eine einheitliche automatische Nummerierung verwenden möchten. In diesem Fall klicken Sie auf das Symbol *Nummerierung*.

**Tipp:** Nicht jede Ebene benötigt ein eigenes Aufzählungszeichen. Eine einheitlichere Wirkung erzielen Sie, wenn Sie das Zeichen der darüber liegenden Ebene verkleinern und/oder eine hellere Farbe verwenden.

### Größere Abstände zwischen Absätzen

Für gute Präsentationen gilt die Regel: Weniger ist mehr! Fünf bis sechs Zeilen pro Folie sind genug, denn längerer Text lenkt die Zuschauer nur ab. Lassen Sie außerdem zur besseren Lesbarkeit Platz zwischen den Absätzen. Leider wird dies von vielen PowerPoint-Standardlayouts und -designs kaum berücksichtigt. Damit Sie bei der Eingabe nicht jedes Mal einen leeren Absatz dazwischen einfügen müssen, ändern Sie am besten im Folienmaster den Abstand vor oder nach jedem Absatz.

1 Markieren Sie in der Navigationsleiste den Folienmaster und klicken Sie hier auf die erste Textebene (siehe Aufzählungszeichen). Öffnen Sie dann das Fenster *Absatz*; entweder über das Register *Start* mit Klick auf das Pfeilsymbol ⧉ der Gruppe *Absatz* oder klicken Sie auf *Zeilenabstand* und auf *Zeilenabstandsoptionen....*

**Tipp**: Auch die Minisymbolleiste bietet manchmal das Symbol *Absatz* an, leider nicht immer.

**2** Im Fenster *Absatz* können Sie nun den Abstand vor und nach diesem Absatz ändern. Kalkulieren Sie dabei die folgenden Punkt ein:

- Falls Sie weitere Gliederungsebenen nutzen, sollte der Abstand zu einem eventuell nachfolgenden Absatz zweiter Ebene geringer sein als zwischen Absätzen der ersten Ebene. Sorgen Sie daher in erster Linie für einen größeren Abstand oberhalb bzw. *vor* einem Absatz der ersten Ebene.
- Der Zeilenabstand spielt dagegen bei den meist einzeiligen kurzen Stichworten und Aussagen einer Bildschirmpräsentation eine untergeordnete Rolle.

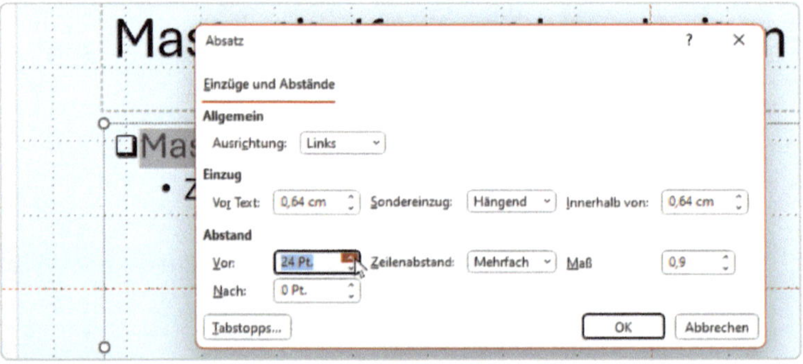


*Bild 5.51 Abstand zwischen Absätzen vergrößern*

**3** Genauso verfahren Sie mit den weiteren Textebenen, nur dass hier geringere Abstände erforderlich sind. Nicht benötigte Textebenen brauchen nicht explizit bearbeitet werden.

### Masterlayouts bearbeiten

Sollen dagegen nur einzelne Folienlayouts abweichende Textformate erhalten, z. B. die Titelfolien eine abweichende größere Schrift oder einen besonderen Schrifteffekt, dann müssen Sie zuvor im Navigationsbereich das entsprechende Masterlayout markieren, wie im Bild unten. Ihre Änderungen wirken sich dann ausschließlich auf Folien aus, die auf diesem Layout basieren, siehe auch Folienhintergrund.

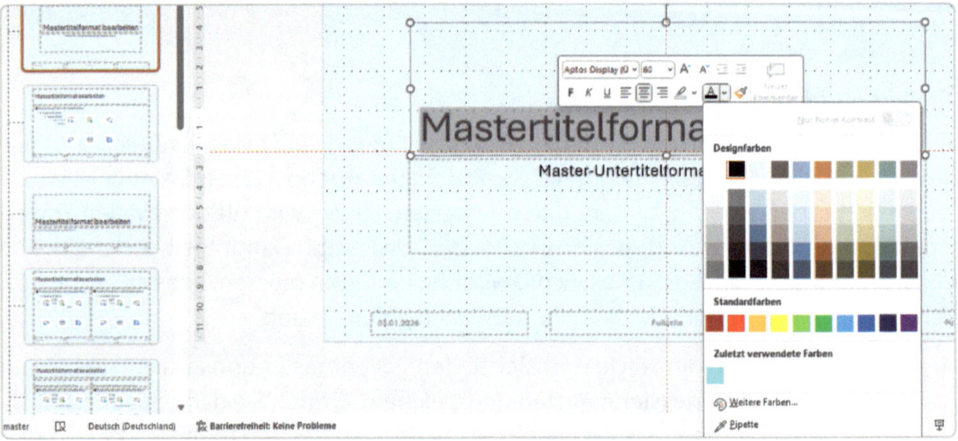


*Bild 5.52 Schriftfarbe des Masterlayouts Titelfolie ändern*

## 5.5 Masterlayouts individuell gestalten

Sind Ihnen die Standardlayouts zu langweilig oder wünschen Sie sich einen größeren Abstand zwischen Folientitel und Text? Oder möchten Sie ganz auf den Folientitel verzichten? Dann nutzen Sie die Ansicht *Folienmaster* und positionieren die Platzhalter der Masterlayouts nach Ihren Vorstellungen. Die Masterlayouts befinden sich im linken Navigationsbereich unterhalb des Folienmasters. Sie sind etwas kleiner und eingerückt. Hier vorgenommene Änderungen gelten ausschließlich für Folien, die auf dem jeweiligen Layout basieren.

### Platzhalter bearbeiten

Als Beispiel sollen beim Layout *Titel und Inhalt* Folientitel und der übrige Text durch einen größeren Abstand getrennt und zur besseren Lesbarkeit von links stärker eingerückt werden.

1. Markieren Sie daher im Navigationsbereich das Masterlayout *Titel und Inhalt*.
2. Zum Vergrößern oder Verkleinern markieren Sie den Platzhalter mit einem Mausklick und benutzen dann dessen Markierungspunkte: Hier verwandelt sich beim Zeigen der Mauszeiger in einen Doppelpfeil. Ziehen Sie dann mit gedrückter Maustaste in die gewünschte Richtung.
3. Zum Verschieben zeigen Sie mit der Maus an eine beliebige Stelle der Begrenzung des Platzhalters: Am Mauszeiger werden vier Richtungspfeile sichtbar und mit gedrückter linker Maustaste können Sie nun den Platzhalter verschieben.

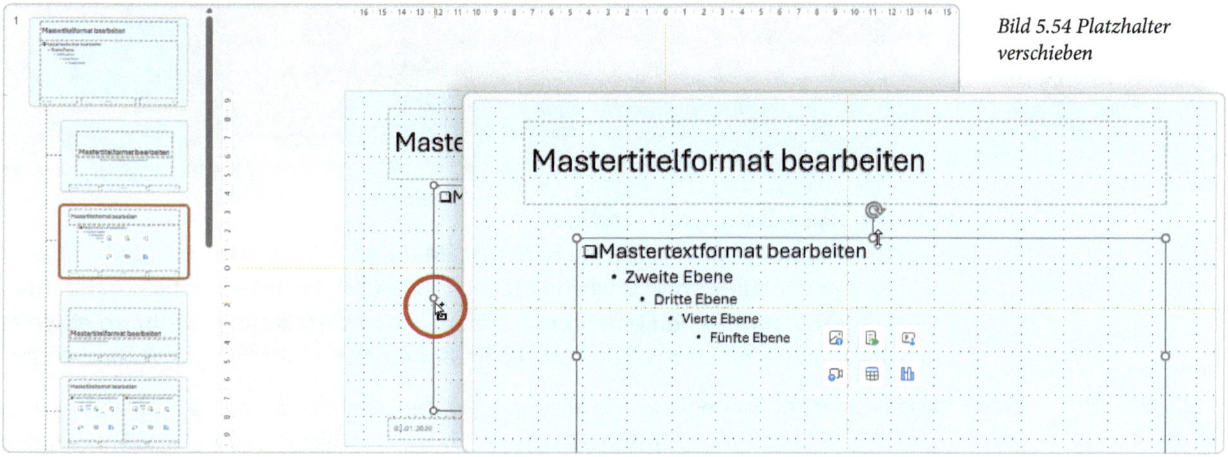


*Bild 5.53 Platzhaltergröße ändern*

*Bild 5.54 Platzhalter verschieben*

**Tipp:** Wenn sich bereits ein Element in der Folie befindet, dann erscheinen beim Verschieben, Vergrößern und Verkleinern Hilfslinien, die das exakte Ausrichten erleichtern, wie im Bild oben. Als weitere Hilfen können Sie im Register *Ansicht*, Gruppe *Anzeigen* in den Folien *Gitternetzlinien*, *Führungslinien* und ein *Lineal* einblenden.

Detaillierte Erläuterungen über den Umgang mit diesen Hilfsmitteln lesen Sie in Kapitel 6 dieses Buches.

**Weitere Platzhalter für Kopf- und Fußzeile**
Sämtliche Layouts enthalten in der Ansicht *Folienmaster* auch noch Platzhalter für Datum, Seitenzahlen und sonstige Inhalte. Diese Platzhalter können Sie ebenfalls in der Ansicht Folienmaster beliebig gestalten. Die Inhalte dagegen werden gesondert als Kopf- oder Fußzeile festgelegt. Näheres hierzu lesen Sie auf Seite 161.

## Platzhalter hinzufügen/löschen

Enthält ein Layout einen nicht benötigten Platzhalter, dann markieren Sie diesen mit einem Klick und entfernen ihn mit der **Entf**-Taste aus dem Masterlayout. Sollten Sie einen Platzhalter versehentlich gelöscht haben, so verwenden Sie zum Wiederherstellen eine der folgenden Methoden.

**Platzhalter im Folienmaster wieder anzeigen**
Wenn Sie aus dem Folienmaster ❶ einen der Standardplatzhalter, z. B. Folientitel entfernt haben, dann lässt sich dieser schnell wieder einfügen. Dazu klicken Sie im Menüband, Register *Folienmaster* ▶ *Masterlayout* auf *Masterlayout* ❷. Aktivieren Sie im gleichnamigen Fenster die entsprechenden Kontrollkästchen ❸, im Bild unten *Titel*, und klicken Sie auf *OK*.

*Bild 5.55 Folienmaster: Platzhalter aktivieren*

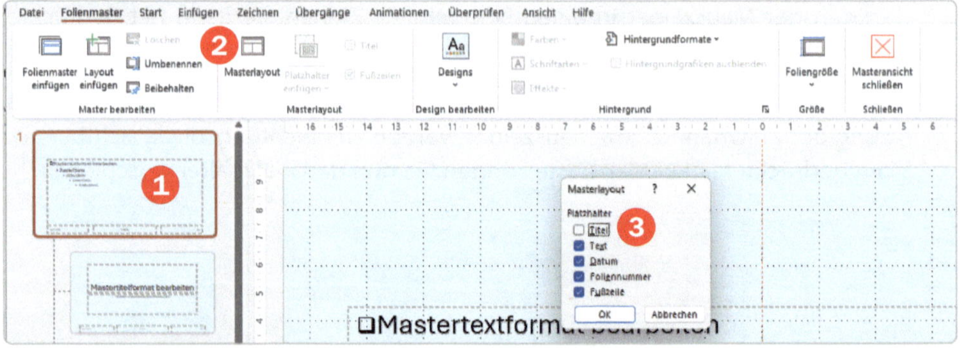


**Platzhalter einem Masterlayout hinzufügen**
In einem Masterlayout können Sie dagegen über Kontrollkästchen ❶ (Bild 5.56) nur die Anzeige von Titel und Fußzeilen steuern. Alle übrigen versehentlich gelöschten Platzhalter müssen Sie neu einfügen. Auf demselben Weg können Sie beispielsweise auch der Titelfolie einen zusätzlichen Platzhalter für Autor, Abteilung o. Ä. hinzufügen.

Klicken Sie dazu im Register *Folienmaster* auf den Pfeil des Symbols *Platzhalter einfügen* ❷ und auf den gewünschten Typ ❸, z. B. *Text*. Dieses Symbol wird nur in den einzelnen Layouts, nicht im übergeordneten Folienmaster angezeigt. Ziehen Sie danach in der Folie mit der Maus ein Platzhalterfeld in Form eines Rechtecks in der gewünschten Größe auf.

**Tipp:** Wenn der Platzhalter beliebige Inhalte, also Text, Bild oder Diagramm usw. wie im Layout *Titel und Inhalt* aufnehmen soll, dann wählen Sie den Typ *Inhalt*.

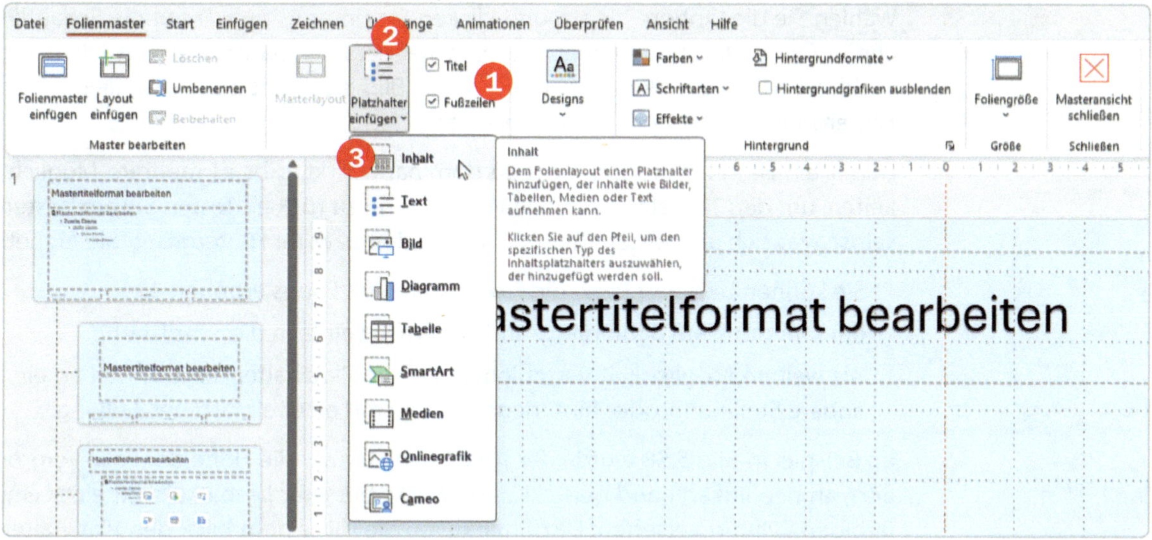


*Bild 5.56 Platzhalter einfügen*

## Beispiel Layout für Titelfolien

Als Beispiel sollen die Titelfolien der Präsentation ein individuelles Layout und abweichend vom Rest der Präsentation ein Bild als Hintergrund erhalten.

1 Wechseln Sie zur Ansicht *Folienmaster* und klicken Sie auf das Masterlayout *Titelfolie* ❶ (Bild 5.57).

2 Zuerst soll das Hintergrundbild ausgewählt werden: Dazu klicken Sie im Register *Folienmaster* auf *Hintergrundformate* ❷ und hier auf *Hintergrund formatieren…*.

*Bild 5.57 Titelfolie mit einem Bild als Hintergrund versehen*

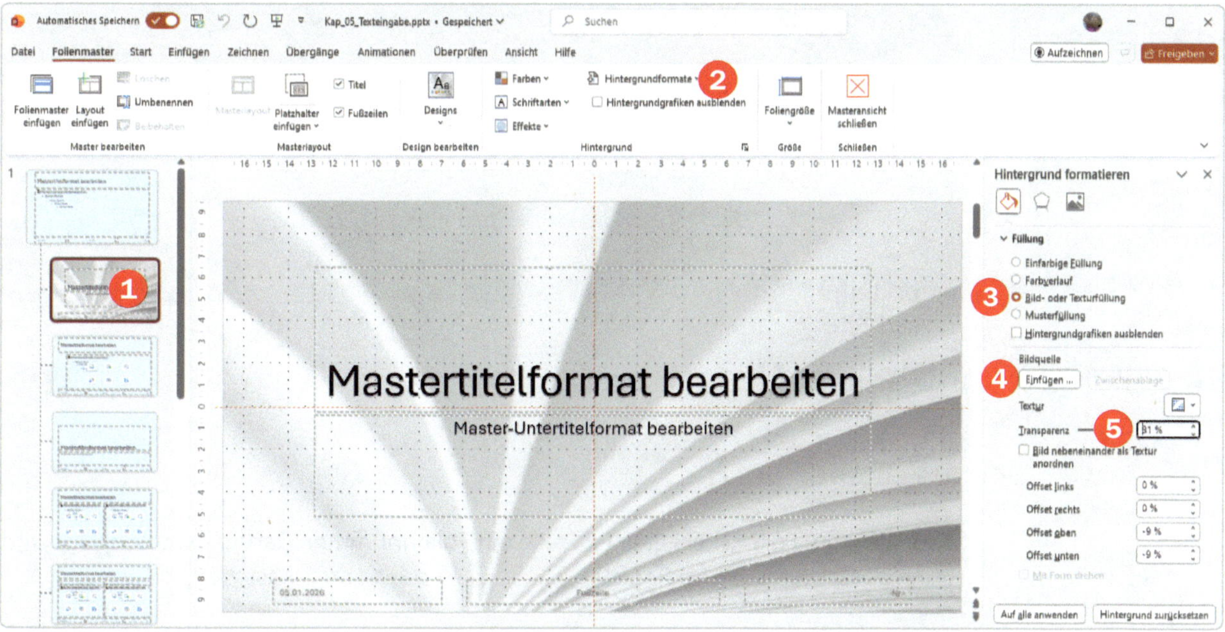

Beispielbild: Microsoft Archivbilder

**3** Wählen Sie die Option *Bild* ❸ und klicken Sie unter *Bildquelle* auf die Schaltfläche *Einfügen...* ❹. Anschließend wählen Sie zuerst die Datenquelle und dann die Bilddatei aus und klicken auf *Einfügen*. Das Bild erscheint nun ausschließlich im Hintergrund des aktuellen Masterlayouts.

**4** Damit ein Hintergrundbild nicht zu dominant wirkt, gibt es mehrere Möglichkeiten, um den Text stärker in den Vordergrund zu rücken. Testen Sie am besten selbst, was sich am besten für Ihre Präsentation bzw. Ihr Hintergrundbild eignet.

- Sie können beispielsweise die Transparenz des Bildes erhöhen ❺.
- Bei sehr dunklem Bildhintergrund ändern Sie einfach die Schriftfarbe.
- Als weitere Möglichkeit verschieben Sie den Platzhalter für den Titel an eine andere Stelle und/oder hinterlegen diesen mit einer einfarbigen Füllung.

Denkbar wäre auch, die Füllung des Platzhalters transparent zu gestalten. Dazu klicken Sie auf Fülleffekt, wählen *Weitere Füllfarben*. Anschließend finden Sie im Fenster *Farben* ganz unten das Feld *Transparenz*.

**5** Im Beispiel in Bild 5.58 wurde der Titelplatzhalter auf die Höhe der Folie vergrößert, an den linken Rand gerückt und zwecks besserer Lesbarkeit mit einer einfarbigen Füllung versehen. Dazu markieren Sie mit einem Klick den Platzhalter, klicken im Register *Formformat* auf *Fülleffekt* und wählen eine Farbe. Oder klicken Sie mit der rechten Maustaste in den Platzhalter und anschließend auf *Füllung*.

**Tipp**: Über das Symbol *Fülleffekt* erhalten Sie auch die Möglichkeit, mithilfe des Werkzeugs *Pipette* eine Farbe aus dem Hintergrundbild auszuwählen, wie im Bild unten. Klicken Sie dazu auf *Pipette* und anschließend im Bild auf die gewünschte Farbe. Bereits beim Zeigen können Sie anhand der Vorschau in Form eines kleinen Farbfeldes die Farbe beurteilen.

*Bild 5.58 Titelplatzhalter formatieren*

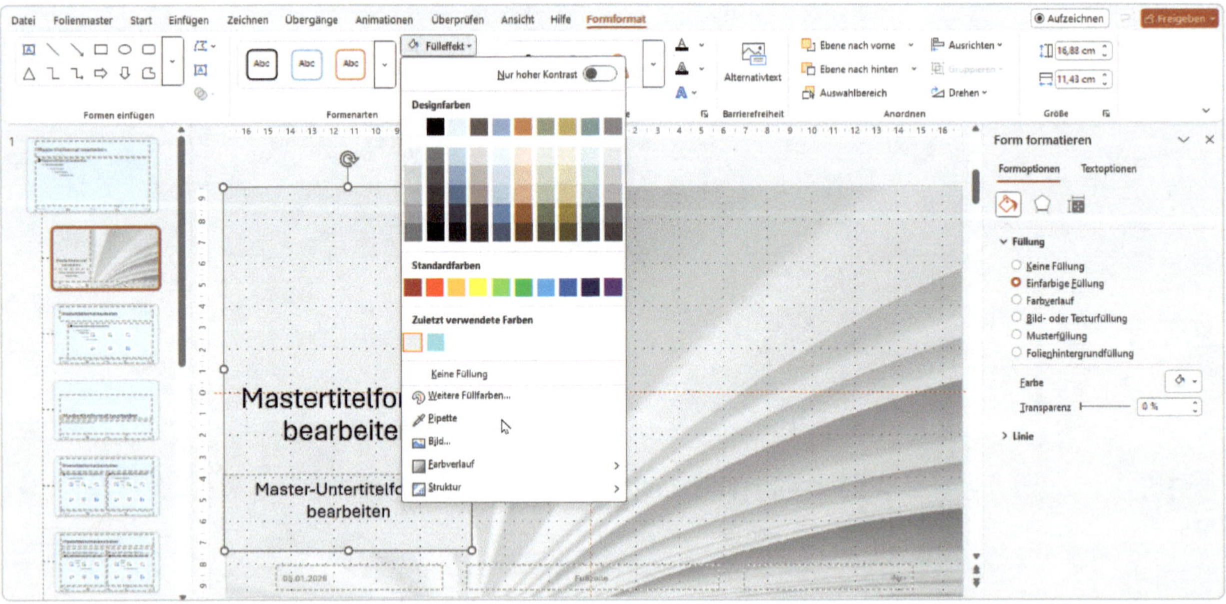


**Tipp:** Wenn im Folientitel keine Fußzeile mit Foliennummer, Datum usw. benötigt wird, dann deaktivieren Sie im Register *Folienmaster* das Kontrollkästchen *Fußzeilen*.

## Beispiel Folientitel links

Als zweites Beispiel soll das Layout *Titel und Inhalt* so geändert werden, dass sich der Folientitel bzw. die Überschrift am linken Rand der Folie befinden und der eigentliche Inhalt von links eingerückt wird, wie im Bild rechts.

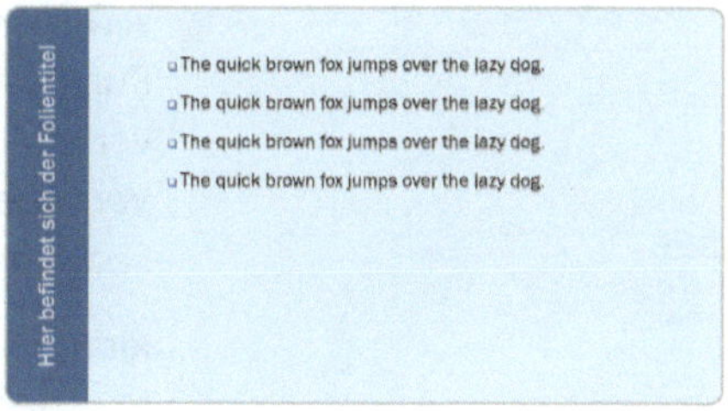


1. Im ersten Schritt wählen Sie wieder das zu bearbeitende Masterlayout aus: Klicken Sie links auf das Layout *Titel und Inhalt*.
2. Schaffen Sie Platz und verkleinern Sie den Platzhalter *Inhalt* auf etwa zwei Drittel der Folienbreite.
3. Ändern Sie die Breite des Platzhalters für den *Folientitel* ebenfalls und verschieben Sie ihn dann an den Rand der Folie. Im Bild unten wurde der Folientitel ganz an den linken Rand gerückt und seine Höhe nimmt die gesamte Folienhöhe ein.
4. Außerdem muss in diesem Fall der Text des Folientitels um 270° gedreht werden (Register *Start* ▶ *Absatz* ▶ *Textrichtung*). Um einen größeren Abstand des Textes zum Folienrand zu gewährleisten, werden zudem über dasselbe Symbol und *Weitere Optionen...* die Ränder des Platzhalters damit der Abstand zum Text vergrößert.
5. Außerdem erhielt der Platzhalter Folientitel über das Register *Formformat* und das Symbol *Fülleffekt* (oder Rechtsklick und Symbol *Füllung*) eine andere Füllfarbe und die Schriftfarbe wurde ebenfalls entsprechend angepasst.
6. Die Platzhalter für Datum, Fußzeile und Foliennummer, hier am unteren Rand der Folie, können natürlich ebenfalls beliebig verschoben, vergrößert oder verkleinert werden.

*Bild 5.59 Masterlayout mit Folientitel links*

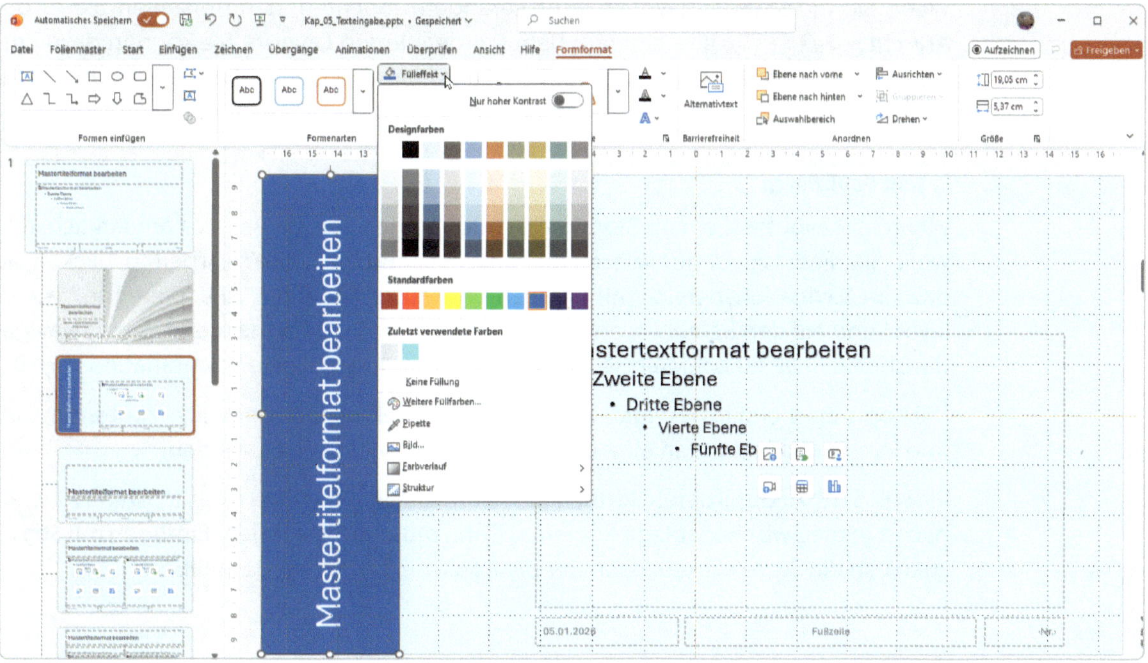

### Tipps für wirkungsvolle Folienlayouts

- **Verkürzen Sie die Zeilenlänge**
  Kurze Zeilen lassen sich schneller lesen. Dies gilt auch für Präsentationen. Leider verleitet das gängige Seitenverhältnis von Bildschirmen genau zum Gegenteil. Verringern Sie also die Breite des Textplatzhalters oder teilen Sie die Folie in zwei Spalten auf.
- **Nicht jede Folie benötigt eine Überschrift**
  In vielen Fällen ist mit der Überschrift schon alles gesagt. Um ermüdende Wiederholungen zu vermeiden, können Sie auch auf die Überschrift verzichten. Erstellen Sie zu diesem Zweck ein alternatives Layout ohne Folientitel.
- **Liefern Sie Ihren Zuschauern Informationen, an welchem Punkt Sie gerade stehen**
  Anstelle einer Überschrift kann es nützlich sein, wenn Ihre Zuschauer wissen, an welchem Punkt der Präsentation Sie sich gerade befinden. Die meisten Präsentationen enthalten zwar am Beginn eine Übersicht über den Inhalt. Dieser ist aber in den meisten Fällen schnell vergessen.

  Fügen Sie daher entweder mit der Zoomfunktion eine Übersichtsfolie in Ihre Präsentation ein oder fügen Sie Ihren Folien eine knappe Inhaltsübersicht z. B. anstelle des Folientitels hinzu. Leider unterstützt PowerPoint keine automatische Wiederholung der Gliederung, so dass Sie sich mit dem Anpassen des Masterlayouts behelfen müssen.

Wie Sie die Zoomfunktion nutzen, lesen Sie in Kapitel 8.4.

## Zusätzliche benutzerdefinierte Masterlayouts hinzufügen

Wenn Sie die Standardlayouts nicht verändern möchten, dann erstellen Sie in der Ansicht *Folienmaster* Ihre eigenen benutzerdefinierten Layouts. Sie können dazu entweder ein vorhandenes Layout duplizieren und anschließend die Kopie ändern oder zunächst ein leeres Layout einfügen und dieses neu gestalten.

### Layout duplizieren

Wenn Ihr Layout auf einem Standardlayout beruhen soll, dann ist es am einfachsten, wenn Sie dieses zuvor duplizieren und anschließend die Kopie bearbeiten. Klicken Sie dazu im Navigationsbereich mit der rechten Maustaste auf das zu kopierende Masterlayout und auf den Befehl *Layout duplizieren* (Bild 5.60). Oder markieren Sie im Navigationsbereich das zu kopierende Layout und betätigen die Tastenkombination **Strg+D**.

Die Kopie erscheint im Navigationsbereich unmittelbar nach dem duplizierten Layout, und kann mit der Maus an eine beliebige Position verschoben werden.

**Hinweis:** Statt zu duplizieren können Sie natürlich auch mit **Strg+C** das Masterlayout zunächst in die Zwischenablage kopieren. Dann müssen Sie vor dem Einfügen mit **Strg+V** zuerst an die Stelle klicken, nach der die Kopie eingefügt werden soll.

### Leeres Layout einfügen

Wenn Sie stattdessen lieber mit einem neuen Layout beginnen möchten, dann klicken Sie im Register *Folienmaster* auf *Layout einfügen* (Bild 5.61). Das neue Layout erscheint nun im Navigationsbereich nach dem aktuellen Masterlayout.

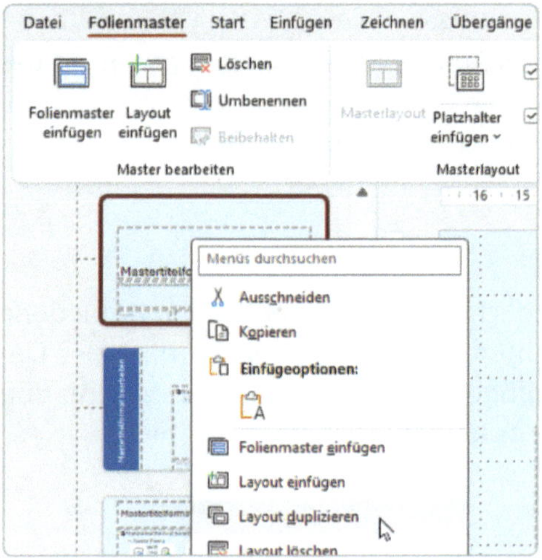


Bild 5.60 Folie duplizieren

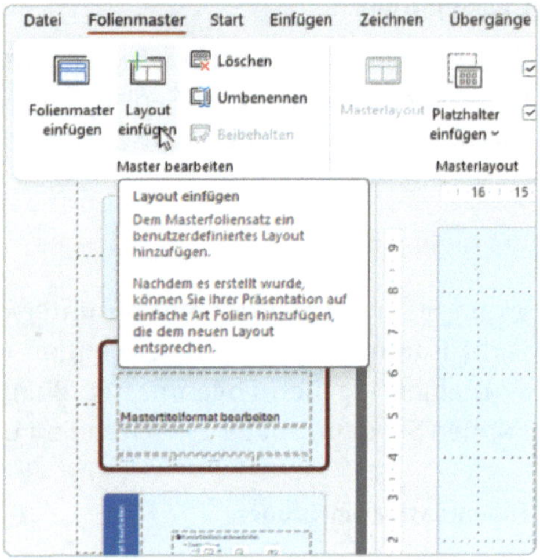


Bild 5.61 Layout einfügen

1 Das neu hinzugefügte Layout ist bis auf die Platzhalter *Folientitel* ❶ und *Fußzeilen* ❷ leer. Um einen Platzhalter für Inhalte einzufügen, klicken Sie im Menüband, Register *Folienmaster* auf den Pfeil des Symbols *Platzhalter einfügen* ❸ und auf den gewünschten Typ, z. B. *Inhalt*.

2 Anschließend ziehen Sie in der Folie mit gedrückter Maustaste diagonal ein Rechteck in der gewünschten Größe auf ❹. Falls Sie noch weitere Platzhalter benötigen, verfahren Sie genauso.

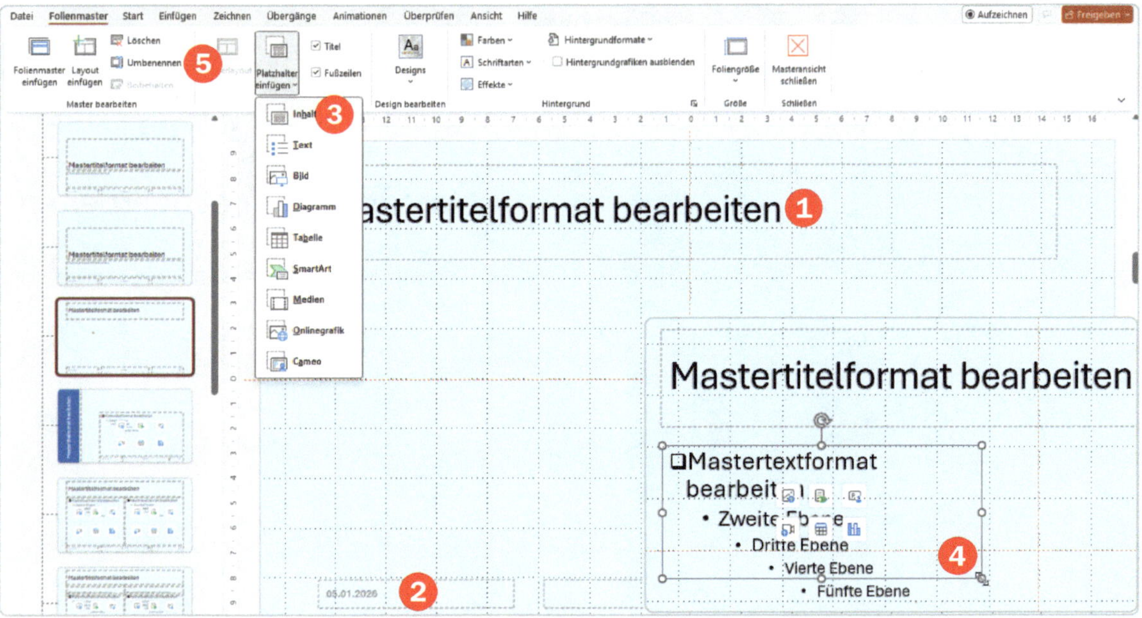


Bild 5.62 Platzhalter hinzufügen

3 Mit Klick auf das Symbol *Umbenennen* ❺ (Register *Folienmaster* ▶ *Master bearbeiten*) oder Rechtsklick im Navigationsbereich auf die Folie und Befehl *Layout umbenennen* können Sie anschließend dem Layout eine Bezeichnung geben.

### Layout löschen

Zum Löschen eines nicht benötigten Layouts klicken Sie im Navigationsbereich auf das betreffende Layout und im Register *Folienmaster* ▶ *Master bearbeiten* auf *Löschen*. Oder klicken Sie mit der rechten Maustaste auf das zu löschende Layout und auf *Layout löschen*.

## Mit mehreren Folienmastern arbeiten

Wenn Sie in einer Präsentation unterschiedliche Designs oder zwei verschiedene Farbzusammenstellungen verwenden möchten, dann benötigen Sie für jedes Design einen eigenen Folienmaster. Beim Einfügen neuer Folien in die Präsentation können Sie dann später zwischen den Layouts beider Folienmaster wählen.

### Folienmaster hinzufügen

1 Zum Hinzufügen eines weiteren Folienmasters klicken Sie im Menüband, Register *Folienmaster* ▶ *Master bearbeiten* auf *Folienmaster einfügen* ❶.

2 Der zweite Folienmaster erscheint samt den dazugehörigen Masterlayouts im Navigationsbereich nach dem letzten Layout des ersten Folienmasters und ist mit der Nummer 2 versehen ❷ (Bild unten). Der neu hinzugefügte Folienmaster entspricht einer leeren Präsentation und kann nun unabhängig vom ersten Folienmaster beliebig gestaltet werden.

*Bild 5.63 Einen zweiten Folienmaster einfügen*

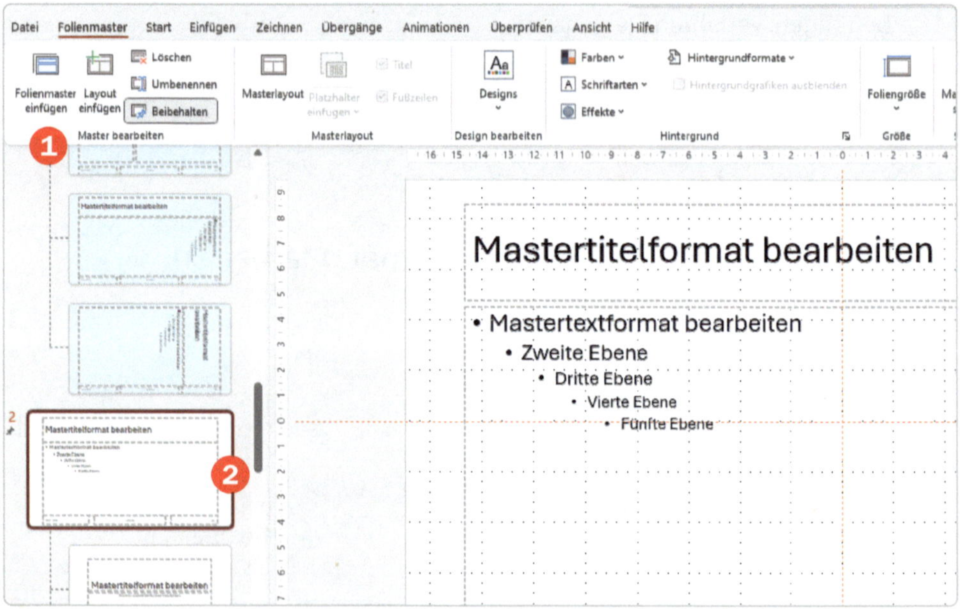

## Designsperrung aufheben und Design ändern

Ein neu hinzugefügter Folienmaster weist im Navigationsbereich unterhalb der Nummer in der Regel auch noch ein kleines Pin-Symbol ❶ auf, wie im Bild rechts. Gleichzeitig ist im Menüband, Register *Folienmaster* ▶ *Master bearbeiten* das Symbol *Beibehalten* aktiviert ❷.

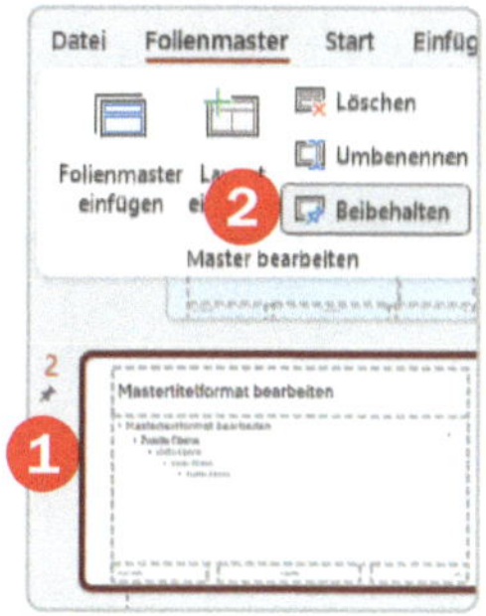


Beides bedeutet, dass das Design dieses Folienmasters gesperrt ist und nicht geändert werden kann. Wenn Sie in diesem Fall versuchen würden, dem Master in der Ansicht *Folienmaster* über die Schaltfläche *Designs* ein anderes Design zuzuweisen, fügt PowerPoint einen weiteren Folienmaster mit dem gewählten Design hinzu. Dieser erhält dann die Nummer 3 usw. **Achtung**: Dies gilt nur für Designs ❸, nicht aber das Ändern von Farben, Schriftarten, Effekten und Hintergrund.

Falls Sie diesem Master in der Ansicht *Folienmaster* ein anderes Design zuweisen möchten, müssen Sie zuvor *Beibehalten* deaktivieren bzw. das Pin-Symbol entfernen.

1 Dazu klicken Sie mit der rechten Maustaste auf den Folienmaster und auf *Master beibehalten*. Oder klicken Sie im Menüband auf *Beibehalten* ❹ und deaktivieren dadurch das Symbol.

2 Anschließend erscheint eine Rückfrage, ob der Master gelöscht werden soll, da er nicht von Folien benutzt wird. Da Sie diesen Master ja beibehalten möchten, müssen Sie auf *Nein* ❺ klicken.

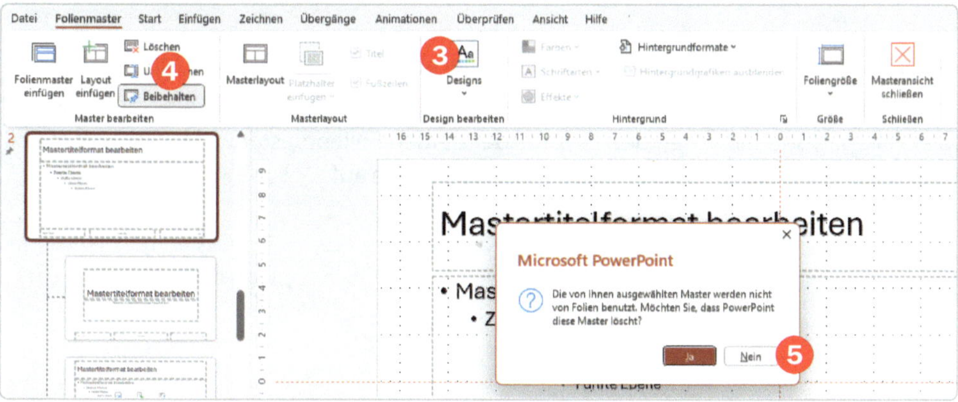


*Bild 5.64 Beibehalten des Folienmasters deaktivieren*

*Bild 5.65 Folienmaster umbenennen*

## Folienmaster umbenennen

Zwecks besserer Übersicht sollten Sie alle Folienmaster mit einem eindeutigen Namen versehen. Dazu klicken Sie im Navigationsbereich mit der rechten Maustaste auf den betreffenden Folienmaster und auf *Master umbenennen*. Oder klicken Sie im Menüband, Register *Folienmaster* ▶ *Master bearbeiten* auf *Umbenennen*. Geben Sie im nachfolgenden Fenster einen Namen ein und klicken Sie auf *Umbenennen*.

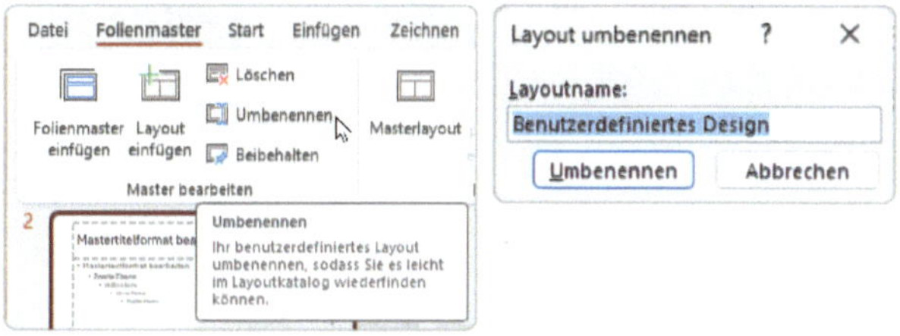

### Folienmaster löschen

Überzählige Folienmaster löschen Sie im Navigationsbereich per Rechtsklick auf den betreffenden Folienmaster und den Befehl *Master löschen*.

### Tipp: Folienmaster duplizieren

Wenn Sie in einem zweiten Folienmaster eigentlich nur die Farben und/oder Schriften ändern, die Folienlayouts aber beibehalten möchten, dann erzeugen Sie den zweiten Folienmaster am einfachsten durch Duplizieren.

Klicken Sie dazu in der Ansicht *Folienmaster* mit der rechten Maustaste auf den Folienmaster und auf *Folienmaster duplizieren*. Anschließend können Sie den zweiten Folienmaster, wie oben beschrieben, unabhängig vom ersten bearbeiten.

*Bild 5.66 Folienmaster duplizieren*

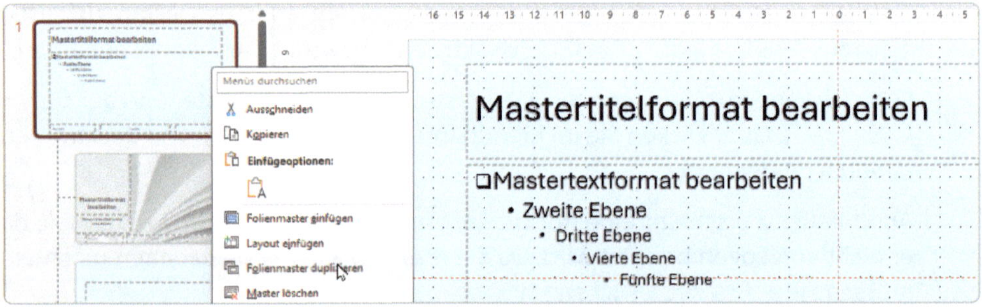


### Beim Einfügen neuer Folien Folienmaster und -layout wählen

In der Präsentation können Sie nun beim Einfügen einer neuen Folie bzw. beim Ändern des Folienlayouts zwischen den Layouts der beiden Folienmaster wählen. Um vom Folienmaster in die Präsentation zu wechseln, klicken Sie auf *Masteransicht schließen*.

*Bild 5.67 Folienlayout: zwischen zwei Folienmastern wählen*

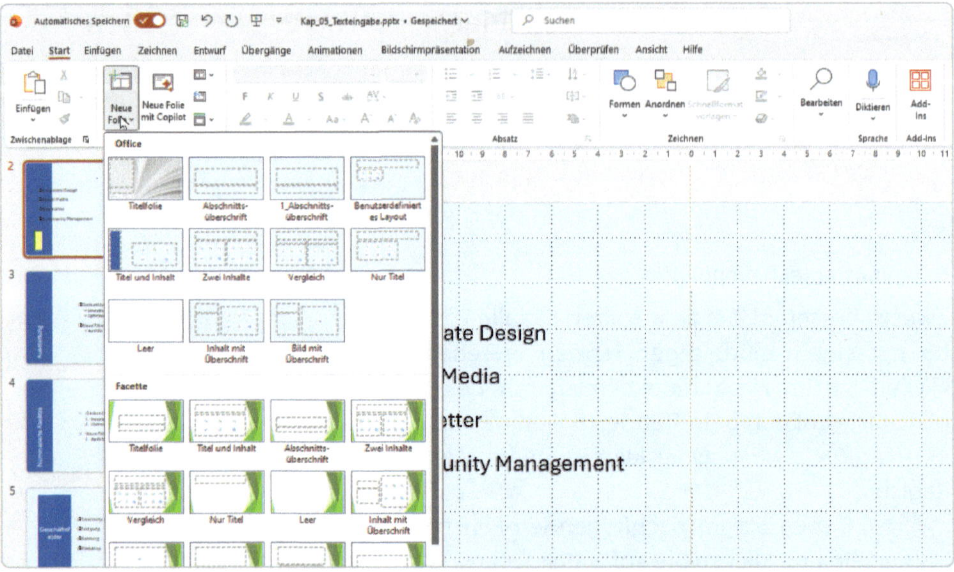

# 5.6 Foliennummer, Datum und Fußzeilentext

Kopf- und Fußzeilen bieten die Möglichkeit, in alle oder nur bestimmte Folien eine automatische Foliennummerierung, Datum und gleichbleibenden Text, z. B. Name, Abteilung oder Firma, einzufügen. Die genaue Position am oberen oder unteren Folienrand hängt von der Vorlage bzw. dem Design ab. Darüber hinaus können Sie diese Elemente in der Ansicht Folienmaster beliebig platzieren.

## Inhalte in Kopf- oder Fußzeile einfügen

1 Klicken Sie im Menüband, Register *Einfügen* ▶ *Text*, auf *Kopf- und Fußzeile*.

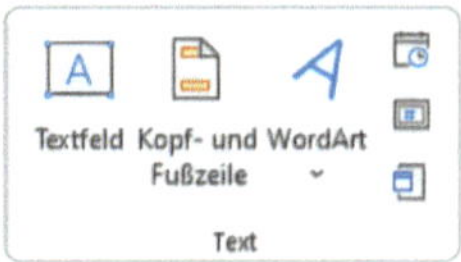


2 Das gleichnamige Fenster öffnet sich mit dem Register *Folie*. Insgesamt stehen drei Platzhalter zur Verfügung, die genaue Position sehen Sie rechts in einer Vorschau. Zum Anzeigen eines Elements brauchen Sie nur das entsprechende Kontrollkästchen aktivieren.

- **Datum und Uhrzeit**: Datum und Uhrzeit können automatisch aktualisierbar oder fest gewählt werden. Im ersten Fall können Sie außerdem Datumsformat und Sprache bestimmen, im zweiten Fall geben Sie einfach ein Datum ein.
- **Foliennummer**: Das Kontrollkästchen *Foliennummer* aktiviert die automatische Nummerierung (Seitenzahlen) aller Folien.
- **Fußzeile**: Im Feld *Fußzeile* können Sie beliebigen Text, z. B. Firma, eingeben.
- Wenn Datum, Foliennummer und Fußzeile nicht auf der Titelfolie erscheinen sollen, genauer gesagt auf Folien mit dem Layout *Titelfolie*, dann aktivieren Sie das Kontrollkästchen *Auf Titelfolie nicht anzeigen.*

3 Um die Einstellungen für alle Folien der Präsentation zu übernehmen, klicken Sie auf *Für alle übernehmen*. Die Schaltfläche *Übernehmen* bedeutet dagegen, die Inhalte erscheinen ausschließlich in der aktuellen Folie.

*Bild 5.68 Kopf- und Fußzeile: Inhalte festlegen*

### Aussehen und Position von Kopf- und Fußzeile festlegen

Ein Firmenlogo, das in allen Folien erscheinen soll, fügen Sie ebenfalls in der Ansicht *Folienmaster* ein. Näheres zum Thema Grafik einfügen und bearbeiten erfahren Sie in Kapitel 6.

Das Aussehen der Kopf- oder Fußzeilen, z. B. Schriftart und -größe, sowie die Positionierung auf der Folie steuern Sie wieder in der Ansicht *Folienmaster*. Klicken Sie dazu im Menüband, Register *Ansicht* ▶ *Masteransichten* auf *Folienmaster*.

1. Damit sich Ihre Änderungen auf die gesamte Präsentation mit Ausnahme der Titelfolie auswirken, wählen Sie zur Bearbeitung links den Folienmaster, d. h. die erste etwas größere Folie aus.
2. Genau wie zuvor ab Seite 151 ff. beschrieben, können Sie nun Aussehen und Position der drei Elemente *Datum und Uhrzeit*, *Fußzeile* und *Foliennummer* nach Belieben verändern.

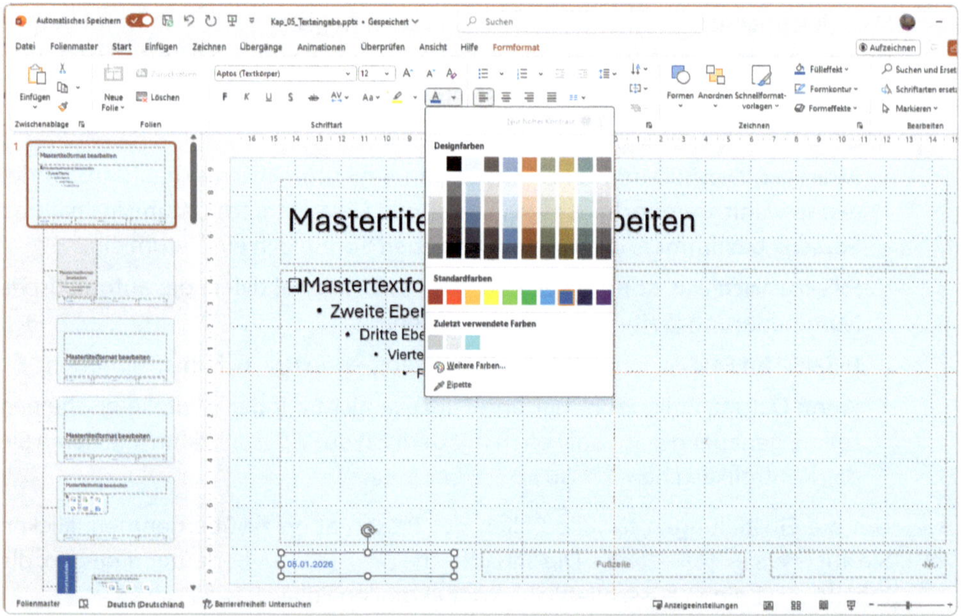


*Bild 5.69 Position und Aussehen von Kopf- und Fußzeile im Folienmaster*

## 5.7 Eigene Vorlagen erstellen und speichern

### Design oder Vorlage?

Wie Sie eigene Designs zusammenstellen und speichern, haben Sie bereits in Kapitel 4.3 gesehen. Vorlagen gehen noch einen Schritt weiter und können im Gegensatz zu Designs auch unterschiedliche und vom Gesamtdesign abweichende Folienlayouts, z. B. Titelfolie mit Bild als Hintergrund sowie verschiedene Beispielfolien enthalten. PowerPoint-Präsentationsvorlagen werden als gesonderter Dateityp mit der Dateinamenerweiterung .potx (in älteren Versionen .pot) gespeichert.

Beim Speichern und Verwenden eigener Vorlagen macht es wenig Unterschied, ob Sie das Aussehen der Präsentation in der Ansicht *Folienmaster* mithilfe von Folienmaster und Masterlayouts (s. Punkt 5.4 und 5.5 dieses Kapitels) steuern oder ob Sie einfach eine Präsentation mit einigen individuell gestalteten Folien erstellen und als Vorlage speichern. Es gibt viele Gründe, die für die Verwendung von Vorlagen sprechen:

- Die Gestaltung von Präsentationsfolien, die auf einen bestimmten Zweck oder eine Firma (Stichwort Corporate Design) zugeschnitten sind, erfordert einigen Arbeitsaufwand. Warum also nicht die Präsentation als Vorlage speichern und beliebig oft wieder verwenden?
- Vorlagen erleichtern es auch weniger versierten PowerPoint-Anwendern und Anwenderinnen, optisch ansprechende Präsentationen im Corporate Design zu erstellen. In solchen Fällen sollte die Präsentation gleich mehrere Folien in verschiedenen Layouts enthalten, z. B. je eine fertig gestaltete Titelfolie, eine Folie mit Titel und Inhalt, eine Folie mit Text und Bild usw.. Statt eines bestimmten Textes können Sie die Folien auch mit beliebigem Blindtext füllen.
- Vorlagen können an jedem beliebigen Speicherort, z. B. auf einem zentralen Firmenserver gespeichert werden und stehen damit im Gegensatz zu den lokal gespeicherten Designs einem größeren Personenkreis zur Verfügung.
- Bei jeder Verwendung einer Vorlage, z. B. Auswahl auf der Startseite von PowerPoint oder beim Öffnen mit Doppelklick im Datei-Explorer von Windows, wird automatisch eine Kopie erzeugt. Das bedeutet, eine auf einer Vorlage beruhende Präsentation kann anschließend beliebig bearbeitet bzw. angepasst werden. Die Vorlage selbst wird dadurch nicht beeinflusst.

## Präsentation als Vorlage speichern

Um die aktuelle Präsentation als Vorlage zu speichern, klicken Sie im Menüband auf das Register *Datei* und auf *Exportieren* ❶. Klicken Sie auf *Dateityp ändern* ❷, wählen Sie rechts den Dateityp *Vorlage (*.potx)* ❸ und klicken Sie dann auf *Speichern unter* ❹.

*Bild 5.70 Präsentation als Vorlage speichern*

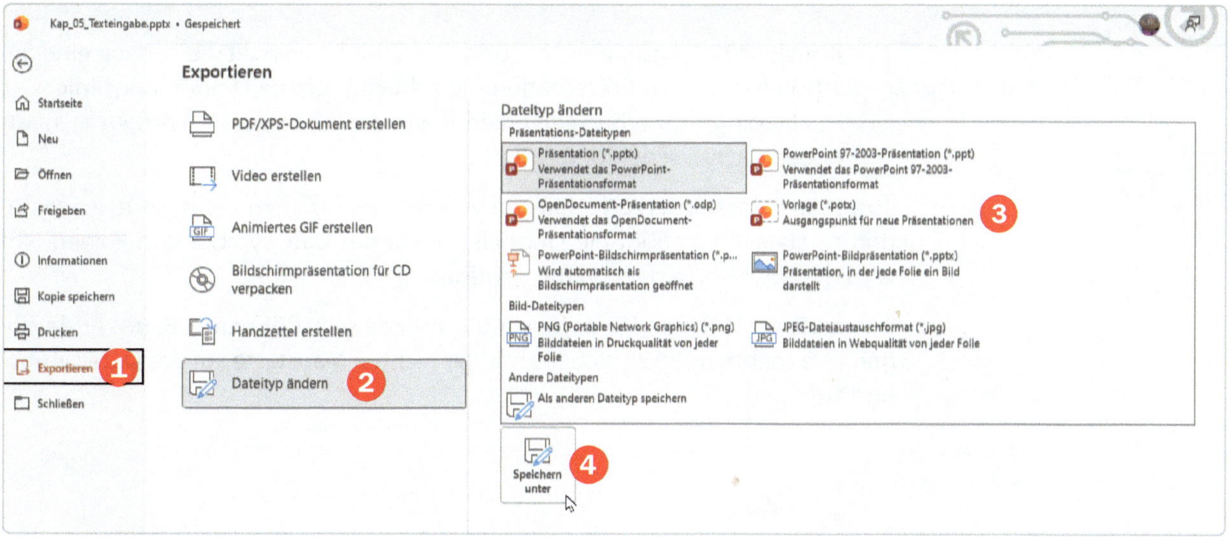

Wählen Sie anschließend im Fenster *Speichern unter* den gewünschten Speicherort aus, z. B. einen eigens dazu angelegten Ordner auf einem Netzlaufwerk oder auch auf der lokalen Festplatte und geben Sie einen aussagekräftigen Dateinamen für die Vorlage ein. Kontrollieren Sie außerdem den Dateityp: Hier muss *PowerPoint-Vorlage (*.potx)* ausgewählt sein und klicken Sie abschließend auf *Speichern*.

*Bild 5.71 Als PowerPoint-Vorlage speichern*

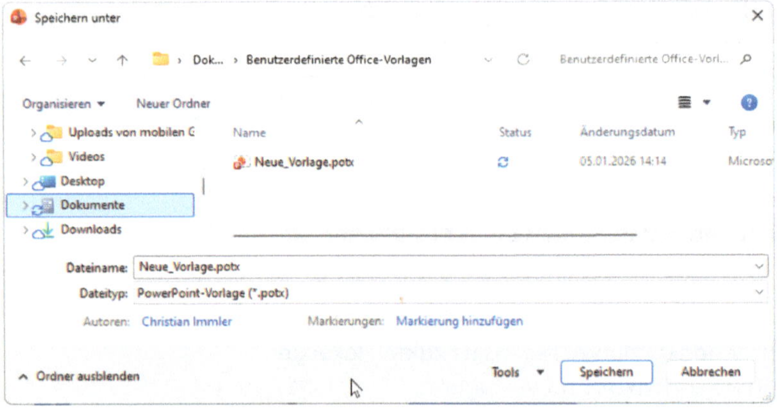


**Tipp**: Falls noch kein geeigneter Ordner existiert, können Sie diesen im Fenster *Speichern unter* schnell anlegen. Dazu klicken Sie unterhalb der Adressleiste auf *Neuer Ordner*, geben dem Ordner einen Namen und schließen mit der Eingabetaste ab. **Achtung**: Um im neu angelegten Ordner zu speichern, müssen Sie diesen Ordner mit Doppelklick öffnen, bevor Sie auf *Speichern* klicken.

## Vorlagen verwenden

### Vorlage im Datei-Explorer öffnen

Vorlagen unterscheiden sich im Datei-Explorer nur durch ihre Dateiendung. Die Symbole sind gleich. Die Darstellungen Große Symbole oder Extragroße Symbole zeigen Vorschaubilder der Datei an.

*Bild 5.72 Anzeige Große Symbole*

*Bild 5.73 Anzeige Details*

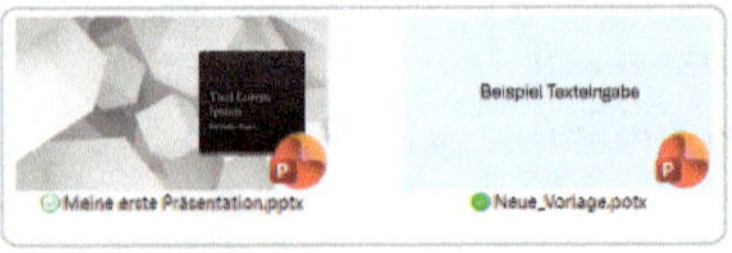

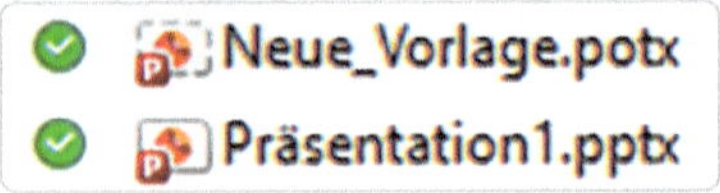


**Hinweis:** In den Ansichten *Liste* und *kleine Symbole* erhält die Vorlage eine gestrichelte und die Präsentation eine durchgehende Umrandungslinie. Das ist allerdings nur schwer zu erkennen und zählt in unseren Augen nicht als visuelles Unterscheidungskriterium.

- **Vorlage verwenden**: Um die Vorlage zu verwenden, um damit eine neue Präsentation zu erstellen, genügt ein Doppelklick auf das Dateisymbol und PowerPoint wird mit einer Kopie der Vorlage geöffnet.
- **Vorlage öffnen**: Möchten Sie dagegen die Vorlage selbst öffnen, z. B. um Änderungen vorzunehmen, so klicken Sie mit der rechten Maustaste auf das Dateisymbol und auf *Öffnen*.

### Benutzerdefinierte Vorlage aus PowerPoint heraus verwenden

Benutzerdefinierte Vorlagen finden Sie in PowerPoint im Register *Datei* ▶ *Neu*, wenn Sie bei den Vorlagen auf *Benutzerdefiniert* statt auf *Office* klicken, vorausgesetzt, die Vorlagen wurden im Ordner für Benutzerdefinierte Office-Vorlagen gespeichert..

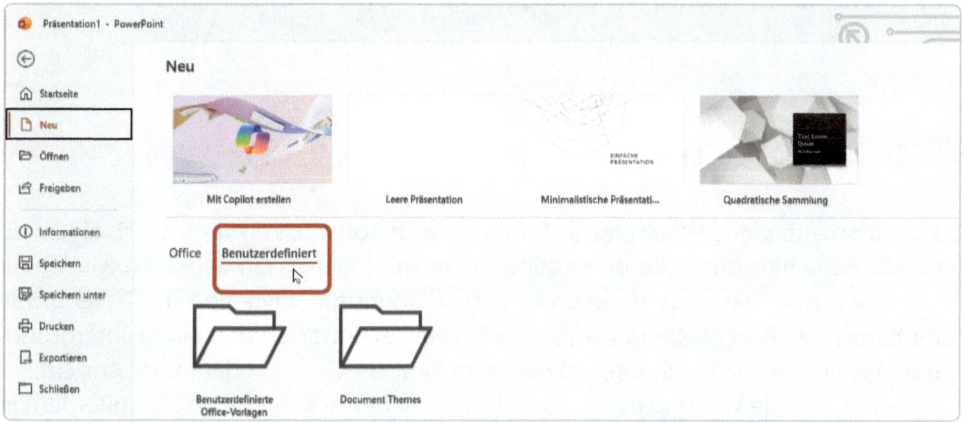


*Bild 5.74 Benutzerdefinierte Vorlagen anzeigen*

**Achtung: Speicherort für Vorlagen angeben!**

Standardmäßig werden benutzerdefinierte Vorlagen in allen Office-Programmen in einem Ordner unterhalb von *Dokumente* gespeichert. Sie können aber auch einen beliebigen anderen Ordner, zum Beispiel auf einem geteilten Netzwerklaufwerk dafür festlegen.

Klicken Sie dazu im Register *Datei* auf *Optionen* und wählen Sie *Speichern*. Tragen Sie dann im Feld *Standardspeicherort für persönliche Vorlagen* den vollständigen Pfad ein und klicken Sie auf *OK*.

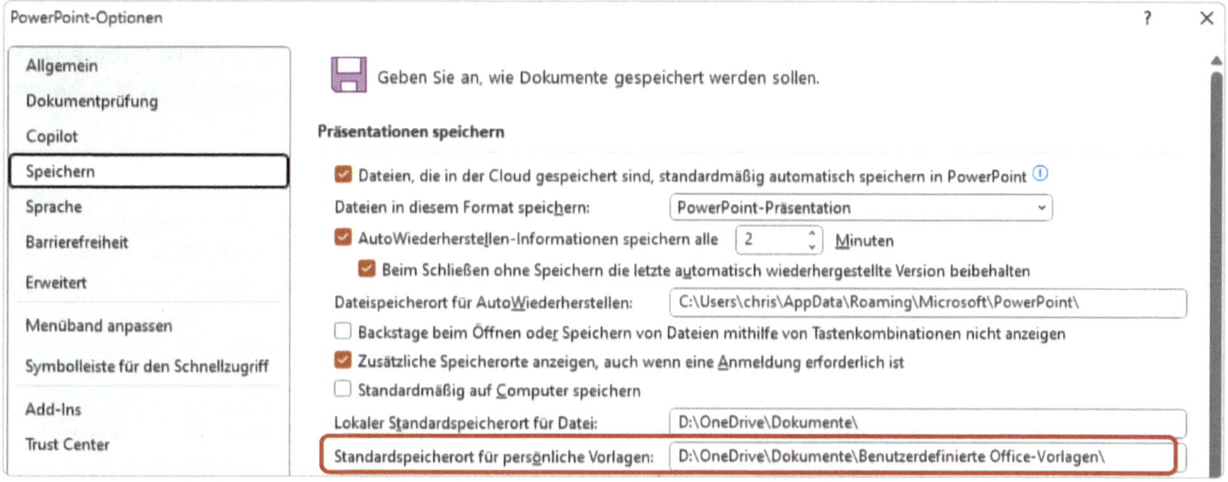


*Bild 5.75 Speicherort für benutzerdefinierte Vorlagen*

**Tipp: Dateipfad kopieren**: Am einfachsten fügen Sie den Dateipfad über die Zwischenablage ein. Öffnen Sie dazu im Datei-Explorer den Ordner und klicken Sie in die Adressleiste. Hier ist nun der Dateipfad in der korrekten Schreibweise markiert und kann mit **Strg**+**C** kopiert werden. Wechseln Sie dann in die PowerPoint-Optionen, klicken Sie in das Feld für den Standardspeicherort und fügen Sie hier den Pfad mit **Strg**+**V** ein.

## 5.8 Workshop: Präsentation mit Masterfolien gestalten

Als zusammenfassendes Beispiel gestalten wir zum Abschluss dieses Kapitels eine individuelle Bildschirmpräsentation mithilfe von Masterfolien. Dazu beginnen wir wieder mit einer leeren Präsentation bzw. dem Standarddesign Office und der Foliengröße Breitbild (16:9). Anschließend wählen Sie Farben, Schriftarten und eine Hintergrundfarbe nach Ihren Vorstellungen, entweder im Register *Entwurf* oder in der Ansicht *Folienmaster*. Um die Wirkung des Layouts besser zu beurteilen, sollten Sie außerdem in der Ansicht *Normal* in die Präsentation einige Folien mit beliebigem Text und eventuell anderen Inhalten einfügen.

Wechseln Sie dann über das Register *Ansicht* und das Symbol *Folienmaster* in die gleichnamige Ansicht.

### Folienlayout ändern

Alle Folien der Präsentation sollen die folgenden Layout-Vorgaben erfüllen:

- Folientitel und Inhalt sollen von links etwas eingerückt werden.
- Zwischen Folientitel und Inhalt soll der Abstand vergrößert werden.
- Die Foliennummer soll, mit Ausnahme der Titelfolie, in der linken oberen Ecke jeder Folie erscheinen. Außerdem soll sie fett und in größerer Schrift hervorgehoben werden.
- Die Fußzeile soll sich links am unteren Rand jeder Folie befinden und Ihren Namen enthalten. Das Datum wird nicht benötigt.

Bild 5.76 zeigt den entsprechend gestaltetet Folienmaster in der Ansicht *Folienmaster* und daneben eine Beispielfolie, basierend auf dem Layout *Titel und Inhalt*. Für das Beispiel wurden die Farben *Blau II*, die Schriftarten *Cambria Calibri* und ein dunkler Hintergrund mit weißer bzw. heller Schriftfarbe gewählt.

> **Änderungen, die in der gesamten Präsentation wirksam werden sollen, müssen am Folienmaster vorgenommen werden!**
>
> Damit sich Folientitel, Inhalt sowie Foliennummer und Fußzeile in allen Folien an derselben Position befinden, müssen alle oben genannten Änderungen am Folienmaster, also der ersten größeren Folie im Navigationsbereich vorgenommen werden.

**Tipp**: Wenn Sie beim Arbeiten am Folienmaster zwischendurch das Ergebnis in der Ansicht *Bildschirmpräsentation* testen möchten, so brauchen Sie dazu die Ansicht *Folienmaster* nicht schließen. Klicken Sie einfach in der Statusleiste auf das Symbol *Bildschirmpräsentation* und mit der **Esc**-Taste kehren Sie wieder zurück zum Folienmaster. Voraussetzung ist natürlich, dass außer der Titelfolie mindestens eine Folie mit Inhalten, z. B. Blindtext ohne Bedeutung existiert.

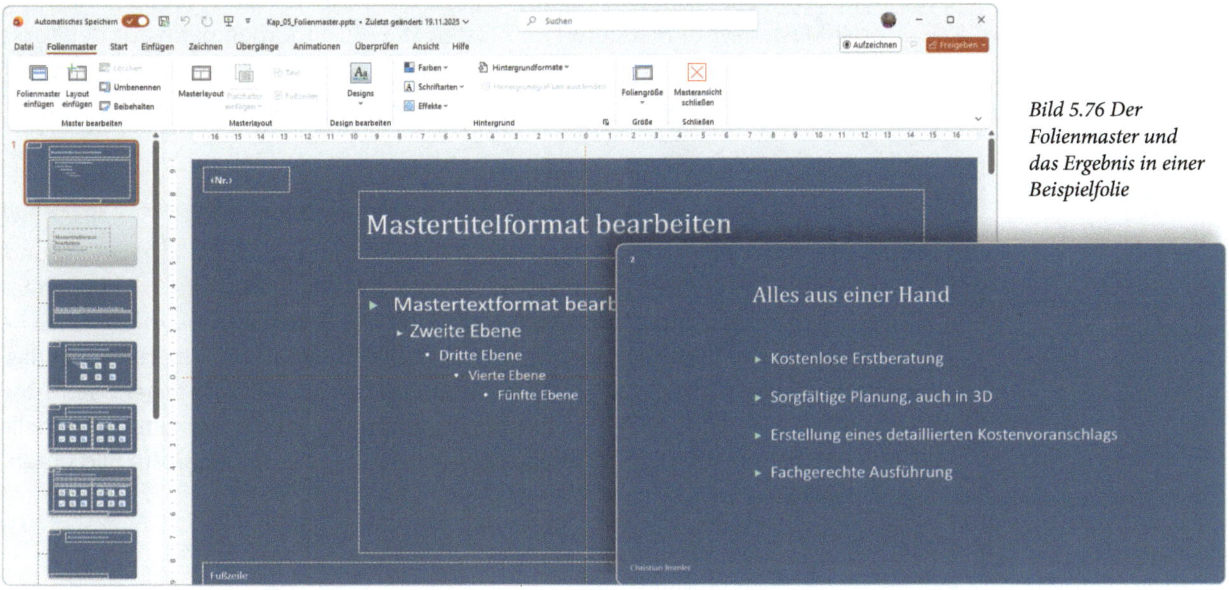


*Bild 5.76 Der Folienmaster und das Ergebnis in einer Beispielfolie*

## Foliennummer und Fußzeile

Die Anzeige von Foliennummer und Fußzeile steuern Sie, indem Sie im Register *Einfügen* auf *Kopf- und Fußzeile* klicken. Hier und nicht im Folienmaster geben Sie auch den Inhalt der Fußzeile ein und legen fest, dass beide nicht auf der Titelfolie erscheinen sollen. Da das Datum nicht verwendet wird, kann dann im Folienmaster der dazugehörige Platzhalter gelöscht werden. Achten Sie außerdem darauf, die Ausrichtung von Foliennummer und Fußzeile entsprechend ihrer Position auf linksbündig zu ändern.

Das Register *Einfügen* und damit das Symbol *Kopf- und Fußzeile* ist auch in der Ansicht *Folienmaster* verfügbar.

**Vorsicht bei der Texteingabe in der Ansicht Folienmaster!**

Die Ansicht *Folienmaster* dient zur Formatierung und Gestaltung des Folienlayouts, nicht zur Texteingabe. Inhalte, die Sie in dieser Ansicht in einen Platzhalter eingeben, z. B. Fußzeile, erscheinen nicht in der Präsentation!

Eine Ausnahme sind zusätzlich eingefügte Elemente wie z. B. Textfelder. Wenn Sie in den Folienmaster oder ein Masterlayout ein Textfeld einfügen und in dieses Text eingeben, erscheint der Text auch in der Präsentation. Dadurch können Sie beispielsweise eine zweite Fußzeile als Textfeld einfügen und hier auch gleich z. B. den Namen der Firma oder Abteilung eingeben.

### Ein zweites Layout für Inhalte ohne Überschrift erstellen

Nicht jede Folie der Präsentation braucht auch eine Überschrift. In diesem Fall könnten Sie die Überschrift einfach aus der Folie löschen. Die Alternative ist ein Masterlayout mit demselben Aussehen wie das Layout *Titel und Inhalt*, aber ohne Platzhalter für die Überschrift und dafür mehr Platz für den Inhalt.

Dazu duplizieren Sie das Masterlayout *Titel und Inhalt* (Rechtsklick und Befehl *Duplizieren* oder Masterlayout markieren und Tasten **Strg**+**D**), entfernen dann aus der Kopie den Titelplatzhalter und vergrößern den Platzhalter Inhalt entsprechend nach oben. Das Layout erhält den Namen *Inhalt ohne Titel* (Rechtsklick und Befehl *Layout umbenennen*).

### Die Titelfolie gestalten

Die Titelfolie erhält abweichend vom Rest der Präsentation ein Bild als Hintergrund. Markieren Sie daher vor den nächsten Schritten das Masterlayout *Titelfolie*. Fügen Sie ein Bild Ihrer Wahl ein und achten Sie darauf, dass der Text gut lesbar bleibt. Welche Mittel Sie dazu einsetzen, hängt auch vom Bild ab und bleibt deshalb Ihnen überlassen. Entscheiden Sie also selbst, ob Sie das Bild mit Transparenz versehen, den Titelplatzhalter an eine andere Stelle verschieben und/oder dem Platzhalter eine helle Füllfarbe verpassen oder die Schriftfarbe ändern. Ein Beispiel sehen Sie im Bild unten.

*Bild 5.77 Beispiel Titelfolie mit transparentem Bild als Hintergrund*

Hintergrundbild: Archivbilder

## Textformate festlegen

Zur besseren Lesbarkeit sollen im Layout *Titel und Inhalt* die Absätze der Ebene eins mit größeren Abständen versehen werden. Außerdem erhalten in allen Folien die Absätze der Ebenen eins und zwei ein anderes Aufzählungszeichen.

#### Abstände zwischen Absätzen vergrößern

Da nur das Layout *Titel und Inhalt* größere Abstände zwischen den Absätzen erhalten soll, markieren Sie im ersten Schritt in der Ansicht *Folienmaster* im Navigationsbereich dieses Masterlayout durch Anklicken.

1 Klicken Sie in die erste Textebene und öffnen Sie das Fenster *Absatz* (Klick auf das Pfeilsymbol der Gruppe *Absatz* im Register Start oder Rechtsklick und Befehl *Absatz...*). Wählen Sie unter *Abstand Vor* 24 Pt. und *Nach* 6 Pt. Der Zeilenabstand kann beibehalten werden.

*Bild 5.78 Abstand vor und nach Absatz vergrößern*

2 Falls Ihnen die Schrift der ersten Ebene zu groß oder zu klein erscheint, können Sie diese ebenfalls ändern. Sollte die gewünschte Schriftgröße nicht in der Liste enthalten sein, so klicken Sie in das Feld, geben die gewünschte Größe in Punkt, z. B. 27 oder 30,5 per Tastatur ein und übernehmen diese mit der **Eingabetaste**.

### Aufzählungszeichen ändern

Das neue Aufzählungszeichen soll in allen Folien erscheinen. Klicken Sie also im Navigationsbereich auf die erste Folie, den Folienmaster.

1 Klicken Sie im Textplatzhalter in die erste Ebene und dann im Register *Start* auf den Dropdown-Pfeil des Symbols *Aufzählungszeichen*. Klicken Sie auf *Nummerierung und Aufzählungszeichen...*

2 Klicken Sie auf die Schaltfläche *Anpassen...*, wählen Sie Schriftart (im Bild unten Wingdings 3) und Symbol und klicken Sie auf *OK*. Anschließend weisen Sie dem Symbol über *Farbe* eine andere Farbe zu; falls das Zeichen zu groß erscheinen sollte, ändern Sie auch noch die Größe, z. B. auf 70 % des Textes.

*Bild 5.79 Aufzählungszeichen: Symbol und Farbe ändern*

**3** Klicken Sie dann in die zweite Ebene und öffnen Sie erneut das Fenster *Nummerierung und Aufzählungszeichen*, siehe oben. Die zweite Ebene erhält als Aufzählungszeichen dasselbe Zeichen wie Ebene eins, allerdings in etwas hellerer Farbe und kleiner als der Zeichen der übergeordneten Ebene, z. B. 50 %.

### Abstand zwischen Aufzählungszeichen und Text vergrößern

Häufig ist der Abstand zwischen Aufzählungszeichen und Text relativ gering, wie hier in diesem Beispiel. Um den Abstand zu vergrößern und damit die Lesbarkeit zu verbessern, gehen Sie wie folgt vor:

Klicken Sie in die erste Textebene und öffnen Sie das Fenster *Absatz* (Klick auf das Pfeilsymbol der Gruppe *Absatz* oder Rechtsklick und Befehl *Absatz...*). Vergrößern Sie dann unter *Einzug* den Wert im Feld *Innerhalb von*, z. B. auf 1 cm, wie im Bild.

Genauso verfahren Sie auch mit der zweiten Ebene. Wenn diese ein kleineres Aufzählungszeichen enthält, genügt auch ein geringerer Abstand.

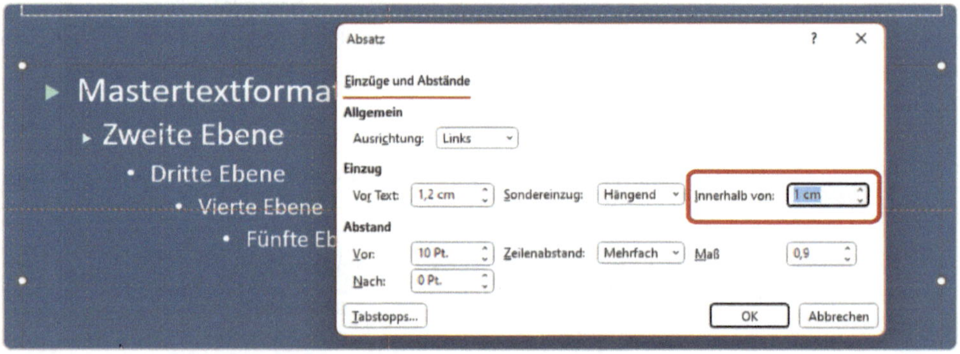


*Bild 5.80 Einen größeren Abstand zwischen Aufzählungszeichen und Text herstellen*

**Achtung**: Damit in mehrzeiligen Absätzen alle Zeilen exakt untereinander beginnen, sollten Sie für Ebene eins denselben Einzug auch im Feld *Vor Text* angeben.

# 6 Bilder und grafische Elemente

**In diesem Kapitel lernen Sie ...**

- Bilder einfügen, positionieren und bearbeiten
- Alternativtext für grafische Elemente
- Piktogramme und 3D-Modelle einfügen
- Grafische Gestaltung mit Formen, Füllungen und Effekten
- Folienobjekte ausrichten

**Das sollten Sie bereits wissen**

- Text eingeben und formatieren
- Umgang mit Folienlayouts
- Design und Farben anpassen
- Folienmaster zur Foliengestaltung einsetzen

Text und Zahlen sind für sich genommen abstrakt. Visualisieren Sie daher wichtige Sachverhalte mit Grafiken und Bildern. Fast alle PowerPoint-Layouts sehen nicht nur reine Texteingabe vor, sondern bieten auch die Möglichkeit, grafische Elemente einzufügen. Die Platzhalter dieser Layouts sind mit entsprechenden Symbolen gekennzeichnet. Zusätzliche Hilfsmittel der Visualisierung sind vielfältige Formen, die Sie einfügen und beliebig gestalten können.

# 6.1 Bilder einfügen und bearbeiten

## Bild oder Grafik einfügen

Zum Einfügen von Bildern oder Grafiken in eine Folie stehen Ihnen zwei Wege offen:

- Symbol im Platzhalter der Folie
- Symbol *Bilder* im Menüband, Register *Einfügen*

*Bild 6.1 Symbole im Platzhalter*

*Bild 6.2 Menüband, Register Einfügen*

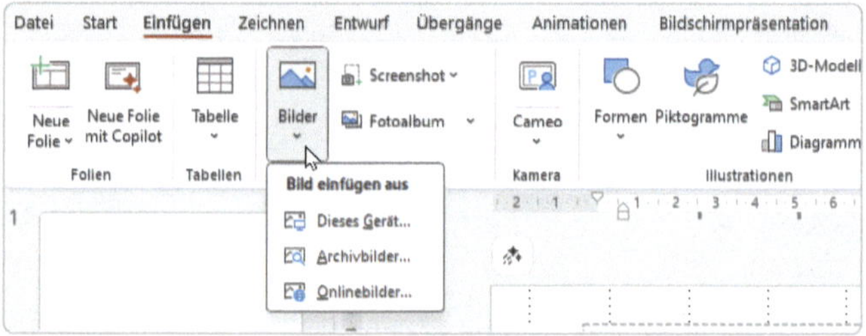


**Hinweis:** Wenn eine Grafik, z. B. ein Firmenlogo, auf jeder Folie erscheinen soll, dann müssen Sie diese in der Ansicht *Folienmaster* einfügen, siehe Kapitel 5.4.

**Der Unterschied**: Größere Bilder werden beim Einfügen über das Platzhaltersymbol in diesen eingefügt und automatisch auf die Größe des Platzhalters verkleinert, während beim Einfügen über das Symbol des Menübands das Bild an die Foliengröße angepasst und zentriert ausgerichtet wird. Die weitere Größenänderung und Positionierung muss dann von Ihnen vorgenommen werden.

### Bild aus Datei einfügen

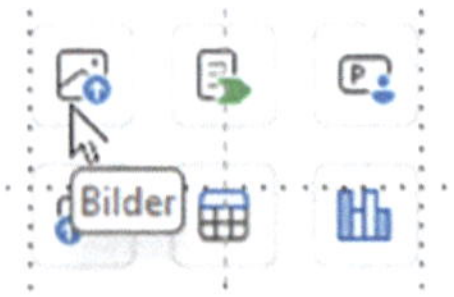


Befindet sich das Bild als Grafikdatei auf der Festplatte, auf einem am PC angeschlossenen Datenträger, z. B. CD oder DVD, oder in einem OneDrive-Ordner, dann klicken Sie im Platzhalter auf das Symbol *Bilder* oder im Menüband, Register *Einfügen* auf *Bilder* und wählen als Bildquelle *Dieses Gerät* (s. Bild 6.2).

Es öffnet sich das Fenster *Grafik einfügen*. Wählen Sie den Speicherort aus, an dem sich die Datei befindet, klicken Sie auf das gewünschte Bild ❶ und danach auf *Öffnen* ❷ oder doppelklicken Sie einfach auf das Bild.

Vergewissern Sie sich auch, dass als Dateityp ❸ *Alle Grafiken* ausgewählt ist, da sonst keine Grafikdateien angezeigt werden.

*Bild 6.3 Bild aus Datei einfügen*

**Hinweis:** Wenn die Barrierefreiheitsprüfung aktiviert ist, dann erscheint nach dem Einfügen eines Bildes möglicherweise ein Alternativtext. Wie Sie damit weiter verfahren, lesen Sie auf Seite 183 nach.

## Archivbild auswählen und einfügen

Nutzern von Microsoft 365 und in eingeschränkter Form auch von Office 2024 stehen auch sogenannte Archivbilder zur Verfügung. Hinter dieser Bezeichnung verbirgt sich eine von Microsoft zur Verfügung gestellte Sammlung von Bildern. Diese dürfen Sie in Office-Dokumenten, also Word-Dokumenten, Excel-Tabellenblättern und PowerPoint-Präsentationen unter Angabe der Bildquelle frei verwenden. Nicht erlaubt ist dagegen die Verwendung in anderen Apps und Webseiten. Abonnenten von Microsoft 365 haben Zugriff auf die gesamte Bibliothek, für Nutzer von Office 2024 ist dagegen nur ein Teil der Bilder verfügbar.

Die Archivbilder sind nur für Microsoft 365 und in eingeschränkter Form auch für Office 2024 verfügbar.

1 Zum Auswählen und Einfügen klicken Sie im Platzhalter der Folie auf das Symbol *Bilder* und wählen dann *Archivbilder* oder wählen Sie im Menüband *Einfügen* ▶ *Bilder* ▶ *Archivbilder* aus. Damit öffnet sich ein Auswahlfeld mit dem Bildtyp *Bilder* ❶.

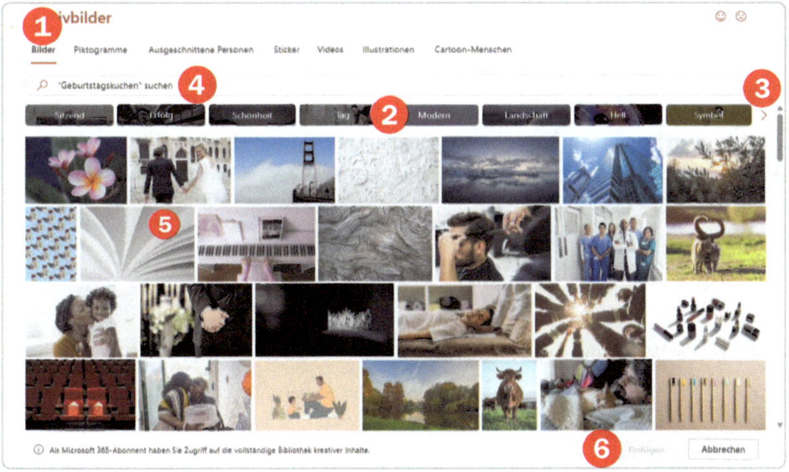


*Bild 6.4 Archivbild einfügen*

Da beim Aufruf die Archivbilder erst geladen werden müssen, kann es etwas dauern, bis alle Bilder erscheinen.

2 Wenn Sie die Anzeige auf ein bestimmtes Thema oder eine Farbe eingrenzen möchten, dann klicken Sie entweder auf eine Kategorie ❷, z. B. *Natur* oder *Grün*.

Mit den Pfeilen ❸ blättern Sie durch die Kategorien. Oder klicken Sie in das Suchfeld ❹ und geben einen Suchbegriff ein, in diesem Fall erscheinen bereits während der Eingabe passende Bilder.

3 Klicken Sie auf das gewünschte Bild ❺, dieses wird in der rechten oberen Ecke mit einem Häkchen versehen und klicken Sie auf die Schaltfläche *Einfügen* ❻.

- Sie können auch mehrere Bilder auswählen und gleichzeitig einfügen, die Schaltfläche *Einfügen* zeigt dann deren Zahl in Klammern an.
- Um ein Bild aus der Auswahl zu entfernen, klicken Sie es erneut an.

**Tipp**: In der Leiste am oberen Rand finden Sie je nach Office-Version neben dem Typ *Bilder* noch weitere Bildtypen, darunter auch *Piktogramme*. Wie Sie mit diesen verfahren, lesen Sie auf Seite 201 ff.

### Onlinebilder einfügen

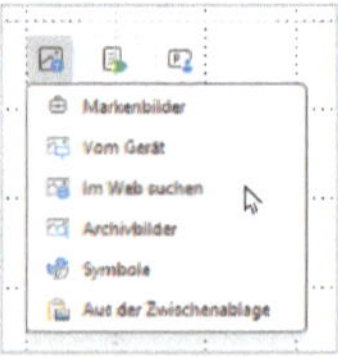


Als dritte Bildquelle können Sie auch das Web mit Hilfe des Suchdienstes Bing nach einem geeigneten Bild durchsuchen, diese Möglichkeit steht auch Nutzern von Office 2024 zur Verfügung. Klicken Sie dazu im Menüband, *Einfügen* ▶ *Bilder* auf *Onlinebilder* oder im Platzhalter der Folie auf das Symbol *Bilder* und dann auf *Im Web suchen*.

Klicken Sie dann entweder auf eine Kategorie oder geben Sie im Suchfeld einen Suchbegriff ein und starten die Suche mit der **Eingabetaste**. Wählen Sie das gewünschte Bild durch Anklicken aus und klicken Sie auf die Schaltfläche *Einfügen*.

Auch hier werden die markierten Bilder in der rechten oberen Ecke mit einem Häkchen versehen und ein weiterer Klick auf das Bild entfernt das Häkchen wieder.

*Bild 6.5 Onlinegrafik suchen und einfügen*

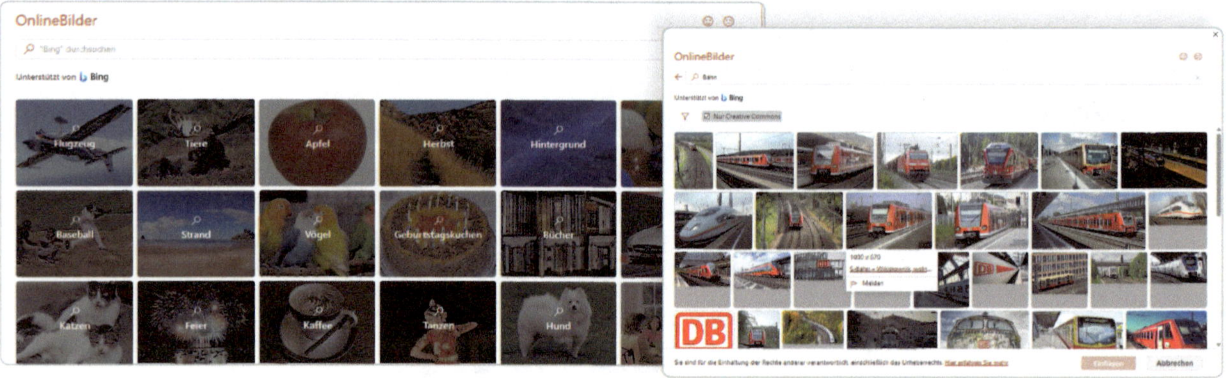


**Vorsicht bei der Verwendung von Onlinebildern!**

Bilder aus dem Web unterliegen in der Regel dem Urheberrecht und dürfen nicht ohne Weiteres, insbesondere für kommerzielle Zwecke, verwendet werden. In den Kategorien und als Suchergebnisse erhalten Sie zunächst nur Bilder und Grafiken, die unter Creative Commons lizenziert sind. Das bedeutet, Sie erhalten Nutzungsrechte, die über das Urheberrecht hinausgehen, in der einfachsten Form beinhaltet dies nur die Nennung des Namens des Rechteinhabers. Näheres erfahren Sie über den Link am unteren Rand des Auswahlfeldes.

### Bild markieren

Vor der weiteren Bearbeitung müssen Sie ein Bild markieren. Dazu genügt ein einfacher Mausklick an eine beliebige Stelle der Grafik. Markierte Bilder sind, wie alle PowerPoint-Objekte, am Markierungsrahmen mit den Zieh- oder Markierungspunkten in den Ecken und der Mitte jeder Seite zu erkennen. Gleichzeitig erscheint oberhalb des Bildes ein Symbol, mit dessen Hilfe Sie das Objekt frei drehen können.

*Bild 6.6 Ein markiertes Bild*

### Bild löschen

Um ein markiertes Bild aus der Folie zu entfernen, betätigen Sie auf der Tastatur entweder die **Entf**-Taste oder die Korrektur- bzw. Rückschritt-Taste.

## Bildgröße, Bildposition und Drehung

Größenänderung und Positionierung eines markierten Bildobjekts nehmen Sie am einfachsten mit der Maus vor.

### Bild verkleinern

Bilder und andere Objekte können Sie jederzeit verkleinern: Dazu zeigen Sie auf einen der Eckpunkte des Markierungsrahmens. Sobald als Mauszeiger ein Doppelpfeil erscheint, ziehen Sie mit gedrückter linker Maustaste in eine der beiden Richtungen. **Achtung**: Das Seitenverhältnis wird nur beibehalten, wenn Sie zur Größenänderung die Eckpunkte benutzen.

Ob ein Bild durch Ziehen mit der Maus auch vergrößert werden kann, ist abhängig von der Bildqualität und vom Grafiktyp. Bei Fotos mit niedriger Auflösung wird dadurch meist die Bildqualität erheblich beeinträchtigt. Vektorgrafiken wie z. B. Piktogramme können dagegen problemlos vergrößert werden.

**Achten Sie darauf, dass das Bild nicht verzerrt wird!**

Im Gegensatz zu Textfeldern sollten Sie bei der Größenänderung von Bildern und Grafiken darauf achten, dass das ursprüngliche Seitenverhältnis beibehalten wird. Benutzen Sie also zum Ziehen mit der Maus ausschließlich die Eckpunkte! Die Markierungspunkte in der Mitte jeder Seite lassen dagegen nur horizontale oder vertikale Änderungen zu und das Bild wird dadurch verzerrt, siehe Beispiel unten.

*Bild 6.7 Größenänderung mit der Maus*

**Mauszeiger und damit verbundene Mausaktionen**

| Sie möchten… | Mauszeiger |
|---|---|
| **Bild verschieben**<br>Zeigen Sie mit der Maus in das Bild. Am Mauszeiger werden vier Richtungspfeile sichtbar und Sie können das Objekt nun mit gedrückter Maustaste in eine beliebige Richtung verschieben.<br>Wenn sich bereits ein anderes Objekt in der Folie befindet, so erscheinen automatisch Hilfslinien, die die Ausrichtung an diesem Objekt erleichtern. |  |
| **Bildgröße ändern**<br>Zeigen Sie mit der Maus auf einen der Eckpunkte. Sie erhalten als Mauszeiger einen Doppelpfeil und können anschließend mit gedrückter Maustaste das Bild diagonal verkleinern oder vergrößern. Das Seitenverhältnis wird automatisch beibehalten. |  |
| **Bild drehen**<br>Zeigen Sie mit der Maus auf das Drehsymbol in der Mitte oberhalb des Bildes. Der Mauszeiger verwandelt sich in einen kreisförmigen Pfeil und Sie können mit gedrückter Maustaste das Bild frei drehen. |  |

**Genaue Bildgröße vorgeben**

Falls das Bild eine genaue Breite oder Höhe erfordert, geben Sie diese im Menüband, Register *Bildformat* ▶ *Größe* in das entsprechende Feld ein. Das Seitenverhältnis wird in diesem Fall automatisch beibehalten.

*Bild 6.8 Maße für Höhe und Breite eingeben*

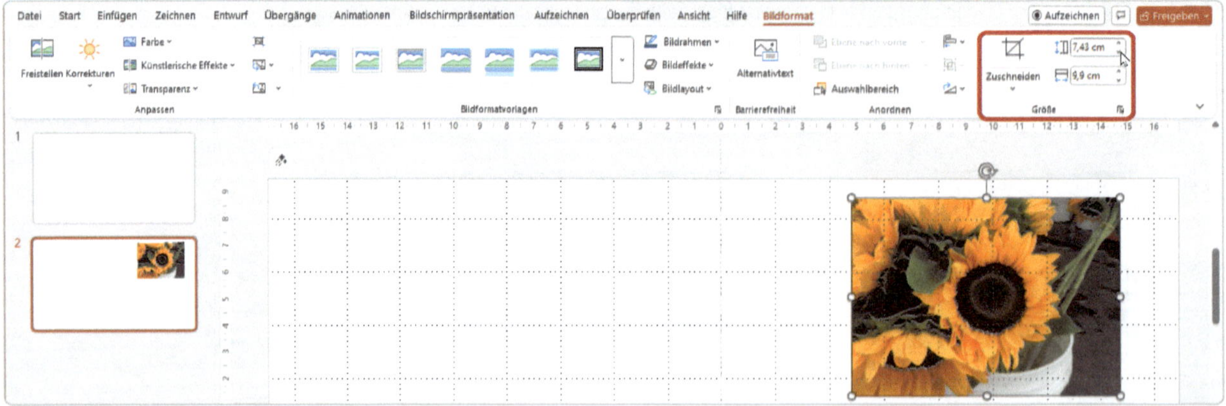

### Bildgröße und -position im Aufgabenbereich Grafik formatieren festlegen

Neben einer exakten Größenangabe können Sie im Aufgabenbereich *Grafik formatieren* eine Grafik auch prozentual verkleinern.

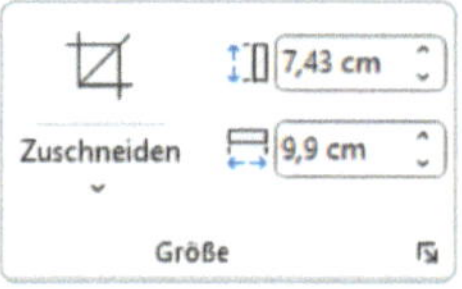


1 Öffnen Sie den Aufgabenbereich *Grafik formatieren*, indem Sie im Menüband, Register *Bildformat* auf das Pfeilsymbol ⧉ der Gruppe *Größe* klicken. Oder klicken Sie mit der rechten Maustaste in das Bild und auf *Größe und Position...*.

2 Der Aufgabenbereich wird mit dem Register *Größe und Eigenschaften* geöffnet. Sollte ein anderes Register sichtbar sein, so klicken Sie im Aufgabenbereich auf das Symbol *Größe und Eigenschaften*. Geben Sie dann im Abschnitt *Größe* in die Felder *Höhe* oder *Breite* ❶ das gewünschte Maß ein oder tragen Sie bei *Höhe/Breite skalieren* ❷ einen Prozentwert ein.

Mit der Schaltfläche *Zurücksetzen* können Sie alle Größenänderungen zurücknehmen und das Bild wieder in der Originalgröße anzeigen.

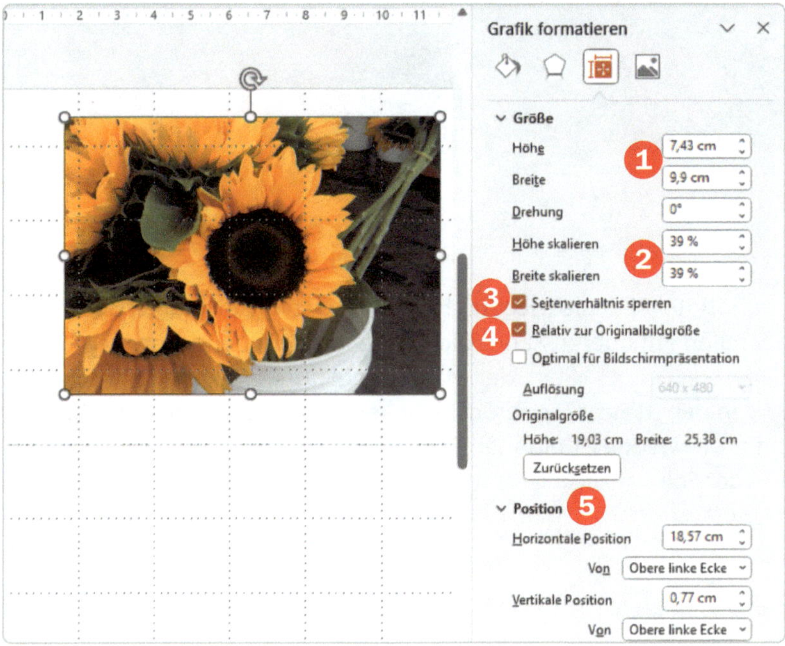


*Bild 6.9 Im Aufgabenbereich Grafik formatieren - Größe und Position festlegen*

> **Seitenverhältnis und Ausgangsgröße beachten**
>
> Um ein Verzerren zu verhindern, muss das Kontrollkästchen *Seitenverhältnis sperren* ❸ aktiviert sein. Bei einer prozentualen Größenangabe sollte außerdem das Kontrollkästchen *Relativ zur Originalbildgröße* ❹ ein Häkchen aufweisen, da PowerPoint sonst die aktuelle Größe als Ausgangsbasis verwendet.

### Bildposition/Bild zentrieren

Unterhalb finden Sie im Aufgabenbereich den Abschnitt *Position* ❺. Hier wählen Sie im Feld *Von* jeweils als Ausgangspunkt entweder *Obere linke Ecke* oder *Zentriert* und geben in die Felder die horizontale und vertikale Position auf der Folie ein.

### Bild drehen/spiegeln

Um ein Bild in einem bestimmten Winkel zu drehen oder zu spiegeln, klicken Sie im Register *Bildformat* ▶ *Anordnen* auf das Symbol *Objekte drehen* und wählen zwischen Rechts- und Linksdrehung um 90 Grad bzw. vertikaler und horizontaler Spiegelung. Ein Klick auf *Weitere Drehungsoptionen...* öffnet den Aufgabenbereich *Grafik formatieren* und Sie können unter *Größe* im Feld *Drehung* einen beliebigen Winkel eingeben, siehe Bild 6.9 auf der vorherigen Seite.

*Bild 6.10 Bild drehen oder spiegeln*

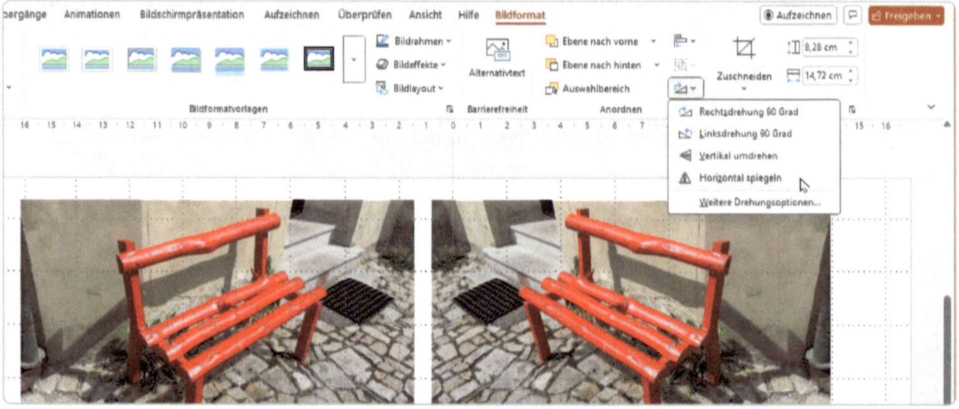


## Bildteile wegschneiden

Um nicht benötigte Bildteile wegzuschneiden, z. B. im Bild unten den störenden schwarzen Streifen am oberen Rand, klicken Sie im Menüband, Register *Bildformat* ▶ *Größe* auf *Zuschneiden* ❶. Statt der Markierungspunkte erscheinen Schnittmarken (❷ und ❸), an denen Sie mit gedrückter linker Maustaste das Bild zuschneiden können. Achtung: Die weggeschnittenen Teile verschwinden erst, nachdem Sie an eine andere Stelle der Folie geklickt haben

*Bild 6.11 Bild zuschneiden*

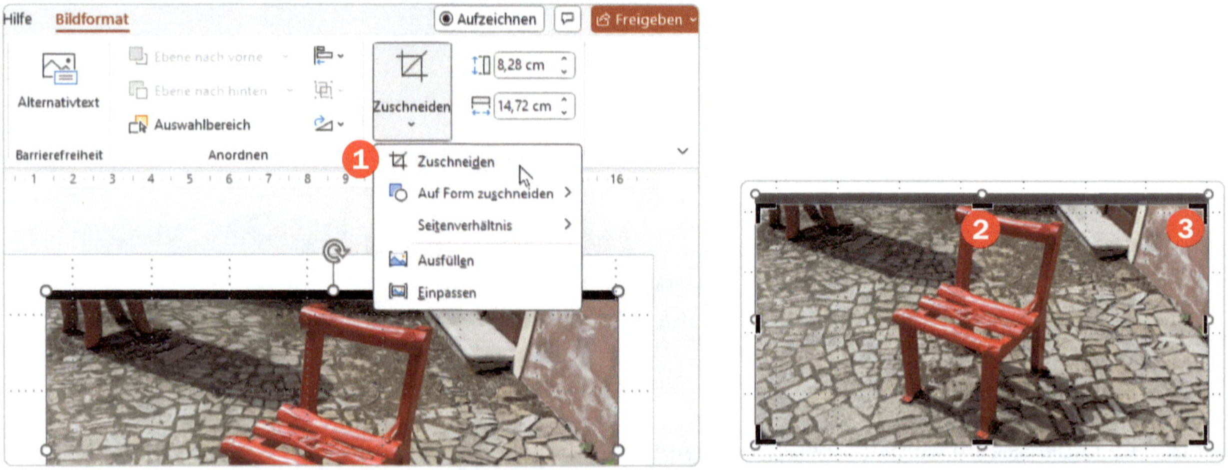

Weitere Möglichkeiten erhalten Sie über den Dropdown-Pfeil des Symbols *Zuschneiden*:

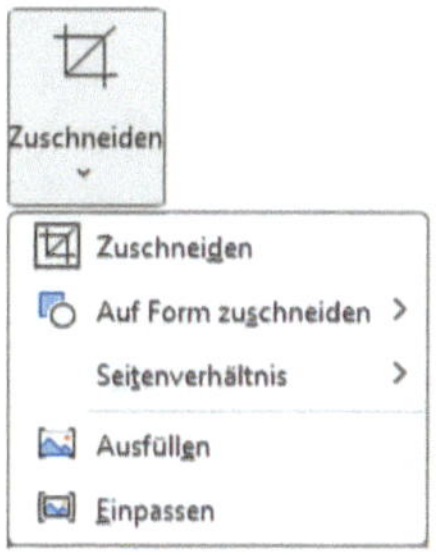


- Die Auswahl *Auf Form zuschneiden* öffnet den Formenkatalog und erlaubt das Zuschneiden auf eine beliebige Form, zum Beispiel Rechteck mit abgerundeten Ecken oder Ellipse.
- Mit der Auswahl *Seitenverhältnis* schneiden Sie das Bild auf ein bestimmtes Seitenverhältnis, z. B. 1:1 bzw. Quadrat zu. Anschließend wählen Sie durch Verschieben mit der Maus den beizubehaltenden Bildbereich aus. Die grauen abgeschnittenen Bereiche verschwinden erst, wenn Sie mit der Maus an eine beliebige Stelle klicken.
- Mit *Ausfüllen* und *Einpassen* steuern Sie die Größenanpassung des zugeschnittenen Bildes genauer, ohne das Originalseitenverhältnis zu verändern:
  - *Ausfüllen* passt die Bildgröße so an, dass der gesamte Bildbereich ausgefüllt wird und schneidet außerhalb liegende Bereiche weg.
  - *Einpassen* ändert dagegen die Größe des Bildes so, dass es vollständig in den Bildbereich passt, dadurch können weiße Stellen entstehen.

*Bild 6.12 Auf Seitenverhältnis zuschneiden*

*Bild 6.13 Auf Form zuschneiden*

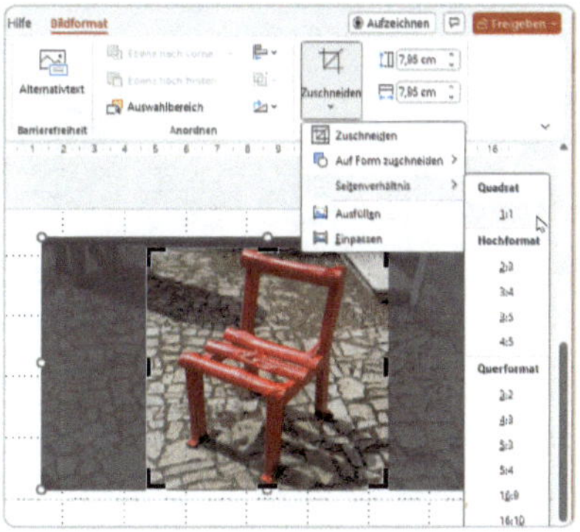

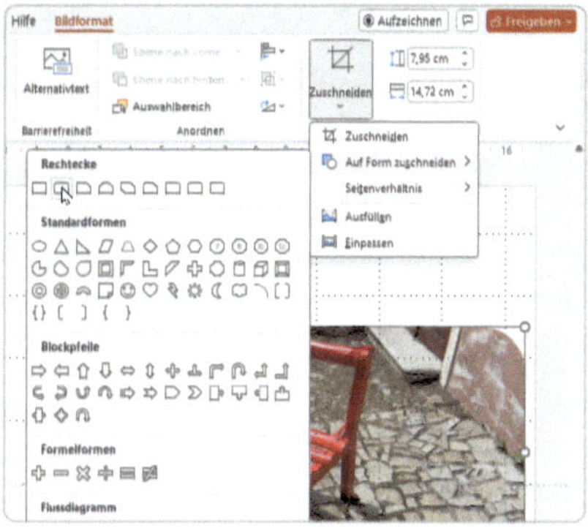

## Bild mit PowerPoint bearbeiten

Umfangreiche Bearbeitungsmöglichkeiten für das Bild selbst finden Sie im Menüband, Register *Bildformat* in der Gruppe *Anpassen*. Hier können Sie z. B. Bildkorrekturen vornehmen, den Farbton ändern und verschiedene Effekte auf das Bild anwenden. Im Vergleich zu einem professionellen Bildbearbeitungsprogramm verfügt PowerPoint auf diesem Gebiet allerdings nur über eingeschränkte Möglichkeiten.

*Bild 6.14 Das Register Bildformat*

### Farb- und Transparenzeffekte

- **Bild anders einfärben**: Die Schaltfläche *Farbe* öffnet ein Auswahlfeld, in dem Sie Farbsättigung und Farbton des Bildes ändern oder dem Bild eine der Designfarben zuweisen können. **Tipp**: Mit Hilfe des Befehls *Transparente Farbe bestimmen* lassen sich bestimmte Farben und damit Bildbereiche transparent machen. Dazu klicken Sie auf diesen Befehl und danach im Bild auf die betreffende Farbe.
- **Künstlerische Effekte**: Hier finden Sie verschiedene Effekte zum Verfremden, wie z. B. Bleistiftskizze oder Silhouette.
- **Transparenz** (nur Microsoft 365, PowerPoint 2021): Mit Klick auf *Transparenz* erhalten Sie verschiedene Abstufungen, um das Bild transparent zu gestalten.

*Bild 6.15 Künstlerische Effekte, Bleistiftskizze*

*Bild 6.16 Farbe*

*Bild 6.17 Transparenz*

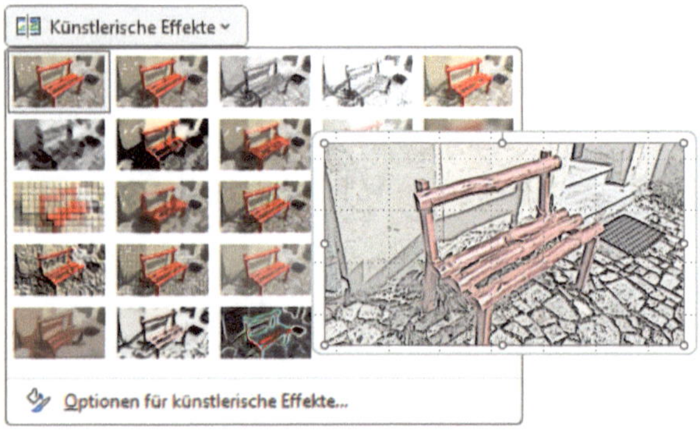


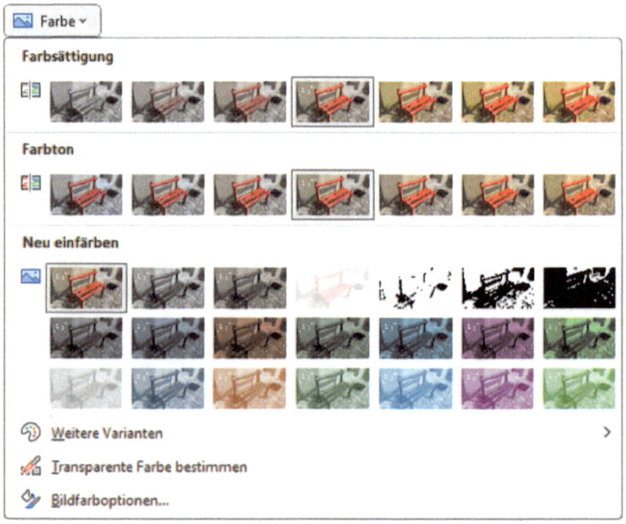

### Bildbereiche durch Freistellen entfernen

Zum Entfernen bestimmter Bildbereiche, z. B. des Hintergrunds, klicken Sie auf *Freistellen*. Im Menüband erscheint das Register *Freistellen* und der Hintergrund oder ein Teil davon ist meist bereits automatisch zum Entfernen ausgewählt. Weitere Bereiche können Sie über die Schaltflächen *Zu behaltende Bereiche markieren* und *Zu entfernende Bereiche markieren* festlegen. Um z. B. einen weiteren Bereich zu entfernen, klicken Sie auf *Zu entfernende Bereiche markieren* und zeichnen dann diesen Bereich nach (Bild 6.20). Mit *Änderungen beibehalten* wird das Ergebnis in die Folie übernommen.

*Bild 6.18 Originalbild*

*Bild 6.19 Vorgeschlagene Bereiche entfernen*

*Bild 6.20 Zu entfernenden Bereich markieren*

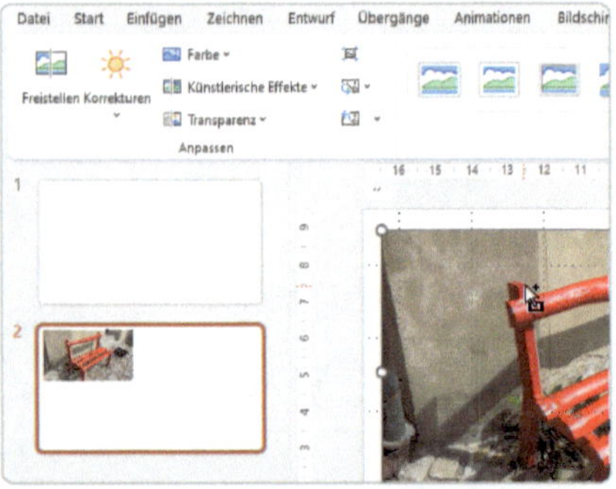


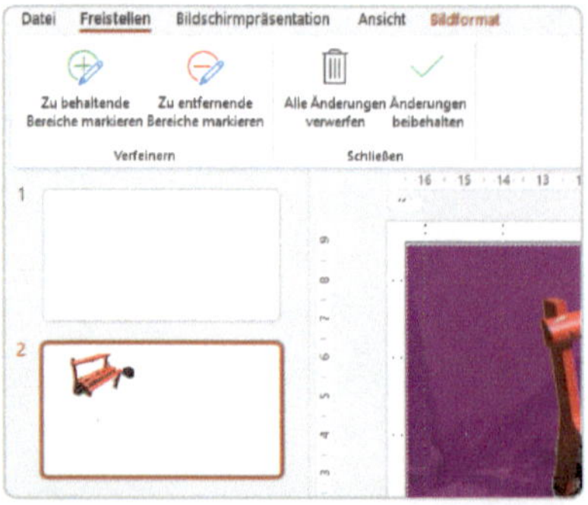


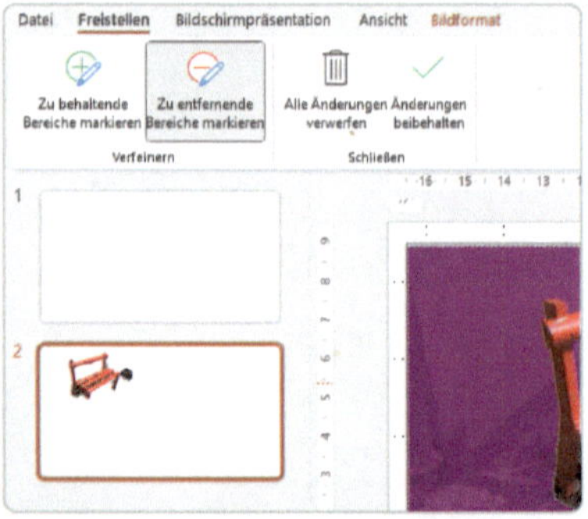

### Alle Änderungen entfernen, Bild zurücksetzen

Wenn Sie alle nachträglich vorgenommenen Bildänderungen entfernen und das Bild zurücksetzen möchten, dann klicken Sie im Register *Bildformat* auf den Dropdown-Pfeil *Bild zurücksetzen*. Hier finden Sie die folgenden Möglichkeiten:

- *Bild zurücksetzen* bedeutet, alle Bearbeitungsschritte, z. B. Zuschneiden oder Freistellen, zurückzunehmen, mit Ausnahme der Größenänderung.
- *Bild und Größe zurücksetzen* entfernt alle Bearbeitungen und das Bild erhält seine ursprüngliche Größe zurück.

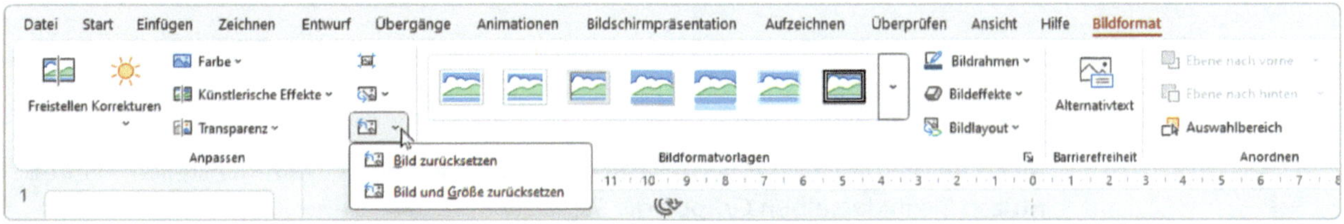


*Bild 6.21 Bild zurücksetzen*

### Bilder komprimieren, um den Speicherplatzbedarf zu verringern

Enthält Ihre Präsentation sehr viele Fotos oder möchten Sie die Präsentation per E-Mail versenden, dann sollten Sie zuvor die Bilder komprimieren und so die Dateigröße verringern. Klicken Sie dazu im Register *Bildformat* ▶ *Anpassen* auf Bilder *komprimieren* und wählen Sie, je nach Verwendungszweck eine Auflösung.

Um auf diese Weise gleich alle Bilder der Präsentation zu komprimieren, deaktivieren Sie das Kontrollkästchen *Nur für dieses Bild übernehmen*. Achten Sie auch darauf, dass zugeschnittene Bildbereiche entfernt werden.

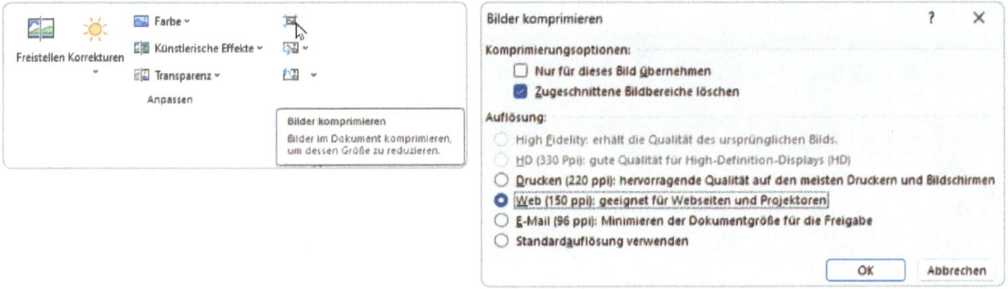


*Bild 6.22 Bilder komprimieren*

### Die übrigen Möglichkeiten im Überblick

| Schaltfläche/Symbol | Beschreibung |
|---|---|
| Korrekturen | Erlaubt Anpassungen von Schärfe, Helligkeit und Kontrast. |
| Bild ändern | Das markierte Bild durch ein anderes ersetzen. Größe und alle Formatierungen werden beibehalten. |

## Bild mit Rahmen und Effekten versehen

Die Gruppe *Bildformatvorlagen* (Register *Bildformat*) enthält eine Sammlung verschiedener Rahmen- und Schatteneffekte als schnelle Gestaltungshilfe. Klicken Sie auf das Symbol *Weitere* ⩡, um den gesamten Katalog auf einen Blick zu öffnen.

*Bild 6.23 Bildformatvorlagen*

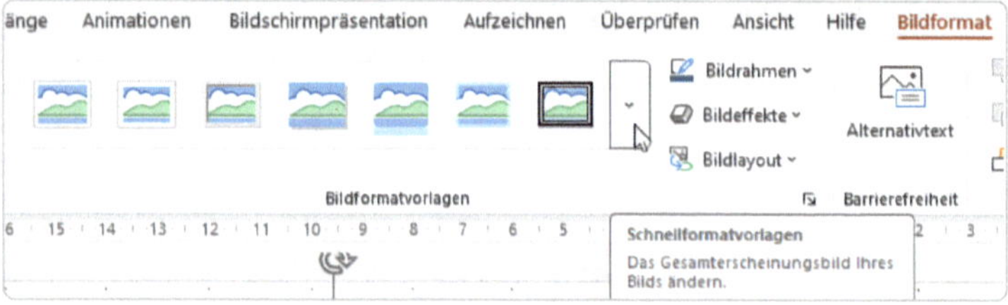


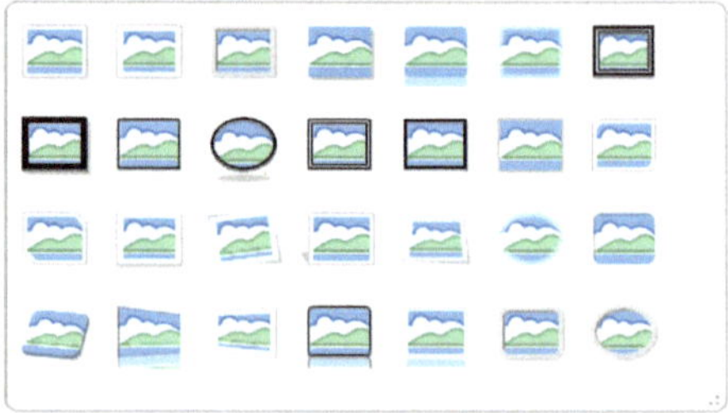

Die Effekte der Vorlagen beruhen auf dem verwendeten Design bzw. den Effekten, die Sie im Register *Entwurf* ▶ *Varianten* unter *Effekte* ausgewählt haben.

Möchten Sie dagegen eigene Rahmen- und Bildeffekte zusammenstellen, dann benutzen Sie in derselben Gruppe die Symbole *Bildrahmen* und *Bildeffekte*.

- Einen einfachen Rahmen erhalten Sie über das Symbol *Bildrahmen*: Wählen Sie hier *Linienfarbe*, *Strichstärke* und *Strich-* bzw. *Linienart* aus oder benutzen Sie das Werkzeug *Pipette*, um beispielsweise eine Farbe aus dem Bild als Rahmenfarbe festzulegen (Bild 6.25).

  **Rahmen entfernen**: Um einen Rahmen zu entfernen, wählen Sie *Keine Kontur*.

- Verschiedene Schatten-, Spiegelungs-, Leucht- und 3D-Effekte finden Sie über das Symbol *Bildeffekte*. Mit Klick auf *Optionen für...* öffnet sich der gleichnamige Aufgabenbereich mit weiteren Möglichkeiten.

*Bild 6.24 Beispiel Bildeffekte: Weiche Kanten*

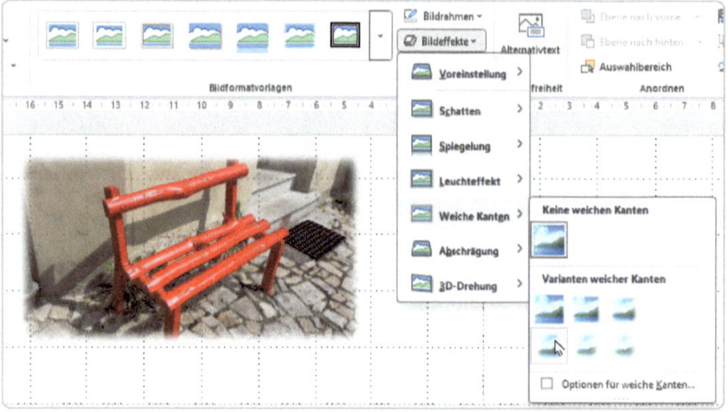


*Bild 6.25 Einfache Rahmenlinie*

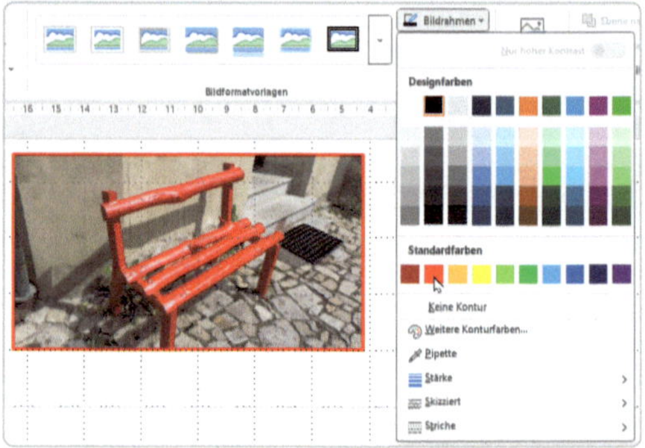


### Weitere Effekte im Aufgabenbereich Grafik formatieren

Weitere Effekte finden Sie im Aufgabenbereich *Grafik formatieren*. Diesen öffnen Sie entweder jeweils über den Befehl *Optionen für...* der jeweiligen Effektgruppe (siehe Bild 6.24) oder per Rechtsklick in das Bild und den Befehl *Grafik formatieren...*

Falls nicht bereits ausgewählt, klicken Sie im Aufgabenbereich auf das Register *Effekte* ⬠. Hier lassen sich in den einzelnen Abschnitten die Effekte detailliert bearbeiten. So können Sie beispielsweise, wie im Bild unten, Farbe, Transparenz, Größe, Winkel und Abstand eines Schatteneffekts regeln. Gleiches gilt auch für 3D-Einstellungen.

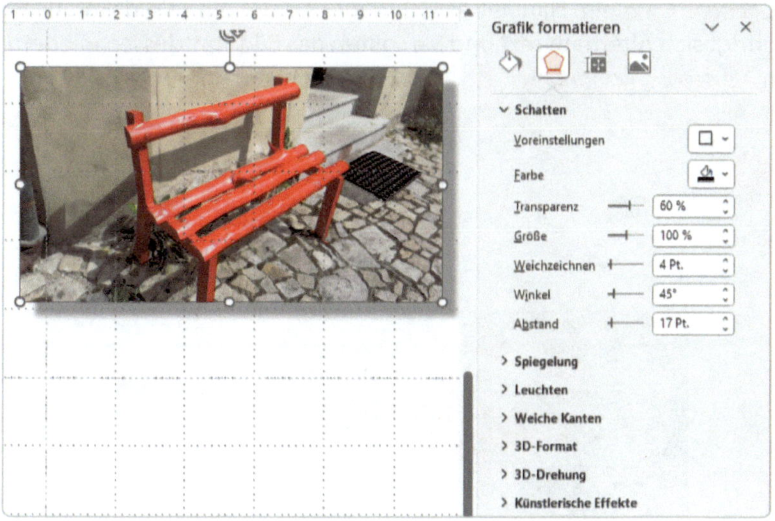


*Bild 6.26 Grafik formatieren: Schatteneinstellungen*

## 6.2 Bilder und grafische Objekte mit Alternativtext versehen

### Was ist Alternativtext?

Die Sprachausgabe, d. h. Vorlesen des Bildschirminhalts ist ein wichtiges Hilfsmittel für Blinde oder Personen mit eingeschränktem Sehvermögen. Solche Hilfsprogramme erkennen zwar, dass Bilder oder sonstige Objekte vorhanden sind, können diese aber nicht interpretieren. Alternativtext (Alt-Text) kann dagegen vorgelesen werden und hilft so beim Verständnis von Bildern, Diagrammen, SmartArt und sonstigen Objekten.

Alternativtext sollte kurz und in ein bis zwei einfachen Sätzen die wesentlichen Inhalte des Bildes beschreiben, ohne allzu sehr ins Detail zu gehen. Verzichten Sie auch auf Floskeln wie „Das Bild zeigt..." oder „Foto von...".

Wenn also Ihre Präsentation nicht nur zur Begleitung eines mündlichen Vortrags dient und Sie diese barrierefrei machen möchten, dann sollten Sie Bilder und andere grafische Objekte, die zum Verständnis des Inhalts beitragen, mit Alternativtext versehen.

Die nachfolgend beschriebene Vorgehensweise gilt nicht nur für Bilder, sondern auch für alle übrigen grafischen Objekte, z. B. SmartArt, Formen, Diagramme usw..

### Alternativtext hinzufügen

Klicken Sie mit der rechten Maustaste auf das betreffende Objekt, z. B. ein Bild, und auf *Alternativtext anzeigen*. Oder markieren Sie das Objekt und klicken im Menüband, Register *Bildformat* ▶ *Barrierefreiheit* auf *Alternativtext* ❶. Am rechten Rand des PowerPoint-Fensters erscheint der Aufgabenbereich *Alternativtext*. Hier wird automatisch eine kurze KI-generierte Beschreibung des Bildes bzw. Objekts angezeigt ❷, die meist sehr oberflächlich, oft auch sachlich falsch ist. Diese können Sie übernehmen oder auch beliebig ändern. Schalten Sie bei Übernahme des KI-Textes den Schalter *Alternativtext genehmigen* ein. Handelt es sich dagegen um ein rein dekoratives Element, dann erübrigt sich Alternativtext und Sie sollten das Bild stattdessen mit dem Kontrollkästchen *Als dekorativ markieren* ❸ als solches kennzeichnen.

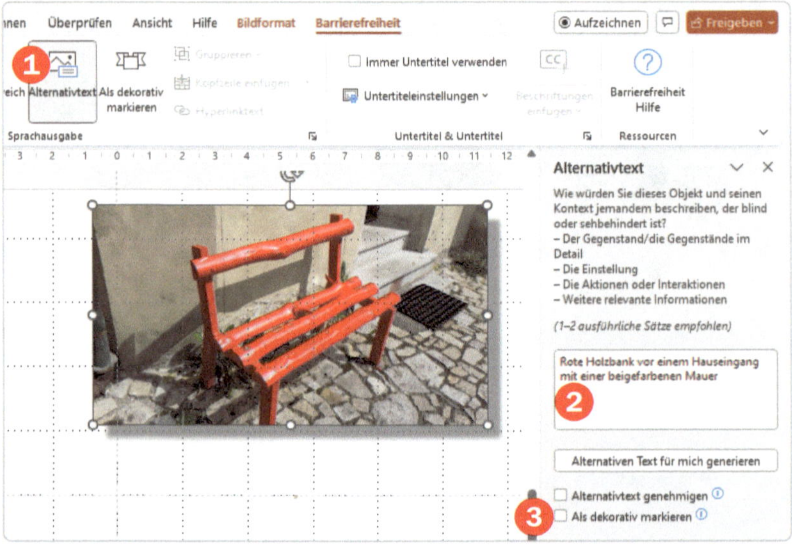


*Bild 6.27 Alternativtext bearbeiten*

## Alternativtext automatisch generieren

### Einzelnen, alternativen Text erzeugen

Im Aufgabenbereich *Alternativtext* haben Sie über die Schaltfläche *Alternativen Text für mich generieren* (Bild 6.27) auch die Möglichkeit, Text automatisch erstellen zu lassen. Allerdings ist das Ergebnis nur selten zufriedenstellend, s. Bild 6.28 unten. Zusammen mit dem automatisch generierten Text erscheint das Kontrollkästchen *Alternativtext genehmigen*. Dieses ist für den eigentlichen Text ohne Bedeutung, es dient lediglich als Feedback, um den Dienst zu verbessern.

### Automatischen Alternativtext beim Einfügen erzeugen

Beim Einfügen eines Bildes wird automatisch Alternativtext erzeugt, wie hier im Bild.

*Bild 6.28 Automatisch generierter Alternativtext*

Am Bild erscheinen außerdem die Symbole *Genehmigen* und *Bearbeiten*. Letzteres öffnet den Aufgabenbereich *Alternativtext* und Sie können hier den automatisch generierten Text jederzeit überschreiben. Falls kein automatisch erzeugter Alternativtext erscheint, oder Sie diese Funktion deaktivieren möchten, dann klicken Sie im Register *Datei* auf *Optionen* und wählen *Barrierefreiheit*. Aktivieren oder deaktivieren Sie dann im Abschnitt *Automatischer Alternativtext* das Kontrollkästchen *Alternativtext automatisch für mich generieren*.

## Achten Sie auf die Lesereihenfolge!

Bildschirmleseprogramme lesen mit Ausnahme der vorgegebenen Layoutplatzhalter die Objekte bzw. die dazugehörigen Alternativtexte in der Reihenfolge vor, in der sie in die Folie eingefügt wurden. Da diese Reihenfolge nicht zwangsläufig auch der logischen oder optischen Reihenfolge entspricht, sollten Sie in solchen Folien die Lesereihenfolge kontrollieren und ggf. ändern.

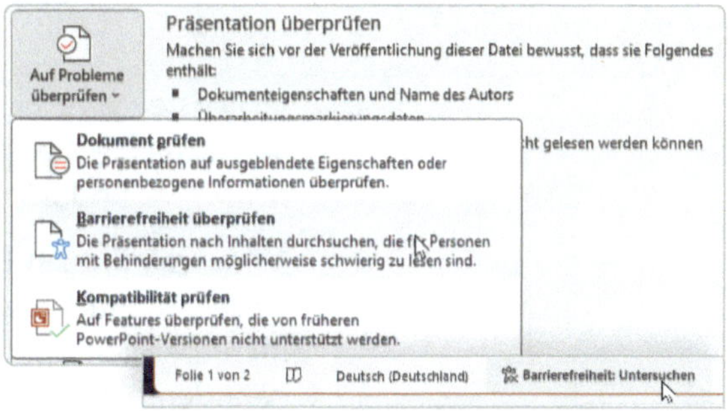


*Bild 6.29 Barrierefreiheit überprüfen*

1 Am einfachsten klicken Sie dazu im Register *Datei* auf *Informationen*, auf *Auf Probleme überprüfen* und wählen *Barrierefreiheit überprüfen*. Oder klicken Sie in der Statusleiste auf *Barrierefreiheit*.

2 Anschließend erhalten Sie im Aufgabenbereich *Barrierefreiheit-Assistent* eine Zusammenfassung aller gefundenen Probleme. Gleichzeitig erscheint im Menüband das Zusatzregister *Barrierefreiheit*. Klicken Sie auf dieses Register und hier auf *Lesereihenfolgebereich*.

Weitere Hinweise zum Thema Barrierefreiheit finden Sie in Kap. 9.1.

3 Im Aufgabenbereich *Lesereihenfolge* ordnen Sie nun die Objekte in logischer und nachvollziehbarer Reihenfolge (von oben nach unten) an, entweder durch Ziehen mit der Maus oder mithilfe der kleinen Pfeile. Wenn ein Objekt nicht vorgelesen werden soll, dann deaktivieren Sie das dazugehörige Kontrollkästchen.

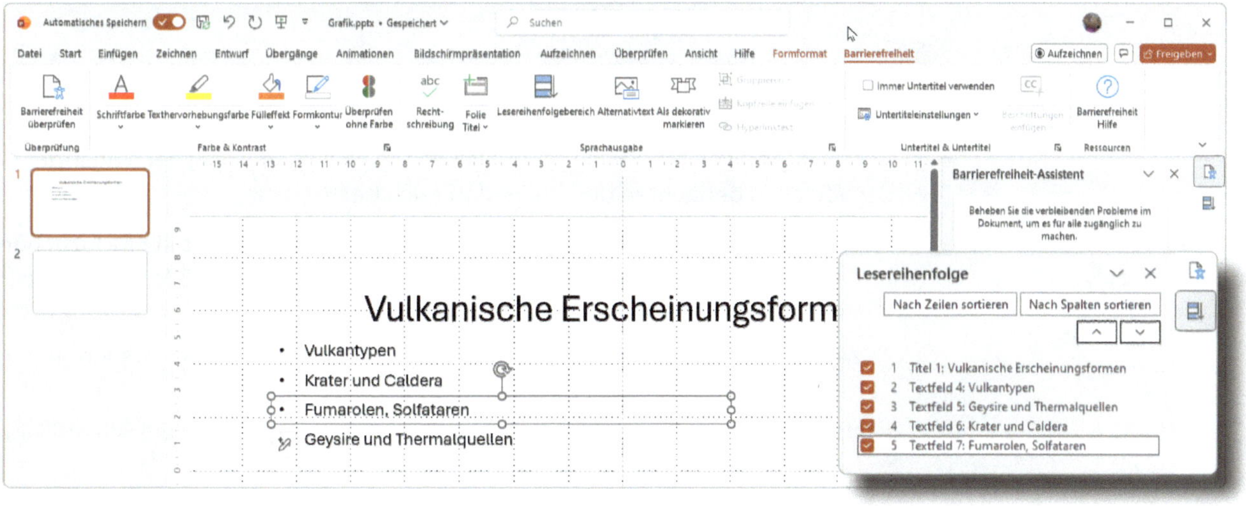


*Bild 6.30 Lesereihenfolge kontrollieren und ändern*

## 6.3 Spezialthema: Fotoalbum erstellen

Im Register *Einfügen* des Menübands finden Sie in der Gruppe *Bilder* auch *Fotoalbum*. Hierbei handelt es sich allerdings nicht um eine Methode zum Einfügen von Bildern, sondern PowerPoint erstellt eine neue Präsentation in Form eines Fotoalbums. Auf diese Weise können Sie etwa eine Sammlung von Urlaubsfotos zusammenstellen und anschließend als Bildschirmpräsentation vorführen.

1 Dazu beginnen Sie als Ausgangspunkt mit einer neuen Präsentation und wählen zunächst *Leere Präsentation*. Klicken Sie dann im Menüband, Register *Einfügen* auf *Fotoalbum* bzw. wählen Sie nach einem Klick auf den Dropdown-Pfeil *Neues Fotoalbum...*

2 Im Fenster *Fotoalbum* stellen Sie anschließend Ihr Fotoalbum zusammen. Klicken Sie dazu im ersten Schritt unter *Bild einfügen aus* auf die Schaltfläche *Datei/Datenträger...* und wählen Speicherort und die gewünschten Bilder aus.

3 Markieren Sie ein Bild, klicken auf die Schaltfläche *Einfügen* und wiederholen diesen Schritt, bis alle Bilder ausgewählt sind. Schneller geht's, wenn Sie gleich mehrere Bilder durch Anklicken mit gleichzeitig gedrückter **Strg**-Taste markieren. Befinden sich alle Bilder im selben Ordner, können Sie auch mit **Strg**+**A** den gesamten Ordnerinhalt markieren und dann einfügen.

*Bild 6.31 Neues Fotoalbum - Bilder einfügen*

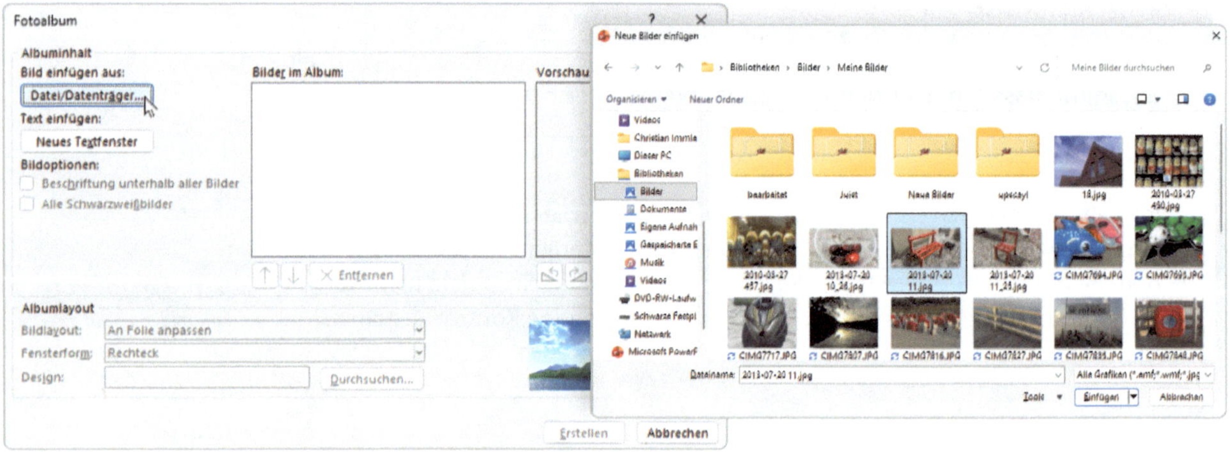


4 Anschließend können Sie durch Anklicken die einzelnen Bilder nacheinander in der Vorschau betrachten und bei Bedarf auch bearbeiten.

- Zum Bearbeiten markieren Sie das Bild mit einem Klick in das kleine Kästchen ❶. Nun können Sie mit Hilfe der Symbole unterhalb das Bild drehen oder spiegeln sowie Kontrast und Helligkeit ändern ❷.
- Wenn Sie die Reihenfolge ändern und das markierte Bild verschieben möchten, dann benutzen Sie die Pfeile nach oben oder unten ❸.
- Um ein Bild aus dem Fotoalbum zu entfernen, klicken Sie auf die Schaltfläche *Entfernen*.

*Bild 6.32 Einzelne Bilder auswählen und bearbeiten*

5 Mit der Schaltfläche *Neues Textfenster* fügt PowerPoint nach der aktuellen Folie eine zusätzliche Folie mit einem Platzhalter für Text bzw. einem Textfeld ein, in das Sie nach Fertigstellung des Albums beliebigen Text eingeben können.

6 Die Anzahl der Bilder pro Folie legen Sie im Feld *Bildlayout* fest und wählen zwischen Layouts mit und ohne Titel. Die Standardeinstellung *An Folie anpassen* bedeutet, pro Folie ein an die Foliengröße angepasstes Bild ohne Titelplatzhalter.

7 Wenn kein Design ausgewählt wird, erhält das Fotoalbum das Standarddesign mit schwarzem Hintergrund. Sie können jedoch auch später noch in der Ansicht *Normal* im Register *Entwurf* das Design jederzeit ändern.

8 Klicken Sie zuletzt auf die Schaltfläche *Erstellen*. Sie erhalten anschließend eine komplette Präsentation einschließlich einer Titelfolie und brauchen nur noch den Präsentationstitel ändern und eventuell zusätzliche Texte eingeben.

*Bild 6.33 Das fertige Fotoalbum (An Folie anpassen) in der Ansicht Foliensortierung*

Wenn Sie das Fotoalbum nachträglich bearbeiten möchten, beispielsweise um weitere Bilder hinzuzufügen, dann klicken Sie im Register *Einfügen* auf den Dropdown-Pfeil der Schaltfläche *Fotoalbum* und auf *Fotoalbum bearbeiten...* Darüber hinaus können Sie das Fotoalbum wie jede andere Präsentation bearbeiten, also z. B. Design und Farben ändern oder beliebig Folien hinzufügen.

## 6.4 Grafische Gestaltung mit Formen

Neben Bildern lassen sich auch Rechtecke, Pfeile und andere Formen zur Visualisierung einsetzen. Heben Sie beispielsweise bestimmte Sachverhalte durch einfache Rechtecke im Hintergrund hervor oder verdeutlichen Sie Zusammenhänge und Abläufe mit Pfeilen. Sie können sogar komplexe eigene Formen, z. B. Logos, zusammensetzen.

**Tipp:** Wenn Sie zum Einstieg den Umgang mit Formen ausgiebig testen möchten, dann eignet sich dazu am besten eine Folie mit dem Layout *Leer*.

### Form einfügen

PowerPoint verfügt, genau wie Word und Excel, über einen umfangreichen Formenkatalog, das dazugehörige Symbol *Formen* finden Sie an gleich zwei Stellen:

- Register *Start* in der Gruppe *Zeichnen*.
- Register *Einfügen*, Gruppe *Illustrationen* (Bild unten).

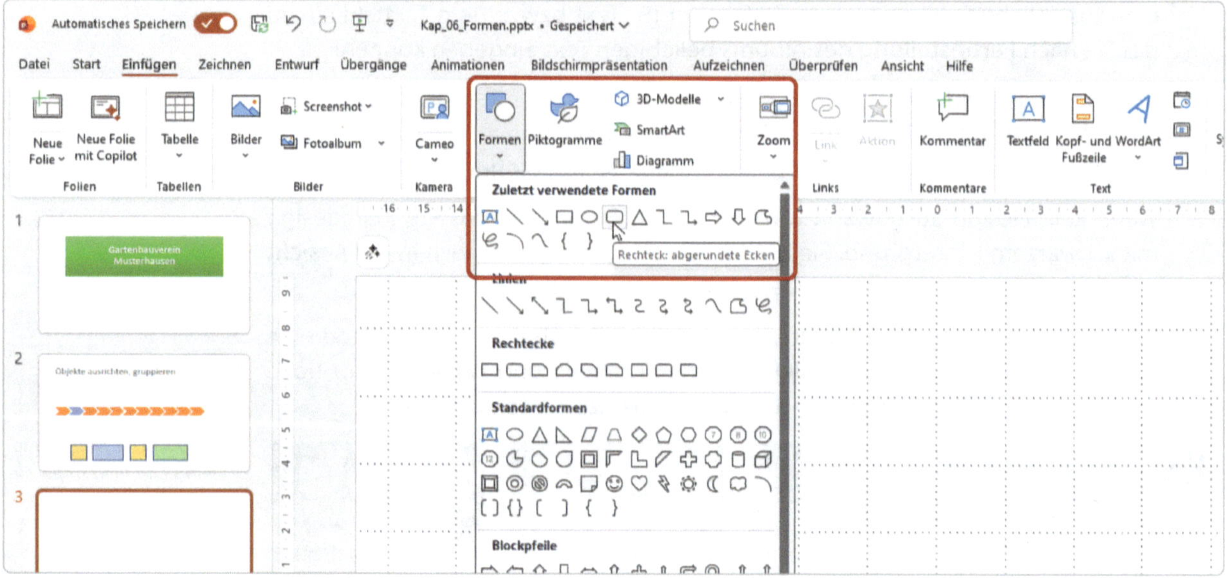


*Bild 6.34 Formenkatalog öffnen*

Zum Einfügen klicken Sie auf *Formen* und danach auf die gewünschte Form, z. B. ein Rechteck mit abgerundeten Ecken wie im Bild oben. Zum anschließenden Positionieren in die Folie verwenden Sie eine der folgenden Möglichkeiten:

- Um die Form in Originalgröße und im Originalseitenverhältnis ❶ einzufügen, klicken Sie einfach in der Folie an die gewünschte Stelle.
- Wenn Sie die Form in beliebiger Größe und Proportion einfügen möchten, dann ziehen Sie mit gedrückter linker Maustaste die Form diagonal in der gewünschten Größe auf. Der Mauszeiger nimmt dabei die Form eines Fadenkreuzes ❷ an.

- Möchten Sie die Form im Originalseitenverhältnis aufziehen, z. B. anstatt einer Ellipse einen exakten Kreis oder ein Quadrat statt eines Rechtecks, dann halten Sie zusätzlich während des Ziehens die **Umschalt**-Taste der Tastatur gedrückt.

*Bild 6.35 Beispiel: Rechteck einfügen: Links im Originalseitenverhältnis, rechts durch Aufziehen mit der Maus*

> **Seitenverhältnis beibehalten**
>
> Damit beim Zeichnen das Seitenverhältnis der Form beibehalten wird, z. B. wenn Sie einen exakten Kreis anstatt einer Ellipse oder ein Quadrat benötigen, halten Sie während des Ziehens die **Umschalt**-Taste (Shift) gedrückt. Dies gilt auch für eine eventuelle spätere Größenänderung mit der Maus.

## Größe, Seitenverhältnis und Drehung ändern

Die Vorgehensweise beim Verschieben und zur Größenänderung von Formen unterscheidet sich wenig von den übrigen PowerPoint-Folienobjekten.

- Ein Mausklick markiert die Form und an den Ecken und in der Mitte jeder Seite werden Markierungs- bzw. Anfasspunkte sichtbar.
- Zum Verschieben zeigen Sie an eine beliebige Stelle der Form: Am Mauszeiger erscheinen vier Richtungspfeile und Sie können die Form an jede beliebige Stelle der Folie verschieben.
- Die Größenänderung nehmen Sie wieder über die Markierungs- bzw. Anfasspunkte vor. Wenn das ursprüngliche Seitenverhältnis beibehalten werden soll, dann müssen Sie während des Ziehens mit der Maus die **Umschalt**-Taste gedrückt halten (siehe Kastentext oben). Dies gilt auch für die Eckpunkte!
- Einige Formen, z. B. Pfeile, verfügen über zusätzliche gelbe Markierungspunkte, an denen Sie durch Ziehen mit der Maus Details, wie Pfeilspitze und Pfeilstärke oder Rundung, verändern können.

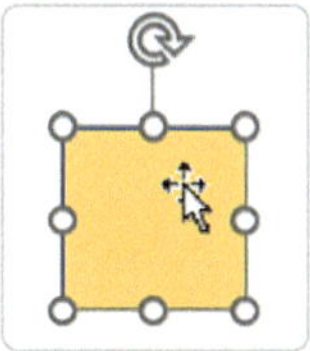

*Bild 6.36 Form verschieben*

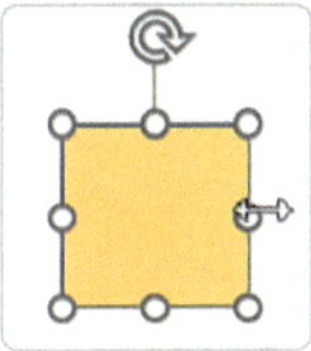

*Bild 6.37 Größenänderung*

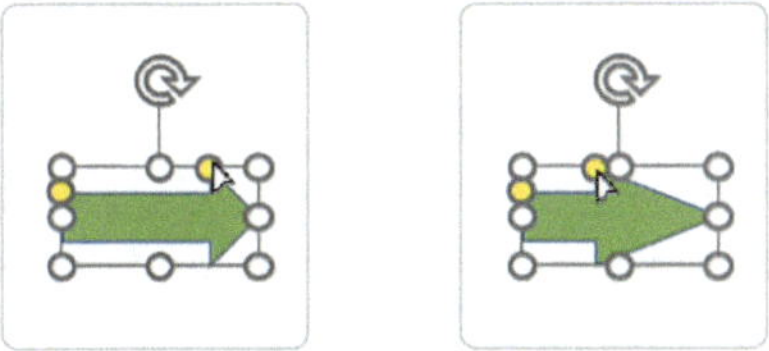

*Bild 6.38 Pfeildetails ändern*

### Genaue Größe festlegen

Zusammen mit einer markierten Form erscheint im Menüband das Register *Formformat*. Hier können Sie in der Gruppe *Größe*, falls gewünscht, die genaue Breite und/ oder Höhe eingeben.

Oder klicken Sie mit der rechten Maustaste in die Form und auf *Größe und Position...* Damit erhalten Sie im Aufgabenbereich *Form formatieren*, Register *Größe und Eigenschaften* dieselben Möglichkeiten, wie bereits für Bilder auf Seite 177 beschrieben.

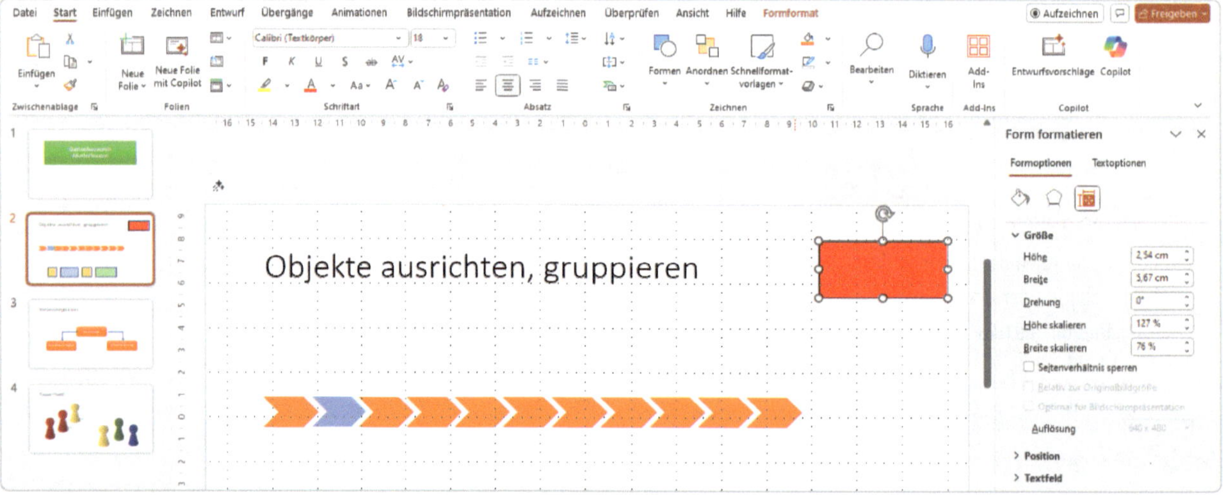

*Bild 6.39 Form formatieren: Größe und Eigenschaften*

### Form drehen und spiegeln

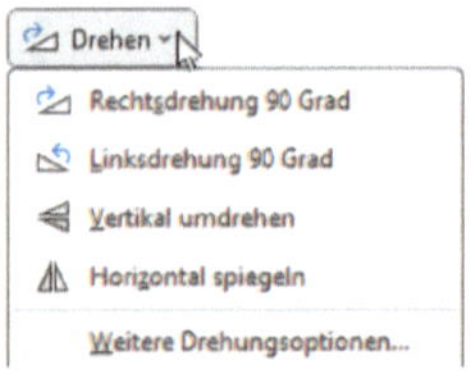


Wie jedes Objekt kann auch eine Form über das Drehsymbol oberhalb der Markierung frei gedreht werden. Für ein exaktes Drehen um 90 Grad oder horizontales bzw. vertikales Spiegeln klicken Sie im Menüband, Register *Formformat* ▶ *Anordnen* auf *Drehen* und wählen die gewünschte Einstellung. Der Befehl *Weitere Drehungsoptionen...* öffnet wieder den Aufgabenbereich *Form formatieren* (siehe oben) und Sie können im Feld *Drehung* einen beliebigen Winkel eingeben.

## Form zeichnen

### Die Registerkarte Zeichnen

Statt eine Form aus dem Formenkatalog einzufügen, können Sie Formen auch zeichnen. Das funktioniert nicht nur mit Finger und Stift, ein entsprechendes Gerät vorausgesetzt, sondern auch mit der Maus. Die Werkzeuge dazu stellt PowerPoint in der Registerkarte *Zeichnen* des Menübands zur Verfügung.

**Hinweis**: In Microsoft 365 bzw. PowerPoint 2024 ist das Register *Zeichnen* standardmäßig sichtbar. Wenn dies nicht der Fall ist, dann klicken Sie zum Anzeigen mit der rechten Maustaste an eine beliebige Stelle des Menübands und auf *Menüband anpassen...* Aktivieren Sie anschließend in den PowerPoint-Optionen rechts in der Liste der Hauptregisterkarten das Kontrollkästchen der Registerkarte *Zeichnen* und klicken Sie zum Übernehmen auf *OK*.

### Zeichnen, Schreiben und Hervorheben von Text

Für Freihandeingaben stehen Ihnen folgende Stiftarten zur Verfügung: zwei Stifte in den Farben Schwarz und Rot, ein Texturstift, ein Bleistift, ein Textmarker zum Hervorheben, ein Füllfederhalter sowie ein Pinselstift. Außerdem gibt es einen Radierer zum Entfernen von Freihandzeichnungen.

Die Stiftauswahl kann erweitert werden.

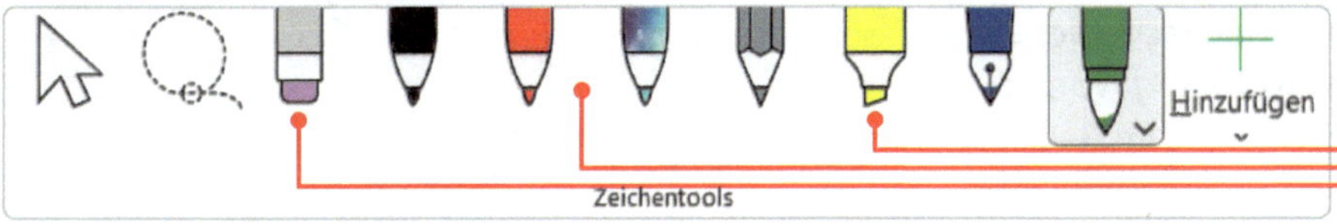


Zum Zeichnen oder Schreiben tippen Sie auf einen der Stifte, z. B. rot. Wenn Sie dessen Farbe oder Linienstärke ändern möchten, dann tippen Sie erneut auf den ausgewählten Stift ❶ (Bild 6.40) und danach auf die gewünschte Linienstärke und/oder Farbe. Zeichnen Sie dann eine Form oder schreiben Sie Text oder eine mathematische Formel.

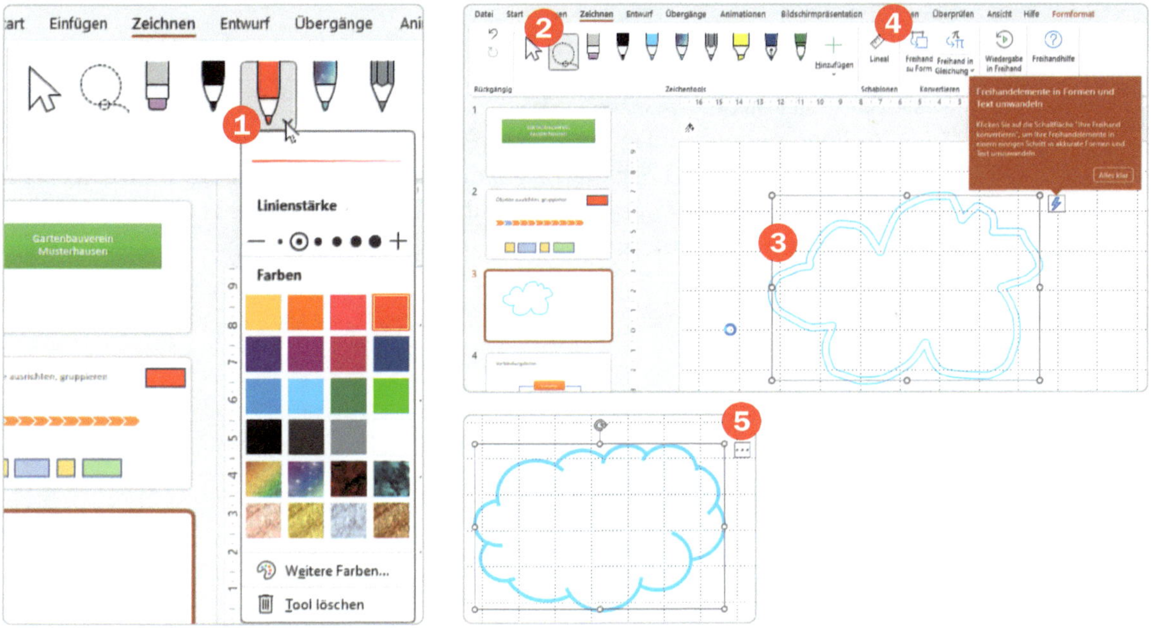


*Bild 6.40 Freihandform zeichnen und in Standardform umwandeln*

- **Form in Standardform umwandeln:** Wenn Sie die Form in eine Standardform aus dem Formenkatalog, umwandeln möchten, dann aktivieren Sie durch Antippen das Symbol *Lassoauswahl* ❷ und markieren anschließend durch Zeichnen die Freihandform ❸. Tippen Sie dann auf *Freihand in Form* ❹. Wenn Sie mit dem Ergebnis nicht zufrieden sind, können Sie, je nach Form diese über die drei Punkte ❺ zurücksetzen oder eine andere Form auswählen.
- **Form in Gleichung umwandeln**: Genauso gehen Sie auch vor, wenn Sie handschriftliche Eingaben in eine mathematische Gleichung umwandeln möchten. Benutzen Sie dazu das Symbol *Freihand in Gleichung* (siehe auch Kap. 5. Seite 128).

- **Form löschen**: Um eine gezeichnete Form wieder zu löschen, tippen Sie auf den Radierer und dann an eine beliebige Stelle der gezeichneten Linie.
- **Textmarker**: Der Textmarker hebt Text hervor und unterscheidet sich in seiner Handhabung wenig vom Symbol *Texthervorhebungsfarbe* im Register *Start*.

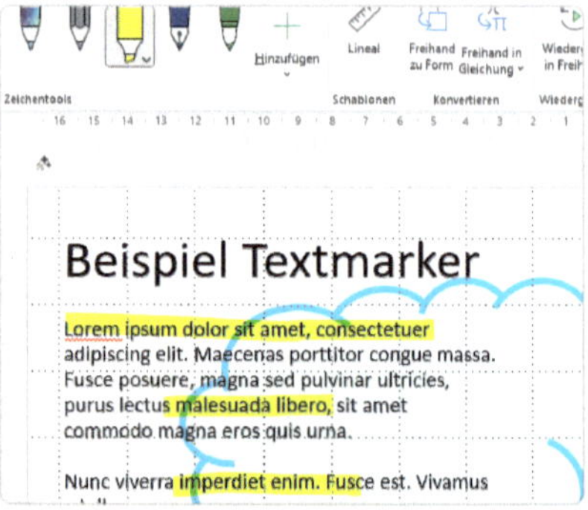


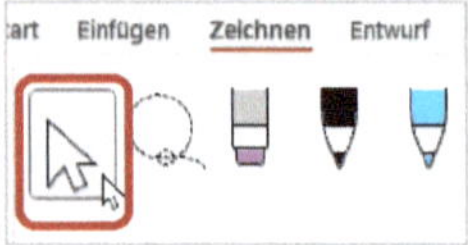


**Freihandeingabe beenden, Zeichnen deaktivieren**

Um die Freihandeingabe zu beenden, etwa weil Sie anschließend Text über die Tastatur eingeben, oder ein Objekt, z. B. die umgewandelte Form markieren möchten, tippen Sie im Register *Zeichnen* auf *Auswählen* oder betätigen die **Esc**-Taste.

### Gerade Linien mit dem Lineal zeichnen

Zum Zeichnen gerader Linien stellt PowerPoint ein Lineal zur Verfügung. Tippen Sie auf das Symbol *Lineal* und zeichnen Sie dann mit einem Stift Ihrer Wahl am Lineal entlang eine Linie. Erneutes Antippen des Symbols *Lineal* blendet das Lineal wieder aus.

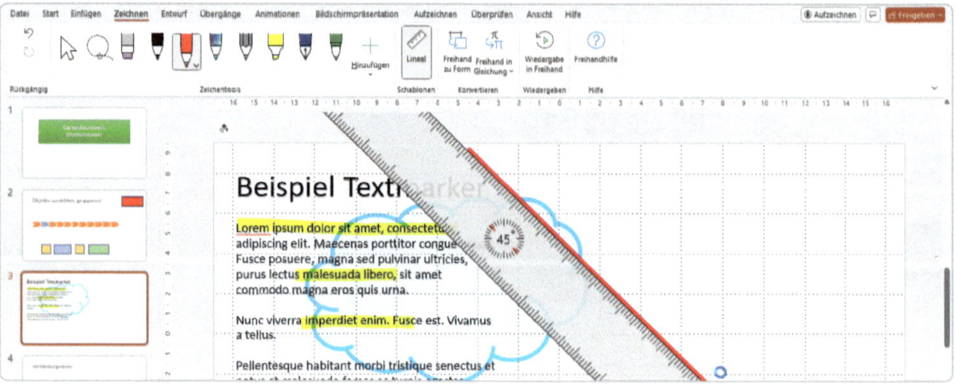


*Bild 6.41 Linien mit dem Lineal zeichnen*

### Lineal verschieben und drehen

Zum Verschieben und Drehen des Lineals können Sie die folgenden Methoden nutzen:

- **Fingerbedienung**: Benutzen Sie einen Finger zum Verschieben und zwei Finger zum Drehen bzw. drei Finger zum Drehen in 5-Grad-Schritten.
- **Maus**: Wenn Sie eine Maus benutzen, dann klicken Sie in das Lineal und verschieben es mit gedrückter Maustaste. Zum Drehen verwenden Sie das Mausrad.
- **Tastatur**: Als dritte Option lässt sich das Lineal auch mit der Tastatur steuern. Achten Sie darauf, dass der Auswahlmodus bzw. das Symbol *Auswählen* aktiviert ist und klicken Sie in das Lineal. Schalten Sie dann mit den Tasten **Umschalt**+**F6** den

Bedienungsmodus für das Lineal ein. Anschließend können Sie das Lineal mit den Pfeiltasten verschieben. Zum Drehen benutzen Sie die Tasten **Strg+Alt** und **Pfeiltaste nach Links** bzw. Rechts (in 1-Grad-Schritten) oder **Alt+Pfeiltaste nach Links**/Rechts (in 15-Grad-Schritten). Die **Esc**-Taste schaltet den Bedienungsmodus wieder aus.

### Freihandeingabe wiedergeben

Mit PowerPoint 2024 und Microsoft 365 können Sie Freihandstriche so wiedergeben, wie sie gezeichnet wurden. Dies funktioniert natürlich nur, wenn diese nicht zuvor in Text, eine Form oder Gleichung umgewandelt wurden. Dazu tippen oder klicken Sie im Register *Zeichnen* auf *Wiedergabe in Freihand*. Anschließend werden alle Freihandeingaben aus der Folie entfernt und erscheinen schrittweise in der Reihenfolge, in der sie gezeichnet wurden.

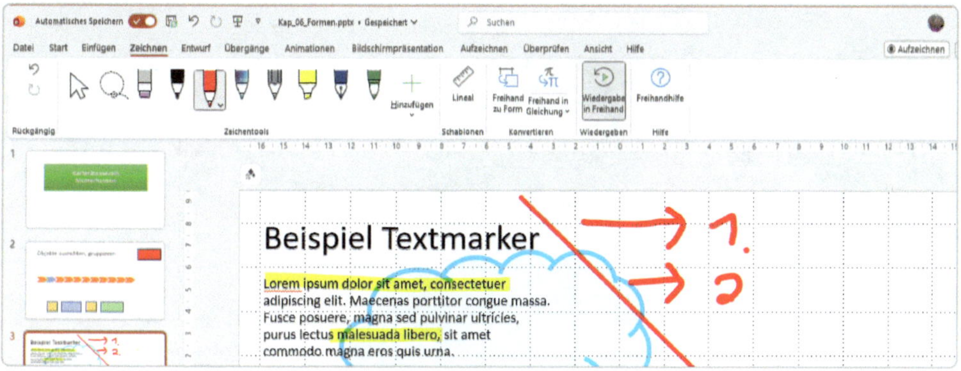


*Bild 6.42 Freihandeingabe wiedergeben*

**Achtung**: Die Freihandwiedergabe funktioniert nur in der Ansicht *Normal*. Wenn Sie diese auch in der Bildschirmpräsentation wiedergeben möchten, dann gehen Sie so vor:

Wählen Sie im Register *Zeichnen* den ersten Freihandstrich bzw. die erste Freihandform mittels Lasso aus. Klicken Sie dann im Menüband auf das Register *Animationen* und wählen Sie hier die Animation *Wiederholen* aus. Verfahren Sie dann mit den übrigen Freihandstrichen genauso.

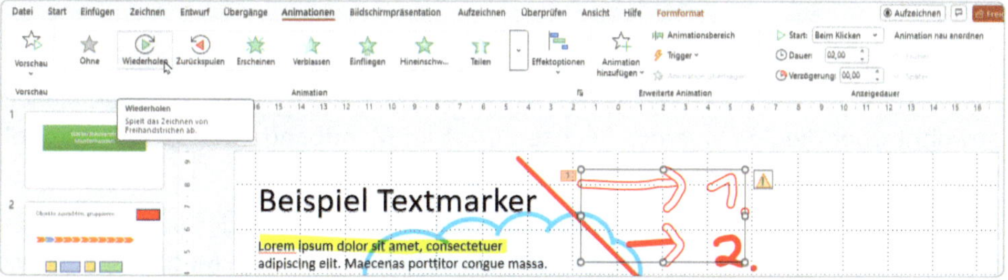


*Bild 6.43 Freihandwiedergabe als Animation*

Wie Sie Geschwindigkeit und Reihenfolge der Animation steuern, lesen Sie im Detail in Kap. 8.3 dieses Buches nach.

## Formen mit Text versehen

In vielen Fällen sollen Formen auch eine Beschriftung erhalten, insbesondere wenn es sich um eine Legende handelt. Formen verhalten sich in dieser Hinsicht wie Textfelder: Markieren Sie die Form mit einem Mausklick und tippen Sie einfach über die Tastatur Ihren Text ein. Oder klicken Sie mit der rechten Maustaste in die Form und auf *Text bearbeiten*. Für eventuelle spätere Änderungen am Text markieren Sie zuvor die Form und klicken mit der Maus in den Text. Anschließend erscheint an dieser Stelle wieder der Cursor.

**Gesamten Text der Form markieren**: Ein Rechtsklick in die Form und der Befehl *Text bearbeiten* oder Dreifachklick in den Text der markierten Form markiert den gesamten vorhandenen Text.

*Bild 6.44 Form beschriften, Beispiel Rechteck*

*Bild 6.45 Textfeldoptionen im Aufgabenbereich*

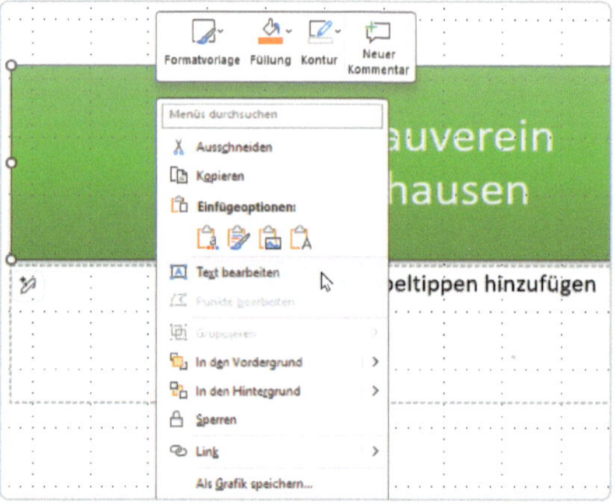


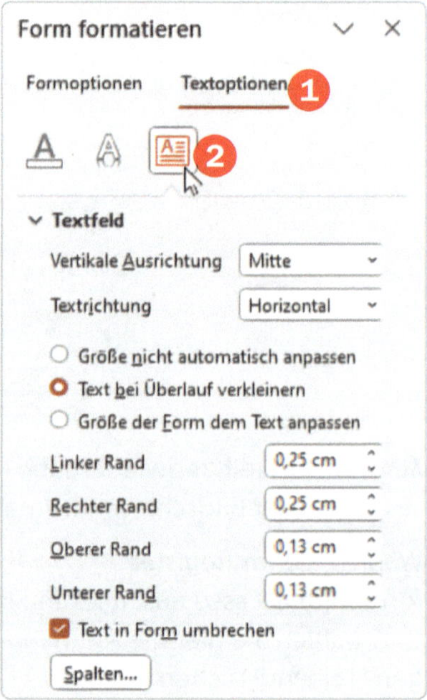


**Text formatieren**

Änderungen am Aussehen des Textes, z. B. Schriftgröße und -farbe, nehmen Sie wie gewohnt über die Symbole des Registers *Start* im Menüband oder der Minisymbolleiste vor.

Details zum Thema Text in Textfeldern ausrichten, siehe Seite 142.

Auch in puncto Ausrichtung verhalten sich Formen wie Textfelder und Sie können in der Form Text vertikal und/oder horizontal zentrieren. Weitere Möglichkeiten, wie Textabstand bzw. Ränder und die automatische Größenanpassung beim Einfügen längerer Texte finden Sie wieder im Aufgabenbereich. Dazu klicken Sie mit der rechten Maustaste in die Form und auf *Form formatieren...* Wählen Sie dann im gleichnamigen Aufgabenbereich *Textoptionen* ❶ und klicken Sie auf *Textfeld* ❷ (Bild 6.45).

# 6.5 Platzhalter und Formen mit Füllfarben und sonstigen Effekten versehen

Formen erhalten beim Einfügen automatisch eine Akzentfarbe des aktuellen Designs. Zahlreiche Gestaltungsmöglichkeiten, nicht nur für Formen, stehen Ihnen im Menüband mit dem Register *Formformat* zur Verfügung, das beim Markieren einer Form automatisch erscheint.

**Füllungen, Konturen und Effekte sind für Formen, Textfelder und Platzhalter identisch!**

Bei der Gestaltung mit Fülleffekten, Konturlinien und Schatten-, Spiegelungs- und 3D-Effekten unterscheidet PowerPoint nicht zwischen Formen, Textfeldern und Platzhaltern des Folienlayouts. Die nachfolgend beschriebenen Gestaltungsmöglichkeiten können daher nicht nur auf Formen, sondern auch auf Textfelder und Platzhalter angewendet werden. Ob ihr Einsatz aber auch in allen Fällen sinnvoll ist, müssen Sie selbst entscheiden. Das Register *Formformat* bzw. *Format*, das zusammen mit dem markierten Objekt im Menüband erscheint, ist in allen drei Fällen identisch.

*Bild 6.46 Das Register Formformat*

## Formatvorlagen für Formen

Zur schnellen Gestaltung verwenden Sie am besten die Vorlagen der Gruppe *Formenarten*, deren Farben und sonstigen Effekte richten sich nach dem aktuellen Design. Markieren Sie die Form, im Bild unten den Platzhalter mit dem Titel der Präsentation und klicken im Menüband, Register *Formformat* ▶ *Formenarten* auf den Pfeil *Weitere* ▽. Klicken Sie dann auf die gewünschte Vorlage.

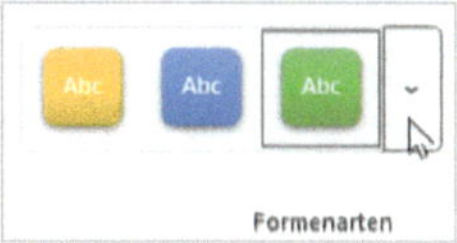


Oder Rechtsklick und Symbol *Formatvorlage*

*Bild 6.47 Formatvorlagen für Formen*

Der Vorlagenkatalog umfasst Vorlagen mit und ohne Kontur, transparenten und farbigen Hintergründen und farblich darauf abgestimmte Schriftfarben.

Um die Wirkung anhand einer Vorschau in der Folie zu testen, zeigen Sie auf eine Vorlage.

**Tipp: Legenden schnell mit transparenter Füllung versehen**
Unter den Office-Standardformen finden Sie auch verschiedene Legenden, d. h. rechteckige Formen oder Sprechblasen mit einer daran anschließenden Linie. Leider erhalten diese beim Einfügen wie alle Formen eine Füllfarbe. Wenn Sie stattdessen keine bzw. transparente Füllung und/oder eine andere Schriftfarbe wünschen, dann geht dies am schnellsten mit den Vorlagen im Abschnitt *Voreinstellungen*. Hier finden Sie transparente und halbtransparente Füllungen mit oder ohne Rahmen in Verbindung mit einer passenden Schriftfarbe.

## Individuelle Füllungen, Konturen und Effekte

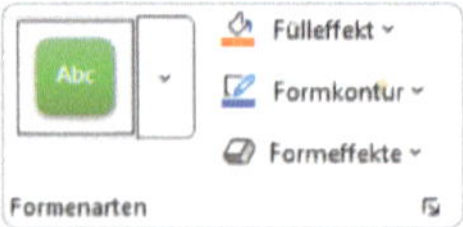


Im Register *Formformat* des Menübands finden Sie neben den Vorlagen auch die Symbole *Fülleffekt*, *Formkontur* und *Formeffekte*, über die Sie die markierte Form nach Belieben individuell gestalten können. *Füllung* und *Kontur* sind auch Bestandteil einer Minisymbolleiste, die in der Folie erscheint, wenn Sie mit der rechten Maustaste in eine Form klicken.

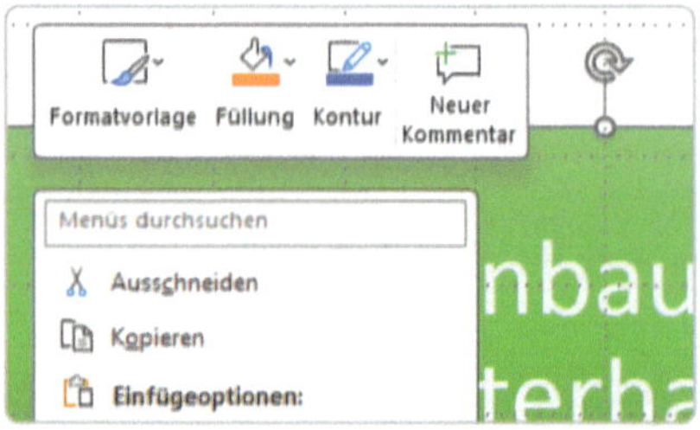


### Fülleffekte

Über das Symbol *Fülleffekt* bzw. *Füllung* können Sie einer Form neben den üblichen Designfarben auch ein Bild oder verschiedene Farbverläufe als Füllung zuweisen.

- **Farbe und Transparenz**: Falls Sie eine von den Designfarben abweichende Farbe verwenden möchten, so klicken Sie auf *Weitere Füllfarben...* und wählen im Dialogfenster *Farben* entweder eine der Standardfarben oder geben im Register *Benutzerdefiniert* den gewünschten Farbwert nach dem RGB Farbmodell ein. Unterhalb können Sie zusätzlich über einen Schieberegler die Transparenz ändern.
- **Füllung entfernen**: Zum Entfernen einer Füllung wählen Sie *Keine Füllung*.
- **Farbe aus Bild verwenden**: Anstatt einer Designfarbe können Sie mit der *Pipette* aus einem Bild eine Farbe durch Anklicken auswählen und damit die Form ausfüllen.
- **Form mit Bild ausfüllen**: Soll die Form mit einem Bild ausgefüllt werden, so klicken Sie auf *Bild...* und wählen anschließend ein Bild aus. **Achtung**: Das Bild wird automatisch dem Seitenverhältnis der Form angepasst und dadurch meist verzerrt.
- **Farbverlauf**: Die Auswahl *Farbverlauf* bietet verschiedene Farbverlaufsvarianten, basierend auf der gewählten Farbe an.
- **Struktur**: Mit *Struktur* erhalten Sie verschiedene Stein-, Holz- oder Textilstrukturen zur Auswahl. Von Ihrer Verwendung ist allerdings bis auf wenige Ausnahmefälle abzuraten, wenn Sie nicht beim Publikum den Eindruck einer uralten und unprofessionellen Präsentation erwecken möchten.

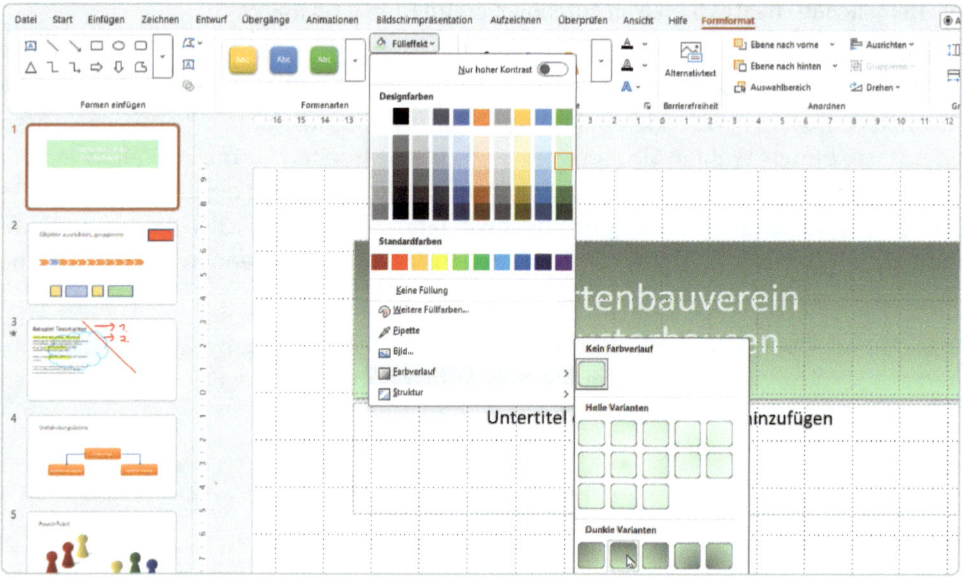


*Bild 6.48 Beispiel Farbverlauf*

## Linien, Konturen und 3D-Effekte

- Das Symbol *Formkontur* ändert Farbe, Strichstärke und -art der Konturlinien. Die Möglichkeiten der Farbauswahl unterscheiden sich nicht vom Fülleffekt.
  - Handelt es sich bei der Form um eine Linie, so steuern Sie über dieses Symbol das gesamte Aussehen und können die Linie zusätzlich mit Pfeilen versehen. Hierzu klicken Sie auf *Pfeile* und wählen Art und Richtung.
  - Die übrigen Formen oder Textfelder erhalten damit eine Rahmen- bzw. Konturlinie und die Auswahl *Keine Kontur* entfernt diese ganz.

- 3D-Effekte und Schatten weisen Sie über das Symbol *Formeffekte* zu.

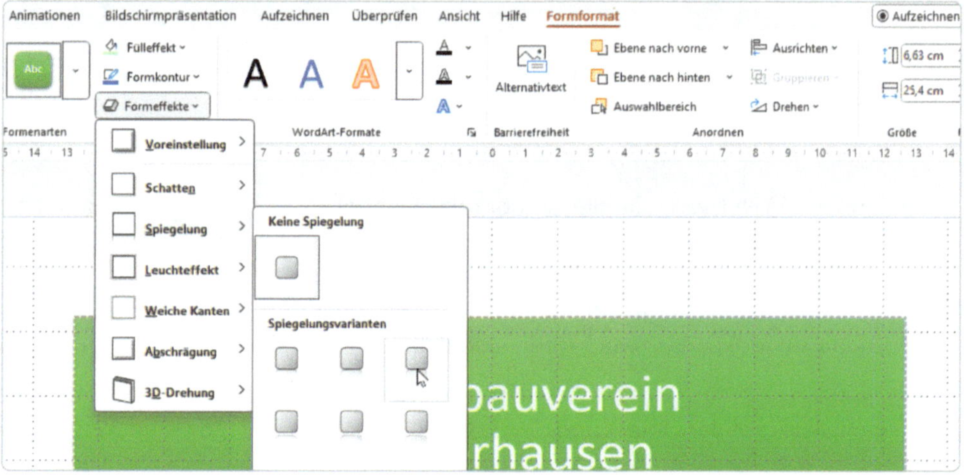


*Bild 6.49 Beispiel Formeffekte: Spiegelung*

### Weitergehende Effektoptionen im Aufgabenbereich Form formatieren

Wenn Ihnen die angebotenen Effekte nicht ausreichen, dann finden Sie weitere Effektoptionen im Aufgabenbereich *Form formatieren*, den Sie über das Pfeilsymbol der Gruppe *Formenarten* oder den Befehl *Form formatieren...* im Kontextmenü der rechten Maustaste öffnen. Wählen Sie hier *Effekte* und bearbeiten Sie die Einstellungen der Abschnitte *Schatten*, *Spiegelung*, *Leuchteffekt* usw.. Im Bild unten die Beispiele *Schatten* und *3D-Format*. Um den jeweiligen Effekt wieder zu entfernen, klicken Sie auf das Symbol *Voreinstellungen* (Schatten) und auf *Kein Schatten* bzw. verwenden die Schaltfläche *Zurücksetzen* (3D-Format).

**Tipp**: Mit Klick auf *Formeffekte* und beim gewünschten Effekt, z. B. *Schatten* ganz unten auf *Schattenoptionen*, öffnen Sie den Aufgabenbereich *Form formatieren* gezielt an dieser Stelle.

*Bild 6.50 Form formatieren: Schatten und 3D-Format*

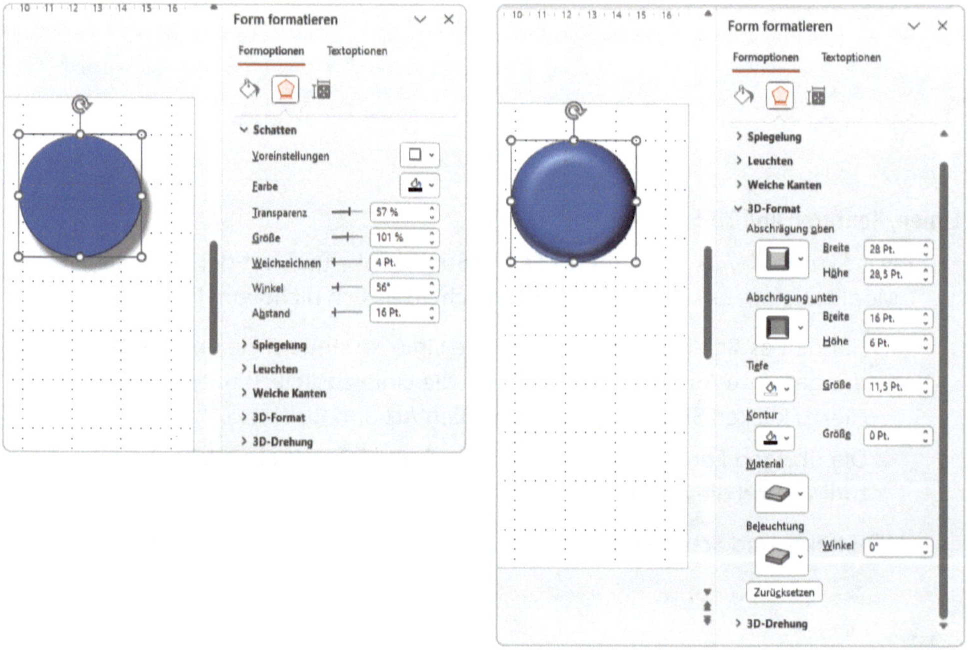


## So erstellen Sie Ihren eigenen Farbverlauf

**Folienhintergrund:** Um den Folienhintergrund mit einem Farbverlauf zu versehen, klicken Sie im Menüband, Register *Entwurf* ▶ *Varianten* auf den Pfeil, wählen *Hintergrundformate* und *Hintergrund formatieren...*

Sollten Ihnen die Farbverläufe, die Sie über das Symbol *Fülleffekt* ▶ *Farbverlauf* erhalten, nicht zusagen, so stellen Sie im Aufgabenbereich *Form formatieren* Ihren eigenen Farbverlauf zusammen. Da sich Farbverläufe auch als Folienhintergrund oder für Textfelder vor einem Bildhintergrund eignen, hier eine kleine Anleitung, wie Sie einen individuellen Farbverlauf mit zwei Farben erstellen:

1. Markieren Sie das Objekt und öffnen Sie den Aufgabenbereich, entweder per Rechtsklick auf das Objekt und den Befehl *Form formatieren...* oder klicken Sie auf *Fülleffekt* ▶ *Farbverlauf* und klicken auf *Weitere Farbverläufe...*

2 Klicken Sie im Aufgabenbereich auf das Symbol *Füllung* und wählen Sie hier die Option *Farbverlauf* ❶ (Bild 6.51).

3 Wählen Sie dann entweder einen der *voreingestellten Farbverläufe* ❷ oder legen Sie unterhalb *Typ*, *Richtung* und *Winkel* selbst fest.

4 Die Auswahl der Farben erfolgt an den Farbverlaufstopps: Klicken Sie auf den ersten Farbverlaufstopp ganz links ❸ und wählen Sie für diesen die erste *Farbe* ❹. Zusätzlich können Sie über Schieberegler *Transparenz* und *Helligkeit* ändern ❺.

5 Klicken Sie dann auf den Farbverlaufstopp ganz rechts und wählen Sie die zweite Farbe und ggf. Transparenz und Helligkeit an dieser Stelle aus.

6 An welcher Stelle der Übergang zwischen den Farben erfolgt, regeln Sie über die Farbverlaufstopps dazwischen ❻, indem Sie diese entweder mit der Maus verschieben oder im Feld *Position* einen Prozentanteil, z. B. 75 % eingeben. Bei zwei Farben genügt meist ein Farbverlaufstopp, weitere ❼ können Sie über das Symbol hinzufügen und nicht benötigte mit diesem Symbol entfernen.

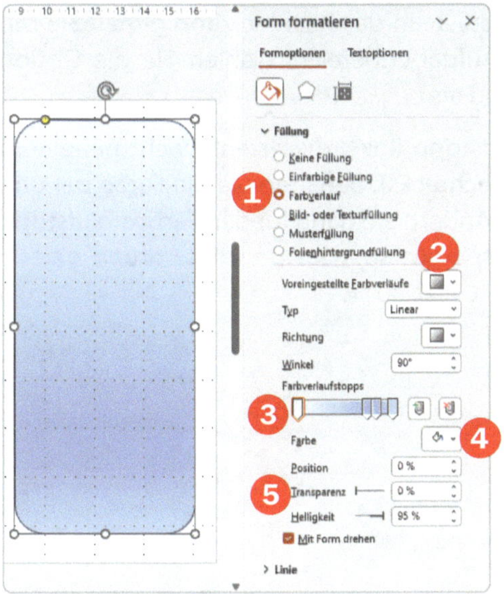


Bild 6.51 Farbverlauf festlegen

Bild 6.52 Farbverlaufstopp bearbeiten

### Beispiel: Textfeld mit Verlaufs- und Transparenzeffekt versehen

Sie verwenden ein Bild als Folienhintergrund und möchten den Text im Vordergrund, z. B. Präsentationstitel, so gestalten, dass dieser trotzdem gut lesbar ist? Eine Möglichkeit besteht darin, den Platzhalter oder das Textfeld mit einem transparenten Hintergrund zu versehen, eventuell in Verbindung mit einem Farbverlauf. Grundsätzlich lässt sich diese Aufgabe auf zwei Wegen lösen:

Entweder versehen Sie den Platzhalter bzw. das Textfeld mit Transparenz und Farbverlauf. Oder Sie legen ein Rechteck hinter den Text und versehen dieses mit Transparenz und Farbverlauf. Diese Variante hat den Vorteil, dass Sie das Textfeld flexibler vor dem Hintergrund positionieren können. Dazu ein Beispiel:

1 Im ersten Schritt fügen Sie an der entsprechenden Stelle der Folie ein Rechteck ❶ in der gewünschten Größe ein (Bild 6.53), hier am rechten Folienrand über die gesamte Höhe. Das Rechteck erhält zunächst einmal eine einfarbige Füllung, hier in weißer Farbe. Entfernen Sie außerdem die Konturen (*Keine Kontur*).

2 Das Textfeld können Sie schon mal an die spätere Position verschieben ❷. Sollte der Text durch das Rechteck verdeckt werden, so klicken Sie mit der rechten Maustaste in das Rechteck und auf den Befehl *In den Hintergrund*.

*Bild 6.53 Die Ausgangsfolie mit Rechteck und Text*

*Bild 6.54 Das Ergebnis*

Beispielbild: Microsoft Archivbilder

3 Klicken Sie dann mit der rechten Maustaste in das Rechteck und öffnen Sie mit dem Befehl *Form formatieren...* den Aufgabenbereich. Wählen Sie die Option *Farbverlauf*, darunter den *Typ Linear* und als *Winkel* 0° (=senkrecht).

4 Klicken Sie auf den ersten Farbverlaufstopp links (dieser entspricht bei einem Winkel von 0° dem linken Rand des Rechtecks). Behalten Sie die Farbe bei und ändern Sie die Transparenz auf 100 %. Ändern Sie dann für den Farbverlaufstopp ganz rechts (= Farbe rechts) die Transparenz so, dass der Hintergrund gerade noch sichtbar und der Text gut lesbar ist, z. B. 30 %.

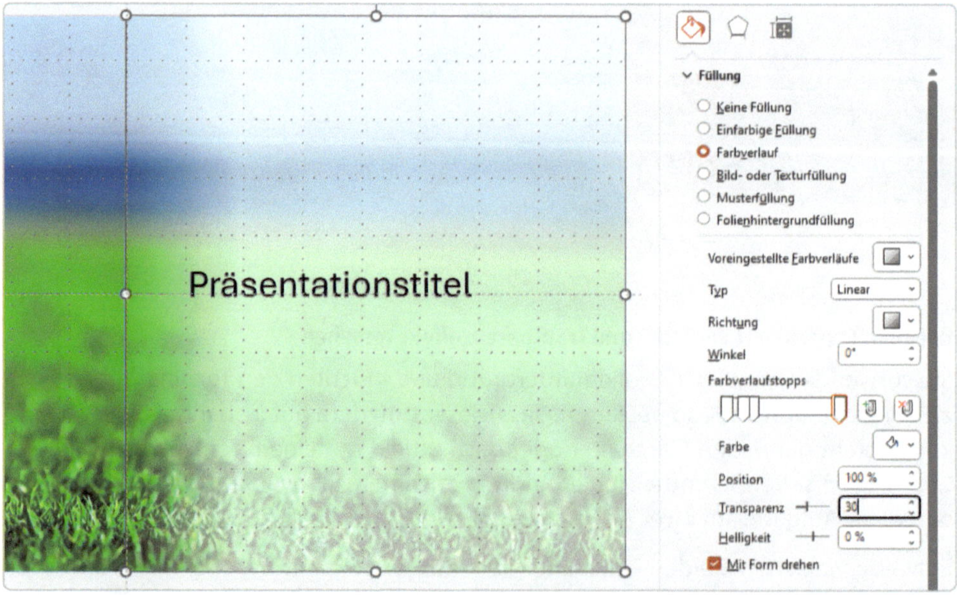


*Bild 6.55 Bearbeiten Sie im Aufgabenbereich Farbverlaufstopps und Transparenz*

5 Positionieren Sie ein oder zwei weitere Farbverlaufstopps nahe am linken Rand und gleichen Sie für diese die Transparenz schrittweise an. Eventuell müssen Sie diese beiden noch etwas verschieben, bis Sie das gewünschte Ergebnis erhalten.

# 6.6 Weitere grafische Objekte

## Piktogramme

Piktogramme sind kleine Grafiken mit transparentem Hintergrund, die Sie wie Formen verwenden und z. B. beliebig einfärben können. Da es sich außerdem um Vektorgrafiken handelt, lassen sich Piktogramme im Gegensatz zu Bildern ohne Qualitätsverlust beliebig vergrößern, verkleinern, drehen und einfärben.

**Achtung**: Zum Einfügen ist eine Internetverbindung erforderlich.

Zum Einfügen klicken Sie im Menüband, Register *Einfügen* ▶ *Illustrationen* entweder auf *Piktogramme*, oder wählen Sie *Bilder* ▶ *Archivbilder* und klicken dann auf den Bildtyp *Piktogramme* ❶.

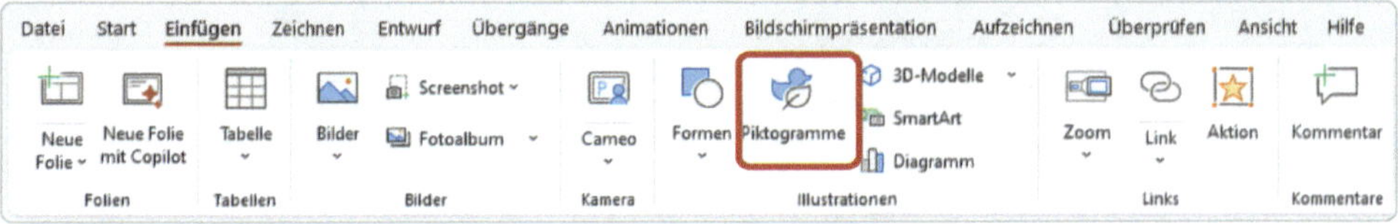


*Bild 6.56 Piktogramm einfügen*

Der Menüpunkt *Symbole* beim Symbol *Bilder* im Platzhalter eines Folienlayouts führt ebenfalls zur Auswahl der Piktogramme.

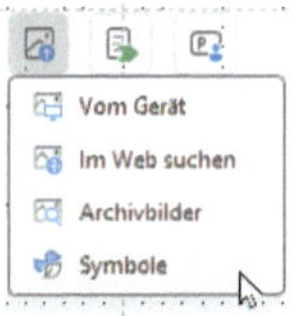


Auch die Auswahl eines Piktogramms erfolgt wie bei den Archivbildern: Geben Sie im Suchfeld ❷ einen Suchbegriff ein oder klicken Sie auf eine Kategorie, z. B. *Sport*; mit den Pfeilen rechts und links blättern Sie durch die Kategorien.

Klicken Sie dann auf das gewünschte Motiv ❸. Dieses wird mit einem Häkchen versehen, Sie können also nacheinander auch gleich mehrere durch Anklicken auswählen. Um ein Piktogramm aus der Auswahl bzw. das Häkchen zu entfernen, klicken Sie es erneut an. Klicken Sie zuletzt auf die Schaltfläche *Einfügen* ❹.

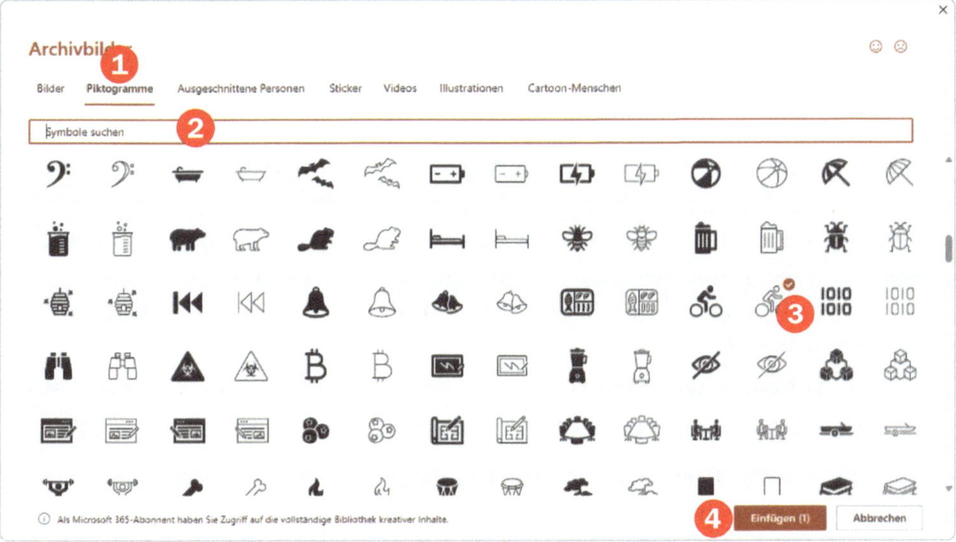


*Bild 6.57 Wählen Sie ein Piktogramm und klicken Sie auf Einfügen*

Zusammen mit dem markierten Piktogramm erhalten Sie im Menüband das Register *Grafikformat*. Dieses hält im Wesentlichen dieselben Formatierungsmöglichkeiten bereit wie das Register *Formformat* für Formen, nur dass hier die Symbole mit *Grafikfüllung*, *Grafikkontur* und *Grafikeffekte* beschriftet und die Formatvorlagen weniger zahlreich sind. Die Positionierung und Größenänderung unterscheidet sich ebenfalls nicht von Formen und Bildern und wird daher an dieser Stelle nicht mehr beschrieben.

### Farbe ändern

Standardmäßig werden Piktogramme in schwarzer Farbe eingefügt. Zum Ändern markieren Sie das Piktogramm und klicken im Register *Grafikformat* auf *Grafikfüllung*. Oder klicken Sie mit der rechten Maustaste und wählen über das Symbol *Füllung* eine andere Farbe.

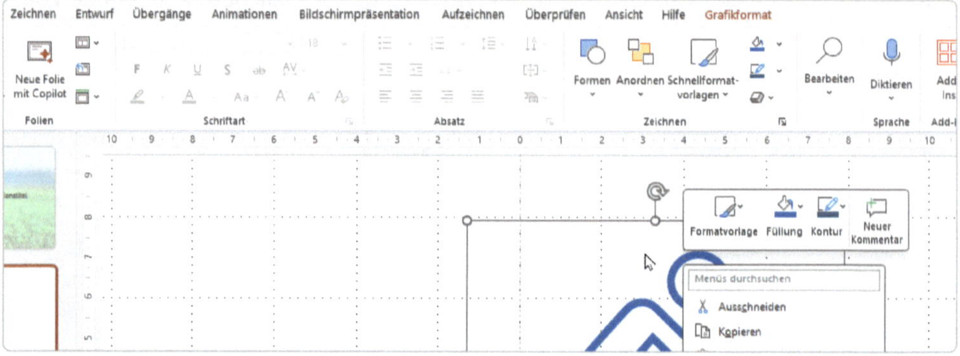


*Bild 6.58 Piktogramm in anderer Farbe formatieren*

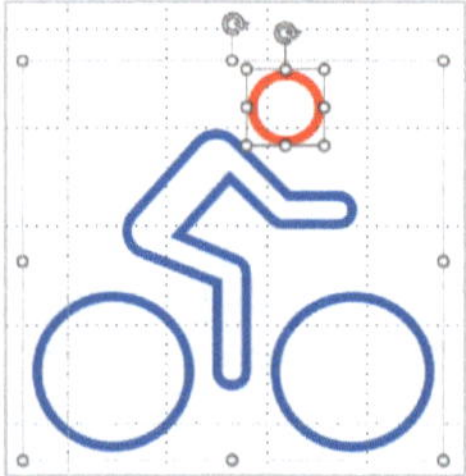

**Tipp**: Sämtliche Formate, wie z. B. die Füllfarbe, beziehen sich standardmäßig auf das gesamte Piktogramm. Falls Sie einzelne Bestandteile gesondert behandeln möchten, dann klicken Sie im Register *Grafikformat* ▶ *Ändern* auf *In Form konvertieren*. Das Piktogramm wird in Formen zerlegt, die Sie nun einzeln markieren und bearbeiten, z. B. einfärben, können und statt des Registers *Grafikformat* erscheint das Register *Formformat*.

## 3D-Modelle

Microsoft Office unterstützt seit der Version 2019 auch 3D-Modelle, die in der Folie beliebig gedreht werden können. Damit lassen sich auch komplexere Dinge, wie beispielsweise ein Getriebe oder ein Gebäude anschaulich darstellen. Sie können dazu eigene, als Datei gespeicherte 3D-Modelle verwenden oder auf eine Sammlung von Online 3D-Modellen zurückgreifen, im letzteren Fall ist zum Einfügen eine Internetverbindung erforderlich.

**Achtung**: Die hier beschriebenen Möglichkeiten funktionieren ausschließlich mit echten 3D-Modellen bzw. Modelldateien, nicht aber mit Grafikdateien mit 3D-Effekten!

1. Zum Einfügen klicken Sie im Register *Einfügen* ▶ *Illustrationen* auf den Dropdown-Pfeil *3D-Modelle* und wählen zwischen *Dieses Gerät...* und *Archiv-3D-Modelle...*
   - Um ein als Datei gespeichertes 3D-Modell einzufügen, klicken Sie auf *Dieses Gerät* und wählen anschließend die Datei aus. Unterstützt werden alle 3D-Modelldateien, z. B. mit den Dateinamenerweiterungen .fbx, .obj, .3mf, .ply, .glb.
   - Wenn Sie dagegen ein 3D-Modell aus der Online-Sammlung (*Archiv-3D-Modelle...*) verwenden möchten, so ist das Urheberrecht zu beachten.

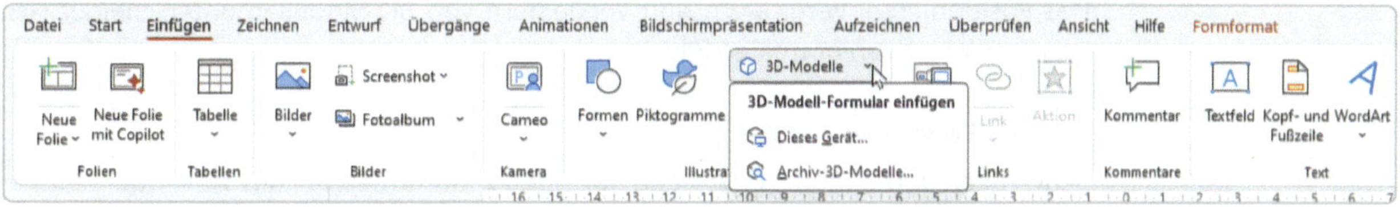


Bild 6.59 3D-Modelle einfügen

**2** Mit der Auswahl *Archiv-3D-Modelle...* öffnet sich die Sammlung *Online 3D-Modelle*. Klicken Sie entweder auf eine Kategorie, z. B. Tiere oder Geologie, oder geben Sie einen Suchbegriff ein und starten danach die Suche mit der **Eingabetaste**.

**3** Klicken Sie auf das gewünschte Bild und auf die Schaltfläche *Einfügen*. Anschließend wird es heruntergeladen und in die Folie eingefügt, dies kann einige Sekunden dauern.

Bild 6.60 Online 3D-Modell auswählen und einfügen

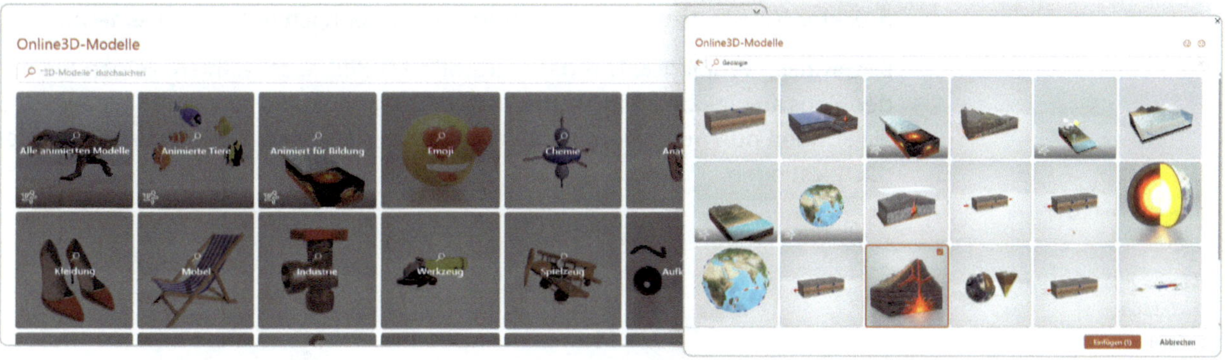


**4** Anhand des Symbols in der Mitte ❶ können Sie das Modell mit gedrückter linker Maustaste in jede beliebige Richtung frei drehen. Auch im Menüband, Register *3D-Modell* finden Sie im Katalog *3D-Modellansichten* ❷ einige Ansichten. Im Bild unten als Beispiel aus der Online-Sammlung das 3D-Modell eines Vulkans.

Mit *3D-Modell zurücksetzen* ❸ lässt sich das Modell nach den ersten Versuchen schnell wieder in die Ausgangsansicht zurückversetzen. Falls Sie das markierte durch ein anderes Modell ersetzen möchten, so klicken Sie auf *3D-Modelle* ❹.

Bild 6.61 3D-Modell in der Folie drehen

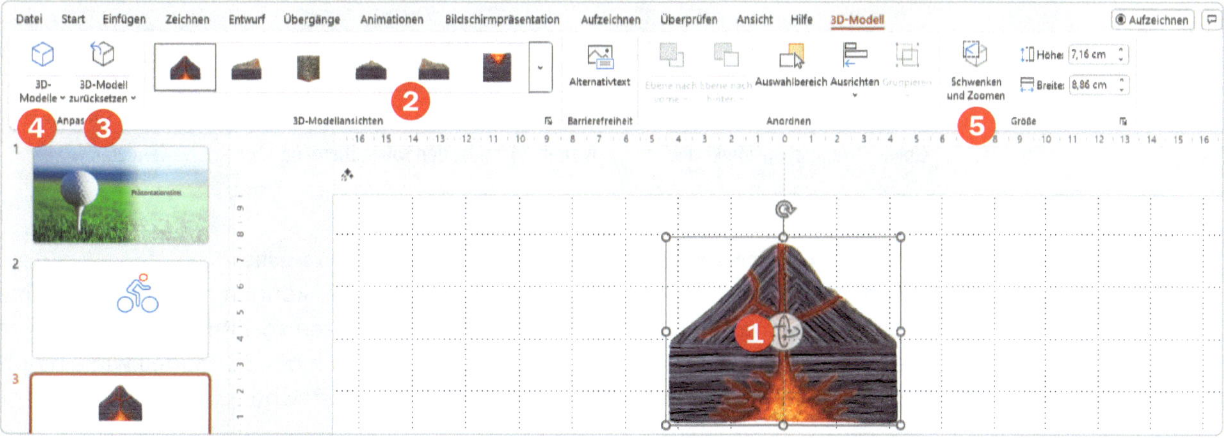

Das Positionieren, Vergrößern und Verkleinern von 3D-Modellen unterscheidet sich dagegen nicht von normalen Bildern.

### Ausschnitt wählen und vergrößern

Schwenken und Zoomen erlaubt es, nur einen bestimmten Teil des 3D-Modells auszuwählen und zu vergrößern. Zoom und Bildbereich können Sie beliebig wählen.

Markieren Sie dazu das 3D-Modell und klicken Sie im Register *3D-Modell* des Menübands auf das Symbol *Schwenken und Zoomen* ❺ (Bild 6.61). Damit ist dieser Modus aktiviert bzw. das Symbol hervorgehoben und rechts vom Bild wird ein Pluszeichen (+) sichtbar.

- **Bildinhalt zoomen**: Zum Zoomen bzw. Vergrößern oder Verkleinern zeigen Sie mit der Maus auf das Pluszeichen. Es erscheint ein Doppelpfeil: Ziehen Sie mit gedrückter Maustaste nach oben (vergrößern) oder nach unten (verkleinern).
- **Bildausschnitt verschieben**: Um das (vergrößerte) Bild auszuwählen, zeigen Sie mit der Maus an eine beliebige Stelle im Bild. Es erscheinen vier Richtungspfeile und Sie können nun durch Verschieben mit gedrückter linker Maustaste den Bildbereich festlegen.

*Bild 6.62 3D-Modell zoomen*

*Bild 6.63 Bildausschnitt verschieben*

Die Bildbereiche außerhalb des Rahmens verschwinden, sobald Sie die Maustaste loslassen.

**Schwenk- und Zoommodus ausschalten**: Damit danach das 3D-Modell wieder normal mit der Maus in der Folie verschoben werden kann, müssen Sie den Modus mit der **Esc**-Taste oder einem weiteren Klick auf das Symbol *Schwenken und Zoomen* wieder ausschalten.

Näheres zu Animationseffekten und Folienübergängen lesen Sie in Kapitel 8.3 nach.

> **3D-Modelle in der Bildschirmpräsentation animieren**
>
> Das oben beschriebene Drehen von 3D-Modellen bezieht sich ausschließlich auf die Ansicht *Normal* bzw. Bearbeitungsansicht. Um ein 3D-Modell auch während der Bildschirmpräsentation zu drehen, müssen Sie diesem einen 3D-Animationseffekt zuweisen, z. B. Drehteller oder den Folienübergang *Morphen* verwenden.

### Bildschirmpräsentationen mit 3D-Modellen und ältere PowerPoint-Versionen

3D-Modelle sind erst ab PowerPoint 2019 verfügbar. Sie können aber trotzdem eine Bildschirmpräsentation mit 3D-Modellen auch auf Geräten vorführen, auf denen eine ältere PowerPoint-Version installiert ist. Dann verhält sich das 3D-Modell wie ein normales Bild, auf 3D-Animationen müssen Sie allerdings verzichten.

## Grafische Texteffekte mit WordArt

Unter der Bezeichnung WordArt stellt PowerPoint eine Sammlung grafischer Schrifteffekte zur Verfügung, die seit langem fester Bestandteil von Microsoft Office sind. Farben und Effekte der Vorlagen richten sich nach dem aktuellen Design, können aber beliebig angepasst werden. Die Werkzeuge *Füllung*, *Kontur* und *Effekte* sind dieselben, wie sie auch für Formen eingesetzt werden. Beachten Sie aber, dass diverse Schatten-, Leucht- und Spiegelungseffekte nicht unbedingt professionell wirken oder zur besseren Lesbarkeit beitragen. Sie sollten daher mit Vorsicht eingesetzt werden.

Zum Einfügen von WordArt können Sie die folgenden Möglichkeiten nutzen:

### Markierten Text formatieren

Um vorhandenen Text mit WordArt zu formatieren, markieren Sie diesen oder das gesamte Textfeld und klicken im Menüband auf das Register *Formformat*. Klicken Sie in der Gruppe *WordArt-Formate* auf die Schaltfläche *Weitere* ⩢, um den gesamten Katalog auf einen Blick anzuzeigen. Beim Zeigen auf eine Vorlage sehen Sie in der Folie am markierten Text eine Vorschau und erst mit Klick wird die Auswahl übernommen.

*Bild 6.64 Markierten Text mit WordArt formatieren*

*Bild 6.65 WordArt-Katalog*

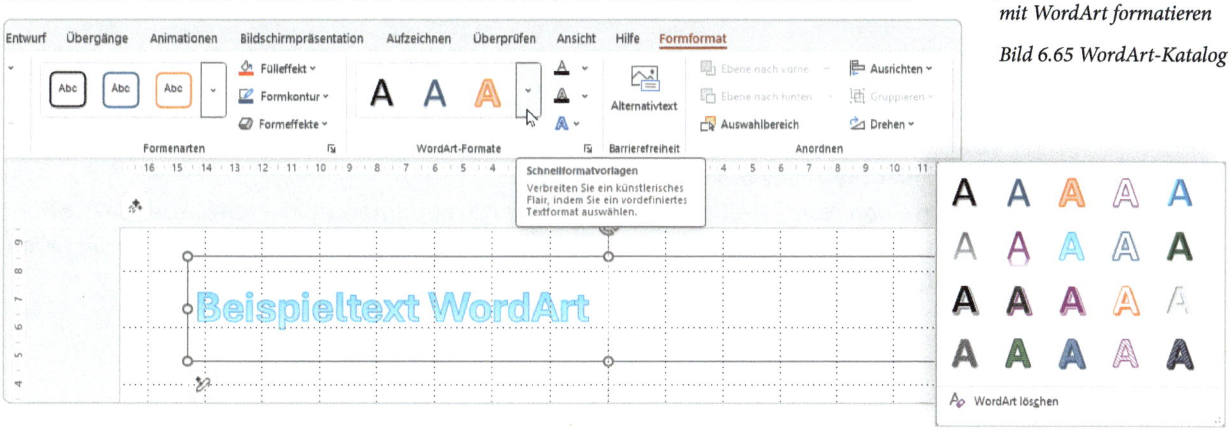


### WordArt als gesondertes Textfeld einfügen

Alternativ können Sie ein neues WordArt-Objekt als Textfeld einfügen und hier anschließend Ihren Text eingeben. Klicken Sie hierzu im Menüband, Register *Einfügen* ▶ *Text* auf *WordArt* und wählen Sie eine Vorlage, diese sind dieselben wie im Register *Formformat*. PowerPoint fügt ein Textfeld mit Beispieltext ein. Dieser ist bereits markiert und Sie brauchen nur noch Ihren Text über die Tastatur eingeben.

*Bild 6.66 WordArt als Textfeld einfügen*

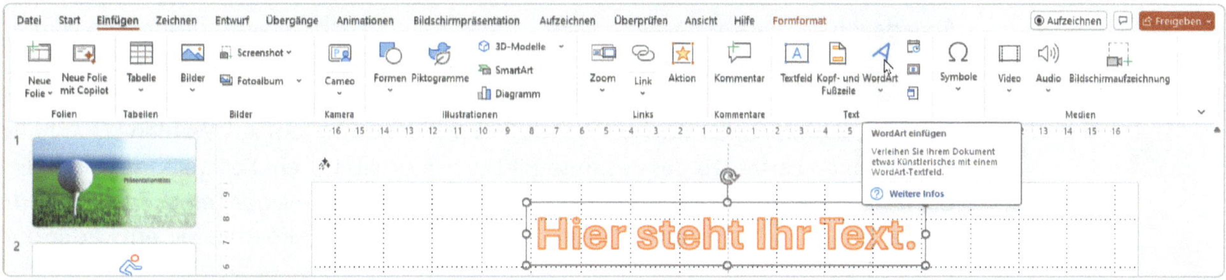

### WordArt bearbeiten

Zur weiteren Bearbeitung bzw. Anpassung des WordArt-Textes verwenden Sie im Menüband, Register *Formformat* ▶ *WordArt-Formate*, die Symbole *Textfüllung*, *Textkontur* und *Texteffekte* oder wählen eine andere Vorlage.

*Bild 6.67 Textfüllung, Textkontur und Texteffekte*

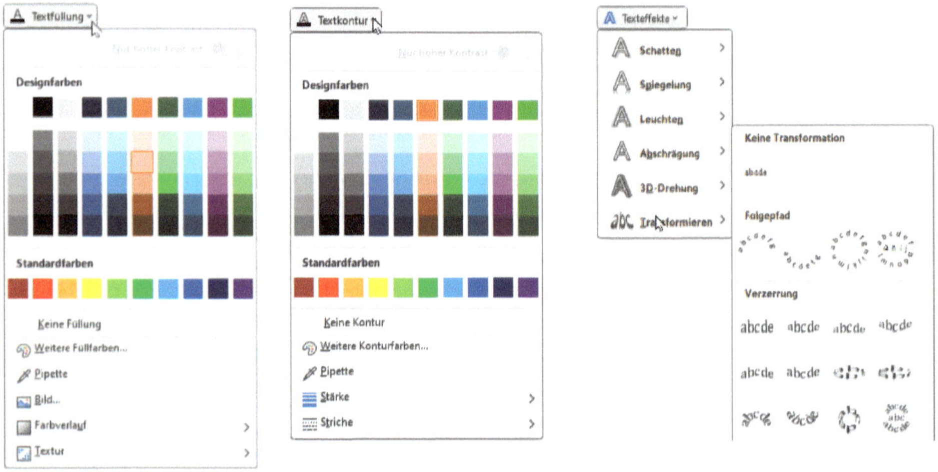


Die Füllungen, Konturen und Effekte unterscheiden sich nicht von denjenigen für Formen, Details hierzu siehe Seite 196.

**Hinweis:** Über die Schaltfläche *Texteffekte* finden Sie unter *Transformieren* auch die beliebten Textverzerrungen, Wellen usw. Allerdings wirken diese eher unprofessionell.

### WordArt-Effekt entfernen

Um einen WordArt-Effekt vom Text wieder zu entfernen, markieren Sie den Text, öffnen im Menüband, Register *Formformat* mit Klick auf den Pfeil *Weitere* den WordArt-Katalog und wählen *WordArt löschen*, siehe Bild 6.65 auf Seite 205.

## Ein Abbild des Bildschirms erzeugen und einfügen

Wird in einer Präsentation der Inhalt eines Bildschirmfensters zu Erklärungszwecken benötigt, dann fertigen Sie den Screenshot am besten mit einer der zahlreichen einschlägigen Apps an, viele können kostenlos aus dem Microsoft Store bezogen werden. In Windows 11 können Sie auch ohne zusätzliche Tools mit der Tastenkombination **Alt+Druck** einen Screenshot des aktiven Fensters erstellen und diesen dann mit **Strg+V** in die Folie einfügen.

### Ausschneiden und Skizzieren (Snipping Tool)

Eine davon ist die App *Ausschneiden und Skizzieren*, auch bekannt unter dem Namen *Snipping Tool*. Diese ist unter Windows 10/Windows 11 meist bereits auf dem Gerät installiert, kann aber auch kostenlos aus dem Microsoft Store heruntergeladen werden. Die Tastenkombination **Windows+Umschalt+S** ruft Snipping Tool auf: Wählen Sie anhand einer kleinen Leiste, ob der gesamte Bildschirm (Vollbild), ein Fenster, oder ein beliebig festzulegender Bildschirmbereich in Form eines Rechteck oder einer Freihandform in die Zwischenablage kopiert werden soll. Anschließend können Sie entweder den

Screenshot mit **Strg+V** aus der Zwischenablage in die Folie einfügen, oder mit Snipping Tool weiter bearbeiten bzw. speichern.

**Symbol Screenshot**

Auch Office verfügt über eine Möglichkeit zum Anfertigen und Einfügen von Screenshots. Dazu klicken Sie im Menüband, Register *Einfügen* ▶ *Bilder* auf *Screenshot*. Unterhalb erscheint eine Vorschau mit allen aktuell geöffneten Fenstern.

- Zum Einfügen des gesamten Fensters klicken Sie einfach in der Vorschau in das gewünschte Fenster.
- Benötigen Sie dagegen nur einen Ausschnitt des Bildschirms, so klicken Sie auf *Bildschirmausschnitt*. Der Mauszeiger verwandelt sich in ein Fadenkreuz und Sie können durch Ziehen mit gedrückter linker Maustaste den Bereich in Form eines Rechtecks festlegen.

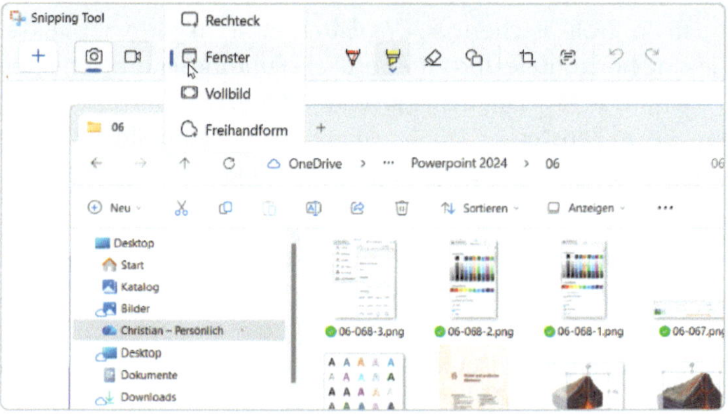

*Bild 6.68 Screenshot mit dem Snipping Tool erstellen*

*Bild 6.69 Screenshot einfügen*

## 6.7 Folienobjekte anordnen und ausrichten

Beim Anordnen und Ausrichten von Objekten in der Folie macht PowerPoint keinen Unterschied zwischen Bildern, Formen, Textfeldern bzw. Platzhaltern usw. Die nachfolgenden Erklärungen beziehen sich also auf alle Folienelemente, diese werden hier pauschal einfach als Objekte bezeichnet.

### Führungslinien, Lineal und Raster als Ausrichtungshilfen

**Intelligente Führungslinien**

Befindet sich in der Folie bereits mindestens ein Objekt, dann erscheinen beim Verschieben und Vergrößern bzw. Verkleinern der weiteren Objekte automatisch intelligente Führungslinien zur Unterstützung bei der Ausrichtung und Größenanpassung. Mit ihrer Hilfe lassen sich Objekte schnell in der Folie zentrieren, unter- oder nebeneinander anordnen, oder gleiche Abstände herstellen. Im Bild unten ein Beispiel, bei dem drei Bilder mit identischen Abständen in der Folie ausgerichtet werden.

*Bild 6.70 Beispiele für Ausrichten mithilfe intelligenter Führungslinien*

**Hinweis**: Falls keine intelligenten Führungslinien erscheinen sollten, so aktivieren Sie diese zusammen mit Raster und Führungslinien, siehe nächster Punkt.

## Lineal, Raster und Führungslinien

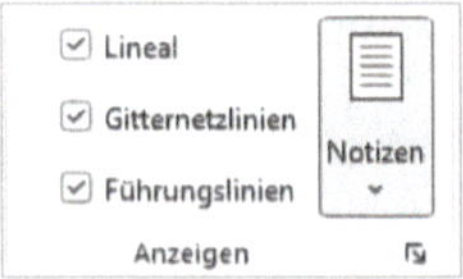


Als weitere Hilfsmittel lassen sich Lineal, Gitternetz- und frei positionierbare Führungslinien einsetzen. Zum Einblenden aktivieren Sie im Menüband, Register *Ansicht* ▶ *Anzeigen*, die entsprechenden Kontrollkästchen ❶. Das Gitternetz ist in Form gepunkteter Linien sichtbar und je eine horizontale und eine vertikale Führungslinie erscheinen standardmäßig in der Folienmitte ❷. Genauere Einstellungen, z. B. zum Abstand der Gitternetzlinien, nehmen Sie im Fenster *Raster und Führungslinien* vor (Bild 6.71), das Sie im Register *Ansicht* mit Klick auf das Pfeilsymbol ⧉ der Gruppe *Anzeigen* öffnen. Folgende Einstellungen sind verfügbar:

Oder Rechtsklick auf den Folienhintergrund, Befehl *Raster und Führungslinien* und aktivieren bzw. deaktivieren Sie hier die einzelnen Einstellungen.

- Die Führungslinien (im Fenster *Raster und Führungslinien* als *Zeichnungslinien* bezeichnet) befinden sich horizontal und vertikal in der Folienmitte ❷. Wenn sie sichtbar sind, werden alle Objekte automatisch an diesen ausgerichtet; sie „rasten" ein, sobald Sie sich beim Verschieben oder Ändern der Größe einer der Linien nähern.
- Wenn künftig alle Objekte zusätzlich auch an den Gitternetzlinien (Rasterlinien) ausgerichtet werden sollen, dann aktivieren Sie im Fenster *Raster und Führungslinien* das Kontrollkästchen *Objekte am Raster ausrichten* ❸. Den Abstand der Gitternetzlinien legen Sie im Feld *Abstand* fest.
- Damit die intelligenten Führungslinien (siehe vorherige Seite) automatisch erscheinen, muss das Kontrollkästchen *Beim Ausrichten von Formen intelligente Führungslinien anzeigen* ❹ aktiviert sein.

**Achtung:** Objekte am Raster ausrichten ist auch bei nicht sichtbaren Gitternetzlinien aktiv!

*Bild 6.71 Lineal, Raster und Führungslinien*

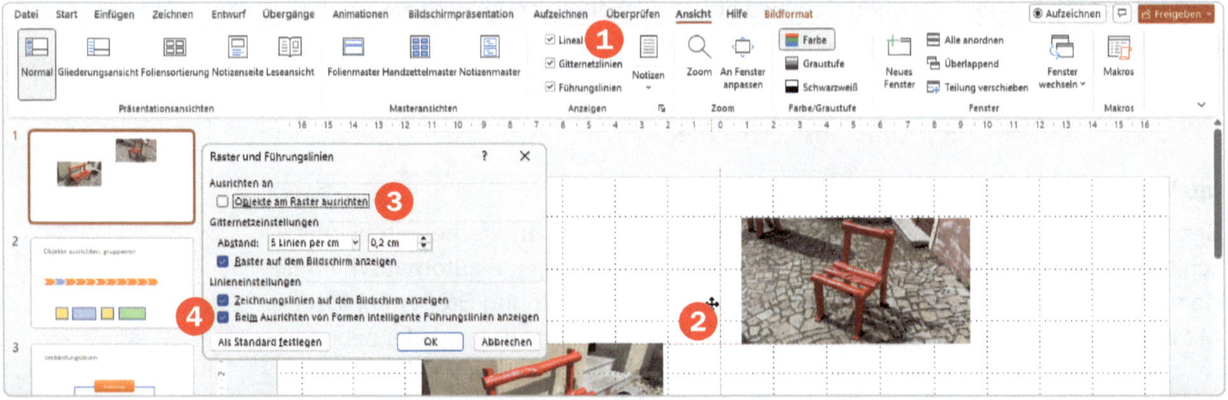

### Weitere Führungslinien nutzen

Die Führungs- bzw. Zeichnungslinien befinden sich nach dem Einblenden standardmäßig in der Folienmitte, lassen sich aber beliebig verschieben und/oder duplizieren:

- **Führungslinie verschieben**: Zeigen Sie im Folienbereich oder etwas außerhalb auf eine Linie, so verwandelt sich der Mauszeiger in einen Doppelpfeil und Sie können die Linie mit gedrückter Maustaste in die gewünschte Richtung verschieben. Während des Ziehens erscheint eine Maßangabe.
- **Führungslinie duplizieren**: Falls Sie zusätzliche Führungslinien benötigen, so halten Sie während des Ziehens die **Strg**-Taste gedrückt. Dadurch wird die Linie dupliziert. Oder klicken Sie mit der rechten Maustaste in die Folie, danach auf *Raster und Führungslinien* und wählen Sie *Vertikale* oder *Horizontale Führungslinie hinzufügen*. Überzählige Linien ziehen Sie einfach mit der Maus aus dem Folienbereich heraus.

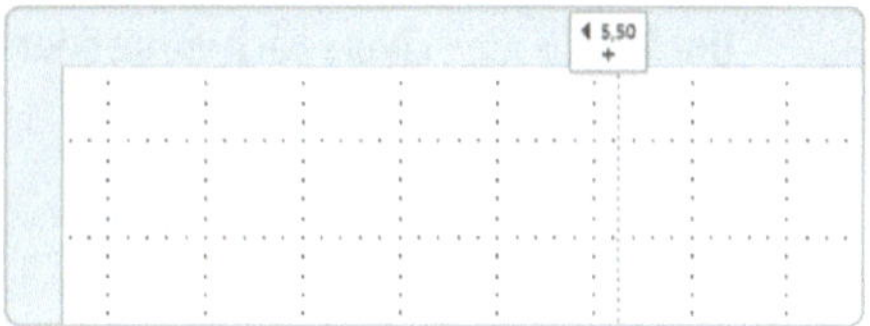

*Bild 6.72 Vertikale Führungslinie verschieben*

*Bild 6.73 Vertikale Führungslinie duplizieren*

## Objekte markieren und duplizieren

### Mehrere Objekte markieren

Zum gleichzeitigen Markieren mehrerer Objekte verwenden Sie folgende Methoden:

- Klicken Sie die Objekte nacheinander mit gleichzeitig gedrückter **Umschalt**-Taste (Shift) an. **Achtung**: Dies funktioniert auch mit gedrückter **Strg**-Taste, in diesem Fall sollten Sie allerdings aufpassen, dass Sie nicht gleichzeitig die Maus bewegen, da sonst mit gedrückter **Strg**-Taste die Objekte kopiert werden.
- Oder beginnen Sie an einer freien Stelle neben den zu markierenden Objekten und ziehen Sie mit gedrückter Maustaste einen Markierungsrahmen um diese. **Achtung:** Es werden nur Objekte markiert, die sich vollständig innerhalb des Rahmens befinden (Bild 6.75).

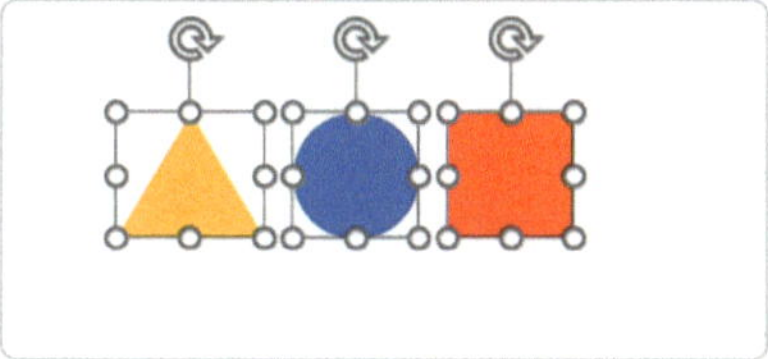

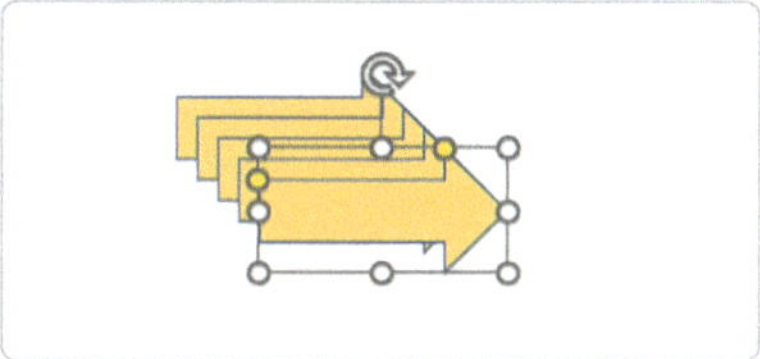

*Bild 6.74 Mehrere Objekte markieren*

*Bild 6.75 Markierungsrahmen zeichnen*

*Bild 6.76 Duplizieren*

### Objekte duplizieren

Wenn Sie mehrere identische Objekte, z. B. Formen benötigen, dann könnten Sie diese natürlich in die Zwischenablage kopieren, z. B. mit **Strg+C**, und mit **Strg+V** an anderer

Stelle wieder einfügen. Wesentlich schneller geht es, wenn Sie das Objekt markieren und mit der Tastenkombination **Strg+D** duplizieren. Dadurch wird die Kopie sofort in die Folie eingefügt und kann anschließend verschoben werden (Bild 6.76).

## Reihenfolge ändern, Objekte ausblenden

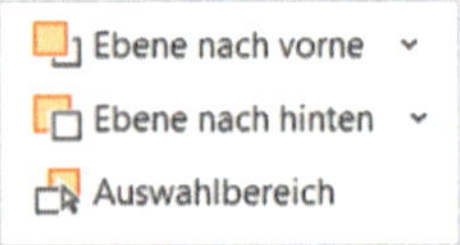


Überlagernde Objekte werden automatisch in derjenigen Reihenfolge angeordnet, in der sie in die Folie eingefügt wurden. Diese Reihenfolge lässt sich jederzeit ändern, die Symbole bzw. Befehle dazu finden Sie im Menüband, Register *Formformat* ▶ *Anordnen* oder im Register *Start* ▶ *Zeichnen* sowie im Kontextmenü der rechten Maustaste.

### Objekt nach vorne/nach hinten rücken

Um das markierte Objekt nach vorne oder hinten zu rücken, wählen Sie eine der folgenden Möglichkeiten:

- **Um jeweils eine Ebene nach vorne oder nach hinten**: Klicken Sie auf *Ebene nach vorne* oder auf *Ebene nach hinten.*
- **In den Vordergrund bzw. Hintergrund**: Um ein Objekt bei mehreren überlappenden Objekten schnell in den Vordergrund oder Hintergrund zu rücken, klicken Sie auf den Dropdown-Pfeil *Ebene nach vorne* bzw. *Ebene nach hinten* und wählen *In den Vordergrund*/*In den Hintergrund*.

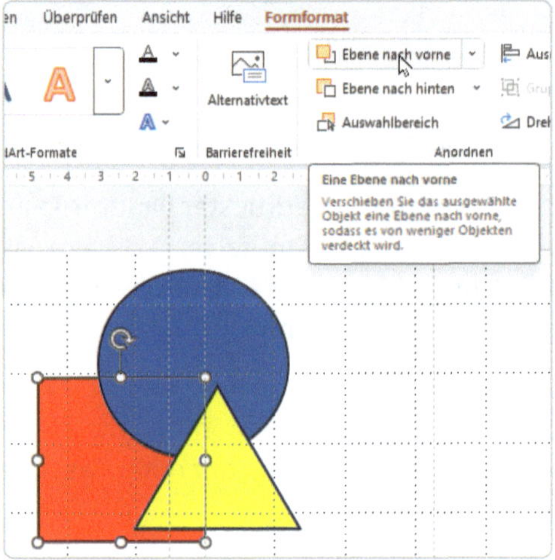


Bild 6.77 Das markierte Objekt eine Ebene nach vorne rücken

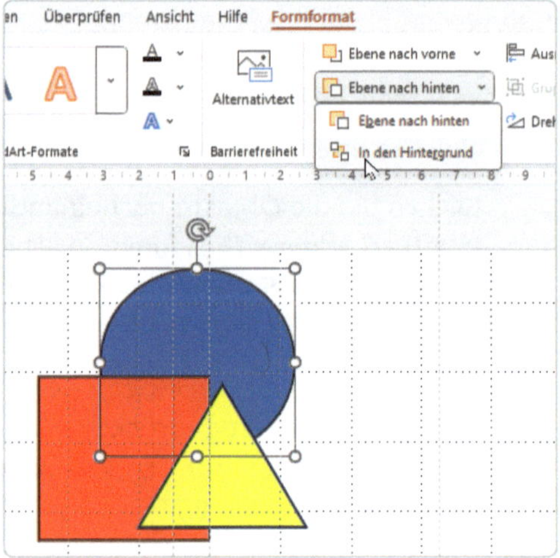


Bild 6.78 Objekt in den Hintergrund

### Objekte im Auswahlbereich anordnen/ausblenden

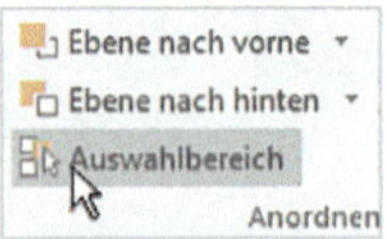


Enthält Ihre Folie eine Vielzahl von Objekten, dann erhalten Sie einen besseren Überblick, wenn Sie den Auswahlbereich öffnen und hier die Reihenfolge festlegen.

1 Zum Anzeigen des Auswahlbereichs klicken Sie im Menüband, Register *Formformat* ▶ *Anordnen*, auf *Auswahlbereich* oder drücken die Tasten **Alt+F10**.

2 Im Auswahlbereich sind die Objekte von unten nach oben angeordnet, das zuletzt eingefügte Objekt befindet sich also ganz oben bzw. am Anfang der Liste. Klicken Sie in der Folie oder im Auswahlbereich auf das betreffende Objekt und verwenden Sie die Pfeil-Schaltflächen ❶, um es nach oben oder unten zu verschieben oder ziehen Sie das Objekt mit gedrückter Maustaste an die gewünschte Position.

**Objekte aus- und wieder einblenden**

Mit den Augen-Symbolen ❷ können Sie im Auswahlbereich einzelne Objekte vorübergehend ausblenden und so deren Wirkung testen. Der Auswahlbereich zeigt auch Kopf- und Fußzeilenelemente, z. B. die Foliennummer, an. Sie können also auch diese in den Vorder- oder Hintergrund rücken oder in einzelnen Folien einfach ausblenden.

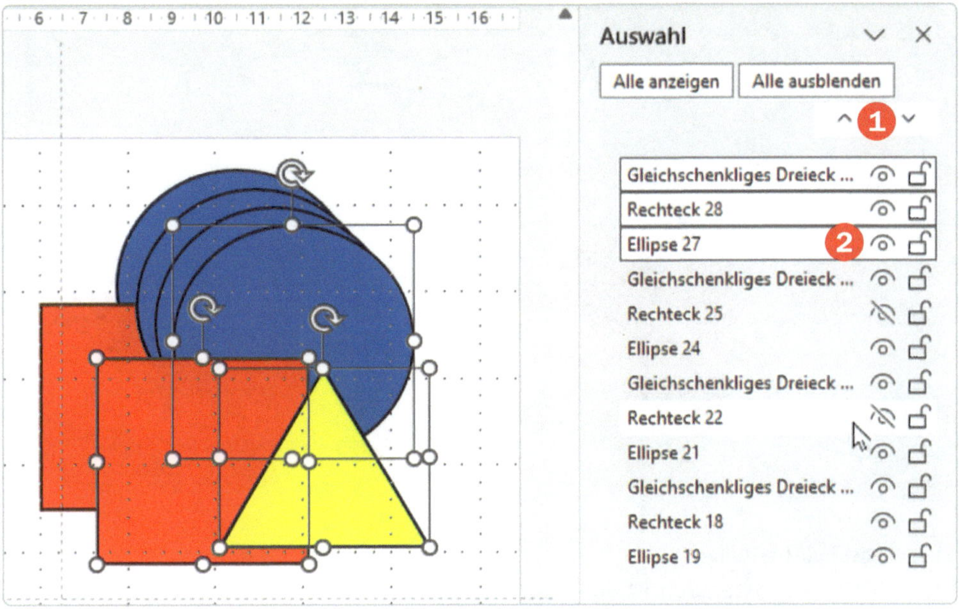


*Bild 6.79 Auswahlbereich*

**Tipp: Objekt sperren**

Im Auswahlbereich finden Sie bei jedem Objekt neben dem Auge auch noch das Symbol eines Schlosses. Geöffnet, wie im Bild oben bedeutet, das Objekt kann jederzeit verschoben, vergrößert oder verkleinert werden. Ist es dagegen geschlossen, so werden in der Folie am markierten Objekt keine Markierungspunkte angezeigt, d. h. es kann weder verschoben noch vergrößert oder verkleinert werden. Zum Sperren oder entsperren klicken Sie einfach auf das Schloss neben dem betreffenden Objekt.

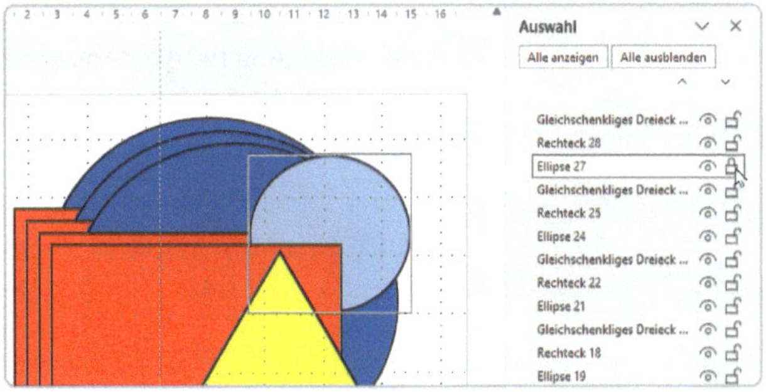

## Objekte in der Folie ausrichten

Neben den Gitternetz- und Führungslinien gibt es weitere Möglichkeiten zur exakten Ausrichtung von Objekten, nämlich entweder an anderen Objekten oder an der Folie.

### Objekte aneinander ausrichten

**Achtung**: Unter Umständen müssen Sie *Ausgewählte Objekte ausrichten* zuerst aktivieren!

Dieselben Befehle erhalten Sie auch im Register *Start* ▶ *Anordnen* ▶ *Ausrichten*.

Um zwei oder mehr Objekte exakt neben- oder untereinander auszurichten, markieren Sie die betreffenden Objekte, z. B. durch Anklicken mit gedrückter Umschalt-Taste, und klicken im Menüband, Register *Formformat* ▶ *Anordnen*, auf *Ausrichten*. Achten Sie unbedingt darauf, dass die Einstellung *Ausgewählte Objekte ausrichten* aktiviert ist ❶ und wählen Sie die gewünschte Ausrichtung, z. B. *Unten ausrichten* ❷. Die Ausrichtung erfolgt immer an demjenigen Objekt, das sich am weitesten unten oder oben bzw. rechts/links befindet.

*Bild 6.80 Beispiel: Ausgewählte Objekte unten ausrichten*

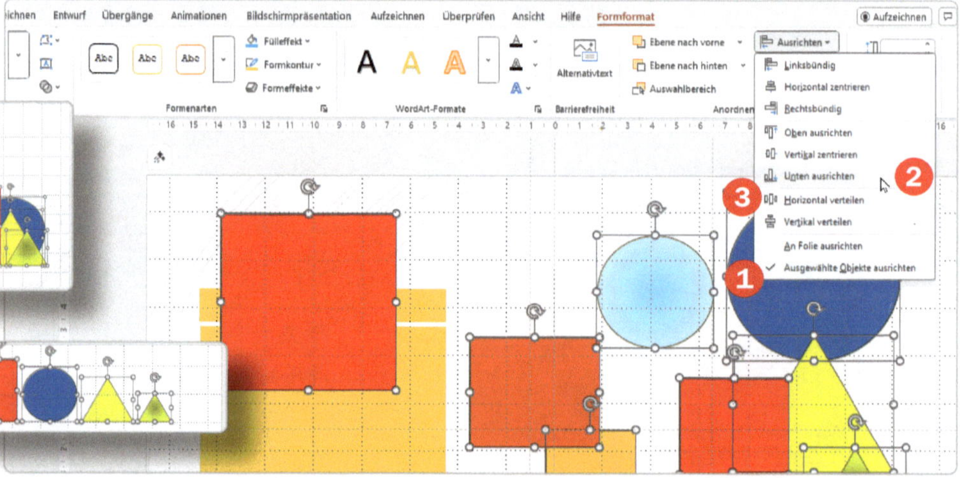


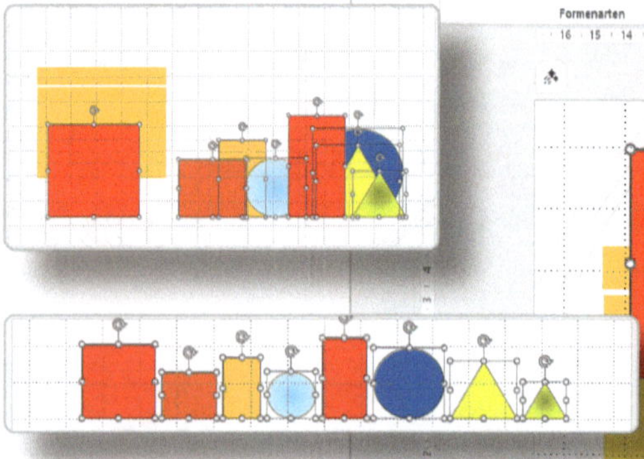

### Gleiche Abstände herstellen

Wenn Sie im nächsten Schritt auch noch identische Abstände zwischen den markierten Objekten herstellen möchten, dann klicken Sie erneut auf *Ausrichten* und in unserem Beispiel auf *Horizontal verteilen* ❸. Die Position der beiden äußersten rechten und linken Objekte wird beibehalten und die übrigen dazwischen werden so angeordnet, dass gleiche Abstände entstehen.

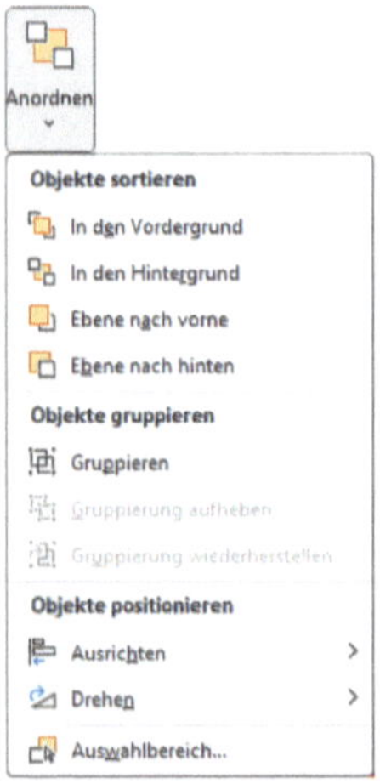


### Objekt an der Folie ausrichten

Wenn sich die Ausrichtung an der Folie orientieren soll, z. B. um ein Bild exakt in der Mitte zu platzieren, dann markieren Sie das Objekt und klicken im Menüband, Register *Formformat* oder *Bildformat* ▶ *Anordnen*, auf *Ausrichten*.

- Mit der Auswahl *Linksbündig* oder *Rechtsbündig* wird das Objekt am linken bzw. rechten Rand der Folie ausgerichtet.
- Um es zu zentrieren, klicken Sie nacheinander auf *Horizontal zentrieren* und auf *Vertikal zentrieren*.

*Bild 6.81 Beispiel: Bild in der Folie zentrieren*

> **An Folie oder an Objekten ausrichten?**
>
> Ob Objekte automatisch an der Folie oder an anderen Objekten ausgerichtet werden, richtet sich nach der Anzahl der markierten Objekte. Ist nur ein einziges Objekt markiert, erfolgt die Ausrichtung an der Folie, in diesem Fall ist im Menü des Symbols *Ausrichten* die Einstellung *An Folie ausrichten* aktiv (Häkchen).
>
> Haben Sie dagegen mehrere Objekte markiert, so können Sie im selben Menü wählen zwischen *An Folie ausrichten* und *Ausgewählte Objekte ausrichten*. Kontrollieren Sie in diesem Fall unbedingt die aktive Einstellung.

## Mehrere Objekte gruppieren

Haben Sie mehrere Formen, Bilder oder Textfelder angeordnet und möchten Sie diese nachträglich verschieben, ohne dass dabei deren Anordnung und/oder Ausrichtung verlorengeht, dann sollten Sie die Objekte zuvor gruppieren. Gruppierte Objekte werden wie ein einziges behandelt, die Gruppierung kann aber jederzeit wieder aufgehoben werden.

- **Gruppieren**: Markieren Sie alle zu gruppierenden Objekte und klicken Sie im Menüband, Register *Formformat* ▶ *Anordnen*, auf *Gruppieren*. Wählen Sie *Gruppieren*.
- **Gruppierung wieder aufheben**: Über dasselbe Symbol und den Befehl *Gruppierung aufheben* lässt sich später die Gruppierung wieder auflösen. Mit *Gruppierung wiederherstellen* können Sie eine zuvor aufgehobene Gruppierung wiederherstellen.

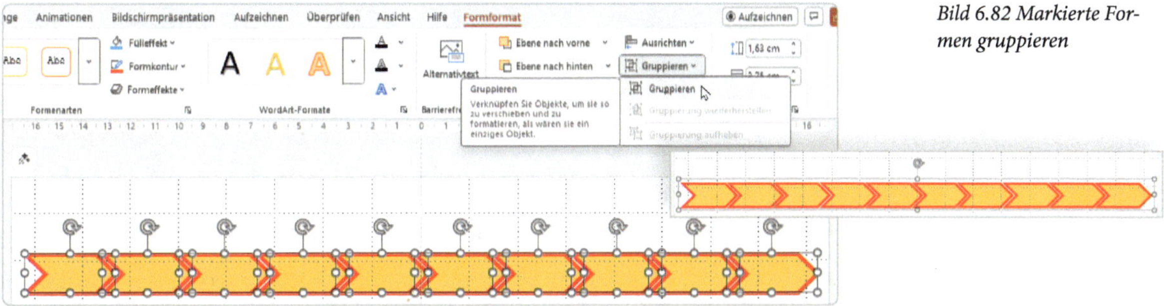


*Bild 6.82 Markierte Formen gruppieren*

Das gruppierte Objekt kann nun beliebig verschoben, kopiert oder gedreht werden. Auch Änderungen der Formatierung beziehen sich normalerweise auf das gesamte gruppierte Objekt.

**Element einer Gruppe markieren und bearbeiten**

Wenn Sie ohne Aufheben der Gruppierung ein einzelnes Element einer Gruppe bearbeiten, z. B. mit einer anderen Füllfarbe versehen möchten, dann müssen Sie es zuvor markieren. Dazu markieren Sie zunächst mit dem ersten Mausklick die gesamte Gruppe und ein zweiter Klick auf das betreffende Element markiert dann nur dieses. Auch im Auswahlbereich (Öffnen über *Formformat* ▶ *Anordnen* ▶ *Auswahlbereich*) lässt sich ein einzelnes Element einer Gruppe problemlos markieren.

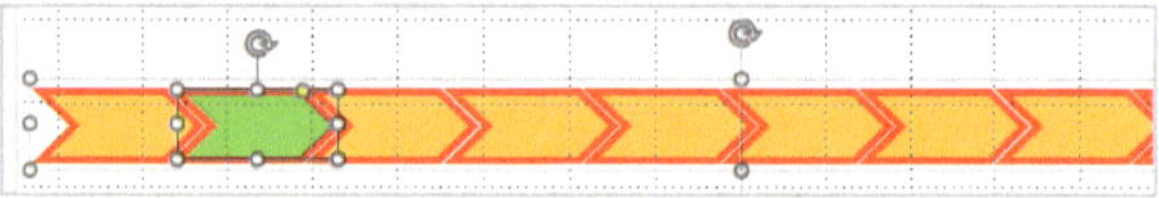

## Objekte mit Linien verbinden

Der Formenkatalog (Symbol *Formen*, Register *Einfügen* oder Register *Start*) umfasst auch verschiedene Linien, gerade oder gewinkelt und mit oder ohne Pfeil. Mit Ausnahme der Freihandlinien lassen sich diese Linien auch komfortabel zum Verbinden von Objekten einsetzen. **Der Vorteil:** Sie sind am Objekt verankert, sodass beim nachträglichen Verschieben des Objekts automatisch auch der Anfangs- oder Endpunkt der Linie mit wandert und so die Verbindung erhalten bleibt. Im Bild unten ein Beispiel, bei dem Formen durch Linien miteinander verbunden werden. Dies funktioniert aber auch genauso mit Textfeldern, Piktogrammen und Bildern.

1 Klicken Sie auf *Formen* (Register *Einfügen* oder Register *Start*) und wählen Sie die gewünschte Linienart, z. B. gewinkelte Verbindung mit Pfeil.

*Bild 6.83 Verbindungslinie auswählen*

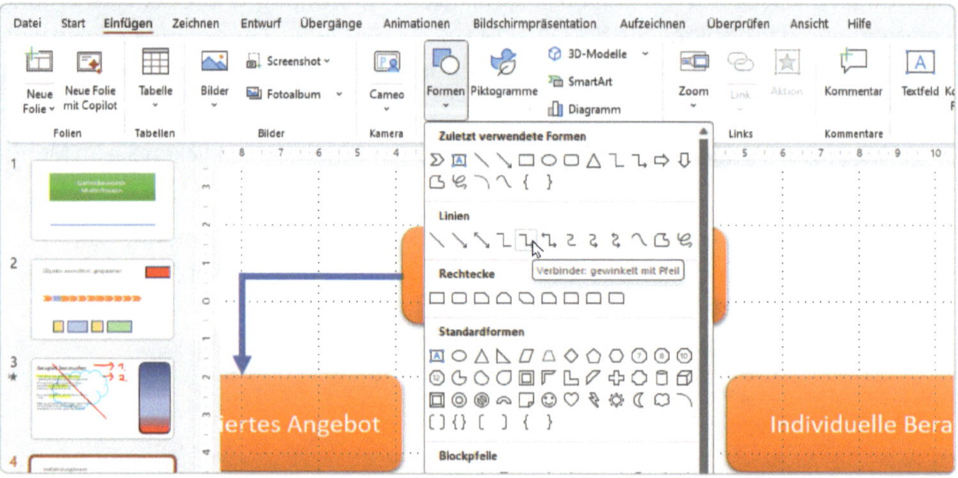


2 Zeigen Sie auf das erste zu verbindende Objekt. An diesem werden in der Mitte jeder Seite Ankerpunkte sichtbar, an denen Sie die Linie verankern können.

3 Klicken Sie auf den gewünschten Ankerpunkt des ersten Objekts und ziehen Sie mit gedrückter Maustaste eine Linie zum zweiten. Auch hier werden nun die An-

kerpunkte sichtbar. Bewegen Sie die Maus zu einem dieser Punkte und lassen Sie die Maustaste los.

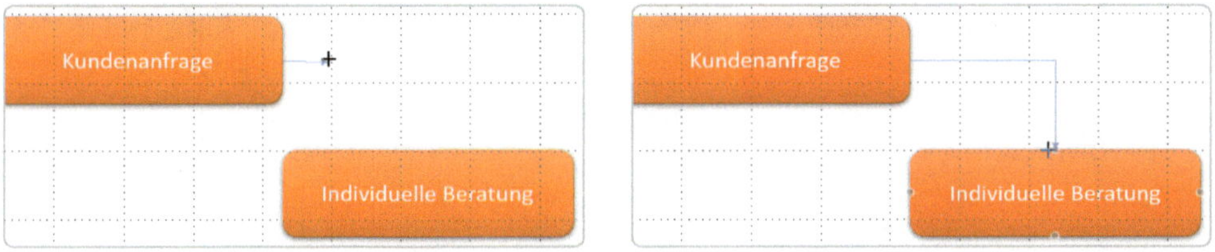


*Bild 6.84 Objekte über Ankerpunkte verbinden*

4 Die beiden Objekte sind nun über die Linie miteinander verbunden. Wenn Sie eines der Objekte verschieben, passt sich die Linie automatisch an.

**Pfeilrichtung ändern:** Die Linie lässt sich anschließend beliebig formatieren, z. B. per Rechtsklick auf die Linie und das Symbol *Kontur* oder im Menüband, Register *Formformat* ▶ *Formkontur*. Über das letztere Symbol können Sie auch Aussehen und Richtung der Pfeile anpassen.

*Bild 6.85 Pfeile formatieren*

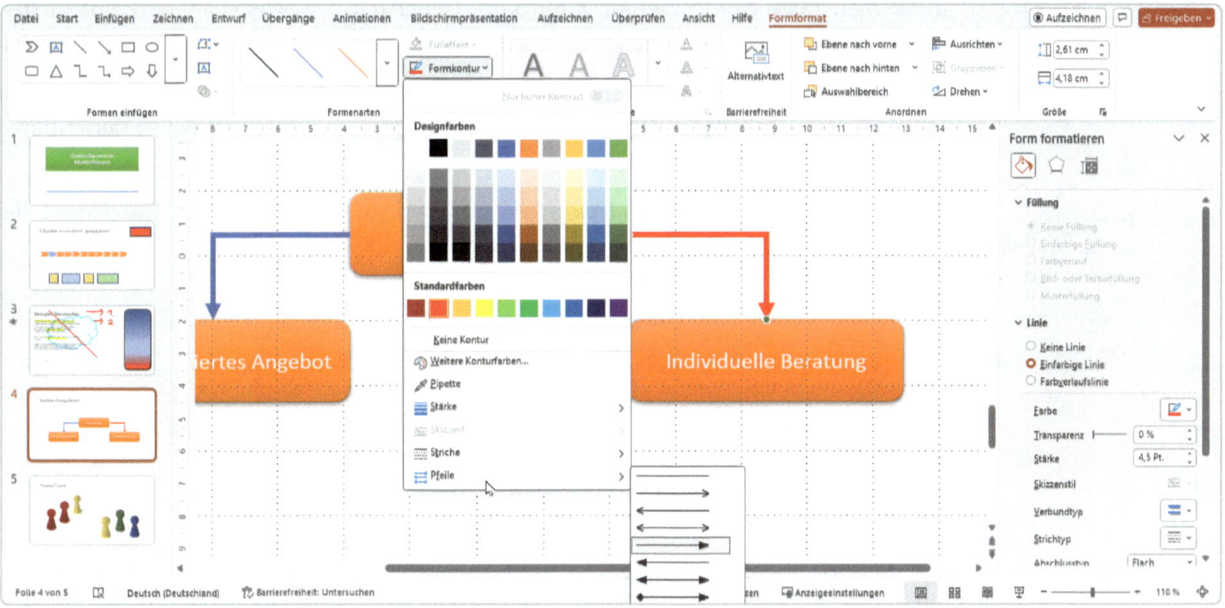


## 6.8 Spezialthema: Eigene Formen erzeugen

### Form in Freihandform konvertieren

Statt zu zeichnen, können Sie mit der Maus auch eine bestehende Form, z. B. wie im Bild unten ein einfaches Rechteck, in eine Freihandform umwandeln.

- Dazu klicken Sie entweder mit der rechten Maustaste in die Form und auf *Punkte bearbeiten*.

- Oder markieren Sie die Form, klicken im Menüband, Register *Formformat* ▶ *Formen einfügen* auf *Form bearbeiten* und danach auf *Punkte bearbeiten*.

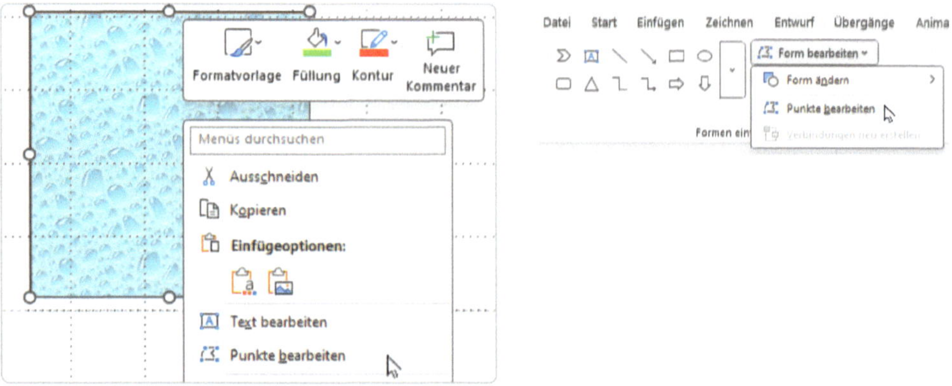


*Bild 6.86 Punkte bearbeiten*

Das Aussehen der Eckpunkte ändert sich und Sie können diese nun mit gedrückter linker Maustaste durch Ziehen verändern. Gleichzeitig wechselt PowerPoint in den Bearbeiten-Modus. Das bedeutet, Sie können der Reihe nach alle Punkte bearbeiten.

Zu jedem Eckpunkt gehören auch noch zwei weitere Markierungen in Form eines weißen Kästchens, mit deren Hilfe Sie eine gerade Linie in eine gerundete Freihandlinie umwandeln können (Bild unten).

Zum Beenden des Bearbeiten-Modus klicken Sie an eine beliebige freie Stelle der Folie oder drücken die **Esc**-Taste.

*Bild 6.87 Form in Freihandform umwandeln*

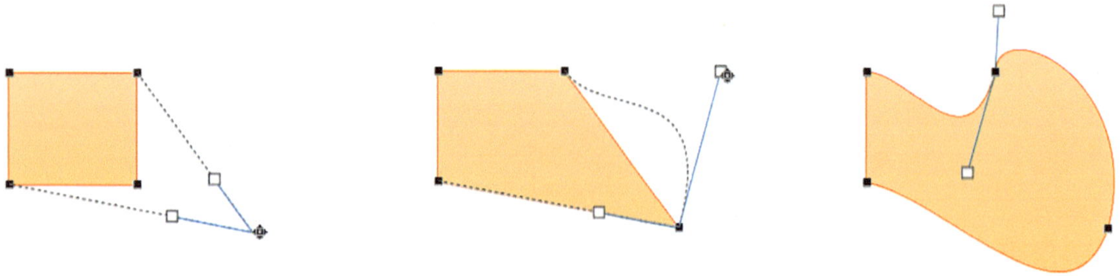

## Neue Formen durch Zusammenführen erzeugen

**Achtung:** Im Gegensatz zum Gruppieren lassen sich zusammengeführte Formen nachträglich nicht mehr trennen.

Wenn Formen und Piktogramme nicht ausreichen, können Sie auch eigene Formen durch Zusammenführen von Standardformen erzeugen. Im Gegensatz zum Gruppieren, bei dem die Formen ihre Eigenständigkeit behalten (siehe Seite 213), verschmelzen sie beim Zusammenführen miteinander und bilden eine neue Form. Zur mehrfachen Verwendung kann eine solche benutzerdefinierte Form danach auch als Grafik gespeichert werden.

Als einfaches Beispiel soll eine stilisierte Spielfigur erzeugt werden, die sich anschließend zu vielen Zwecken in Folien einsetzen lässt. Dazu benötigen Sie ein Dreieck, einen Kreis und eine Ellipse.

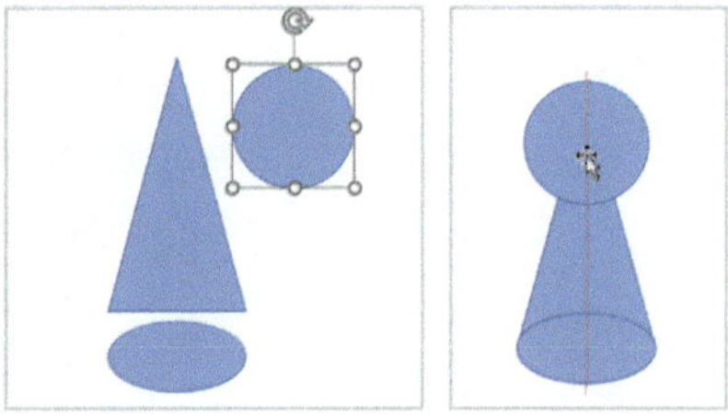

Im ersten Bild links wurden die Formen zur Verdeutlichung absichtlich zuerst nebeneinander angeordnet.

1 Im ersten Schritt fügen Sie die benötigten Formen in eine Folie ein und ordnen diese in der erforderlichen Weise an, wie im Bild rechts. Achten Sie dabei auch auf die korrekte Ausrichtung.

Vorheriges Formatieren ist überflüssig, da beim Zusammenführen unterschiedliche Farben und sonstige Effekte ignoriert werden. Die neue Form erhält automatisch das Aussehen der Form, die zuerst markiert wurde. Weisen Sie also erst der fertigen Form Farbe und Effekte zu.

2 Im nächsten Schritt markieren Sie die Formen und klicken im Menüband, Register *Formformat* ▶ *Formen einfügen*, auf *Formen zusammenführen*. PowerPoint bietet hier verschiedene Möglichkeiten des Zusammenführens an. Um sie miteinander zu verschmelzen, wie in unserem Fall, benötigen wir *Vereinigen*.

3 Zum Abschluss können Sie die Form beliebig gestalten, z. B. ohne Kontur, mit Farbverlauf und Schatteneffekt sowie vergrößern, verkleinern und duplizieren. Das Ergebnis könnte aussehen wie im Bild unten rechts.

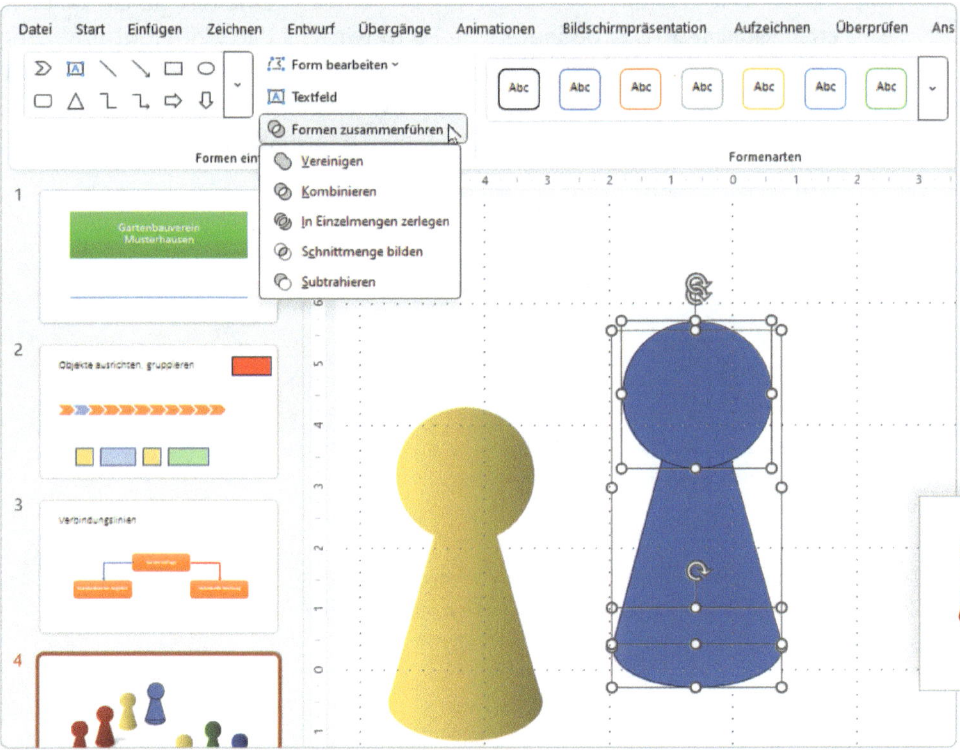


*Bild 6.88 Die markierten Formen zusammenführen*

*Bild 6.89 Das Ergebnis - dupliziert und in unterschiedlichen Farben*

## Form als Grafik speichern

Soll die neue Form auch in anderen Präsentationen oder Apps, z. B. Word, verfügbar sein, so speichern Sie diese als Grafik ab. Klicken Sie dazu mit der rechten Maustaste in die Form und wählen Sie *Als Grafik speichern...* aus. Geben Sie im nachfolgenden Fens-

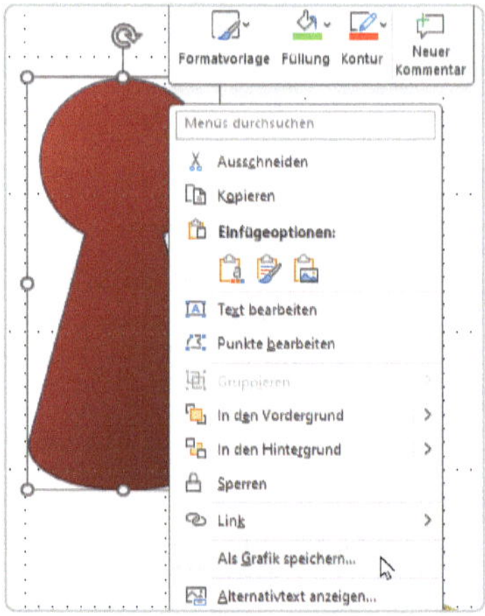


*Bild 6.90 Form als Grafik speichern*

ter einen Dateinamen ein und wählen Sie den Speicherort. Im Feld *Dateityp* legen Sie das Bildformat fest, dabei sollten Sie Folgendes berücksichtigen:

- Verfügt die Form über transparente Bereiche (Hintergrund oder durch Kombinieren) und sollen diese erhalten bleiben, dann muss der Dateityp *Portable Network Graphics* (PNG) ausgewählt werden. Wählen Sie dagegen *JPEG-Dateiaustauschformat*, so werden transparente Flächen weiß.

  In beiden Fällen wird die Form als Bild eingefügt und auch als solches behandelt. Ein späteres Ändern der Farbe ist damit nur im Rahmen der im Register *Bildformat* angebotenen Farbänderungen und künstlerischen Effekten möglich.

Siehe Bild in PowerPoint bearbeiten, Seite 179 ff.

- Mit der Wahl des Dateityps *Skalierbare Vektorgrafiken* erhalten Sie ein **benutzerdefiniertes Piktogramm**. Das bedeutet, die Form wird als Bild eingefügt und kann danach wie ein Piktogramm im Register *Grafikformat* bearbeitet werden. Sie können also die Grafik nicht nur vergrößern und verkleinern, sondern über *Grafikfüllung*, *Grafikkontur* und *Grafikeffekte* auch beliebig formatieren.

### Die Möglichkeiten der Zusammenführung

| Option | Beschreibung | Beispiel |
|---|---|---|
| Vereinigen | Die markierten Objekte verschmelzen zu einem einzigen Objekt, siehe Beispiel auf den vorherigen Seiten. |  |
| Kombinieren | Bereiche, die sich überschneiden, werden transparent. Die Formen werden zu einer einzigen zusammengefasst. |  |
| In Einzelmengen zerlegen | Die Formen werden entsprechend ihrer Überschneidungen zerstückelt. Auch die Schnittmenge bildet eine neue Form. Die neuen Einzelteile können verschoben und neu angeordnet werden. | 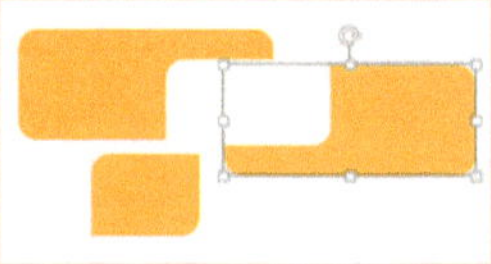 |
| Schnittmenge bilden | Hier bleibt nur die Schnittmenge zweier Formen als neue Form übrig. Es wird immer die Schnittmenge gebildet, auch aus vielen überlappenden Formen. |  |
| Subtrahieren | Eine Form wird samt der Schnittmenge von der anderen Form abgezogen. Das Element, welches zuerst markiert wurde, bleibt bestehen, die übrigen verschwinden. |  |

# 7 Grafische Layouts, Tabellen und Diagramme

**In diesem Kapitel lernen Sie ...**

- SmartArt zur Visualisierung von Abläufen und Hierarchien einsetzen
- Inhalte in Tabellenform darstellen
- Word- und Excel-Tabellen einfügen, einbetten oder verknüpfen
- Diagramme erstellen und für Präsentationszwecke optimieren
- Excel-Diagramme einfügen

**Das sollten Sie bereits wissen**

- Text eingeben und formatieren
- Umgang mit Folienlayouts
- Design und Farben anpassen
- Folienmaster zur Foliengestaltung einsetzen

## 7.1 SmartArt statt langweiliger Aufzählungen

Unter der Bezeichnung SmartArt bzw. SmartArt-Grafik steht Ihnen im gesamten Microsoft Office und somit auch in PowerPoint eine Sammlung grafischer Textlayouts zur Verfügung, z. B. zur Visualisierung von Prozessen oder Hierarchien. Diese können anstelle von normalem Text in die Platzhalter der meisten Folienlayouts eingefügt und beschriftet werden und so langweilige Aufzählungen ersetzen. SmartArt eignet sich auch zur Anordnung von Bildern.

### SmartArt einfügen

#### Layout auswählen

1 Zum Einfügen einer SmartArt-Grafik klicken Sie entweder auf das entsprechende Symbol eines Platzhalters oder im Menüband, Register *Einfügen* ▶ *Illustrationen*, auf *SmartArt* ❶.

2 Anschließend wählen Sie im Fenster *SmartArt-Grafik auswählen* das Layout aus. Klicken Sie dazu links auf eine Kategorie ❷, z. B. *Liste* oder *Alle*, wenn Sie einen ersten Überblick erhalten möchten. Das Layout lässt sich übrigens auch nachträglich noch ändern.

3 Der mittlere Bereich zeigt alle Layouts der ausgewählten Kategorie an. Wenn Sie hier auf ein Layout klicken ❸, so erhalten Sie rechts daneben eine Vorschau zusammen mit einer kurzen Beschreibung ❹. Klicken Sie auf *OK* ❺, um das markierte Layout in die Folie einzufügen.

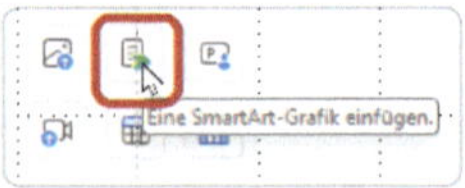


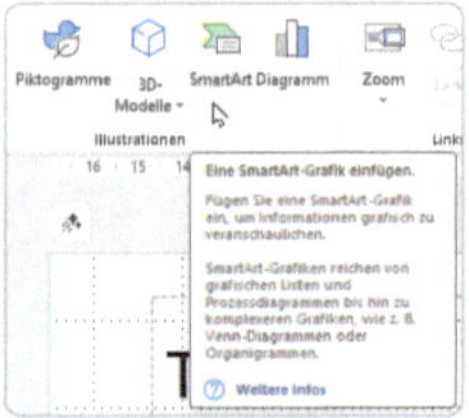


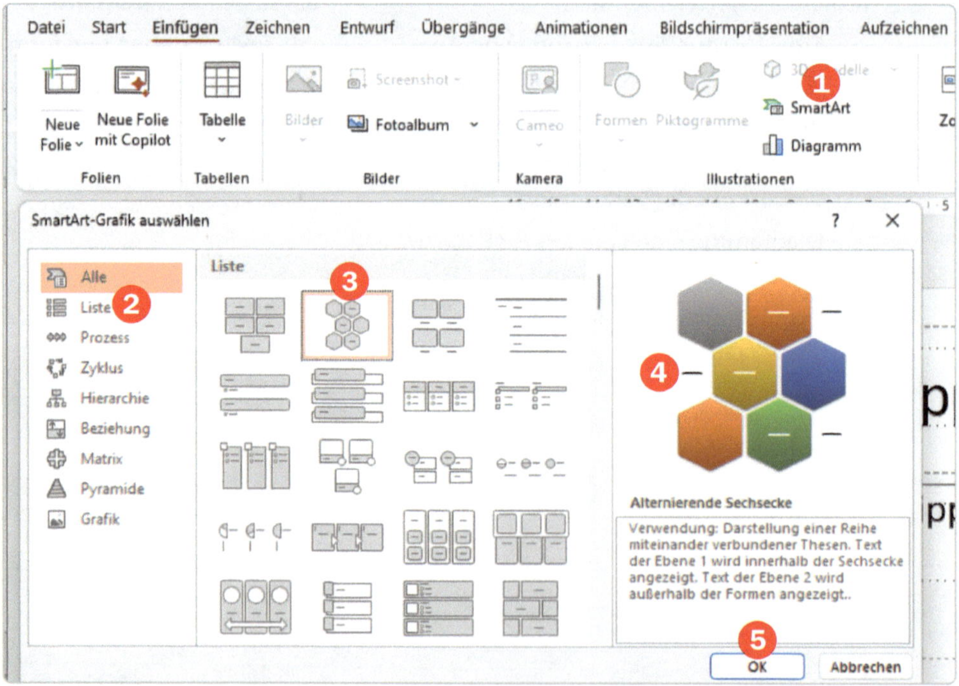


*Bild 7.1 Wählen Sie ein Layout*

## Text eingeben

SmartArt-Layouts setzen sich im Grunde genommen aus Formen zusammen und verhalten sich daher auch bei der Texteingabe genau wie diese, siehe Kap. 6, Seite 194.

Neben der Eingabe direkt in das Feld ❶ oder Rechtsklick und *Text bearbeiten* steht Ihnen hierfür zusätzlich ein gesonderter Textbereich ❷ zur Verfügung. Zum Öffnen des Textbereichs klicken Sie am linken Rand des Markierungsrahmens auf den kleinen Pfeil ❸.

Um den Textbereich wieder zu schließen, verwenden Sie das Schließen-Symbol ❹ oder klicken erneut auf den Pfeil. Oder benutzen Sie zum Anzeigen und Schließen des Textbereichs das Symbol *Textbereich* ❺ im Menüband, Register *SmartArt-Design*.

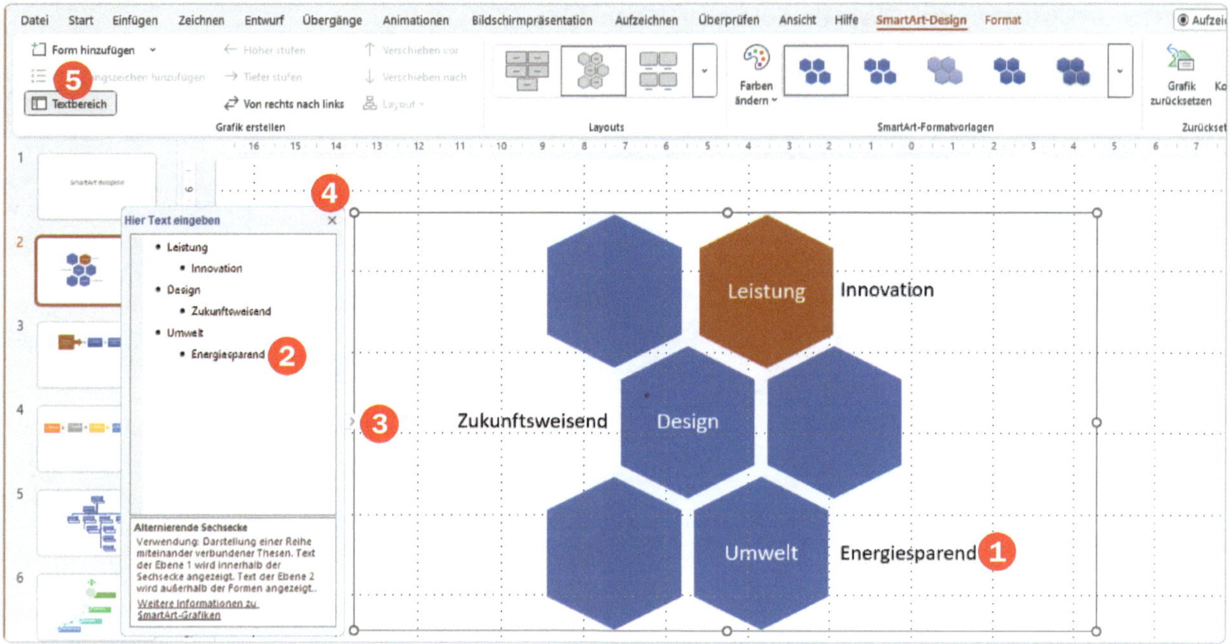


*Bild 7.2 Text eingeben*

### Beachten Sie bei der Texteingabe

- Wie am Beispiel im Bild oben zu sehen ist, verfügen einige SmartArt-Layouts über zwei oder mehr Gliederungsebenen, hier sind es zwei. Der Text der untergeordneten Ebene hat im Bild keinen farbigen Hintergrund.
- Außerdem enthalten im hier verwendeten Beispiel nicht alle Formen Platzhalter für die Texteingabe. Falls Sie hier trotzdem Text eingeben möchten, so klicken Sie einfach auf die Form und geben den Text über die Tastatur ein.
- Die Schriftgröße passt sich automatisch an die Größe der Form an und wird während der Eingabe automatisch entsprechend verkleinert. Beschränken Sie sich also auf kurze Stichworte. Wird kein Text eingegeben, so ist der Platzhaltertext in der Ansicht Bildschirmpräsentation - wie bei allen Platzhaltern - nicht sichtbar.

## SmartArt formatieren

### Schnelle Gestaltung mit Vorlagen

Zur Textformatierung können Sie, falls nötig, alle bekannten Schriftformate anwenden, z. B. Fett oder Kursiv. Schnelle Formatierungsmöglichkeiten für die Formen selbst erhalten Sie mit Vorlagen, zu finden im Menüband, Register *SmartArt-Design*. Für alle SmartArt-Vorlagen gilt: Es genügt, wenn das gesamte SmartArt-Objekt markiert ist. Sie brauchen die einzelnen Formen nicht zu markieren.

- **Farbvarianten**: Zur Farbgestaltung bietet PowerPoint über das Symbol *Farben ändern* (Register *SmartArt-Design*) verschiedene Varianten in den aktuellen Designfarben an, darunter auch nur Konturen. Beim Zeigen auf eine Farbvariante sehen Sie in der Folie eine Vorschau.

*Bild 7.3 Farben ändern*

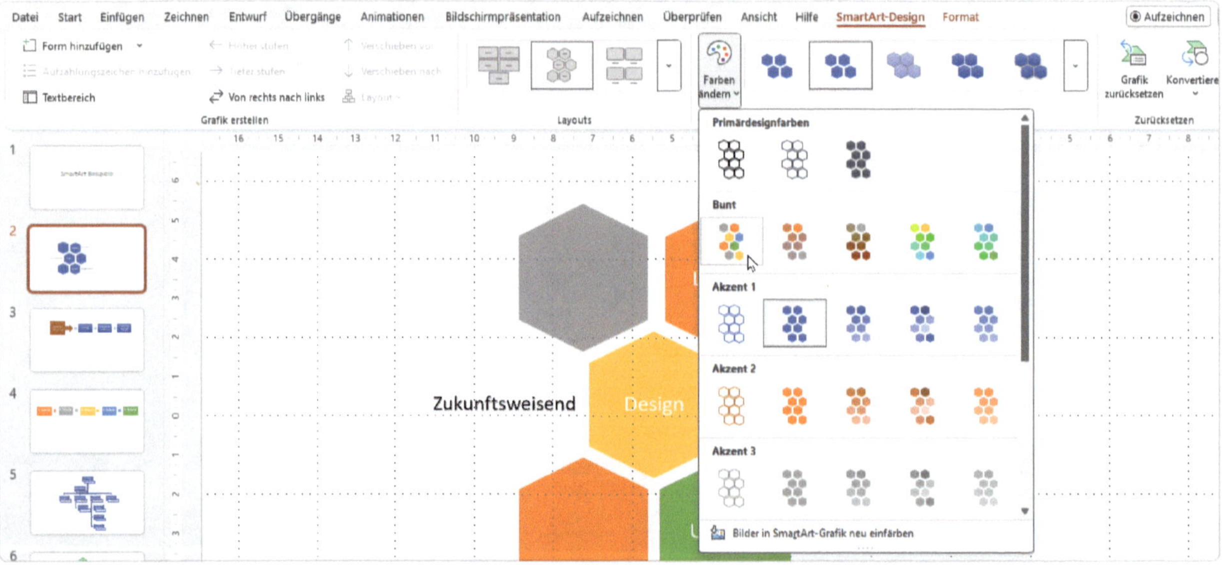


- **Formatvorlagen und Effekte**: Im selben Register finden Sie auch Formatvorlagen mit verschiedenen Rahmen-, Schatten- und 3D-Effekten. Klicken Sie auf den Pfeil *Weitere* ▿, um den gesamten Katalog zu öffnen (siehe Bild unten).

*Bild 7.4 Formatvorlage bzw. Effekt auswählen*

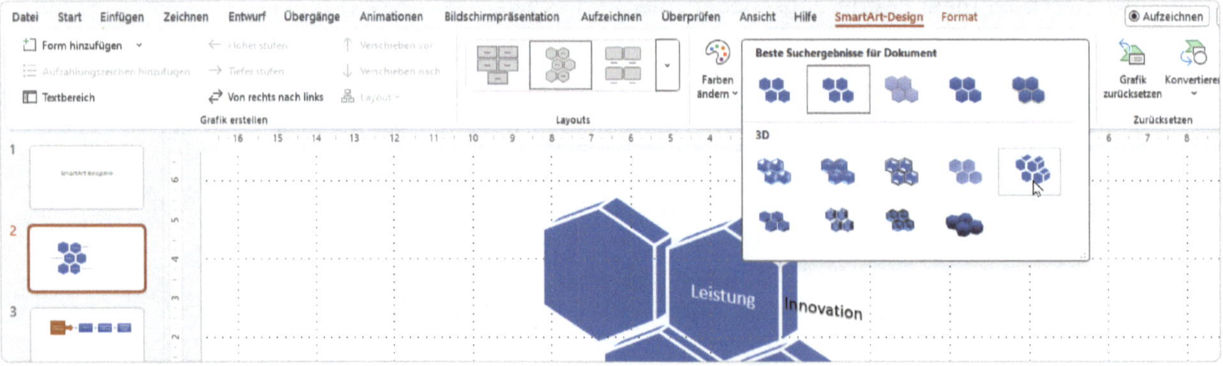

### SmartArt-Grafik auf das ursprüngliche Aussehen zurücksetzen

Wenn Sie nach diversen Änderungen das ursprüngliche Aussehen wiederherstellen möchten, dann klicken Sie dazu im Menüband, Register *SmartArt-Design*, auf *Grafik zurücksetzen*.

### Einzelne Formen formatieren

Falls Sie einzelne Formen abweichend gestalten möchten, dann müssen Sie zunächst die Form im SmartArt-Layout durch Anklicken markieren.

Zum Formatieren verwenden Sie entweder im Menüband, Register *Format* die Symbole *Fülleffekt*, *Formkontur* und *Formeffekte* bzw. wählen eine Vorlage aus dem Katalog *Formenarten* oder benutzen die Symbole der Minisymbolleiste (Rechtsklick). Die Formatierungsmöglichkeiten selbst unterscheiden sich nicht von den Formen. Diese wurden in Kapitel 6.5 bereits ausführlich beschrieben.

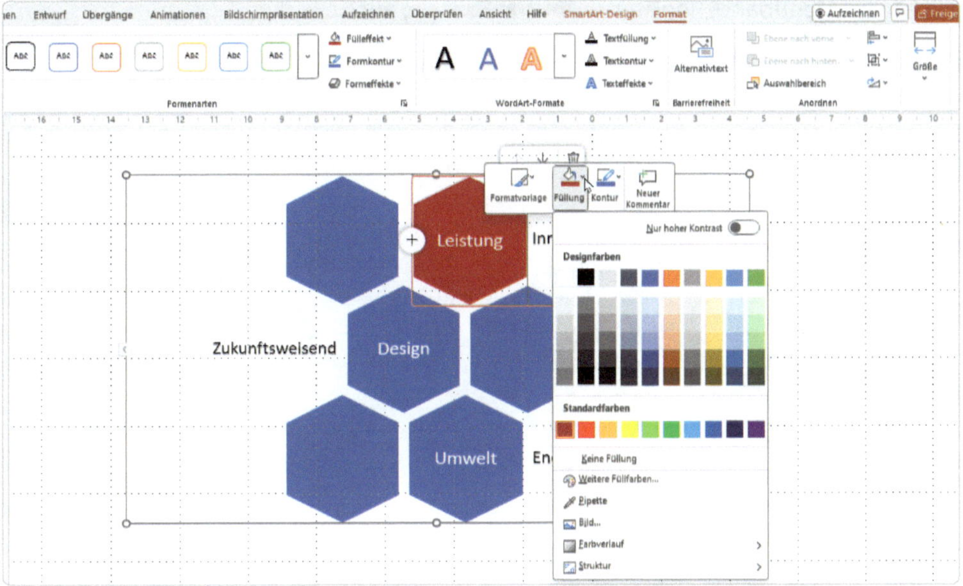


*Bild 7.5 Markierte Form formatieren: Beispiel Füllung*

### Form löschen

Nicht benötigte Formen markieren Sie mit einem Mausklick und entfernen diese anschließend mit der **Entf**-Taste.

### Formen vergrößern/verkleinern

In manchen Fällen kann es sinnvoll sein, eine bestimmte Form nicht nur durch eine andere Farbe, sondern auch durch ihre Größe besonders hervorzuheben. So ist z. B. in Bild 7.6 die kostenlose Erstberatung nicht sofort auf den ersten Blick ersichtlich. Wenn Sie diese Form hervorheben und zu diesem Zweck etwas vergrößern möchten, dann markieren Sie sie und klicken im Menüband, Register *Format* ▶ *Formen* mehrmals auf das Symbol *Größer*. Jeder Klick vergrößert um eine Stufe. Zum Verkleinern benutzen

Sie das Symbol *Kleiner*. Die Größe der übrigen Formen passt sich automatisch entsprechend an, wie im Bild rechts zu sehen. Außerdem wurde diese Form noch mit einer abweichenden Farbe versehen.

*Bild 7.6 Einzelne Formen bearbeiten*

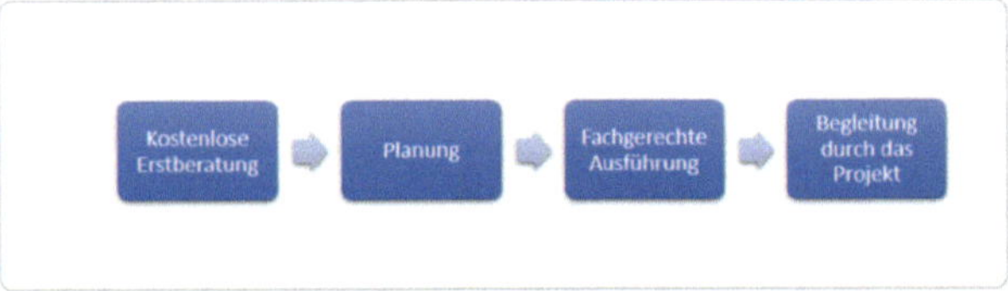


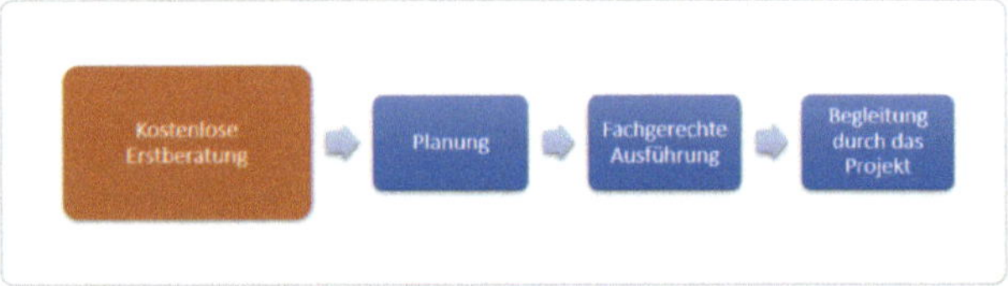


### Die markierte Form ändern

Eine weitere Möglichkeit, eine bestimmte Form hervorzuheben, besteht darin, die markierte Form zu ändern. So können Sie z. B. ein Rechteck in einen Kreis oder jede andere Form aus dem Formenkatalog umwandeln. Dazu markieren Sie die Form und klicken im Menüband, Register *Format* ▶ *Formen*, auf *Form ändern*.

*Bild 7.7 Markierte Form ändern*

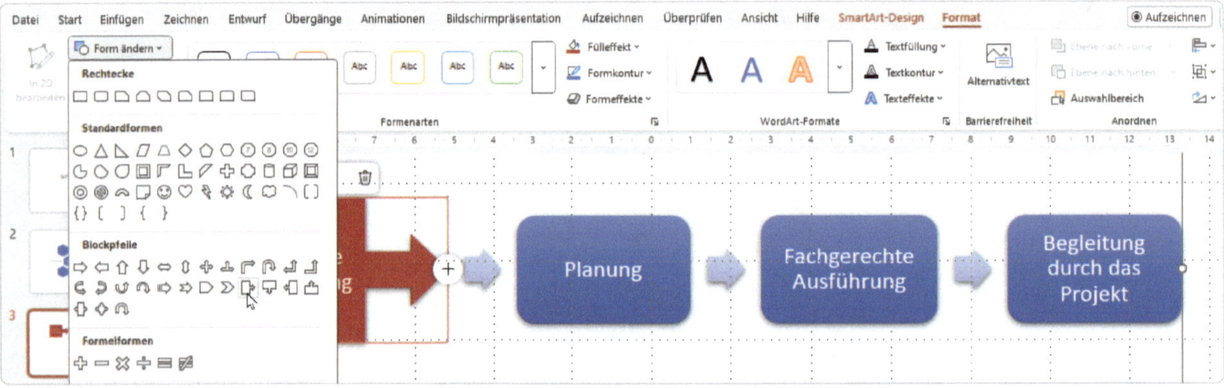


## Weitere Formen hinzufügen

Wenn Sie noch weitere Formen hinzufügen möchten, dann benutzen Sie dazu im Menüband, Register *SmartArt-Design* ▶ *Grafik erstellen* das Symbol *Form hinzufügen*. Klicken Sie auf den Dropdown-Pfeil und wählen Sie die Position der neuen Form.

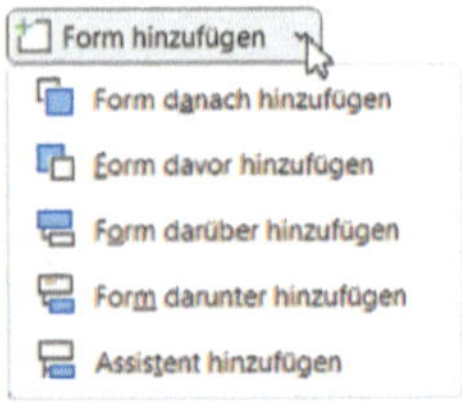


**Die Position der neu hinzugefügten Form hängt von der Markierung ab!**

Wenn keine Form markiert ist, dann wird mit der Auswahl *Form danach hinzufügen* die neue Form rechts bzw. nach dem letzten Element angefügt und mit *Form davor einfügen* links bzw. vor dem ersten Element. Möchten Sie dagegen eine Form an einer bestimmten Stelle einfügen, z. B. wie in Bild 7.8 links von der mittleren der drei Formen (2. Schritt), so müssen Sie die betreffende Form zuvor markieren.

Achtung: Die übrigen Möglichkeiten, *Form darüber* bzw. *darunter hinzufügen* und *Assistent hinzufügen* beziehen sich auf hierarchische Layouts, z. B. Organigramme und sind nur in diesen verfügbar.

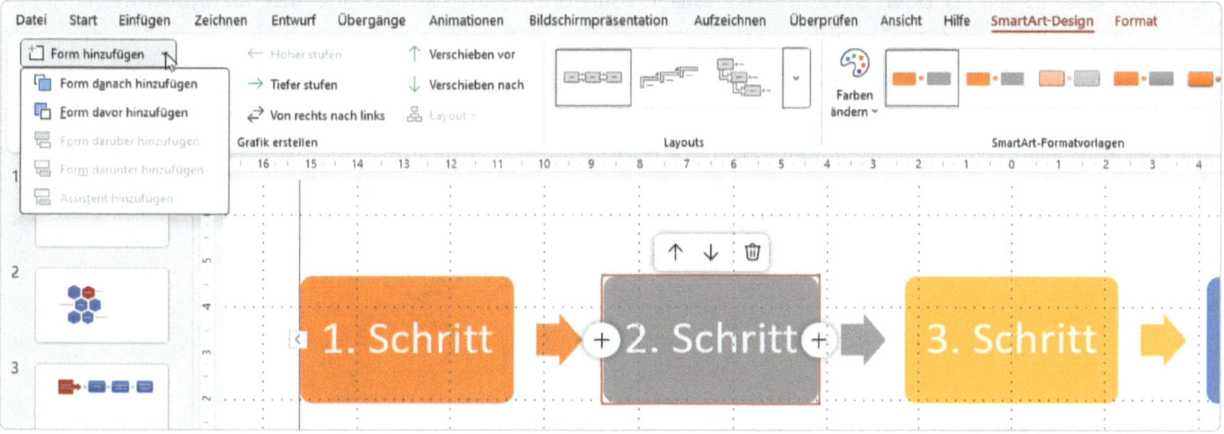


*Bild 7.8 Form hinzufügen*

**Größenanpassung**

Mit dem Hinzufügen weiterer Formen wird nicht die Größe des gesamten SmartArt-Objekts angepasst, sondern die einzelnen Formen samt Schriftgröße automatisch entsprechend verkleinert. Um bei einer Vielzahl von Formen zu vermeiden, dass die Schrift zu klein gerät, sollten Sie überlegen, ob Sie in der Folie wirklich auch noch einen Folientitel benötigen bzw. ob nicht eine entsprechende Beschriftung in Form eines Textfeldes ausreichend ist. Zudem können Sie im Bedarfsfall das gesamte SmartArt-Objekt mit der Maus über die Ziehpunkte über die gesamte Folienbreite vergrößern, wie im Bild unten.

*Bild 7.9 Weitere Formen*

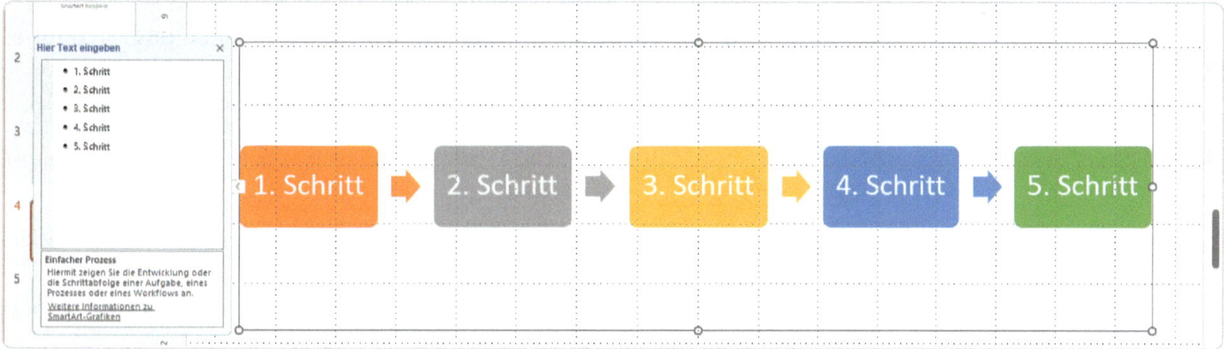


## Beispiel Organisationsdiagramm

Als Beispiel für ein hierarchisches Layout erstellen wir ein Organisationsdiagramm. Da dieser Typ meist viel Platz erfordert, wählen Sie für die Folie am besten ein leeres Layout oder nur mit Titel. Zum Einfügen der SmartArt-Grafik klicken Sie dann im Inhaltsplatzhalter oder im Menüband, Register *Einfügen* auf *SmartArt*, markieren die Kategorie *Hierarchie* und wählen eine SmartArt-Grafik, die Ihren Vorstellungen am nächsten kommt. Für das folgende Beispiel wurde *Organigramm mit Name und Titel* verwendet.

Geben Sie zunächst, wie im Bild unten, die Namen und die dazugehörige Funktion bzw. Abteilung in die vorhandenen Platzhalter ein.

**1 Mitarbeiter hinzufügen**
In diesem Beispiel soll nachträglich rechts von der Abteilung Personal bzw. Sandra Paul eine weitere Form für die IT-Abteilung eingefügt werden. Markieren Sie diese Form, klicken Sie auf *Form hinzufügen* und auf *Form danach hinzufügen*.

*Bild 7.10 Form danach einfügen*

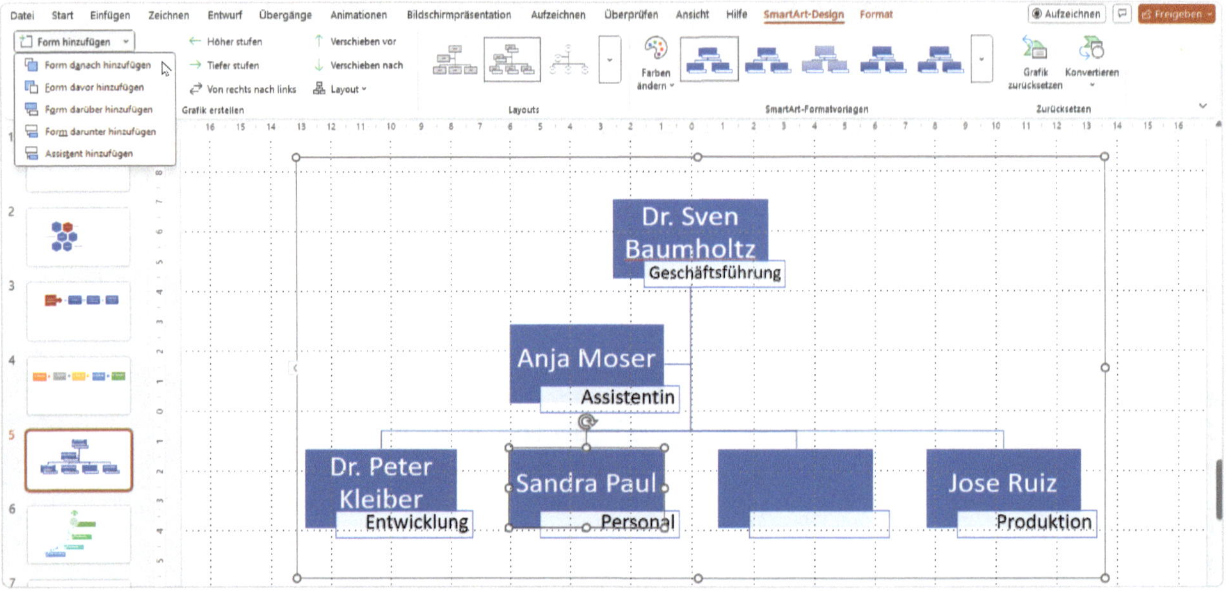


**Tipp:** Verbreitern Sie das gesamte SmartArt-Objekt, wenn durch das Hinzufügen weiterer Formen die Schrift zu klein geraten sollte.

**2 Weitere Formen für die Mitarbeiter hinzufügen**
Markieren Sie den Leiter der betreffenden Abteilung, z. B. IT, klicken Sie auf *Form hinzufügen* und wählen Sie diesmal *Form darunter hinzufügen*.

Oder Rechtsklick und Befehl *Form hinzufügen*.

Um derselben Abteilung noch einen weiteren Mitarbeiter hinzuzufügen, markieren Sie entweder erneut den Leiter und wählen wieder *Form darunter hinzufügen*. Oder markieren Sie einen Mitarbeiter der betreffenden Abteilung und wählen *Form davor* oder *Form danach hinzufügen*.

*Bild 7.11 Markieren Sie jeweils den Leiter und wählen Sie Form darunter hinzufügen*

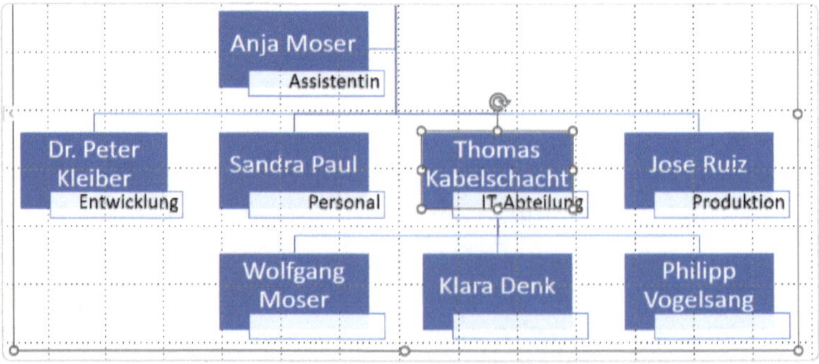

**3** **Anordnung bzw. Organigrammlayout ändern**
Ein Organigramm ordnet die Mitarbeiter jeder Ebene standardmäßig nebeneinander an. Hier lässt sich Platz sparen, wenn Sie stattdessen die Mitarbeiter der untersten Ebene untereinander anbringen. Dazu markieren Sie den jeweiligen Leiter in der übergeordneten Ebene und klicken im Menüband *SmartArt-Design* ▶ *Grafik erstellen* auf *Layout*. Wählen Sie dann zwischen *Links hängend* oder *Rechts hängend* wie im Bild unten.

**4** Farben und Formatvorlagen für das Organigramm wählen Sie, wie oben beschrieben.

*Bild 7.12 Anordnung der untergeordneten Ebene ändern*

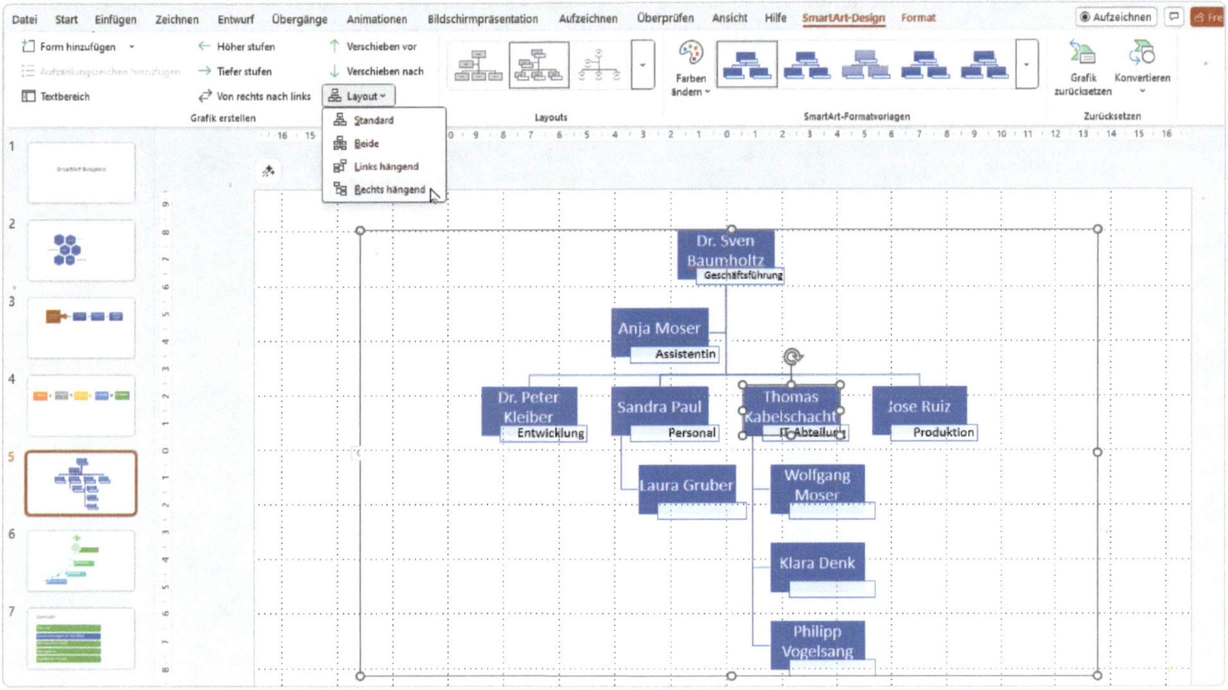


## Anordnung der Formen ändern

Versehentlich in der falschen Ebene oder Reihenfolge angesiedelte SmartArt-Elemente lassen sich nachträglich umstellen. Markieren Sie dazu die betreffende Form und benutzen Sie im Menüband, Register *SmartArt-Design* die Symbole der Gruppe *Grafik erstellen*. Verschieben mit der Maus bringt dagegen in diesem Fall nicht das gewünschte Ergebnis.

- **Höher/tiefer stufen**
  In hierarchisch angeordneten Layouts, z. B. Organigramm, verwenden Sie *Höher stufen* ❷ und *Tiefer stufen*, um das markierte Element um jeweils eine Ebene höher oder tiefer zu stufen. Im Bild 7.13 kann so z. B. die Mitarbeiterin der Abteilung Personal, Laura Gruber ❶, in die Ebene Abteilungsleiter gerückt werden.

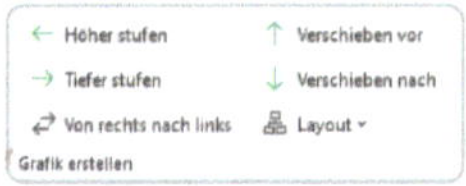

- **Reihenfolge innerhalb einer Ebene ändern**
  Mit den Schaltflächen *Verschieben vor* und *Verschieben nach* ❸ ändern Sie dagegen die Reihenfolge innerhalb einer Ebene. Im unten abgebildeten Organigramm könnten Sie damit beispielsweise die Abteilungen Entwicklung und Personal vertauschen, wobei die jeweiligen Mitarbeiter mit wandern. *Verschieben vor* verschiebt dabei in einem horizontalen Layout wie hier nach links und *Verschieben nach* nach rechts.

- **Ein anderes Layout wählen**
  Falls Sie nachträglich das Layout komplett ändern möchten, so klicken Sie im Register *SmartArt-Design* in der Gruppe *Layouts* ❹ auf *Weitere* ⌄ und wählen das gewünschte Layout. Alle Inhalte und bereits vorgenommene Formatänderungen, z. B. Farben, werden in das neue Layout übernommen.

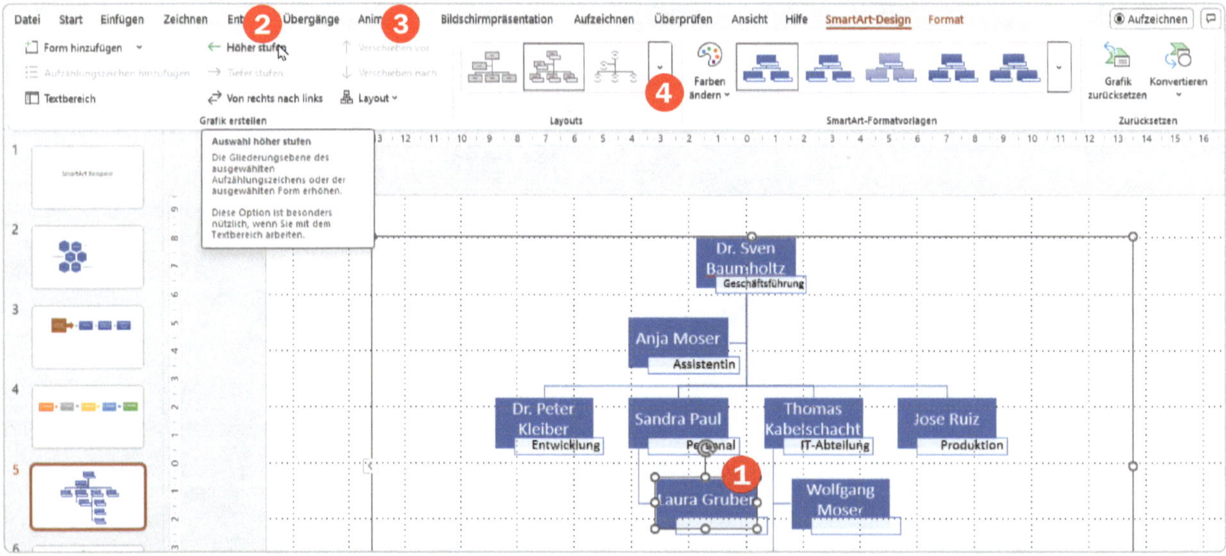


*Bild 7.13 Markierte Form höher stufen*

## SmartArt in Text oder einzelne Formen konvertieren

### In Formen konvertieren

Falls Sie anschließend jede Form einzeln noch weiter bearbeiten oder nicht das gesamte SmartArt-Objekt, sondern nur einzelne Formen animieren möchten, können Sie die SmartArt-Grafik in einzelne Formen (siehe Kap. 6.4) zerlegen bzw. konvertieren. Dazu klicken Sie im Menüband, Register *SmartArt-Design* ▶ *Zurücksetzen*, auf *Konvertieren* und wählen *In Formen konvertieren*.

**Beachten Sie**: Vorheriges Markieren einzelner Formen ist dazu nicht erforderlich, da automatisch die gesamte SmartArt-Grafik umgewandelt wird. Alle Formatierungen und Textinhalte bleiben erhalten.

### In Text konvertieren

Mit Klick auf *Konvertieren* und die Auswahl *In Text konvertieren* werden die Formen entfernt und die enthaltenen Texte in Einzelabsätze umgewandelt, wobei eine eventuelle Hierarchie in Form von Einrückungen beibehalten wird.

## SmartArt aus Text erstellen

Vorhandener Text im Standardlayout, z. B. Absätze mit Aufzählungszeichen, lässt sich auch nachträglich schnell in eine SmartArt-Grafik umwandeln. Markieren Sie dazu einfach den gesamten Platzhalter bzw. das Textfeld und klicken Sie im Menüband, Register *Start* ▶ *Absatz*, auf *In SmartArt konvertieren*. Allerdings erhalten Sie hier zunächst nur eine kleine Auswahl. Der gesamten Katalog (siehe Seite 220) wird geöffnet, wenn Sie auf *Weitere SmartArt-Grafiken...* klicken.

*Bild 7.14 Absätze in SmartArt umwandeln*

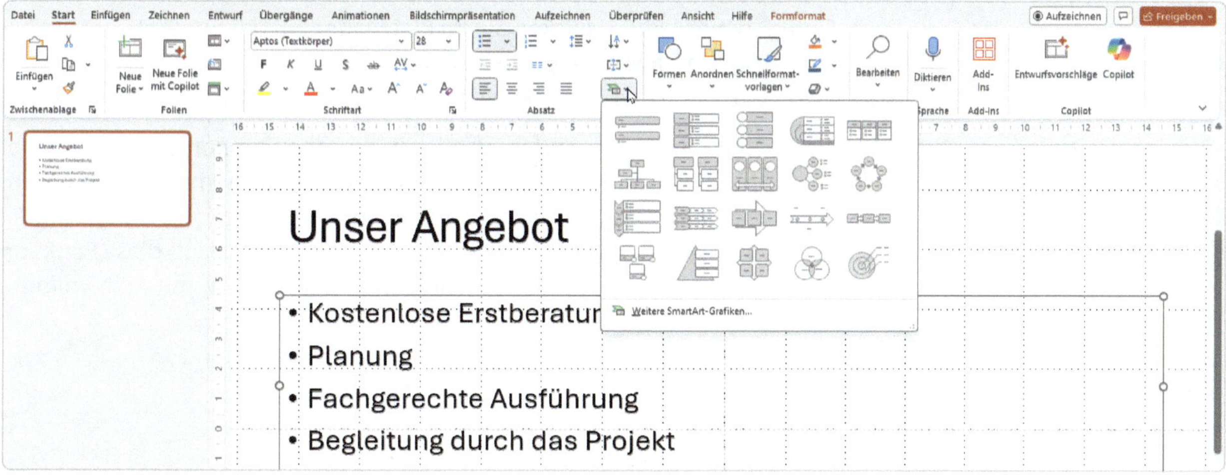


## SmartArt mit Bildern versehen

In der Kategorie *Grafik* stellt PowerPoint verschiedene SmartArt-Layouts zur Verfügung, mit denen Sie auch Bilder anordnen oder dem Text Bilder hinzufügen können, siehe Bild 7.15.

**1** Dazu klicken Sie auf *SmartArt-Grafik einfügen* (Symbol im Platzhalter der Folie oder Menüband, Register *Einfügen*) und wählen im Fenster *SmartArt-Grafik auswählen* die Kategorie *Grafik*. Markieren Sie das gewünschte Layout und klicken Sie auf *OK*.

**Achtung**: Im Gegensatz zu den übrigen Layouts sollte ein Grafiklayout nach Möglichkeit nachträglich nicht mehr geändert werden, da bereits eingefügte Bilder nicht automatisch an das neue Layout angepasst werden.

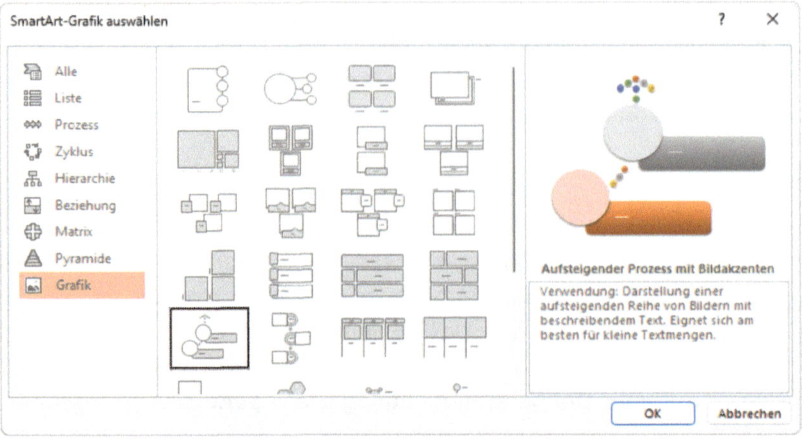


*Bild 7.15 SmartArt für Grafik wählen*

2 Zum Einfügen eines Bildes klicken Sie im Platzhalter auf das Symbol *Grafik einfügen* ❶ und wählen anschließend zwischen *Aus Datei*, *Archivbilder*, *Onlinebilder* und *Aus Piktogrammen.* In die Textfelder geben Sie den dazugehörigen Text ein.

3 Falls Sie Piktogramme verwenden, wie im Bild unten, können Sie über *Farben ändern* ❷ (Menüband, *SmartArt-Design*) auch die Piktogramme passend einfärben. Dazu klicken Sie am Ende der Farbvarianten auf *Bilder in SmartArt-Grafik neu einfärben* ❸, am hervorgehobenen Symbol erkennen Sie, ob diese Funktion eventuell bereits aktiviert ist. Dies funktioniert übrigens auch mit Archivbildern und Bildern aus einer Datei.

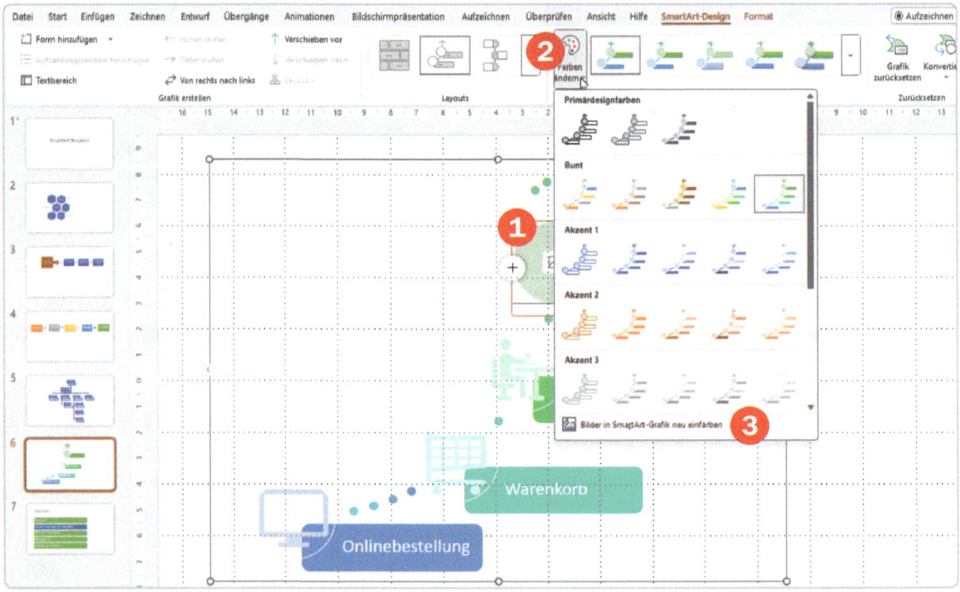


*Bild 7.16 Bild einfügen und Farben ändern*

**Achtung:** Wenn Sie ein Layout der Kategorie *Grafik* gewählt haben, wird die Bildgröße beim Einfügen automatisch angepasst, ohne das Seitenverhältnis zu verändern. Problematisch wird es hingegen, wenn Sie nachträglich über *SmartArt-Design* ▶ *Layouts* ein anderes Layout wählen. Dann werden in den meisten Fällen die Bilder verzerrt oder Bildteile abgeschnitten.

## Beispiel: Inhaltsübersicht mit SmartArt gestalten

### Übersichtsfolie erstellen

Mit Hilfe von SmartArt-Layouts lässt sich auch eine langweilige Inhaltsübersicht oder Agenda attraktiver gestalten. Falls bereits eine Folie mit einer Inhaltsübersicht existiert, dann wandeln Sie den Text in eine SmartArt-Grafik um, z. B. im Layout einer Liste.

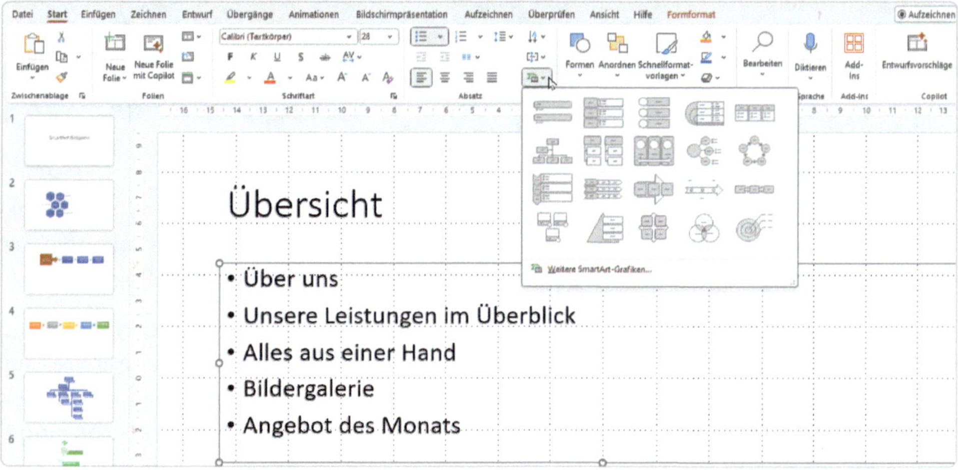


*Bild 7.17 Text in SmartArt-Grafik konvertieren*

Im nächsten Schritt passen Sie das Aussehen der SmartArt-Grafik Ihren Vorstellungen und Wünschen an, ein Beispiel sehen Sie im Bild unten.

*Bild 7.18 Beispiel SmartArt-Grafik mit hervorgehobenem Punkt*

**Tipp**: Da eine zu Beginn der Präsentation gezeigte Inhaltsübersicht schnell wieder vergessen wird, ist es eine gute Idee, wenn Sie Ihren Zuschauern auch während der Präsentation entsprechende Zwischeninformationen liefern.

Eine weitere Möglichkeit bietet die Zoomfunktion. Näheres hierzu lesen Sie in Kap. 8.4.

Eine einfache Möglichkeit besteht darin, die Agenda nicht nur am Beginn, sondern auch zwischendurch kurz zu präsentieren. Dazu duplizieren Sie die Folie mehrmals und fügen die Kopien an den entsprechenden Stellen der Präsentation ein. Anschließend heben Sie, wie im Bild oben, den jeweils aktuellen Punkt farblich hervor.

### Eine kleine Inhaltsübersicht in jeder Folie

Eine andere, etwas aufwändigere Methode besteht darin, auch in die übrigen Folien eine kleine Inhaltsübersicht mit SmartArt einzufügen. So erkennen Ihre Zuschauer auf den ersten Blick, an welchem Punkt der Präsentation Sie sich gerade befinden. Sie sollten allerdings die Inhaltsübersicht auf wenige Punkte mit kurzen Stichwörtern beschränken.

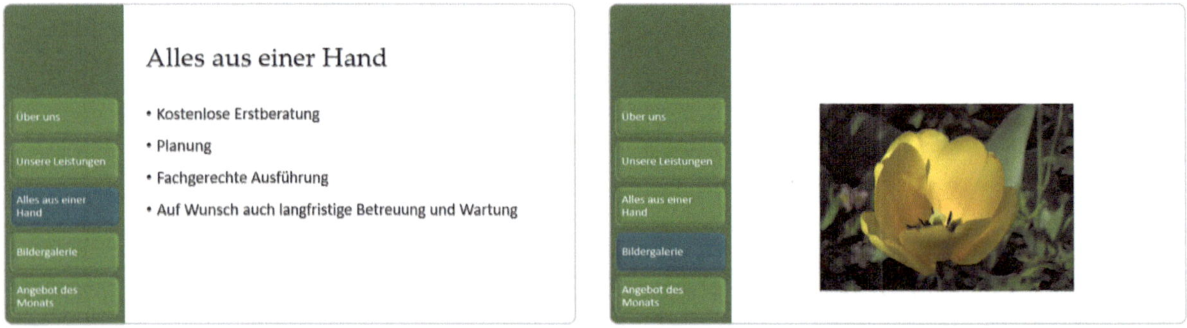


*Bild 7.19 Eine Inhaltsübersicht in jeder Folie*

Wenn zusätzlich der aktuelle Punkt, wie oben, hervorgehoben werden soll, dann funktioniert dies leider nicht in Verbindung mit dem Masterlayout bzw. dem Folienmaster. Hier kurz die Vorgehensweise für die Erstellung des oben abgebildeten Beispiels:

1. Wenn sich die Übersicht optisch nicht in den Vordergrund drängen soll, dann versehen Sie diese mit einer anderen Hintergrundfarbe. Bei Folien mit weißem Hintergrund eignet sich hierfür am besten eine dunklere Farbe. Für dieses Beispiel wurde dazu am linken Folienrand ein Rechteck mit dunkler Füllfarbe eingefügt (Bild 7.20).
2. Anschließend wird ein SmartArt-Layout in Listenform, hier *Vertikale Aufzählung*, eingefügt, vor das Rechteck gelegt (*Anordnen*) und entsprechend verkleinert.
3. Da dieses Layout allerdings zwei Ebenen umfasst, müssen Sie die zweite höher stufen: Markieren Sie die jeweilige Form und klicken Sie im Register *SmartArt-Design* auf *Höher stufen* (Bild 7.21). Weitere benötigte Formen fügen Sie einfach hinzu und beschriften sie dann.

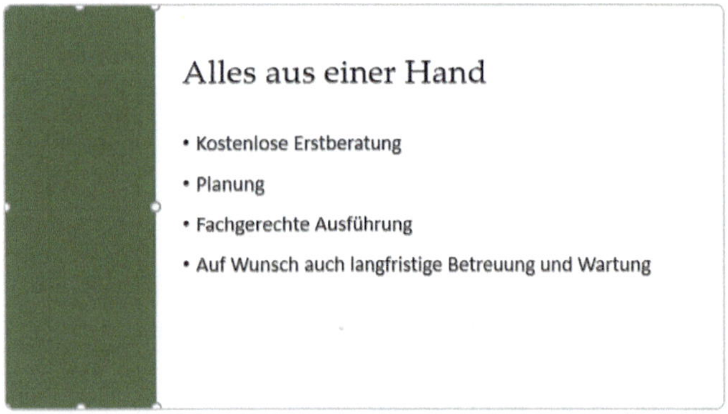


*Bild 7.20 Rechteck einfügen*

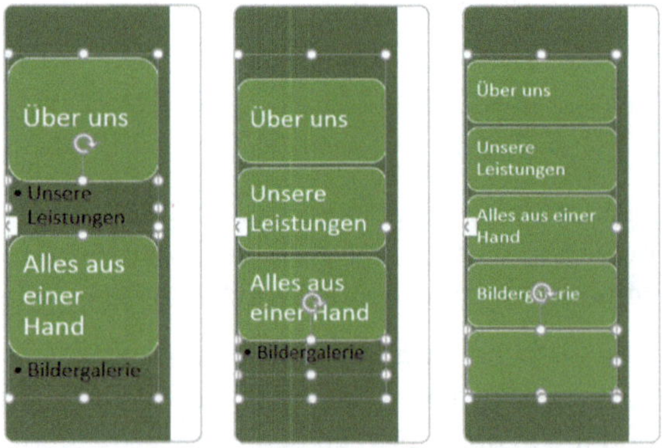


*Bild 7.21 SmartArt einfügen und anpassen*

**4** Falls nötig, verkleinern Sie die Schrift noch weiter. Formatieren Sie die Smart-Art-Grafik nach Ihren Vorstellungen, z. B. mit Farben oder sonstigen Effekten.

**5** Im nächsten Schritt markieren Sie Rechteck und SmartArt-Grafik und fassen beide zu einer Gruppe zusammen (*Format* ▶ *Anordnen* ▶ *Gruppieren*). Kopieren Sie dann die Gruppe in die Zwischenablage und fügen Sie sie nacheinander in die einzelnen Folien ein.

**Tipp:** Mit **Strg+V** wird die Gruppe automatisch an der Originalposition, also am linken Rand, in die Folie eingefügt.

Oder markieren Sie die aktuelle Folie und duplizieren Sie diese mehrmals.

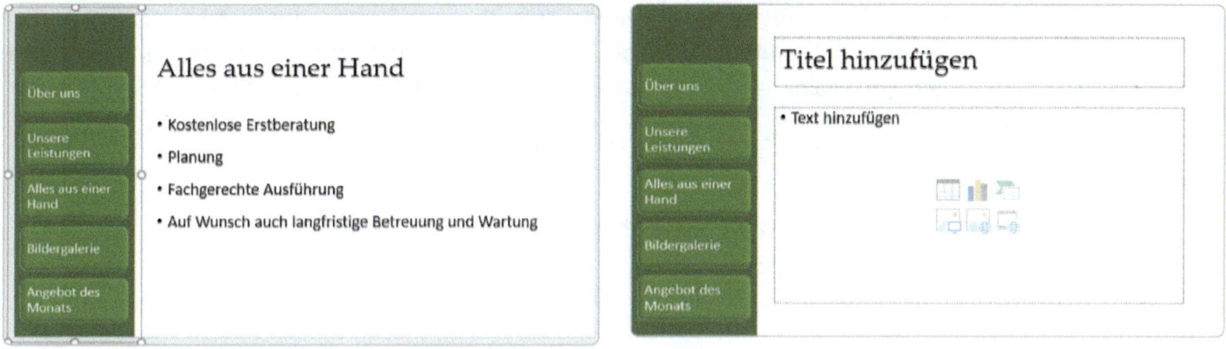


*Bild 7.22 Gruppieren und Gruppe in neue Folie kopieren*

**6** Weisen Sie dann in den einzelnen Folien dem jeweils aktuellen Punkt die abweichende Farbe zu Hervorhebung zu.

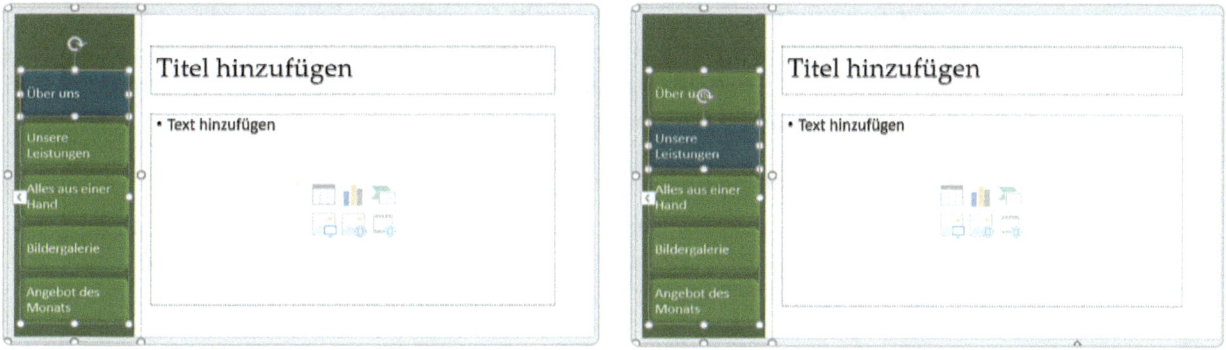


*Bild 7.23 Folie duplizieren und dem aktuellen Punkt eine Farbe zuweisen*

**Hinweis:** Wenn Sie stattdessen lieber ein interaktives Inhaltsverzeichnis erstellen möchten, in dem Sie durch Klicken mit der Maus zur jeweiligen Folie und wieder zurück gelangen, dann sollten Sie sich mit dem Zoom im nächsten Kapitel näher befassen.

Zoom, siehe Kapitel 8.4.

## 7.2 Inhalte in Tabellen ausrichten

Tabellen müssen nicht unbedingt Zahlen enthalten, auch Text lässt sich manchmal in Spalten ausgerichtet und somit übersichtlicher darstellen. Vielen Anwendern dürfte der Umgang mit Tabellen bereits von Microsoft Word her bekannt sein. Dann können Sie diesen Punkt beruhigt überspringen, da sich PowerPoint in diesem Punkt kaum von Word unterscheidet.

### Tabelle einfügen

Auch Tabellen fügen Sie am einfachsten über das Symbol des Platzhalters ein. Klicken Sie in der Folie auf das Symbol *Tabelle einfügen* und legen Sie anschließend im gleichnamigen Dialogfenster die vorläufige Anzahl der benötigten Zeilen und Spalten fest.

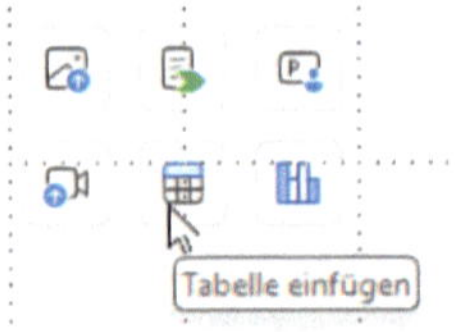

*Bild 7.24 Tabelle einfügen und Anzahl Zeilen und Spalten eingeben*

PowerPoint fügt in die Folie eine bereits formatierte Tabelle ein. Alle Spalten erhalten zunächst die gleiche Breite und die gesamte Tabellenbreite richtet sich nach der Größe des Platzhalters. Spaltenbreite und Aussehen der Tabelle lassen sich schnell ändern. Näheres hierzu auf den nächsten Seiten.

> **Konzentrieren Sie sich im Zweifelsfall auf die benötigten Spalten**
>
> Weitere Tabellenzeilen werden während der Eingabe automatisch angefügt, wenn Sie am Ende der Tabelle die **Tab**-Taste betätigen. Die genaue Anzahl der Zeilen ist daher nicht unbedingt erforderlich. Aber auch Spalten können nachträglich jederzeit und an beliebiger Stelle eingefügt werden.

#### Tabelle über das Menüband einfügen

Eine zweite Möglichkeit zum Einfügen einer Tabelle, z. B. in eine leere Folie ohne Platzhalter, finden Sie im Menüband im Register *Einfügen*. Ein Klick auf *Tabelle* öffnet ein Raster, in dem Sie mit der Maus die Tabellengröße festlegen (Bild 7.25).

Bewegen Sie dazu die Maus im Raster über die benötigte Anzahl an Zeilen und Spalten, gleichzeitig erhalten Sie in der Folie eine Vorschau auf die Tabelle. Zum Übernehmen klicken Sie im Raster in die rechte untere Ecke.

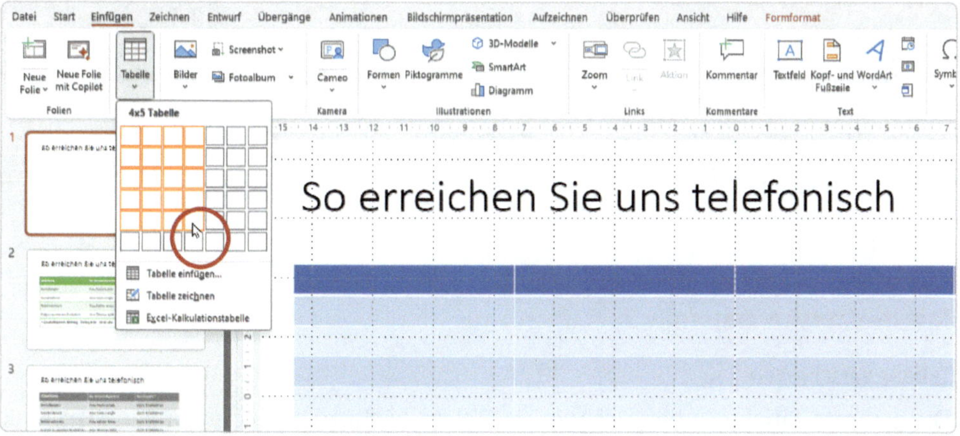


*Bild 7.25 Zeilen und Spalten über ein Raster festlegen*

**Achtung**: Die Position der Tabelle richtet sich bei dieser Methode nach dem Folienlayout. Ist ein entsprechender Inhaltsplatzhalter vorhanden, so wird die Tabelle automatisch hier eingefügt. Enthält die Folie dagegen nur einen Titel, so wird dieser, genau wie benutzerdefinierte Textfelder ignoriert und die Tabelle am oberen Rand eingefügt. Dasselbe gilt auch für das Layout *Leer*.

## Texteingabe in Tabellen

Zur Texteingabe klicken Sie mit der Maus in die erste Zelle der Tabelle und geben Ihren Text über die Tastatur ein. Mit der **Tab**-Taste (Tabulator) versetzen Sie anschließend den Cursor in die nächste Zelle nach rechts bzw. am Ende einer Tabellenzeile in die erste Zelle der nächsten Zeile. Durch Antippen bzw. Anklicken mit der Maus können Sie auch eine bestimmte Zelle zur Texteingabe auswählen. Als Alternative benutzen Sie die Pfeiltasten der Tastatur.

**Achtung:** Mit Drücken der **Eingabetaste** erzeugen Sie innerhalb der Tabellenzelle einen Absatzumbruch!

- Falls der Text länger ist, als es die Breite der Spalte zulässt, erfolgt in der Zelle ein automatischer Zeilenumbruch. Sie können aber auch durch Drücken der **Eingabetaste** innerhalb einer Zelle eine neue Zeile bzw. einen neuen Absatz beginnen.
- Wenn sich der Cursor in der letzten Zelle der letzten Tabellenzeile befindet, dann fügen Sie durch Drücken der **Tab**-Taste eine weitere Zeile an die Tabelle an.

**So bewegen Sie sich in Tabellen**

| Sie möchten... | Taste |
|---|---|
| Cursor in die nächste Zelle rechts | Tab-Taste (Tabulator) oder Pfeiltaste rechts |
| Cursor in die nächste Zelle links | Umschalt+Tab oder Pfeiltaste links |
| Zeile nach oben | Pfeiltaste oben |
| Zeile nach unten | Pfeiltaste unten |

| Sie möchten... | Taste |
|---|---|
| An den Beginn der nächsten Zeile | Tab-Taste (nur wenn sich der Cursor am Ende einer Zeile befindet) |
| Neue Zeile an die Tabelle anfügen | Tab-Taste (nur wenn sich der Cursor am Ende der letzten Zeile befindet) |
| Neuer Absatz in der Zelle | Eingabetaste |

## Tabellenlayout anpassen

### Tabelle verschieben

Die gesamte Tabelle verhält sich wie ein Objekt, leicht zu erkennen an den Ziehpunkten des Markierungsrahmens. Sie können daher nicht nur die Größe des Objekts ändern, sondern auch die Tabelle mit der Maus verschieben. Dazu zeigen Sie an eine beliebige Stelle des Markierungsrahmens, ausgenommen die Ziehpunkte, bis am Mauszeiger vier Richtungspfeile erscheinen. Verschieben Sie anschließend die Tabelle mit gedrückter Maustaste an die gewünschte Position.

*Bild 7.26 Tabelle verschieben*

*Bild 7.27 Spaltenbreite ändern*

### Spaltenbreite und Zeilenhöhe anpassen

Spaltenbreite und Zeilenhöhe ändern Sie am einfachsten ebenfalls mit der Maus und achten dabei auf den Mauszeiger. Wenn ein Doppelpfeil sichtbar wird, können Sie mit gedrückter Maustaste Änderungen vornehmen.

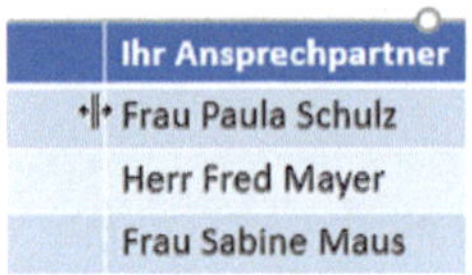


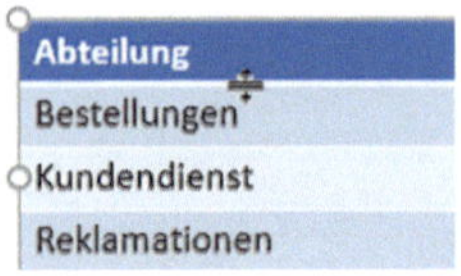


- **Spaltenbreite:** Zeigen Sie auf eine Begrenzungslinie zwischen den Spalten und ziehen Sie dann mit gedrückter Maustaste nach rechts oder links. Dies funktioniert nur an den inneren Spaltenbegrenzungen, die Gesamtbreite der Tabelle ändert sich nicht.
- **Zeilenhöhe:** Zeigen Sie innerhalb der Tabelle auf die untere Begrenzungslinie der Zeile und ziehen Sie dann zum Verbreitern mit gedrückter Maustaste nach unten oder zum Verkleinern nach oben.
- **Höhe und/oder Breite der gesamten Tabelle ändern:** Möchten Sie Höhe und/oder Breite der gesamten Tabelle ändern, dann benutzen Sie dazu die Ziehpunkte des Markierungsrahmens. Spaltenbreite und Zeilenhöhe passen sich dadurch automatisch entsprechend an. Wenn Sie also auf diese Weise z. B. die Tabellenhöhe ändern, dann ändert sich dadurch die Höhe aller Zeilen.

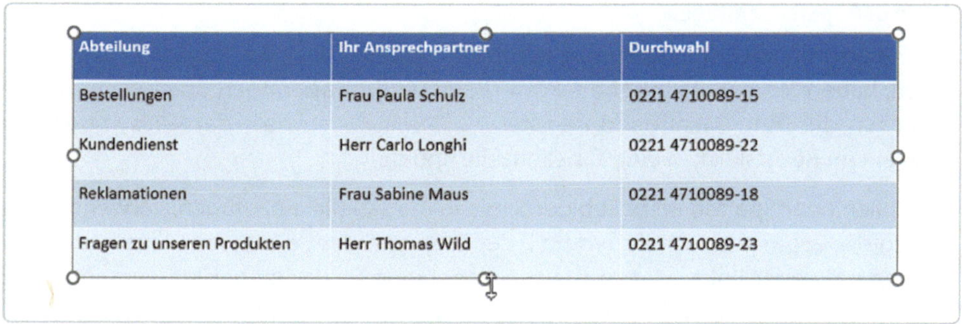


*Bild 7.28 Größe der gesamten Tabelle proportional ändern*

- **Genaue Maße festlegen:** Wenn Sie genaue Maße für Zeilen und Spalten angeben möchten, dann geben Sie Höhe und Breite im Menüband, Register *Tabellenlayout* in die Felder der Gruppe *Zellengröße* ❶ ein.

Die genaue Größe der Tabelle legen Sie dagegen im selben Register über die Felder der Gruppe *Tabellengröße* ❷ fest. Falls gewünscht, können Sie hier auch das Seitenverhältnis sperren ❸.

*Bild 7.29 Zellengröße und Textausrichtung*

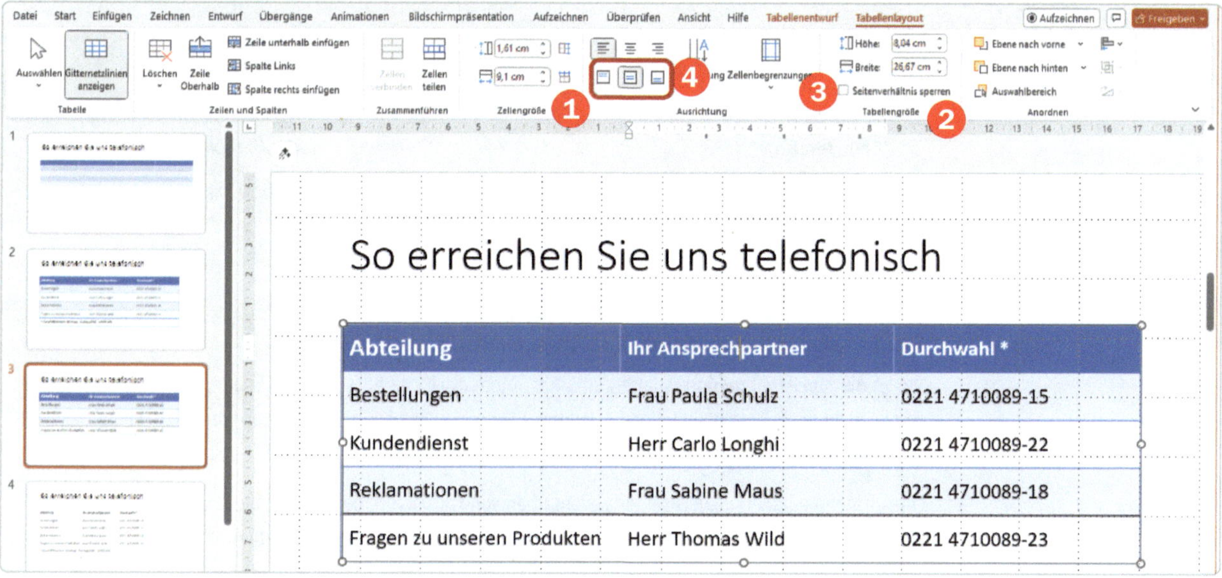


**Tipp:** Standardmäßig wird in Tabellen der Zellinhalt am oberen Rand ausgerichtet. Falls Sie die vertikale Textausrichtung ändern möchten, dann markieren Sie die Tabelle oder die betreffenden Zeilen und benutzen die Symbole der Gruppe *Ausrichtung* im Register *Tabellenlayout* ❹ (Bild oben).

- **Gleiche Spaltenbreite/Zeilenhöhe:** Sollen mehrere Spalten exakt die gleiche Breite erhalten, dann markieren Sie die betreffenden oder die gesamte Tabelle und klicken im Register *Tabellenlayout* ▶ *Zellengröße* auf *Spalten verteilen*. Dadurch wird der verfügbare Platz gleichmäßig auf die Spalten aufgeteilt. Für die Zeilenhöhe verwenden Sie das Symbol *Zeilen verteilen*.

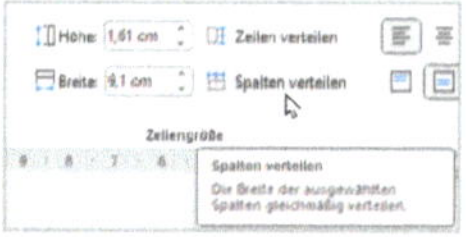

### Zeilen und Spalten einfügen

Wie Sie während der Eingabe und auch später weitere Zeilen am Ende der Tabelle einfügen, haben Sie bereits gesehen. PowerPoint verfügt aber noch über weitere Möglichkeiten, die Sie im Menüband, Register *Tabellenlayout* sowie in der Minisymbolleiste nach einem Rechtsklick in eine Tabellenzelle finden.

Um Zeilen oder Spalten an beliebiger Stelle in die Tabelle einzufügen, verwenden Sie im Register *Tabellenlayout* die Symbole der Gruppe *Zeilen und Spalten*. Eine neue Spalte kann entweder links oder rechts von derjenigen Spalte eingefügt werden, in der sich der Cursor gerade befindet. Gleiches gilt auch für das Einfügen von Zeilen.

*Bild 7.30 Spalte rechts einfügen*

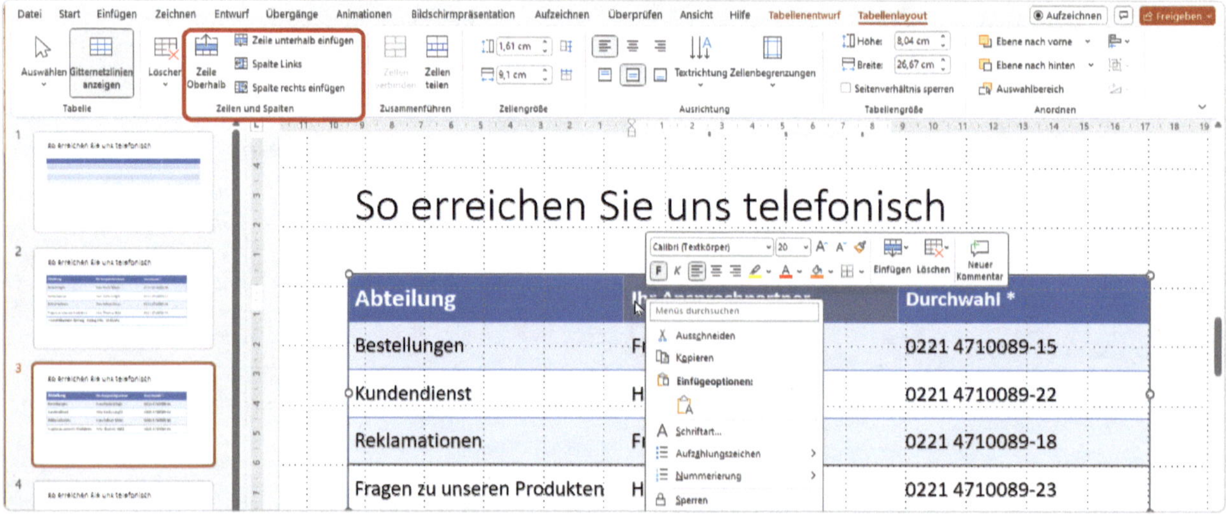


PowerPoint fügt grundsätzlich nur ganze Zeilen oder Spalten ein. Es genügt also, wenn sich beim Einfügen der Cursor in einer beliebigen Zelle der Zeile oder Spalte befindet.

**Formatierungen werden beim Einfügen automatisch übernommen**

Neu in die Tabelle eingefügte Spalten erhalten automatisch das Aussehen der Spalte, in der sich der Cursor gerade befindet, z. B. rechtsbündige Ausrichtung. Dasselbe gilt auch beim Einfügen von Zeilen. Sie sparen also unter Umständen Formatierungsarbeit, wenn Sie vor dem Einfügen die richtige Spalte oder Zeile wählen.

Eine Ausnahme bilden abwechselnde Zeilenfarben von Formatvorlagen. Wurde die Tabelle mit einer solchen Vorlage formatiert, so passen sich die Farben beim Einfügen weiterer Zeilen automatisch an.

### Spalten, Zeilen oder Tabelle löschen

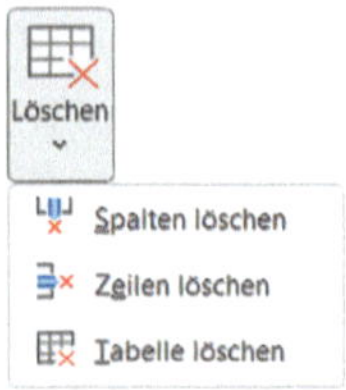


Klicken Sie in die betreffende Tabellenzeile oder -spalte und Register *Tabellenlayout* des Menübands oder in der Minisymbolleiste auf *Löschen*. Es erscheint ein Menü und Sie können wählen, ob Sie die aktuelle Zeile, Spalte oder die gesamte Tabelle löschen möchten. Die zu löschende Zeile oder Spalte muss dazu nicht markiert sein, es genügt, wenn sich der Cursor in einer beliebigen Zelle dieser Zeile bzw. Spalte befindet.

**Tipp:** Die gesamte Tabelle können Sie außerdem löschen, wenn Sie auf eine beliebige Stelle des Markierungsrahmens klicken und anschließend auf der Tastatur die **Entf**-Taste oder die **Korrektur**- bzw. **Rückschritt**-Taste betätigen.

### Zellen verbinden und teilen

Mit dem Symbol *Zellen verbinden*, das Sie im Register *Tabellenlayout* unter *Zusammenführen* finden, können Sie mehrere neben- oder übereinander liegende Zellen zu einer einzigen verbinden, etwa wenn Sie eine gemeinsame Überschrift über mehrere Spalten oder, wie im Bild unten am Tabellenende Platz für Anmerkungen benötigen. Das Symbol ist nur aktiv, wenn mindestens zwei Zellen einer Tabelle markiert sind.

Mit der Schaltfläche *Zellen teilen* teilen Sie die aktuelle Zelle in die gewünschte Anzahl Spalten oder Zeilen auf. Diese erhalten automatisch gleiche Breite bzw. Höhe.

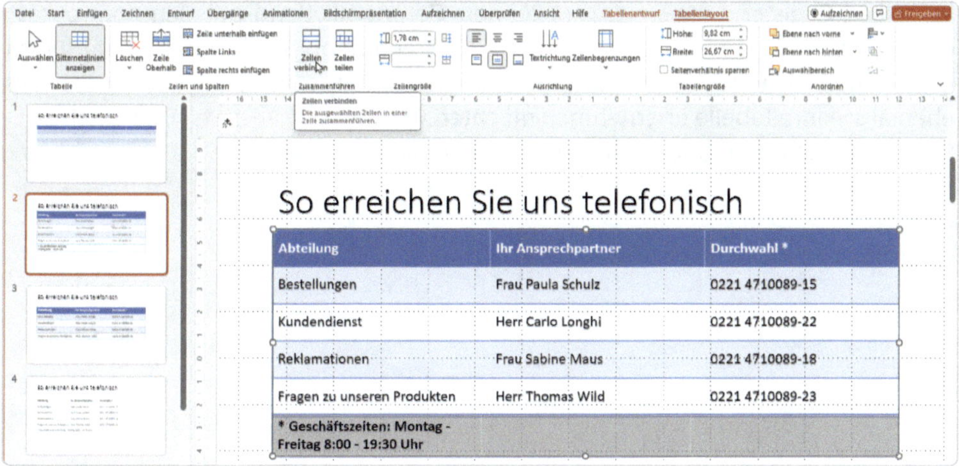


*Bild 7.31 Markierte Zellen verbinden*

## Tabelle formatieren

### Zeilen und Spalten markieren

Zum Formatieren des Tabellentextes können Sie alle bekannten Möglichkeiten der Zeichen- und Absatzformatierung verwenden. Die Tabellenzellen dagegen lassen sich wie Formen mit Schattierung bzw. Füllfarbe, Rahmenlinien und Effekten formatieren. Vorab einige Techniken, wie Sie in einer Tabelle schnell Zeilen und Spalten markieren.

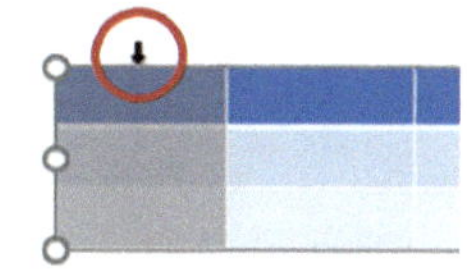

- **Gesamte Spalte markieren:** Zeigen Sie mit der Maus an eine Stelle oberhalb der betreffenden Spalte. Als Mauszeiger erscheint ein nach unten weisender Pfeil und ein Klick markiert die gesamte Spalte.

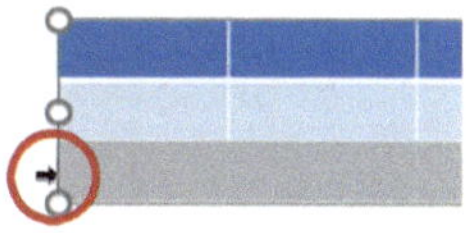

- **Gesamte Zeile markieren:** Zeigen Sie mit der Maus links von der Zeile an den Rand der Tabelle. Als Mauszeiger erscheint ein waagrechter Pfeil.

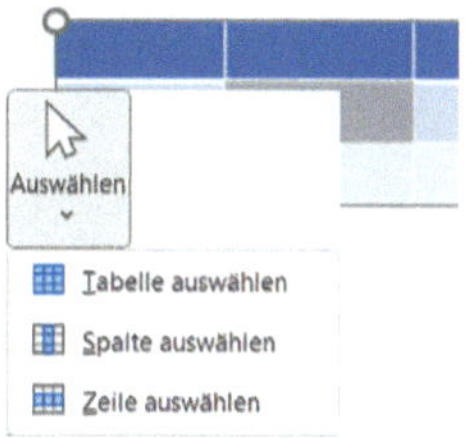


- **Eine einzelne Zelle markieren**: Zeigen Sie an den linken Rand der Zelle. Hier erhalten Sie als Mauszeiger einen schräg nach oben weisenden Pfeil und ein Klick markiert diese Zelle. In diesem Fall erscheint in der Folie automatisch die Minisymbolleiste mit den wichtigsten Schrift- und Ausrichtungsformaten.

**Tipp**: Mit Ausnahme einzelner Zellen können Sie zum Markieren im Menüband, Register *Tabellenlayout* auch das Symbol *Auswählen* benutzen.

### Formatvorlagen nutzen

Im Menüband finden Sie im Register *Tabellenentwurf* verschiedene Tabellenformatvorlagen in den Designfarben, die Sie per Mausklick übernehmen können. In diesem Fall ist kein vorheriges Markieren von Zeilen und Spalten erforderlich, es genügt, wenn sich der Cursor in der Tabelle befindet bzw. der Markierungsrahmen sichtbar ist.

Mit einem Klick auf den Pfeil *Weitere* ⩢ ❶ öffnen Sie den gesamten Katalog der Formatvorlagen und erhalten so einen besseren Überblick. Beim Zeigen auf eine Vorlage sehen Sie in der Folie eine Vorschau.

Im selben Register *Tabellenentwurf* können Sie anschließend mit den Kontrollkästchen der Gruppe *Tabellenformatoptionen* ❷ steuern, ob Sie Sonderformate für die Überschrift- und Ergebniszeile, d. h. erste und letzte Zeile sowie erste und letzte Spalte ebenfalls in Ihre Tabelle übernehmen möchten. Mit *Gebänderte Zeilen* und *Gebänderte Spalten* sind abwechselnde Zeilen- und Spaltenfarben gemeint.

*Bild 7.32 Tabellenformatvorlagen anzeigen*

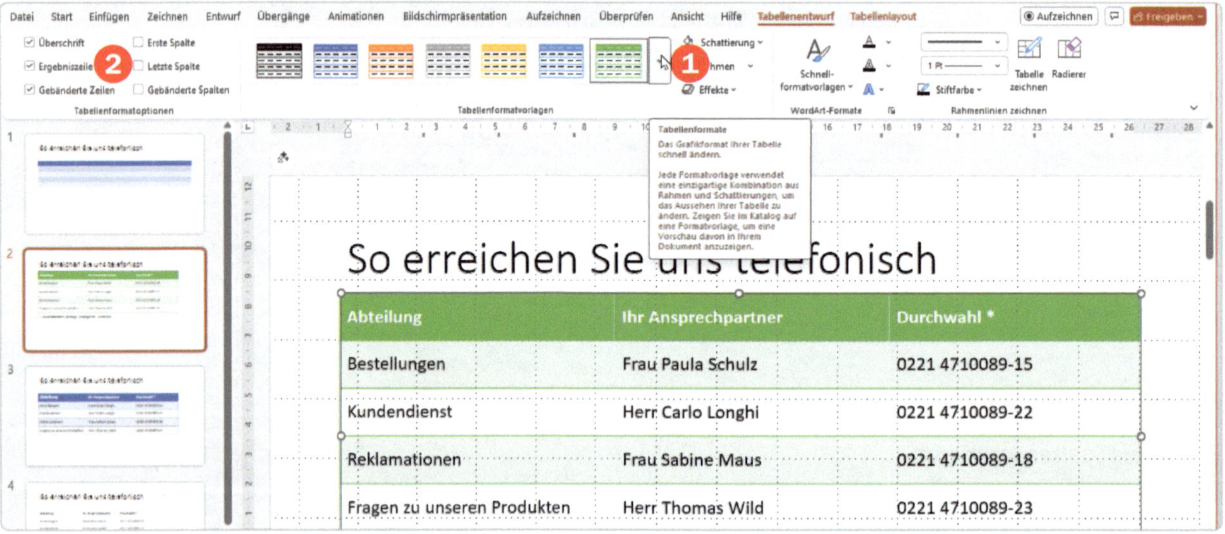


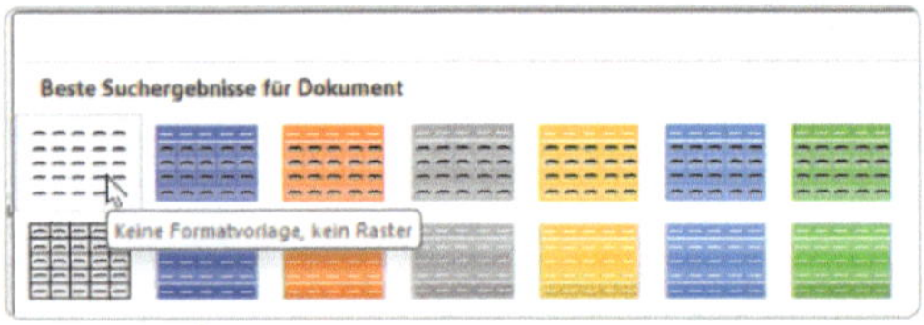


**Tipp:** Falls Sie eine Tabelle ausschließlich zum Ausrichten von Text, aber ohne Formate benötigen, weisen Sie der Tabelle aus dem Vorlagenkatalog die erste Vorlage oben links, *Keine Formatvorlage*, zu. Damit in diesem Fall zur Bearbeitung, z. B. Spaltenbreite ändern, trotzdem die Zellbegrenzungen auf dem Bildschirm sichtbar sind, sollten Sie die Gitternetzlinien einblenden, siehe nächster Abschnitt.

### Gitternetzlinien anzeigen

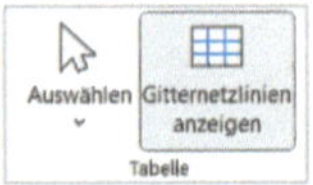


Im Register *Tabellenlayout* ▶ *Tabelle* finden Sie ganz links in der Gruppe *Tabelle* das Symbol *Gitternetzlinien anzeigen*. Damit sind nicht die Rahmenlinien der Tabelle gemeint, sondern Hilfslinien, welche die Begrenzung von Spalten und Zeilen der Tabelle anzeigen. Diese sind in der Bildschirmpräsentation und auf dem Ausdruck nicht sichtbar.

**Achtung**: Die Gitternetzlinien erscheinen nur, wenn die Tabelle markiert ist. Da es sich um weiße Linien handelt, sind diese außerdem nur vor dunklem Folienhintergrund sichtbar. Bei einem weißen Folienhintergrund müssen Sie hingegen dazu die Tabellenzellen markieren, wie im Bild unten rechts.

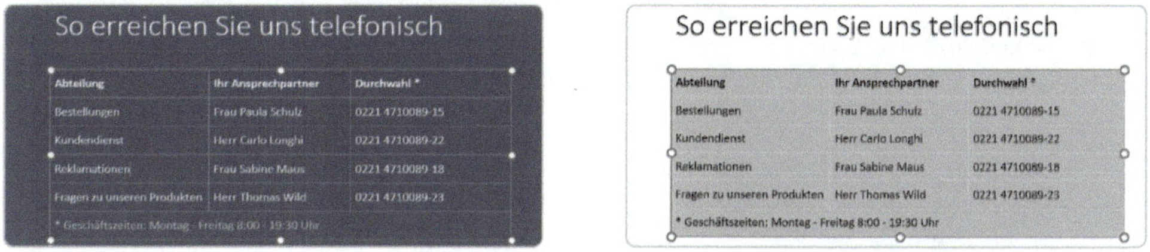


*Bild 7.33 Tabelle ohne Rahmenlinien mit eingeblendeten Gitternetzlinien*

## Individuelle Formate zusammenstellen

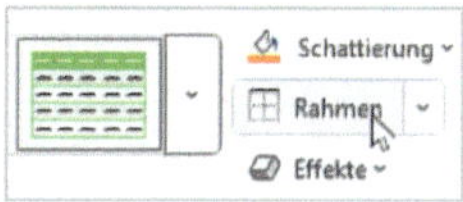


Zusätzlich oder statt der Vorlagen können Sie die markierten Zeilen, Spalten oder Zellen auch mit den Symbolen *Schattierung*, *Rahmen* und *Effekte* (Menüband, Register *Tabellenentwurf* ▶ *Tabellenformatvorlagen*) individuell gestalten. Diese unterscheiden sich mit Ausnahme von *Rahmen* wenig von den Fülleffekten und sonstigen Effekten für Formen.

- **Effekte**: Mit dem Symbol *Effekte* können Sie der Tabelle oder den markierten Zellen Schatten- und Spiegelungseffekte zuweisen.
- **Schattierung**: Über *Schattierung* weisen Sie den markierten Zellen eine Farbe, einen Farbverlauf oder ein Bild als Hintergrund zu. Während der Farbauswahl zeigt ein Tooltipp am Mauszeiger, ob der Kontrast zwischen Textfarbe und Hintergrund gut oder weniger gut ist.

  **Tabellenhintergrund mit einer Farbe versehen**: Zusätzlich können Sie mit der Auswahl *Tabellenhintergrund* die gesamte Tabelle mit einer Hintergrundfarbe versehen. Dazu muss allerdings *Keine Formatvorlage* ausgewählt sein.

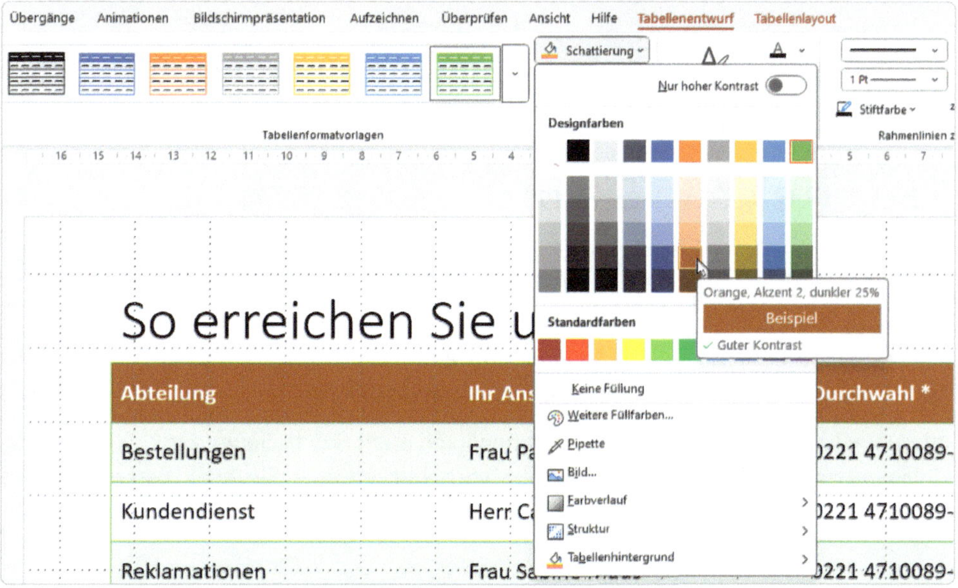


*Bild 7.34 Zellhintergrund formatieren*

**Vorsicht bei Bildern in Tabellen!**

Verwenden Sie möglichst keine Bilder als Tabellen- oder Zellhintergrund, auch wenn dies über das Symbol *Schattierung* angeboten wird. In diesem Fall wird das Bild nämlich automatisch an die Abmessungen der Zelle oder Tabelle angepasst und dadurch verzerrt. Falls Sie ein Bild in der Tabelle benötigen, dann schonen Sie Ihre Nerven, wenn Sie einfach das Bild über die Tabellenzelle legen und Höhe und Breite der Zelle an das Bild anpassen.

*Bild 7.35 Bild über Tabellenzelle legen*

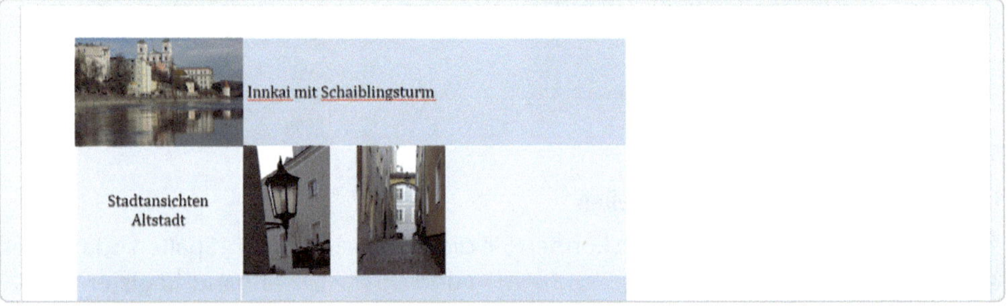


Auch bei der Ausrichtung von Bildern in einer Tabelle unterstützen Sie die intelligenten Hilfslinien.

- **Rahmenlinien**: Über den Dropdown-Pfeil des Symbols *Rahmen* ❶ versehen Sie die markierten Zellen mit Rahmenlinien oder entfernen diese. Im Gegensatz zu den Tabellenformatvorlagen beziehen sich die angebotenen Rahmenlinienvarianten, z. B. *Horizontale* oder *Vertikale Rahmenlinie innen* nur auf die markierten Zellen.
  - Die Linienfarbe muss zuvor über die Schaltfläche *Stiftfarbe* ❷ (Gruppe *Rahmenlinien zeichnen*) festgelegt werden.
  - Eine abweichende Strichart und -stärke wählen Sie ebenfalls zuvor über die Felder ❸ dieser Gruppe aus.

*Bild 7.36 Markierte Zellen mit Rahmenlinien versehen*

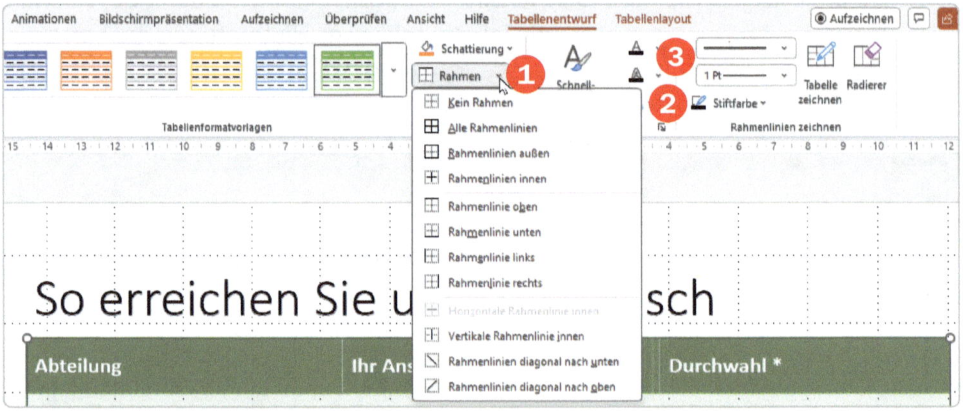


**Achtung**: Falls Sie nachträglich die Linienfarbe ändern möchten, müssen Sie nach der Auswahl der Farbe die Linien erneut über die Schaltfläche *Rahmen* zuweisen.

Alternativ kann die Gestaltung mit Rahmenlinien auch durch Ziehen bzw. Zeichnen der Linien mit der Maus erfolgen. Wie Sie dabei vorgehen, erfahren Sie im nächsten Abschnitt.

## Rahmenlinien und Tabellen zeichnen

### Linien zeichnen

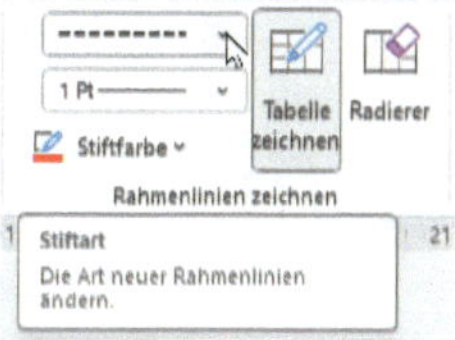


Die Rahmenlinien einer Tabelle können auch durch Zeichnen mit der Maus gestaltet werden. Die Werkzeuge dazu finden Sie im Menüband, Register *Tabellenentwurf* in der Gruppe *Rahmenlinien zeichnen*. So gehen Sie vor:

1. Wählen Sie in der Gruppe *Rahmenlinien zeichnen* eine Stiftart ❶ (z. B. gestrichelt) sowie unterhalb die Stiftstärke und die Stiftfarbe aus.
2. Die Schaltfläche *Tabelle zeichnen* wird durch diese Auswahl automatisch aktiviert ❷ und Sie erhalten als Mauszeiger einen Stift. Sollte dies nicht der Fall sein, müssen Sie die Schaltfläche per Mausklick aktivieren.
3. Nun können Sie entweder einzelne Rahmenlinien anklicken ❸ oder mit gedrückter linker Maustaste Rahmenlinien nachzeichnen.
4. Den Zeichnen-Modus beenden Sie abschließend entweder durch Drücken der **Esc**-Taste oder deaktivieren Sie die Schaltfläche *Tabelle zeichnen* per Mausklick.

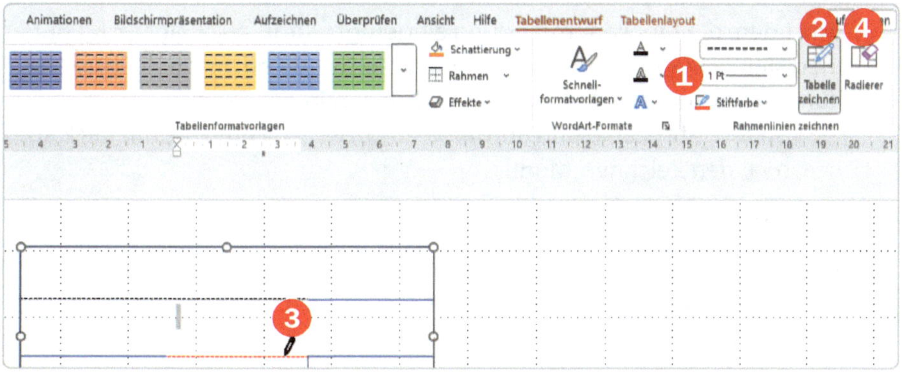


*Bild 7.37 Rahmenlinien zeichnen*

> **Vorsicht beim Radierer!**
>
> In der Gruppe *Rahmenlinien zeichnen* finden Sie das Symbol *Radierer* ❹. Dieser entfernt allerdings nicht nur die Rahmenlinie, sondern auch die Zellbegrenzung, d. h. Zellen werden miteinander verbunden. Wie Sie nur Rahmenlinien entfernen, also unsichtbar machen, lesen Sie im nächsten Punkt.

### Rahmenlinien entfernen

- Um einzelne Rahmenlinien unsichtbar zu machen, müssen Sie die Stiftart *Ohne Rahmen* auswählen und anschließend die betreffenden Linien, wie oben beschrieben, anklicken oder nochmals nachzeichnen.

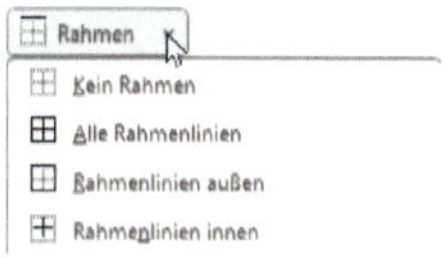


- Von der gesamten Tabelle entfernen Sie die Rahmenlinien am schnellsten, indem Sie die Tabelle markieren (Anklicken des Objektrahmens genügt) und im Menüband, Register *Tabellenentwurf* über den Dropdown-Pfeil des Symbols *Rahmen* die Einstellung *Kein Rahmen* wählen, siehe Bild 7.36.

### Tabelle zeichnen

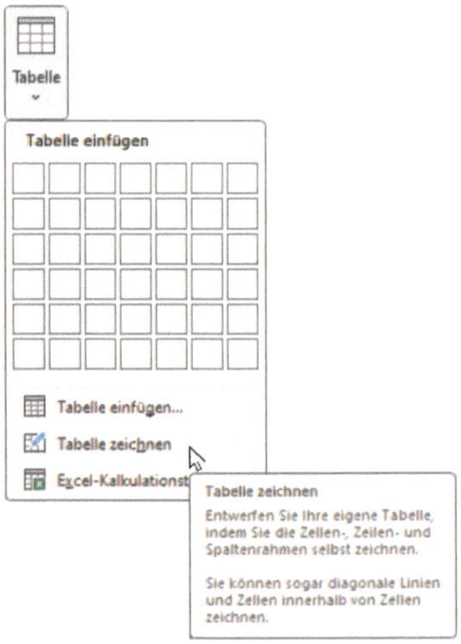


Mit der auf der vorherigen Seite beschriebenen Methode können Sie auch eine komplette Tabelle durch Zeichnen neu erstellen. Nur die Tabelle selbst müssen Sie auf andere Weise einfügen: Klicken Sie im Register *Einfügen* des Menübands auf *Tabelle* und wählen Sie *Tabelle zeichnen*. In der Folie erscheint als Mauszeiger ein Stift und Sie können mit dem Zeichnen beginnen. Beachten Sie dabei die folgende Vorgehensweise:

- Ziehen Sie zuerst die äußere Umrandung der Tabelle diagonal in Form eines Rechtecks auf. Die Einteilung in Spalten und/oder Zeilen erfolgt dann im nächsten Schritt.
- Sollten Sie zuvor bereits Rahmenlinien gezeichnet haben, so verwendet PowerPoint zum Zeichnen automatisch die zuletzt verwendete Stiftart und -farbe.
- Nachdem die Tabellenumrandung eingefügt wurde, erscheint im Menüband das Register *Tabellenentwurf*. Hier wählen Sie für die nächsten Schritte, die Aufteilung in Spalten und Zeilen, wie beschrieben in der Gruppe *Rahmenlinien zeichnen* Stiftart, Stiftstärke und Stiftfarbe aus bzw. aktivieren Sie mit Klick auf *Tabelle zeichnen* den Zeichnen-Modus.
- Nicht benötigte Linien entfernen Sie mit dem Radierer.

**Und noch ein Tipp:** Beginnen Sie beim Zeichnen der inneren Linien etwas innerhalb des Tabellenrahmens, da PowerPoint hier sonst eine weitere Tabelle einfügt! Die Linien werden automatisch bis zur nächsten Linie bzw. zum äußeren Rahmen verlängert.

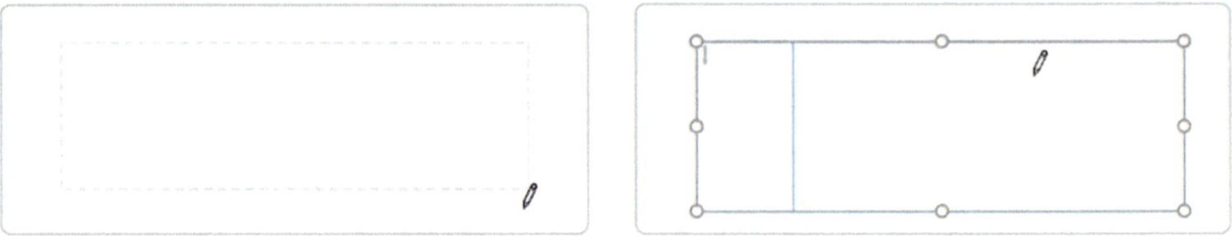

*Bild 7.38 Tabelle zeichnen: Beginnen Sie mit der äußeren Umrandung*

## 7.3 Tabellen aus Excel oder Word einfügen

In vielen Fällen liegen die benötigten Tabellen bereits in einer Microsoft Excel-Arbeitsmappe oder einem Microsoft Word-Dokument vor. Aus beiden Anwendungen lassen sich Tabellen problemlos über die Zwischenablage entweder als einfache Kopie oder als eingebettetes oder als verknüpftes Objekt (OLE - Object Linking and Embedding) in eine PowerPoint-Folie einfügen. In der Folge erfahren Sie die genaue Vorgehensweise sowie die Unterschiede am Beispiel einer Excel-Tabelle. Dies setzt natürlich voraus, dass Word oder Excel auf Ihrem Gerät installiert ist.

## Eine Tabelle als Kopie einfügen

Die Verwendung der Zwischenablage dürfte den meisten Anwendern bekannt sein. Falls nicht, finden Sie die nötigen Erklärungen auf Seite 46 dieses Buches.

1. Für den Datenaustausch zwischen zwei Anwendungen oder Dateien über die Zwischenablage, müssen Quell- und Zieldatei geöffnet sein. Öffnen Sie daher zunächst die Excel-Arbeitsmappe oder das Word-Dokument mit der Tabelle.

2. Anschließend markieren Sie den Zellbereich ❶, den Sie übernehmen möchten, und kopieren ihn in die Zwischenablage, entweder über das Symbol *Kopieren* ❷ im Menüband (*Start* ▶ *Zwischenablage*), oder den Befehl im Kontextmenü oder mit der Tastenkombination **Strg+C**.

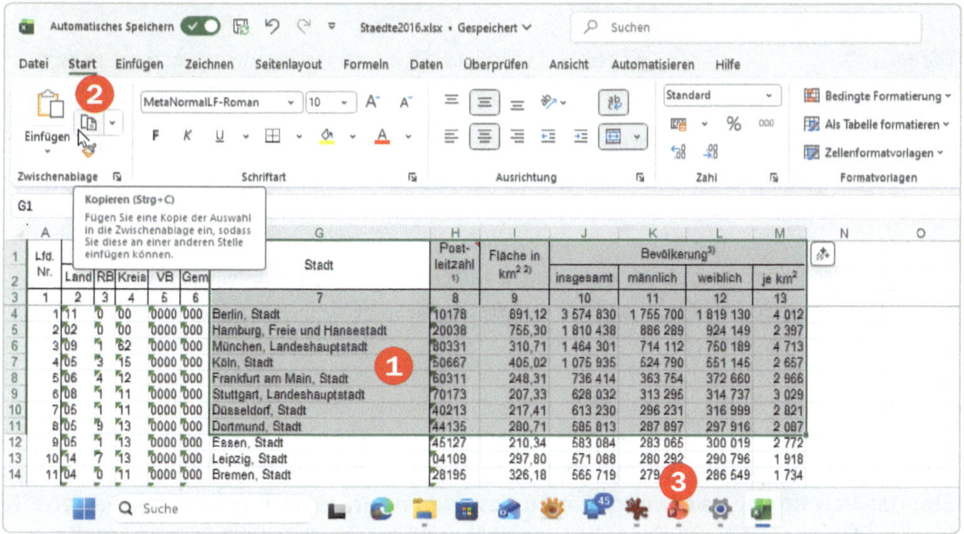


*Bild 7.39 Markieren und kopieren Sie den Zellbereich*

3. Wechseln Sie dann über die Taskleiste am unteren Rand des Bildschirms zu PowerPoint ❸, klicken in die Folie oder in den Platzhalter der Folie und fügen den Inhalt der Zwischenablage ein; entweder mit dem Symbol *Einfügen* im Menüband (*Start* ▶ *Zwischenablage*), oder den Tasten **Strg+V** oder dem Symbol *Einfügen* im Kontextmenü unter *Einfügeoptionen*.

4. Zusammen mit der Tabelle erscheint an der Einfügestelle in der Folie das Symbol *Einfügeoptionen* ❹. Klicken Sie hier, um die verschiedenen Optionen anzuzeigen. Beim Zeigen auf eine Option, z. B. *Ursprüngliche Formatierung beibehalten*, erhalten Sie eine Vorschau.

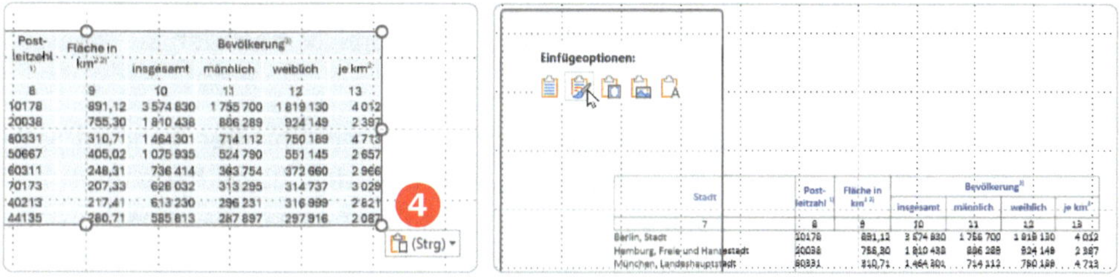


*Bild 7.40 Einfügeoptionen*

| Option | Beschreibung |
|---|---|
| Zielformatvorlagen verwenden | Die Tabelle erhält die Standardschriftart der PowerPoint-Präsentation, aber keine Rahmenlinien und nur einen einfachen Hintergrund, abhängig vom Design. Dies ist auch die Standardeinstellung beim Einfügen. Die Tabelle kann mit PowerPoint weiter formatiert werden. |
| Ursprüngliche Formatierung beibehalten | Schriftart und -größe, Rahmenlinien und Schattierung sowie Spaltenbreite und Zeilenhöhe der Excel-Tabelle werden beibehalten. Jedoch erfolgt die weitere Bearbeitung mit PowerPoint. |
| Einbetten | Eine Kopie der Tabelle wird als Excel-Objekt eingefügt und zusammen mit der Präsentation gespeichert. Das bedeutet, jede weitere Bearbeitung erfolgt nach wie vor mit Excel. |
| Grafik | Die Tabelle wird als Grafik eingefügt und anschließend wie ein Bild behandelt (siehe Kapitel 5). |
| Nur den Text übernehmen | Mit dieser Option werden aus der Tabelle nur Text und Zahlen durch Tabstopps getrennt eingefügt. Der Text erhält die Standardschrift der Präsentation. |

Außer bei der Option *Einbetten* wird der Inhalt der Zwischenablage als Kopie eingefügt. Das bedeutet, es besteht keine direkte Beziehung mehr zur Originaltabelle. Die weitere Bearbeitung erfolgt ausschließlich in PowerPoint bzw. aus PowerPoint heraus.

Unabhängig von der gewählten Einfügeoption wird die Tabelle in ihrer Originalgröße und der ursprünglichen Schriftgröße eingefügt. Da Excel meist 10 oder 11 Punkt als Standardschriftgröße verwendet, eine PowerPoint-Präsentation aber mindestens 18 Punkt erfordert, sollten Sie anschließend unbedingt Tabelle und Schrift vergrößern.

## Tabelle verknüpfen oder einbetten

OLE = Object Linking and Embedding, dt. Objekt verknüpfen und einbetten.

Eine andere Möglichkeit besteht darin, Tabellen aus anderen Dateien oder Anwendungen entweder als verknüpftes oder als eingebettetes Objekt einzufügen. Die Bearbeitung von verknüpften oder eingebetteten Objekten erfolgt ausschließlich mit derjenigen Anwendung, mit der sie erstellt wurden, also Microsoft Excel oder Word, daher muss diese Anwendung auch auf Ihrem Gerät installiert sein.

Zur Bearbeitung eines eingebetteten oder verknüpften Objekts genügt ein Doppelklick in dieses und die dazugehörige Anwendung, z. B. Excel, wird gestartet. Mit einem einfachen Mausklick in die Folie außerhalb des Objektbereichs beenden Sie die Bearbeitung und kehren zu PowerPoint zurück.

Der Unterschied zwischen verknüpften und eingebetteten Objekten liegt im Speicherort und in der Art und Weise, wie sie aktualisiert werden. Beide haben Vor- und Nachteile, entscheiden Sie also selbst, welcher Typ für Ihre Zwecke besser geeignet ist.

### Verknüpfte Objekte

Verknüpfte Objekte werden in einer gesonderten Quelldatei erstellt und gespeichert. Die PowerPoint-Präsentation speichert nur die Verknüpfung, d. h. einen Verweis zur Quelldatei. Alle nachträglichen Änderungen erfolgen somit nur an einer einzigen Stelle und die PowerPoint-Folie enthält stets die aktuellen Daten. Da die Verknüpfung nur aus dem Suchpfad zur Quelldatei besteht, sollte die Quelldatei weder verschoben, gelöscht oder umbenannt werden.

**Nachteil:** Die Originaltabelle muss im Aussehen, insbesondere in Bezug auf Schriftgröße und -farben an die PowerPoint-Präsentation angepasst werden.

> **Beachten Sie bei der Weitergabe der Präsentation**
>
> Wenn Sie ein verknüpftes Objekt einfügen, dann sollte die Arbeitsmappe im selben Ordner wie Ihre Präsentation gespeichert sein. Vorsicht auch beim Umbenennen und Verschieben der Quelldatei. Beim Kopieren der Präsentation müssen verknüpfte Dateien ebenfalls kopiert werden.

### Eingebettete Objekte

Eingebettete Objekte werden dagegen als Kopie in die PowerPoint-Präsentation eingefügt und zusammen mit dieser in einer einzigen Datei gespeichert. Spätere Bearbeitungen in PowerPoint erfolgen ausschließlich in der Kopie und unabhängig vom Original, umgekehrt werden Änderungen der Originaldatei nicht in die PowerPoint-Folie übernommen.

### Als verknüpftes oder eingebettetes Objekt einfügen

Beide Objektarten werden auf dieselbe Weise eingefügt. So gehen Sie vor:

Einbetten wird auch in den Einfügeoptionen angeboten, Verknüpfen dagegen nicht.

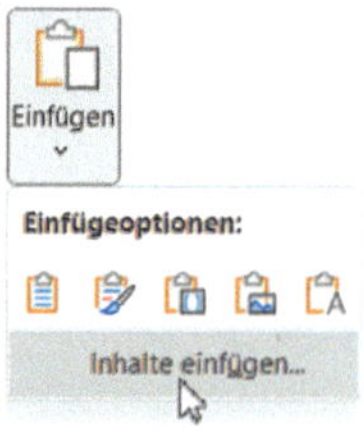


1. Öffnen Sie die Quelldatei, in unserem Beispiel wieder die Excel-Arbeitsmappe. Markieren Sie den gewünschten Zellbereich und kopieren Sie diesen in die Zwischenablage. Dann wechseln Sie zur PowerPoint-Folie.
2. Zum Einfügen klicken Sie im Menüband, Register *Start* ▶ *Zwischenablage* auf den Dropdown-Pfeil des Symbols *Einfügen* und dann auf *Inhalte einfügen...*, oder benutzen Sie die Tasten **Strg**+**Alt**+**V**.
3. Im Dialogfenster *Inhalte einfügen* können Sie nun zwischen den Optionen *Einfügen* und *Verknüpfung einfügen* wählen.
   - *Einfügen* bedeutet, die Tabelle wird als eingebettetes Objekt eingefügt und zusammen mit der PowerPoint-Präsentation als Kopie gespeichert.
   - Um eine Verknüpfung zur Tabelle zu erstellen, wählen Sie die Option *Verknüpfung einfügen*.

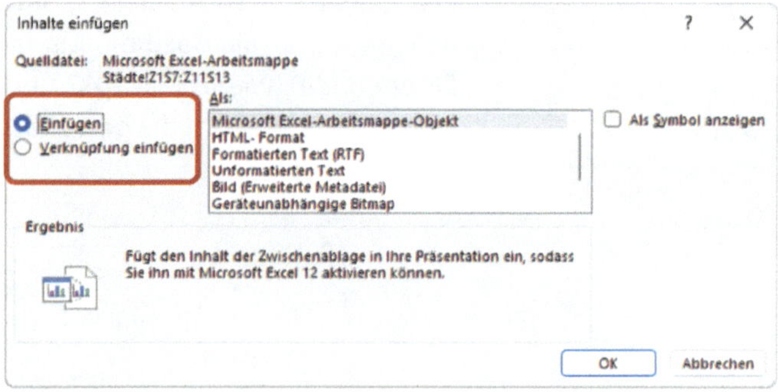

## Verknüpfte und eingebettete Tabellen bearbeiten

### Zwischen PowerPoint und Excel bzw. Word wechseln

Zur weiteren Bearbeitung einer verknüpften oder eingebetteten Tabelle klicken Sie doppelt in die Tabelle ❶. Damit wird die jeweilige Anwendung, in unserem Beispiel Microsoft Excel, gestartet, statt des Menübands von PowerPoint erscheinen die Registerkarten von Excel ❷ und die gesamte Tabellenbearbeitung erfolgt in Excel. Um wieder zu PowerPoint zurückzukehren, genügt ein einfacher Mausklick außerhalb des Tabellenbereichs ❸. Alle Änderungen wie Schriftgröße, Hintergrundfarbe, Rahmenlinien sowie Anpassen von Spaltenbreite und Zeilenhöhe erfolgen mit Excel, es sind also auch Berechnungen mit Formeln möglich.

*Bild 7.41 Eingebettetes Tabellenobjekt mit Excel bearbeiten*

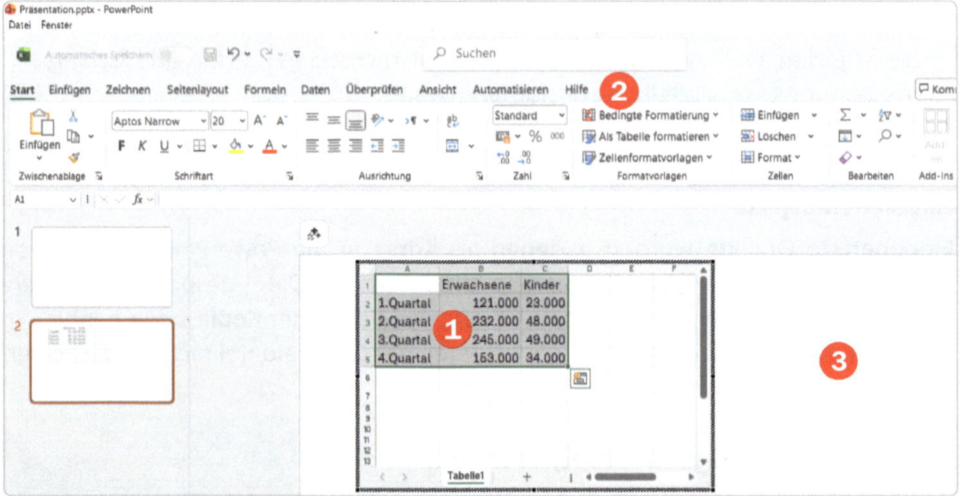


### Objektgröße ändern

Wenn Sie nach einem Doppelklick in das Objekt bzw. aus Excel heraus die Spaltenbreiten und/oder Zeilenhöhen ändern oder die Schrift vergrößern, dann passt sich die Tabellengröße bzw. die Größe des eingebetteten Objekts automatisch an.

### Zeilen oder Spalten hinzufügen

Die Tabelle um zusätzliche Spalten und/oder Zeilen erweitern ist nur mit Excel möglich: Benutzen Sie dazu die Markierungspunkte des gerasterten Rahmens (schwarzer Doppelpfeil), wie in Bild 7.42 und erweitern Sie diesen durch Ziehen mit gedrückter linker Maustaste um die gewünschte Anzahl an Spalten und Zeilen.

*Bild 7.42 Tabellenspalten hinzufügen*

*Bild 7.43 Bitte so nicht vergrößern!*

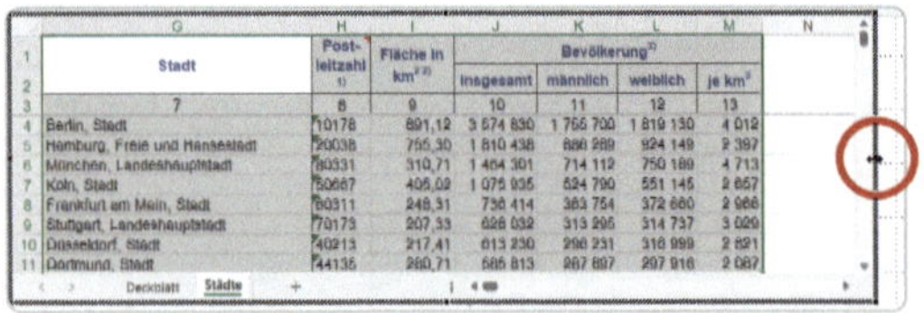

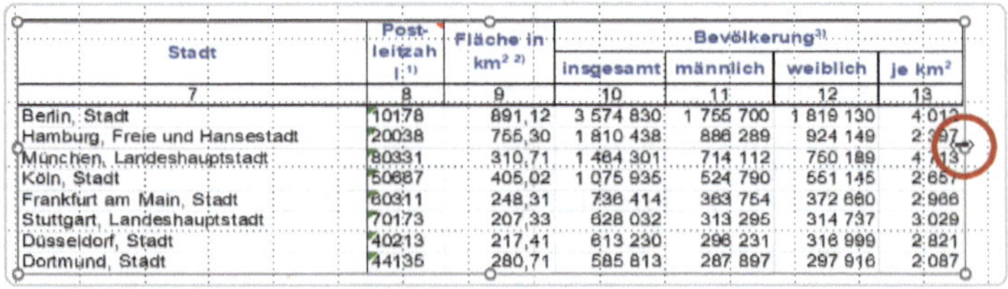

**Gesamtes Objekt vergrößern**

Wenn Sie dagegen in PowerPoint die Markierungspunkte des eingebetteten Objekts zum Vergrößern benutzen (weißer Doppelpfeil), dann vergrößern Sie dadurch das Objekt, vergleichbar einer Grafik, anstatt Spalten und/oder Zeilen hinzuzufügen. Dasselbe gilt auch für das Verkleinern der Tabelle.

> **Achten Sie bei der Größenänderung darauf, dass das Seitenverhältnis beibehalten wird**
>
> Wie bei Bildern müssen Sie auch hier darauf achten, dass das Seitenverhältnis beibehalten wird. Benutzen Sie daher zur Größenänderung unbedingt die Eckpunkte, sonst wird die Tabelle verzerrt, wie in Bild 7.43.

**Objekt verschieben**

Das eingebettete Objekt verschieben, ist nur aus PowerPoint heraus möglich.

## Eine neue Tabelle als Excel-Objekt einfügen

PowerPoint unterstützt keinerlei Berechnungen. Falls Sie auch Formeln eingeben möchten und/oder keine passende Excel-Tabelle zum Einbetten oder Verknüpfen zur Hand haben, können Sie auch eine neue Tabelle als Excel-Objekt in eine PowerPoint-Folie einfügen.

Klicken Sie dazu im Menüband, Register *Einfügen* ▶ *Tabellen*, auf *Tabelle* und wählen Sie *Excel-Kalkulationstabelle*.

Excel wird gestartet und in der Folie erscheint ein Tabellenbereich mit zwei Spalten und zwei Zeilen. Benutzen Sie die Markierungspunkte, um mit der Maus die Tabelle um die benötigten Spalten und Zeilen zu erweitern (Bild unten). Auch die Eingabe und alle Formatierungen, z. B. mit Zahlenformaten, Rahmenlinien und Farben erfolgen mit Excel. Um wieder zu PowerPoint zurückzukehren, klicken Sie in die Folie. Die Excel-Tabelle wird zusammen mit der PowerPoint-Präsentation gespeichert und kann mit Doppelklick in das Objekt jederzeit wieder bearbeitet werden.

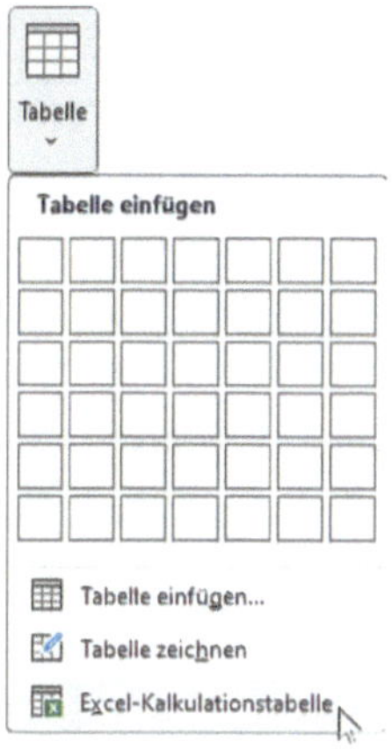


*Bild 7.44 Tabellenbereich vergrößern*

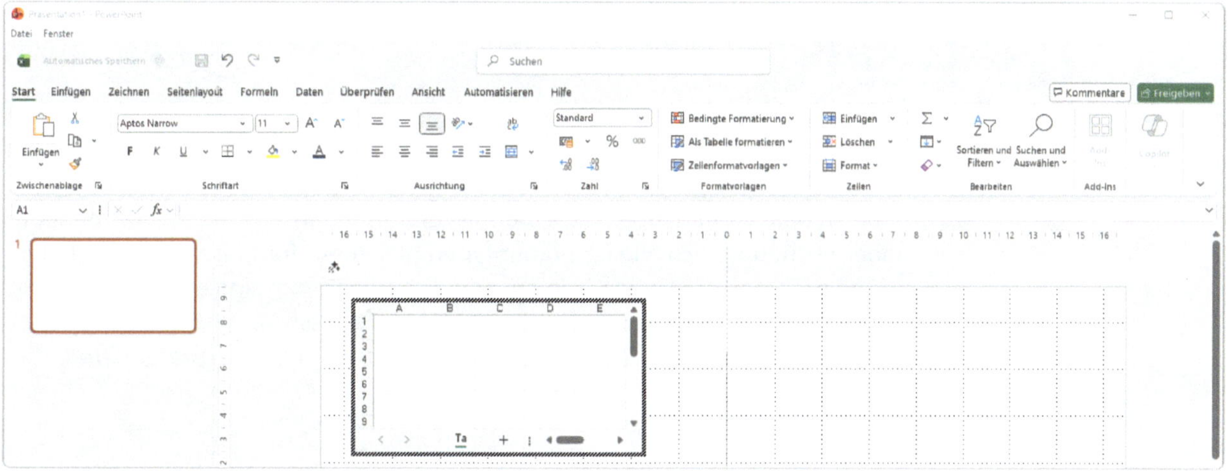

## 7.4 Diagramme einfügen und bearbeiten

„Bilder sagen mehr als Worte oder Zahlen", dieses Motto gilt vor allem für die Darstellung von letztgenannten. Viele Sachverhalte und Zusammenhänge lassen sich als Diagramm wesentlich besser vermitteln als mit abstrakten Zahlen in Tabellenform. Bei den meisten Menschen ist die visuelle Wahrnehmung stärker ausgeprägt, daher werden auf diese Weise wichtige Informationen schneller erfasst.

Zur Eingabe der nötigen Daten bringt PowerPoint einen eigenen Editor mit. Als Excel-Anwender können Sie zur Eingabe aber auch Microsoft Excel nutzen, vorausgesetzt Excel ist auf dem Gerät installiert.

### Tipps zur Diagrammdarstellung

Der Zweck eines Diagramms besteht darin, abstrakte Zahlen zu verdeutlichen. Dies gilt insbesondere für Diagramme in Präsentationen. Daher einige Tipps vorweg:

- **Beschränken Sie sich auf das Wesentliche**
  Überfrachten Sie die Darstellung nicht mit Informationen, sondern beschränken Sie sich auf die wesentlichsten Aspekte. Überlegen Sie, ob Sie wirklich, wie im Beispiel unten links, fünf Produktgruppen und jeweils drei Säulen brauchen. Besser ist eine Darstellung, die entweder die Umsatzentwicklung ausgewählter Produktgruppen in den letzten drei Monaten zeigt, wie im Bild unten rechts, oder die Umsatzentwicklung aller Produktgruppen innerhalb einer einzigen Zeiteinheit, z. B. im letzten Monat oder Quartal.

*Bild 7.45 Beschränken Sie sich auf das Wesentlichste*

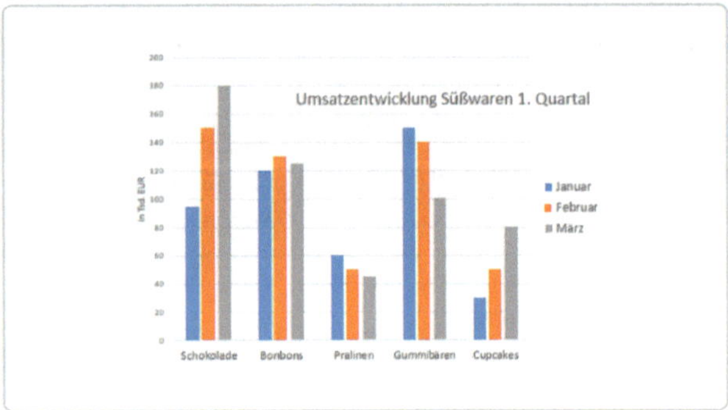


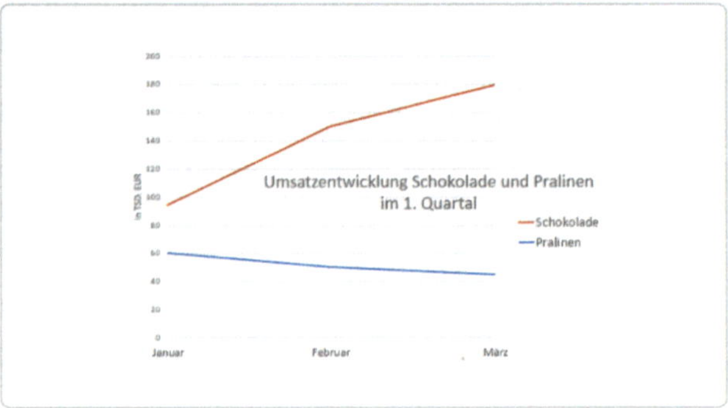


- **Welcher Diagrammtyp eignet sich am besten für Ihre Aussage?**
  PowerPoint verfügt über dieselben Diagrammtypen wie Excel. Dies bedeutet aber nicht, dass sich alle Diagrammtypen gleich gut für Präsentationen eignen. Gängige Typen wie Säulen-, Linien- oder Kreisdiagramm sind allgemein bekannt und deren Aussage wird entsprechend schnell erfasst. Ein Histogramm oder ein Netzdiagramm sollten Sie dagegen nur einem Fachpublikum präsentieren.

## Diagramm einfügen

Zum Einfügen eines Diagramms wählen Sie entweder ein geeignetes Folienlayout und klicken im Inhaltsplatzhalter auf das Symbol *Diagramm einfügen*. Oder klicken Sie im Register *Einfügen* auf *Diagramm*.

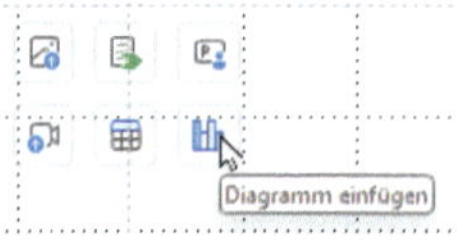


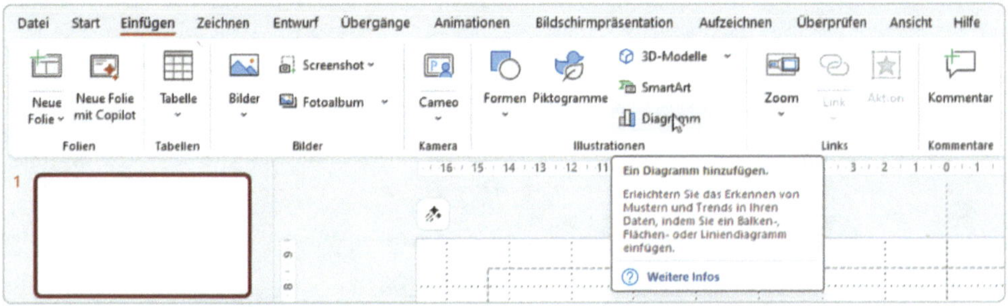


*Bild 7.46 Diagramm einfügen*

In beiden Fällen öffnet sich das Fenster *Diagramm einfügen* zur Auswahl des Diagrammtyps. Klicken Sie in der linken Spalte auf einen grundlegenden Diagrammtyp ❶, z. B. Säule, Balken oder Kreis, so erscheinen rechts mehrere Untertypen ❷ zur Auswahl. Unter anderem können Sie hier zwischen 2D- und 3D-Darstellung wählen. Unterhalb erhalten Sie eine Vorschau ❸ auf den markierten Diagrammtyp; diese wird beim Daraufzeigen vergrößert. Klicken Sie auf *OK*, um das ausgewählte Diagramm in die Folie zu übernehmen, hier ein einfaches gruppiertes Säulendiagramm.

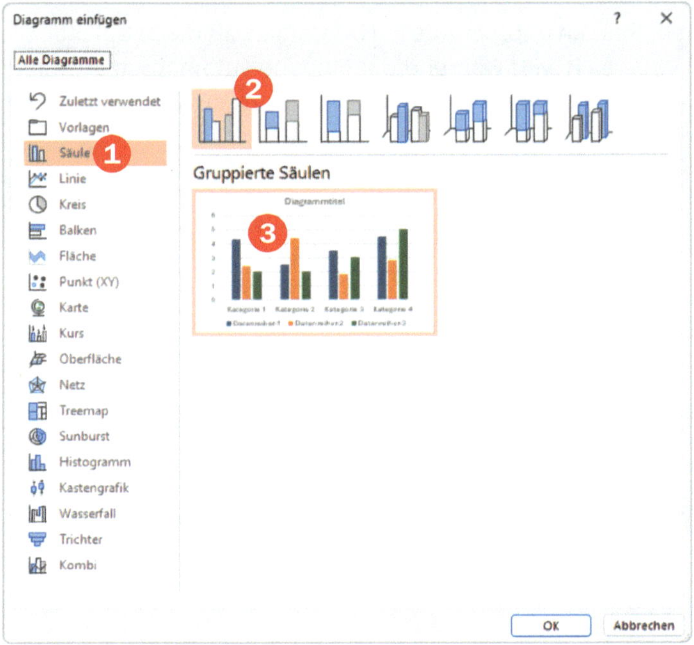


*Bild 7.47 Diagrammtyp wählen*

Falls das Diagramm später nicht mehr Ihren Vorstellungen entspricht, können Sie den Typ auch nachträglich ändern.

Zusammen mit dem eingefügten Diagramm erscheint in einem gesonderten Fenster ein Tabellenblatt (Datenblatt) mit den im Diagramm verwendeten Beispieldaten (Bild 7.48). Diese Beispieldaten, einschließlich der Zeilen- und Spaltenüberschriften, überschreiben Sie nun einfach mit Ihren Werten. Das Diagramm in der Folie passt sich während der Eingabe automatisch an die neuen Daten an.

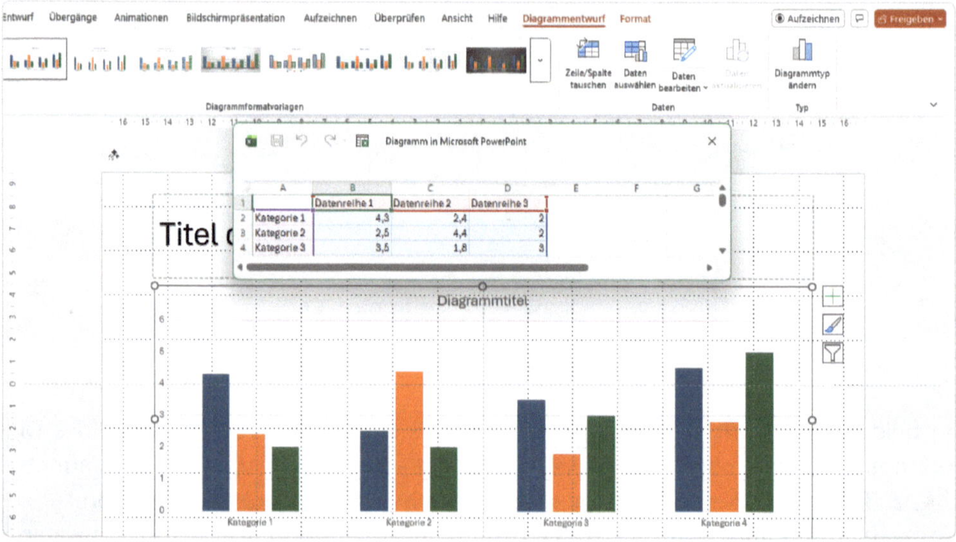


*Bild 7.48 Diagramm mit Datenblatt*

## Dateneingabe im Datenblatt

Der Aufbau der Beispieltabelle ist abhängig vom gewählten Diagrammtyp.

Kein Problem, falls Sie mehr Spalten und/oder Zeilen benötigen, als die Beispieltabelle umfasst, denn der Tabellenbereich wird während der Eingabe automatisch erweitert. Der im Diagramm verwendete Datenbereich ist im Datenblatt anhand der farbigen Markierung leicht zu erkennen.

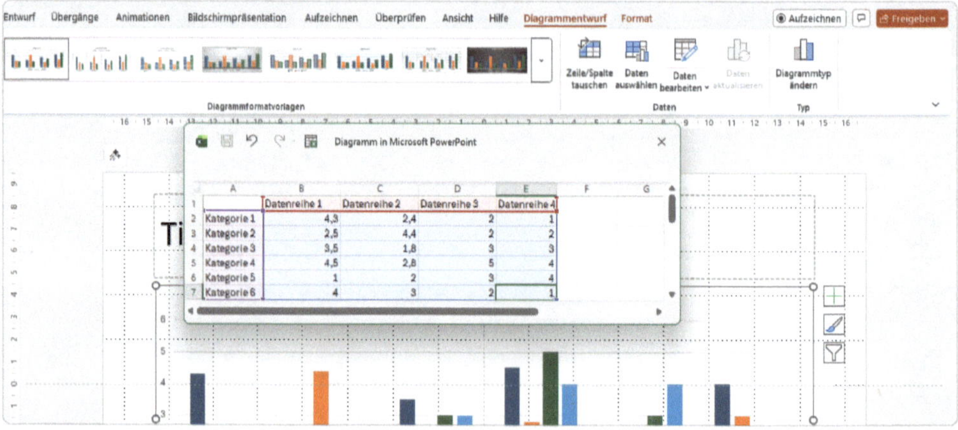


*Bild 7.49 Dateneingabe im Datenblatt*

Sollte der Datenbereich nicht markiert sein, so genügt in der PowerPoint-Folie im Hintergrund ein Klick in das Diagramm.

**Achtung**: Diese Methode funktioniert nicht bei allen Diagrammtypen. Als Alternative klicken Sie auf *Daten auswählen* (*Entwurf*) und legen hier den Datenbereich fest. Näheres hierzu ab Seite 255.

### Datenbereich manuell vergrößern/verkleinern

Wenn Sie dagegen weniger Zeilen und/oder Spalten als die Beispieltabelle benötigen, dann sollten Sie den Datenbereich manuell verkleinern, da das Diagramm sonst unschöne Lücken aufweist, wenn Sie die Beispieldaten einfach nur löschen. Dazu zeigen Sie im Datenblatt mit der Maus in die rechte untere Ecke der Markierung. Als Mauszeiger erscheint ein Doppelpfeil ❶ und Sie können anschließend durch Ziehen mit gedrückter Maustaste die Markierung verkleinern oder auch erweitern. Auf diese Weise brauchen Sie nicht benötigte Daten der Beispieltabelle nicht extra zu löschen.

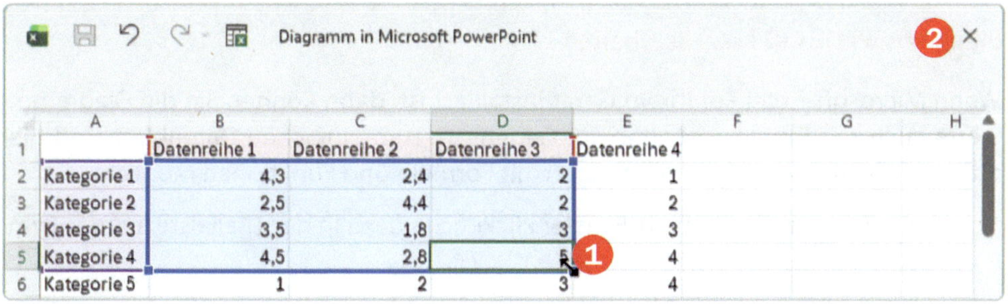


*Bild 7.50 Datenbereich mit der Maus verkleinern*

## Datenblatt schließen

Wird das Datenblatt nicht mehr benötigt, dann schließen Sie es per Klick auf die Schließen-Schaltfläche ❷ in der rechten oberen Ecke.

**Schließen Sie das Datenblatt vor dem Einfügen eines zweiten Diagramms**

Das Fenster mit dem Datenblatt bleibt auch geöffnet, wenn Sie zu einer anderen Folie wechseln. Falls Sie in einer anderen Folie ein zweites Diagramm einfügen möchten, müssen Sie zuvor das erste Datenblatt schließen, sonst kann PowerPoint kein neues Diagramm erstellen.

## Daten erneut bearbeiten

Wenn Sie nachträglich die Werte eines Diagramms im Datenblatt ändern möchten, oder das Datenblatt versehentlich geschlossen haben, dann klicken Sie in das Diagramm. Im Menüband erscheinen damit die beiden Register *Diagrammentwurf* und *Format*. Klicken Sie im Register *Diagrammentwurf* ▶ *Daten* auf *Daten bearbeiten*.

*Bild 7.51 Datenblatt öffnen*

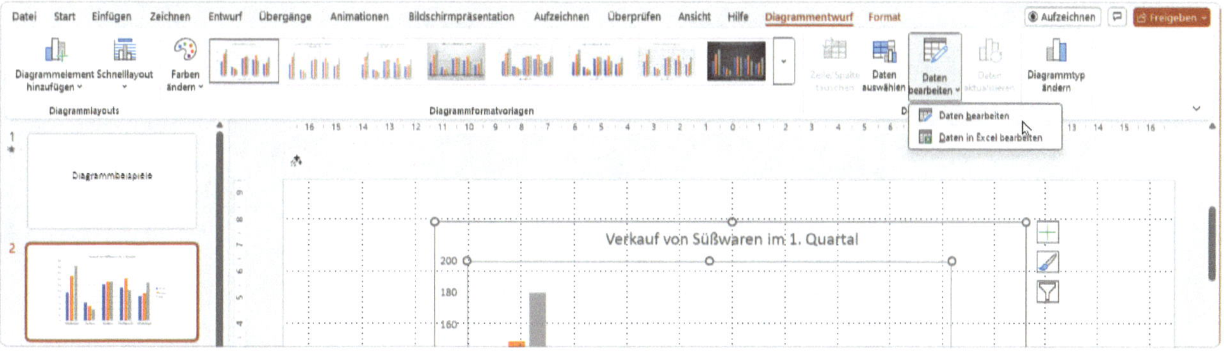


**Tipp:** Mit Klick auf den Dropdown-Pfeil dieser Schaltfläche haben Sie die Wahl zwischen dem einfachen Datenblatt (*Daten bearbeiten*) oder *Daten in Excel bearbeiten*.

### Daten über die Zwischenablage einfügen

Zwischenablage, siehe Kap. 2.4, Seite 42.

Falls die für das Diagramm benötigten Werte bereits in Tabellenform vorliegen, z. B. als Word-, PowerPoint- oder Excel-Tabelle, können Sie diese kopieren und auf dem Weg über die Zwischenablage im Datenblatt einfügen.

## Diagrammwerte mit Excel bearbeiten

Wenn Microsoft-Excel auf Ihrem Gerät installiert ist, dann können Sie die Diagrammwerte auch mit Excel bearbeiten. Im Gegensatz zum einfachen Datenblatt sind hier z. B. auch Sortieren und Berechnungen mit Formeln und Funktionen möglich.

- Im geöffneten Datenblatt-Fenster klicken Sie dazu in der Titelleiste auf das Symbol *Bearbeiten Sie Daten in Microsoft Excel*.
- Oder klicken Sie zum Öffnen im Menüband, Register *Diagrammentwurf* auf den Dropdown-Pfeil *Daten bearbeiten* und wählen *Daten in Excel bearbeiten* (siehe Bild 7.51).

*Bild 7.52 Excel öffnen*

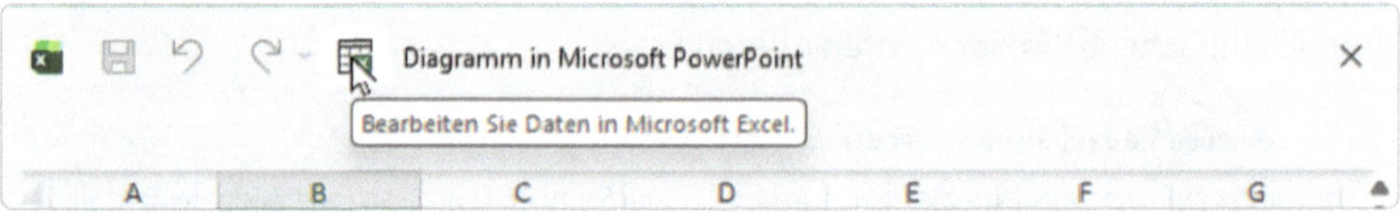


Ihre Tabelle mit den Diagrammwerten wird nun mit Excel geöffnet und Sie können die Bearbeitung hier fortsetzen. Da Excel im Gegensatz zum Datenblatt-Fenster eine eigenständige Anwendung darstellt, müssen Sie die Symbole in der Taskleiste benutzen, wenn Sie zurück zur PowerPoint-Präsentation ❶ wechseln oder die Excel-Tabelle ❷ wieder anzeigen möchten. Excel mit dem Tabellenblatt bleibt solange geöffnet, bis Sie es mit der Schaltfläche *Schließen* ❸ beenden.

*Bild 7.53 Diagrammwerte in Excel bearbeiten*

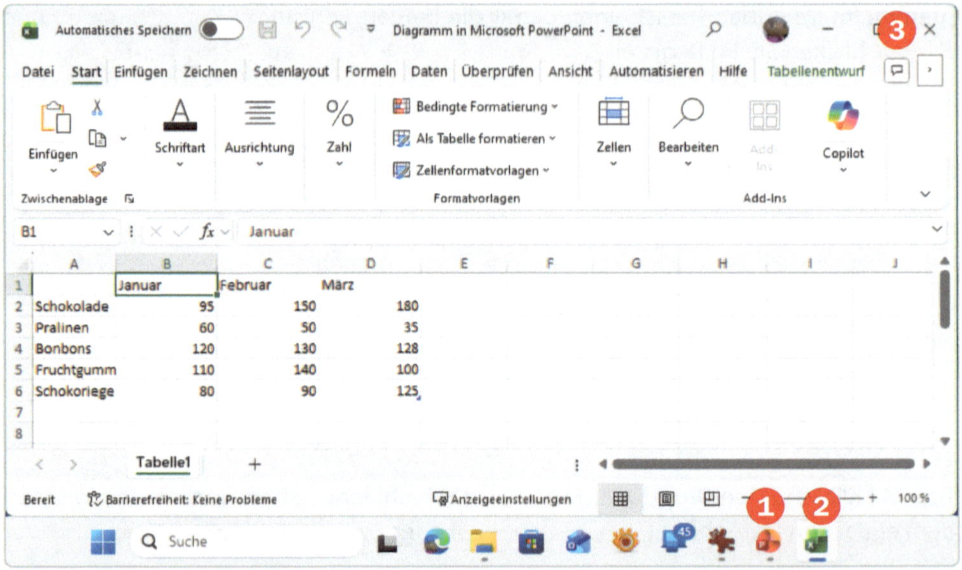

Egal, ob Sie die Diagrammdaten im Datenblatt-Fenster oder mit Microsoft-Excel bearbeiten: Die Werte werden zusammen mit der Präsentation gespeichert. Aus diesem Grund erhalten Sie beim Schließen bzw. Beenden von Excel auch keine Rückfrage, ob Sie Änderungen speichern möchten.

Sie können aber mit dem Befehl *Speichern unter* die Datentabelle als Excel-Arbeitsmappe speichern, allerdings wird diese dann als Kopie gesichert.

Wie Sie ein vorhandenes Excel-Diagramm als Verknüpfung in eine Präsentation einfügen, erfahren Sie am Ende dieses Kapitels.

## Datenquelle manuell festlegen

Nicht bei allen Diagrammtypen wird der Datenbereich automatisch erweitert, wenn im Datenblatt weitere Zeilen und/oder Spalten hinzugefügt werden. Auch das Anpassen des Datenbereichs mit der Maus wird nicht immer unterstützt, z. B. von den Diagrammtypen Treemap, Sunburst, Wasserfall und Karte. Dann müssen Sie den Datenbereich manuell festlegen. Hier als Beispiel eine Karte mit dem Bruttoinlandsprodukt (BIP) pro Kopf der deutschen Bundesländer.

*Bild 7.54 Flächenkartogramm einfügen*

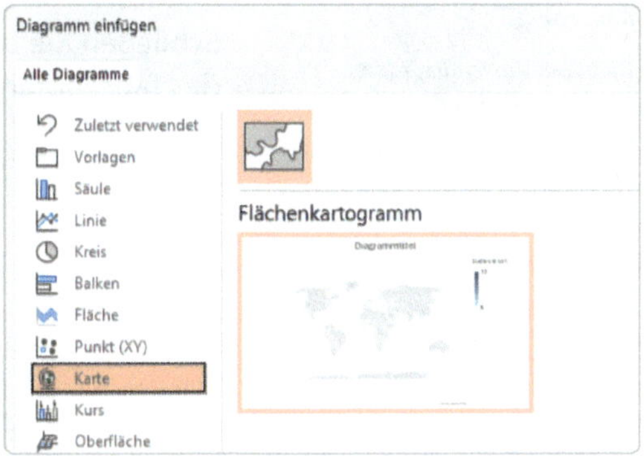


1 Fügen Sie das Diagramm *Karte* ein.

2 Geben Sie im Datenblatt Ihre Daten statt der Beispieldaten ein oder fügen Sie diese über die Zwischenablage hier ein. Falls das Datenblatt nicht automatisch erscheint, klicken Sie auf *Daten bearbeiten*.

**Achtung**: Für diesen Diagrammtyp benötigen Sie Daten, die sich auf eine Flächeneinheit, z. B. Land oder Bundesland beziehen. Die darzustellende Karte wird von Bing automatisch ermittelt. Damit die Flächeneinheit, korrekt zugeordnet werden kann, müssen Sie diese als Überschrift angeben, hier *Bundesland*.

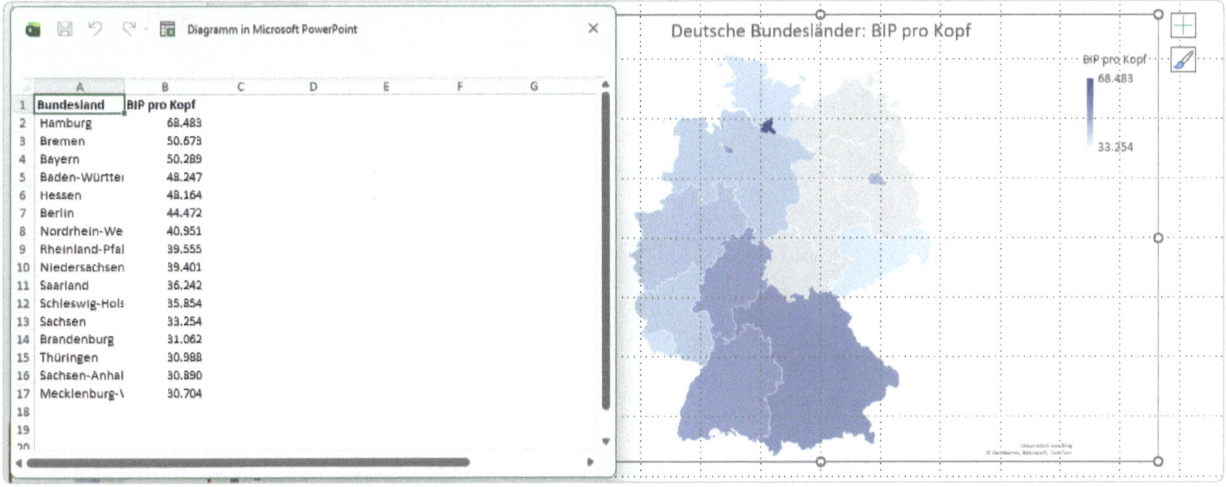


*Bild 7.55 Geben Sie die Daten im Datenblatt ein*

Quelle: wikipedia

Da der neue Datenbereich mehr Zeilen umfasst als die Beispieldaten und er nicht automatisch erweitert wird, werden die Daten einiger Bundesländer, genauer gesagt ab Zeile 14 (Brandenburg), nicht in der Karte dargestellt. Sie müssen also im nächsten Schritt den Datenbereich manuell festlegen.

3 Dazu klicken Sie in das Diagramm und im Menüband von PowerPoint, Register *Diagrammentwurf* auf *Daten auswählen*.

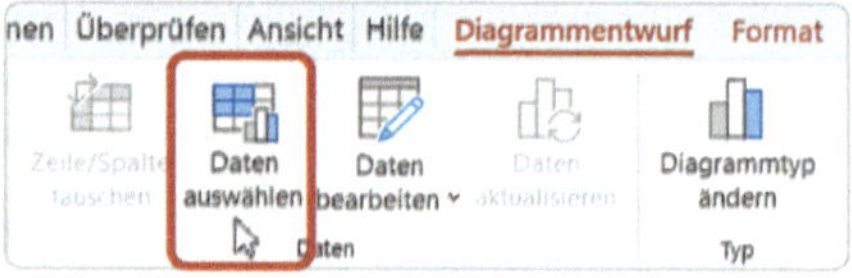


4 Es öffnet sich ein Fenster *Datenquelle auswählen* ❶ und ein Tabellenfenster mit den Daten. Hier markiert eine gestrichelte Linie den Datenbereich des Diagramms. Ziehen Sie dieses Rechteck an der unteren rechten Ecke ❷ soweit, dass der gesamte Datenbereich bis einschließlich Zeile 17 (Mecklenburg-Vorpommern) eingeschlossen ist.

5 Statt den Datenbereich in der Tabelle auszuwählen, können Sie auch die zu verwendenden Zellen im Feld *Diagrammdatenbereich* ❸ des Fensters *Datenquelle auswählen* eintragen.

6 Schließen Sie anschließend das Fenster *Datenquelle auswählen* mit *OK* ❹ und das Tabellenfenster mit dem Schließen-Symbol oben rechts ❺.

*Bild 7.56 Datenquelle auswählen*

*Bild 7.57 Reihenwerte festlegen*

*Bild 7.58 Kartendiagramm mit allen Werten des Datenbereichs*

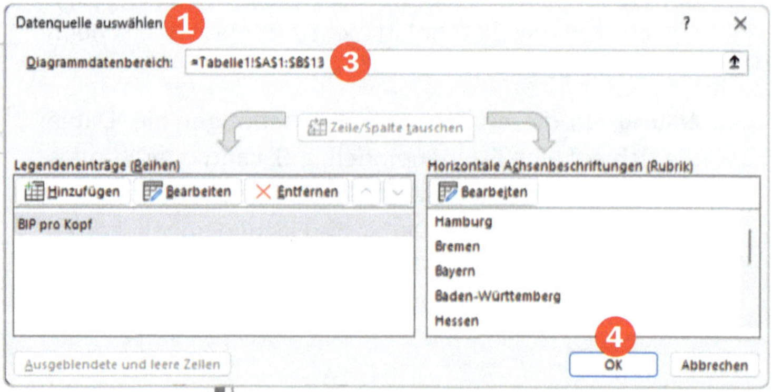


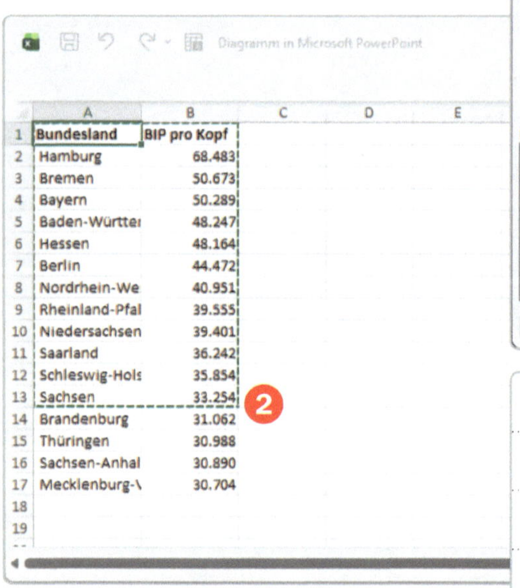


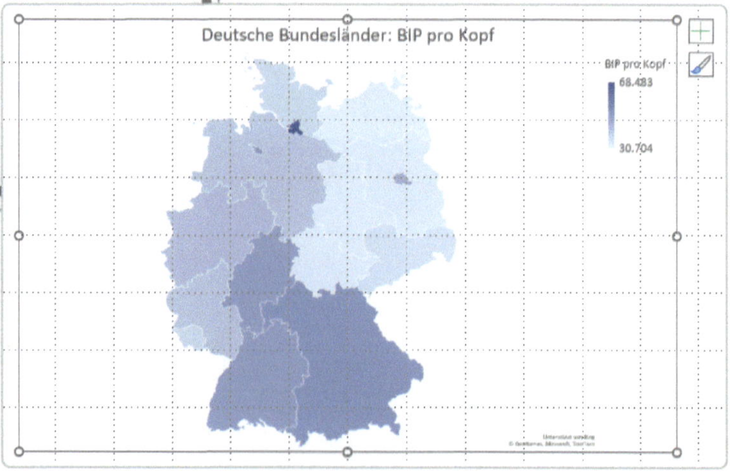


Rechtschreibfehler in Datensätzen können dazu führen, dass die gesamte Karte oder einzelne Teile nicht erkannt werden. Kontrollieren Sie also bei grauen Flächen im Diagramm ggf. auch die korrekte Schreibung in Excel.

## Diagramm nachträglich umstellen

Manchmal müssen Sie erst nach Eingabe der Diagrammwerte feststellen, dass das Diagramm beispielsweise zu wenig Aussagekraft besitzt oder ein anderer Diagrammtyp besser geeignet wäre. In solchen Fällen lässt sich ein vorhandenes Diagramm meist auch ohne Änderungen im Datenblatt umstellen, Beschriftungen und bereits vorgenommene Formatänderungen bleiben erhalten. PowerPoint unterstützt folgende nachträglichen Änderungsmöglichkeiten:

- Diagrammtyp ändern.
- Datenreihen wahlweise aus Spalten oder Zeilen bilden.
- Einzelne Datenreihen und Achsenelemente (Kategorien) aus- und einblenden.

### Diagrammtyp ändern

Dazu markieren Sie mit einem Klick das Diagramm und klicken im Register *Diagrammentwurf* des Menübands auf *Diagrammtyp ändern*. Das nachfolgende Fenster *Diagrammtyp ändern* unterscheidet sich nicht vom Fenster *Diagramm einfügen* (siehe Seite 251). Wählen Sie einen anderen Diagrammtyp bzw. Untertyp und klicken Sie zum Übernehmen auf *OK*. Die vorhandenen Formate werden beibehalten.

*Bild 7.59 Diagrammtyp ändern*

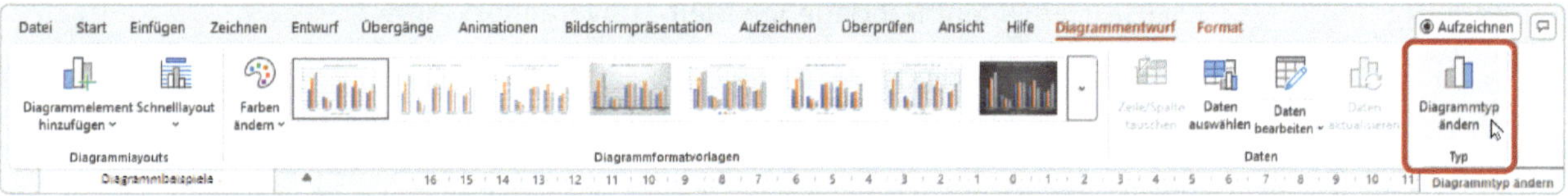


### Datenreihe aus Spalten oder Zeilen bilden?

Einige Diagrammtypen, z. B. Säulen-, Balken- und Liniendiagramme, können auch mehrere Datenreihen darstellen. Dann werden die Datenreihen automatisch aus den Spalten der Datentabelle gebildet und die Zeilenbeschriftungen dienen zur Einteilung bzw. Beschriftung der X-Achse (Kategorie).

Möglicherweise stellen Sie aber fest, dass eine Bildung der Datenreihen aus den Zeilen der Tabelle sinnvoller wäre. Auch bei einer nachträglichen Änderung des Diagrammtyps müssen manchmal die Datenreihen anders gebildet werden. In diesem Fall vertauschen Sie im Diagramm einfach Zeilen und Spalten, anstatt die Datentabelle umzustellen.

#### Beispiel: Zeilen und Spalten vertauschen

Sie haben zur Darstellung der Verkäufe von Süßwaren in den Monaten des ersten Quartals ein Säulendiagramm erstellt. Nachträglich haben Sie sich nun für ein Liniendiagramm entschieden, um die zeitliche Entwicklung zu zeigen und den Diagrammtyp entsprechend geändert, das Ergebnis sehen Sie im Bild unten rechts. Allerdings ist diese Darstellung jetzt völlig sinnlos, da die Datenreihen immer noch aus den Spalten bzw. Monaten gebildet werden.

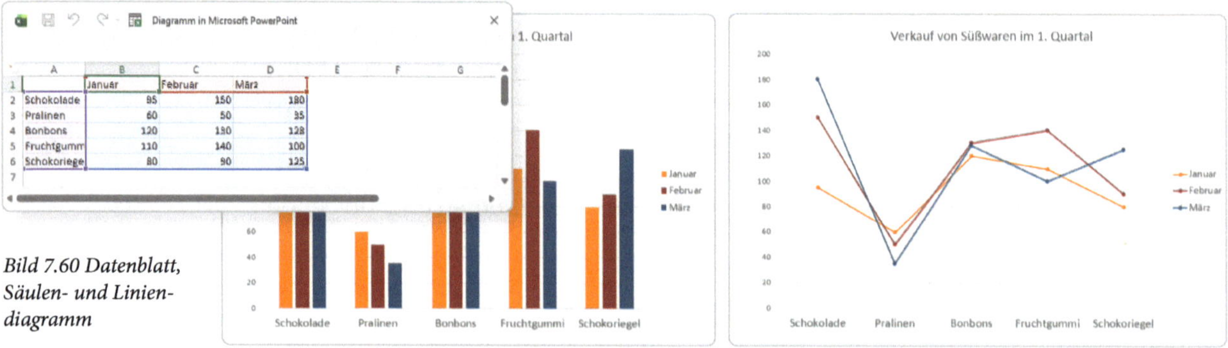


*Bild 7.60 Datenblatt, Säulen- und Liniendiagramm*

Um im Liniendiagramm die zeitlichen Entwicklung hervorzuheben, benötigen Sie die Produktgruppen als Datenreihen und die Monate zur Einteilung der X-Achse, müssen also Zeilen und Spalten vertauschen.

Dazu öffnen Sie die Daten, entweder im Datenblatt oder mit Excel, falls nicht bereits geschehen, klicken in der Folie in das Diagramm und anschließend im Register *Diagrammentwurf* ▶ *Daten*, auf *Zeile/Spalte tauschen*. Im Diagramm werden nun die Datenreihen aus den Produktgruppen gebildet und die Monate erscheinen auf der X-Achse. Das Datenblatt dagegen bleibt unverändert.

*Bild 7.61 Zeilen und Spalten vertauschen*

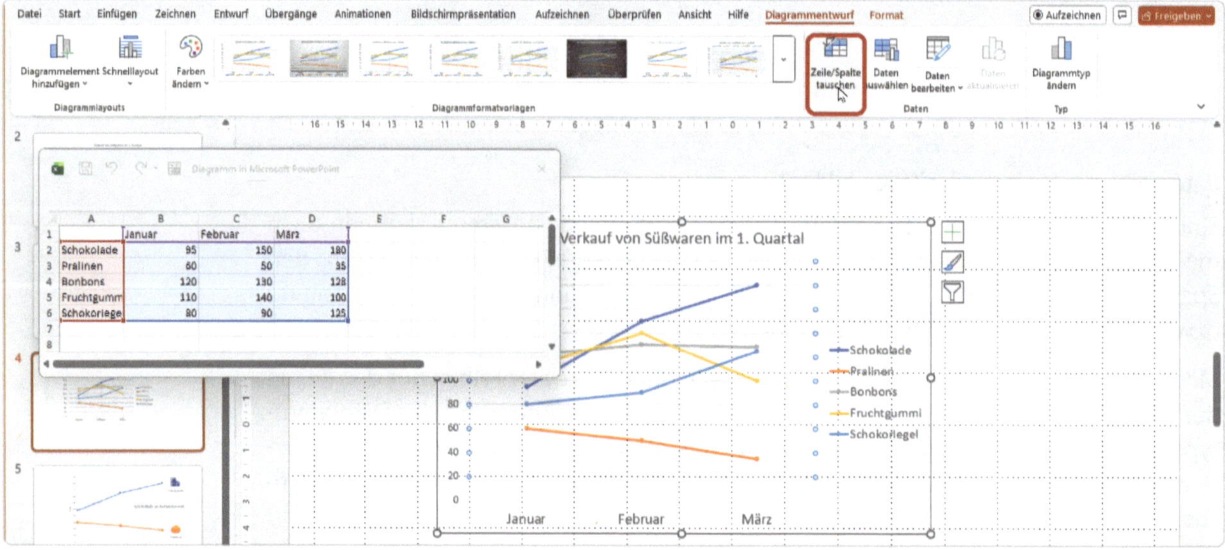


> **Das Datenblatt muss beim Vertauschen von Zeilen und Spalten geöffnet sein!**
>
> Die Schaltfläche *Zeile/Spalte tauschen* ist nur aktiv, wenn die Datentabelle, entweder als Datenblatt oder mit Excel, geöffnet ist. Sollte sie dann immer noch inaktiv sein, so klicken Sie in das Diagramm.

### Datenreihen und Kategorien aus- und wieder einblenden

Enthält ein Diagramm zu viele Datenreihen, dann blenden Sie einfach die nicht benötigten aus. Als Beispiel sollen im unten abgebildeten Diagramm nur die Produktgruppen Schokolade, Schokoriegel und Pralinen miteinander verglichen werden.

1. Markieren Sie das Diagramm mit einem Klick und klicken Sie auf das Filtersymbol ❶ am rechten Rand des Diagramms.
2. Deaktivieren Sie die Kontrollkästchen ❷ der nicht benötigten Datenreihen und klicken Sie auf die Schaltfläche *Anwenden* ❸.

Auf demselben Weg blenden Sie ausgeblendete Datenreihen auch wieder ein oder blenden bei Bedarf Elemente der X-Achse, in diesem Beispiel bestimmte Monate, aus.

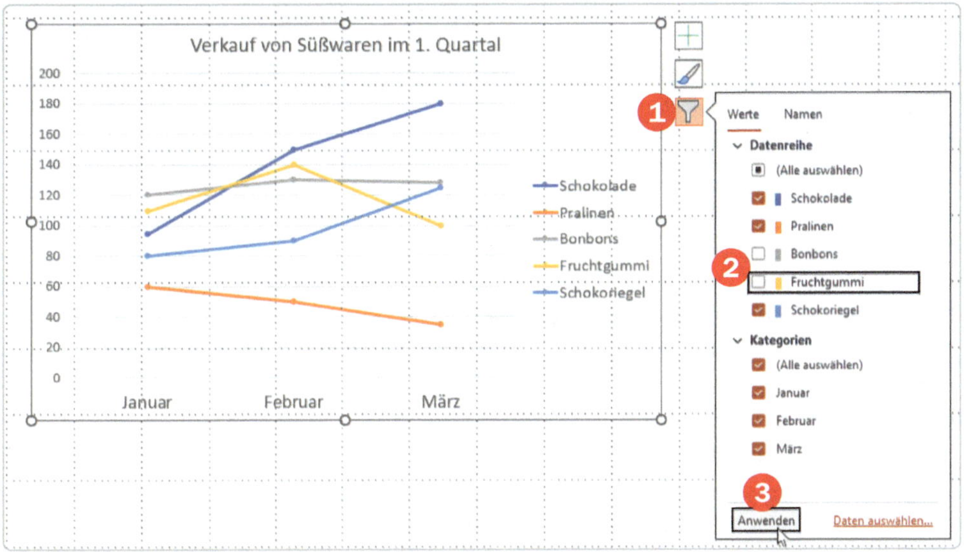


*Bild 7.62 Datenreihen und/oder Kategorien filtern*

## Diagramm beschriften und weitere Elemente hinzufügen

Standardmäßig enthält jedes Diagramm bereits einen Diagrammtitel und eine Legende, sofern mehrere Datenreihen vorhanden sind. Die Beschriftung der Legende wird automatisch aus der Beschriftung der Datentabelle gebildet, dem Diagrammtitel fehlt dagegen noch der passende Text.

Der Diagrammtitel ist nichts anderes als ein Textfeld. Zum Ändern des Inhalts markieren Sie es mit einem Klick und geben anschließend über die Tastatur Ihren Text ein. Schriftgröße und weitere Schriftattribute, auch der übrigen Beschriftungen, ändern Sie wie gewohnt über die Symbole im Menüband, Register *Start* oder in der Minisymbolleiste. Diese erscheint automatisch beim Markieren von Text.

*Bild 7.63 Markierten Diagrammtitel formatieren*

### Weitere Diagrammbeschriftungen und andere Elemente hinzufügen

Im Menüband, Register *Diagrammentwurf* ▶ *Diagrammlayouts* können Sie über die Schaltfläche *Diagrammelement hinzufügen* weitere Elemente hinzufügen und in vielen Fällen auch unter mehreren Platzierungsvarianten wählen. Im Bild unten als Beispiel Achsentitel, Datenbeschriftungen und Diagrammtitel.

*Bild 7.64 Diagrammelement hinzufügen*

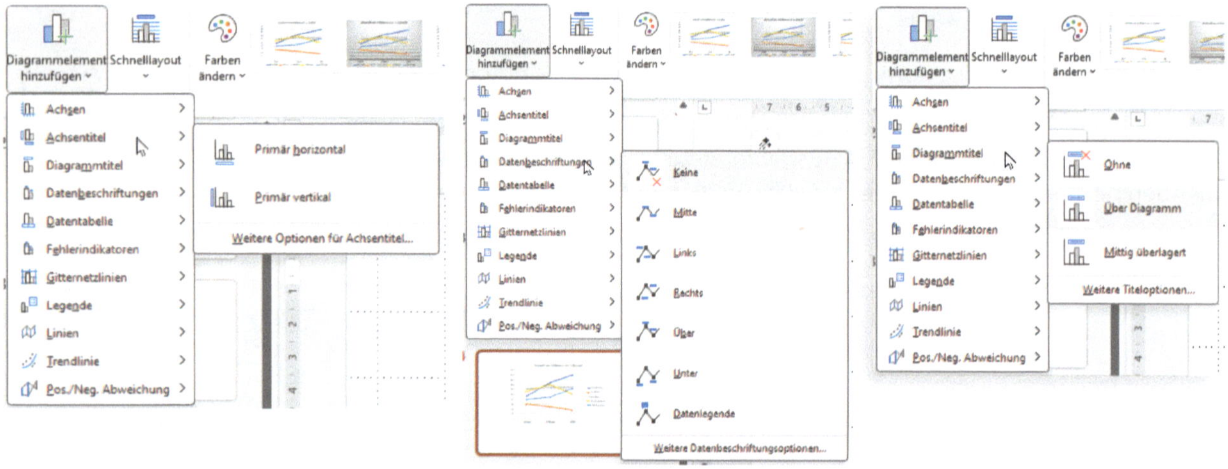


#### Beispiel: Diagrammtitel frei im Diagramm positionieren

Der Diagrammtitel befindet sich in der Standardeinstellung zentriert oberhalb des eigentlichen Diagramms. Vielleicht möchten Sie ihn aber lieber direkt im Diagramm an einer freien Stelle platzieren? Dann klicken Sie auf *Diagrammelement hinzufügen* ▶ *Diagrammtitel* und wählen *Mittig überlagert*. Der Titel befindet sich nun innerhalb der Diagrammfläche und kann mit der Maus beliebig verschoben werden, ohne dass sich dadurch die Größe der Diagrammdarstellung ändert.

Wenn kein Diagrammtitel benötigt wird, z. B. weil die Folie bereits über einen Folientitel verfügt, dann wählen Sie *Ohne* oder löschen den markierten Titel mit der **Entf**-Taste.

*Bild 7.65 Position des Diagrammtitels ändern*

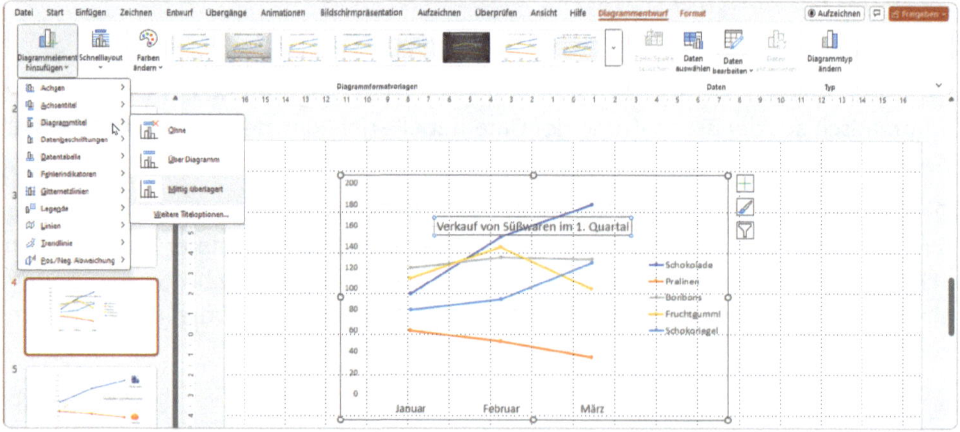

**Beachten Sie bei der Platzierung des Diagrammtitels**

Mit der Auswahl *Über Diagramm* wird beim Vergrößern bzw. Verkleinern der Schrift des Titels die Größe des restlichen Diagramms automatisch angepasst. Nicht aber, wenn Sie *Mittig überlagert* gewählt haben.

## Legende und weitere Beschriftungen

Alternativ können Sie statt der Schaltfläche *Diagrammelement hinzufügen* im Menüband zum Hinzufügen oder Ausblenden von Diagrammelementen auch das Symbol [+] verwenden, das rechts oben am markierten Diagramm erscheint. Um z. B. eine nicht benötigte Legende zu entfernen, genügt hier das Deaktivieren des dazugehörigen Kontrollkästchens. Wenn Sie die Legende an einer anderen Stelle platzieren möchten, dann klicken Sie stattdessen bei *Legende* auf den Pfeil rechts daneben und auf die gewünschte Position.

Am schnellsten entfernen Sie nicht benötigte Diagrammelemente mit der **Entf**-Taste.

Falls die verwendete Größeneinheit wie Stück, Gewicht oder Betrag nicht bereits aus der Überschrift ersichtlich ist, fügen Sie demselben Weg eine Beschriftung der Größenachse (Y-Achse) hinzu. PowerPoint fügt ein Textfeld mit Platzhaltertext ein, den Sie anschließend durch Tastatureingabe überschreiben.

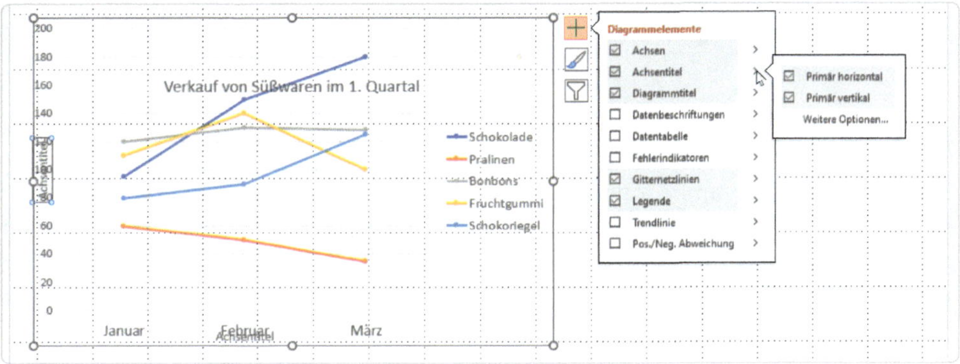


*Bild 7.66 Achsentitel für Größenachse hinzufügen*

## Textfeld einfügen

Textfeld einfügen, siehe Seite 131.

Falls Sie dem Diagramm noch die Datenquelle oder andere Angaben hinzufügen möchten, dann benötigen Sie dazu ein Textfeld. **Achtung**: Markieren Sie vor dem Einfügen des Textfelds das Diagramm. Damit wird das Textfeld zu einem Diagrammelement und automatisch zusammen mit diesem verschoben, vergrößert oder verkleinert. Dies gilt auch für das Hinzufügen von Formen, z. B. Pfeile oder Linien.

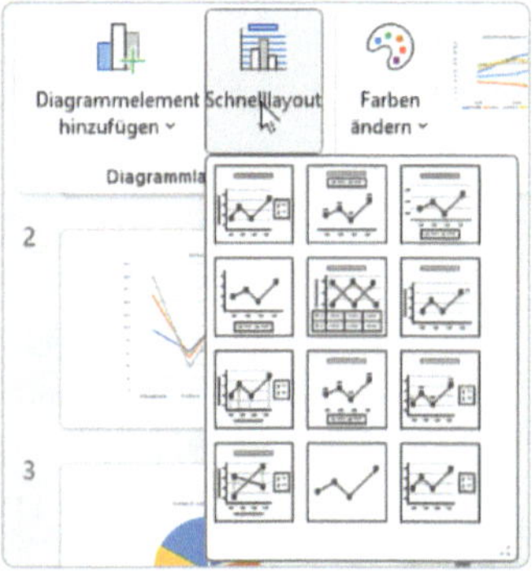


## Schnelllayouts statt einzelne Elemente einfügen

Im Register *Diagrammentwurf* ▶ *Diagrammlayouts* erhalten Sie über das Symbol *Schnelllayout* eine Auswahl verschiedener kompletter Layouts, die Sie anstelle der oben beschriebenen Vorgehensweise zur schnellen Gestaltung ebenfalls nutzen und ggf. anschließend noch anpassen können.

## Die optische Gestaltung von Diagrammen

### Diagrammformatvorlagen, Farben ändern

Wie alle Folienobjekte erhält auch ein Diagramm beim Erstellen die Farben des aktuellen Designs. Verschiedene bunte und einfarbige Varianten dieser Farben sind im Menüband, Register *Diagrammentwurf* über *Farben ändern* ❶ verfügbar.

Im selben Register finden Sie daneben eine Sammlung von Diagrammformatvorlagen für das gesamte Diagramm, die Sie mit Klick auf den Pfeil *Weitere* ⩡ ❷ öffnen.

*Bild 7.67 Diagrammformatvorlagen*

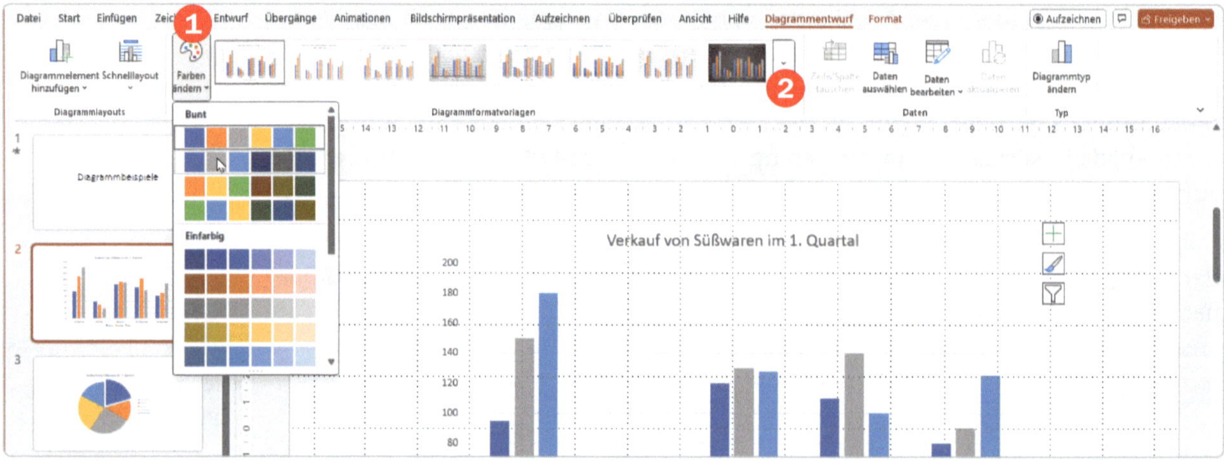


### Einzelne Diagrammelemente formatieren

Formen, siehe Kapitel 6.4.

Wenn Sie das Diagramm individuell gestalten möchten, dann unterscheiden sich die Formatierungsmöglichkeiten der einzelnen Diagrammelemente, z. B. des Hintergrunds nicht von Formen. Auf eine erneute Beschreibung wird daher an dieser Stelle verzichtet. Beim Markieren des jeweiliges Diagrammelements gibt es allerdings einige Besonderheiten zu beachten.

**Tipp**: In der Regel reicht zum Markieren ein einfacher Mausklick auf das Element, etwa den Diagrammtitel. Um welches Element es sich handelt, sehen Sie, wenn Sie zunächst darauf zeigen und es erst dann anklicken.

*Bild 7.68 Elemente markieren*

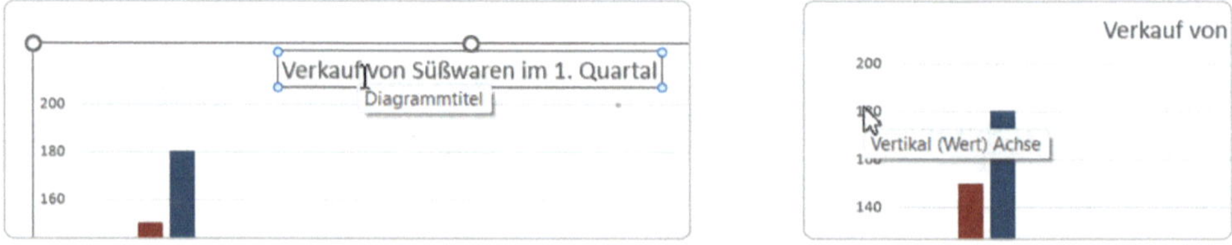


### Diagrammfläche und Zeichnungsfläche

Beim Hintergrund unterscheiden Diagramme zwischen Diagrammbereich und Zeichnungsfläche. Zur Verdeutlichung wurde Bild 7.69 und Bild 7.70 das jeweilige Element mit hellroter Füllfarbe versehen.

- Diagrammbereich bezeichnet das gesamte Diagrammobjekt und schließt neben dem eigentlichen Diagramm auch Titel und Legende mit ein (Bild 7.69). Benutzen Sie die Markierungspunkte des Diagrammbereichs bzw. Diagrammobjekts, um das Diagramms zu vergrößern, zu verkleinern oder zu verschieben.
- Die Zeichnungsfläche umfasst dagegen die Fläche mit dem eigentlichen Diagramm, z. B. Säulen- oder Linien und schließt Elemente wie Diagrammtitel und Legende aus.
  - Standardmäßig passt sich die Größe der Zeichnungsfläche beim Vergrößern oder Verkleinern von Beschriftungen, etwa dem Diagrammtitel automatisch an, Sie können aber auch die Größe der Zeichnungsfläche unabhängig vom Diagrammbereich mit der Maus ändern.
  - Sie können die Zeichnungsfläche unabhängig vom Diagrammbereich mit einer Hintergrundfarbe versehen. Wenn aber Zeichnungsfläche und Diagrammbereich denselben Hintergrund erhalten sollen, dann wählen Sie für die Zeichnungsfläche keine Füllfarbe (Register *Format* ▶ *Fülleffekt* ▶ *Keine Füllung*).

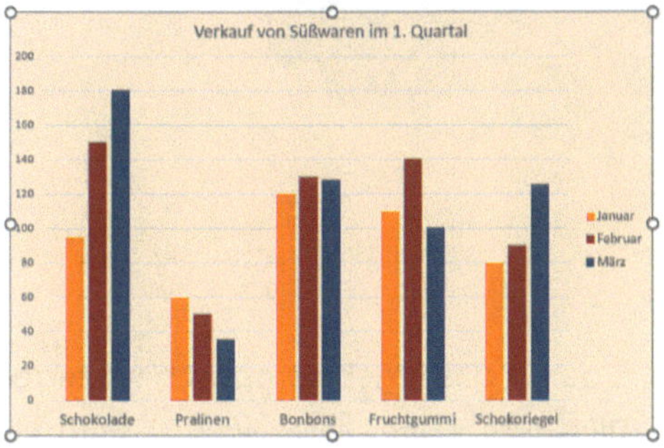


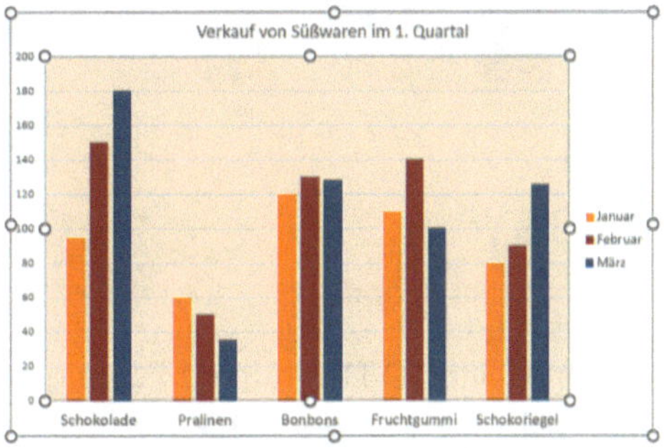


*Bild 7.69 Diagrammbereich*

*Bild 7.70 Zeichnungsfläche*

### Datenreihe und Datenpunkt

Beim Formatieren von Säulen, Balken oder Kreissegmenten unterscheiden Diagramme zwischen Datenreihe und Datenpunkt:

- **Datenreihe**: Ein Klick auf eine beliebige Säule oder eine Stelle von Kreis oder Linie markiert die gesamte Datenreihe, erkennbar an den Markierungspunkten. Wenn Sie nun eine andere Füllfarbe wählen, dann erhält die gesamte Datenreihe diese Farbe und auch die Legende passt sich an. Im Bild unten links die markierte Datenreihe eines Kreisdiagramms, rechts die Datenreihe eines Säulendiagramms.

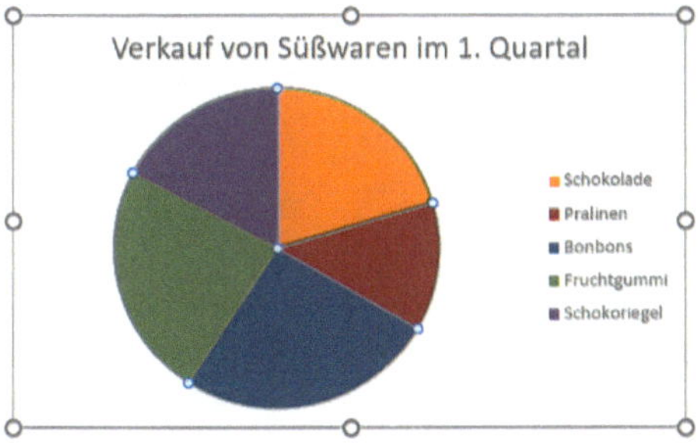


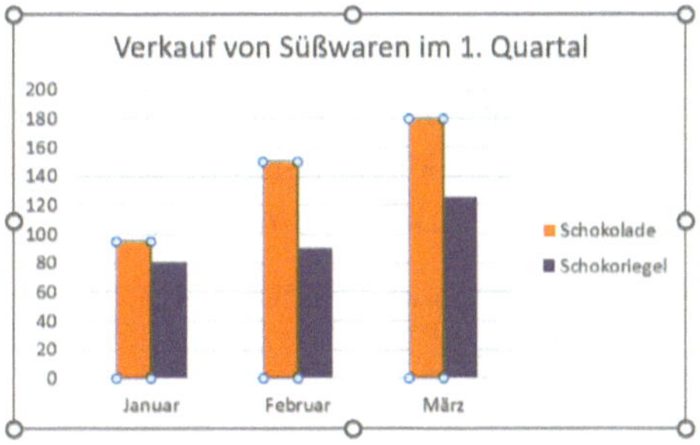


*Bild 7.71 Markierte Datenreihen*

Kreisdiagramme können nur eine Datenreihe darstellen, daher werden alle Kreissegmente markiert. Wenn nur ein bestimmtes Segment formatiert werden soll, müssen Sie den Datenpunkt markieren.

- **Datenpunkt**: Innerhalb der markierten Datenreihe können Sie anschließend mit einem weiteren, gezielten Klick einen bestimmten Datenpunkt markieren, wie im Bild unten. Dieser Datenpunkt kann nun mit einer abweichenden Farbe versehen werden, wie im Bild unten links.
  - **Achtung**: In Säulen- und Balkendiagrammen werden abweichende Farben der Datenpunkte von der Legende ignoriert.
  - Handelt es sich um ein Kreisdiagramm, dann können Sie dem markierten Datenpunkt nicht nur eine andere Farbe zuweisen, sondern zum Hervorheben auch mit gedrückter Maustaste etwas herausziehen. Beim Zurückziehen verfahren Sie genauso.

*Bild 7.72 Markierter Datenpunkt im Kreisdiagramm und im Säulendiagramm*

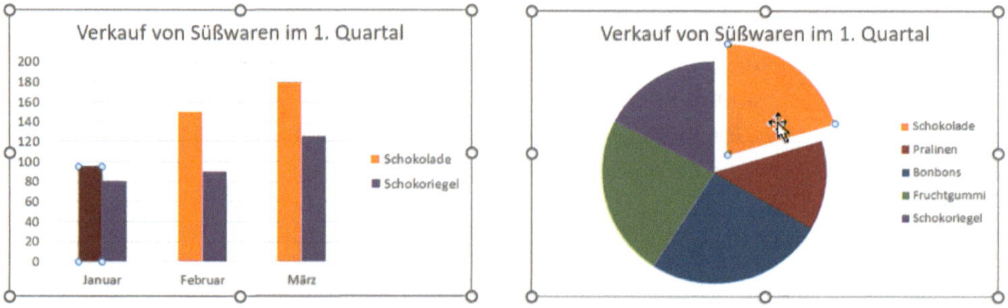


## 3D-Darstellung ändern

Generell sind 3D-Diagramme keine gute Idee, da sie das Ergebnis optisch verzerren und sich dadurch die Zahlen schlechter vergleichen lassen. Falls Sie trotzdem ein 3D-Diagramm in Ihrer Präsentation verwenden möchten, sollten Sie zumindest einige grundlegende Punkte beachten.

### 3D-Säulen mit einer waagrechten X-Achse

So wird z. B. beim beliebten Diagrammtyp *3D-Säulen*, egal ob gruppiert oder gestapelt, die X-Achse standardmäßig nicht waagrecht bzw. im rechten Winkel zur Größenachse, sondern leicht schräg dargestellt, wie im Bild rechts. Dadurch erscheinen die weiter vorn befindlichen Säulen rechts etwas größer gegenüber den hinteren links. Um eine waagrechte X-Achse zu erhalten, klicken Sie mit der rechten Maustaste in das Diagramm und auf *3D-Drehung* ❶.

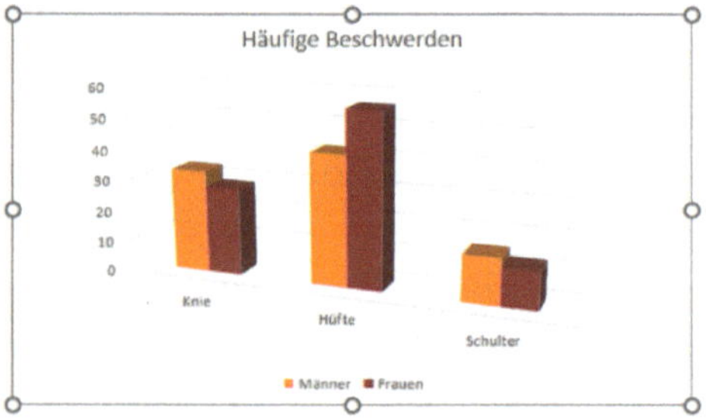


**Tipp**: Der Befehl *3D-Drehung* erscheint auch beim Rechtsklick auf ein beliebiges Diagrammelement, z. B. Zeichnungsfläche, Datenreihe oder Zeichnungsfläche. Die Überschrift des Aufgabenbereichs lautet in diesem Fall anders, die Möglichkeiten der 3D-Drehung sind dieselben.

Am rechten Rand erscheint der Aufgabenbereich *Diagrammwände formatieren* mit dem Register *Effekte*. Aktivieren Sie im Abschnitt *3D-Drehung* das Kontrollkästchen *Rechtwinklige Achsen* ❷.

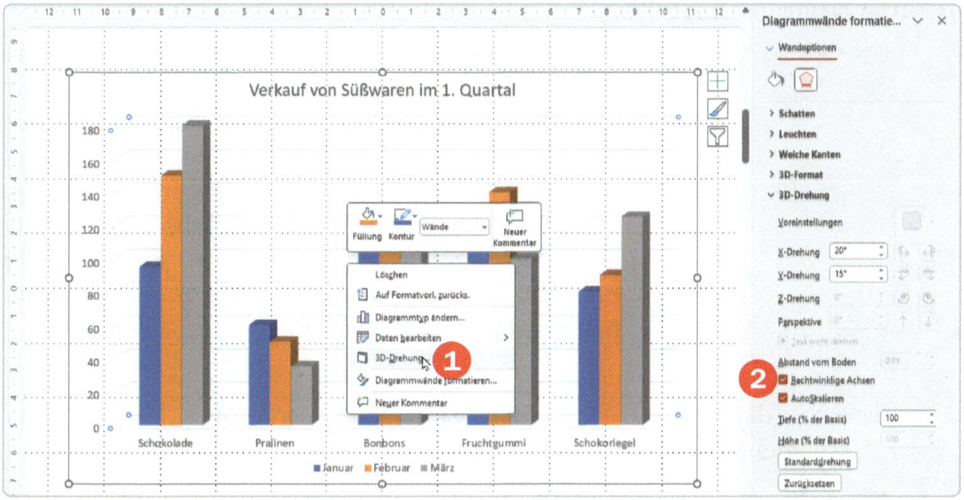


*Bild 7.73 3D-Säulendiagramm: 3D-Drehung bearbeiten*

## Diagramme optimieren, mit Bildern visualisieren

Viele Diagramme lassen sich noch weiter optisch aufbereiten, hierzu einige Tipps.

### Abstände zwischen Säulen oder Balken

Wenn Sie in einem Säulen- und Balkendiagramm die Abstände zwischen den Säulen oder Balken ändern möchten, dann klicken Sie mit der rechten Maustaste auf die Datenreihe und auf *Datenreihen formatieren*. Legen Sie dann im gleichnamigen Aufgabenbereich, Register *Datenreihenoptionen* ❶ im Feld *Abstandsbreite* ❷ den Abstand als Prozentwert mittels Schieberegler oder Eingabe fest.

**Zur Erklärung**: Die Abstandsbreite wird im Verhältnis zur Säulenbreite angegeben. Mit 100 % entspricht der Abstand exakt der Säulenbreite, 0 % fügt dagegen die Säulen oder Balken ohne Abstand aneinander.

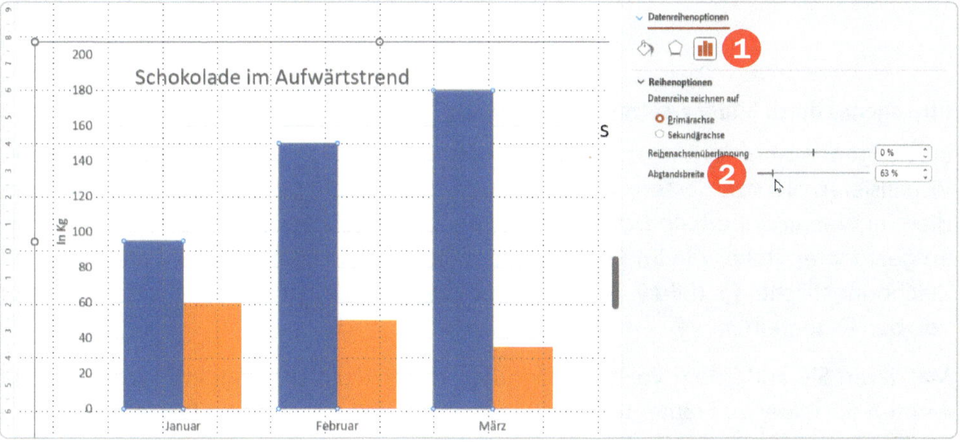


*Bild 7.74 Säulenabstände ändern*

### Linien bis zur Größenachse verlängern

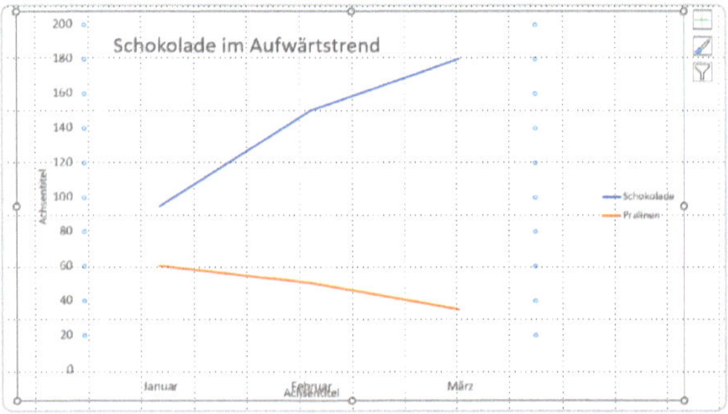


Standardmäßig beginnen in Liniendiagrammen die Linien nicht unmittelbar an der Größenachse, sondern über der ersten Beschriftung der waagrechten Achse. Die Beschriftungen befinden sich allerdings zwischen den Datenpunkten bzw. den dazugehörigen, meist nicht sichtbaren, Teilstrichen dieser Achse und auch die Größenachse schneidet zwischen den Teilstrichen. Um die Linien bis zur Y-Achse zu verlängern, müssen Sie daher deren Schnittpunkt auf die Teilstriche verlegen.

1. Klicken Sie dazu mit der rechten Maustaste auf die waagrechte Achse ❶ und auf *Achse formatieren...*
2. Wählen Sie im Aufgabenbereich *Achse formatieren* ▶ *Achsenoptionen* ❷ im Abschnitt *Achsenoptionen* die Achsenposition *Auf Teilstrichen* ❸ anstatt *Zwischen Teilstrichen*.

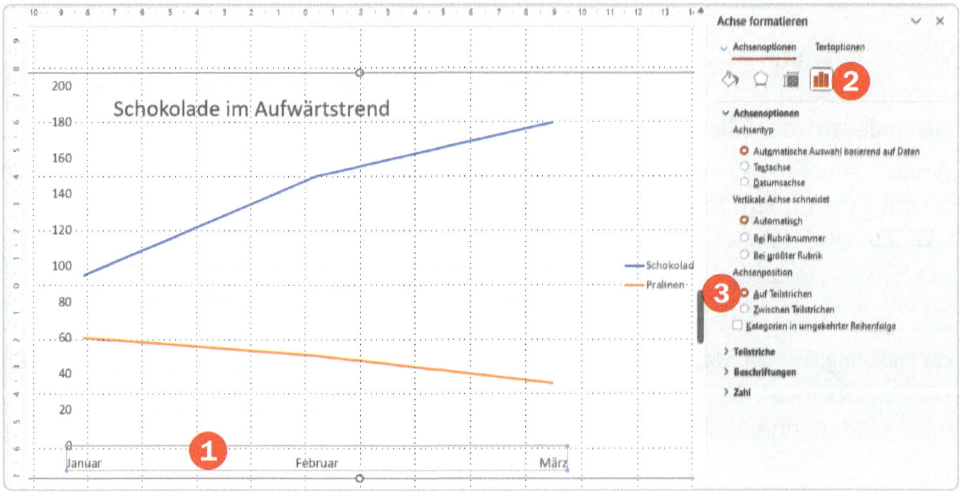


*Bild 7.75 Achse formatieren - Achsenposition ändern*

### Die Legende durch Bilder ersetzen oder ergänzen

Eine Legende ist nicht immer optimal, da die Daten erst zugeordnet werden müssen. Visualisieren Sie stattdessen, wenn möglich die Datenreihe mit Bildern. Sie können diese entweder außerhalb des Diagrammbereichs einfügen oder auch im Diagramm an geeigneter Stelle, wie im Beispiel unten. In diesem Fall müssen Sie allerdings die Zeichnungsfläche ❶ (Bild 7.76) etwas verkleinern, um Platz zu schaffen, hier rechts von den Datenreihen.

Markieren Sie außerdem vor dem Einfügen der Bilder den Diagrammbereich, dann werden die Bilder zu Elementen des Diagramms. Dies gilt auch für Textfelder, falls Sie die Bilder noch zusätzlich beschriften wollen ❷.

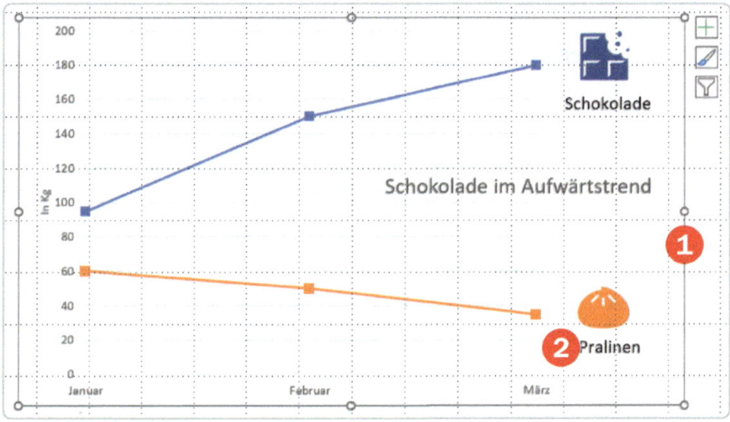


*Bild 7.76 Bilder und Textfelder statt einer Legende*

## Transparenter Bildhintergrund

Bei einem weißen Diagrammhintergrund stellen Bilder mit ebenfalls weißem Hintergrund kein Problem dar. Viele Präsentationen verwenden jedoch einen farbigen Folienhintergrund. Um die Bilder optisch anzugleichen, entfernen Sie den Bildhintergrund mit Hilfe des Freistellen-Werkzeugs. Dazu markieren Sie das Bild und klicken Sie im Menüband, Register *Bildformat* ▶ *Anpassen*, auf *Freistellen*.

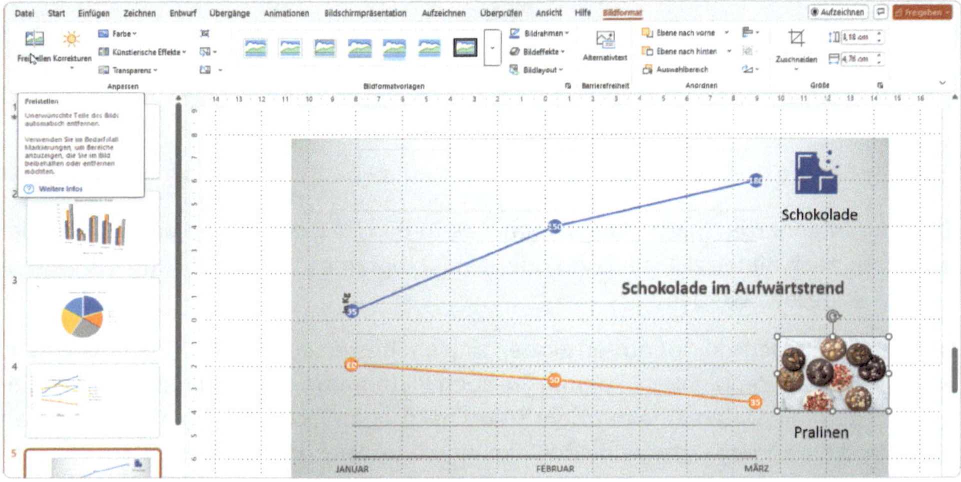


*Bild 7.77 Bildhintergrund entfernen*

## Linien bearbeiten und Datenpunkte hervorheben

Die Stärke und Farbe der Linien ändern Sie entweder im Register *Format* ▶ *Formenarten* des Menübands und das Symbol *Formkontur*, oder per Rechtsklick auf die Datenreihe und das Symbol *Kontur* der Minisymbolleiste. Wählen Sie Farbe, Linienstärke und Strichart, z. B. gepunktete Linie.

Die Datenpunkte hervorheben können Sie dagegen nur im Aufgabenbereich. Klicken Sie mit der rechten Maustaste auf die Datenreihe und auf *Datenreihen formatieren...*

1 Klicken Sie dann im gleichnamigen Aufgabenbereich auf *Füllung und Linie* ❶ und anschließend auf *Markierung* ❷.

2 Öffnen Sie den Abschnitt *Markierungsoptionen* und wählen Sie die Option *Integriert* ❸. Anschließend können Sie Typ und Größe festlegen.

3 Im Abschnitt *Füllung* wählen Sie die Art der Füllung, in der Regel einfarbig, und darunter die Farbe ❹ aus.

*Bild 7.78 Datenpunkte bearbeiten*

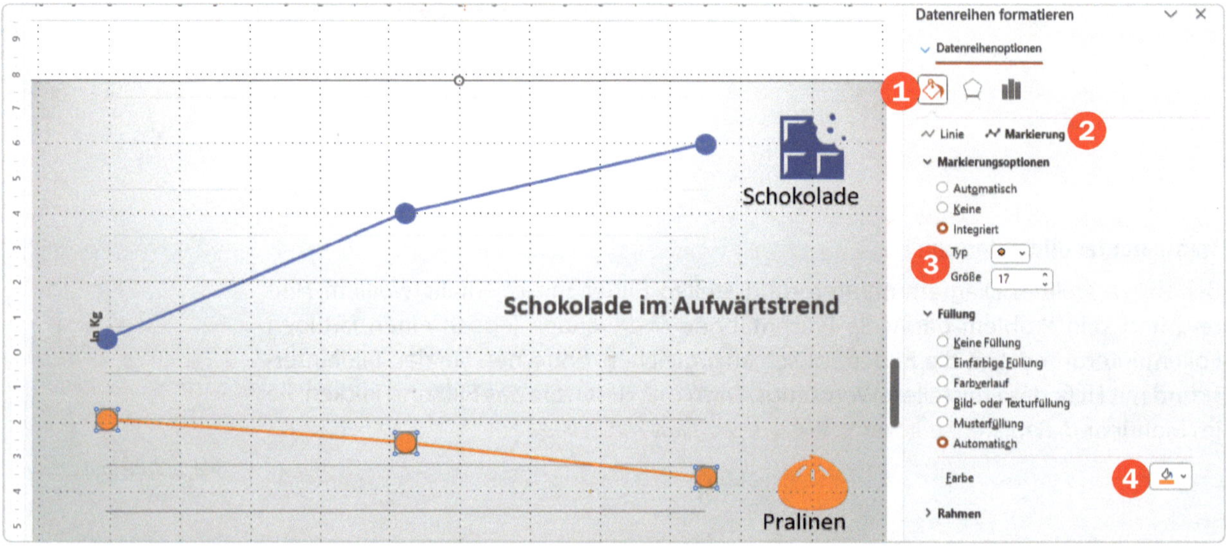


## Praxisbeispiel: Piktogramme als Markierungspunkte in Liniendiagrammen

Statt der integrierten Markierungstypen, wie in Bild 7.78 oben, können in Liniendiagrammen auch Bilder, z. B. ein Logo oder ein Piktogramm, zur Darstellung der Datenpunkte eingesetzt werden.

**Beachten Sie**: Einfache klare Formen eignen sich am besten als Markierungspunkte. Falls Sie kein Bild zur Hand haben, können Sie auch Piktogramme verwenden. Hier ein Beispiel, in dem die Datenreihe mit dem Trend nach oben (Schokolade) ein Pluszeichen erhält und die andere Datenreihe Pralinen ein Minuszeichen.

**So gehen Sie dabei vor:**

1 Da im Gegensatz zu Markierungspunkten die Farbe von Bildern nicht angepasst werden kann, fügen Sie zuerst das Piktogramm an beliebiger Stelle in die Folie ein (Menüband ▶ *Einfügen* auf *Piktogramme*) und färben es entsprechend ein, hier mit grüner Füllung ❶. Kopieren Sie dann das Piktogramm in die Zwischenablage, z. B. mit **Strg+C**.

2 Klicken Sie im Diagramm mit der rechten Maustaste auf die Datenreihe und auf den Befehl *Datenreihen formatieren...* Klicken Sie dann im Aufgabenbereich auf das Register *Füllung* ❷ und hier auf *Markierung* ❸.

**3** Im Abschnitt *Füllung* wählen Sie dann *Bild- oder Texturfüllung* ❹ und klicken bei *Bildquelle* auf die Schaltfläche *Zwischenablage* ❺.

*Bild 7.79 Piktogramm als Markierung verwenden*

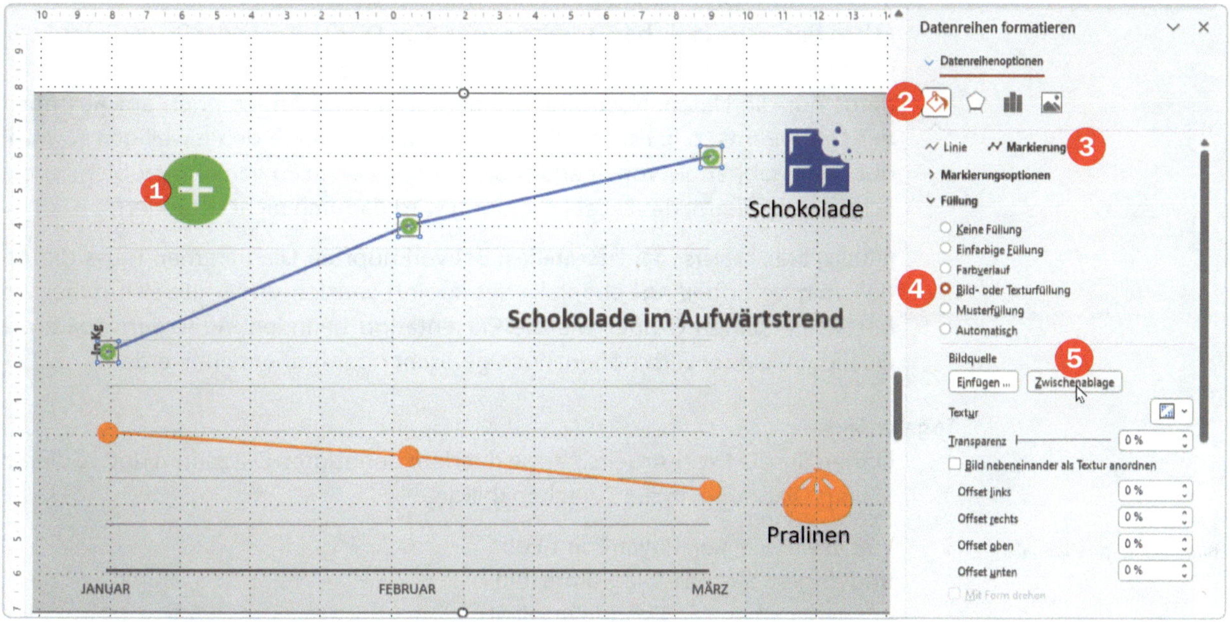


**4** Zuletzt muss noch die Größe angepasst werden: Wählen Sie dazu im Aufgabenbereich im Abschnitt *Markierungsoptionen* die Option *Integriert* ❻ und im Feld *Typ* den ersten Typ ganz oben. Die Größe legen Sie im Feld unterhalb fest.

**5** Genauso verfahren Sie dann mit der zweiten Datenreihe und entfernen Sie zuletzt die ursprünglich eingefügten Piktogramme aus der Folie.

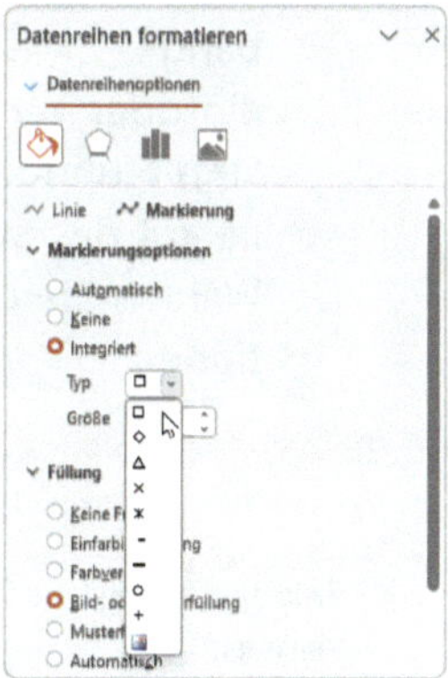


## Excel-Diagramm in eine Folie einfügen

Ein fertiges Diagramm kann auch aus einer Excel-Arbeitsmappe auf dem Weg über die Zwischenablage in eine PowerPoint-Folie eingefügt werden. Dabei unterscheidet PowerPoint wie beim Einfügen von Tabellen aus Word oder Excel zwischen Einbetten und Verknüpfen und von dieser Wahl hängt es ab, wo bzw. wie das Diagramm gespeichert wird.

- **Diagramm einbetten**
  Einbetten bedeutet, das Diagramm bzw. die zugrundeliegenden Daten werden als Kopie zusammen mit der Präsentation gespeichert. **Nachteil:** Bei nachträglichen Änderungen am Original bzw. in Excel wird das Diagramm in der PowerPoint-Folie nicht aktualisiert.

- **Verknüpfung einfügen**
  Beim Einfügen als Verknüpfung speichert die PowerPoint-Präsentation nur den Suchpfad zur Originaldatei. Alle Änderungen an den Daten erfolgen ausschließlich in der ursprünglichen Arbeitsmappe. Das Diagramm in der PowerPoint-Folie ist somit auch bei nachträglichen Änderungen stets aktuell. Dies betrifft allerdings nur die Daten. Nachträglich vorgenommene Änderungen am Aussehen des Diagramms, z. B. Farben, Schriften usw. erfolgen in den jeweiligen Anwendungen unabhängig voneinander. Sie können also in PowerPoint problemlos die Schrift vergrößern, das Excel-Diagramm wird dadurch nicht verändert.

  **Achtung beim Kopieren der Präsentation:** Bei verknüpften Diagrammen muss die Arbeitsmappe unbedingt ebenfalls mit kopiert werden und sollte sich daher am besten im selben Ordner wie die Präsentation befinden. Außerdem sollte die Quelldatei weder verschoben, noch gelöscht oder umbenannt werden.

**So gehen Sie vor**

1. Öffnen Sie die Excel-Arbeitsmappe mit dem benötigten Diagramm und kopieren Sie das Diagramm in die Zwischenablage.
2. Wechseln Sie zur PowerPoint-Folie und fügen Sie das Diagramm ein, entweder über den Dropdown-Pfeil der *Einfügen*-Schaltfläche im Menüband (*Start* ▶ *Zwischenablage*) ein oder verwenden Sie die Tasten **Strg**+**V** und klicken dann in der Folie auf das Symbol *Einfügeoptionen*. Wählen Sie eine der folgenden Optionen:

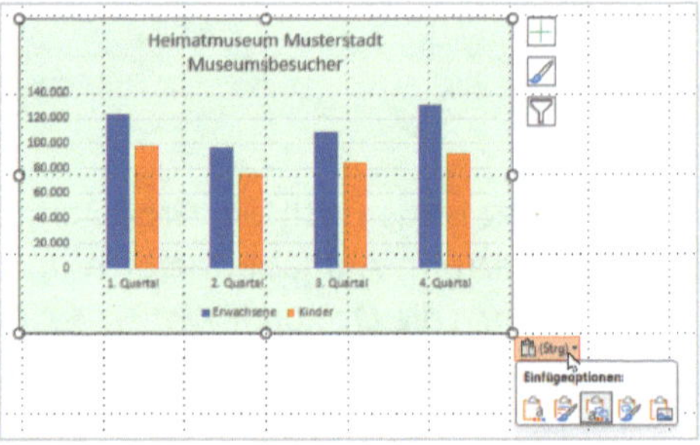


*Bild 7.80 Einfügeoptionen*

| Option | Beschreibung |
|---|---|
| Zieldesign verwenden und Arbeitsmappe einbetten | Das Diagramm erhält Farben und Schriften des Präsentationsdesigns und die dem Diagramm zugrundeliegenden Daten werden als Kopie zusammen mit der Präsentation gespeichert. |
| Ursprüngliche Formatierung beibehalten und Arbeitsmappe einbetten | Das Aussehen des Excel-Diagramms wird beibehalten und eine Kopie der Daten ebenfalls mit der Präsentation gespeichert. |
| Zieldesign verwenden und Daten verknüpfen | Das Aussehen des Diagramms wird an das Design der Präsentation angepasst. Die Arbeitsmappe wird nicht mit der Präsentation gespeichert und alle Datenänderungen erfolgen in der Originaldatei. Dies ist die Standardeinstellung beim Einfügen. |
| Ursprüngliche Formatierung beibehalten und Daten verknüpfen | Das Diagramm behält sein ursprüngliches Aussehen. Die Arbeitsmappe wird nicht mit der Präsentation gespeichert und alle Datenänderungen erfolgen in der Originaldatei. |

| Option | Beschreibung |
|---|---|
| Grafik | Das Diagramm wird als Bild eingefügt und in PowerPoint als solches behandelt. Nachträgliche Änderungen sind weder am Diagramm noch an den Daten möglich. |

### Verknüpftes Diagramm formatieren

Haben Sie beim Einfügen eine Verknüpfung gewählt, dann können Sie in der Folie die Größe des Diagrammbereichs sowie die Schrift beliebig anpassen, einen anderen Hintergrund wählen usw.

### Verknüpfte Daten aktualisieren

Ein verknüpftes Diagramm müssen Sie bei nachträglichen Änderungen der Daten aktualisieren: Klicken Sie dazu in der PowerPoint-Folie in das Diagramm und im Register *Diagrammentwurf* auf *Daten aktualisieren*.

*Bild 7.81 Verknüpfung aktualisieren*

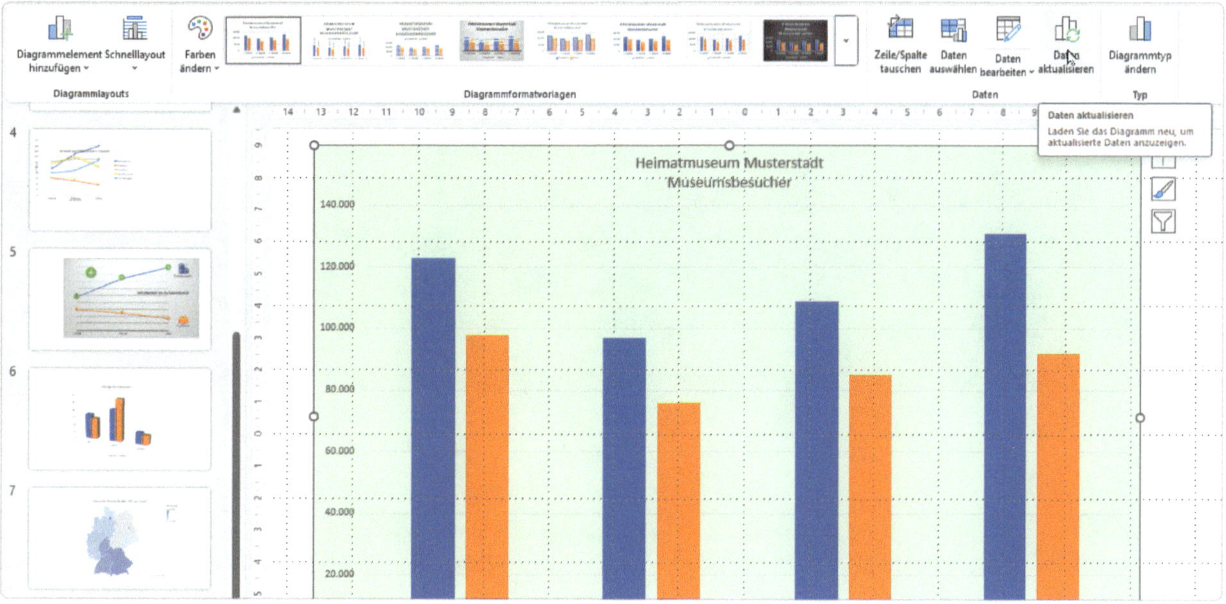


### Als Excel-Objekt einfügen/verknüpfen

PowerPoint kennt noch eine weitere Möglichkeit zum Einfügen. **Achtung:** In diesem Fall werden nicht nur Änderungen an den Daten, sondern auch am Diagramm mit Excel vorgenommen, vorausgesetzt Excel ist auf dem betreffenden Gerät installiert.

Dazu kopieren Sie das Diagramm in die Zwischenablage und benutzen zum Einfügen in die PowerPoint-Folie im Menüband, Register *Start* ▶ *Zwischenablage* das Symbol *Einfügen*. Klicken Sie auf den Dropdown-Pfeil des Symbols und auf *Inhalte einfügen…*

❶. Das Fenster *Inhalte einfügen* öffnet sich: Wählen Sie hier wieder zwischen *Einfügen* (= einbetten) und *Verknüpfung einfügen* ❷.

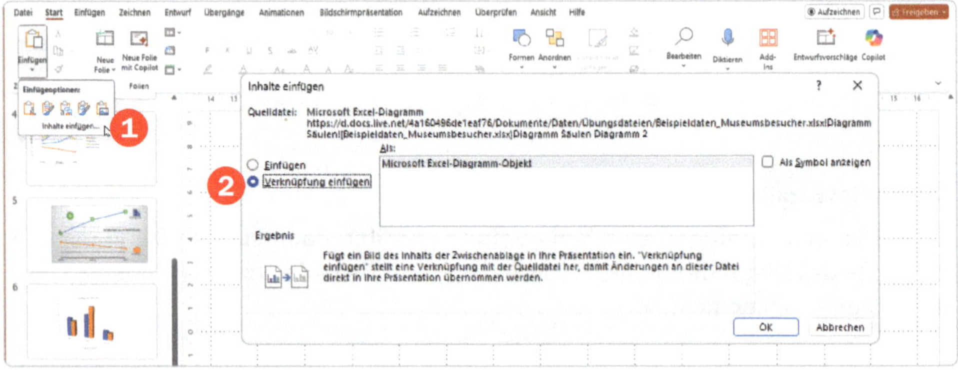

*Bild 7.82 Inhalte einfügen*

Egal, ob Sie bei dieser Methode *Einfügen* oder *Verknüpfung einfügen* gewählt haben: Ein Doppelklick in das Diagramm startet Excel und damit stehen Ihnen sämtliche Bearbeitungsmöglichkeiten dieser Anwendung zur Verfügung, siehe auch Excel-Tabellen ab Seite 248 dieses Buches. Klicken Sie dagegen außerhalb des Diagramms in den Folienbereich, so befinden Sie sich wieder in der PowerPoint-Arbeitsumgebung.

# 8 Animationen und Multimedia-Objekte

**In diesem Kapitel lernen Sie ...**

- Bildschirmpräsentation mit Folienübergängen gestalten
- Objekte durch Morphen übergangslos verändern
- Animation von Folienobjekten
- Zeitlichen Animationsablauf steuern
- Flexibler Präsentationsablauf durch Zoomen
- Foliennavigation mittels Links
- Video- und Audiodateien einfügen

**Das sollten Sie bereits wissen**

- Text eingeben und formatieren
- Umgang mit Folienlayouts
- Grafische Elemente
- Folienmaster zur Foliengestaltung einsetzen

PowerPoint bringt umfangreiche Möglichkeiten zur Animation von Folien und Folienelementen mit. Trotzdem gilt auch hier: Weniger ist mehr! Setzen Sie also Animationen mit Vorsicht und gezielt ein. Vermeiden Sie außerdem Effekte, die vom eigentlichen Inhalt der Präsentation ablenken.

## 8.1 Folienübergänge

Folienübergänge gestalten in Bildschirmpräsentationen den Übergang zur nächsten Folie. Dies kann entweder auf einen Mausklick hin passieren oder, falls ein automatischer Ablauf gewünscht ist, nach einer bestimmten Anzeigedauer. Auch die Geschwindigkeit des Übergangs lässt sich steuern. Sämtliche Übergangseffekte und die dazugehörigen Einstellungen finden Sie im Register *Übergänge* des Menübands.

*Bild 8.1 Das Register Übergänge*

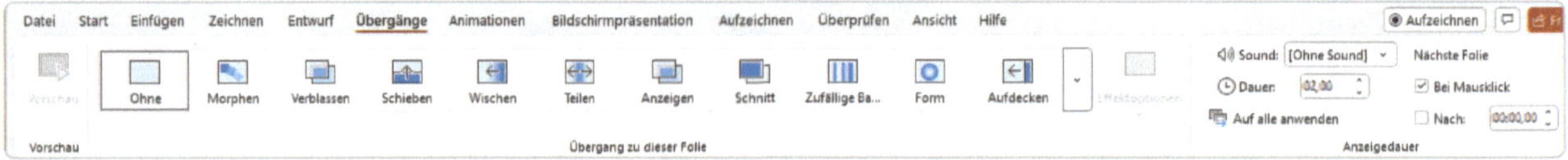


> **Beachten Sie bei der Wahl eines Übergangeffekts**
>
> Wenn Sie Folienübergänge einsetzen möchten, dann sollten Sie auf möglichst natürliche Effekte achten, z. B. Schieben, Wischen oder Aufdecken. Sich drehende oder zerknüllende Folien hinterlassen dagegen einen unprofessionellen Eindruck. Verwenden Sie außerdem für jede Folie denselben Übergangseffekt und strapazieren Sie die Geduld Ihres Publikums nicht mit Folienübergängen im Schneckentempo.

### Einen Übergangseffekt auswählen und zuweisen

In der Gruppe *Übergang zu dieser Folie* (siehe Bild oben) finden Sie verschiedene Übergangseffekte. Ein Klick auf den Pfeil *Weitere* ⩢ öffnet den gesamten Katalog auf einen Blick. Zeigen Sie auf einen Übergang, so erhalten Sie eine kurze Beschreibung.

*Bild 8.2 Katalog der Übergangseffekte*

Der Übergang *Morphen* verhält sich etwas anders als die übrigen Übergangseffekte. Näheres hierzu lesen Sie in Punkt 8.2 auf Seite 279.

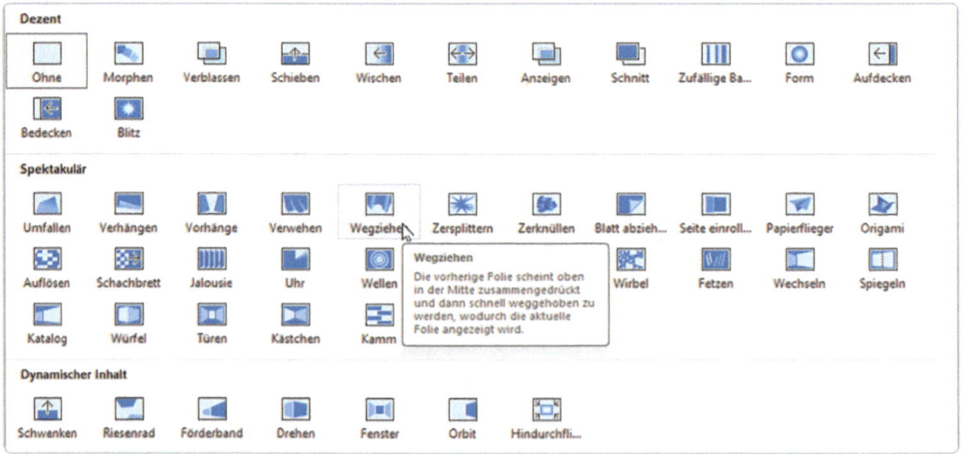

Am besten beginnen Sie zunächst mit einer einzigen Folie, weisen dieser einen Übergangseffekt zu und legen bei Bedarf weitere Einstellungen zu Richtung und Dauer fest. Effekt und Einstellungen lassen sich anschließend schnell in alle Folien der Präsentation übernehmen.

1 Der ausgewählte Übergangseffekt gilt automatisch zunächst nur für das Erscheinen der aktuellen Folie. Wählen Sie also im ersten Schritt eine Folie aus.

2 Klicken Sie dann auf den Übergangseffekt, z. B. *Wischen* ❶. Gleichzeitig erhalten Sie in der Folie eine Vorschau auf diesen Effekt.

Falls Sie die Vorschau erneut wiederholen möchten, klicken Sie im Register *Übergänge* ganz links auf *Vorschau* ❷.

3 Wenn Ihnen der gewählte Effekt nicht zusagt, dann klicken Sie einfach auf einen anderen. Probieren Sie also ruhig der Reihe nach verschiedene Effekte aus, PowerPoint lässt pro Folie ohnehin nur einen einzigen Übergang zu.

### Übergangseffekt entfernen

Um einen Übergangseffekt zu entfernen, klicken Sie auf *Ohne* ❹.

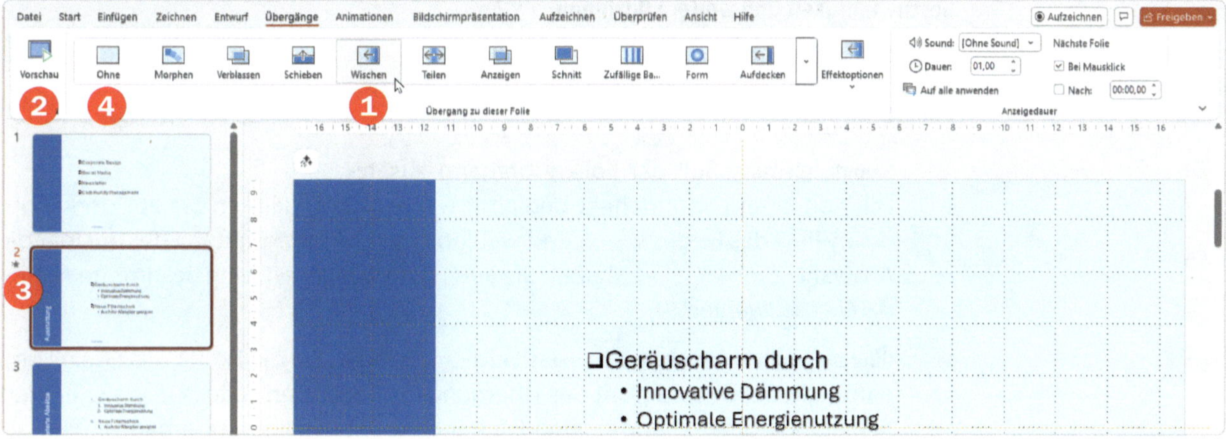


*Bild 8.3 Auswahl Folienübergang*

> Im Navigationsbereich erkennen Sie animierte Folien am Stern ❸. Leider geht daraus nicht näher hervor, ob es sich um einen Folienübergang oder ein animiertes Folienobjekt handelt.

## Weitere Effekteinstellungen

### In welche Richtung soll der Übergang erfolgen?

Nachdem Sie einen Übergangseffekt ausgewählt haben, können Sie über *Effektoptionen* (*Übergänge* ▶ *Übergang zu dieser Folie*) in vielen Fällen auch die Richtung wählen. Allerdings sind die verfügbaren Auswahlmöglichkeiten abhängig vom jeweiligen Effekt, in Bild 8.4 sehen Sie einige Beispiele. Mit der Schaltfläche *Vorschau* können Sie jederzeit die Wirkung testen.

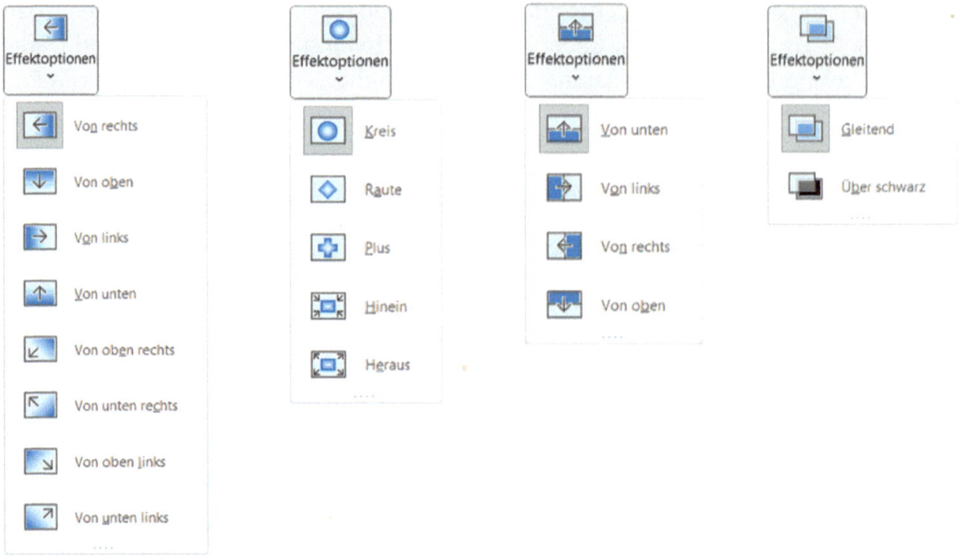


*Bild 8.4 Optionen für Übergangseffekte (Wischen, Form, Schieben, Verblassen)*

## Geschwindigkeit und weitere Optionen

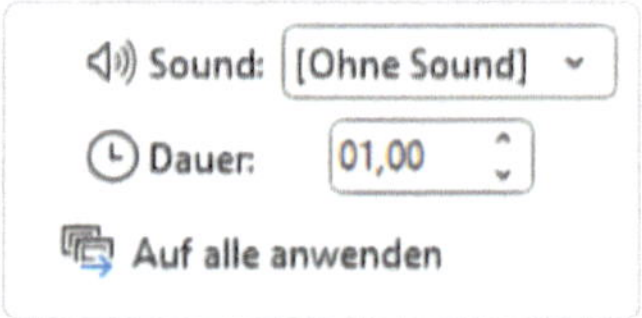


*Bild 8.5 Anzeigedauer*

In der Gruppe *Anzeigedauer* des Registers *Übergänge* finden Sie noch weitere Steuerungsmöglichkeiten des Folienübergangs.

**Vorsicht**: Von Soundeffekten begleitete Folienübergänge wirken nur selten professionell!

- **Soundbegleitung:** Soll der Folienübergang zusätzlich von einem Soundeffekt begleitet werden, dann klicken Sie auf den Dropdown-Pfeil des Feldes *Sound* und wählen einen der integrierten Effekte. Über die Auswahl *Anderer Sound...* haben Sie auch die Möglichkeit, eine bestimmte Audiodatei auszuwählen.
- **Übergangsgeschwindigkeit:** Über das Feld *Dauer* legen Sie die Dauer des Effekts und damit die Geschwindigkeit des Übergangs zur nächsten Folie fest. Welcher Wert hier standardmäßig angegeben ist, hängt vom jeweiligen Übergangseffekt ab. Auch hier gilt: Testen Sie die Geschwindigkeit in der Vorschau und wählen Sie ggf. eine kürzere Dauer.
- **Wann soll die nächste Folie erscheinen:** Unter *Nächste Folie* geben Sie an, wann bzw. bei welchem Ereignis die nächste Folie eingeblendet werden soll. Standardeinstellung ist hier *Bei Mausklick*, d. h. die nächste Folie erscheint, wenn Sie während der Vorführung mit der Maus klicken oder die Eingabetaste oder die Pfeiltaste rechts betätigen.

  Wenn dagegen der Wechsel zur nächsten Folie nach einer bestimmten Zeit automatisch erfolgen soll, dann aktivieren Sie das Kästchen *Nach* und geben im Feld daneben die Anzeigedauer der aktuellen Folie ein.

  Das Kontrollkästchen *Bei Mausklick* sollte auf jeden Fall aktiviert sein. So können Sie jederzeit alternativ auch per Mausklick zur nächsten Folie wechseln.

**Hinweis**: In der Praxis lässt sich die Anzeigedauer nur selten pauschal angeben. Wesentlich flexibler ist das Aufzeichnen der Anzeigedauer für jede einzelne Folie, Näheres hierzu im nächsten Punkt.

### Folienübergang und Einstellungen auf alle Folien übernehmen

Wenn Sie zum Abschluss den ausgewählten Übergangseffekt einschließlich aller weiteren Einstellungen auf alle Folien der Präsentation übertragen möchten, dann klicken Sie in der Gruppe *Anzeigedauer* auf *Auf alle anwenden*.

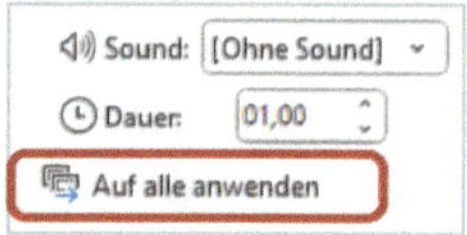


## Individuelle Folienanzeigedauer aufzeichnen

Unabhängig davon, ob Sie Folienübergangseffekte verwenden oder nicht, haben Sie mit Aktivieren des Kontrollkästchens *Nach* (Register *Übergänge* ▶ *Anzeigedauer* ▶ *Nächste Folie*) und Angabe der Anzeigedauer theoretisch auch die Möglichkeit, die gesamte Präsentation mit einem automatischen Ablauf auszustatten. In der Praxis eignet sich diese Vorgehensweise allerdings nur bedingt, da meist jede Folie eine individuelle Anzeigedauer erfordert. In diesem Fall starten Sie besser die Bildschirmpräsentation in einem Probelauf und lassen gleichzeitig die Anzeigedauer jeder Folie aufzeichnen.

1 Dazu klicken Sie im Menüband, Register *Bildschirmpräsentation* ▶ *Einrichten*, auf *Anzeigedauern testen.*

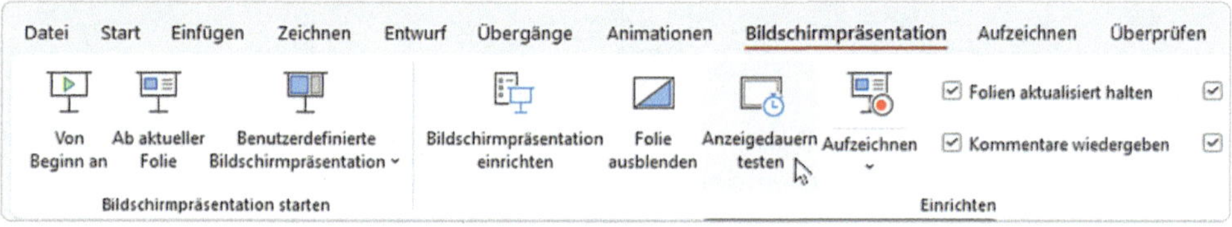


*Bild 8.6 Bildschirmpräsentation mit gleichzeitiger Aufzeichnung der Anzeigedauern starten*

2 Unmittelbar darauf startet die Bildschirmpräsentation mit der ersten Folie und gleichzeitig die Aufzeichnung der Anzeigedauer. In der linken oberen Ecke des Bildschirms erscheint eine Leiste, über deren Symbole Sie die Aufzeichnung steuern. In der Mitte sehen Sie die Anzeigedauer der aktuellen Folie und ganz rechts die der gesamten Präsentation.

*Bild 8.7 Die Aufzeichnungsleiste*

3 Testen Sie nun die benötigte Anzeigedauer für die erste Folie und klicken Sie im passenden Moment in der Aufzeichnungsleiste auf das Symbol *Weiter* oder wechseln Sie per Tastatur oder Mausklick zur nächsten Folie.

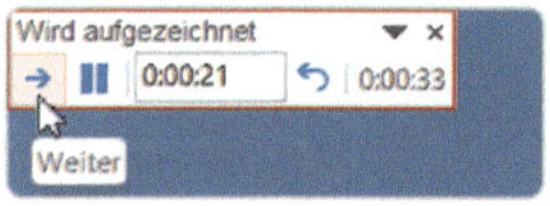


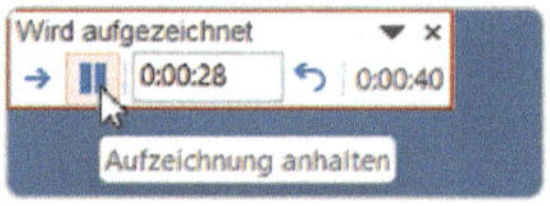


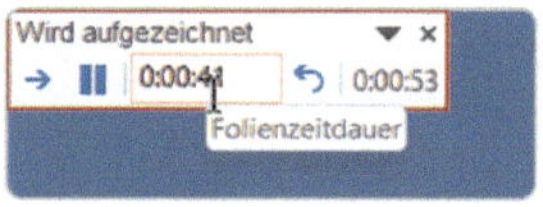


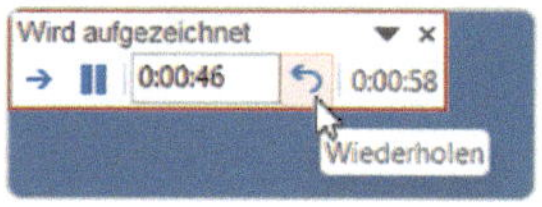


- Mit dem Symbol *Aufzeichnung anhalten* können Sie die Aufzeichnung vorübergehend unterbrechen, dann erhalten Sie eine entsprechende Meldung und mit Klick auf die Schaltfläche *Aufzeichnung fortsetzen* setzen Sie die Aufzeichnung fort.
- Wenn Sie die Aufzeichnung der aktuellen Folie wiederholen möchten, dann klicken Sie auf das Symbol *Wiederholen*. Die Präsentation wird dadurch zunächst angehalten und mit Klick auf *Aufzeichnung fortsetzen* wird die Anzeigedauer der aktuellen Folie auf 0 zurückgesetzt.

4 Zum Beenden der Präsentation und damit der Aufzeichnung betätigen Sie die **Esc**-Taste oder klicken auf das Symbol *Schließen* der Aufzeichnungsleiste. Es erscheint eine Meldung, ob Sie die Anzeigedauern speichern möchten. Klicken Sie auf *Ja*, so werden diese Zeiten in die einzelnen Folien der Präsentation übernommen und gespeichert.

*Bild 8.8 Anzeigedauern speichern*

**Zeitdauer der Bildschirmpräsentation testen**

Wenn Ihnen für Ihre Bildschirmpräsentation nur eine begrenzte Zeit zur Verfügung steht, eignet sich die Funktion *Anzeigedauern testen* auch prima, um vorab zu testen, wie viel Zeit Sie für jede einzelne Folie und für die gesamte Präsentation benötigen. In diesem Fall klicken Sie bei der Frage, ob die aufgezeichneten Anzeigedauern gespeichert werden sollen, auf *Nein*. Oder löschen Sie anschließend die Zeiten wieder, siehe unten.

### Anzeigedauer ändern

Die aufgezeichnete und gespeicherte Anzeigedauer kann für jede Folie auch nachträglich kontrolliert und ggf. geändert werden. Klicken Sie dazu im Navigationsbereich auf die betreffende Folie und kontrollieren Sie im Menüband, Register *Übergänge* ▶ *Anzeigedauer* ▶ *Nächste Folie* die Zeit im Feld *Nach*. Falls Sie die Anzeigedauer komplett neu aufzeichnen möchten, so starten Sie einfach die Aufzeichnung erneut über die *Anzeigedauern testen*.

### Anzeigedauer der gesamten Bildschirmpräsentation löschen

Wenn Sie die Anzeigedauern der gesamten Bildschirmpräsentation löschen möchten, dann klicken Sie im Register *Bildschirmpräsentation* auf den Dropdown-Pfeil der Schaltfläche *Aufzeichnen* und auf *Löschen*. Wählen Sie dann zwischen *Anzeigedauer für aktuelle Folie löschen* und *Anzeigedauer für alle Folien löschen*.

*Bild 8.9 Anzeigedauer löschen*

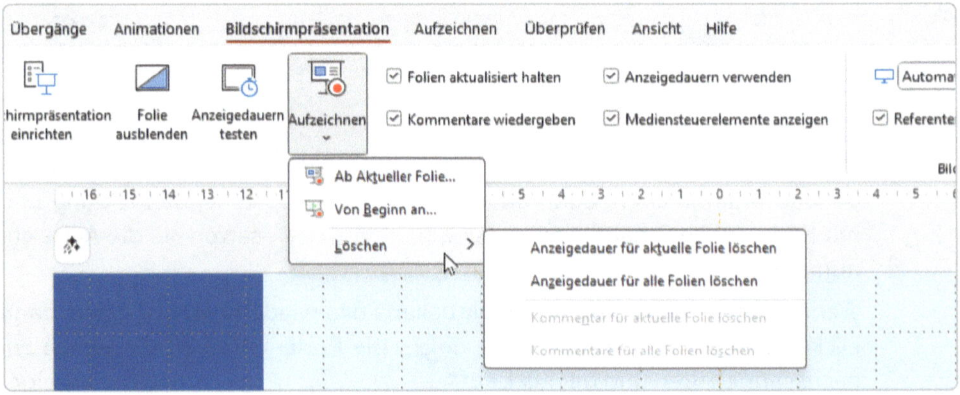

## 8.2 Folienobjekte durch Morphen fließend verändern

Im Katalog der Folienübergänge finden Sie auch den Übergangseffekt *Morphen*. Als Morphen oder Morphing bezeichnet man einen computergesteuerten Spezialeffekt der Bildbearbeitung mit dem Ziel, ein Bild fließend, d. h. ohne abrupte Übergänge zu verändern. In PowerPoint erlaubt der Übergangseffekt Morphen, mit dem Wechsel zur nächsten Folie das Aussehen einzelner Folienobjekte wie Bilder, Formen, SmartArt oder Text übergangslos zu ändern. Die Berechnung des Übergangs erfolgt automatisch durch PowerPoint.

Morphen ist ab PowerPoint 2019 verfügbar.

**Voraussetzung für das Morphen mit PowerPoint**

Morphen setzt mindestens zwei Folien voraus, wobei das zu verändernde Objekt in allen Folien vorhanden sein muss. Am einfachsten duplizieren Sie die Ausgangsfolie und verändern dann das Objekt in der zweiten Folie. Dieser weisen Sie dann auch den Morph-Übergang zu.

### Größe, Position und Farbe ändern

#### Beispiel: Form vergrößern, verschieben und Farbe ändern

Zum besseren Verständnis ein einfaches Beispiel, bei dem ein Quadrat vergrößert und an eine andere Stelle verschoben wird und gleichzeitig eine andere Farbe erhält. Am besten testen Sie dies mit einer leeren Folie.

1 Fügen Sie eine neue Folie mit dem Layout *Leer* hinzu und fügen Sie in diese ein Quadrat ein (Register *Einfügen* ▶ *Formen* ▶ *Rechteck*), siehe Bild unten. Weisen Sie der Form eine beliebige Farbe (*Fülleffekt*) und ggf. noch einen Effekt (*Formeffekte*) zu und positionieren Sie das Quadrat in der Folie links oben.

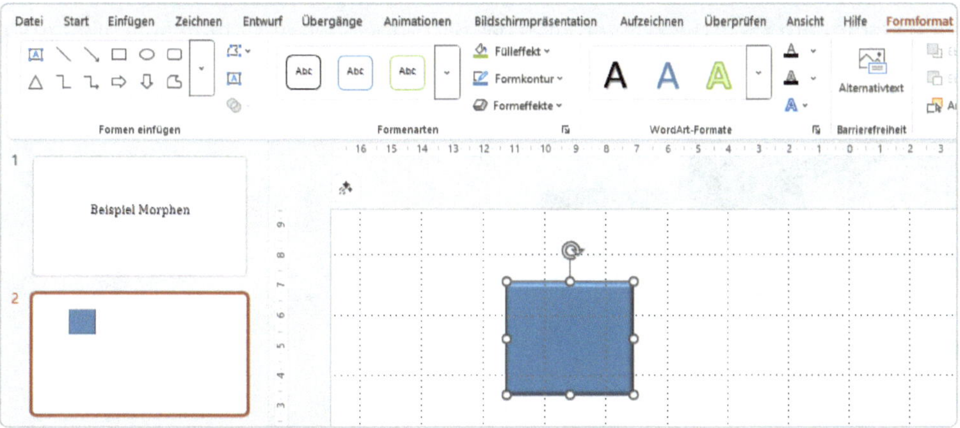


*Bild 8.10 Fügen Sie in die Folie ein Quadrat ein*

Falls Sie ein größeres Quadrat wünschen, müssen Sie beim diagonalen Aufziehen mit der Maus gleichzeitig die Umschalt-Taste gedrückt halten.

2 Duplizieren Sie die soeben erstellte Folie (im Navigationsbereich Rechtsklick auf die Folie, Befehl *Folie duplizieren* oder Tasten **Strg**+**D**).

3 Wählen Sie im Navigationsbereich die zweite, duplizierte Folie ❶ durch Anklicken aus. Verschieben Sie hier das Quadrat mit der Maus nach rechts unten, vergrößern Sie es und ändern Sie die Füllfarbe, z. B. gelb ❷.

4 Klicken Sie dann auf das Register *Übergänge* und weisen Sie dieser Folie den Übergang *Morphen* ❸ zu.

5 Nun können Sie den Effekt testen, indem Sie auf *Vorschau* ❹ klicken.

*Bild 8.11 Weisen Sie der zweiten Folie den Übergang Morphen zu*

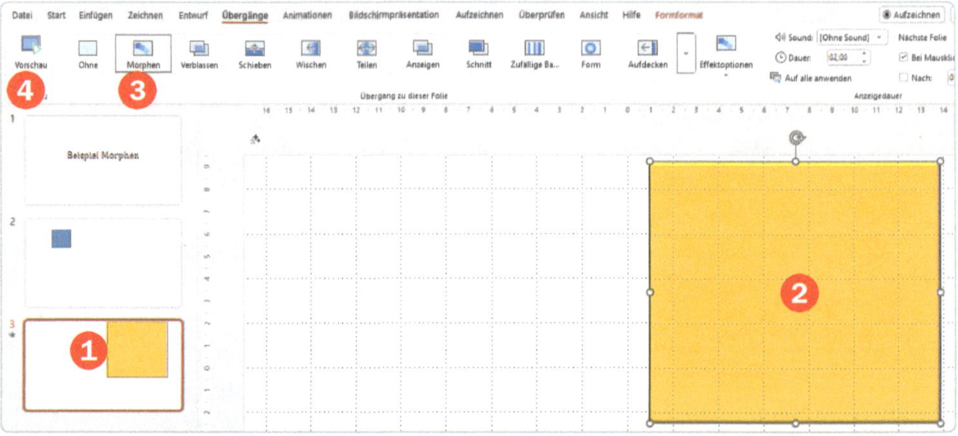


## Tipps und Tricks

### Bild zoomen

Mit derselben Vorgehensweise lässt sich auch auf einfache Weise ein Bild oder ein Bildausschnitt zoomen. Dazu fügen Sie in die erste Folie ein Bild ein, das Sie verkleinert beispielsweise in der Mitte der Folie platzieren ❶. Duplizieren Sie dann diese Folie und vergrößern Sie in der zweiten Folie das Bild oder einen Ausschnitt auf Foliengröße ❷. Weisen Sie dann der zweiten Folie den Übergang *Morphen* zu.

*Bild 8.12 Beispiel Bild zoomen*

### Bildfarbe ändern, Bild spiegeln

Sie können mit Morphen ein Bild auch spiegeln oder die Bildfarbe ändern, zum Beispiel als stufenloser Übergang von grau zum farbigen Bild: Fügen Sie das entsprechende Bild in eine Folie ein und platzieren Sie es an der gewünschten Stelle. Dann duplizieren Sie die Folie. Weisen Sie nun dem Bild in der ersten Folie über das Register *Bildformat* ▶ *Anpassen* ▶ *Farbe* den Farbton *Graustufen* zu, die zweite Folie mit dem farbigen Bild erhält den Übergang *Morphen* und fertig ist der Übergangseffekt.

### 3D-Drehungseffekt

Um einen 3D-Drehungseffekt zu erzielen, weisen Sie der Form in der duplizierten Folie über *Formformat* ▶ *Formenarten* ▶ *Formeffekte* eine 3D-Drehung zu. Wählen Sie dann für diese Folie wieder den Übergang *Morphen*.

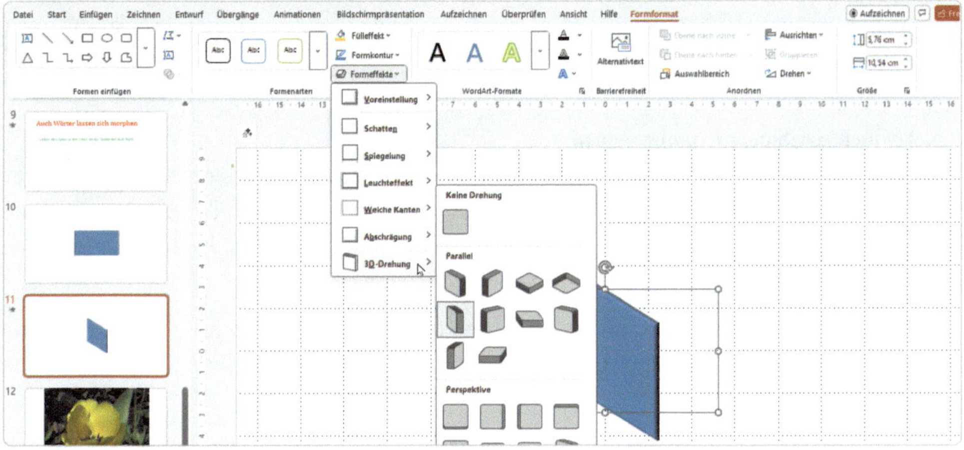


*Bild 8.13 3D-Drehung*

### 3D-Modelle drehen

Morphen lässt sich auch einsetzen, um ein 3D-Modell während der Bildschirmpräsentation zu drehen. Dazu drehen Sie das Bild in der Folie auf den gewünschten Ausgangs-Blickwinkel, duplizieren die Folie und drehen hier das Bild in die Endansicht.

### Mehrere Elemente morphen

Sie können auch mehrere Folienelemente morphen, wobei alle Objekte, die in beiden Folien vorhanden sind, automatisch einbezogen werden. Auch der Hintergrund kann durch Morphen verändert werden, wie im Bild unten.

*Bild 8.14 Hintergrundfarbe morphen*

**Abweichende Hintergrundfarbe:** Register *Entwurf* ▶ Klick auf den Pfeil *Varianten* ▶ *Hintergrundformate*. Rechtsklick auf eine Variante und *Für ausgewählte Folien übernehmen.*

**Weitere Möglichkeiten**

Sie können auch andere Folienobjekte jeweils desselben Typs morphen, z. B. SmartArt-Objekte, Textfelder oder Tabellen. Eine Ausnahmen bilden Diagramme, diese werden nur überblendet.

## Bild oder Form durch Morphen ändern

Innerhalb desselben Typs ist auch das Umwandeln einer Form in eine andere Form, z. B. Quadrat in Kreis, oder eines Bildes in ein anderes Bild möglich.

> **Beachten Sie die Benennung**
>
> Damit durch Morphen ein Objekt in ein anderes verwandelt werden kann, müssen die Namen der beiden Objekte in beiden Folien identisch sein und mit zwei Ausrufezeichen !! beginnen, z. B. !!FormMorphen oder !!Bild1.

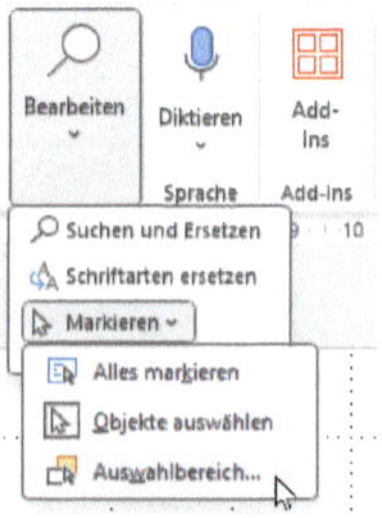


**Objekte im Auswahlbereich umbenennen**

Umbenennen von Objekten erfolgt in PowerPoint im Auswahlbereich: Klicken Sie dazu im Menüband, Register *Start* ▶ *Bearbeiten* auf den DropDown-Pfeil *Markieren* und auf *Auswahlbereich*. Oder markieren Sie die Form oder das Bild und klicken im Register *Formformat* bzw. *Bildformat* ▶ *Anordnen* auf *Auswahlbereich*.

1 Der Auswahlbereich wird am rechten Rand des PowerPoint-Fensters geöffnet und listet alle Objekte der aktuellen Folie mit Namen auf, hier ein Textfeld und ein Rechteck.

2 Klicken Sie in der Folie auf das Objekt ❶, das Sie umbenennen möchten, dessen Name ist nun im Auswahlbereich markiert.

3 Klicken Sie zum Umbenennen auf den Namen ❷, löschen Sie diesen und geben Sie den neuen Namen ein, z. B. !!FormUmwandeln. Schließen Sie zum Übernehmen die Eingabe mit der **Eingabetaste** ab.

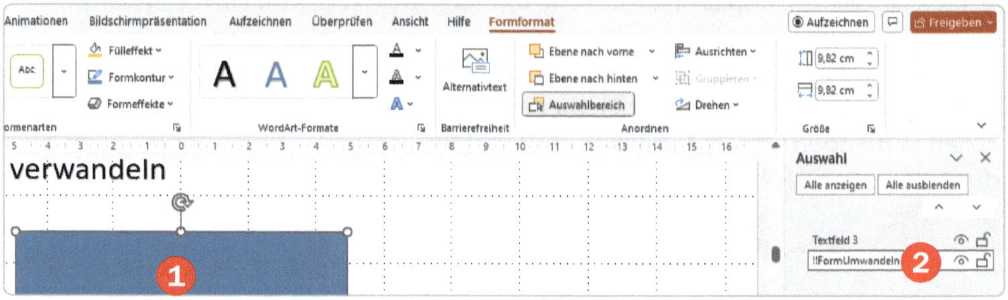


*Bild 8.15 Objekt im Auswahlbereich umbenennen*

**Beispiel: Quadrat in Kreis verwandeln**

4 Um das oben abgebildete Quadrat durch Morphen in einen Kreis umzuwandeln, duplizieren Sie die Folie und ersetzen in der zweiten Folie das Quadrat durch einen Kreis. Am einfachsten markieren Sie dazu die Form, klicken im Menüband,

Register *Formformat* ▶ *Formen einfügen*, auf *Form bearbeiten* und auf *Form ändern* und wählen anschließend Ellipse. Wenn Sie möchten, können Sie auch noch Farbe und Größe ändern.

5 Kontrollieren Sie unbedingt im Auswahlbereich den Namen des Kreises, dieser muss ebenfalls *!!FormUmwandeln* lauten. Falls nicht, müssen Sie diesen ändern.

6 Zuletzt weisen Sie der zweiten Folie den Übergang *Morphen* zu und kontrollieren das Ergebnis in der Vorschau.

*Bild 8.16 Der Name des zu morphenden Objekts muss in beiden Folien gleich sein*

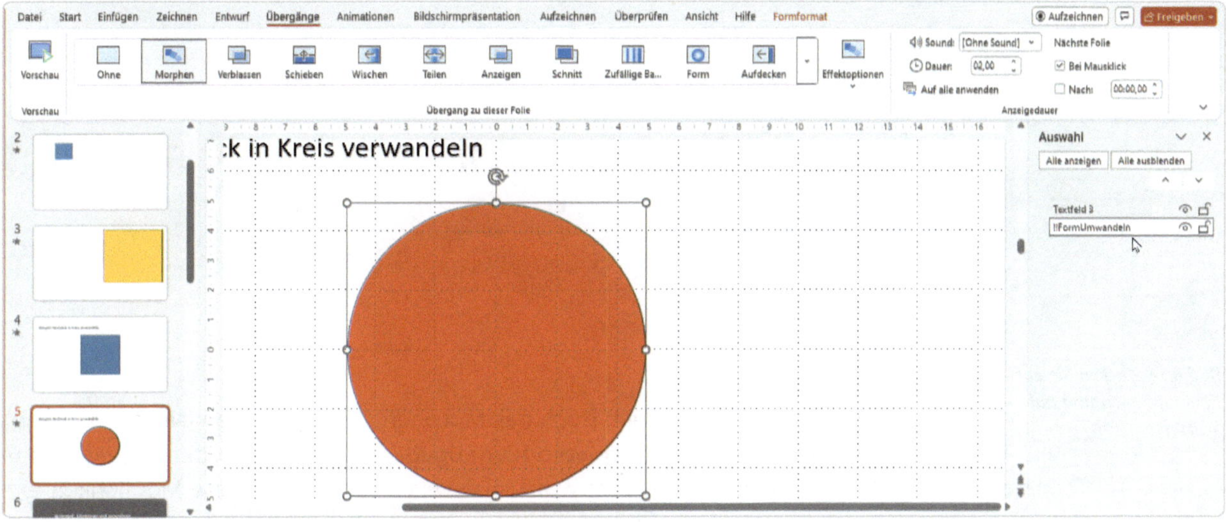


## Wörter und Zeichen morphen

Auch Wörter und einzelne Zeichen lassen sich morphen. **Achtung**: Dies funktioniert nur mit Text in Platzhaltern, nicht aber in Formen oder SmartArt-Layouts.

*Bild 8.17 Beispiel: Wörter morphen*

### Beispiel: Folientitel morphen

1 Fügen Sie eine Folie mit dem Layout *Titel und Inhalt* ein. Geben Sie als Titel den unten abgebildeten Text ein und im Platzhalter das verdrehte Sprichwort wie im Bild rechts. Formatieren Sie außerdem Titel und Text in blauer Schriftfarbe.

2 Duplizieren Sie diese Folie wieder und ändern Sie den Text wie folgt:

- Ersetzen Sie im Folientitel den Ausdruck „Text lässt" durch „Wörter lassen ".
- Formatieren Sie den Folientitel mit roter Schriftfarbe.
- Vertauschen Sie im Platzhalter die Wörter „die Taube" und „der Spatz". Dieser Satz erhält grüne Schriftfarbe.

3 Weisen Sie dieser Folie den Übergang *Morphen* zu.

4 Klicken Sie auf *Effektoptionen* und wählen Sie *Wörter*.

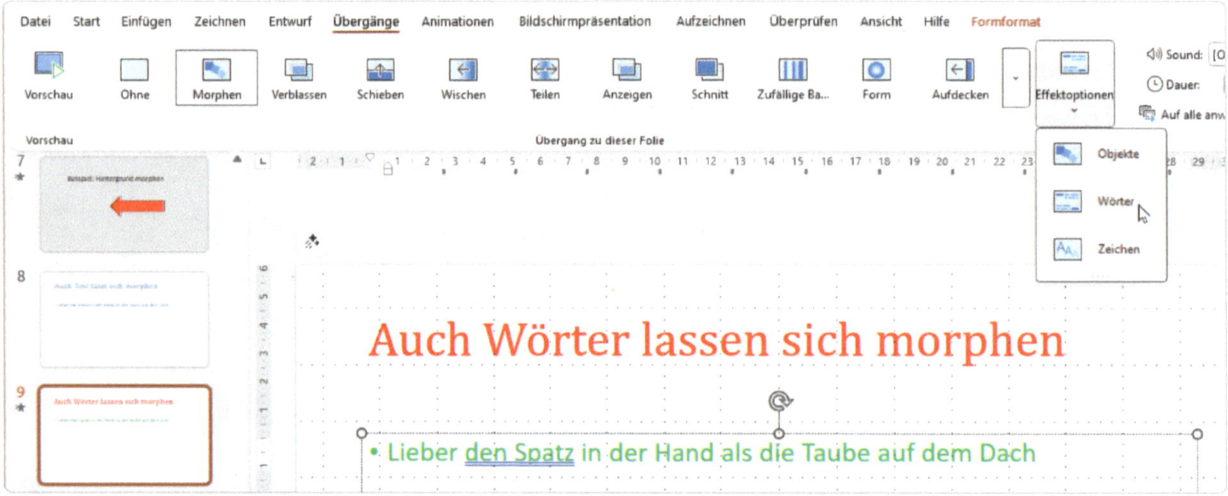


*Bild 8.18 Klicken Sie auf Effektoptionen und auf Wörter*

**Zeichen morphen**

Die Effektoptionen bieten auch noch das Morphen von Zeichen an (siehe Bild oben). Das Ergebnis unterscheidet sich vom hier abgebildeten Beispiel oben eigentlich nur dadurch, dass zeichenweise statt wortweise verschoben wird. Diese Möglichkeit eignet sich also in erster Linie für kurze Texte.

**Tipp**: Das Morphen von Zeichen kann z. B. für Anagramme eingesetzt werden, beispielsweise, um das Wort PROTEST in SPROTTE umzuwandeln.

## 8.3 Folienelemente animieren

Sie können jedes Element einer Folie mit einem oder mehreren Animationseffekten versehen, egal, ob es sich um ein Textelement bzw. Platzhalterfeld oder ein grafisches Objekt handelt. So können Sie beispielsweise während der Bildschirmpräsentation Text nacheinander in der Folie erscheinen lassen, anschließend hervorheben und zuletzt wieder ausblenden. PowerPoint verfügt zu diesem Zweck über einen umfangreichen Katalog von Animationseffekten, die Sie einfach den Objekten zuweisen. Sämtliche Animationen und die dazugehörigen Einstellungen finden Sie im Register *Animationen* des Menübands.

*Bild 8.19 Das Register Animationen*

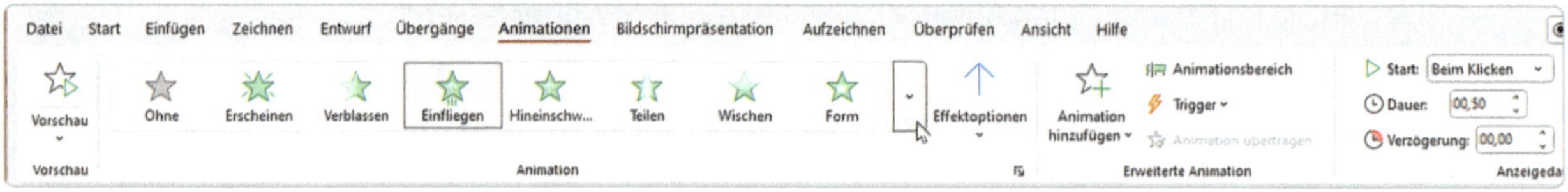

## Animationseffekt auswählen

Markieren Sie das Objekt, das Sie mit einer Animation versehen möchten und klicken Sie im Register *Animationen* ▶ *Animation* auf den Pfeil *Weitere* ⩢, um den gesamten Katalog auf einen Blick anzuzeigen.

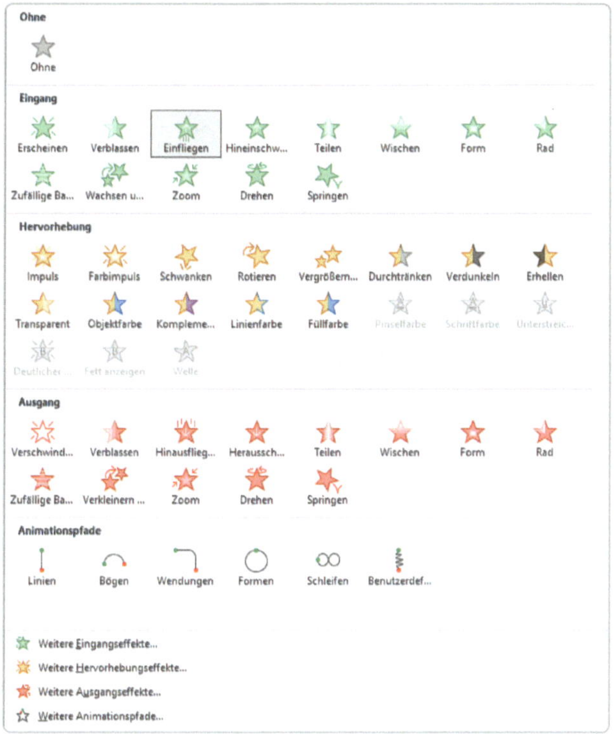

*Bild 8.20 Katalog Animationseffekte*

*Bild 8.21 Beispiel weitere Eingangseffekte*

**PowerPoint unterscheidet bei Animationen zwischen folgenden Grundtypen**

Noch mehr Effekte der jeweiligen Kategorie erhalten Sie, wenn Sie am Ende des Katalogs auf *Weitere Eingangs-*, *Hervorhebungs-*, *Ausgangseffekte* oder *Weitere Animationspfade...* klicken. Die einzelnen Typen sind leicht anhand ihrer Farbe zu unterscheiden.

- **Eingang:** Eingangseffekte (grün) steuern das Erscheinen eines Objekts in der Folie.
- **Hervorhebung:** Hervorhebungseffekte (gelb) heben Objekte während der Anzeige hervor, z. B. durch Ändern der Größe oder Farbe.
- **Ausgang:** Ausgangseffekte (rot) blenden einzelne Folienobjekte wieder aus.
- **Animationspfade:** Unter Animationspfade finden Sie verschiedene Sonderformen und können zusätzlich auch benutzerdefinierte Animationen mit der Maus erstellen.

Am häufigsten werden in Bildschirmpräsentationen Eingangseffekte eingesetzt, daher befassen wir uns zunächst mit diesem Typ etwas ausführlicher.

### Effekt zuweisen und Vorschau anzeigen

Klicken Sie auf das Objekt, das Sie animieren möchten, z. B. den Platzhalter für den Folieninhalt ❶, und klicken Sie im Register *Animationen* auf die gewünschte Animation ❷, hier *Einfliegen*. Mit dem Zuweisen einer Animation erhalten Sie in der Folie eine Vorschau, die Sie mit Klick auf *Vorschau* ❸ jederzeit wiederholen können.

*Bild 8.22 Platzhalter für Folientext animieren*

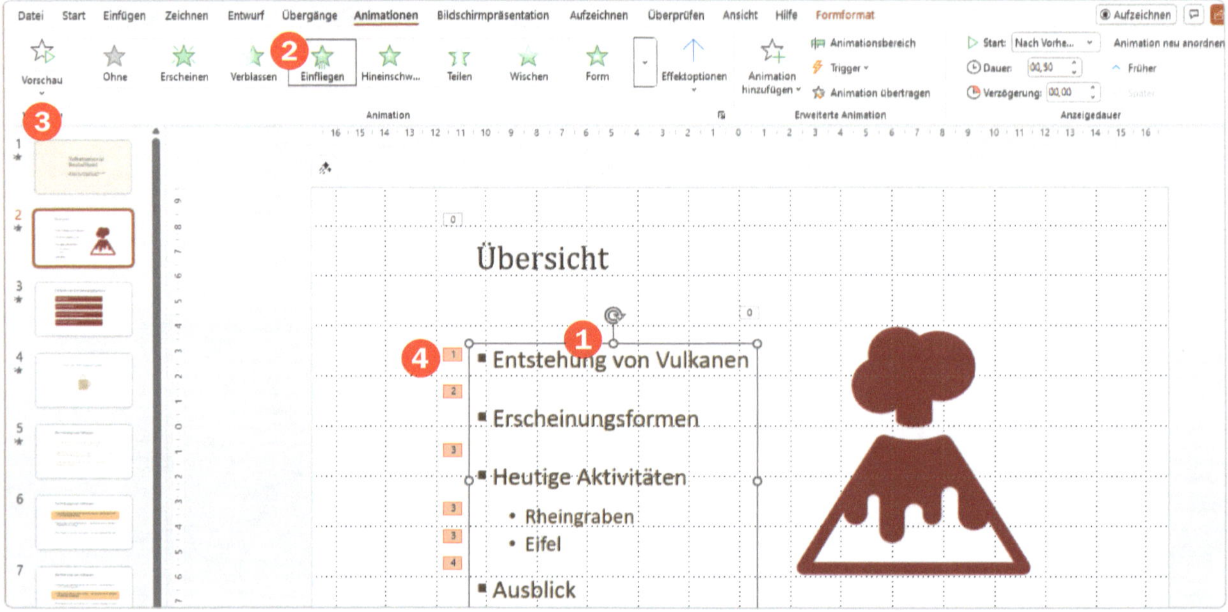


Folienelemente mit einem Animationseffekt erhalten eine Nummer ❹, aus der mit Ausnahme automatisch ablaufender Animationen (s. Seite 288) der zeitliche Ablauf ersichtlich ist. **Achtung:** Die Nummern sind nur sichtbar, wenn im Menüband das Register *Animationen* aktiviert ist.

### Animation ändern oder entfernen

Durch Auswählen bzw. Anklicken eines Animationseffekts wird dieser dem markierten Objekt zugewiesen und ersetzt einen eventuell bereits vorhandenen Effekt. Sie können also nach Belieben verschiedene Effekte nacheinander testen. Um einen Effekt wieder zu entfernen, markieren Sie das betreffende Objekt und wählen aus dem Animationskatalog *Ohne*.

### Reihenfolge ändern

*Bild 8.23 Animationsreihenfolge ändern*

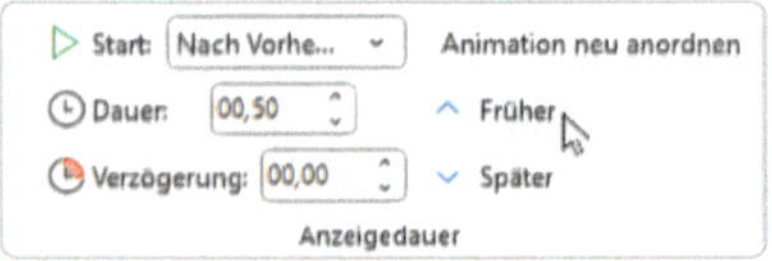


Enthält eine Folie mehrere Objekte mit Animationseffekten, dann werden diese in der Vorschau und später in der Bildschirmpräsentation automatisch in der Reihenfolge animiert, in der die Effekte zugewiesen wurden. Zum Ändern der Reihenfolge markieren Sie das betreffende Objekt und klicken im Register *Animationen* ▶ *Anzeigedauer* unter *Animation neu anordnen* auf *Früher* oder *Später*.

## Richtung und weitere Details festlegen

Weitere Einstellungen zum jeweiligen Effekt nehmen Sie über das Symbol *Effektoptionen* vor. Im Detail sind diese abhängig von der Animation und auch nicht für jede verfügbar. Haben Sie z. B. die Eingangsanimation *Hineinschweben* gewählt, dann können Sie zwischen den Richtungen *Aufwärts* und *Abwärts* wählen.

*Bild 8.24 Effektoptionen: Beispiel Hineinschweben*

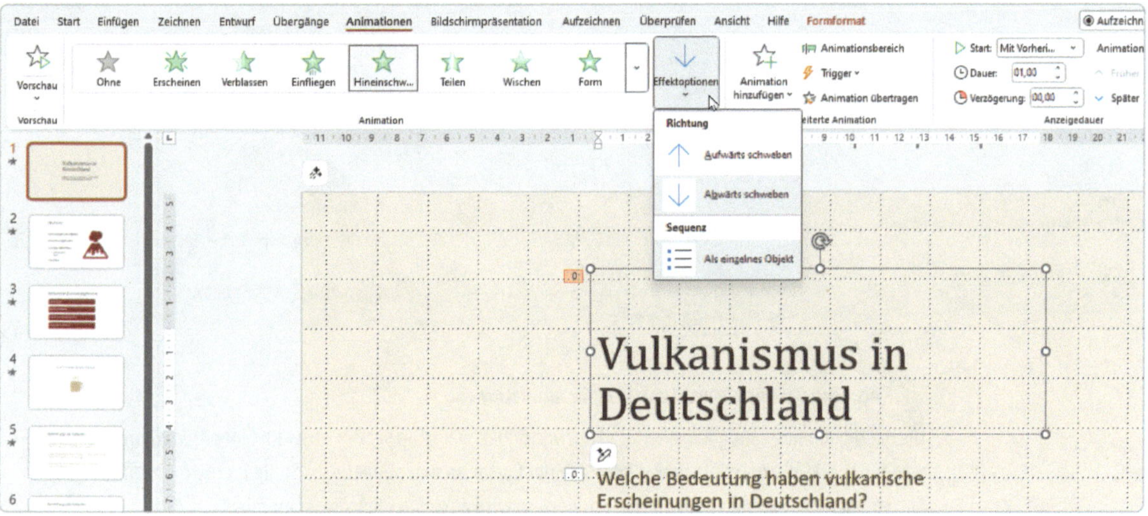


Dasselbe gilt auch für Ausgangseffekte. Bei Betonungs-, also Hervorhebungseffekten, können Sie, abhängig vom Effekt, beispielsweise Farben oder Vergrößerungs- bzw. Verkleinerungsfaktoren wählen.

**Tipp:** Die zahlenmäßig meisten Richtungsvarianten bringen die Effekte *Einfliegen* und *Hinausfliegen* mit. Achten Sie aber bei mehreren animierten Objekten darauf, möglichst immer dieselbe Richtung zu verwenden.

## Textspezifische Animationsmöglichkeiten

Handelt es sich beim animierten Element um ein Platzhalterfeld mit Text bzw. mehreren Absätzen wie in Bild 8.25, dann werden die Absätze normalerweise automatisch nacheinander animiert. Dies erkennen Sie auch an der Nummerierung der Absätze ❶. Details zur Textanimation erhalten Sie über die Schaltfläche *Effektoptionen* ❷ im Abschnitt *Sequenz* ❸. Hier bietet PowerPoint drei Möglichkeiten an:

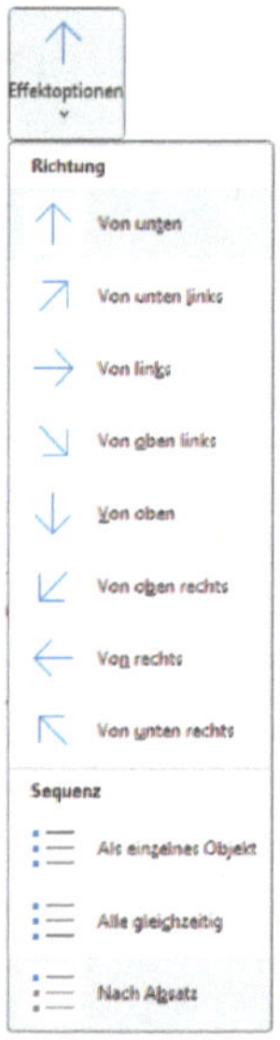


- Mit der Auswahl *Als einzelnes Objekt* wird das gesamte Textfeld als Objekt animiert. Dies ist der Standard für alle Textfelder, die nur einen einzigen Absatz enthalten, z. B. Folientitel.
- *Alle gleichzeitig* bedeutet, alle Absätze werden gleichzeitig animiert.
- *Nach Absatz* animiert die Absätze nacheinander. Dies ist die Standardeinstellung für Textfelder mit mehreren Absätzen und zusammen mit *Alle gleichzeitig* nur für diese verfügbar.

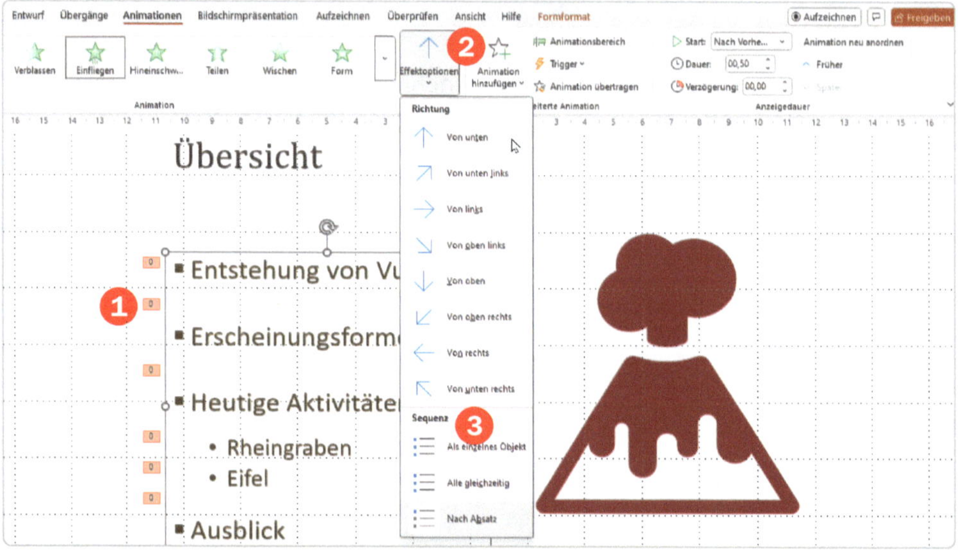


*Bild 8.25 Effektoptionen - Text animieren*

> **Achtung bei der Auswahl von Text für Animationen**
>
> Die oben genannten Möglichkeiten sind nur verfügbar, wenn Sie bei der Auswahl eines Animationseffekts entweder das Textfeld markiert haben oder sich der Cursor an einer beliebigen Stelle im Textfeld befindet. Haben Sie dagegen im Textfeld einen Absatz markiert, so wird ausschließlich dieser animiert.

## Start und Dauer der Animation

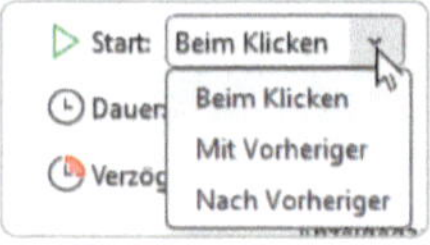


Standardeinstellung zum Starten einer Animation ist *Beim Klicken*, d. h. während der Bildschirmpräsentation startet die Animation, wenn Sie entweder mit der Maus klicken oder auf der Tastatur die Eingabe-Leer- oder Pfeiltaste nach rechts betätigen. Soll dagegen die Animation automatisch beginnen, dann finden Sie die Einstellungen dazu im Menüband, Register *Animationen* ▶ *Anzeigedauer* im Feld *Start*. Neben der Standardeinstellung *Beim Klicken* stehen die folgende Möglichkeiten zur Auswahl, in beiden Fällen startet die Animation automatisch.

- *Mit Vorheriger* bedeutet, die Animation startet automatisch und **zeitgleich** mit der vorherigen Animation. Dadurch kann z. B. das erste Objekt der Folie gleichzeitig mit dem Einblenden der Folie erscheinen.

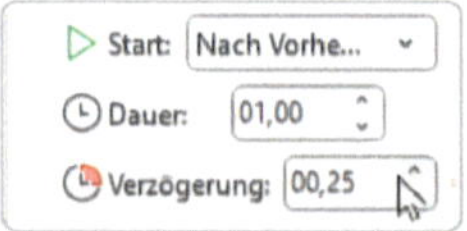


- Mit der Auswahl *Nach vorheriger* startet die Animation automatisch und **zeitverzögert** nach der vorherigen Animation. In diesem Fall geben Sie im Feld *Verzögerung* an, um wie viele Sekunden später.

#### Animationsgeschwindigkeit

In der Gruppe *Anzeigedauer* können Sie außerdem im Feld *Dauer* die Geschwindigkeit ändern, mit der die Animation abläuft. **Achtung:** Strapazieren Sie die Geduld Ihres Publikums nicht zu sehr. Im Schneckentempo in die Folie „hineinkriechende" Texte und Bilder haben eine eher abschreckende Wirkung!

**Nummerierung**

Bei einer automatischen Animationsabfolge (*Mit Vorheriger* oder *Nach vorheriger*) ist das dazugehörige Objekt in der Folie mit einer 0 anstelle einer fortlaufenden Nummerierung versehen, wie im Bild unten. Wie Sie trotzdem den zeitlichen Ablauf im Blick behalten, lesen Sie auf Seite 290.

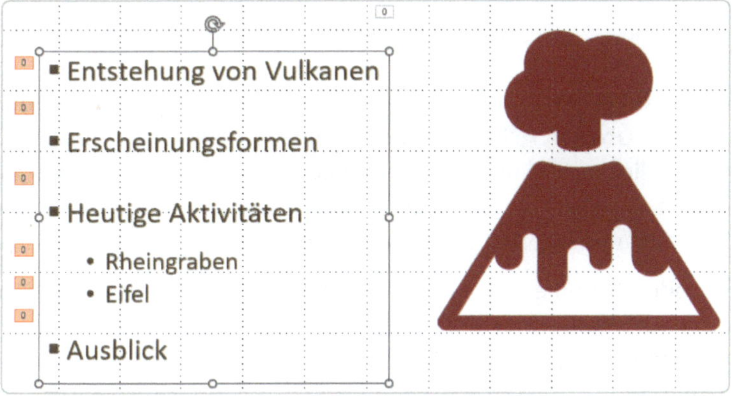


*Bild 8.26 Automatische Animation mit Verzögerung*

## Animationseffekt auf andere Objekte übertragen

Meist sollen gleich mehrere Objekte denselben Effekt erhalten. In diesem Fall können Sie mit Hilfe des Symbols *Animation übertragen* den Effekt eines Objekts samt Effektoptionen und allen übrigen dazugehörigen Einstellungen kopieren und anschließend weiteren Objekten zuweisen. So gehen Sie vor:

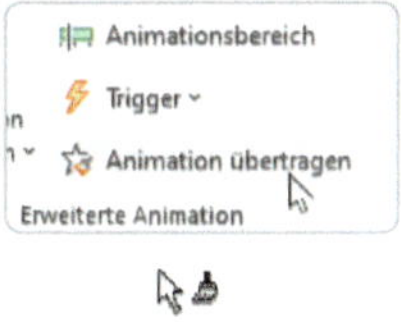


1. Markieren Sie in der Folie das Objekt, dessen Animationseffekt Sie kopieren möchten ❶ und klicken Sie im Menüband, Register *Animationen* ▶ *Erweiterte Animation*, auf *Animation übertragen* ❷.
2. Am Mauszeiger erscheint ein Pinselsymbol ❸. Klicken Sie damit in der Folie auf das Objekt, das die ausgewählte Animation erhalten soll. Mit dieser Methode lassen sich Effekte auch folienübergreifend kopieren.

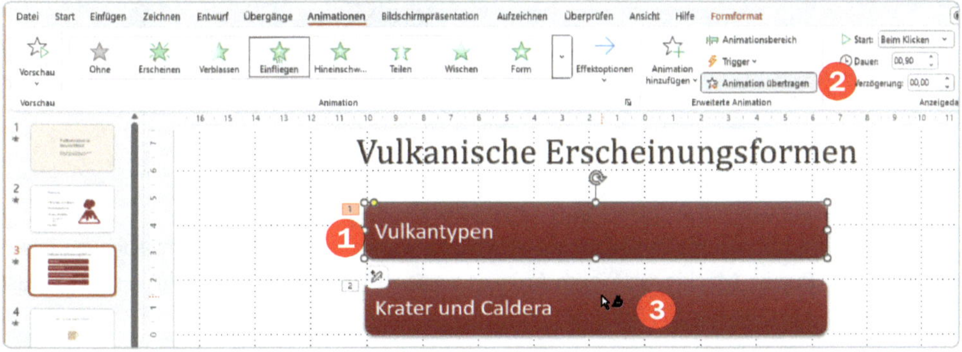


*Bild 8.27 Animation übertragen, Beispiel Grafikobjekt*

> **Übertragen dauerhaft aktivieren**
>
> Mit der oben beschriebenen Methode kann eine Animation immer nur auf ein zweites Objekt übertragen werden. Ein Doppelklick auf *Animation übertragen* dagegen aktiviert diesen Modus dauerhaft und Sie können die Animation nacheinander auf mehrere Objekte übertragen. Erst die **Esc**-Taste oder ein weiterer Klick auf *Animation übertragen* beendet den Modus wieder.

## Animationen im Animationsbereich bearbeiten, zeitlichen Ablauf steuern

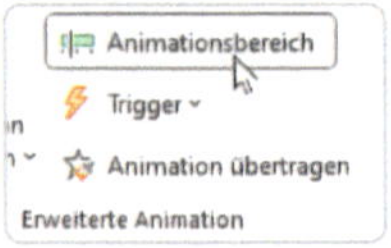


Falls eine Folie mehrere Animationen enthält, leistet der Animationsbereich gute Dienste, um trotzdem den Überblick, insbesondere über den zeitlichen Ablauf zu behalten. Zum Anzeigen klicken Sie im Menüband, Register *Animationen* ▶ *Erweiterte Animation*, auf *Animationsbereich*. Dieser erscheint am rechten Rand des PowerPoint-Fensters und listet alle Animationen der aktuellen Folie auf.

**Tipp Animation entfernen:** Im Animationsbereich können Sie die markierte Animation schnell mit der **Entf**-Taste entfernen.

- Am Symbol *Maus* oder *Uhr* erkennen Sie auf den ersten Blick, ob die Animation per Mausklick oder automatisch startet. Handelt es sich um eine Gruppe, wie im Bild unten die Absätze des Inhaltsplatzhalters, so können Sie mit Klick auf den Doppelpfeil die Animation der dazugehörigen Absätze ein- oder ausblenden.
- Die Symbolfarbe kennzeichnet den Animationstyp. Grün wie im Beispiel unten bedeutet, es handelt sich um einen Eingangseffekt. Zum Anzeigen von Details zeigen Sie mit der Maus auf das Symbol der Animation.
- An der Länge des farbigen Balkens erkennen Sie außerdem die Animationsdauer und den zeitlichen Ablauf, sofern es sich um einen automatischen Ablauf handelt.

*Bild 8.28 Der Animationsbereich*

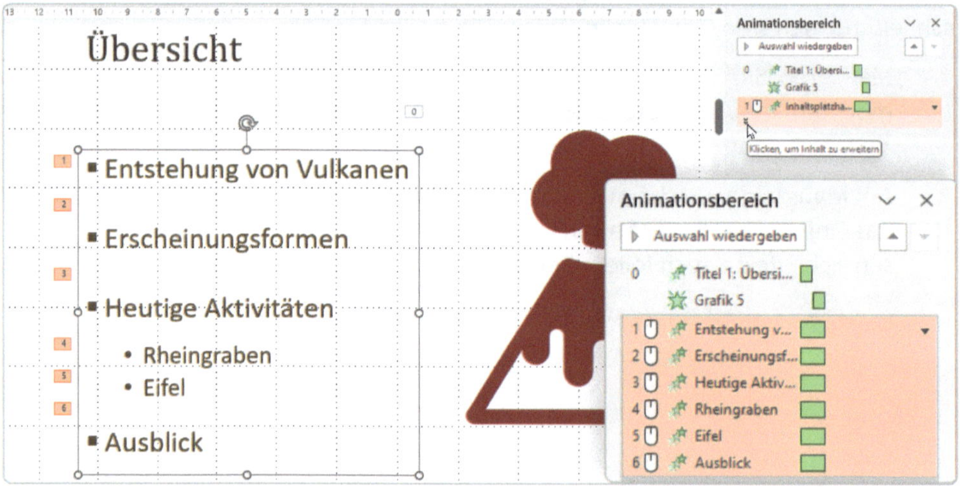

**Tipp:** Der Animationsbereich erlaubt die gezielte Vorschau bzw. Wiedergabe ab einem bestimmten Punkt: Markieren Sie im Animationsbereich diesen Effekt mit einem Mausklick und klicken Sie auf die Schaltfläche *Wiedergeben ab* bzw. *Auswahl wiedergeben*.

### Animation bearbeiten, Reihenfolge ändern

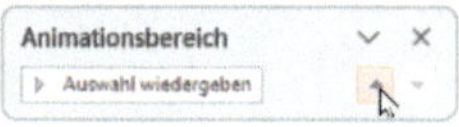


- Zum Ändern der Reihenfolge benutzen Sie im Animationsbereich die Pfeilschaltflächen nach oben oder unten. Oder verschieben Sie einen Effekt einfach mit gedrückter Maustaste an die gewünschte Position.
- Im Animationsbereich können Sie den markierten Effekt ebenfalls über das Menüband (Register *Animationen*) bearbeiten. Diese und weitere Optionen erhalten Sie auch, wenn Sie im Animationsbereich einen Effekt mit der rechten Maustaste anklicken (Bild 8.29).

### Zeitliche Abfolge und Dauer anhand einer Zeitleiste kontrollieren

Beim automatischen und zeitversetzten Ablauf (*Nach vorheriger*) sind aus Position und Länge des farbigen Balkens die zeitliche Abfolge und Effektdauer ersichtlich (Bild 8.30). Zudem können Sie anhand einer Zeitleiste im unteren Bereich des Animationsbereichs während der Vorschau die Zeiten kontrollieren.

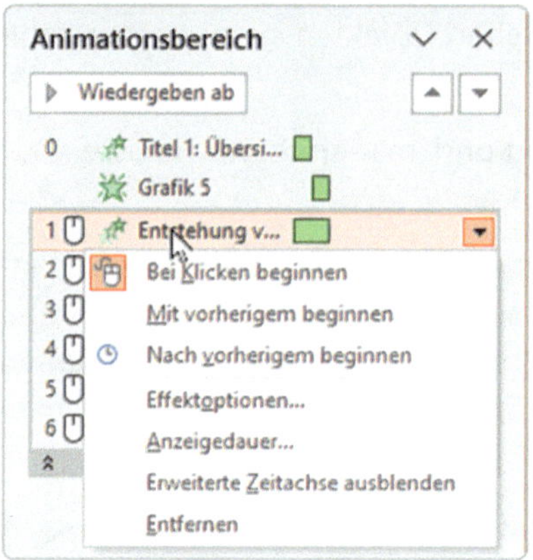


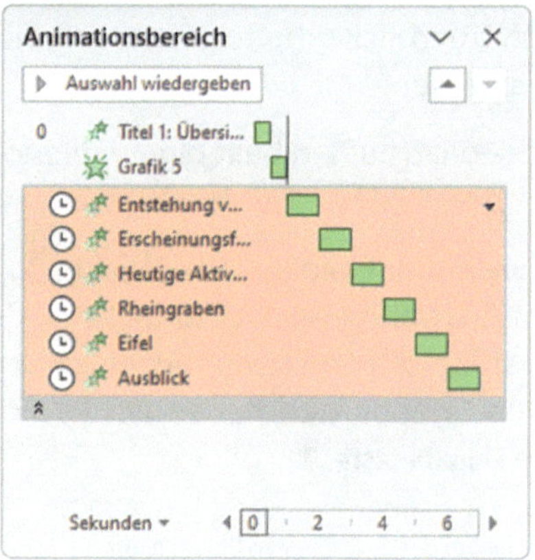


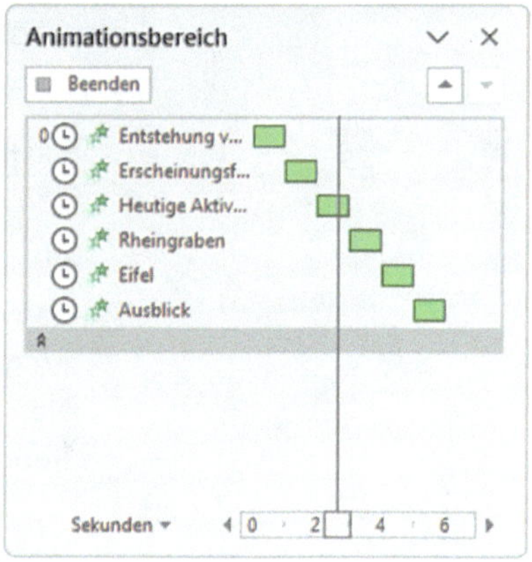


*Bild 8.29 Effekt bearbeiten*

*Bild 8.30 Zeitliche Abfolge und Dauer*

*Bild 8.31 Während der Vorschau*

### Einzelne Zeiten bearbeiten

Animationsdauer und Verzögerung jedes einzelnen Objekts bzw. Absatzes lassen sich mit der Maus bearbeiten. Zeigen Sie dazu auf den Balken des jeweiligen Effekts, der Mauszeiger signalisiert die Bearbeitungsmöglichkeit:

- Mit einem einfachen waagrechten Doppelpfeil als Mauszeiger, wie in Bild 8.32, verschieben Sie den Startzeitpunkt, die Effektdauer bleibt gleich.
- Um die Effektdauer zu ändern, benutzen Sie dagegen die rechte oder linke Begrenzung des Balkens: Je breiter der Balken, desto langsamer der Effekt.

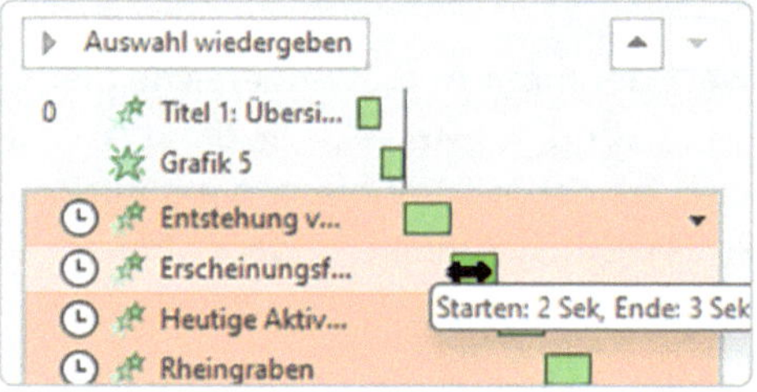


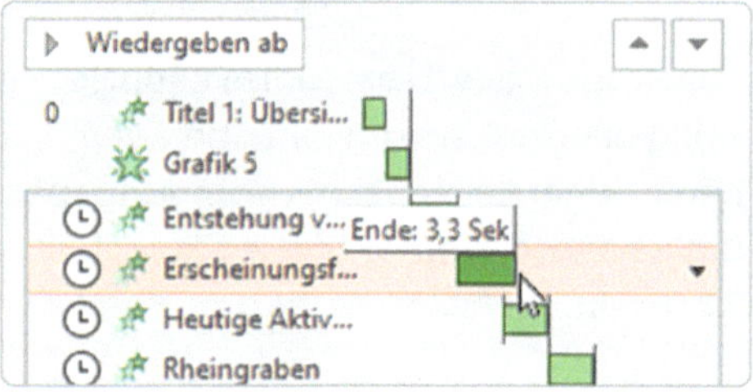


*Bild 8.32 Startzeitpunkt ändern*

*Bild 8.33 Effektdauer*

### Objekte durch Namen leichter identifizieren

Wenn eine Folie ein Vielzahl von Formen oder Bildern enthält, ist es im Gegensatz zu Text nicht immer leicht, das jeweilige Objekt im Animationsbereich zu identifizieren, da PowerPoint diese einfach fortlaufend nummeriert, z. B. *Rechteck 1*, *Rechteck 2*, *Rechteck 3* oder *Grafik 1*, *Grafik 2* usw., wie im Bild unten. Zudem entspricht die Nummerierung der Reihenfolge, in der diese in Folie eingefügt wurden und ist daher nicht unbedingt identisch mit derjenigen in der Folie.

*Bild 8.34 Fortlaufend nummerierte Grafikobjekte im Animationsbereich*

Einen besseren Überblick erhalten Sie, wenn Sie solchen Objekten einen aussagefähigen Namen verpassen.

Oder im Register *Start* ▶ *Zeichnen*, auf *Anordnen* und hier auf *Auswahlbereich...*

1 Klicken Sie dazu auf ein beliebiges Folienobjekt und im Menüband, Register *Grafikformat* bzw. *Formformat* ▶ *Anordnen*, auf *Auswahlbereich*.

2 Klicken Sie in der Folie auf ein Objekt ❶. Damit wird der dazugehörige Objektname im Auswahlbereich ebenfalls markiert, siehe Bild unten. Klicken Sie dann im Auswahlbereich auf den markierten Objektnamen, löschen den vorhandenen Namen und geben den neuen ein ❷. Zum Speichern betätigen Sie abschließend die **Eingabetaste**.

> **Beachten Sie bei der Vergabe von Objektnamen**
>
> Objektnamen müssen in der Folie eindeutig sein, dürfen also nicht mehrfach in der Folie verwendet werden. Verwenden Sie „sprechende" Namen, anhand derer sich die einzelnen Objekte schnell identifizieren lassen.

*Bild 8.35 Objektnamen der markierten Grafik ändern*

**Tipp zwischen Aufgabenbereichen wechseln**: Sind zwei oder mehr Aufgabenbereiche gleichzeitig geöffnet, wie im Bild oben *Animationsbereich* und *Auswahlbereich*, dann erscheinen in einer Leiste rechts vom Aufgabenbereich ❸ deren Symbole und mit Klick auf das jeweilige Symbol können Sie schnell zwischen verschiedenen Aufgabenbereichen wechseln.

## Ein Objekt mit mehreren Animationen versehen

Objekte können auch mehrfach animiert werden. So kann beispielsweise ein Objekt erst in der Folie erscheinen, später mit einem Betonungseffekt hervorgehoben werden und zuletzt per Ausgangsanimation aus der Folie verschwinden. Bevor Sie allerdings eine Folie mit zahlreichen Animationseffekten überfrachten, sollten Sie bedenken, dass sich ein ähnlicher Effekt erzielen lässt, wenn Sie einfach den Inhalt auf mehrere Folien aufteilen und keinen Folienübergang einsetzen.

Ein Beispiel, wie Sie Absätze auch ohne Animation nacheinander hervorheben, finden Sie auf Seite 296

Für den Fall, dass Sie trotzdem für ein Objekt mehrere Effekte benötigen, hier die Vorgehensweise am Beispiel des Folientitels in Bild 8.37. Dieser soll zunächst langsam auftauchen, dann größer werden und zuletzt in roter Schrift erscheinen. Um die Effekte deutlicher zu machen, erhält der Folientitel zunächst einmal graue Schriftfarbe.

1. Markieren Sie das Objekt und weisen Sie ihm über das Menüband, *Animationen* ▶ *Animation* den ersten Effekt, hier den Eingangseffekt *Verblassen* zu.
2. **Zweite Animation hinzufügen**: Achten Sie darauf, dass das Objekt nach wie vor markiert ist und klicken Sie zur Auswahl der zweiten Animation auf *Animation hinzufügen* (*Erweiterte Animation*). Es erscheint derselbe Katalog wie zuvor, wählen Sie diesmal eine Animation der Kategorie *Hervorhebung*, hier *Vergrößern/Verkleinern*.

*Bild 8.36 Klicken Sie auf Animation hinzufügen*

3. **Animation markieren**: Enthält ein Objekt zwei oder mehr Animationen, dann müssen Sie für die weitere Bearbeitung zuvor die entsprechende Animation markieren. Dazu klicken Sie entweder auf die Animationsnummer am Folienobjekt ❶ oder öffnen den Animationsbereich ❷ und klicken hier auf den Effekt ❸.

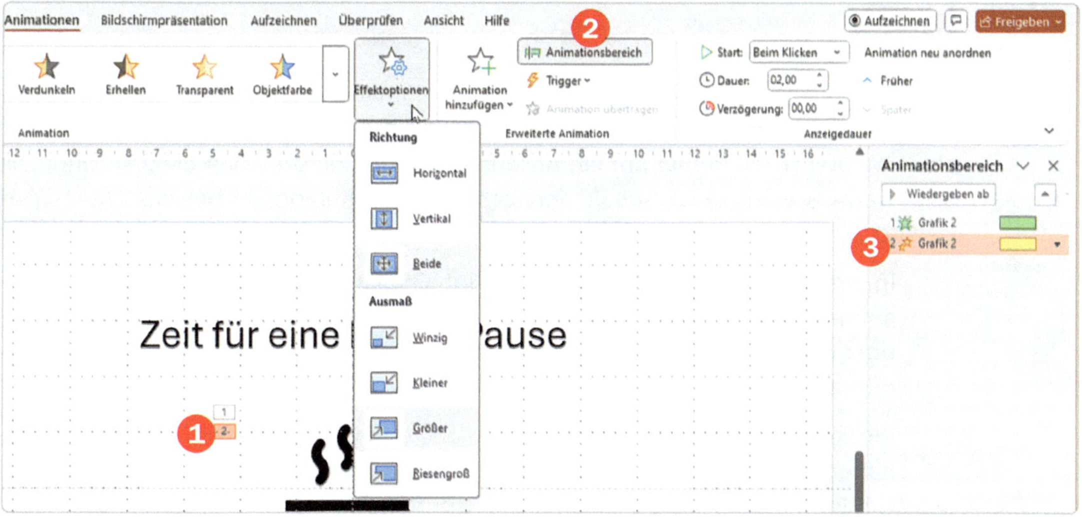


*Bild 8.37 Animation markieren*

Markieren Sie den zweiten Effekt und wählen Sie über *Effektoptionen* für dieses Beispiel die Richtung *Beide* und das Ausmaß *Größer*.

4 **Dritte Animation hinzufügen**: Zuletzt soll die Schriftfarbe geändert werden. Markieren Sie wieder den Folientitel und klicken Sie erneut auf *Animation hinzufügen*. Klicken Sie auf *Schriftfarbe* (*Hervorhebung*), die Farbe selbst wählen Sie wieder über *Effektoptionen* aus, in diesem Beispiel rot.

5 Start und zeitliche Abfolge der Animationen kontrollieren und bearbeiten Sie am besten anschließend im Animationsbereich.

*Bild 8.38 Die Effekte im Animationsbereich kontrollieren*

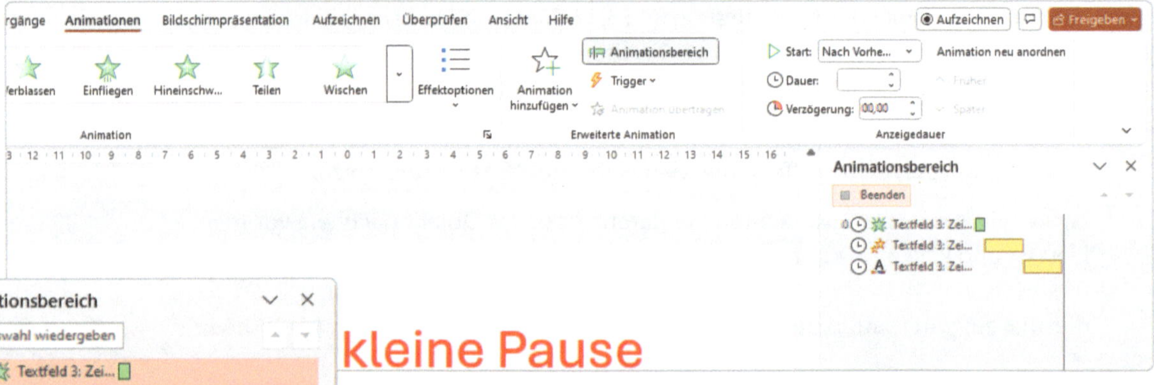


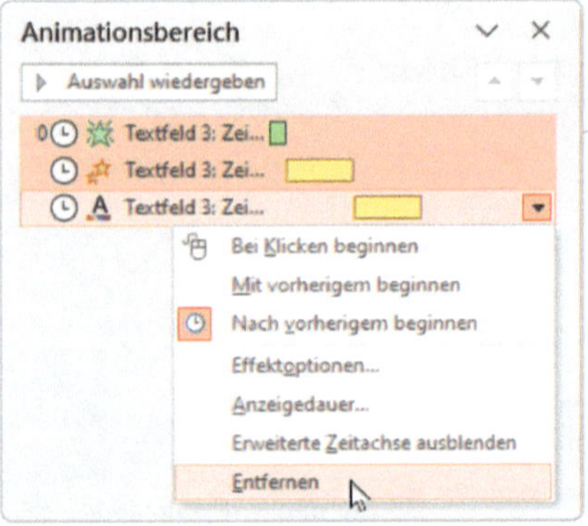


### Einzelnen Animationseffekt entfernen

Einzelne, nicht mehr benötigte Effekte entfernen Sie am einfachsten im Animationsbereich: Klicken Sie auf die betreffende Animation und betätigen Sie die **Entf**-Taste. Oder Rechtsklick auf die Animation und Befehl *Entfernen*. Wenn Sie dagegen im Animationskatalog *Ohne* auswählen, werden vom markierten Objekt sämtliche Animationen entfernt.

## Absätze nacheinander hervorheben und wieder abblenden

Animationsbereich anzeigen, siehe Seite 290.

Als weiteres Beispiel sollen statt einer Eingangsanimation die Absätze einer Folie nacheinander durch eine intensivere Schriftfarbe hervorgehoben werden. Dabei wird auf einen Mausklick hin immer nur ein Absatz betont und dieser erhält die ursprüngliche Schriftfarbe wieder zurück, sobald der nächste Absatz hervorgehoben wird. Auch hierzu wird der Animationsbereich benötigt.

1 Im ersten Schritt erhält das gesamte Inhaltsplatzhalterfeld die Hervorhebungsanimation *Schriftfarbe*. Die gewünschte Farbe, im Beispiel unten rot, wählen Sie über die *Effektoptionen* aus. Die Sequenz *Nach Absatz* sollte standardmäßig bereits aktiv sein und kann beibehalten werden.

2 Klicken Sie dann auf *Animation hinzufügen* und weisen Sie dem gesamten Platzhalter als zweite Animation erneut die Hervorhebung *Schriftfarbe* zu, diesmal wählen Sie wieder die ursprüngliche Schriftfarbe.

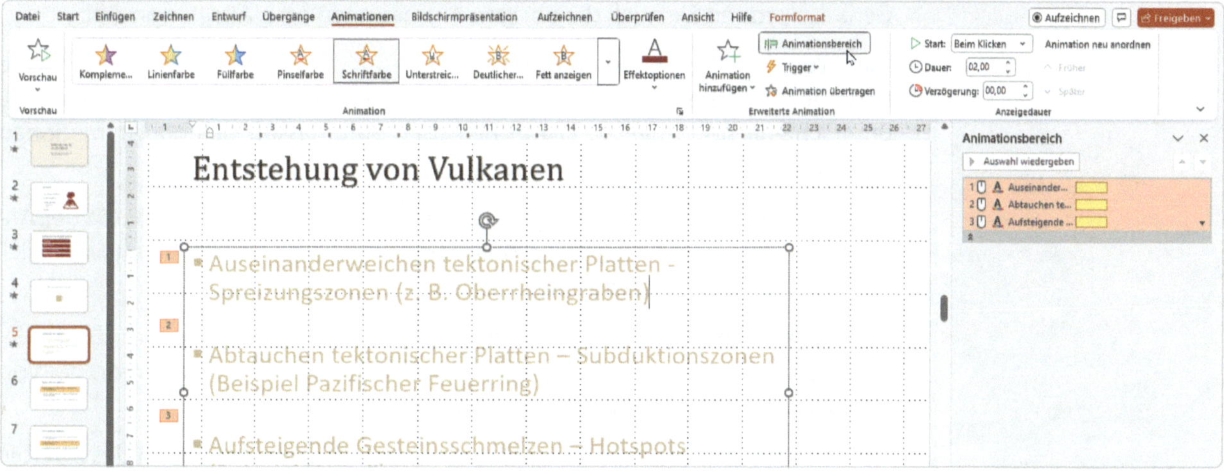


Bild 8.39 Die Ausgangsfolie

**3** Da alle Effekte auf Mausklick gestartet werden sollen, muss im Feld *Verzögerung* nichts angegeben werden. Sie sollten aber die Effektdauer in der Vorschau testen und ggf. den Ablauf beschleunigen.

**4** In der Vorschau oder beim Test in der Ansicht *Bildschirmpräsentation* laufen allerdings die Animationen noch nicht in der gewünschten zeitlichen Reihenfolge ab, sondern alle Absätze erhalten nacheinander rote ❶ und dann wieder die ursprüngliche Schriftfarbe ❷.

**5** **Animationen neu anordnen:** Sie müssen daher die Animationen neu anordnen, in der Reihenfolge Absatz 1: Animation 1, Animation 2, Absatz 2: Animation 1, Animation 2 usw. Sorgen Sie also zunächst dafür, dass im Animationsbereich jeder Absatz mit Effekten sichtbar ist (Klick auf den Doppelpfeil).

**6** Klicken Sie im Animationsbereich bei Animation 2 (hellbraune Schrift) auf den ersten Absatz, hier mit der Nummer 4 ❸, und verschieben Sie diesen entweder mit der Maus oder der Pfeilschaltfläche ❹ an die zweite Position nach Animation 1 desselben Absatzes.

Bild 8.40 Effekt 1 (rote Schriftfarbe) und Effekt 2 (hellbraune Schriftfarbe) im Animationsbereich

7 Genauso ordnen Sie auch die übrigen Animationen bzw. Absätze an ❺.

**Tipp:** Wenn es sich bei beiden Animationen um denselben Effekt handelt, sind diese nur schwer auseinanderzuhalten. Weisen Sie diesen gleich zu Beginn eine unterschiedliche Dauer zu, wie in Bild 8.41, dann lassen sich die Animationen anhand der Balkenlänge unterscheiden.

8 Testen Sie anschließend das Ergebnis, entweder in der Vorschau oder in der Ansicht *Bildschirmpräsentation*. Die Animationen sollten jetzt auf einen Mausklick hin in der richtigen Reihenfolge ablaufen.

9 Zuletzt müssen Sie nur noch dafür sorgen, dass ab dem zweiten Absatz der Wechsel zur Schriftfarbe rot automatisch erfolgt, und zwar dann, wenn der vorherige Absatz seine ursprüngliche Farbe wieder erhält.

Klicken Sie dazu mit der rechten Maustaste auf die erste Animation des zweiten Absatzes (Nr. 3) und wählen Sie *Mit vorherigem beginnen* ❻. Dies wiederholen Sie für den jeweils ersten Effekt aller nachfolgenden Absätze ❼ und fertig ist die Animation. Falls der letzte Absatz bis zum Erscheinen der nächsten Folie rot bleiben soll, so entfernen Sie hier einfach den zweiten Effekt. Für alle Animationen empfiehlt sich außerdem eine kurze Animationsdauer, z. B. 00,50 oder 00,25.

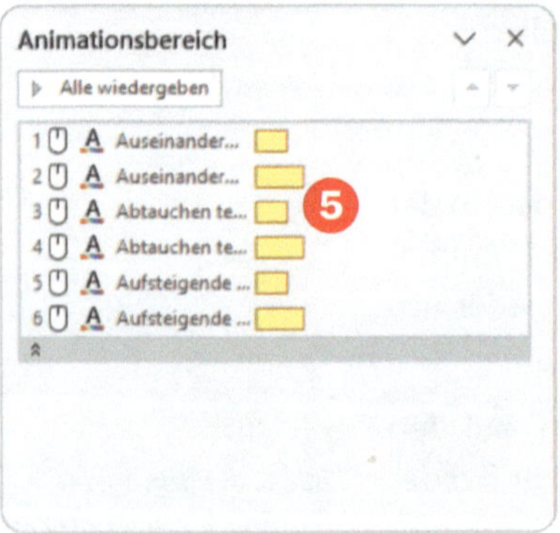


*Bild 8.41 Ordnen Sie die Effekte in der richtigen Reihenfolge an*

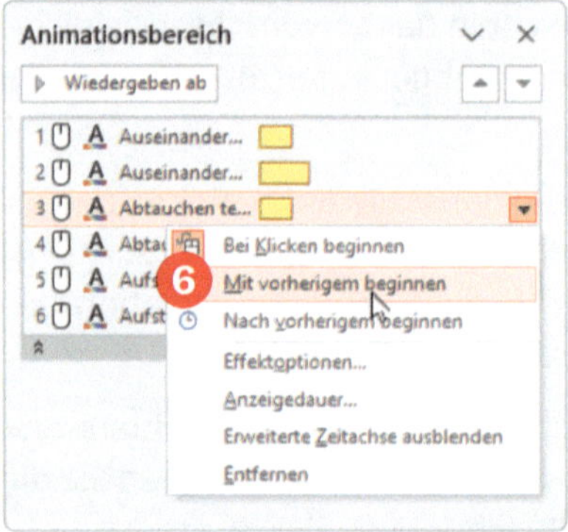


*Bild 8.42 Animation mit vorherigem beginnen*

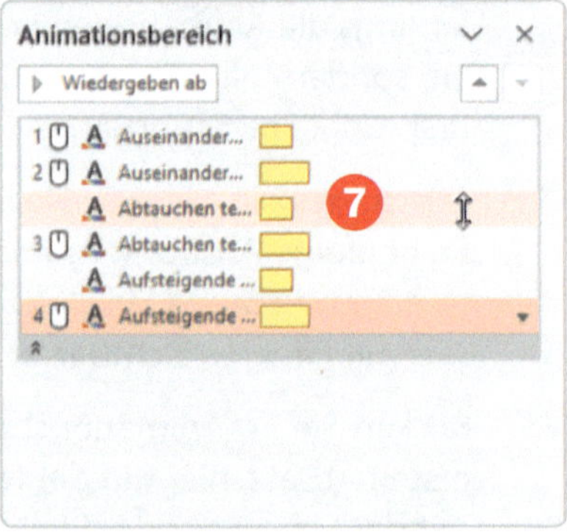


*Bild 8.43 Das Ergebnis*

## Absätze ohne Animation nacheinander mit farbigen Balken hervorheben

Das Hervorheben von Absätzen lässt sich auch ohne Animation erzielen, falls Ihnen die oben beschriebene Vorgehensweise zu umständlich erscheint. Denkbar ist damit nicht nur das Hervorheben mittels einer anderen Schriftfarbe, sondern beispielsweise auch mit einem farbigen Balken im Hintergrund. Diese Methode eignet sich auch, um Tabellenzeilen nacheinander hervorzuheben, da PowerPoint Tabellen nur als Objekt animiert. Dazu brauchen Sie nur die Folie entsprechend der Anzahl der Absätze zu duplizieren und in den Folien den jeweiligen Absatz hervorheben.

Im Beispiel in Bild 8.44 wurde in der ersten Folie der erste Absatz mit einem Rechteck mit abgerundeten Ecken und farbiger Füllung hinterlegt und dann diese Folie zweimal dupliziert. In den duplizierten Folien brauchen Sie dann einfach nur den Balken nach unten, hinter den jeweils hervorzuhebenden Absatz, verschieben. Um den richtigen

Effekt zu erzielen, sollten Sie aber bei solchen Folien unbedingt auf einen Folienübergangseffekt verzichten.

**Nachteil:** Diese Methode erfordert wesentlich mehr Folien, was je nach Foliengestaltung zu einem größeren Speicherplatzbedarf der gesamten Präsentation führen kann.

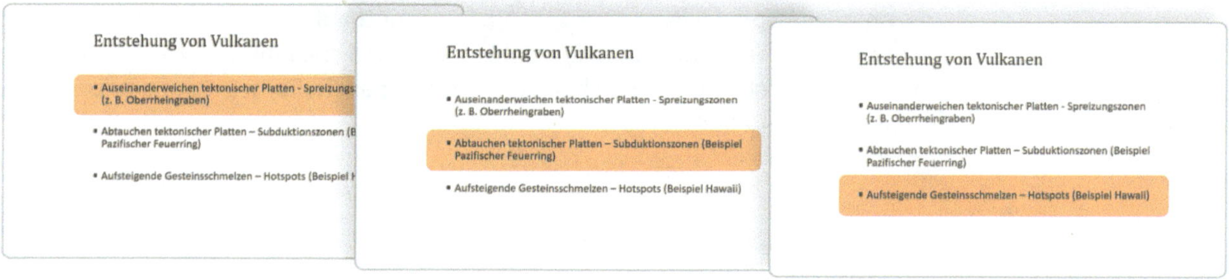


*Bild 8.44 Drei duplizierte Folien, wobei das farbige Rechteck im Hintergrund jeweils verschoben wird*

## Eigene Animationspfade erstellen

Der Animationstyp *Animationspfade* erlaubt es, Objekte auf einem vorgezeichneten Pfad in der Folie zu bewegen. Hierzu stellt PowerPoint verschiedene Standardpfade, z. B. Dreieck oder Kreis sowie mehrere Linien und Kurven wie Bogen oder Sinusschwingung zur Verfügung. Diese können anschließend noch weiter bearbeitet werden. Hier als Beispiel, wie Sie einen Kreis in einem Bogen über die Folie bewegen.

Markieren Sie die Form, öffnen Sie den Animationskatalog (Menüband, Register *Animationen* ▶ *Animation*) und klicken Sie ganz unten im Abschnitt *Animationspfade* auf *Bogen*. Klicken Sie dann auf *Effektoptionen* und wählen Sie die Richtung *Nach oben*.

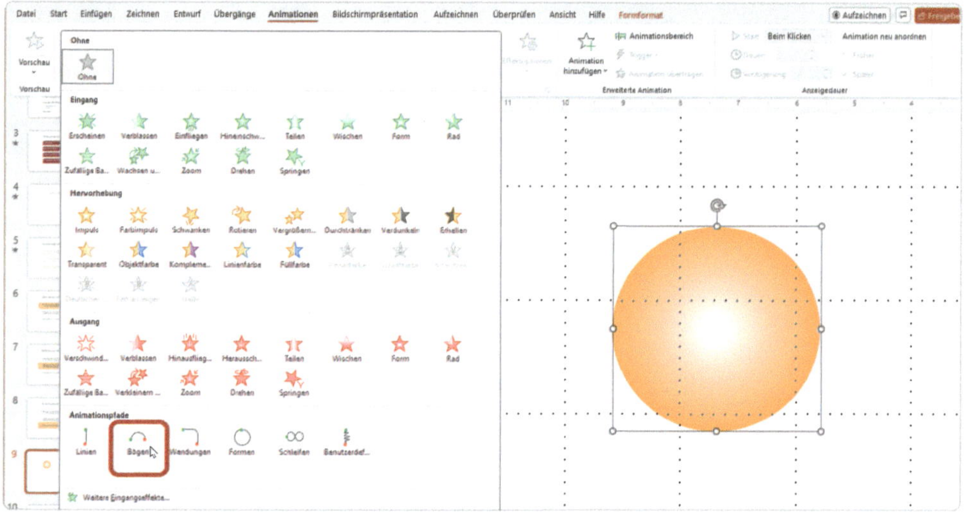

*Bild 8.45 Form mit Animationspfad versehen*

Neben dem Animationspfad erscheinen in der Folie am Objekt auch Start- (grün) und Endpunkt (rot) ❶ (Bild 8.46).

- **Kurve vergrößern/verkleinern:** Um die relativ flache Kurve zu vergrößern, markieren Sie mit einem Mausklick den Bogen und ziehen den mittleren Markierungspunkt oben mit der Maus nach oben ❷. Anhand der Markierungspunkte lässt sich die Kurve auch wieder verkleinern oder der Bogen verbreitern.

- **Start- und/oder Endpunkt verschieben**: Wenn Sie Start- oder Endpunkt unabhängig voneinander verschieben möchten, dann markieren Sie das Objekt oder den Animationspfad, klicken auf *Effektoptionen* und auf *Punkte bearbeiten*. Am Pfad sowie an Start- und Endpunkt erscheinen zusätzliche Punkte ❸, die Sie nun mit der Maus beliebig verschieben können, siehe auch „Form in Freihandform konvertieren" auf Seite 215.

*Bild 8.46 Animationspfad bearbeiten*

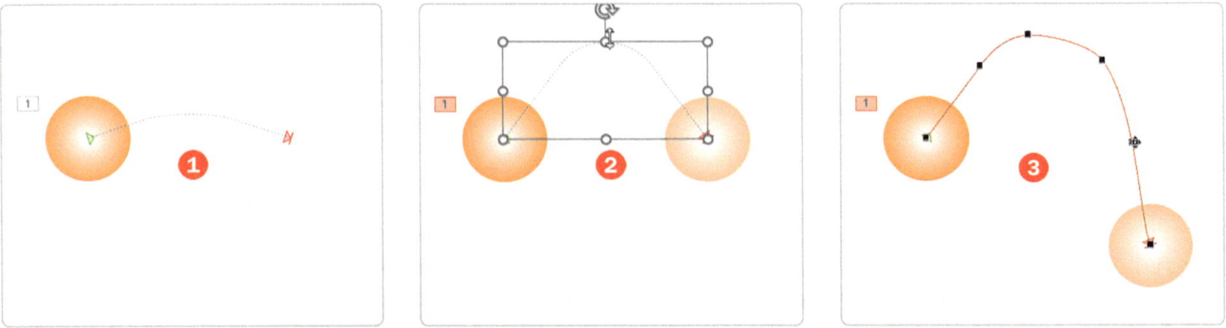

**Weitere Möglichkeiten**

Noch mehr Animationspfade erhalten Sie, wenn Sie am Ende des Animationskatalogs auf *Weitere Animationspfade...* klicken. Damit können Sie beispielsweise ein Objekt „springen" lassen, wie in Bild 8.47 (*Abnehmende Welle* oder *Links aufprallen*). Alternativ zeichnen Sie mit der Auswahl *Benutzerdefinierter Pfad* eigene Pfade mit Maus oder Stift.

**Pfad umkehren**: Um die Pfadrichtung umzukehren, klicken Sie auf *Effektoptionen* und auf *Pfadrichtung umkehren*.

*Bild 8.47 Beispiel: Animationspfad Abnehmende Welle*

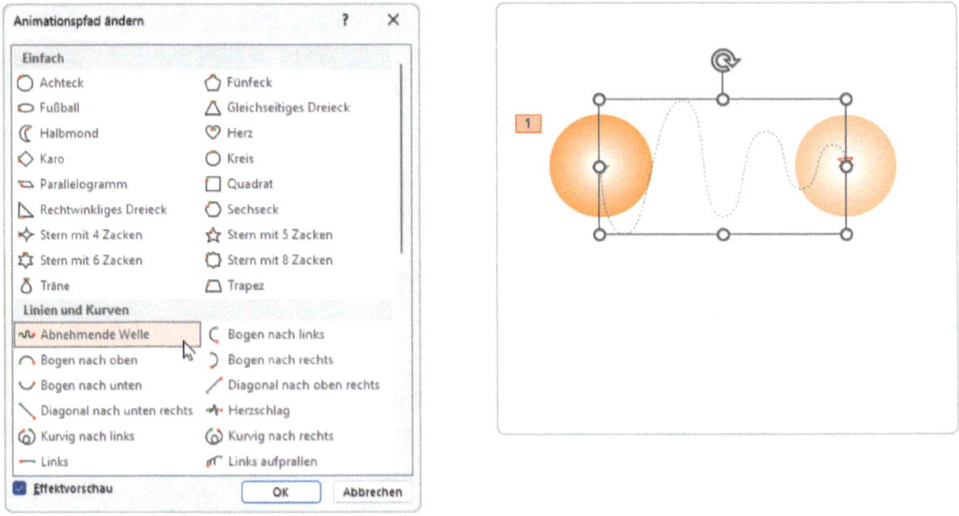

## SmartArt-Grafik animieren

Auch SmartArt-Objekte können mit Animationseffekten versehen werden. Wie bei Absätzen in Textfeldern haben Sie auch hier die Möglichkeit, die SmartArt-Grafik als Gesamtobjekt zu behandeln oder die einzelnen Elemente entweder alle gleichzeitig oder nacheinander zu animieren.

Markieren Sie das SmartArt-Objekt und wählen Sie eine Animation, z. B. einen Eingangseffekt. *Start*, *Effektdauer* und *Verzögerung* legen Sie wie gewohnt fest.

**Elemente nacheinander animieren**
In der Standardeinstellung wird das gesamte SmartArt-Objekt als Einheit animiert. Damit die Elemente einzeln und nacheinander erscheinen, klicken Sie auf *Effektoptionen* und wählen neben der Richtung die Sequenz *Nacheinander*.

*Bild 8.48 SmartArt animieren*

**Zeitlichen Ablauf bearbeiten**
Die weitere Bearbeitung des Animationsablaufs nehmen Sie wieder im *Animationsbereich* vor. Mit der Sequenz *Nacheinander* werden hier sämtliche Einzelelemente aufgelistet, allerdings alle mit demselben Namen, entweder *Diagramm1* oder *Inhaltsplatzhalter1*, je nachdem, wie die SmartArt-Grafik eingefügt wurde.

Die Sequenz *Nacheinander* berücksichtigt ausschließlich Elemente mit Text. Eventuell dazugehörige Elemente wie hier die Pfeile werden automatisch zusammen mit dem Textelement animiert.

**Einzelelement markieren:** Um ein einzelnes Element zu markieren, klicken Sie zunächst in der Folie an eine beliebige Stelle außerhalb des SmartArt-Objekts und danach im Animationsbereich auf das betreffende Element. Anschließend können Sie für dieses Dauer und Verzögerung bearbeiten.

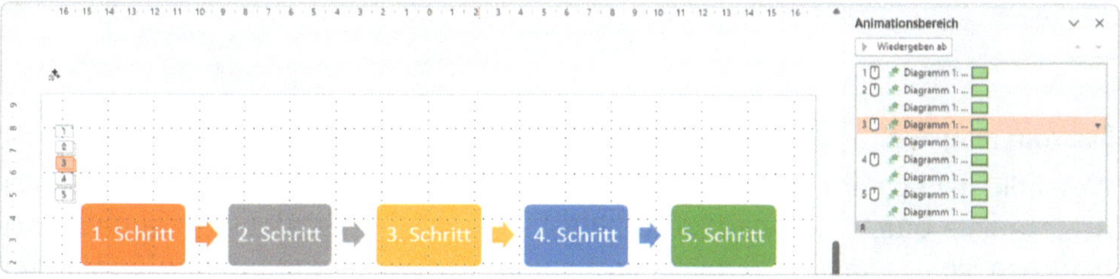


*Bild 8.49 Animationsablauf der SmartArt-Grafik im Animationsbereich*

### Animationsreihenfolge ändern

Falls Sie die Animation in umgekehrter Reihenfolge ablaufen lassen möchten, klicken Sie im Animationsbereich mit der rechten Maustaste an eine beliebige Stelle der Animation und auf *Effektoptionen...* ❶. Wählen Sie im Dialogfenster das Register *SmartArt-Animation* ❷ und aktivieren Sie das Kontrollkästchen *Umgekehrte Reihenfolge* ❸.

*Bild 8.50 Animation in umgekehrter Reihenfolge*

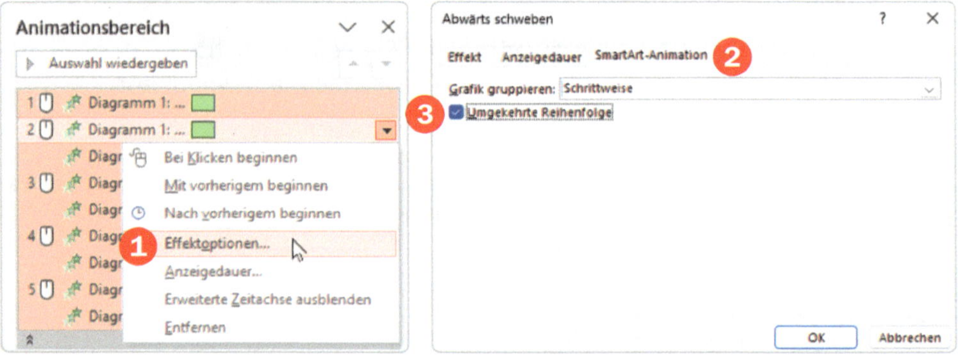


### Einzelne Elemente gesondert animieren

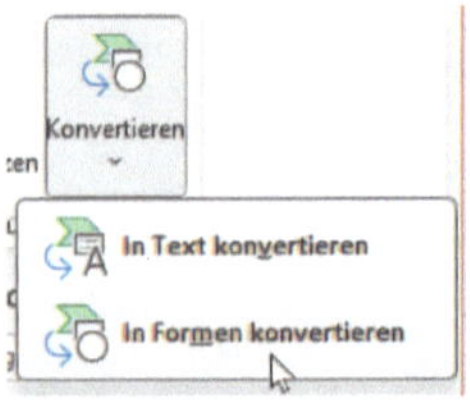


Wenn Sie einzelne Elemente eines SmartArt-Objekts, etwa eine bestimmte Form, mit einer zusätzlichen Animation hervorheben möchten, z. B. durch Vergrößern oder Ändern der Farbe, dann ist dies nur möglich, wenn Sie zuvor das SmartArt-Objekt in einzelne Formen konvertieren.

1. Dazu klicken Sie entweder mit der rechten Maustaste in das Objekt und auf *In Formen konvertieren*. Oder klicken Sie im Menüband, Register *SmartArt-Design* auf *Konvertieren* und *In Formen konvertieren*.
2. Klicken Sie dann erneut mit der rechten Maustaste in das Objekt, wählen den Befehl *Gruppieren* und klicken auf *Gruppierung aufheben*. Anschließend können Sie jedes Element einzeln markieren und wie eine Form beliebig mit Animationseffekten versehen.

*Bild 8.51 Gruppierung aufheben*

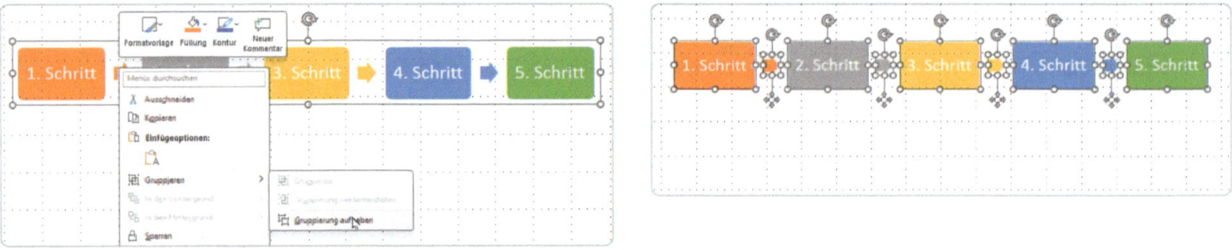


### SmartArt morphen

Wesentlich einfacher als auf dem oben beschriebenen Weg können Sie einzelne SmartArt-Elemente durch Morphen hervorheben, siehe Seite 279 ff. dieses Kapitels. Dazu brauchen Sie das SmartArt-Objekt nicht einmal in Formen konvertieren. Duplizieren Sie einfach die Folie und heben Sie auf der zweiten das betreffende Element hervor,

z. B. durch Vergrößern und/oder eine andere Farbe. Dieser Folie weisen Sie dann im Menüband, Register *Übergänge* den Übergang *Morphen* zu und wählen über *Effektoptionen* den Typ *Objekte* aus.

## Diagramme animieren

Auch Diagramme werden standardmäßig zunächst als Gesamtobjekt animiert. Abweichend davon lassen sich die Diagrammelemente aber auch einzeln animieren, sodass beispielsweise in einem Säulendiagramm mit mehreren Datenreihen die Reihen nacheinander erscheinen oder in einem Kreisdiagramm ein bestimmtes Segment besonders hervorgehoben wird. Die Animation von Diagrammelementen funktioniert übrigens auch bei verknüpften oder eingebetteten Excel-Diagrammen, nicht aber, wenn das Diagramm als Bild eingefügt wurde. Beachten Sie auch, dass für Diagramme nicht alle Effekte verfügbar sind. Die Vorgehensweise:

1. Markieren Sie das Diagramm mit einem Mausklick und wählen Sie einen Effekt aus, z. B. den Eingangseffekt *Hineinschweben*.
2. Klicken Sie dann auf *Effektoptionen* und wählen Sie Richtung und Sequenz. Neben der Option *Als einzelnes Objekt* stehen folgende Möglichkeiten zur Auswahl. Der Unterschied liegt einzig in der Behandlung der Datenreihen; die Diagrammfläche und sonstigen Elemente wie z. B. Achsen oder Legende werden dagegen stets gesondert als Einheit animiert.

*Bild 8.52 Diagramm animieren: Animationssequenz wählen*

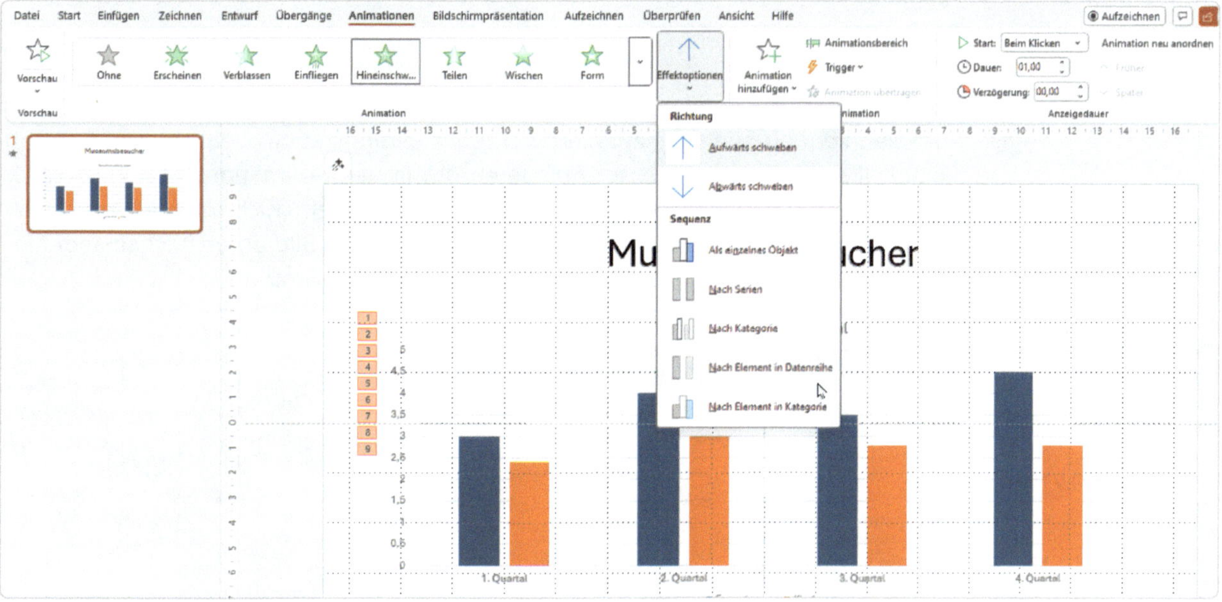


- **Nach Serien:** Die Datenreihen, hier die Säulen Erwachsene und Kinder, werden nacheinander animiert, wobei die Elemente jeder Datenreihe gleichzeitig erscheinen.

- **Nach Kategorie:** Die Kategorien der X-Achse, in diesem Beispiel die Quartale, werden nacheinander animiert und die dazugehörigen Elemente, nämlich die Säulen Erwachsene und Kinder erscheinen gleichzeitig.
- **Nach Element in Datenreihe:** Die Einzelelemente werden je Datenreihe animiert. In Bild 8.52 bedeutet das, es erscheinen zuerst nacheinander die Säulen der ersten Datenreihe (Erwachsene) und danach die der zweiten Datenreihe (Kinder).
- **Nach Element in Kategorie:** Die Einzelelemente werden je Kategorie der X-Achse animiert, d. h. es erscheinen nacheinander die Säulen Erwachsene und Kinder im ersten Quartal, danach im zweiten Quartal usw.

### Tipp: Kreissegment durch Morphen herausstellen

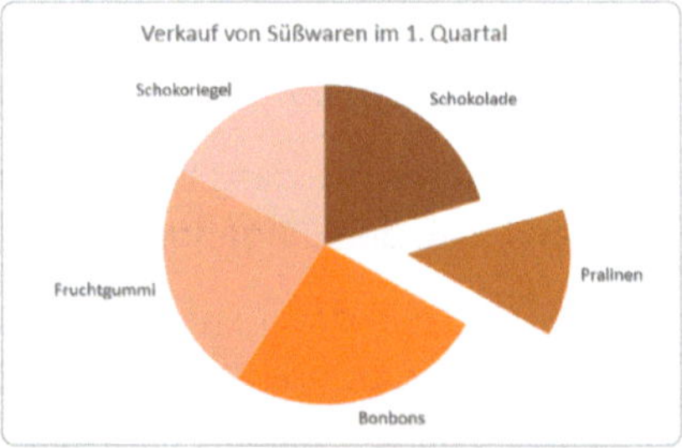


*Bild 8.53 Ziehen Sie in der duplizierten Folie das Kreissegment heraus und weisen Sie der Folie den Übergang Morphen zu*

Wie Sie ein bestimmtes Segment eines Kreisdiagramms durch Herausziehen hervorheben, haben Sie in Kapitel 7.4 auf Seite 250 gesehen. Wenn dies durch Animation erfolgen soll, dann setzen Sie dazu am besten den Folienübergang *Morphen* ein. Dazu duplizieren Sie die Folie mit dem Diagramm und ziehen in der zweiten Folie mit der Maus das betreffende Kreissegment etwas heraus. Zuletzt weisen Sie dieser Folie im Register *Übergänge* des Menübands den Übergang *Morphen* zu, die genaue Vorgehensweise lesen Sie ab Seite 279 dieses Kapitels nach.

## Tabellen animieren

Tabellen können ebenfalls animiert werden, allerdings ausschließlich als Gesamtobjekt. Zeilen- oder spaltenweises Animieren ist mit dem Animationskatalog von PowerPoint nicht möglich. Allerdings lässt sich dieses Problem auch mit mehreren Folien lösen. Hier ein Beispiel, bei dem die Zeilen der Tabelle im Bild unten nacheinander fett und mit gelbem Hintergrund hervorgehoben werden sollen:

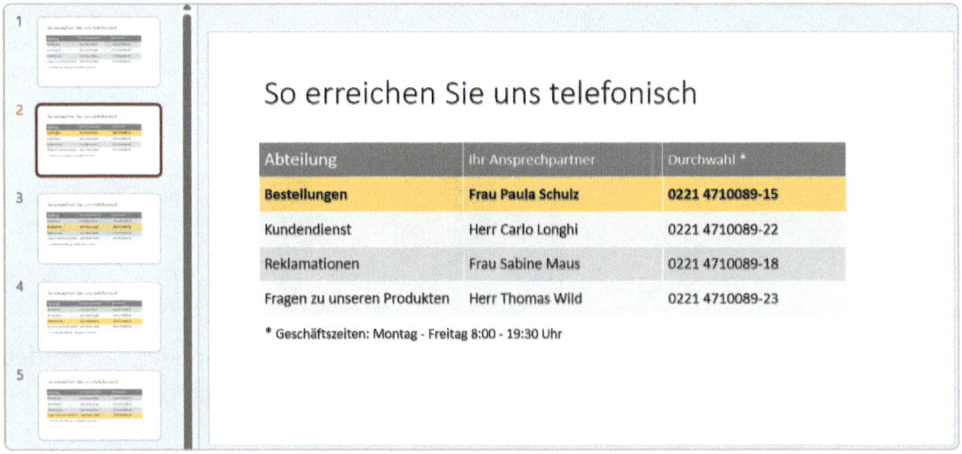


*Bild 8.54 Mit mehreren Folien einen Hervorhebungseffekt erzielen*

Ein Beispiel, wie Sie nacheinander Absätze ohne Animation hervorheben, finden Sie auf Seite 296.

1 Im ersten Schritt duplizieren Sie die Folie mit der Tabelle entsprechend der hervorzuhebenden Zeilen, in diesem Beispiel noch viermal.

2 Wählen Sie dann die zweite Folie aus und formatieren Sie hier die erste Tabellenzeile mit fetter Schrift und der gewünschten Füllfarbe. Genauso verfahren Sie mit Folie drei, bei der Sie Zeile zwei formatieren usw.

3 **Achtung**: Damit eine animationsähnliche Wirkung entsteht, darf kein Folienübergang verwendet werden.

## Animation von 3D-Modellen

In Kapitel 6.6 haben Sie gesehen, wie Sie 3D-Modelle in eine PowerPoint-Folie einfügen und hier beliebig drehen können. Dies ist allerdings nur in der Ansicht Normal möglich, wenn dagegen das 3D-Modell während der Bildschirmpräsentation gedreht werden, müssen Sie anders vorgehen. Folgende Möglichkeiten stehen zur Wahl:

- Verwenden Sie einen speziellen 3D-Animationseffekt,
- oder nutzen Sie den Folienübergang *Morphen*, um einen Dreheffekt zu erzeugen.

*Bild 8.55 3D-Animationseffekte*

Mit dem Folienübergangseffekt Morphen haben wir uns in Punkt 8.2 bereits ausführlich befasst, daher betrachten wir hier nur die 3D-Animationen genauer. Diese finden Sie im Katalog *Animation* (Menüband, Register *Animationen*) unter *3D*, allerdings nur, wenn Sie ein 3D-Modell markiert haben.

Über die *Effektoptionen* erhalten Sie wieder verschiedene Möglichkeiten, Details der Animation festzulegen. Dazu gehören z. B. je nach Effekt *Richtung* und *Drehhachse*, im Bild unten als Beispiel der Effekt *Drehteller*.

*Bild 8.56 3D-Effektoptionen*

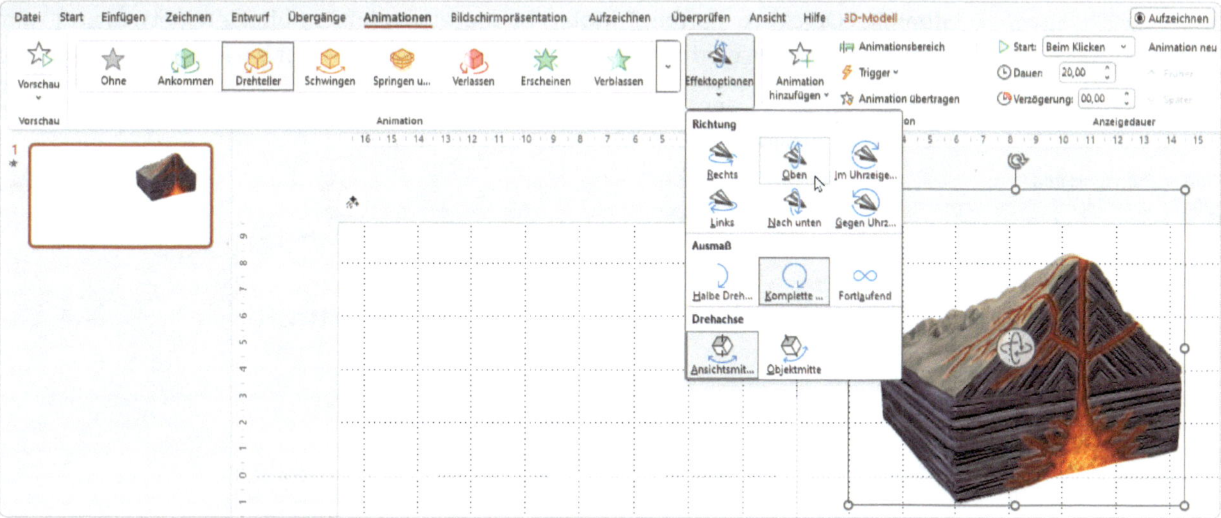

### Tipp: Animierte 3D-Modelle (Szenen)

Die Sammlung der 3D-Modelle umfasst auch einige animierte Szenen. Klicken Sie dazu im Menüband *Einfügen* auf *3D-Modelle* ▶ *Archiv-3D-Modelle* und wählen Sie eine entsprechend gekennzeichnete Kategorie ❶. Animierte Szenen werden auch während der Bildschirmpräsentation wiedergegeben und im Register *Animationen* des Menübands wählen Sie über die *Effektoptionen*, wie oft die Szene wiederholt wird ❷. Das Symbol links unten ❸ hält den Ablauf an und setzt ihn wieder fort.

*Bild 8.57 Animierte 3D-Modelle*

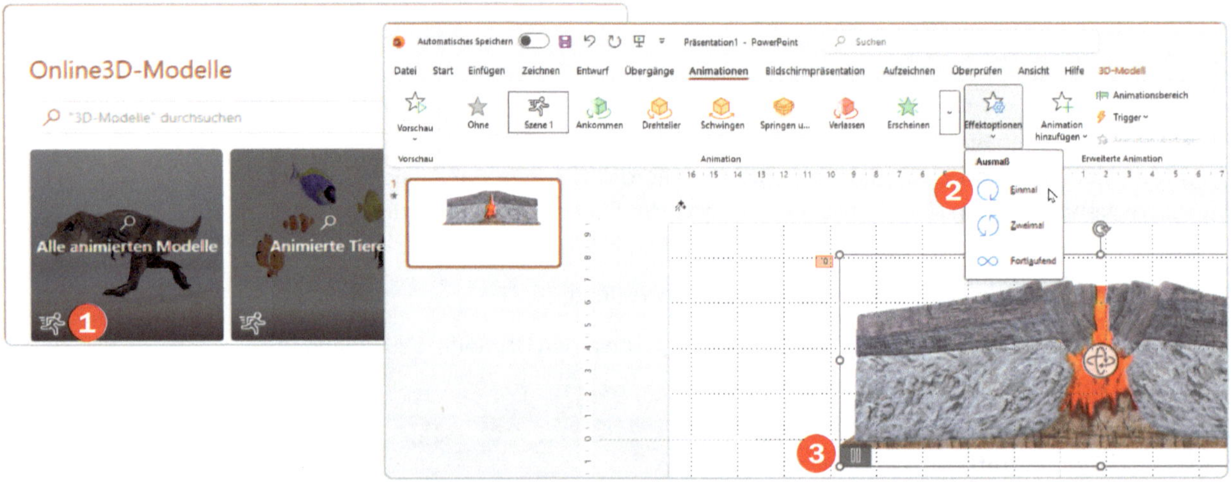


## Animation per Klick auf ein Objekt starten (Trigger)

Neben den vorgegebenen Startereignissen *Beim Klicken*, *Mit vorheriger* und *Nach vorheriger* haben Sie in PowerPoint mit *Trigger* (*Animationen* ▶ *Erweiterte Animation*) die Möglichkeit, eine Animation unabhängig von der Reihenfolge beim Klicken auf ein bestimmtes Objekt zu starten. Triggern bedeutet vereinfacht übersetzt, etwas auslösen, d. h. die Animation wird durch ein bestimmtes Ereignis, meist ein Mausklick, ausgelöst.

Als Beispiel soll in der unten abgebildeten Folie das Textfeld rechts nur erscheinen, wenn auf das Bild, hier ein Piktogramm, geklickt wird.

*Bild 8.58 Ereignis und Objekt auswählen*

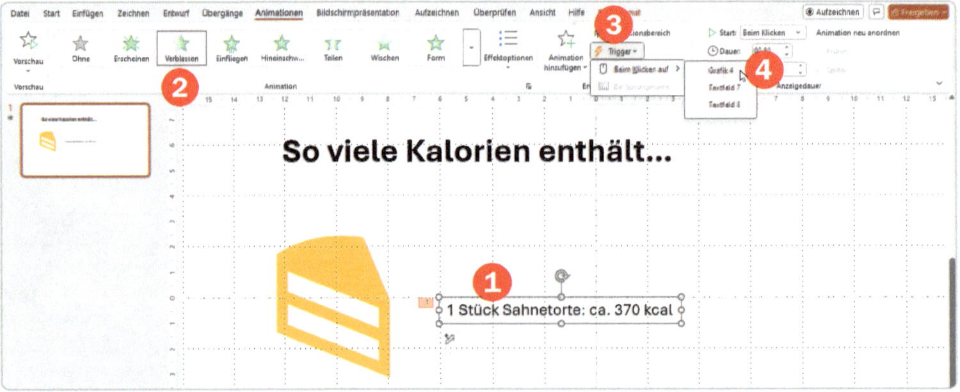

1 Im ersten Schritt weisen Sie dem Textfeld ❶ den gewünschten Eingangseffekt zu, z. B. *Verblassen* ❷.

2 Markieren Sie dann das Textfeld in der Folie und klicken Sie im Menüband auf *Trigger* ❸ (*Animationen* ▶ *Erweiterte Animation*). Wählen Sie *Beim Klicken auf* und wählen Sie das Folienobjekt, das später zum Starten der Animation angeklickt werden muss. In diesem Beispiel die *Grafik* ❹.

Objekte, deren Animation durch Trigger ausgelöst wird, erhalten in der Folie ein gesondertes Symbol und im Animationsbereich sehen Sie auch das dazugehörige Objekt, hier *Grafik 4*.

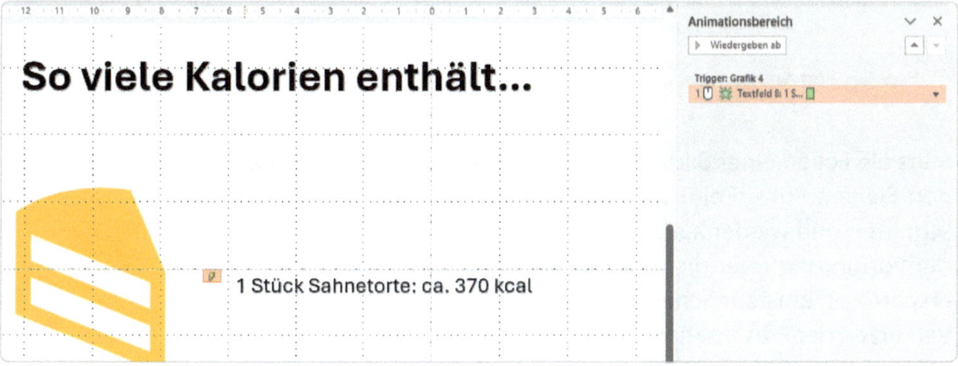


*Bild 8.59 Die Animation des Textfeldes wird durch Trigger ausgelöst*

**Tipp**: In Folien mit einer Vielzahl von Objekten fällt die Orientierung leichter, wenn Sie die Objekte mit einem aussagefähigen Namen versehen. Wie Sie dabei vorgehen, lesen Sie auf Seite 299.

## Weitere Effektoptionen

Weitere Optionen einer Animation erhalten Sie in einem gesonderten Fenster. Um dieses zu öffnen, klicken Sie im Animationsbereich mit der rechten Maustaste auf die betreffende Animation und wählen *Effektoptionen...* Je nach Effekt können Sie hier in verschiedenen Registern detaillierte Einstellungen zum Effekt, zur Anzeigedauer und zur Textanimation vornehmen.

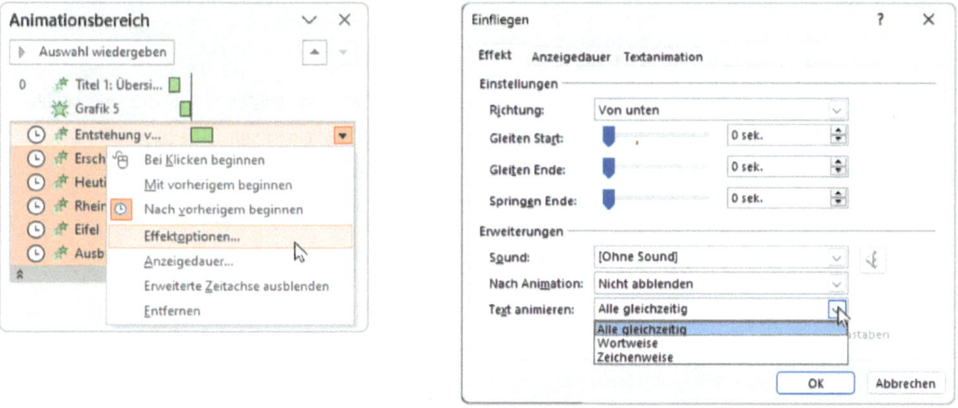


*Bild 8.60 Die Effektoptionen*

- Im Register *Effekt* können Sie bei manchen Effekten im Feld *Text animieren* den Text auch Wort- oder Zeichenweise animieren. Ihr Publikum dürfte sich allerdings eher langweilen, während beispielsweise der Folientitel Buchstabe für Buchstabe nacheinander in die Folie „schleicht".
- Im Register *Anzeigedauer* lässt sich die Anzahl der Wiederholungen festlegen und Sie können die Animation nach der Wiedergabe zurückspulen lassen.
- Handelt es sich um ein Textfeld bzw. einen Platzhalter mit Text, dann ist zusätzlich das Register *Textanimation* verfügbar. Hier haben Sie im Feld *Text gruppieren* die Möglichkeit, Text auch nach Ebenen zu animieren, falls vorhanden.

## 8.4 Dynamische Navigation durch Zoom

Mit Zoom ist hier nicht die gleichnamige Meeting-App gemeint.

Statt die Folien einer Bildschirmpräsentation einfach nacheinander anzuzeigen, können Sie seit PowerPoint 2019 per Zoomen schnell zu bestimmten Folien oder Abschnitten und wieder zurück zu springen. Auf diese Weise können Sie auch während der Vorführung über die Reihenfolge und die angezeigten Folien entscheiden. Dies erspart z. B. umständliches Suchen nach einer bestimmten Folie oder erleichtert das Verkürzen der Präsentation, wenn die Zeit überschritten wird. PowerPoint unterscheidet drei verschiedene Möglichkeiten, Zoom einzusetzen.

- **Interaktive Übersichtsfolie**
  Mit dem Zusammenfassungszoom erhalten Sie eine Folie mit einer Zusammenfassung in Form von Vorschaubildern. Diese Folie lässt sich als Übersichts- oder Startseite einsetzen und während der Bildschirmpräsentation gelangen Sie durch Anklicken schnell zur betreffenden Folie und wieder zurück.
- **Abschnitte anzeigen**
  Den Abschnittszoom setzen Sie ein, wenn Sie schnell zu einem bestimmten Abschnitt und damit mehreren Folien der Präsentation gelangen möchten.
- **Zusatzinformationen nach Bedarf einblenden**
  Sehr nützlich ist auch der Folienzoom, mit dem Sie bei Bedarf schnell eine weitere Folie mit Zusatzinformationen, Bildern oder sonstigen Details einblenden.

**Auf welchen Geräten kann Zoom wiedergegeben werden?**

Wenn Sie Zoomen in Ihrer Bildschirmpräsentation einsetzen möchten, dann sollten Sie auch an das spätere Vorführen denken. Zoomen wird nur auf Geräten, auf denen mindestens PowerPoint 2019 oder Microsoft 365 installiert ist, korrekt wiedergegeben. Ältere PowerPoint Versionen (z. B. 2016 oder 2013) geben Zoom als einfache Hyperlinks wieder und ein Zurück wird nicht unterstützt. Mit PowerPoint Online bzw. PowerPoint für das Web wird Zoom überhaupt nicht wiedergegeben.

## Eine Übersichtsfolie mit dem Zusammenfassungszoom erstellen

Wenn Ihre Bildschirmpräsentation aus mehreren Abschnitten d. h. singgemäß zusammengehörenden Folien besteht, dann können Sie mit wenig Aufwand statt einer langweiligen Agenda mit dem Zusammenfassungszoom eine Übersichtsfolie zusammenstellen. Diese enthält eine Vorschau auf alle Folien, mit denen ein neuer Abschnitt beginnt. Während der Bildschirmpräsentation klicken Sie in der Übersichtsfolie einfach auf eine Folienvorschau und diese wird vergrößert angezeigt (Zoomeffekt). Ab dieser Folie blättern Sie wie gewohnt durch die nachfolgenden bis zum Beginn des nächsten Abschnitts. An dieser Stelle gelangen Sie automatisch wieder zurück zur Übersichtsfolie. Auf diese Weise können Sie die Inhalte der einzelnen Abschnitte unabhängig von ihrer tatsächlichen Reihenfolge zeigen und so besser auf Ihr Publikum eingehen.

**So erstellen Sie einen Zusammenfassungszoom**

1 Klicken Sie im Menüband, Register *Einfügen* ▶ *Links*, auf *Zoom* und hier auf *Zusammenfassungszoom*. Es spielt keine Rolle, welche Folie gerade ausgewählt ist, die Übersichtsfolie wird normalerweise automatisch nach der ersten, bzw. der Titelfolie, in die Präsentation eingefügt.

*Bild 8.61 Zoom - Zusammenfassungszoom*

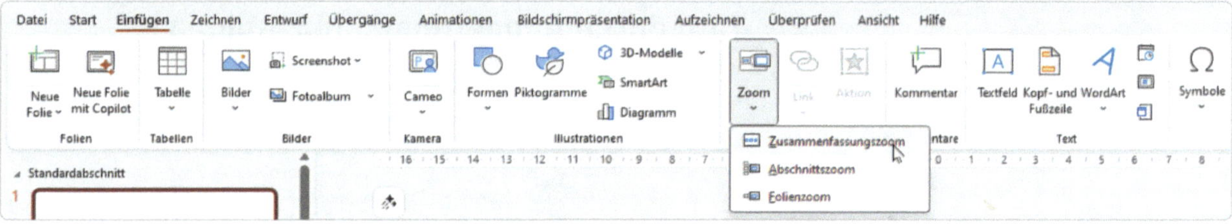


2 Im nächsten Schritt wählen Sie durch Anklicken bzw. über Kontrollkästchen alle Folien aus, mit denen ein neuer Abschnitt beginnt.

*Bild 8.62 Wählen Sie die jeweils erste Folie jedes Abschnitts aus*

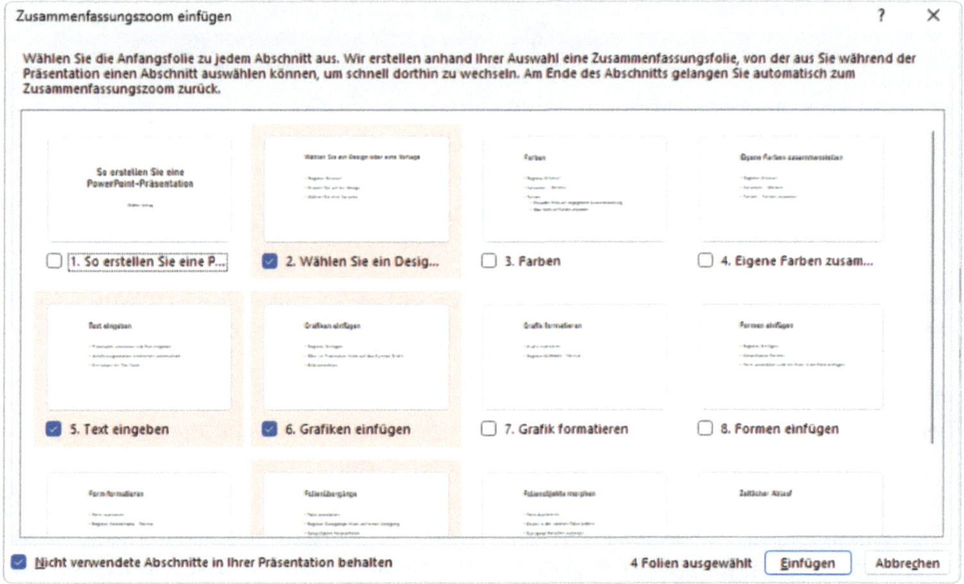

So beginnt im verwendeten Beispiel der erste Abschnitt mit Folie 2 und umfasst auch noch die Folien 3 und 4. Folie 5 bildet einen eigenen Abschnitt und die nächsten Abschnitte beginnen mit Folie 6 und Folie 10. Beim Vorführen der Präsentation bedeutet das: Wenn Sie aus der Übersichtsfolie heraus zu Folie 2 wechseln, dann folgen anschließend die Folien 3 und 4, bevor wieder die Übersichtsfolie erscheint.

3 Falls eine Folie versehentlich markiert wurde, so deaktiviert ein weiterer Klick die Auswahl wieder. Klicken Sie zuletzt auf die Schaltfläche *Einfügen*.

4 PowerPoint fügt nach dem Präsentationstitel eine neue Folie ein. Diese enthält die zuvor ausgewählten Folien als Miniaturvorschau und Sie können nach Belieben einen Folientitel hinzufügen.

*Bild 8.63 Die eingefügte Übersichtsfolie*

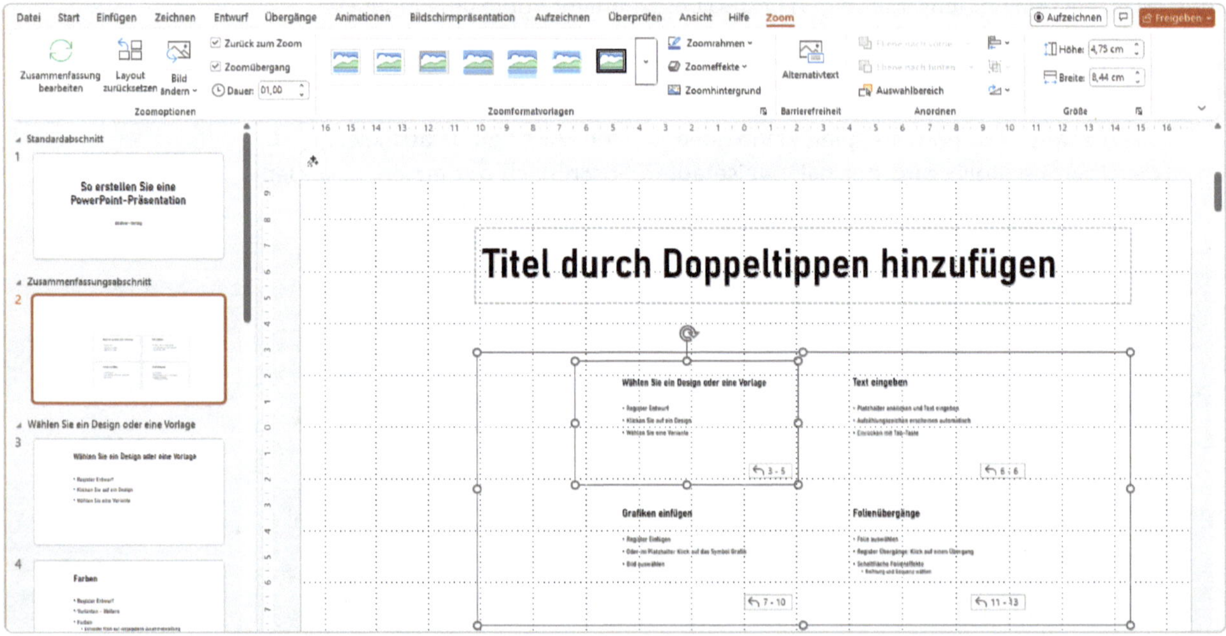


5 Die Vorschaubilder können Sie wie jedes andere Grafikobjekt behandeln, also z. B. vergrößern, verkleinern oder mit Rahmen oder anderen Effekten versehen. Zu diesem Zweck steht zusammen mit den markierten Vorschaubildern im Menüband das Register *Zoom* zur Verfügung. Auch die Anordnung kann durch Verschieben beliebig geändert werden.

**Außerdem nützlich zu wissen**: Wenn Sie eine Folie, die den Beginn eines Abschnitts darstellt, ändern, ändert sich automatisch auch das Vorschaubild in der Übersichtsfolie.

### Zoom testen

Testen Sie anschließend die Zoomfunktion in der Ansicht Bildschirmpräsentation: Klicken Sie im Register *Bildschirmpräsentation* oder in der Symbolleiste für den Schnellzugriff auf das Symbol *Von Beginn an* oder betätigen Sie die Taste **F5**. Klicken Sie in der Übersichtsfolie auf eine beliebige Vorschau. Mit *Weiter* werden nun alle Folien dieses Abschnitts angezeigt bzw. herangezoomt und danach erscheint wieder die Übersicht.

### Abschnitte anzeigen, kontrollieren

Mit dem Zusammenfassungszoom wird die Präsentation entsprechend der Folienauswahl in Abschnitte aufgeteilt und die Überschrift der ersten Folie des Abschnitts wird in der Regel auch als Abschnittsüberschrift verwendet. Die Einteilung sehen Sie im Navigationsbereich, siehe Bild 8.63 und in der Ansicht *Foliensortierung*.

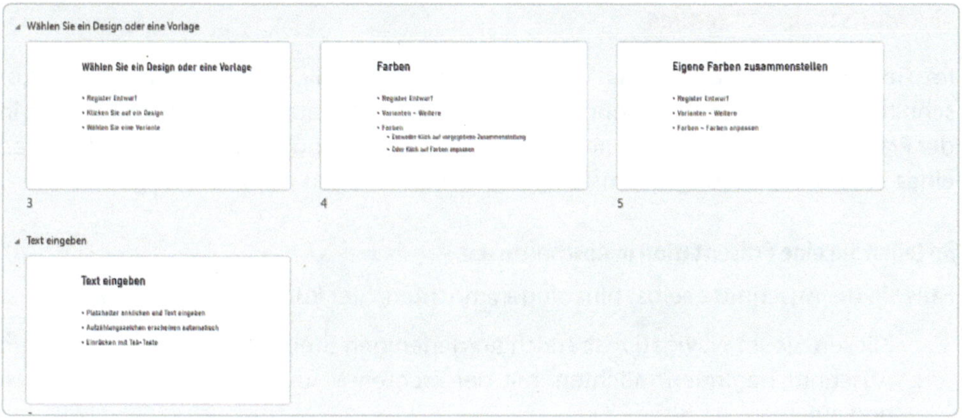


*Bild 8.64 Die Abschnitte in der Ansicht Foliensortierung*

### Abschnitt aus der Zusammenfassung entfernen

Um eine Folienvorschau aus der Übersicht zu entfernen, wählen Sie im Navigationsbereich die Folie mit dem Zusammenfassungszoom aus und klicken in der Folie in den Vorschaubereich.

- Klicken Sie dann entweder im Menüband, Register *Zoom* auf *Zusammenfassung bearbeiten*, deaktivieren dann im Fenster *Zusammenfassungszoom bearbeiten* die Kontrollkästchen der zu entfernenden Abschnitte und klicken auf *Aktualisieren.*

*Bild 8.65 Zusammenfassung bearbeiten*

- Oder markieren Sie einfach in der Folie die betreffende Vorschau mit einem Mausklick und entfernen diese mit der **Entf**-Taste.

**Achtung**: In beiden Fällen wird nur die Folienvorschau aus der Übersicht entfernt. Der Abschnitt selbst bleibt erhalten und kann über *Zusammenfassung bearbeiten* (s. oben) jederzeit wieder in die Zusammenfassung aufgenommen werden.

### Abschnitte nachträglich hinzufügen

- Wenn Sie nachträglich einen neuen Abschnitt bilden und diesen in den Zusammenfassungszoom einfügen möchten, dann müssen Sie einen neuen Zusammenfassungszoom erstellen und hier den neuen Abschnittsbeginn festlegen.

- Oder Sie legen den neuen Abschnitt manuell fest. Dieser erscheint anschließend im Fenster *Zusammenfassungszoom bearbeiten* und kann nun in die Zusammenfassung eingefügt werden. Wie Sie einen neuen Abschnitt manuell hinzufügen, lesen Sie im nächsten Punkt.

## Abschnittszoom verwenden

Im Gegensatz zum Zusammenfassungszoom wählen Sie beim Erstellen eines Abschnittszooms keine Folien, sondern Abschnitte aus. Voraussetzung ist daher, dass in der Präsentation bereits Abschnitte existieren, entweder durch das vorherige Erstellen eines Zusammenfassungszooms oder manuelles Einfügen von Abschnitten.

### So teilen Sie eine Präsentation in Abschnitte auf

Oder markieren Sie die Folie, mit der ein neuer Abschnitt beginnen soll und klicken Sie im Menüband, Register *Start* ▶ *Folien* auf *Abschnitt*.

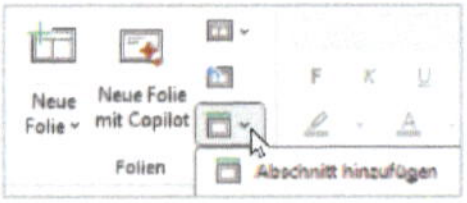


Falls Sie die Abschnitte selbst hinzufügen möchten, hier kurz die Vorgehensweise:

1 Klicken Sie im Navigationsbereich an derjenigen Stelle, ab der Sie einen neuen Abschnitt beginnen möchten, mit der rechten Maustaste **zwischen** zwei Folien und auf *Abschnitt hinzufügen*.

2 Geben Sie im Fenster *Abschnitt umbenennen* einen Namen ein und klicken Sie auf *Umbenennen*.

3 Die Abschnittsüberschrift erscheint nun im Navigationsbereich an dieser Stelle. Mit Klick auf das kleine Dreieck können Sie die dazugehörigen Folien aus- und wieder einblenden.

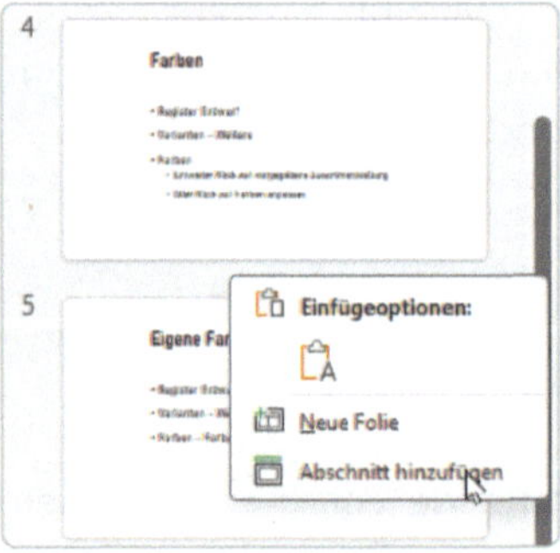


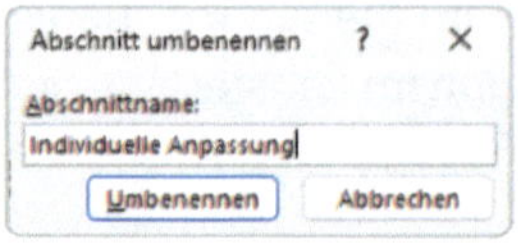


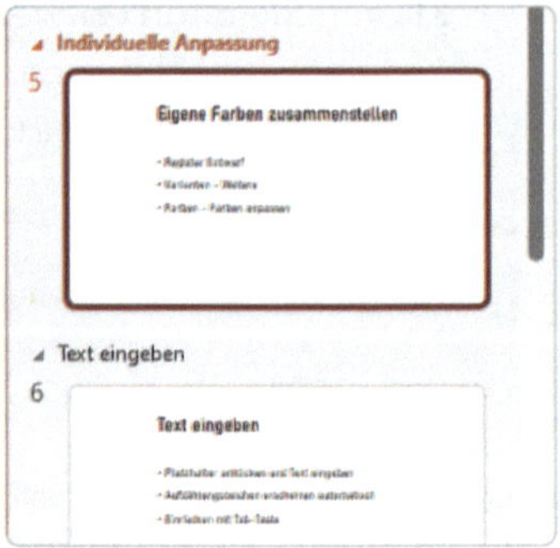


*Bild 8.66 Abschnitt einfügen*

*Bild 8.67 Abschnitt umbenennen*

*Bild 8.68 Der neue Abschnitt*

#### Abschnitte umbenennen, entfernen oder verschieben

Egal, ob Sie die Abschnitte manuell hinzugefügt haben oder diese zusammen mit dem Zusammenfassungszoom erstellt wurden, die Befehle zum Verwalten der Abschnitte finden Sie im Kontextmenü, wenn Sie im Navigationsbereich mit der rechten Maustaste auf die Überschrift eines Abschnitts klicken.

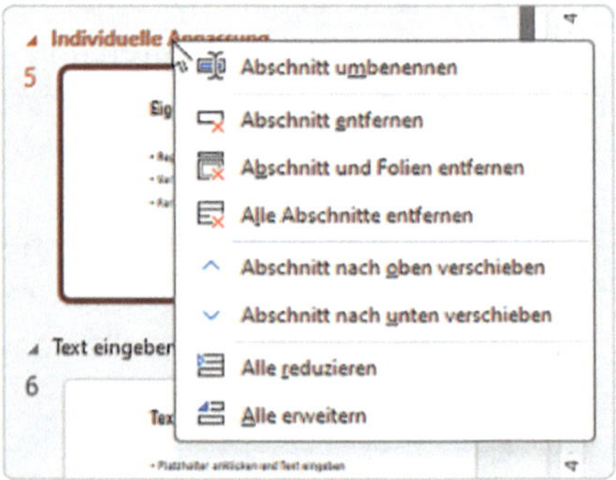


*Bild 8.69 Abschnitte im Kontextmenü verwalten*

- **Abschnitt entfernen**: Klicken Sie mit der rechten Maustaste auf die Überschrift des betreffenden Abschnitts und wählen Sie zwischen auf *Abschnitt entfernen* und *Abschnitt und Folien entfernen* (**Achtung**: Letzterer Befehl löscht alle Folien des Abschnitts aus der Präsentation).

  **Alle Abschnitte entfernen**: Die Auswahl *Alle Abschnitte entfernen* entfernt alle Abschnitte aus der Präsentation, die Folien bleiben erhalten.

- Genauso gehen Sie vor, wenn Sie einen Abschnitt umbenennen oder verschieben möchten. Beim Verschieben wandern, im Gegensatz zum einfachen Ziehen mit der Maus, alle Folien des Abschnitts mit.

**Schneller Überblick über alle Abschnitte**

Im Kontextmenü bzw. mit Rechtsklick auf einen beliebigen Abschnitt finden Sie auch den Befehl *Alle reduzieren*. Damit werden im Navigationsbereich alle Folien bis auf die Abschnittsüberschriften ausgeblendet und Sie erhalten in umfangreichen Präsentationen einen schnellen Überblick über die Abschnitte. *Alle erweitern* blendet die Folien wieder ein.

## Abschnittszoom einfügen

Achtung, im Gegensatz zum Zusammenfassungszoom wird ein Abschnittszoom in eine bestehende Folie eingefügt. Fügen Sie daher zunächst eine neue Folie in die Präsentation ein, am besten leer oder nur mit Titel und wählen Sie diese aus.

1 Klicken Sie im Menüband, Register *Einfügen*, auf *Zoom* und auf *Abschnittszoom*.

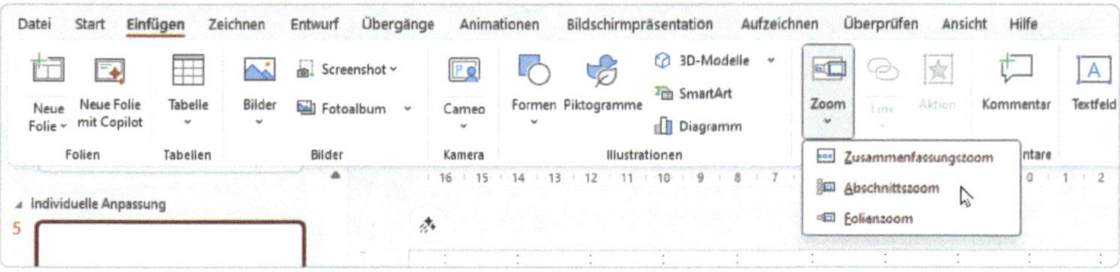


*Bild 8.70 Abschnittszoom einfügen*

*Abschnittszoom* ist nur verfügbar, wenn die Präsentation Abschnitte enthält!

2 Wählen Sie im nachfolgenden Fenster anhand der Kontrollkästchen einen oder mehrere Abschnitte aus und klicken Sie auf *Einfügen*.

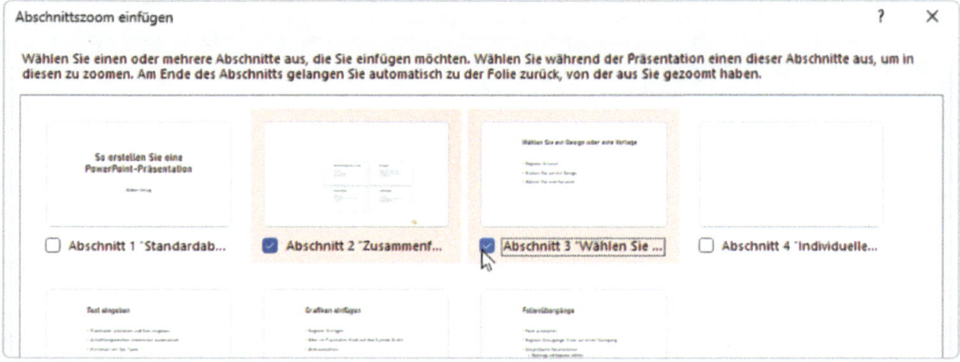


*Bild 8.71 Abschnitt auswählen*

Im Gegensatz zum Zusammenfassungszoom sehen Sie im Fenster *Abschnittszoom einfügen* nur die erste Folie des jeweiligen Abschnitts. Die übrigen Folien sind nicht sichtbar, was in umfangreichen Präsentationen die Übersicht erleichtert.

Auch beim Abschnittszoom werden kleine Vorschaubilder in die Folie eingefügt, die Sie anschließend beliebig platzieren können. Wie Sie auch das Vorschaubild ändern, lesen Sie auf Seite 313.

**Tipp**: Ein Abschnittszoom lässt sich auch mit der Maus erstellen. Ziehen Sie dazu einfach die betreffende Abschnittsüberschrift mit gedrückter Maustaste in die Folie.

## Details mit dem Folienzoom einblenden

Als dritte Zoomvariante können Sie mit dem Folienzoom während des Vortrags optional eine weitere Folie mit Details oder Zusatzinformationen einblenden. Der Folienzoom bietet somit eine hervorragende Möglichkeit, zusätzliche Inhalte auf gesonderte Folien auszulagern und nur bei Bedarf anzuzeigen. Beispielsweise, wenn während des Vortrags Fragen auftauchen, wenn Ihnen noch ausreichend Zeit zur Verfügung steht oder Inhalte als Exkurs gekennzeichnet werden sollen.

1 Als einfaches Beispiel soll bei Bedarf eine Folie mit einem Bild ❷ eingeblendet werden. Wählen Sie dazu die Ausgangsfolie ❶ aus, klicken Sie im Menüband, Register *Einfügen* auf *Zoom* und wählen Sie *Folienzoom*.

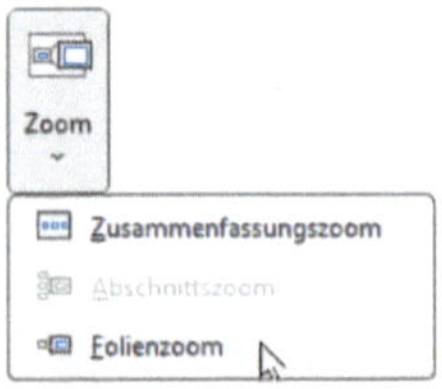


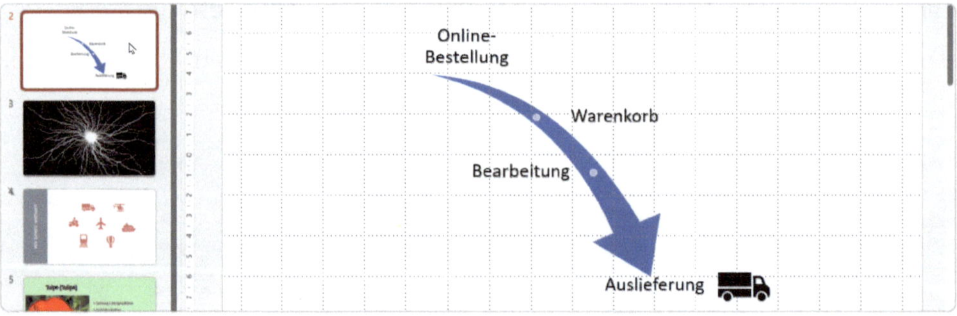


*Bild 8.72 Folienzoom einfügen*

2 Wählen Sie die Zielfolie aus und klicken Sie auf *Einfügen*.

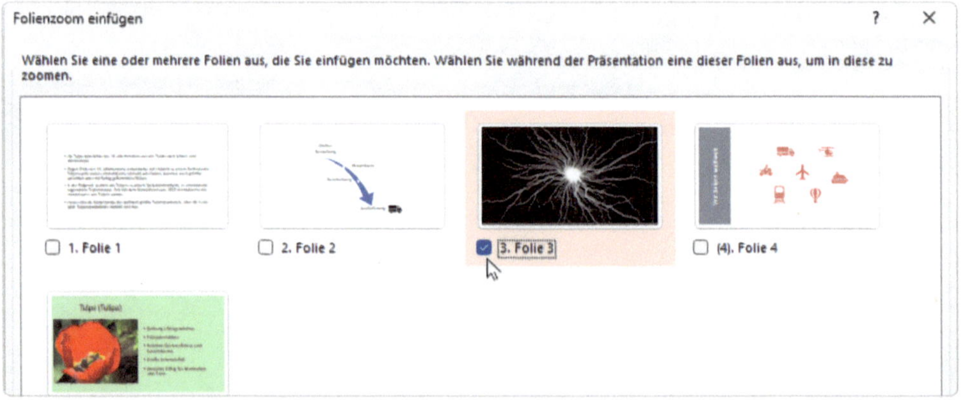


*Bild 8.73 Zielfolie auswählen*

**3** Positionieren Sie das Vorschaubild an der gewünschten Stelle.

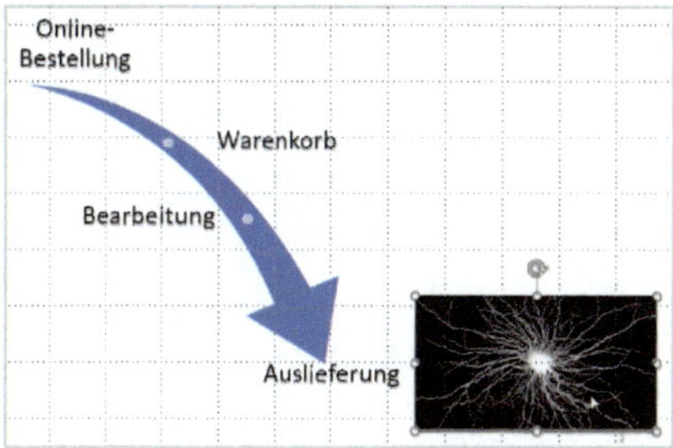


**Tipp**: Alternativ ziehen Sie die Zielfolie einfach mit gedrückter linker Maustaste aus dem Navigationsbereich heraus in die Folie.

### Zurück zur Ausgangsfolie

Beim Testen in der Ansicht Bildschirmpräsentation werden Sie allerdings feststellen, dass Sie nicht automatisch zurück zur Ausgangsfolie gelangen, sondern stattdessen zur nächsten Folie.

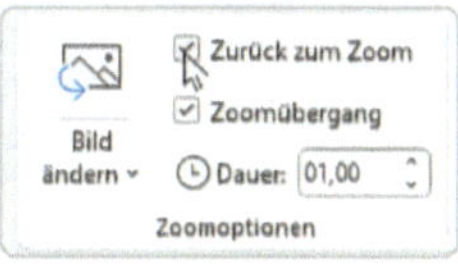


Dies müssen Sie noch manuell festlegen: Markieren Sie dazu in der Folie das Vorschaubild und aktivieren im Menüband, Register *Zoom* ▶ *Zoomoptionen* das Kontrollkästchen *Zurück zum Zoom*.

> **Wohin mit den Zusatzfolien?**
>
> Wenn Ihre Bildschirmpräsentation Folien mit Zusatzinformationen enthält, die nur bei Bedarf gezeigt werden, dann müssen Sie dafür sorgen, dass diese auch wirklich nur erscheinen, wenn sie benötigt werden und nicht während des normalen Präsentationsablaufs.
>
> Am einfachsten fassen Sie die ergänzenden Folien am Ende der Präsentation zusammen, eventuell sogar in einem gesonderten Abschnitt, der selbstverständlich nicht im Zusammenfassungszoom berücksichtigt wird. Um ihr versehentliches Erscheinen am Ende der Präsentation zu verhindern, blenden Sie die Folien aus: Klicken Sie dazu im Navigationsbereich mit der rechten Maustaste auf die betreffende Folie und auf *Folie ausblenden*. Der Befehl *Folie einblenden* blendet eine ausgeblendete Folie auch wieder ein. Ausgeblendete Folien erscheinen im Navigationsbereich ausgegraut und mit durchgestrichener Foliennummer.

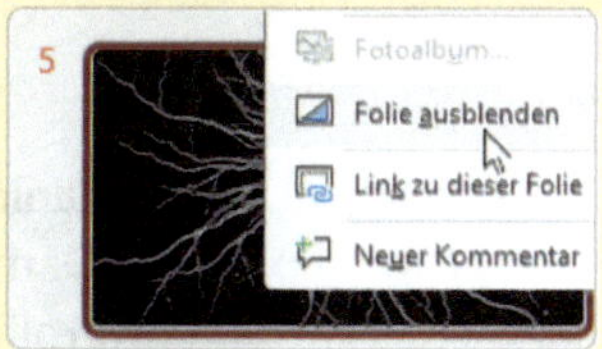


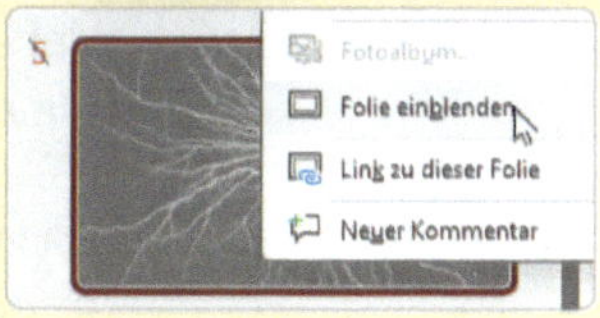


## Vorschaubild ändern und weitere Zoomoptionen

### Vorschaubild ändern

Jede Art von Zoom wird automatisch als Miniaturvorschau der Zielfolie eingefügt, Sie können diese jedoch durch ein beliebiges anderes Bild oder ein Piktogramm ersetzen. Dazu markieren Sie das Vorschaubild und klicken im Menüband, Register *Zoom* ▶ *Zoomoptionen*, auf *Bild ändern*. Wählen Sie dann das Bild oder Piktogramm aus. Mit *Bild ändern* und der Auswahl *Bild zurücksetzen* erscheint dagegen wieder die ursprüngliche Vorschau.

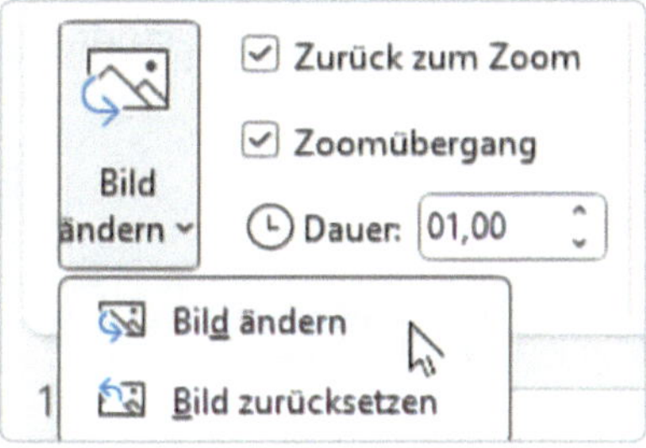


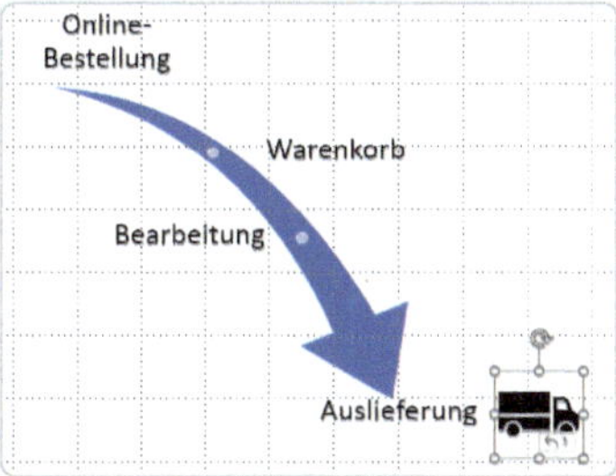


*Bild 8.74 Piktogramm statt der Miniaturvorschau*

Im Register *Zoom* des Menübands finden Sie auch die übrigen Optionen.

*Bild 8.75 Das Register Zoom*

**Übergangsdauer/Zoomübergang deaktivieren**

Unabhängig vom Zoomtyp erscheint die Zielfolie in der Standardeinstellung mit einem Vergrößerungseffekt (Zoom).

- Die Geschwindigkeit des Zoomeffekts steuern Sie in der Gruppe *Zoomoptionen* mit dem Feld *Dauer*: Je größer der Wert, umso langsamer der Übergang.
- Falls Sie keinen Zoomeffekt wünschen, deaktivieren Sie einfach in der selben Gruppe das Kontrollkästchen *Zoomübergang*.

**Zurück zur Ausgangsfolie**

Damit wieder die Ausgangsfolie erscheint, muss in der Gruppe *Zoomoptionen* das Kontrollkästchen *Zurück zum Zoom* aktiviert sein. Sollte also die Ausgangsfolie nicht wieder automatisch erscheinen, z. B. beim Folienzoom, dann kontrollieren und aktivieren Sie dieses Kontrollkästchen.

**Zoomeffekte**

In der Gruppe *Zoomformatvorlagen* finden Sie verschiedene Formatvorlagen für das dazugehörige Bild bzw. Vorschaubild, z. B. mit Schatten- oder Spiegelungseffekten. Alternativ oder zusätzlich können Sie über *Zoomrahmen* und *Zoomeffekte* diese weiter anpassen, die Möglichkeiten unterscheiden sich wenig von den Bildformatvorlagen.

**Hintergrund der Ausgangsfolie übernehmen**

Falls die Zielfolie einen farblich abweichenden Hintergrund aufweist, können Sie einfach den der Ausgangsfolie übernehmen und so eine einheitliche Darstellung sicherstellen. Dazu markieren Sie das Vorschaubild oder das Bild, das statt der Vorschau verwendet wird und klicken in der Gruppe *Zoomformatvorlagen* auf *Zoomhintergrund*. Um im Bedarfsfall das Übernehmen des Hintergrunds wieder zu deaktivieren, klicken Sie erneut auf *Zoomhintergrund*.

**Achtung**: Dies wirkt sich nur auf die Anzeige in der Bildschirmpräsentation aus, in der Bearbeitungsansicht bzw. der Ansicht *Normal* bleibt der Folienhintergrund unverändert.

# 8.5 Links und interaktive Schaltflächen einfügen

Statt des in Punkt 8.4 beschriebenen Zooms können Sie auch Links zu anderen Folien einfügen, entweder über interaktive Schaltflächen oder indem Sie einem beliebigen Objekt einen Link zuweisen. Dies funktioniert auch mit älteren PowerPoint-Versionen und erlaubt ebenfalls während der Bildschirmpräsentation ein schnelles Ansteuern bestimmter Folien ohne umständliches Suchen. Interessant ist auch die Möglichkeit, mit dieser Methode eine App aus PowerPoint heraus zu starten, z. B. zum Abspielen einer Sounddatei oder um eine bestimmte Webseite anzuzeigen.

## Interaktive Schaltflächen

Der Formenkatalog von PowerPoint umfasst auch eine Gruppe interaktiver Schaltflächen, die bereits mit häufig benötigten Aktionen, z. B. Link zur nächsten oder vorherigen Folie oder zur Startseite bzw. ersten Folie belegt sind. In Bezug auf die weitere Bearbeitung und Formatierung unterscheiden sich dagegen interaktive Schaltflächen nicht von den übrigen Formen, siehe Kapitel 6.4 und 6.5.

1 Zum Einfügen klicken Sie im Menüband, Register *Start* ▶ *Zeichnen* oder Register *Einfügen* ▶ *Illustrationen*, auf *Formen* und wählen in der Kategorie *Interaktive Schaltflächen* die Schaltfläche mit der gewünschten Aktion, z. B. *Nächste(r) oder Weiter*. Beim Zeigen mit der Maus erhalten Sie einen kurzen Infotext über die dazugehörige Aktion.

Wie Sie nachträglich die Aktion einer interaktiven Schaltfläche ändern können, lesen Sie weiter unten auf Seite 317.

2 Die ausgewählte Schaltfläche fügen Sie wie jede Form in die Folie ein, entweder mit einem Klick an die gewünschte Stelle oder durch Aufziehen mit der Maus.

3 Unmittelbar nach dem Einfügen öffnet sich das Dialogfenster *Aktionseinstellungen* mit der dazugehörigen Aktion, im Bild unten *Hyperlink zu* und *Nächste Folie*. Klicken Sie auf *OK*.

*Bild 8.76 Formen - interaktive Schaltflächen*

*Bild 8.77 Aktionseinstellungen*

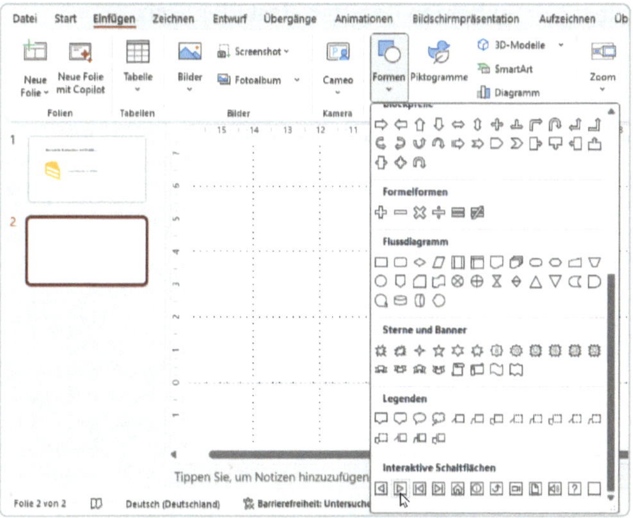


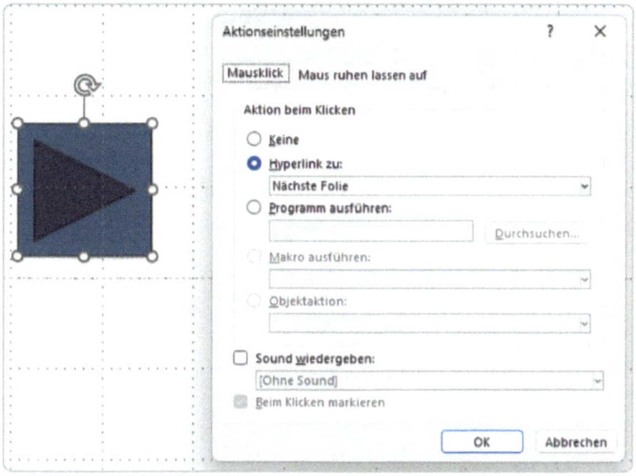


Wenn Sie nachträglich die Aktion einer interaktiven Schaltfläche kontrollieren möchten, dann klicken Sie diese mit der rechten Maustaste an und wählen *Link bearbeiten...*

## Einem Objekt eine Aktion zuweisen

Zur Kategorie *Interaktive Schaltflächen* gehört auch eine Schaltfläche, der keine Aktion zugeordnet ist (*Leer*). Dieser kann beim Einfügen eine beliebige Aktion zugewiesen werden. Sie können stattdessen aber auch eine beliebige Form, ein Bild oder ein Piktogramm als interaktive Schaltfläche verwenden. Dabei gehen Sie wie folgt vor:

1 Markieren Sie das Objekt, im Bild unten ein Piktogramm und klicken Sie im Menüband, Register *Einfügen* ▶ *Links*, auf *Aktion*.

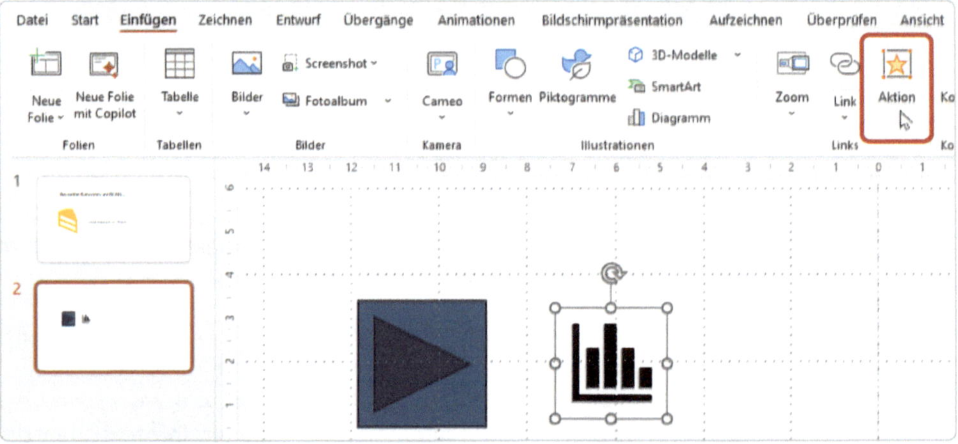


*Bild 8.78 Aktionseinstellungen öffnen*

2 Das Fenster *Aktionseinstellungen* (Bild 8.79) öffnet sich, wählen Sie nun eine der folgenden Möglichkeiten:

**Achtung**: Die Aktion kann entweder auf einen Mausklick hin starten oder wenn Sie mit der Maus auf das Objekt zeigen und hier kurz verweilen (Mouseover). Analog dazu finden Sie im Dialogfenster *Aktionseinstellungen* die beiden Register *Mausklick* ❶ und *Maus ruhen lassen auf* ❷. Wählen Sie also zuerst das entsprechende Register. Die Aktionen selbst sind in beiden Registern fast identisch.

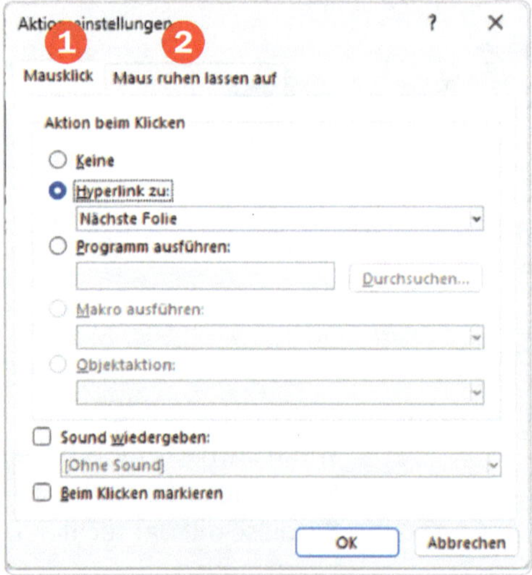


*Bild 8.79 Das Fenster Aktionseinstellungen*

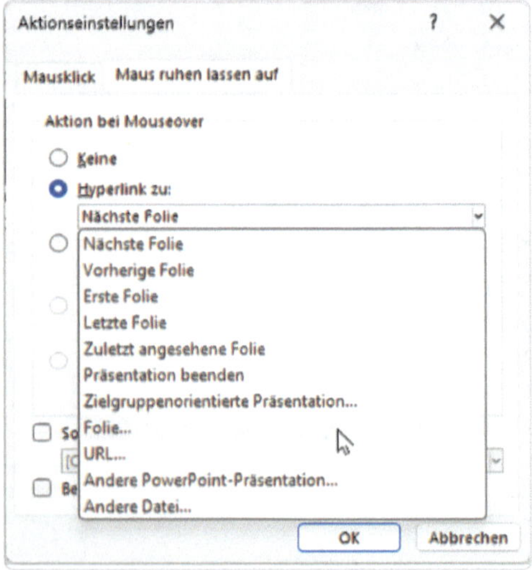


*Bild 8.80 Auswahlmöglichkeiten Hyperlink zu*

- Wenn Sie das Objekt zur Navigation zu Folien, Dateien oder Webseiten nutzen möchten, dann aktivieren Sie die Option *Hyperlink zu* und klicken in das dazugehörigen Feld, um eine Sprungmöglichkeit auszuwählen. Die Auswahlliste umfasst nicht nur die Folien der Präsentation, sondern Sie können auch eine andere Datei oder Webadresse anzeigen oder die Präsentation beenden.
- Wenn Sie stattdessen eine App ausführen möchten, dann wählen Sie die Option *Programm ausführen* und klicken auf *Durchsuchen...*, um die App auszuwählen.
- Zusätzlich oder anstelle der oben genannten Optionen können Sie auch eine Soundwiedergabe starten. Aktivieren Sie dazu das Kontrollkästchen *Sound wiedergeben* und wählen Sie unterhalb entweder einen Standardsound oder über die Auswahl *Anderer Sound...* die gewünschte Sounddatei aus.
- Das Kontrollkästchen *Beim Klicken markieren* bzw. *Bei Mouseover markieren* markiert nur das betreffende Objekt.

**Ausgewählte Sprungmöglichkeiten mit der Auswahl Hyperlink zu**

| Auswahl | Beschreibung |
|---|---|
| Folie... | Mit dieser Auswahl steuern Sie eine bestimmte Folie an. Es öffnet sich das Fenster *Link zur Folie* und Sie können die gewünschte Folie auswählen. |
| URL... | Mit der Auswahl URL können Sie eine Webadresse angeben. Diese wird dann im Standardbrowser, z. B. Microsoft Edge, angezeigt. |
| Andere Datei... | Wählen Sie die Datei aus, die geöffnet werden soll, beispielsweise eine Excel-Arbeitsmappe. |
| Andere PowerPoint Präsentation... | Eine zweite Präsentation starten. |

**Aktion nachträglich kontrollieren/ändern**

Wenn Sie die Aktion eines Objekts oder einer interaktiven Schaltfläche nachträglich im Fenster *Aktionseinstellungen* kontrollieren oder ändern möchten, dann markieren Sie das Objekt und klicken im Menüband, Register *Einfügen*, erneut auf *Aktion*.

## So fügen Sie einen Link ein

Als Alternative zu den interaktiven Schaltflächen können Sie auch Text, eine Form oder ein Bild mit einem Link zu Webseiten, Dateien oder Folien versehen. Hier zwei Beispiele, wie Sie Text als Link verwenden.

**Beachten Sie bei der Verwendung von Text als Link**

Text als Link wird automatisch mit der, vom Design dafür vorgesehenen Farbe und unterstrichen hervorgehoben. Die Farbe kann aber jederzeit mit den üblichen Methoden geändert werden, die Unterstreichung lässt sich dagegen nur mit einem kleinen Trick entfernen. Näheres hierzu auf Seite 319.

Bild 8.81 *Link zu Folie der Präsentation*

**Beispiel: Navigation innerhalb der Präsentation**

Markieren Sie die Form, das Bild oder, wie in diesem Beispiel, eine Textstelle und klicken Sie im Menüband, Register *Einfügen* ▶ *Links*, auf *Link*. Oder drücken Sie stattdessen die Tasten **Strg**+**K**. Um innerhalb der Präsentation zu einer anderen Folie zu springen, wählen Sie *Aktuelles Dokument* und klicken auf die gewünschte Folie.

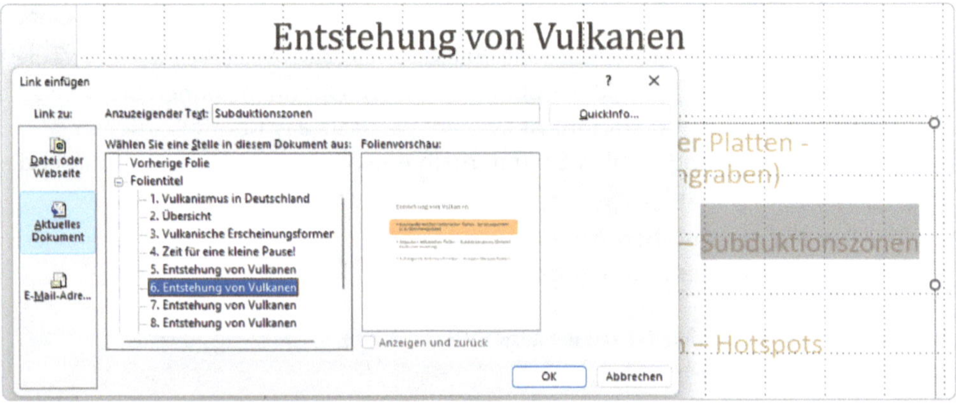


**Beispiel: Webseite aufrufen**

Um eine Webseite aufzurufen, markieren Sie ebenfalls das Objekt oder die Textstelle und klicken auf *Einfügen* ▶ *Link*. Wählen Sie *Datei oder Webseite* ❶ und tragen Sie im Feld *Adresse* ❷ die Webadresse ein. **Tipp**: Rufen Sie die Webseite im Browser, z. B. Firefox auf, klicken oben in der Adressleiste auf die Adresse und kopieren diese mit **Strg**+**C** in die Zwischenablage. Wechseln Sie dann zum Fenster *Link einfügen*, klicken in das Feld *Adresse* und fügen diese mit **Strg**+**V** hier ein. Die übrigen Angaben:

- **Anzuzeigender Text** ❸: Der Text, der als Link erscheinen soll, standardmäßig der markierte Text. Dieser kann im Feld jederzeit geändert werden.
- **Quickinfo**: Über die Schaltfläche *Quickinfo* ❹ können Sie optional Text eingeben, der beim Zeigen auf den Link erscheint.

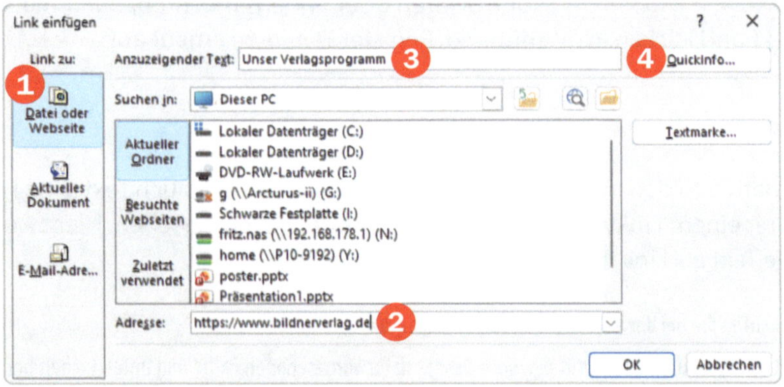


Bild 8.82 *Link zu Webadresse einfügen*

Wenn Sie anschließend in der Ansicht Bildschirmpräsentation auf den Link klicken, wird die Webseite im Standardbrowser, z. B. Microsoft Edge aufgerufen.

### Link oder Aktion entfernen

Um einen Link oder eine Aktion wieder zu entfernen, klicken Sie mit der rechten Maustaste auf das betreffende Objekt und auf den Befehl *Link entfernen*.

### Link ohne Unterstreichung

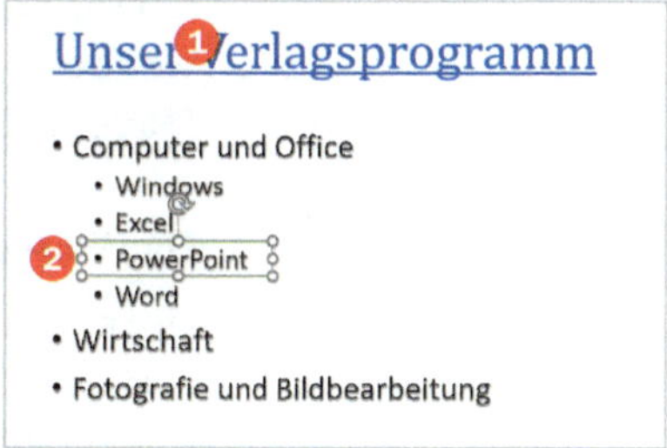


Text als Link ohne die standardmäßige Unterstreichung ❶ erfordert leider einen kleinen Umweg. Dazu versehen Sie nicht den Text mit einem Link, sondern legen ein Rechteck in passender Größe über den Text. Formatieren Sie dann das Rechteck ohne Füllung (*Fülleffekt*: Keine Füllung) und ohne Rahmenfarbe (*Formkontur*: Keine Kontur) ❷, wie im Bild rechts und weisen Sie dem Rechteck den Link zu, wie oben beschrieben.

## 8.6 Video und Sound

Filme und Sound können ebenfalls als Objekte in eine Präsentationsfolie eingefügt werden. Wie bereits in Verbindung mit Microsoft Excel-Tabellen und Diagrammen beschrieben, ist auch beim Einfügen von Videos und Sounddateien zwischen verknüpften und eingebetteten Objekten zu unterscheiden.

### Verknüpfen oder einbetten?

Achtung Dateigröße!

In PowerPoint-Präsentationen lassen sich sämtliche Audio- und Videodateien einfügen bzw. einbetten, die mit der Windows Medienwiedergabe bzw. dem Windows Media Player auf Ihrem Gerät abgespielt werden können, beispielsweise Dateien mit den Dateinamenerweiterungen .mp3, .m4a, .mpg und .avi. Beachten Sie aber, dass diese Dateitypen in der Regel sehr viel Speicherplatz belegen und die Dateigröße der Präsentation beim Einbetten entsprechend ansteigt.

Wenn Sie die Dateigröße Ihrer PowerPoint-Präsentation klein halten möchten, dann können Sie die Audio- oder Videodateien auch als Verknüpfung einfügen, dürfen diese dann aber beim Kopieren oder Weitergeben der Präsentation nicht vergessen.

**Berücksichtigen Sie bei der Weitergabe oder beim Kopieren die verknüpften Dateien!**

Verknüpfte Video- und Audiodateien sollten Sie vor dem Einfügen in die Folie in den Ordner kopieren, in dem auch die Präsentation gespeichert ist. Solange sich eine verknüpfte Datei im selben Ordner wie die Präsentation befindet, wird die Datei auch dann gefunden, wenn Sie den Ordner verschieben bzw. verschoben haben. Zudem dürfen Sie verknüpfte Dateien beim Kopieren auf einen Datenträger oder anderen Computer nicht vergessen!

## Video in Folie einfügen

PowerPoint unterstützt die folgenden Videodateiformate, diese sollten problemlos wiedergegeben werden: .asf, .avi, .mpeg, .mp4, .m4v, .mov, .mkv und .wmv. Falls Sie ein Video in einem nicht unterstützten Dateiformat in der Bildschirmpräsentation verwenden möchten, fügen Sie eine interaktive Schaltfläche ein, über die Sie mit einem Mausklick das entsprechende Abspielprogramm mit dem Video starten.

### Eine Videodatei einfügen

Um eine auf Ihrem Gerät oder auf OneDrive gespeicherte Videodatei in eine Folie einzufügen, klicken Sie entweder im Inhaltsplatzhalter auf das Symbol *Video einfügen* oder im Menüband, Register *Einfügen* ▶ *Medien*, auf *Video* und wählen *Dieses Gerät*.

Navigieren Sie anschließend im Fenster *Video einfügen* zum Speicherort, markieren Sie die Videodatei und klicken Sie auf die Schaltfläche *Einfügen*. Damit wird das Video eingebettet, also zusammen mit der Präsentation gespeichert.

**Video verknüpfen:** Um eine Verknüpfung zum ausgewählten Video einzufügen, klicken Sie stattdessen auf den Dropdown-Pfeil der Schaltfläche *Einfügen* und wählen *Verknüpfung mit Datei*, wie im Bild unten.

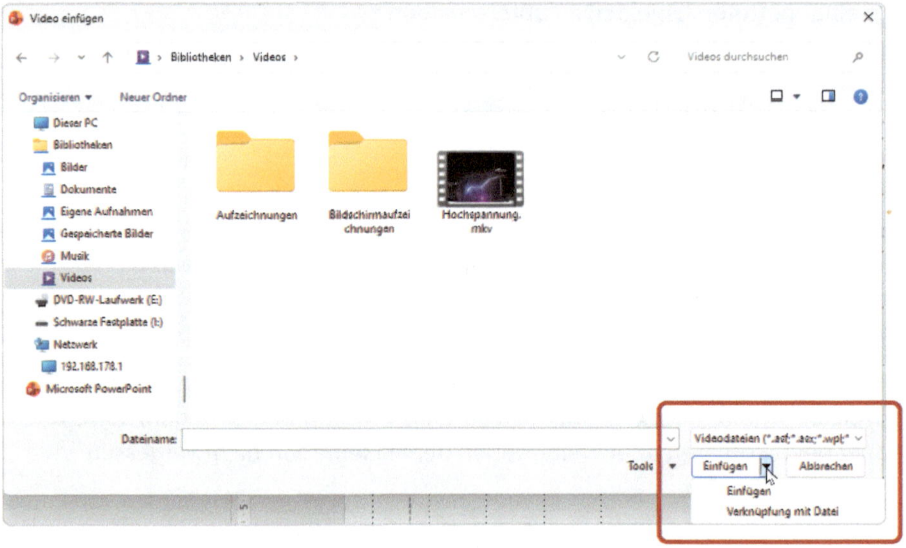


*Bild 8.83 Verknüpfung mit Datei einfügen*

### Archiv-Video einfügen

Zu Office gehört neben den Archivbildern auch eine Sammlung von Archiv-Videos, wie etwa das Beispiel in Bild 8.84. Der verfügbare Umfang ist ebenfalls abhängig von der Office-Version und beim Einfügen bzw. der Suche nach einem Video gehen Sie ähnlich wie bei der Bildersuche vor:

**Tipp**: Zeigen Sie auf ein Video, um eine kleine Vorschau zu erhalten.

Klicken Sie im Menüband, Register *Einfügen* ▶ *Medien*, auf *Video* und auf *Archiv-Videos...* Wählen Sie dann entweder eine Kategorie oder geben Sie im Suchfeld einen Begriff ein, klicken Sie auf das gewünschte Video und danach auf die Schaltfläche *Einfügen*.

### Videowiedergabe

Zusammen mit dem Video erscheint in der Ansicht *Normal* in der Folie eine Leiste mit den Videosteuerelementen *Wiedergabe/Pause*, *Vorwärts*, *Rückwärts*, *Lautstärke* und *Wiedergabeposition*. **Achtung:** Die Leiste ist nur sichtbar, wenn Sie mit der Maus in das Video zeigen oder dieses markiert ist. Das genaue Aussehen ist abhängig vom Dateityp des Videos und kann daher von der Abbildung unten abweichen. In der Ansicht *Bildschirmpräsentation* sind dagegen nur die Schaltflächen *Start* bzw. *Pause* und *Lautstärke* verfügbar. Auch hier erscheint die Leiste erst beim Zeigen.

*Bild 8.84 Videosteuerung in der Ansicht Normal und in der Ansicht Bildschirmpräsentation*

### YouTube-Videos und andere Online-Videos einfügen

Wenn Sie ein Video von YouTube oder einer anderen Video-Onlineplattform einfügen möchten, dann klicken Sie im Menüband ▶ *Einfügen* ▶ *Medien* ebenfalls auf *Video* und wählen *Onlinevideos...*

Zur Eingabe der Adresse ❶ rufen Sie zunächst das Video im Browser auf, klicken oben in das Adressfeld des Browsers und kopieren die Adresse mit **Strg+C** in die Zwischenablage. Wechseln Sie dann zu PowerPoint, klicken in das Feld *Adresse für das Onlinevideo eingeben* und fügen hier die Adresse mit **Strg+V** ein ❷.

Wenn die eingegebene Adresse korrekt ist, dann erscheint unterhalb das Video in der Vorschau. Klicken Sie zuletzt auf die Schaltfläche *Einfügen* ❸.

*Bild 8.85 Adresse des YouTube-Videos eingeben*

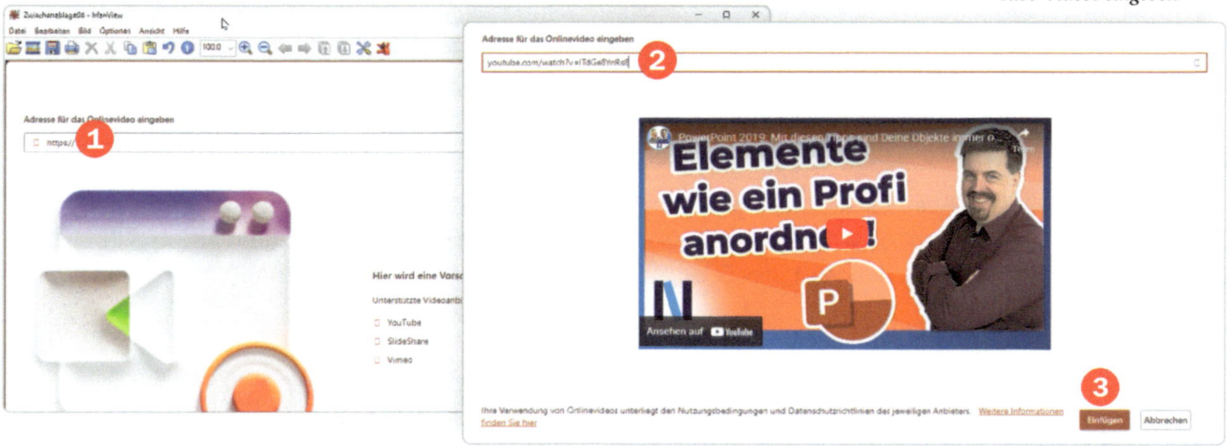

**Beachten Sie das Urheberrecht!**

Genau wie beim Einfügen von Bildern aus dem Web ist auch bei der Verwendung von Online-Videos unbedingt das geltende Urheberrecht zu beachten! Während der Vorführung ist außerdem eine Internetverbindung erforderlich.

### Videoeinbettungscode verwenden

Sollte es bei YouTube-Videos zu Problemen kommen oder möchten Sie ein Video von einer Webseite einfügen, dann verwenden Sie einen Videoeinbettungscode. Allerdings wird hierbei das Video nicht wirklich eingebettet, sondern verknüpft. Hier als Beispiel die Vorgehensweise bei YouTube-Videos:

1. Rufen Sie das Video im Browser, z. B. Microsoft Edge auf, klicken Sie auf *Teilen* ❶.
2. Der Einbettungscode erscheint automatisch. Klicken Sie auf Kopieren ❷, um ihn in die Zwischenablage zu kopieren.

*Bild 8.86 Einbettungscode erstellen und kopieren*

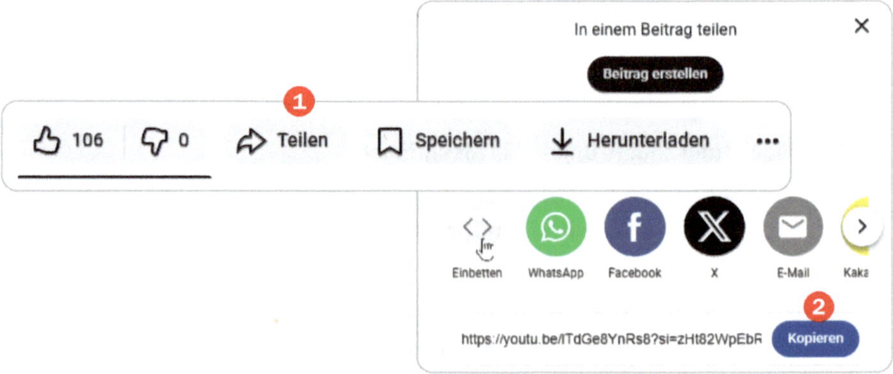


3. Wechseln Sie dann zur PowerPoint-Folie. Klicken Sie auf *Einfügen* ▶ *Medien* ▶ *Video* und auf *Onlinevideos*, danach in das Feld *Adresse für das Onlinevideo eingeben* und fügen Sie hier den Videoeinbettungscode mit **Strg-V** ein.

### Videosteuerung und Optionen

Sobald in der Folie ein Video, egal aus welcher Quelle, markiert ist, stehen Ihnen im Menüband die beiden kontextbezogenen Register *Videoformat* und *Wiedergabe* für die weitere Bearbeitung zur Verfügung.

**Formatierung**: Im Register *Videoformat* formatieren Sie das Video wie ein Grafikobjekt. Hebt es sich beispielsweise nur schlecht vom Folienhintergrund ab, so hilft ein Rahmen, den Sie in der Gruppe *Videoeffekte* über das Symbol *Videorahmen* hinzufügen.

*Bild 8.87 Register Videoformat*

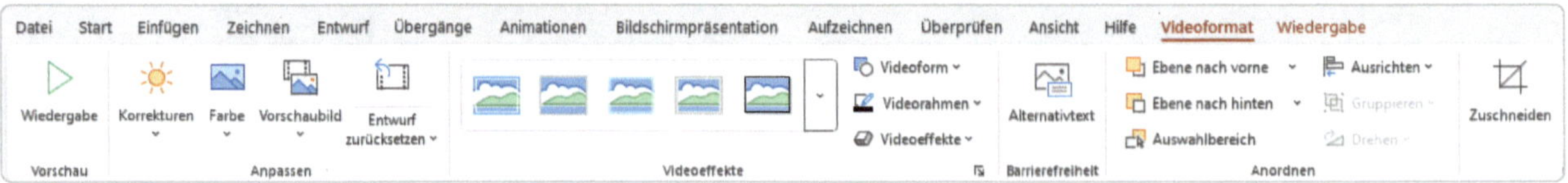

**Wiedergabesteuerung**: Im Register *Wiedergabe* haben Sie die Möglichkeit, das Video zu bearbeiten, allerdings im Fall von Onlinevideos nur in eingeschränktem Umfang.

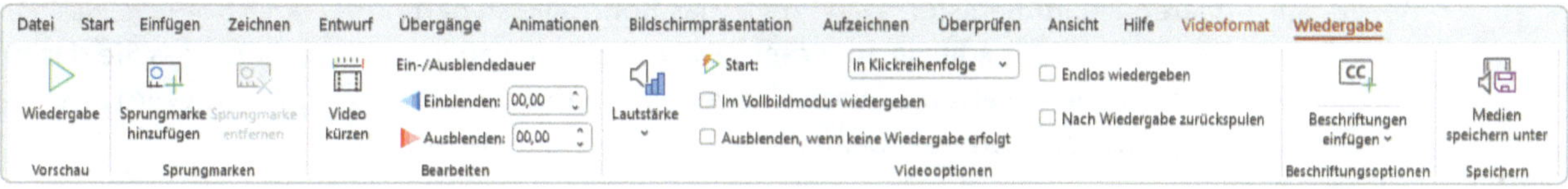


*Bild 8.88 Register Wiedergabe ohne Einschränkungen bei lokal gespeicherten Videos.*

Die Möglichkeiten im Einzelnen:

- **Sprungmarken:** Eine Sprungmarke kann während der Wiedergabe eines Videos per Mausklick angesteuert werden, um einen Teil zu überspringen. Zum Setzen einer Sprungmarke spielen Sie das Video in der Ansicht *Normal* ab und klicken an der gewünschten Stelle der Wiedergabe auf *Sprungmarke hinzufügen*. *Sprungmarke entfernen* löscht die markierte Sprungmarke wieder.
- **Video kürzen:** Mit Klick auf *Video kürzen* öffnet sich das gleichnamige Dialogfenster, s. Bild 8.90 und Sie können hier durch Verschieben des grünen und Balkens den Start- und/oder Endzeitpunkt verändern und so das Video kürzen.

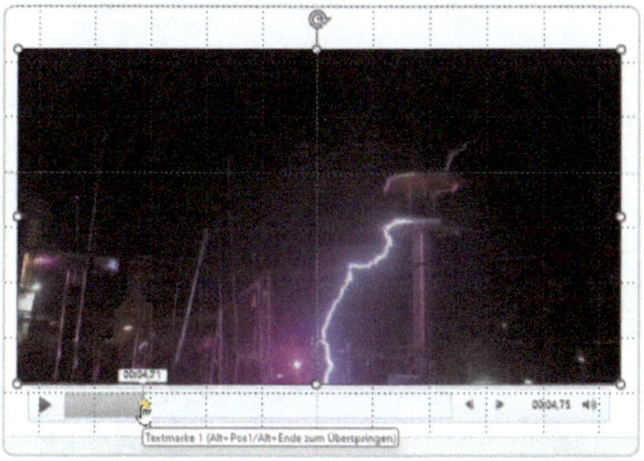

*Bild 8.89 Sprungmarke*

*Bild 8.90 Video kürzen*

- **Ein- bzw. Ausblendeffekt:** Vereinbaren Sie bei *Einblenden* und/oder *Ausblenden* eine Dauer und fügen Sie so dem Video einen Aufhellungs- bzw. Abblendeffekt hinzu.
- **Lautstärke:** Legen Sie die Lautstärke fest oder schalten Sie den Ton aus.
- **Videooptionen:** Mit dem Auswahlfeld *Start* wählen Sie, ob das Video erst beim Klick auf die Wiedergabeschaltfläche (*Beim Daraufklicken*) startet oder mit der Einstellung *Automatisch* sofort nach dem Erscheinen der Folie. Hier können Sie auch die Wiedergabe im Vollbildmodus aktivieren bzw. deaktivieren, sowie *Endlos wiedergeben* und *Nach Wiedergabe zurückspulen*.

**Tipp: Nicht benötigtes Video ausblenden**
Falls das Video nur während der Wiedergabe in der Folie sichtbar sein soll, dann aktivieren Sie im Register *Wiedergabe* das Kontrollkästchen *Ausblenden, wenn keine Wiedergabe erfolgt*. **Achtung**: In diesem Fall müssen Sie auch dafür sorgen, dass Sie das Video trotzdem starten können. Entweder, indem es automatisch gestartet wird oder Sie triggern den Start, z. B. beim Klick auf eine Form oder ein Bild.

1. Dazu fügen Sie in die Folie eine Form ein, z. B. ein Rechteck mit abgerundeten Ecken ❶ wie hier im Bild; beschriften und formatieren Sie diese.
2. Klicken Sie dann in das Video und im Menüband, Register *Animationen*, auf *Trigger* ❷, dann auf *Beim Klicken auf* ❸ und wählen Sie hier das Rechteck.
3. Achten Sie dann darauf, dass das Video nach wie vor markiert ist und klicken Sie im Bereich *Animation* auf *Wiedergabe* ❹.

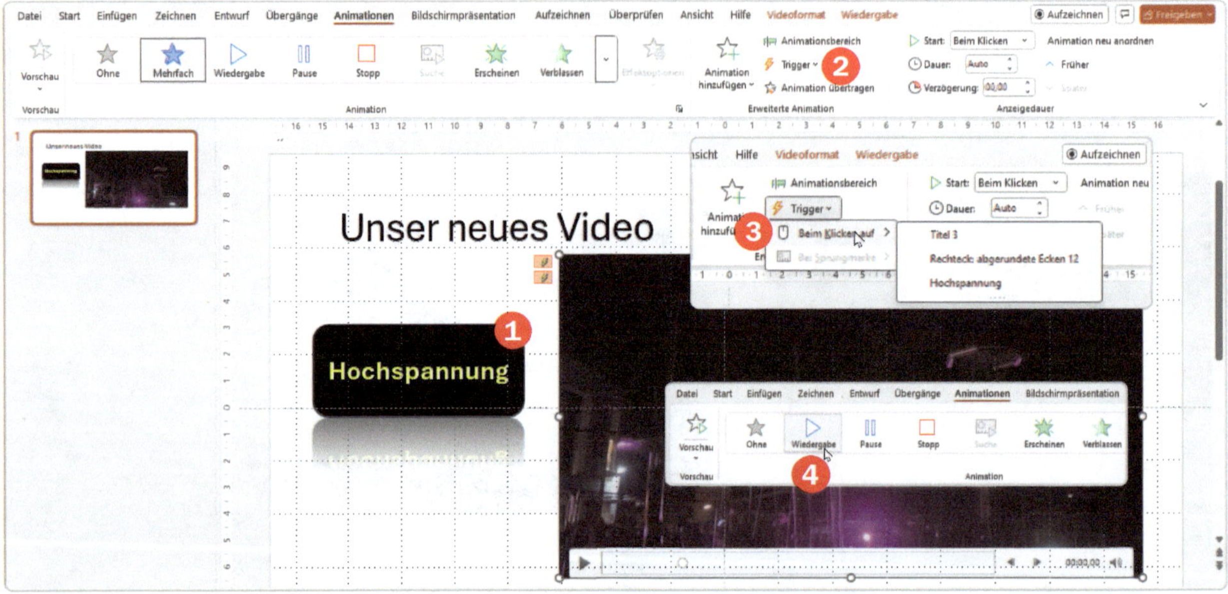


*Bild 8.91 Video ausblenden und Wiedergabe per Trigger starten*

**Anzeige der Mediensteuerelemente während der Bildschirmpräsentation steuern**

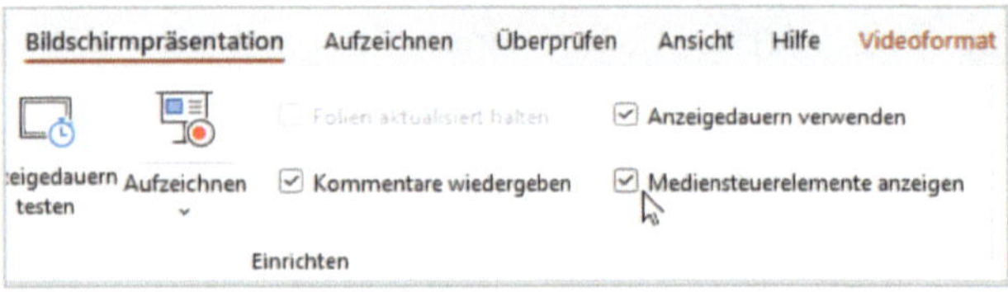


Ob die Leiste mit den Videosteuerelementen *Start* bzw. *Pause* usw. während der Bildschirmpräsentation sichtbar ist, steuern Sie über das Kontrollkästchen *Mediensteuerelemente anzeigen* im Menüband, Register *Bildschirmpräsentation* ▶ *Einrichten*.

## Audio hinzufügen

### Audiodatei einfügen

Abgesehen von den kurzen Soundeffekten, die Sie zusammen mit Folienübergängen oder Animationen verwenden können, lassen sich auch längere Audiodateien in die Präsentation einfügen. PowerPoint unterstützt alle gängigen Audioformate.

Genau wie bei Videos haben Sie auch hier die Wahl zwischen Einbetten, d. h. Speichern zusammen mit der Präsentation, und Erstellen einer Verknüpfung, siehe Seite 319.

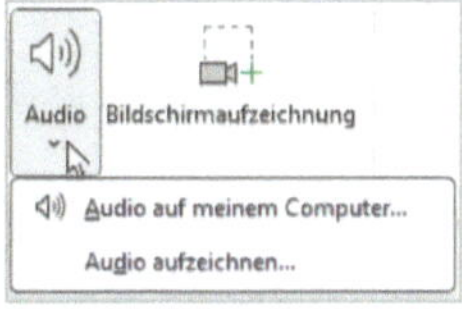


1 Zum Einfügen von Audiodateien ist im Inhaltsplatzhalter kein Symbol vorhanden. Klicken Sie daher im Menüband, Register *Einfügen* ▶ *Medien*, auf *Audio* und auf *Audio auf meinem Computer...*

2 Wählen Sie dann im Dialogfenster *Audio einfügen* den Speicherort der Audiodatei, markieren Sie diese und klicken Sie auf die Schaltfläche *Einfügen*.

**Verknüpfung einfügen**: Um die Audiodatei als Verknüpfung einzufügen, klicken Sie auf den Dropdown-Pfeil der Schaltfläche *Einfügen* und wählen *Verknüpfung mit Datei*.

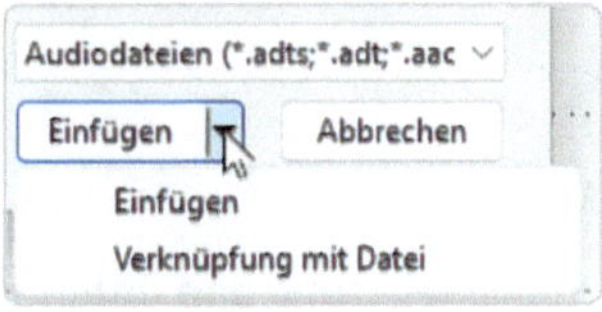


Nach dem Einfügen der Audiodatei erscheint in der Folie ein Lautsprechersymbol. Klicken oder zeigen Sie darauf, so erscheint auch die dazugehörige Leiste mit den Audiosteuerelementen *Wiedergabe/Pause*, *Rückwärts*, *Vorwärts*, *Wiedergabeposition* und *Lautstärke*. Die Darstellung in der Ansicht *Normal* weicht etwas ab von der Ansicht *Bildschirmpräsentation*. Das Symbol wird behandelt wie ein Objekt und kann mit der Maus beliebig verschoben oder mit der Taste **Entf** aus der Folie entfernt werden.

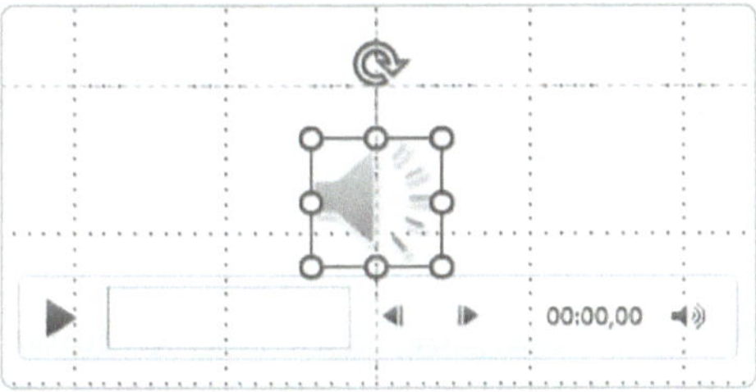

*Bild 8.92 Audioobjekt in der Ansicht Normal*

*Bild 8.93 Audioobjekt in der Ansicht Bildschirmpräsentation*

**Leiste während der Bildschirmpräsentation nicht sichtbar?**

Die Anzeige der Mediensteuerleiste während der Bildschirmpräsentation steuern Sie über das Register *Bildschirmpräsentation* im Menüband: Aktivieren oder deaktivieren Sie hier das Kontrollkästchen *Mediensteuerelemente anzeigen*.

### Audio aufnehmen

Sie können auch Audio von einem, an Ihren Computer angeschlossenen Mikrofon aufnehmen.

1. Dazu klicken Sie im Menüband, Register *Einfügen* ▶ *Medien*, auf *Audio* und auf *Audio aufzeichnen...*
2. Das Fenster *Sound aufzeichnen* wird geöffnet: Geben Sie einen Namen für die Aufzeichnung ein und klicken Sie auf das Aufnahmesymbol (Bild 8.94), um die Aufnahme zu starten.
3. Mit Klick auf das Stoppsymbol (Bild 8.95) beenden Sie die Aufnahme. Bestätigen Sie zuletzt mit *OK*, um die Aufnahme in die Präsentation zu übernehmen.

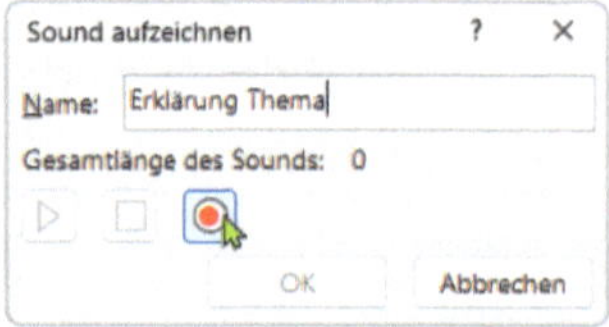


*Bild 8.94 Aufnahme starten*

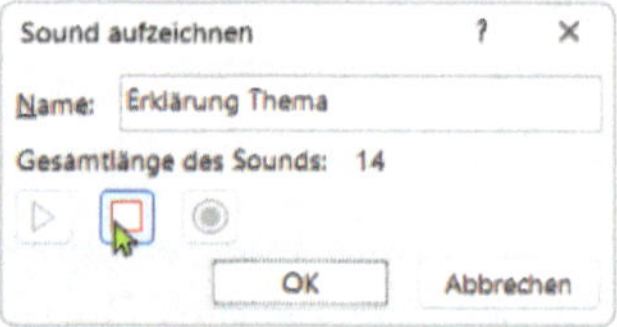


*Bild 8.95 Aufnahme beenden*

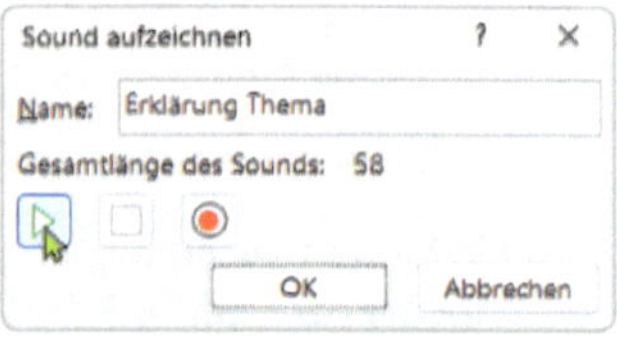


*Bild 8.96 Wiedergabe*

### Audiosteuerung und Optionen

Zusammen mit dem markierten Audioobjekt erscheinen im Menüband die beiden Register *Audioformat* und *Wiedergabe* zur weiteren Bearbeitung. Mit den Symbolen des Registers *Audioformat* können Sie das Lautsprecher-Symbol wie ein Grafikobjekt formatieren. Optionen zum Steuern der Wiedergabe finden Sie dagegen im Register *Wiedergabe*. Diese sind zum größten Teil identisch mit der Wiedergabesteuerung von Videos, daher hier nur einige wichtige und nützliche Einstellungen.

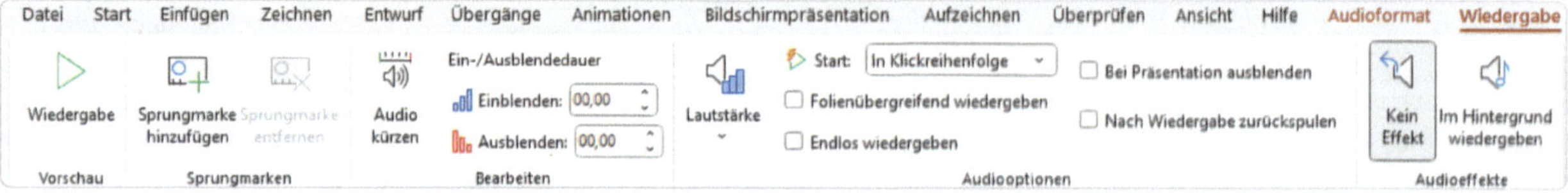


*Bild 8.97 Das Register Wiedergabe*

- **Audio über mehrere Folien hinweg wiedergeben**: Standardmäßig endet die Audiowiedergabe mit dem Wechsel zur nächsten Folie. Wenn die Wiedergabe über mehrere Folien hinweg erfolgen soll, dann aktivieren Sie im Register *Wiedergabe* ▶ *Audiooptionen* das Kontrollkästchen *Folienübergreifend wiedergeben*.
- **Audiosymbol ausblenden**: Wenn die Wiedergabe automatisch startet bzw. Sie im Feld *Start Automatisch* statt *Beim Daraufklicken* oder *In Klickreihenfolge* gewählt haben, dann wird das Audiosymbol in der Folie nicht unbedingt benötigt. Falls Sie es ausblenden möchten, dann aktivieren Sie das Kontrollkästchen *Bei Präsentation ausblenden*. Damit erscheint das Symbol nur noch in der Ansicht *Normal*, nicht aber während der Bildschirmpräsentation.

- **Im Hintergrund wiedergeben**: Mit Anklicken bzw. Aktivieren der Schaltfläche *Im Hintergrund wiedergeben* legen Sie gleich mehrere Einstellungen gleichzeitig fest und zwar: *Automatischer Start*, *Folienübergreifende Wiedergabe*, *Endloswiedergabe* und *Ausblenden des Audiosymbols*. Ein Klick auf *Kein Effekt* entfernt die genannten Einstellungen wieder.
- **Abspielprogramm festlegen**: Falls das Audioformat von PowerPoint nicht unterstützt wird, fügen Sie eine interaktive Schaltfläche ein, über die Sie das entsprechende Abspielprogramm starten (siehe Seite 316).

## Bildschirm als Video aufzeichnen und in die Präsentation einfügen

Neben statischen Bildern vom Bildschirm, sog. Screenshots, die Sie mit einer der einschlägigen Apps (z. B. dem Snipping Tool von Windows) anfertigen und als Datei oder per Zwischenablage in eine Folie einfügen, können Sie mit PowerPoint zu Schulungs- und Demonstrationszwecken auch Abläufe auf dem Bildschirm aufzeichnen und als Video einfügen. Falls dazu auch Ton aufgenommen werden soll, ist ein Mikrofon erforderlich.

Hier ein einfaches Beispiel, das die Berechnung einer Summe mit Microsoft Excel aufzeichnet und als Video in die aktuelle Folie der Präsentation einfügt.

1 Im ersten Schritt öffnen Sie die Datei bzw. starten die Anwendung, die Sie aufzeichnen möchten, hier eine Excel-Arbeitsmappe mit Beispielzahlen.

2 Wechseln Sie zur PowerPoint-Folie und klicken Sie im Menüband, Register *Einfügen* ▶ *Medien*, auf *Bildschirmaufzeichnung*. Das aktuelle PowerPoint-Fenster verschwindet im Hintergrund. Falls die benötigte Anwendung nicht automatisch erscheint, so klicken Sie diese in der Taskleiste an. Gleichzeitig erscheint am oberen Bildschirmrand eine Leiste zur Steuerung der Aufzeichnung.

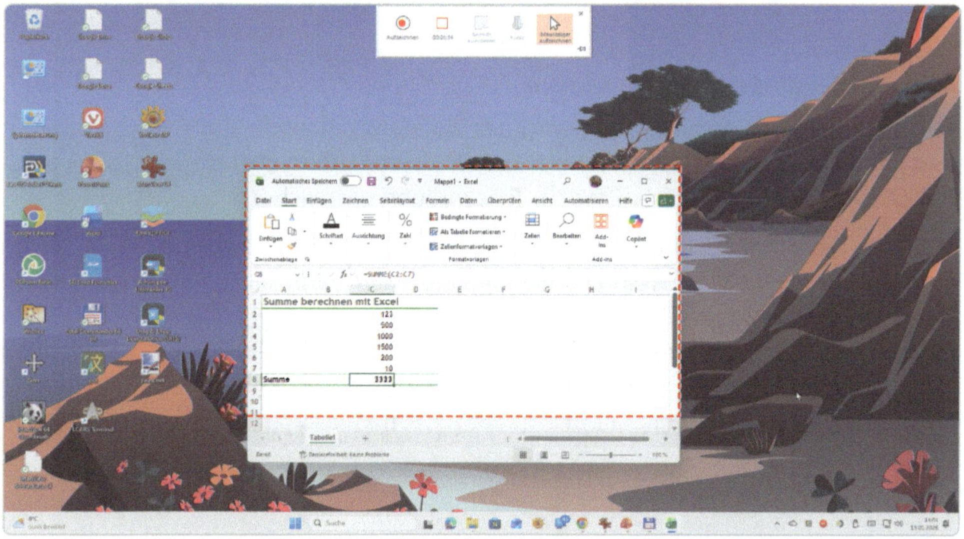


*Bild 8.98 Bereich auswählen*

3 Klicken Sie in der Steuerungsleiste auf *Bereich auswählen* ❶ und ziehen Sie anschließend mit gedrückter Maustaste diagonal ein Rechteck um den Bereich, der aufgezeichnet werden soll, siehe Bild 8.98.

4 Das zusätzliche Aufzeichnen von Mauszeiger und Audio, d. h. gesprochene Kommentare, aktivieren bzw. deaktivieren Sie über die Schaltflächen *Audio* ❷ und *Mauszeiger aufzeichnen* ❸.

> **Tipp:** Die Leiste verschwindet unmittelbar nach dem Start der Aufzeichnung nach oben aus dem Bildschirmbereich. Um die Leiste wieder einzublenden, fahren Sie mit der Maus an den oberen Bildschirmrand. Wenn die Steuerungsleiste während der Aufzeichnung sichtbar bleiben soll, dann heften Sie sie mit Klick auf das Pin-Symbol ❺ am oberen Bildschirmrand an (Bild 8.99).

5 **Aufzeichnung starten**: Zum Start der Aufzeichnung klicken Sie auf *Aufzeichnen* ❹. Mit dem Symbol *Pause* können Sie die Aufnahme vorübergehend anhalten und dann wieder fortsetzen.

6 **Aufzeichnung beenden**: Klicken Sie in der Steuerungsleiste auf das quadratische Symbol mit der laufenden Aufnahmezeit oder drücken Sie Tasten **Windows+Umschalt+Q**.

*Bild 8.99 Steuerungsleiste Bildschirmaufzeichnung*

*Bild 8.100 Aufzeichnung anhalten/beenden*

### Aufgezeichnetes Video als Datei speichern

Nach Beenden der Aufzeichnung wird das Video automatisch in die Folie eingefügt und kann wie jedes andere Video behandelt werden. Allerdings ist das Video eingebettet, d. h. es wird zusammen mit der Präsentation gespeichert.

Wenn Sie das aufgezeichnete Video als gesonderte Datei speichern und als Verknüpfung einfügen oder anderweitig verwenden möchten, dann klicken Sie in der Ansicht *Normal* mit der rechten Maustaste auf das Video und auf *Medien speichern unter...* Wählen Sie dann einen Ordner aus und speichern Sie die Datei unter einem frei gewählten Dateinamen. Diese erhält automatisch den Dateityp *Mediendatei*.

Anschließend können Sie das ursprüngliche Video aus der Folie entfernen und als Verknüpfung neu einfügen, siehe Bild 8.83 auf Seite 320.

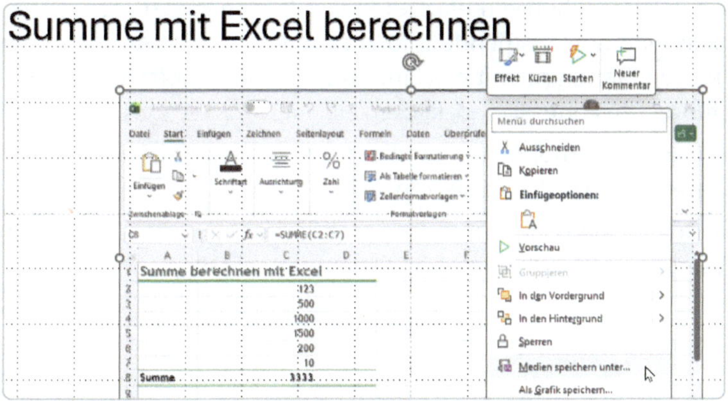


*Bild 8.101 Video als Datei speichern*

## Mögliche Wiedergabeprobleme beheben

Video und Audio können unter Umständen bei der Wiedergabe während der Bildschirmpräsentation zu Problemen führen. Wenn Ihre Präsentation Video- und/oder Audioelemente enthält, dann finden Sie im Register *Datei* unter *Informationen* entsprechende Hinweise und Lösungsvorschläge.

### Medienkompatibilität optimieren

▶ Falls die Präsentation Medien in einem Dateiformat enthält, das bei der Wiedergabe auf einem anderen Gerät möglicherweise Probleme verursacht, dann erscheint hier die Info, dass Mediendateien optimiert werden können ❶. Weitere Informationen erhalten Sie über den Link *Info zur Medienkompatibilität*.

Wenn Sie das Problem beheben möchten, dann klicken Sie auf die dazugehörige Schaltfläche *Kompatibilität optimieren*. Im nachfolgenden Fenster beginnt PowerPoint sofort mit der Optimierung und listet die fraglichen Mediendateien auf.

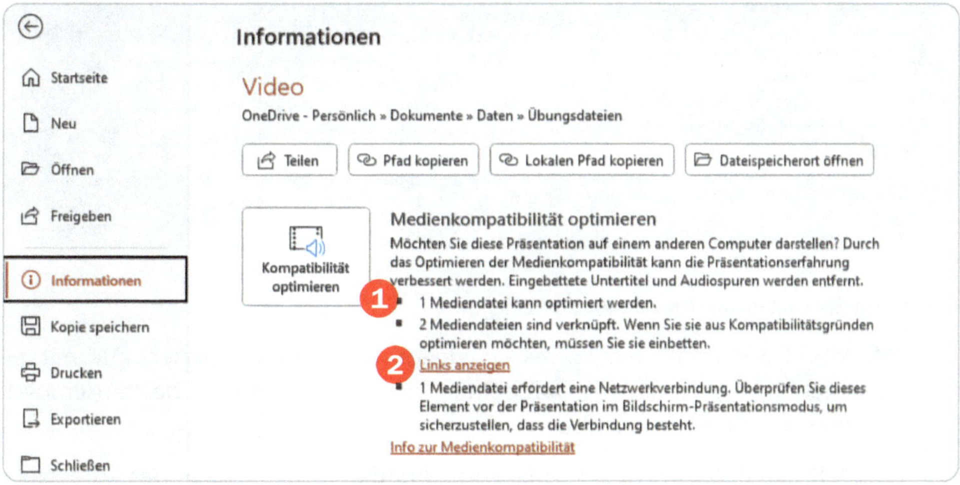


*Bild 8.102 Mögliche Wiedergabeprobleme*

- Wenn die Präsentation verknüpfte Mediendateien enthält, dann erhalten Sie hier ebenfalls eine entsprechende Info zusammen mit der Anzahl der Verknüpfungen. PowerPoint empfiehlt das Einbetten der verknüpften Dateien. Um die Verknüpfungen zu kontrollieren, klicken Sie auf *Links anzeigen* ❷.
  - Falls Sie eine Datei einbetten möchten, so markieren Sie im nachfolgenden Fenster diesen Link und klicken auf *Verknüpfung aufheben*.
  - Für Onlinevideos steht nur die Schaltfläche *Quelle öffnen* zur Verfügung. Mit dieser können Sie das Video im Browser anzeigen.

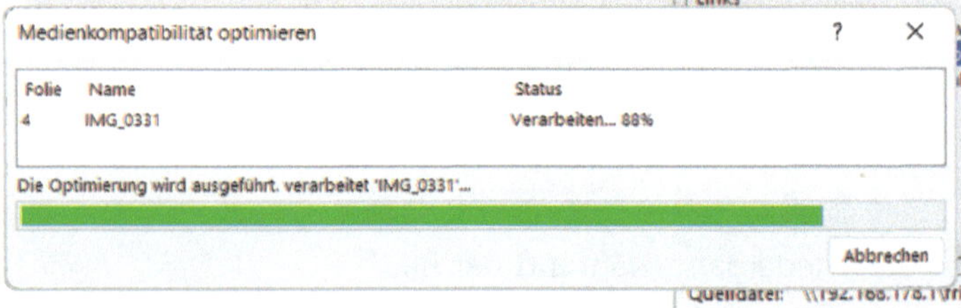


Bild 8.103 Medienkompatibilität optimieren

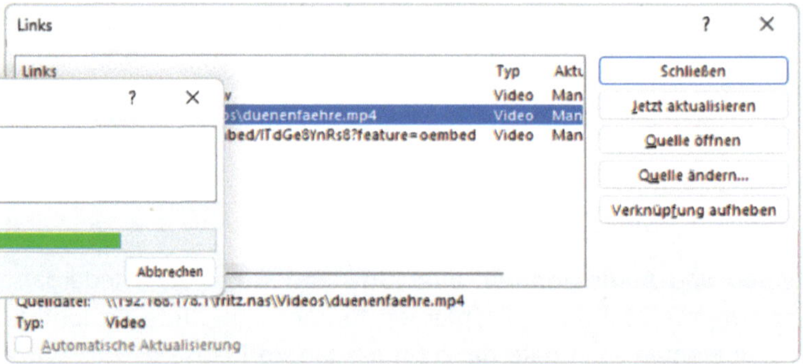


Bild 8.104 Verknüpfung aufheben

Leider hat Microsoft bis jetzt nicht auf die Änderungen der YouTube-Einbettungscodes vor ein paar Jahren reagiert. Deshalb führt ein Klick auf diese Schaltfläche zu einem Fehler im Browser, den Sie aber leicht korrigieren können.

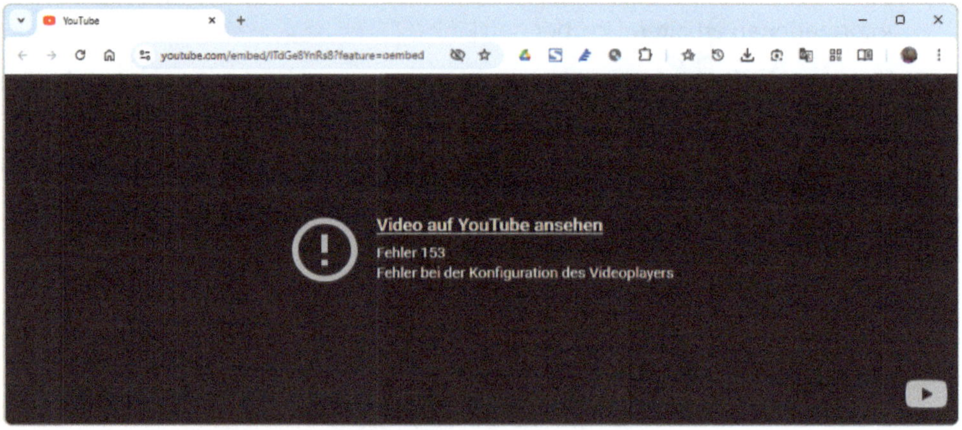


Bild 8.105 Fehlermeldung im Browser beim Klick auf Quelle öffnen.

So lassen Sie das Video im Browser anzeigen:

1. Microsoft überträgt den korrekten Videocode in den Browser, nur mit einem falschen Link, der so aufgebaut ist: https://www.youtube.com/embed/xxxxxxxxxxxx?feature=oembed
2. Der fett markierte Teil ist der Videocode. Ändern Sie den Link in der Adresszeile des Browsers folgendermaßen: https://youtu.be/xxxxxxxxxxxx

3 Der Videocode muss unverändert erhalten bleiben. Jetzt wird das Video im Browser angezeigt.

### Medien komprimieren

Wie bereits mehrfach erwähnt, beanspruchen Präsentationen mit eingebetteten Medien, insbesondere Videos, erheblich mehr Speicherplatz. Im Register *Datei* ▶ *Informationen* zeigt PowerPoint in solchen Fällen unter *Mediengröße und -leistung* den zusätzlich beanspruchten Speicherplatz an. Über die Schaltfläche *Medien komprimieren* können Sie die Dateigröße durch Komprimieren verringern, sollten aber berücksichtigen, dass abhängig von der gewählten Einstellung die Medienqualität beeinträchtigt werden kann. Die folgenden, unten abgebildeten Möglichkeiten stehen zur Auswahl.

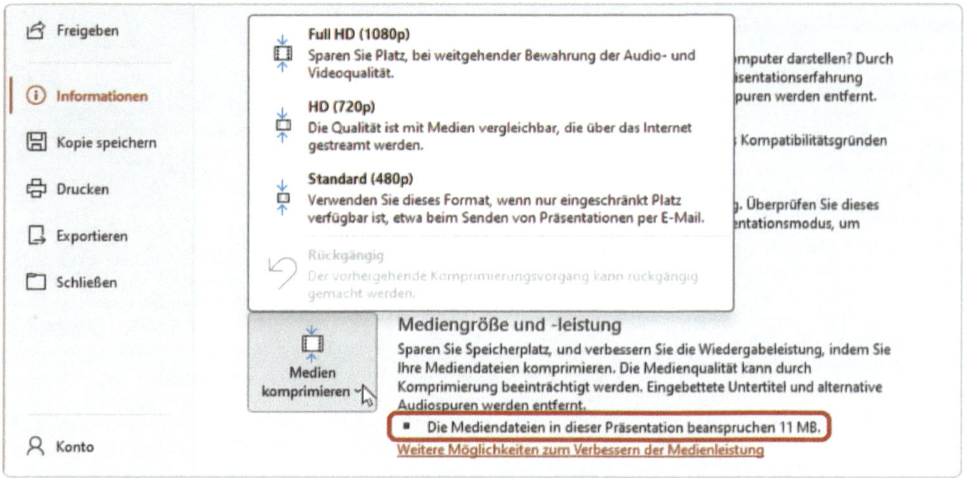


*Bild 8.106 Medien komprimieren*

# 9 Präsentation vorführen, drucken und weitergeben

**In diesem Kapitel lernen Sie ...**

- Mit Cameo Livebild in einer Präsentation einblenden.
- Abschließende Kontrollen, Barrierefreiheit überprüfen
- Zielgruppenorientierte Präsentation zusammenstellen
- Verknüpfte Dateien und Schriften kopieren
- Bildschirmpräsentation vorführen oder als Video aufzeichnen
- Die Referentenansicht nutzen
- Präsentation, Notizen und Handzettel drucken
- Präsentation als Bilddatei, PDF oder Bildschirmpräsentation speichern

**Das sollten Sie bereits wissen**

- Bildschirmpräsentation erstellen und speichern
- Designs, Farben und grafische Elemente einsetzen
- Folienübergänge und Animationen

Bevor Sie die Bildschirmpräsentation vorführen, sind noch einige abschließende Vorbereitungen zu treffen. Wie soll die Präsentation ablaufen, möchten Sie alle Folien einbeziehen und welche Hilfsmittel werden benötigt? Außerdem müssen Sie unter Umständen die gesamte Präsentation auf ein anderes Gerät kopieren, diese drucken usw.

## 9.1 Cameo – Webcam in der Präsentation

**Achtung!** Nur in Microsoft 365 verfügbar.

Sie präsentieren nicht im selben Raum mit dem Publikum, sondern über ein Videokonferenztool wie z. B. Teams oder Zoom? In diesem Fall können Sie ein Live-Bild einblenden, welches Sie via Webcam überträgt und so dem Vortrag zur Stimme auch ein Gesicht liefert. Diese Funktion kann auch genutzt werden, wenn Sie eine Präsentation aufzeichnen; auch hier hilft das Einblenden des Sprechers, dem Offline-Vortrag eine persönliche Note zu verleihen.

### Cameo einrichten

**Cameo**, eine neue Funktion in Microsoft 365, blendet das Bild einer angeschlossenen Webcam in Echtzeit in die Präsentation ein. Die Webcam braucht dazu nur in den Windows-Einstellungen unter *Bluetooth & Geräte > Kameras* angemeldet zu sein. Eine spezielle Konfiguration für PowerPoint ist nicht erforderlich.

1 Klicken Sie im Register *Einfügen* im Bereich *Illustrationen* auf den kleinen Pfeil unter dem Symbol *Cameo*.

2 Hier können Sie wählen, ob das Webcambild nur in die aktuelle Folie oder in alle Folien eingeblendet werden soll.

3 Das Webcambild erscheint zunächst nur als Platzhalter, wie ein grafisches Objekt. Dieses können Sie beliebig auf der Folie verschieben.

*Bild 9.1 Cameo-Platzhalter in der Präsentation*

4 Im Bereich *Entwurfsvorschläge* macht PowerPoint Vorschläge zur Position des Webcambildes auf den Folien.

Bild 9.2 *Cameo-Platzhalter und Webcambild*

5 Klicken Sie auf das durchgestrichene Kamerasymbol im Platzhalter, um das echte Webcambild als Vorschau einzublenden.

6 Im Register *Kameraformat* können Sie das Webcambild gestalten, mit Rahmen und Effekten versehen oder auch an anderen Objekten ausrichten. Sollten mehrere Webcams installiert sein, wählen Sie über das Symbol *Vorschau* die gewünschte Webcam aus.

Bild 9.3 *Kamerabild in der Präsentation gestalten*

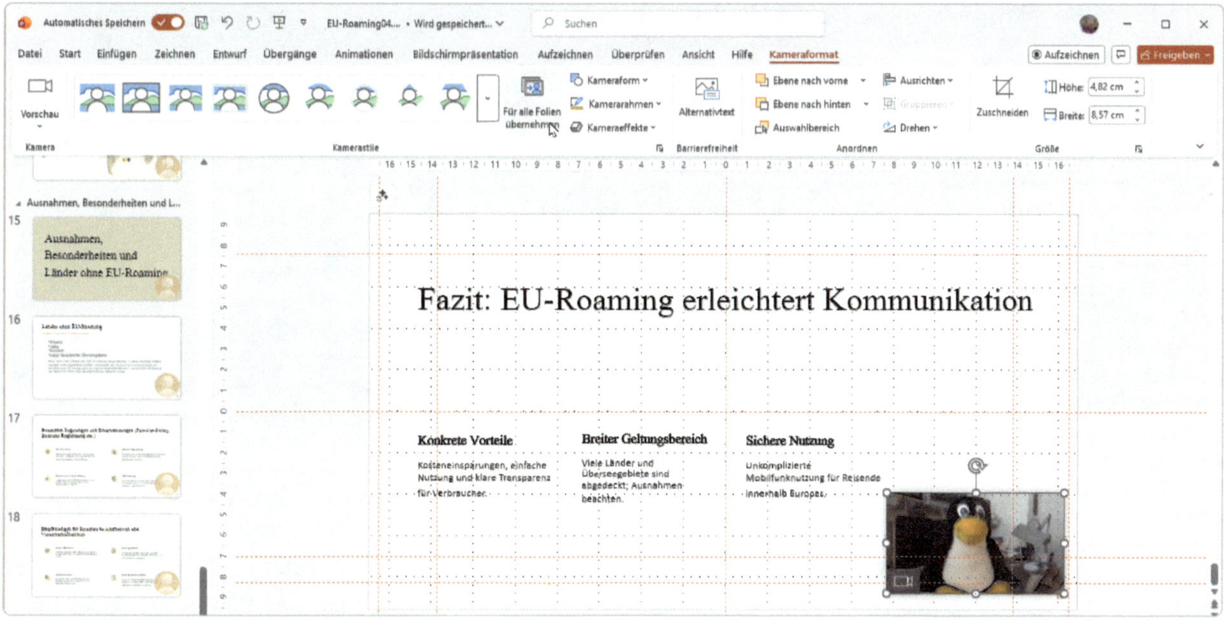


7 Ein Klick auf *Für alle Folien übernehmen* übernimmt Form und Gestaltung des Webcambildes auf alle Folien.

8 Beim Start der Bildschirmpräsentation wird das aktuelle Livebild der Webcam in der Präsentation angezeigt.

## Smartphone als Webcam nutzen

Sollte keine dedizierte Webcam zur Verfügung stehen, ermöglicht Android die Integration der Smartphone-Kamera als externe Videoquelle für den PC. Die Übertragung erfolgt dabei stabil über eine USB-Verbindung.

1 Um Verbindungsprobleme zu vermeiden, sollten externe Antivirenprogramme oder Firewalls von Drittanbietern vorübergehend deaktiviert werden, da diese die Kommunikation über den USB-Port blockieren könnten. Der systemeigene **Windows Defender** erkennt die Verbindung automatisch und erfordert keine Anpassungen.

2 Verbinden Sie das Smartphone mithilfe eines geeigneten USB-Kabels mit dem Computer. Tippen Sie auf die automatisch auftauchende Benachrichtigung der USB-Einstellungen und wählen Sie unter *Verwendungszweck für USB-Verbindung* die Option *Webcam* aus.

*Bild 9.4 Smartphone als Webcam mit dem PC verbinden*

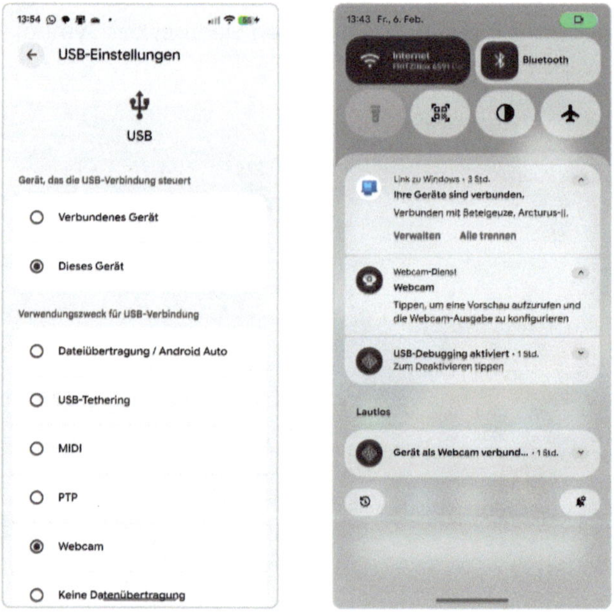


3 Nach Aktivierung des Webcam-Modus erscheint auf dem Smartphone eine Systembenachrichtigung des Webcam-Dienstes. Tippen Sie darauf, öffnet sich eine Benutzeroberfläche, die das aktuelle Kamerabild anzeigt. Hier können Sie zoomen sowie zwischen der Hauptkamera (Rückseite) und der Frontkamera umschalten.

*Bild 9.5 Vorschaubild der Webcam*

4 Damit Windows das Bild korrekt verarbeitet, klicken Sie in den Einstellungen auf dem PC unter *Bluetooth & Geräte > Kameras* auf die Zeile *Android Webcam*. Hier lässt sich das Bild bei Bedarf ausrichten, beispielsweise durch eine softwareseitige Rotation, falls das Smartphone in falscher Ausrichtung montiert ist.

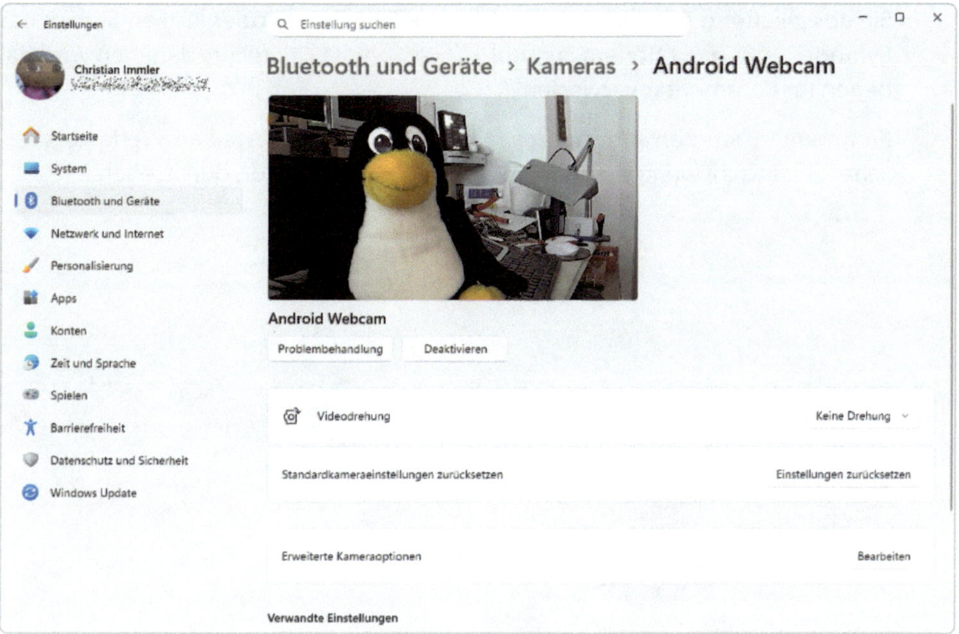


*Bild 9.6 Android-Kamera in den Systemeinstellungen von Windows 11*

5 Jetzt wird die Webcam in allen Programmen, die eine Kamera unterstützen, wie unter anderem **Zoom** und **Teams**, oder eben auch **PowerPoint** als Kamera angeboten.

## 9.2 Abschließende Kontrollen, auf Barrierefreiheit überprüfen

### Präsentation überprüfen und mit Kommentaren versehen

Abschließend sollten Sie die gesamte Präsentation auf Rechtschreibung überprüfen. Eine gute Hilfe hierzu ist die automatische Rechtschreibprüfung, die Sie im Register *Überprüfen* des Menübands finden, siehe Kapitel 5.1. Trotzdem sollten Sie sich nicht hundertprozentig auf diese verlassen, sondern lieber die Präsentation nochmals selbst genau durchlesen oder von anderen Personen lesen lassen.

**Achtung Alternativtext:** Falls Sie für Bilder und Objekte Alternativtexte verwenden, müssen Sie diese extra auf korrekte Rechtschreibung überprüfen, da diese von der automatischen Rechtschreibprüfung nicht erfasst werden.

#### Kommentare hinzufügen

Kommentare geben Ihnen und eventuellen weiteren Bearbeitern die Möglichkeit zum Hinzufügen von Anmerkungen. Diese sind in der Bildschirmpräsentation nicht sichtbar und nicht zu verwechseln mit den Vortragsnotizen.

Oder klicken Sie im Register *Einfügen* auf *Kommentar.*

1. Um einer Folie einen Kommentar hinzuzufügen, klicken Sie im Menüband, Register *Überprüfen* ▶ *Kommentare*, auf *Neuer Kommentar* ❶.

2. Am rechten Bildschirmrand öffnet sich der Aufgabenbereich *Kommentare*. Geben Sie Ihre Anmerkungen zur aktuellen Folie in das Feld ❷ ein und betätigen Sie abschließend entweder die Tasten **Strg+Eingabetaste** oder klicken Sie auf das Symbol *Posten* ❸. Mit dem Symbol *Entwurf abbrechen* rechts daneben wird dagegen Ihr Kommentar verworfen.

Kommentare werden automatisch mit dem Namen des jeweiligen Verfassers versehen. Praktisch, wenn mehrere Personen die Präsentation durchsehen.

*Bild 9.7 Kommentar hinzufügen*

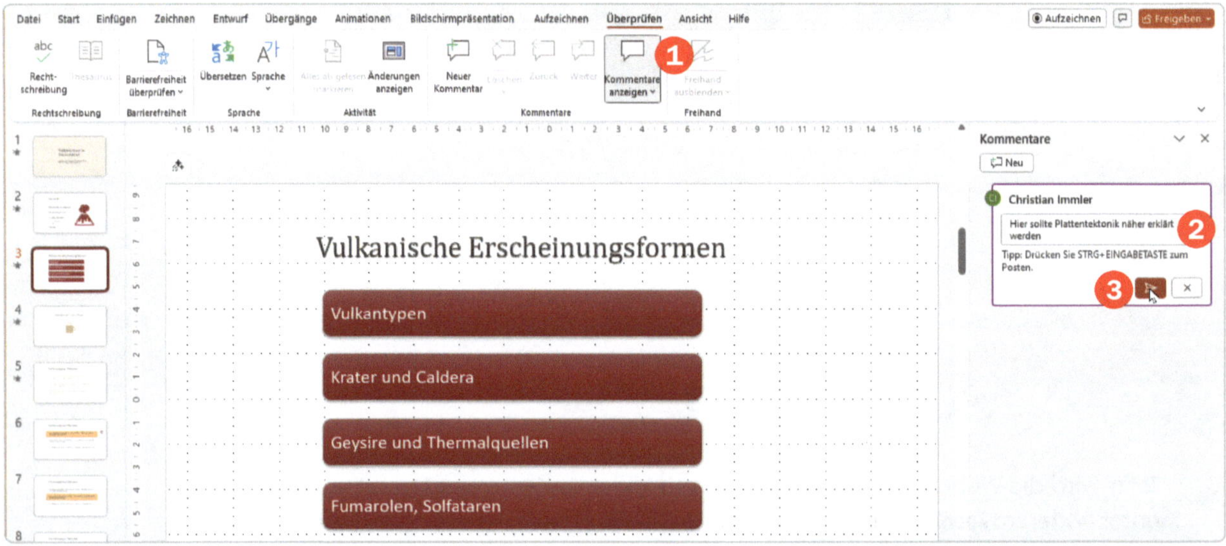


Der Bereich *Kommentare* bleibt auch geöffnet, während Sie in der Ansicht *Normal* die nächsten Folien anzeigen. Wenn Sie zur nächsten Folie einen Kommentar eingeben möchten, dann klicken Sie im Kommentarbereich auf das Symbol *Neu* ❹ oder im Menüband erneut auf *Neuer Kommentar*.

Mit dem Symbol *Schließen* ❺ schließen Sie den Kommentarbereich wieder, können ihn aber jederzeit mit Klick auf *Kommentare anzeigen* ❻ im Menüband, Register *Überprüfen* wieder öffnen.

*Bild 9.8 Kommentarbereich schließen und wieder öffnen*

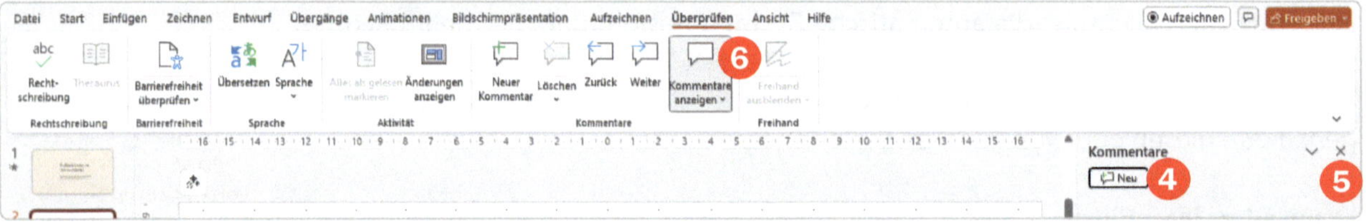

### Kommentare anzeigen, antworten

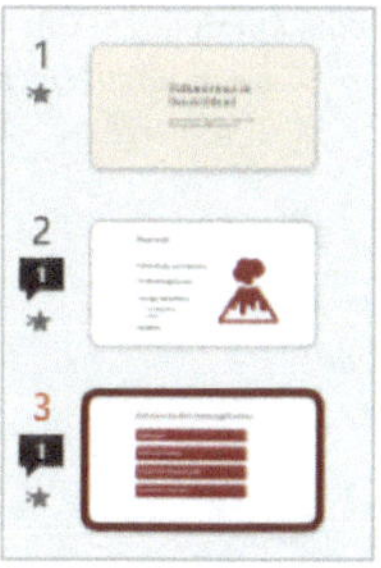

Bild 9.9 Kommentare verwalten

Bei ausgeblendetem Kommentarbereich sind im Navigationsbereich Folien mit Kommentaren am Symbol schnell zu erkennen und ein Klick auf dieses Symbol öffnet den Kommentarbereich mit dem dazugehörigen Text. Um schnell den nächsten Kommentar anzuzeigen, klicken Sie entweder auf *Weitere Kommentare anzeigen* oder benutzen im Menüband, Register *Überprüfen*, die Schaltflächen *Weiter* und *Zurück*.

Wenn mehrere Personen an der Überarbeitung beteiligt waren, dann sehen Sie im Kommentarbereich auch deren Anmerkungen mit Namen und können diese beantworten ❼. Um dagegen unabhängig davon einen neuen Kommentar einzugeben, klicken Sie auf *Neu* ❽ und mit Klick auf das Symbol *Bearbeiten* ❾ können Sie Ihren Kommentar nachträglich ändern.

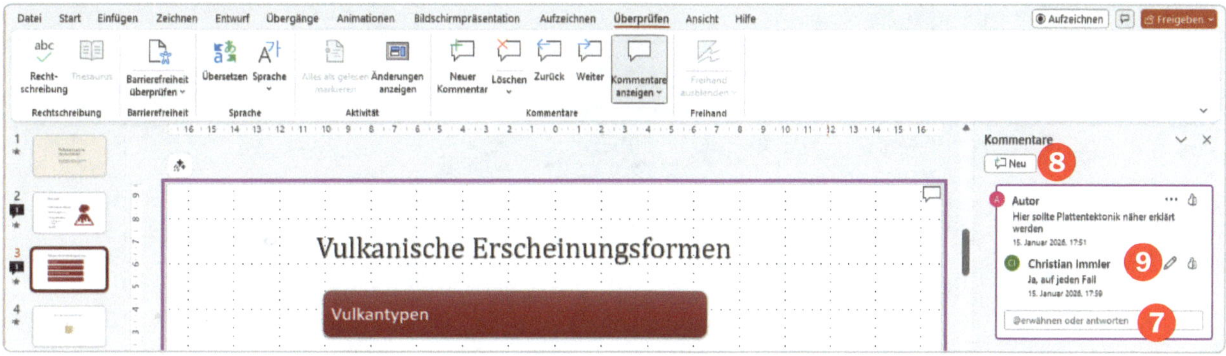


### Statt des Namens wird nur Autor angezeigt – was tun?

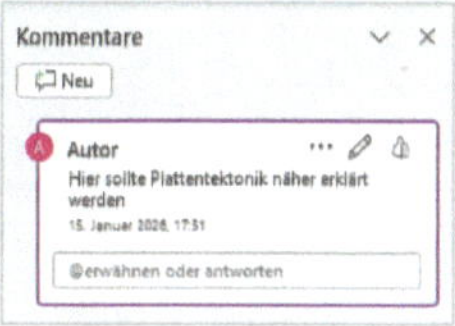


Besonders bei Präsentationen, die Sie irgendwo aus dem Internet übernommen haben und weiter bearbeiten möchten, erscheint bei Kommentaren oft nur das Wort *Autor*, statt des in PowerPoint registrierten Autorennamens. Dies liegt in den meisten Fällen an falsch eingestellten Datenschutzoptionen.

So beheben Sie das Problem:

1. Klicken Sie unter *Datei* auf *Optionen*.
2. Wählen Sie im Seitenmenü des nächsten Fensters die Option *Trust Center* und klicken Sie dann auf die Schaltfläche *Einstellungen für das Trust Center...*
3. Wählen Sie im Trust Center die Kategorie *Datenschutzoptionen*.
4. Deaktivieren Sie das Kontrollkästchen für *Beim Speichern personenbezogene Daten aus Dateieigenschaften entfernen*.
5. Schließen Sie beide geöffneten Fenster mit *OK*.

Nach dem Korrigieren dieser Option werden neue Kommentare mit dem in den Office-Optionen festgelegten Benutzernamen gekennzeichnet. Bereits bestehende Kommentare, die als *Autor* anonymisiert wurden, behalten diese Kennzeichnung jedoch bei.

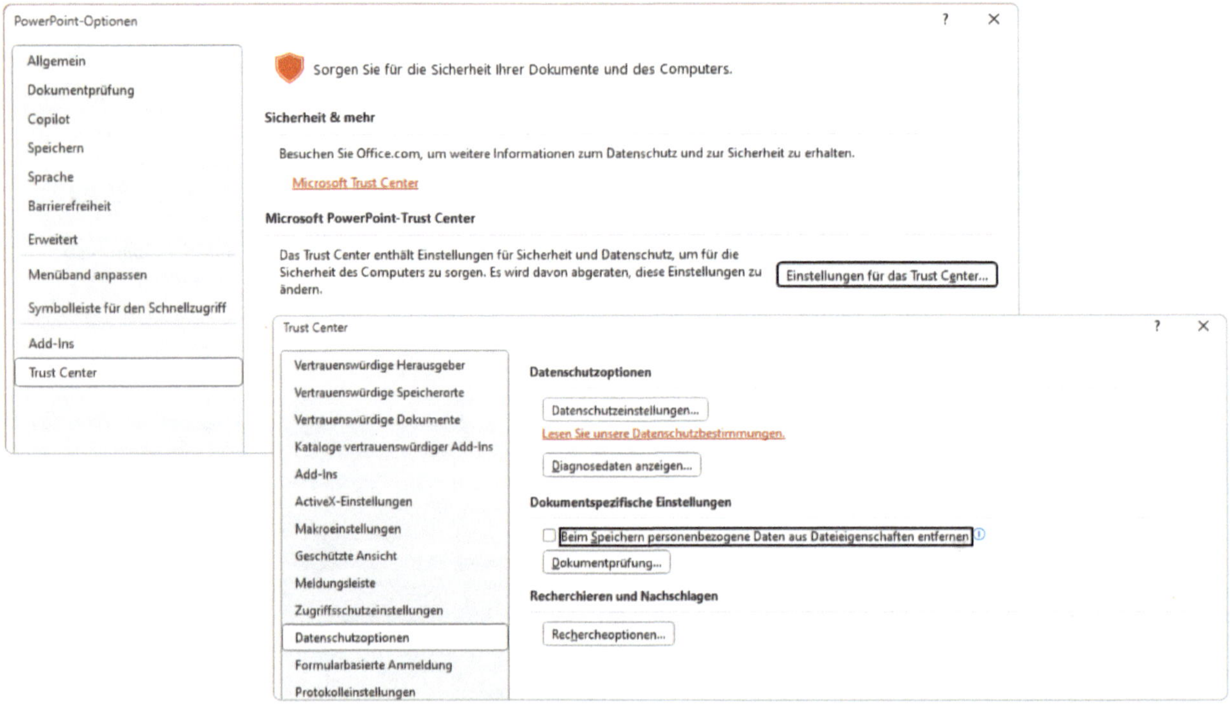


*Bild 9.10 Datenschutzoptionen korrigieren, um Autorennamen anzuzeigen*

## Auf Barrierefreiheit überprüfen

Ausreichend große Schrift (mindestens 18 Punkt) und gute Kontraste zwischen Schriftfarbe und Hintergrund sollten für jede PowerPoint-Präsentation selbstverständlich sein. Für eine barrierefreie Präsentation sind außerdem die folgenden Punkte, insbesondere im Hinblick auf das Vorlesen mit einem Screenreader zu berücksichtigen.

- Lesereihenfolge
- Folientitel
- Alternativtext für Bilder und grafische Objekte
- Aussagekräftige Hyperlink-Texte

Die Prüfung der Barrierefreiheit ist insbesondere dann sinnvoll, wenn Sie Ihre Präsentation online bereitstellen. Doch auch bei Live-Präsentationen tragen Maßnahmen wie ein hoher Farbkontrast, gut lesbare Schriftgrößen und Gestaltungsregeln (z. B. sollte Farbe nicht der alleinige Bedeutungsträger sein) wesentlich dazu bei, Menschen mit Sehbeeinträchtigungen zu unterstützen.

Darüber hinaus ermöglicht Microsoft 365 die Echtzeit-Transkription von Sprache sowie das Einblenden von Untertiteln, sodass auch gehörlose und schwerhörige Personen der Präsentation folgen können.

Die Umsetzung von Barrierefreiheit ist mit zusätzlichem Aufwand verbunden, der realistisch im Hinblick auf die jeweilige Zielgruppe eingeschätzt werden sollte.

Um die Präsentation auf Barrierefreiheit zu überprüfen, gehen Sie so vor:

1 Klicken Sie im Register *Datei* auf *Informationen* und dann auf *Auf Probleme überprüfen*.

2 Wählen Sie *Barrierefreiheit überprüfen*.

3 Anschließend erscheint am rechten Rand des PowerPoint-Fensters der Aufgabenbereich *Barrierefreiheit-Assistent* mit einer Zusammenfassung aller gefundenen Probleme.

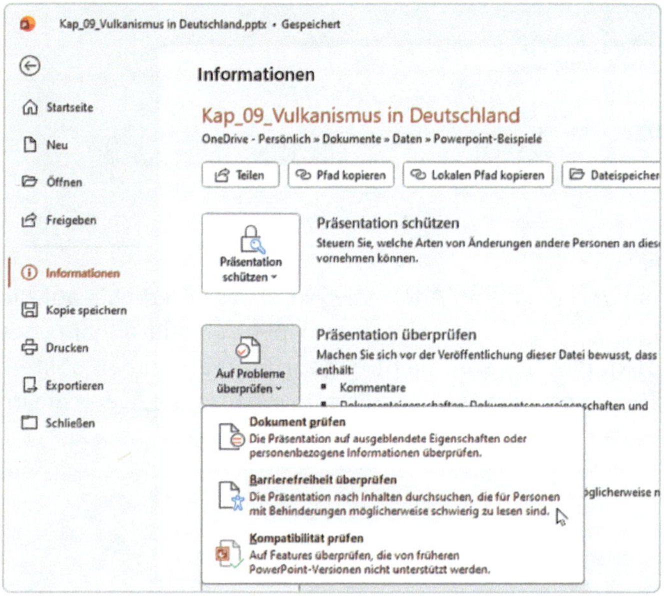


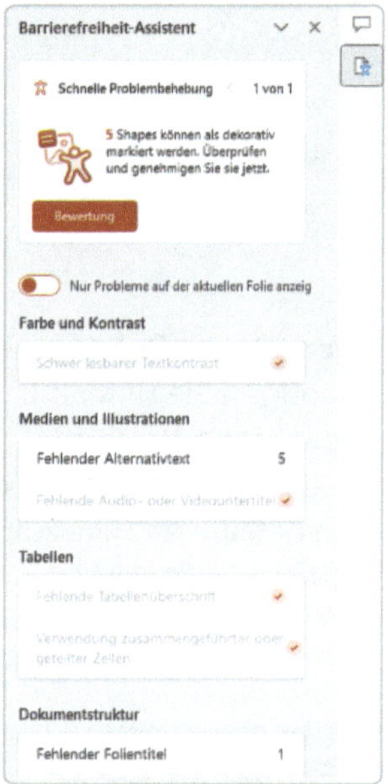


Bild 9.11 Klicken Sie auf Barrierefreiheit überprüfen

Bild 9.12 Der Bereich Barrierefreiheit

**Tipp**: Per Rechtsklick in die Statusleiste und Aktivieren der *Barrierefreiheitsprüfung* (Häkchen) sehen Sie bereits während der Arbeit, ob Probleme gefunden wurden.

Mit einem Klick darauf öffnet sich ebenfalls am rechten Bildschirmrand der Aufgabenbereich *Barrierefreiheit-Assistent*.

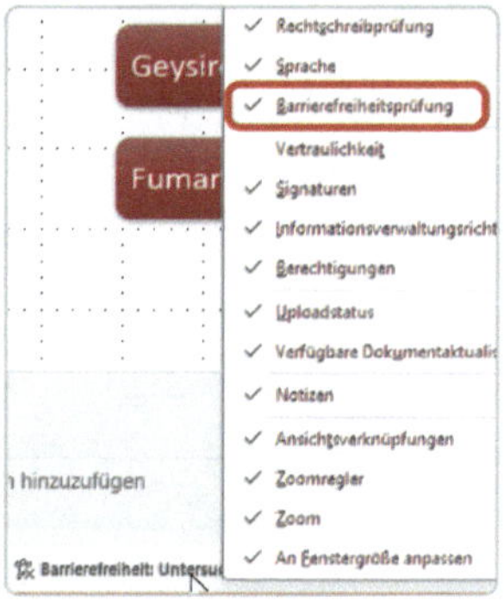


## Probleme anzeigen und beheben

Mit Klick auf die Zahl rechts von einem gefundenen Problem erhalten Sie weitere Informationen und Empfehlungen zu dessen Behebung. PowerPoint zeigt sofort die betreffende Folie zusammen mit dem Bereich *Alternativtext* an und markiert das betreffende Objekt.

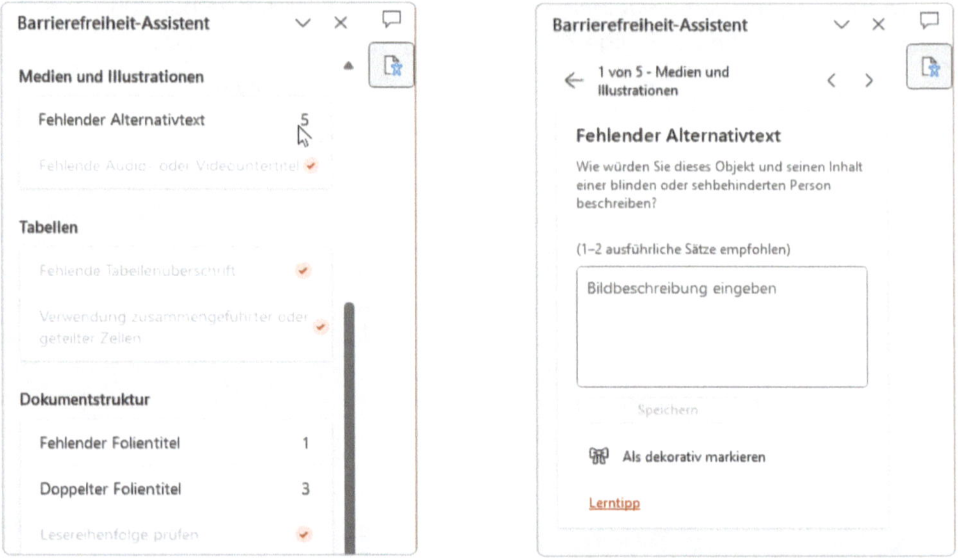


*Bild 9.13 Fehlende Alternativtexte ergänzen*

Details zum Thema Alternativtext für Bilder lesen Sie in Kap. 6.2 auf Seite 183.

#### Hilfe zur Barrierefreiheit erhalten

Benötigen Sie Hilfe, z. B. zum Verfassen von Alternativtext, dann klicken Sie auf die Schaltfläche *Beschreibung generieren*. Die KI Microsoft Copilot erstellt anhand des Bildinhaltes einen kurzen Text, den Sie aber nicht ungeprüft übernehmen sollten. Eine detaillierte Hilfe zum Thema barrierefreie Dokumente erhalten Sie, wenn Sie im Menüband, Register *Barrierefreiheit* auf *Hilfe* klicken, (Bild 9.15 unten).

*Bild 9.14 KI generierte Texte*

#### Das Register Barrierefreiheit im Menüband

Sobald Sie auf *Barrierefreiheit überprüfen* geklickt haben, egal im Register *Datei* oder in der Statusleiste, erscheint im Menüband das Register *Barrierefreiheit*. Es enthält alle Befehle, die Sie für barrierefreie Dokumente oder Präsentationen benötigen.

- Schriftfarbe, Texthervorhebungsfarbe, Fülleffekt und Formkontur in der Gruppe *Farbe & Kontrast* dürften ebenso wie die Rechtschreibung bekannt sein.
- Zum Kontrollieren oder Ändern der Lesereihenfolge klicken Sie auf *Lesereihenfolgebereich* und zum Hinzufügen von Alternativtext zum markierten Bild wählen Sie *Alternativtext*.
- Links zu anderen Folien oder zu Webseiten sollten klare Informationen zum Ziel vermitteln. Verwenden Sie also statt „Klicken Sie hier..." besser den Folientitel oder Titel der Webseite als Linktext. Diesen erstellen Sie über *Hyperlinktext*.
- Ob während des Vortrags automatisch Untertitel eingeblendet werden (nur Microsoft 365), steuern Sie über das Kontrollkästchen *Immer Untertitel verwenden* und die dazugehörigen Einstellungen, z. B. Untertitelsprache und Position der Untertitel legen Sie mit Klick auf *Untertiteleinstellungen* fest. Genaueres zur Verwendung von Untertiteln lesen Sie weiter unten auf Seite 357.

*Bild 9.15 Register Barrierefreiheit*

### Tipps zur Lesereihenfolge

Die integrierten Folienlayouts, z. B. *Inhalt mit Überschrift* sind bereits so konzipiert, dass sie auch in der richtigen Reihenfolge von Screenreadern gelesen werden. Wenn Sie dagegen Folienelemente, z. B. Textfelder oder beschriftete Formen manuell hinzufügen, dann werden diese am Ende der Lesereihenfolge hinzugefügt. In solchen Fällen müssen Sie selbst für die richtige Reihenfolge sorgen.

Ein Klick auf *Lesereihenfolgebereich* (Register *Barrierefreiheit*) öffnet den gleichnamigen Bereich am rechten Rand des PowerPoint-Fensters und Sie können hier die Reihenfolge, in der Folienelemente vorgelesen werden (von oben nach unten), kontrollieren und mithilfe der Pfeile oder durch Verschieben mit der Maus ändern.

### Objekte in logischen Einheiten zusammenfassen und beschriften

Komplexe Darstellungen aus mehreren Objekten, z. B. Formen oder sonstige Illustrationen können Sie zu Gruppen zusammenfassen. Dann wird statt der Einzelobjekte die Beschreibung bzw. der Alternativtext der Gruppe vorgelesen. Zum Gruppieren klicken Sie die Elemente nacheinander mit gleichzeitig gedrückter Strg-Taste an und klicken im Menüband, Register *Formformat* (oder Register *Barrierefreiheit*) auf *Gruppieren* ❶.

Im Bereich *Lesereihenfolge* erscheint anschließend nur die Gruppe ❷. Klicken Sie auf die Gruppe und geben Sie eine Beschreibung ein ❸.

**Achtung**: Eventuell vorhandene Animationen der Einzelobjekte gehen durch das Gruppieren verloren.

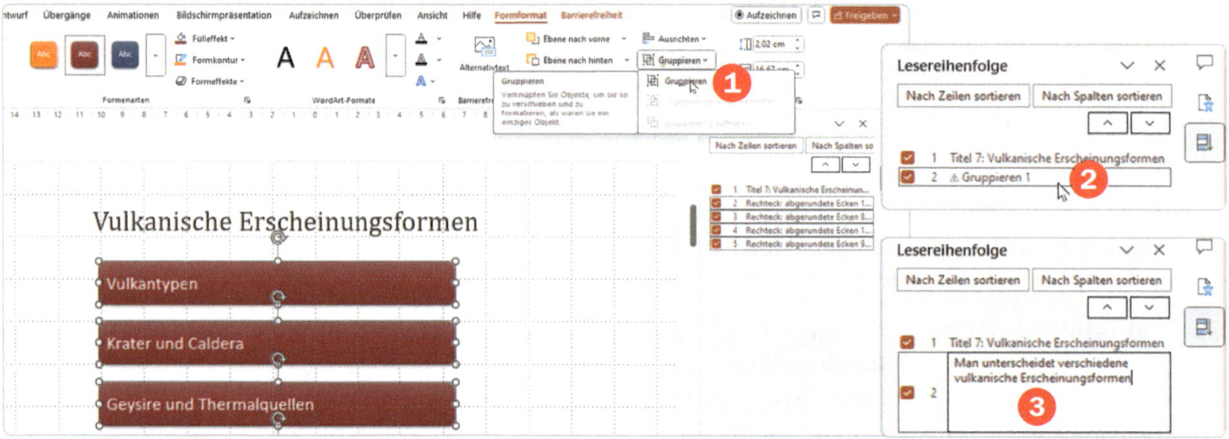


*Bild 9.16 Elemente gruppieren*

**SmartArt beschriften**: Bei SmartArt handelt es sich um bereits gruppierte Elemente. Die *Gruppe* erscheint im Bereich *Lesereihenfolge* unter der Bezeichnung *Diagramm1*, *Diagramm2* usw. und kann auf dieselbe Weise beschriftet werden. Falls stattdessen die Einzelelemente vorgelesen werden sollen, klicken Sie in der Folie auf die Gruppe und im Menüband, Register *Formformat* (oder Register *Barrierefreiheit*) auf *Gruppieren* und wählen *Gruppierung aufheben*. Danach können die Formen einzeln beschriftet werden.

### Folienelemente nicht vorlesen

Folienelemente, die für das Verständnis keine Rolle spielen und nur vom eigentlichen Inhalt ablenken, sollten auch nicht vorgelesen werden. Dazu zählen z. B. alle wiederkehrenden Inhalte in Kopf- oder Fußzeile. Um diese aus der Lesereihenfolge zu entfernen, deaktivieren Sie einfach das dazugehörige Kontrollkästchen. Damit wird auch die dazugehörige Nummerierung entfernt und das Objekt als *Dekorativ* gekennzeichnet.

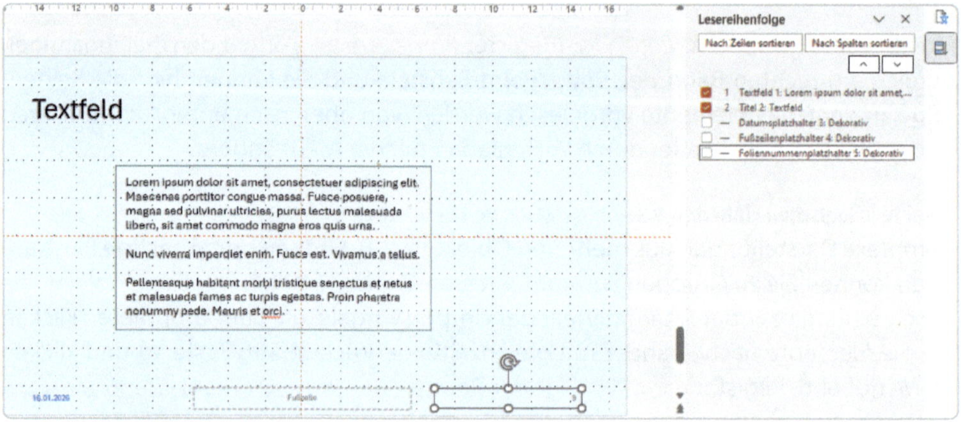


*Bild 9.17 Objekt aus Lesereihenfolge entfernen*

### (Unsichtbaren) Folientitel hinzufügen

Für Personen mit eingeschränktem Sehvermögen dienen Folientitel zur Orientierung und zur Auswahl einer bestimmten Folie. Daher sollte in einer barrierefreien Präsentation jede Folie über einen Titel bzw. eine Überschrift verfügen. Allerdings wirken Präsentationen, in denen stereotyp jede Folie mit einem Folientitel versehen ist, langweilig und häufig wird der Platz auch anderweitig benötigt.

Eventuell müssen Sie zunächst über den Schieberegler im rechten Bereich der Statusleiste den Zoom der Folie verkleinern, bis die Bereiche außerhalb der Folie sichtbar werden.

**Tipp Folientitel ausblenden:** Um einen vorhandenen Folientitel auszublenden, ziehen Sie diesen einfach mit der Maus in den Bereich ober- oder unterhalb der Folie. Dieser ist während der Bildschirmpräsentation nicht sichtbar, wird aber vorgelesen.

Falls Sie nachträglich einen Folientitel hinzufügen möchten, klicken Sie im Register *Barrierefreiheit* auf *Folie Titel* und wählen eine der folgenden Möglichkeiten:

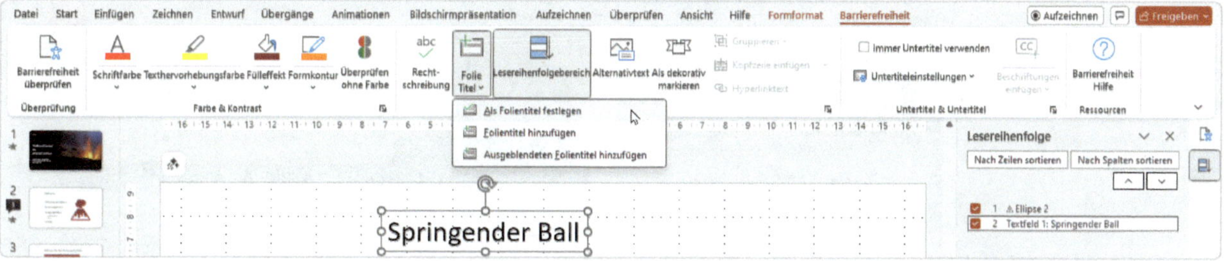


*Bild 9.18 Folientitel hinzufügen, Textfeld als Folientitel festlegen*

- **Als Folientitel festlegen:** Wandelt da markierte Textfeld in einen Folientitel um.
- **Folientitel hinzufügen:** Fügt der Folie einen Titelplatzhalter hinzu.
- **Ausgeblendeten Folientitel hinzufügen:** Fügt der Folie einen Titelplatzhalter oberhalb und damit außerhalb des Folienbereichs hinzu (siehe oben).

## 9.3 Bildschirmpräsentation zusammenstellen

Die Befehle zum Einrichten und zum Ablauf einer Bildschirmpräsentation finden Sie im Menüband im Register *Bildschirmpräsentation*.

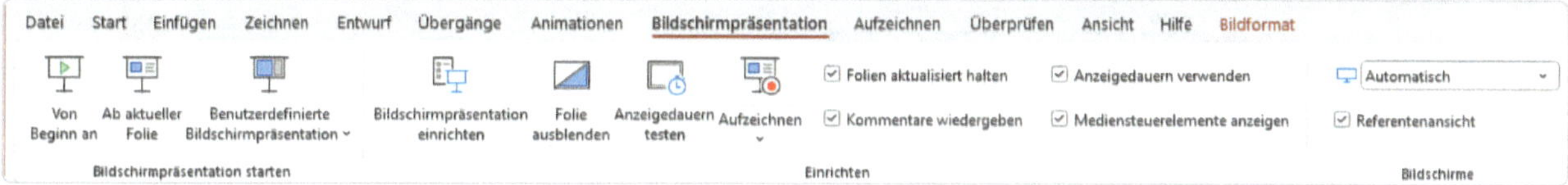


*Bild 9.19 Das Register Bildschirmpräsentation*

### Folien für eine zielgruppenorientierte Präsentation auswählen

Nicht immer werden in einer Bildschirmpräsentation alle Folien benötigt, beispielsweise wenn für einen Zuhörerkreis nur bestimmte Inhalte von Interesse sind. Wie Sie mithilfe eines Zusammenfassungs- oder Abschnittszooms während der Vorführung nur bestimmte Folien ansteuern, wurde in Kapitel 8.4 auf Seite 306 ff. ausführlich beschrieben. Eine andere Möglichkeit ist das Zusammenstellen einer zielgruppenorientierten Bildschirmpräsentation, die nur ausgewählte Folien berücksichtigt, ohne dass die übrigen Folien gelöscht werden müssen. Beispielsweise, wenn Ihr Gerät bzw. das Gerät auf dem die Bildschirmpräsentation vorgeführt wird, Zoom nicht unterstützt.

1 Klicken Sie dazu im Menüband, Register *Bildschirmpräsentation*, auf *Benutzerdefinierte Bildschirmpräsentation* und wählen Sie *Zielgruppenorientierte Präsentationen...* ❶. Klicken Sie dann im gleichnamigen Dialogfenster auf *Neu* ❷.

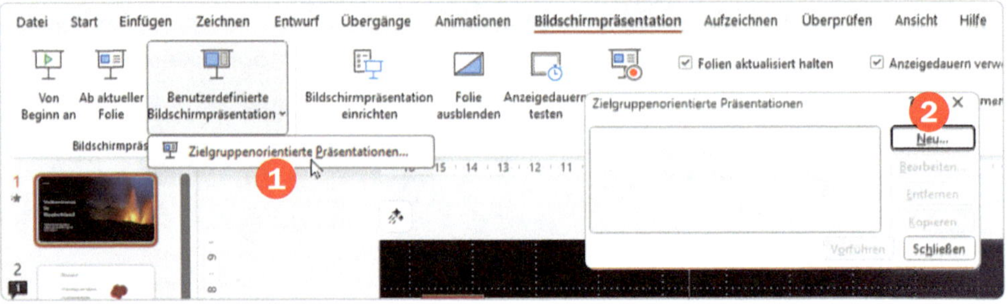


*Bild 9.20 Zielgruppenorientierte Präsentation erstellen*

2 Das Fenster *Zielgruppenorientierte Präsentation definieren* öffnet sich. Geben Sie der Präsentation einen Namen ❸, setzen Sie ein Häkchen vor die benötigten Folien ❹ und klicken Sie auf die Schaltfläche *Hinzufügen* ❺.

Anschließend können Sie in der zielgruppenorientierten Präsentation über die Pfeile ❻ die markierte Folie nach oben oder unten verschieben und so die Folien bei Bedarf neu anordnen, ohne dass die Originalreihenfolge geändert wird. Hier finden Sie auch das Symbol *Entfernen*, mit dem Sie die markierte Folie wieder aus der zielgruppenorientierten Präsentation entfernen.

3 Mit abschließendem Klick auf *OK* wird die zielgruppenorientierten Präsentation erstellt und das Fenster geschlossen.

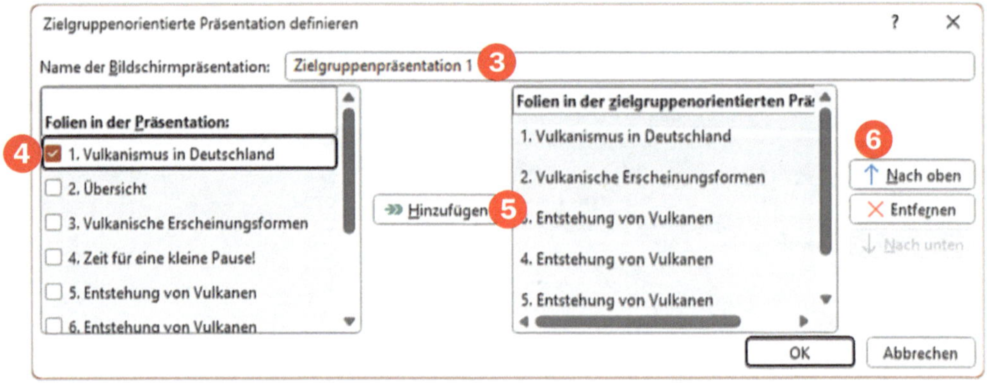


*Bild 9.21 Folien zusammenstellen*

4 Die soeben erstellte Präsentation erscheint im Fenster *Zielgruppenorientierte Präsentation* und kann anschließend zum Testen über die Schaltfläche *Vorführen* gestartet werden (Bild 9.22). Ein Klick auf *Bearbeiten...* öffnet dagegen das Fenster *zielgruppenorientierte Präsentation definieren* erneut, um bei Bedarf weitere Folien hinzuzufügen bzw. Folien zu entfernen.

### Zielgruppenorientierte Präsentation vorführen

Zum Vorführen der zielgruppenorientierten Präsentation klicken Sie im Menüband, Register *Bildschirmpräsentation*, auf *Benutzerdefinierte Bildschirmpräsentation* und hier auf die gewünschte Präsentation.

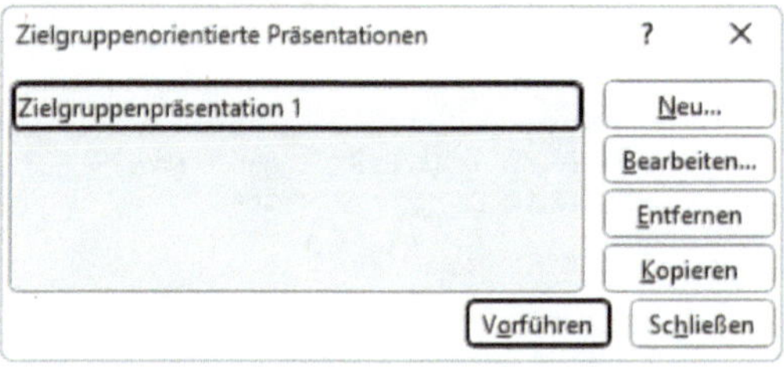


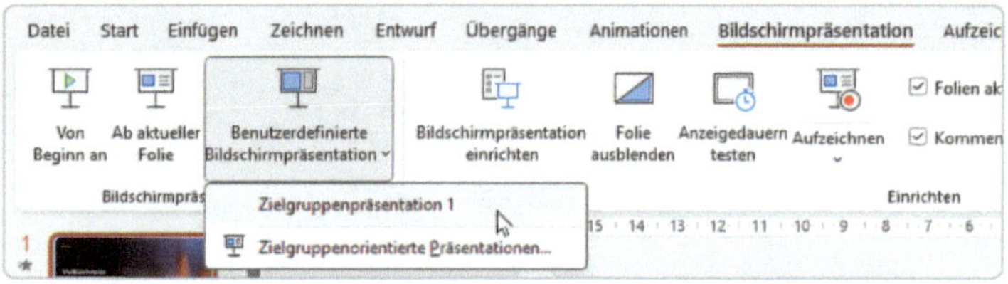


*Bild 9.22 Präsentation testen*

*Bild 9.23 Zielgruppenorientierte Präsentation starten*

### Tipp: Nicht benötigte Folien ausblenden

Statt einer zielgruppenorientierten Präsentation können Sie auch einzelne Folien der Präsentation ausblenden.

- Klicken Sie dazu im Navigationsbereich mit der rechten Maustaste auf die betreffende Folie und auf *Folie ausblenden*. Oder klicken Sie im Menüband, Register *Bildschirmpräsentation* ▶ *Einrichten*, auf *Folie ausblenden*.
- Auf demselben Weg blenden Sie eine ausgeblendete Folie auch wieder ein. Ausgeblendete Folien erscheinen im Navigationsbereich mit einer durchgestrichenen Foliennummer.

*Bild 9.24 Folie ausblenden*

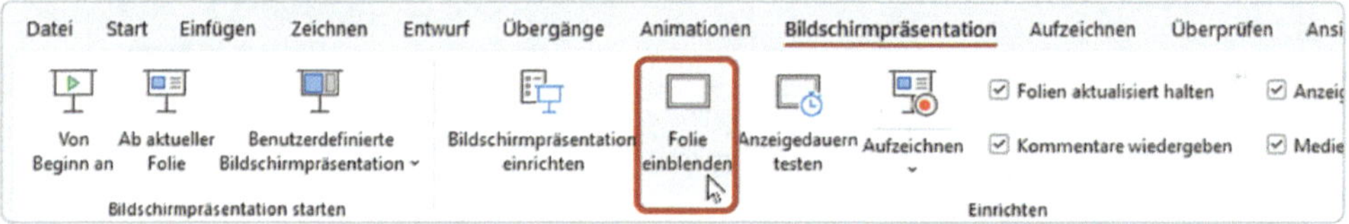


## Folien aus anderen Präsentationen einfügen

Wozu eine, manchmal mit erheblichem Aufwand gestaltete, Folie nochmals erstellen? Solche Folien lassen sich auch als Kopie und mit wenig Aufwand in die aktuelle Präsentation zu übernehmen und zwar ohne Zwischenablage und vorheriges Öffnen der Quelldatei.

1. Um in die aktuelle Präsentation eine oder mehrere Folien aus anderen Präsentationen einzufügen, klicken Sie im Menüband, Register *Start* (oder *Einfügen*), auf den Dropdown-Pfeil *Neue Folie* und auf *Folien wiederverwenden...*
2. Am rechten Bildschirmrand erscheint der Aufgabenbereich *Folien wiederverwenden*. Klicken Sie auf die Schaltfläche *Durchsuchen* oder den Link *PowerPoint-Datei öffnen*, um die Präsentation auszuwählen.

*Bild 9.25 Neue Folie - Folien wiederverwenden*

*Bild 9.26 Der Aufgabenbereich Folien wiederverwenden*

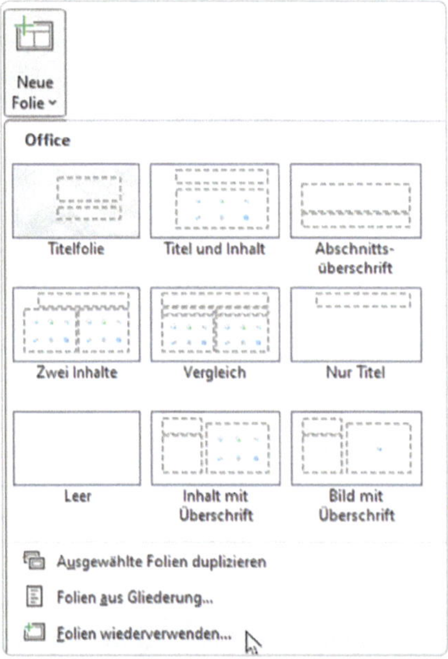


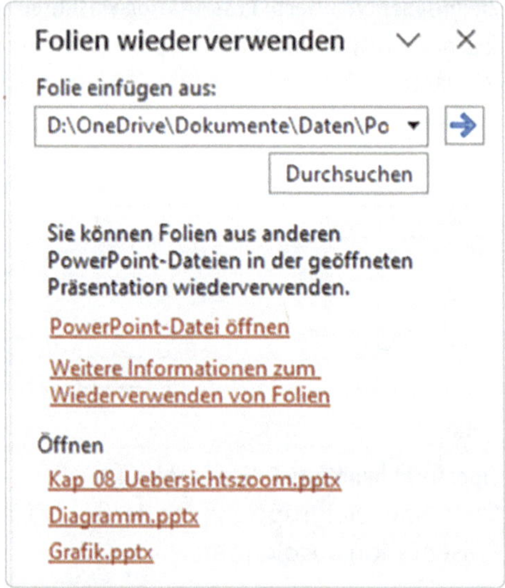


**3** Sämtliche Folien der ausgewählten Präsentation erscheinen anschließend untereinander als Vorschau im Aufgabenbereich und können durch einfaches Anklicken als Kopie nach der aktuellen Folie eingefügt werden.

*Bild 9.27 Kopie der Folie einfügen*

**Formatierung/Design beibehalten**

Standardmäßig erhalten die Folien das Design der Zielpräsentation. Wenn Sie bei voneinander abweichenden Designs das ursprüngliche Aussehen beibehalten möchten, dann müssen Sie im Aufgabenbereich **vor** dem Einfügen das Kontrollkästchen *Ursprüngliche Formatierung beibehalten* aktivieren.

## Voreinstellungen zur Bildschirmpräsentation

Bildschirmpräsentation einrichten

Diverse Voreinstellungen zum Vorführen der Bildschirmpräsentation legen Sie im Fenster *Bildschirmpräsentation einrichten* fest. Klicken Sie dazu im Menüband, Register *Bildschirmpräsentation* ▶ *Einrichten*, auf *Bildschirmpräsentation einrichten*.

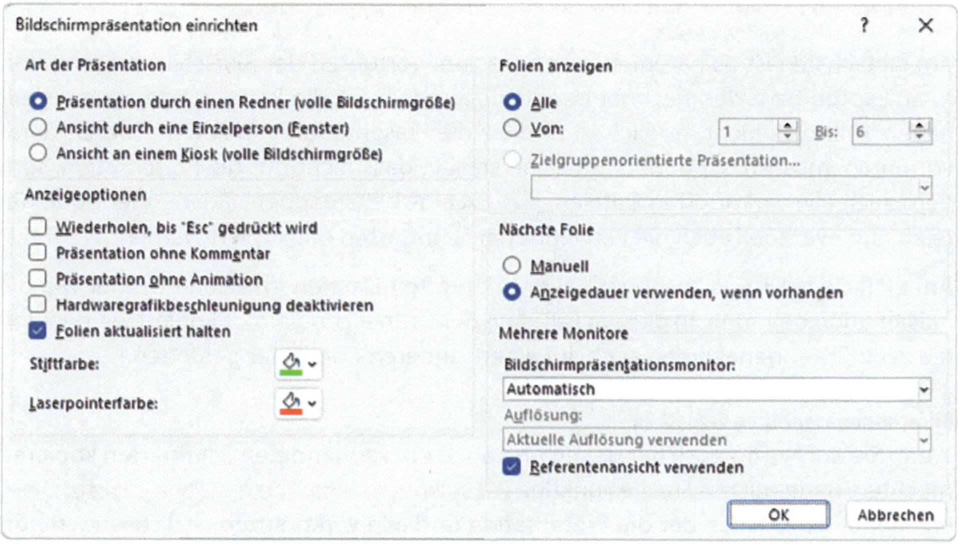


*Bild 9.28 Bildschirmpräsentation einrichten*

**Art der Präsentation**

- Die Standardeinstellung ist *Präsentation durch einen Redner (volle Bildschirmgröße)*. Damit wird während der Präsentation die Arbeitsoberfläche von PowerPoint ausgeblendet und die Wiedergabe der Folien erfolgt im Vollbildmodus.
- Mit der Option *Ansicht durch eine Einzelperson (Fenster)* läuft die Bildschirmpräsentation innerhalb eines Fensters beliebiger Größe ab und die typischen Fensterelemente *Schließen*, *Minimieren* und *Maximieren* eines Windows-Fenster bleiben sichtbar. Schaltflächen zum Weiterblättern finden Sie in der Statusleiste am unteren Rand des Fensters.
- Bei einer automatisch ablaufenden Präsentation sind mit der Option *Ansicht an einem Kiosk (volle Bildschirmgröße)* während der Bildschirmpräsentation mit Ausnahme der **Esc**-Taste zum Beenden die üblichen Tasten zur Steuerung, z. B. *Weiter*, deaktiviert. Bis dahin wird die Präsentation automatisch wiederholt.

Über die Kontrollkästchen der Gruppe *Anzeigeoptionen* lässt sich die Präsentation auch ohne Animation oder aufgezeichnete Kommentare wiedergeben und Sie können vorab die Farben für Stift und Laserpointer festlegen.

Falls gewünscht, können Sie auch die Anzeige auf bestimmte Folien einschränken oder eine zielgruppenorientierte Präsentation auswählen. Wenn Anzeigedauern zu den Folien existieren, lassen sich diese bei Bedarf unter *Nächste Folie* mit der Auswahl *Manuell* deaktivieren. Ein weiteres Kontrollkästchen legt fest, ob die Bildschirmpräsentation automatisch in der Referentenansicht startet.

## Präsentation in einen Ordner oder auf Datenträger exportieren

Am einfachsten ist es natürlich, wenn Sie zum Vorführen der Bildschirmpräsentation Ihren Laptop bzw. den Rechner benutzen, auf dem Sie die Präsentation auch erstellt haben. Falls dies nicht möglich ist und Sie die Präsentation auf einem anderen Gerät vorführen, müssen Sie unbedingt sicherstellen, dass nicht nur die Präsentation, sondern auch alle verknüpften Dateien, z. B. Excel-Arbeitsmappen, Video- oder Audiodateien und eventuell auch die verwendeten Schriftarten mit kopiert werden.

Fehlende Schriftarten ersetzt PowerPoint einfach durch eine andere, was meist zu unbeabsichtigten Änderungen des Layouts führt.

Am einfachsten ist es, wenn sich alle verknüpften Dateien im selben Ordner wie die Präsentation befinden. In diesem Fall kann der Ordner problemlos kopiert werden und die Verknüpfungen werden auch auf einem anderen Computer gefunden.

### Bildschirmpräsentation verpacken

Wenn Sie auf Nummer sicher gehen und auch die verwendeten Schriftarten kopieren möchten, dann nutzen Sie die Funktion *Bildschirmpräsentation für CD verpacken*. Diese erzeugt einen Ordner, der die Präsentation und alle verknüpften und sonstigen notwendigen Dateien enthält und den Sie beliebig kopieren können. So gehen Sie vor:

1. Öffnen Sie die Präsentation, die Sie kopieren möchten bzw. speichern Sie die letzten Änderungen. Klicken Sie im Register *Datei* auf *Exportieren* ❶, wählen Sie *Bildschirmpräsentation für CD verpacken* ❷ und klicken Sie dann rechts auf die Schaltfläche *Verpacken für CD* ❸.

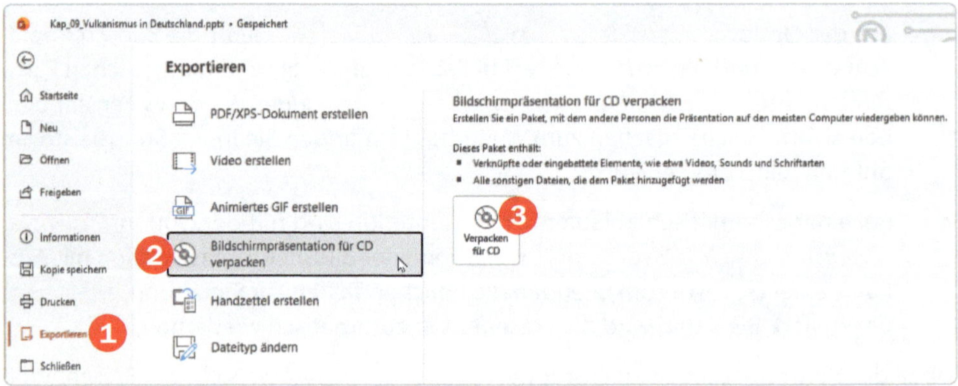


*Bild 9.29 Bildschirmpräsentation für CD verpacken*

2. PowerPoint öffnet das Dialogfenster *Verpacken für CD*. Hier können Sie den Umfang genauer definieren.
   - Die aktuelle Präsentation ist im Feld *Zu kopierende Dateien* bereits vorhanden ❹. Mit der Schaltfläche *Hinzufügen* können Sie im Bedarfsfall dem Paket weitere Präsentationen hinzufügen, diese werden in der Reihenfolge abgespielt, in der sie ausgewählt wurden.
   - Damit verknüpfte Dateien und Schriftarten ebenfalls berücksichtigt werden, klicken Sie auf die Schaltfläche *Optionen* ❺ und aktivieren im nachfolgenden Fenster die beiden Kontrollkästchen *Verknüpfte Dateien* und *Eingebettete TrueType-Schriftarten* ❻.

- Optional können Sie in den Optionen Ihre Präsentation mit einem Kennwort zum Öffnen und/oder Ändern schützen. Falls Sie die Präsentation weitergeben, können Sie die Datei über ein Kontrollkästchen auch noch auf private Informationen, wie z. B. Name des Autors und Name des Unternehmens überprüfen.

3 Falls Sie die Präsentation sofort auf CD/DVD brennen möchten, geben Sie im Feld *CD benennen* einen optionalen Namen für die CD ein und klicken auf die Schaltfläche *Auf CD kopieren* ❼, hierfür sollte ein beschreibbarer CD-Rohling im CD/DVD-Laufwerk liegen.

In allen anderen Fällen klicken Sie stattdessen auf die Schaltfläche *In Ordner kopieren...* ❽ und legen anschließend Ordnername und Speicherort fest. Diesen Ordner können Sie anschließend beliebig auf einen externen Datenträger kopieren oder in der Cloud, z. B. auf OneDrive, sichern, siehe nächster Punkt.

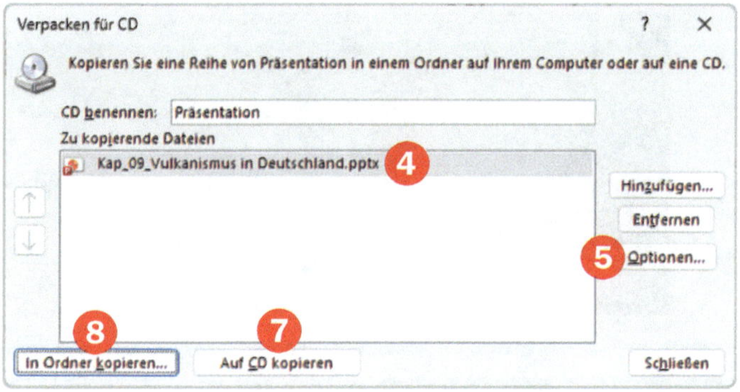


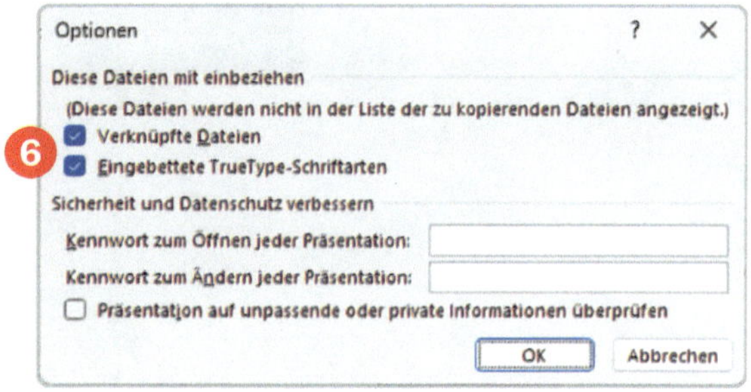


4 Abschließend macht Sie eine Meldung darauf aufmerksam, dass verknüpfte Dateien ein potentielles Sicherheitsrisiko darstellen können und nur eingeschlossen werden, wenn Sie der Datenquelle vertrauen. Damit die Dateien berücksichtigt werden, müssen Sie auf *Ja* ❾ klicken.

## Bildschirmpräsentation ohne PowerPoint vorführen

Falls Sie die Bildschirmpräsentation auf einem Gerät vorführen müssen, auf dem PowerPoint nicht installiert ist, dann öffnen Sie die Präsentation in einem Webbrowser, z. B. Microsoft Edge, Safari oder Mozilla Firefox mit der kostenlosen Online-Version, PowerPoint für das Web (früher PowerPoint online).

Der beliebte PowerPoint Viewer, der früher in solchen Fällen eingesetzt wurde, steht seit 2018 nicht mehr zur Verfügung.

Neben dem Vorführen sind mit PowerPoint für das Web auch Drucken und einfache Bearbeitungen möglich. Beim Vorführen müssen Sie allerdings auf die Referentenansicht und auf Zoomen verzichten, Übergänge und Animationen wie Morphen und 3D-Modelle werden dagegen in der Regel problemlos wiedergegeben.

### Die Voraussetzungen

▶ Sie benötigen ein Microsoft-Konto und müssen sich im Browser mit diesem unter folgender Adresse anmelden: https://onedrive.live.com

- Die Bildschirmpräsentation muss sich auf dem Cloudspeicher OneDrive befinden und während der Vorführung ist eine Internetverbindung erforderlich.

Navigieren Sie dann im Browser zu dem Ordner, in dem sich die Bildschirmpräsentation befindet und öffnen Sie diese mit einem einfachen Mausklick. Auch in der Online-Version von PowerPoint finden Sie oben ein Register *Bildschirmpräsentation*, wo Sie die Präsentation von Beginn an oder ab der aktuellen Folie im Vollbildmodus präsentieren können. Auch hier gibt es eine Referentenansicht, die in einem zweiten Browserfenster geöffnet wird, das Sie am besten auf einen zweiten Bildschirm schieben.

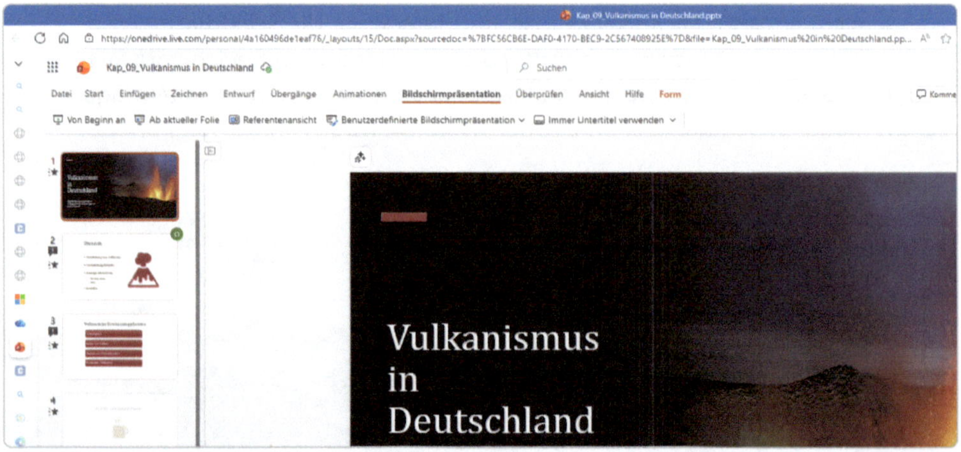


*Bild 9.30 Bildschirmpräsentation im Browser mit PowerPoint für das Web (PowerPoint online)*

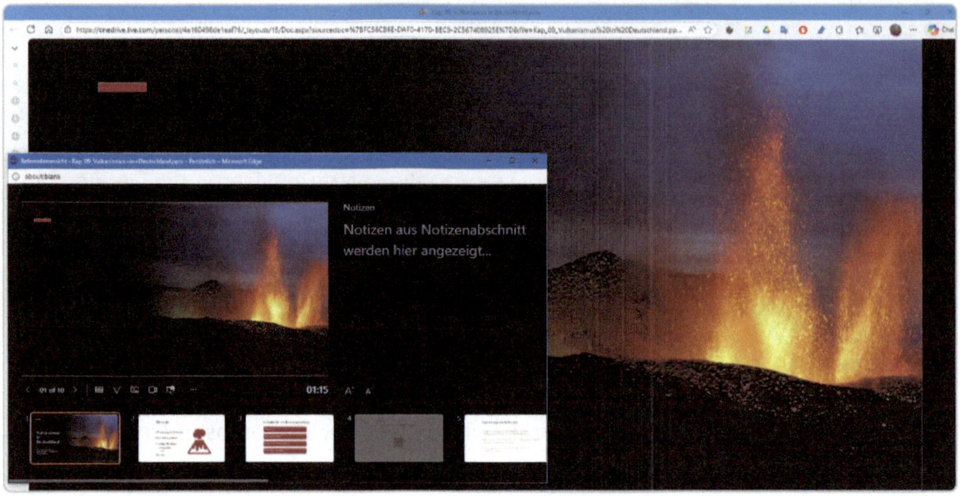


*Bild 9.31 Präsentation im Browser mit Referentenansicht*

**Info: Bildschirmpräsentation online vorführen**
Die Möglichkeit, eine Bildschirmpräsentation live über das Internet zu übertragen, wird von Microsoft nicht mehr angeboten. Daher ist auch der Button im Register *Datei* ▶ *Freigeben* ▶ *Online vorführen* inaktiv oder nicht mehr vorhanden. Sie können aber einen Einbettungscode erzeugen und die Präsentation in eine eigene Webseite einbetten, um sie dort zu präsentieren.

# 9.4 Bildschirmpräsentation aufzeichnen und Video erstellen

## Sprache, Laserpointer und Zeiten aufzeichnen

Anstatt die Bildschirmpräsentation selbst vorzuführen, haben Sie auch die Möglichkeit, diese zusammen mit Sprache, Laserpointergesten, Freihandeingaben sowie die Anzeigedauer jeder Folie aufzuzeichnen und als Video zu speichern.

1 Dazu klicken Sie im Menüband auf das Register *Aufzeichnen* und wählen, ob die Aufzeichnung *Von Beginn an* oder *Ab aktueller Folie* beginnen soll ❶. Alternativ können Sie auch im Register *Bildschirmpräsentation* ▶ *Einrichten* auf *Aufzeichnen* klicken. Nutzer von Microsoft 365 finden auch rechts oben das Symbol *Aufzeichnen* ❷.

*Bild 9.32 Bildschirmpräsentation aufzeichnen*

2 Die Bildschirmpräsentation erscheint in einer gesonderten Ansicht und die Aufzeichnung startet nicht sofort, sondern erst, wenn Sie auf das rote kreisförmige Symbol oben in der Mitte klicken. Auf einem zweiten Bildschirm oder Beamer erscheint die Präsentation wie im Präsentationsmodus. Legen Sie also zuerst alle Einstellungen fest.

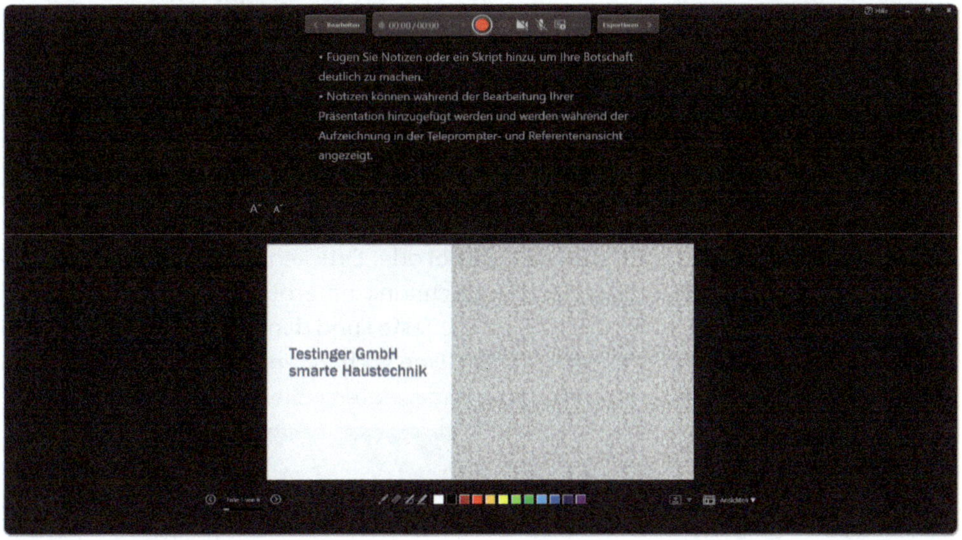


*Bild 9.33 Die Präsentation in der Teleprompteransicht für Aufzeichnungen*

### Sprache und Video aufnehmen

Rechts neben dem roten Aufzeichnungssymbol finden Sie drei Symbole, die Sie jeweils durch Anklicken ein- und ausschalten. Über das Symbol *Mikrofon* ❶ aktivieren oder deaktivieren Sie die Sprachaufnahme. Falls eine Webcam vorhanden ist und Sie zusätzlich ein Video von sich aufzeichnen möchten, dann aktivieren Sie außerdem die *Kamera* ❷. Das Video erscheint dann während der Wiedergabe verkleinert in der rechten unteren Ecke der Folie. Das dritte Symbol ❸ schaltet die Kameravorschau während der Aufzeichnung ein und aus.

Sollten Kamera oder Mikrofon Probleme bereiten, so können Sie diese mit einem Klick auf das Symbol ❹ mit den drei Punkten rechts in der Symbolleiste auswählen.

*Bild 9.34 Mikrofon und Kamera (Videoaufzeichnung)*

**Tipp**: Das Video der Kameraaufzeichnung können Sie nachträglich in der Ansicht Normal jederzeit durch Anklicken und mit der Taste **Entf** als Objekt aus der Folie entfernen.

### Notizen anzeigen

Mit dem Symbol *Ansicht* rechts unten können Sie zwischen den Ansichten *Folienansicht*, *Referentenansicht* und *Teleprompter* wechseln. Letztere zeigt oberhalb der Vorschau gut lesbar Ihre Vortragsnotizen an und empfiehlt sich für alle, die sich auf ihre Vortragsnotizen stützen und gleichzeitig während der Kameraaufnahme Blickkontakt zum Publikum halten möchten. Mit den Symbolen *Text vergrößern*, *Text verkleinern* lässt sich die Anzeige der Notizen schnell vergrößern.

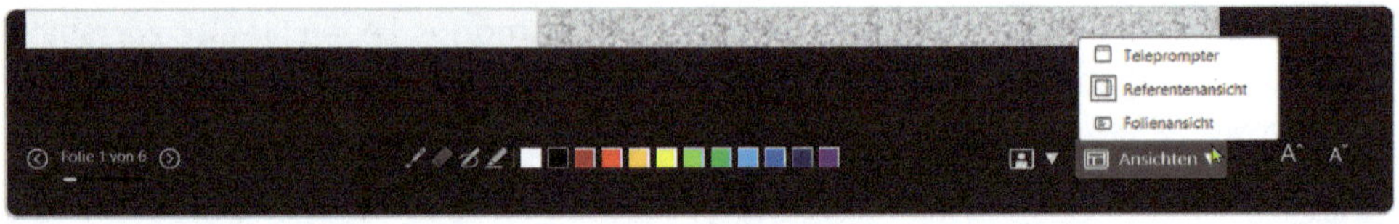


*Bild 9.35 Referentenansicht bei der Aufzeichnung im Vergleich zur Teleprompter-Ansicht*

### Aufzeichnung starten und wiedergeben

Zum Starten der Aufzeichnung klicken Sie links oben auf das runde rote Symbol oder drücken die Taste **R**. Damit beginnt nach drei Sekunden Verzögerung die Aufzeichnung und mit Klick auf das quadratische rote Symbol oder Drücken der Taste **S** beenden Sie die Aufzeichnung wieder. Falls Sie die Aufzeichnung unterbrechen möchten, klicken Sie auf das Pause-Symbol oder drücken Sie die Taste **I** und danach auf das Symbol Aufzeichnung fortsetzen oder erneut die Taste **I**. Eine vorhandene Aufzeichnung können Sie mit der Wiedergabeleiste unterhalb der angezeigten Folie schnell kontrollieren.

*Bild 9.36 Aufzeichnung starten*

*Bild 9.37 Beenden und Pause*

*Bild 9.38 Wiedergabeleiste unterhalb der Folie*

### Während der Aufzeichnung

- **Nächste/Vorherige Folie**: Betätigen Sie die Pfeiltasten der Tastatur oder klicken Sie auf die Pfeile unten links ❶ (Bild 9.39).

- **Zeiten kontrollieren:** Links neben dem Aufnahmesymbol sehen Sie die Einblendezeit der aktuellen Folie zusammen mit der Gesamtzeit ❷. Mit dem runden Pfeilsymbol rechts neben der Zeit können Sie nach dem Anhalten der Aufzeichnung ein Video der aktuellen Folie oder aller Folien neu aufnehmen.
- **Laserpointer und Stifteingaben:** Um Laserpointer oder Stifteingaben aufzuzeichnen, wählen Sie in der Leiste unterhalb der Vorschau das entsprechende Symbol *Laserpointer*, *Radierer*, *Stift* oder *Textmarker* ❸, dann eine Farbe ❹ und zeichnen anschließend mit Stift, Finger oder gedrückter Maustaste in der Folie. Ihre Freihandanmerkungen werden in der Folie als Grafikobjekt gespeichert und können später in der Ansicht *Normal* durch Markieren und die Taste **Entf** auch wieder entfernt werden.

*Bild 9.39 Freihandanmerkung*

*Bild 9.40 Anzeige der Einblendezeit der aktuellen Folie sowie der Gesamtzeit*

### Aufnahmen löschen

Nach Beenden der Aufzeichnung können Sie mit der Wiedergabeleiste unterhalb der angezeigten Folie Ihre Aufzeichnung schnell kontrollieren. Falls Sie die Aufnahme der aktuellen Folie oder der gesamten Präsentation löschen möchten, klicken Sie oben in der Aufnahmeleiste auf das Symbol mit den drei Punkten und auf den gewünschten Bereich. **Achtung:** Dies bezieht Kameraaufnahme, Anzeigedauer, Sprache und Freihandanmerkungen, die Sie während der Aufzeichnung hinzugefügt haben, ein.

*Bild 9.41 Aufnahmen löschen*

### Schließen und zurück zur Ansicht Normal

Um nach der Aufzeichnung zurück zur Bearbeitungsansicht zu gelangen, klicken Sie entweder in der rechten oberen Ecke auf das Symbol *Fenster schließen* oder betätigen die **Esc**-Taste.

## Erstellen Sie ein Video Ihrer Präsentation

Wenn Sie die Bildschirmpräsentation aufgezeichnet haben, siehe oben oder wenn die Präsentation automatische Zeitabläufe enthält, dann können Sie eine Kopie der Präsentation als MPEG4-Video oder als Windows Media Video (WMV) speichern und anschließend auf einer Webseite, z. B. YouTube veröffentlichen. In diesem Fall wird PowerPoint zum Abspielen des Videos nicht benötigt.

**1** Dazu wählen Sie einen der folgenden Wege:

- Klicken Sie nach Beenden der Aufzeichnung im Fenster *Aufzeichnen* oben auf die Schaltfläche *Exportieren* (Microsoft 365). Damit erscheint zunächst der Bildschirm *Exportieren*, klicken Sie für weitere Einstellungen auf die Schaltfläche *Export anpassen* ❶.
- Oder klicken Sie im Menüband, Register *Aufzeichnen*, auf *In Video exportieren*.

*Bild 9.42 In Video exportieren*

- Oder klicken Sie im Register *Datei* auf *Exportieren* und wählen hier *Video erstellen*.

**2** Standardmäßig wird das Video mit der Auflösung *Full HD (1080p)* exportiert, eine andere Auflösung können Sie über dieses Feld ❷ wählen. Im Feld unterhalb geben Sie an, ob aufgezeichnete Kommentare und Zeitabläufe ❸ verwendet werden sollen. Falls keine aufgezeichneten Zeitabläufe vorhanden sind, wird in der Standardeinstellung jede Folie fünf Sekunden lang angezeigt, diese Dauer können Sie im Feld *Anzeigedauer der einzelnen Folien* ändern.

*Bild 9.43 Einstellungen und Video erstellen*

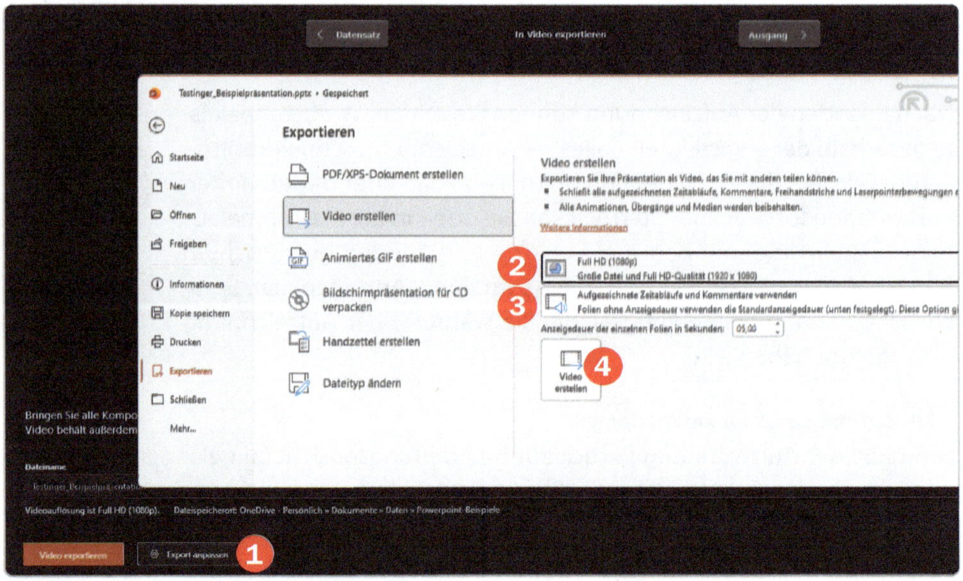


**3** Klicken Sie zuletzt auf die Schaltfläche *Video erstellen* ❹ und legen Sie danach Speicherort und Dateiname fest. Als Dateityp können Sie zwischen MPEG4-Video und Windows Media Video wählen.

**Achtung:** Je nach Umfang kann die Erstellung des Videos einige Zeit in Anspruch nehmen. Der Fortschritt lässt sich anhand eines Balkens in der Statusleiste mitverfolgen.

## Automatische Echtzeit-Untertitel (Microsoft 365)

Befinden sich Personen mit eingeschränktem Hörvermögen im Publikum oder sprechen einige eine andere Sprache, so können Sie während des Vortrags den Vortragstext als Untertitel auf dem Bildschirm anzeigen lassen und wahlweise in eine andere Sprache übersetzen lassen. Voraussetzung ist eine schnelle Internetverbindung während der Bildschirmpräsentation, da diese Funktion von einem cloudbasierten Sprachdienst abhängig ist, außerdem wird der Einsatz eines Headsetmikrofons empfohlen. **Achtung:** Untertitel werden derzeit nur von Microsoft 365 unterstützt.

### Untertitel einrichten

Die Einstellungen zu den Untertiteln nehmen Sie im Menüband, Register *Bildschirmpräsentation* ▶ *Untertitel* vor. Klicken Sie auf *Untertiteleinstellungen*, um die gesprochene Sprache, die Untertitelsprache sowie die Position der Untertitel festzulegen.

*Bild 9.44 Untertitel einrichten*

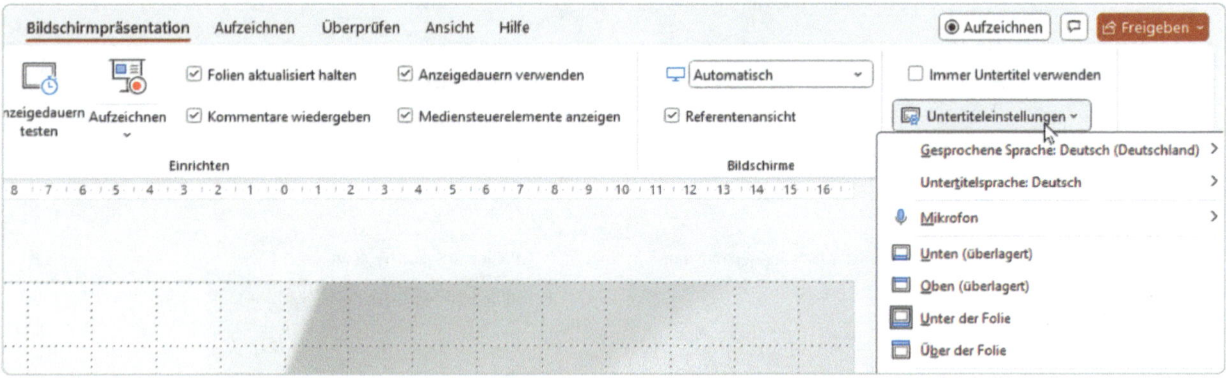


### Untertitel während der Bildschirmpräsentation aktivieren

Um während der Bildschirmpräsentation die Anzeige von Untertiteln zu aktivieren, klicken Sie entweder links unten auf das Symbol oder mit der rechten Maustaste an eine beliebige Stelle und auf *Untertitel starten*. Mit Klick auf dieses Symbol schalten Sie die Untertitel auch wieder aus. Sprechen Sie während der Präsentation in das Mikrofon, erzeugt PowerPoint automatisch Untertitel daraus und fügt sie an der ausgewählten Position ein.

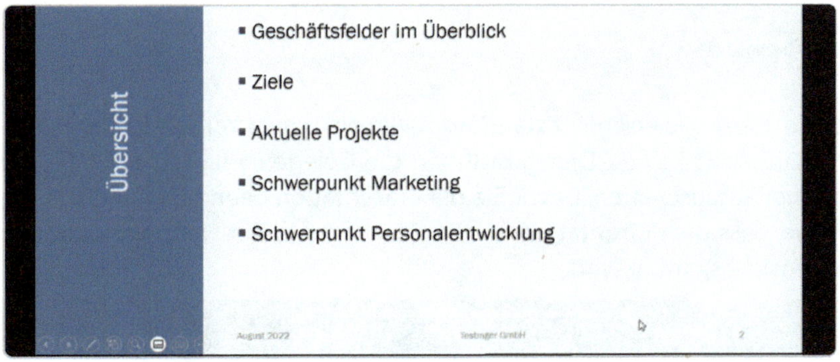


*Bild 9.45 Untertitel während des Vortrags*

Die Funktion Untertitel steht samt dem dazugehörigen Symbol auch in der Referentenansicht zur Verfügung.

# 9.5 Bildschirmpräsentation vorführen

Die Bildschirmpräsentation starten Sie im Menüband, Register *Bildschirmpräsentation* mit den Schaltflächen der Gruppe *Bildschirmpräsentation starten*. Sie können entweder mit der ersten Folie beginnen (Taste **F5**) oder ab der aktuellen Folie starten.

## Tasten während der Bildschirmpräsentation

| Befehl | Taste |
|---|---|
| Bildschirmpräsentation von Beginn an starten | F5 |
| Bildschirmpräsentation ab aktueller Folie starten | Umschalt+F5 |
| Nächste Folie bzw. nächste Animation | Linke Maustaste<br>Eingabe-Taste<br>Pfeiltaste rechts bzw. unten<br>Bildschirmseite nach unten<br>N<br>Leertaste |
| Vorherige Folie bzw. vorige Animation | Pfeiltaste links bzw. oben<br>Bildschirmseite nach oben<br>P<br>Rücktaste |
| Wechsel zu einer bestimmten Folie | Foliennummer + Eingabetaste |
| Anzeigen einer leeren schwarzen Folie | B (Black). Mit einer beliebigen Taste wird die Präsentation fortgesetzt. |
| Anzeigen einer leeren weißen Folie | W (White). Mit einer beliebigen Taste wird die Präsentation fortgesetzt. |
| Stift-Modus | Strg+P |
| Präsentation beenden | Esc |

Sollte der schwarze Bildschirm nicht erscheinen, ändern Sie dies in den PowerPoint-Optionen, siehe Seite 361.

Nach der letzten Folie erscheint standardmäßig ein schwarzer Bildschirm mit dem Hinweis *Zum Beenden klicken*. Dies gibt Ihnen die Gelegenheit, den zweiten Bildschirm oder Beamer auszuschalten, bevor Sie die Präsentation beenden. Auf diese Weise vermeiden Sie, dass die Präsentation für die Zuschauer in der Normalansicht bzw. Bearbeitungsansicht sichtbar wird.

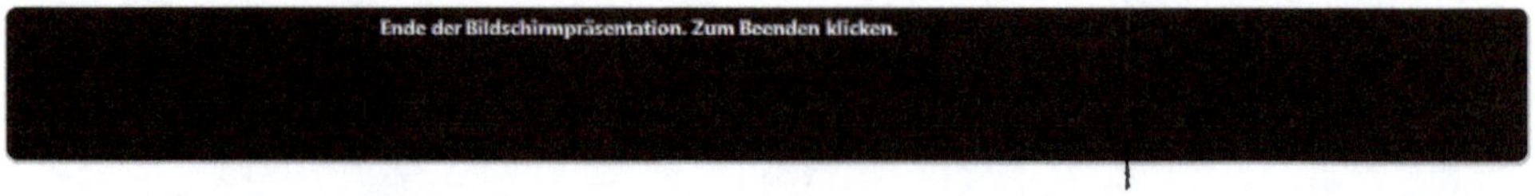


*Bild 9.46 Ende der Präsentation*

## Symbole und Kontextmenü nutzen

*Bild 9.47 Symbole in der Ansicht Bildschirmpräsentation*

Während der Bildschirmpräsentation stehen Ihnen in der linken unteren Ecke einige Symbole zur Steuerung des Ablaufs zur Verfügung. Diese erscheinen erst, wenn Sie die Maus bewegen und verschwinden nach einigen Sekunden automatisch wieder. Alternativ können Sie diese und weitere Befehle auch über einen Klick mit der rechten Maustaste abrufen.

**Achtung:** Die Symbole mit den nachfolgend beschriebenen Möglichkeiten stehen nur für die Präsentationsart *Präsentation durch einen Redner (volle Bildschirmgröße)* zur Verfügung, siehe Seite 348.

- **Nächste/Vorherige Folie:** Mit den Pfeilsymbolen nach rechts bzw. nach links blenden Sie die nächste bzw. die vorherige Folie oder Animation ein. Die Pfeile können als Alternative zur Tastensteuerung eingesetzt werden.

- **Ein bestimmte Folie auswählen:** Dieses Symbol zeigt Ihnen eine Übersicht aller Folien Ihrer Präsentation an, ähnlich der Ansicht Foliensortierung. Sie können auf diese Weise eine bestimmte Folie per Mausklick auswählen, ohne die Präsentation unterbrechen zu müssen. Mit der **Esc**-Taste oder Klick auf den Pfeil in der linken oberen Ecke kehren Sie zur zuletzt angezeigten Folie der Bildschirmpräsentation zurück. Enthält die Präsentation mehrere Abschnitte, so sehen Sie diese links in einer Leiste. Im Kontextmenü der rechten Maustaste erhalten Sie diese Anzeige mit dem Befehl *Alle Folien anzeigen*.

  **Tipp**: Wenn Sie die Nummer der betreffenden Folie wissen, dann gelangen Sie wesentlich unauffälliger zu dieser Folie, wenn Sie auf der Tastatur deren Nummer eingeben und anschließend die Eingabetaste betätigen.

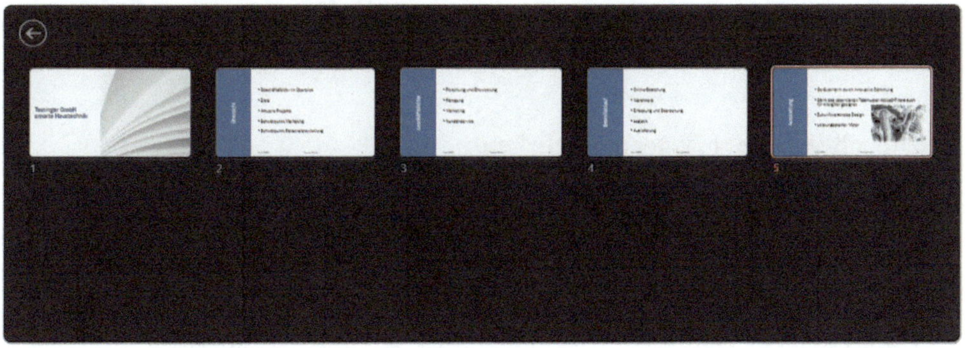

*Bild 9.48 Alle Folien anzeigen*

- **Inhalte vergrößern**: Soll ein Ausschnitt der aktuell angezeigten Folie vergrößert angezeigt werden? Dann klicken Sie auf das Symbol *Lupe* und bewegen den Mauszeiger auf den zu vergrößernden Bereich; anschließend genügt ein Mausklick, um diesem Bereich über den gesamten Bildschirm zu vergrößern. Ein Klick mit der rechten Maustaste oder Betätigen der **Esc**-Taste zeigt die Folie wieder in ihrer ursprünglichen Größe an.

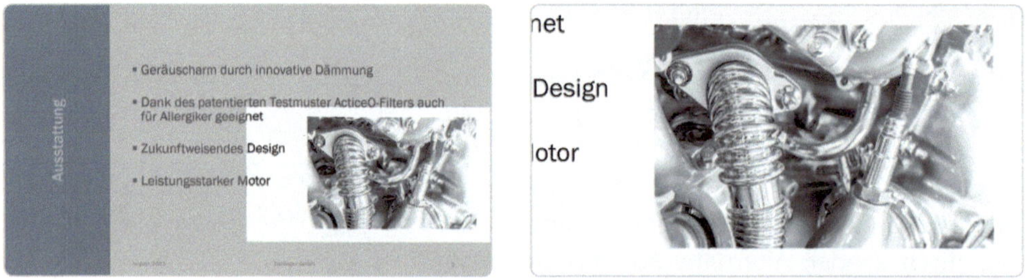


*Bild 9.49 Ausschnitt vergrößern*

- **Weitere Befehle anzeigen**: Das Symbol mit den drei Punkten rechts vom Symbol *Lupe* kann statt eines Rechtsklicks verwendet werden und öffnet ebenfalls ein Menü mit weiteren Befehlen.

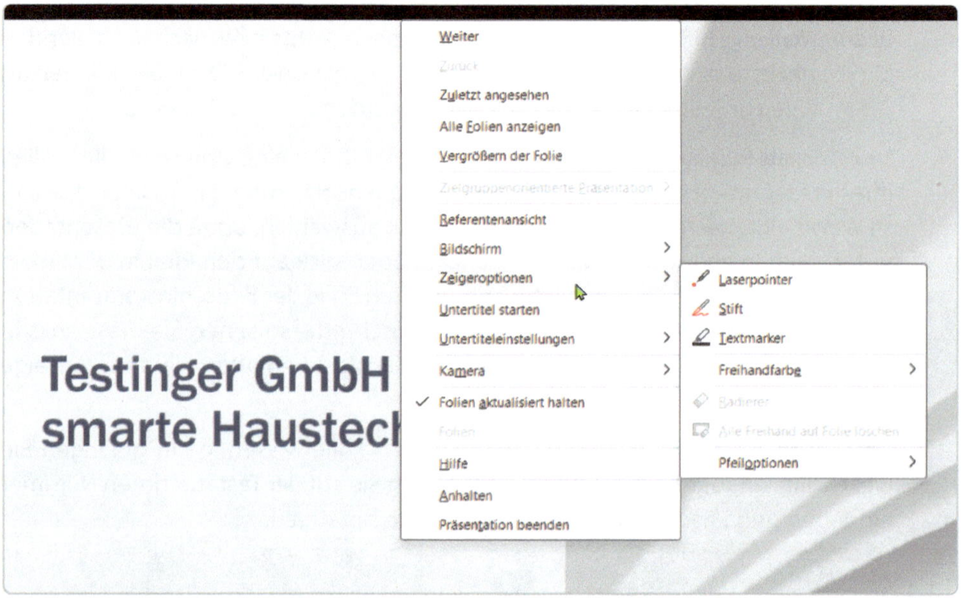


*Bild 9.50 Präsentationsmenü*

## Inhalte mit Maus oder Finger hervorheben

Im Kontextmenü der rechten Maustaste erhalten Sie Laserpointer oder Stift über den Befehl *Zeigeroptionen*.

- **Maus oder Finger als Laserpointer verwenden**: Wenn Sie während der Bildschirmpräsentation Maus oder Finger als Laserpointer verwenden möchten, dann klicken Sie in der unteren linken Ecke auf das Stiftsymbol und auf *Laserpointer*. Mit der **Esc**-Taste deaktivieren Sie den Laserpointer wieder. Die Farbe des Laserpointers wird vorab im Fenster *Bildschirmpräsentation einrichten* festgelegt.
- **Freihandanmerkungen hinzufügen**: Außerdem können Sie während einer Bildschirmpräsentation Maus oder Finger als Stift für Anmerkungen und Hervorhebungen benutzen. Dazu wählen Sie über das Stiftsymbol in der unteren linken Ecke zwischen Stift und Textmarker sowie eine Farbe. Mit Drücken der **Esc**-Taste kehren Sie wieder zum normalen Mauszeiger zurück. **Achtung:** Nochmaliges Betätigen der Esc-Taste beendet die Präsentation!

Freihandanmerkungen werden temporär mit der Folie gespeichert, sind also auch noch verfügbar, wenn Sie im Laufe der Präsentation nochmals zu dieser Folie zurückkehren. Falls Sie Ihre Anmerkungen löschen möchten, so klicken Sie nochmals auf den Stift und wählen entweder *Radierer* oder auf *Freihand auf Folie löschen*. Beim Beenden der Präsentation erscheint eine Meldung, ob Sie Ihre Anmerkungen beibehalten möchten.

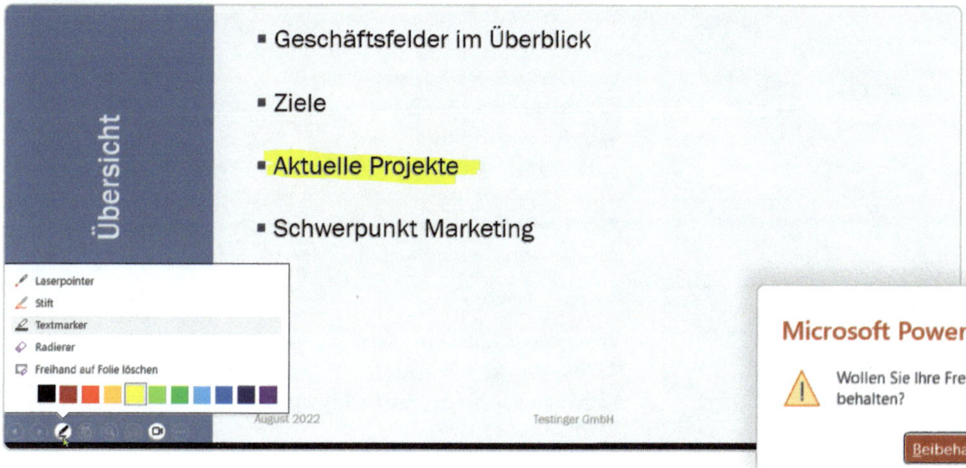


*Bild 9.51 Die Maus als Stift, Laserpointer oder Textmarker benutzen*

*Bild 9.52 Freihandanmerkungen speichern?*

**Freihandanmerkungen bearbeiten**

Wenn Sie nach Beenden der Präsentation Ihre Freihandanmerkungen beibehalten bzw. gespeichert haben, dann können Sie diese anschließend in der Ansicht *Normal* bearbeiten. Hierzu markieren Sie das Freihandobjekt mit einem Mausklick und verwenden im Menüband die Befehle des Registers *Formformat*. Oder konvertieren Sie die Freihandanmerkung nachträglich über die Befehle des Registers *Zeichnen* in Text, eine Formel bzw. Gleichung oder eine Form. Hier können Sie auch weitere Freihandanmerkungen durch Zeichnen hinzufügen. Versehentlich beibehaltene Anmerkungen entfernen Sie mit der **Entf**-Taste aus der Folie.

## Das Verhalten der Bildschirmpräsentation in den PowerPoint-Optionen steuern

Das Verhalten von PowerPoint während der Bildschirmpräsentation legen Sie in den Optionen fest. Klicken Sie dazu im Register *Datei* auf *Optionen* und wählen Sie links *Erweitert*. Scrollen Sie dann nach unten bis zum Abschnitt *Bildschirmpräsentation*.

- **Kontextmenü anzeigen**: Durch Deaktivieren des Kontrollkästchens *Menü beim Klicken der rechten Maustaste anzeigen* können Sie verhindern, dass während der Bildschirmpräsentation beim Klicken mit der rechten Maustaste das Kontextmenü erscheint.
- **Symbole links unten anzeigen**: Mit *Popupsymbolleiste anzeigen* aktivieren oder deaktivieren Sie die Anzeige der Symbolleiste in der unteren linken Ecke während der Bildschirmpräsentation.

- **Freihandanmerkungen**: Wenn Sie das Kontrollkästchen *Beim Beenden Aufforderung zum Beibehalten der Freihandanmerkungen anzeigen* deaktivieren, dann werden Ihre Freihandanmerkungen beim Beenden automatisch verworfen.
- **Schwarzer Bildschirm beim Beenden**: Die Einstellung *Mit schwarzer Folie beenden* sollte aktiviert sein, da sonst beim Beenden bzw. nach dem Drücken der **Esc**-Taste die Präsentation automatisch in der Ansicht *Normal* angezeigt wird.

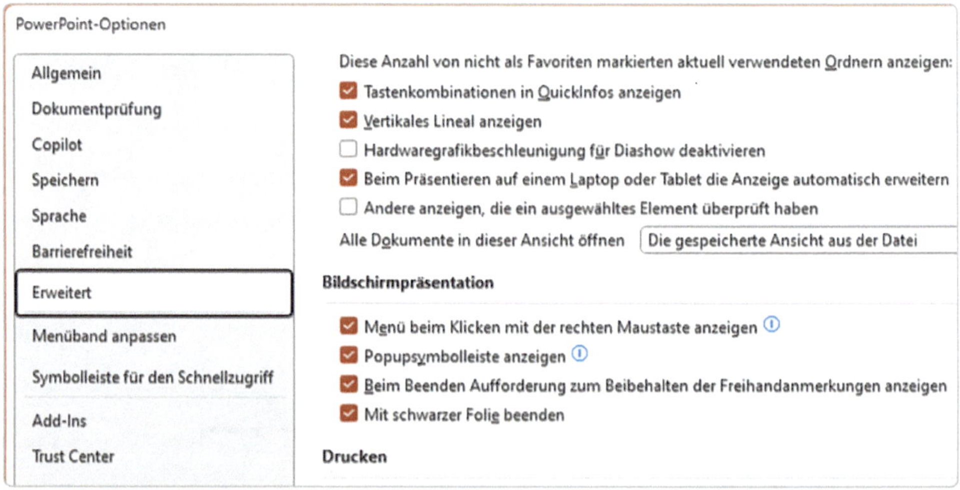

*Bild 9.53 PowerPoint-Optionen: Erweitert*

Klicken Sie auf die Schaltfläche *OK*, um Ihre Änderungen zu übernehmen und die Optionen zu schließen.

## Behalten Sie mit der Referentenansicht den Überblick

Die Referentenansicht macht es möglich, über Beamer oder einen zweiten großen Bildschirm für die Zuschauer die Bildschirmpräsentation anzuzeigen und gleichzeitig auf dem Bildschirm des Vortragenden eine Zusammenstellung aus aktueller Folie, Vorschau auf die nächste Folie und Notizen zur Verfügung zu stellen. Gleichzeitig stehen Ihnen hier auch die oben beschriebenen Möglichkeiten, z. B. Laserpointer und Stift für Freihandanmerkungen zur Verfügung. Auf diese Weise haben Sie bequem Ihre Notizen im Blick, ohne dass diese auch für Ihr Publikum sichtbar sind.

### Bildschirm einrichten

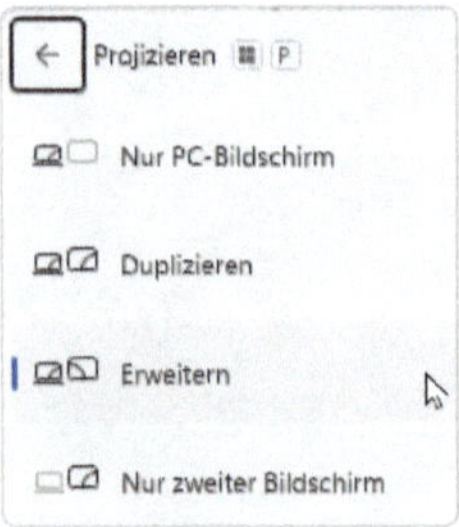


Zunächst müssen Sie unter Windows den angeschlossenen zweiten Bildschirm einbeziehen, falls dies nicht automatisch passiert. Rufen Sie dazu *Projizieren* auf, entweder mit der Tastenkombination **Windows+P** oder Klick auf die gleichnamige Schaltfläche in den Schnelleinstellungen von Windows 11 (Windows 10 Info-Center) und wählen Sie *Erweitern*.

Anschließend kontrollieren Sie in PowerPoint die Bildschirme. Dazu klicken Sie im Menüband, Register *Bildschirmpräsentation* ▶ *Bildschirme* in das Feld *Bildschirm* ❶

(Bild 9.54). Hier müsste nun zusätzlich zum Hauptbildschirm der zweite Monitor erscheinen. Die Standardeinstellung *Automatisch* kann normalerweise dennoch beibehalten werden, sie bedeutet, PowerPoint übernimmt die Zuordnung der Inhalte auf die korrekten Bildschirme.

### Referentenansicht aktivieren und Bildschirmpräsentation starten

Aktivieren Sie in derselben Gruppe das Kontrollkästchen *Referentenansicht* ❷ und starten Sie danach die Bildschirmpräsentation wie gewohnt, entweder mit Klick auf die Schaltfläche *Von Beginn an* oder mit der Taste **F5**.

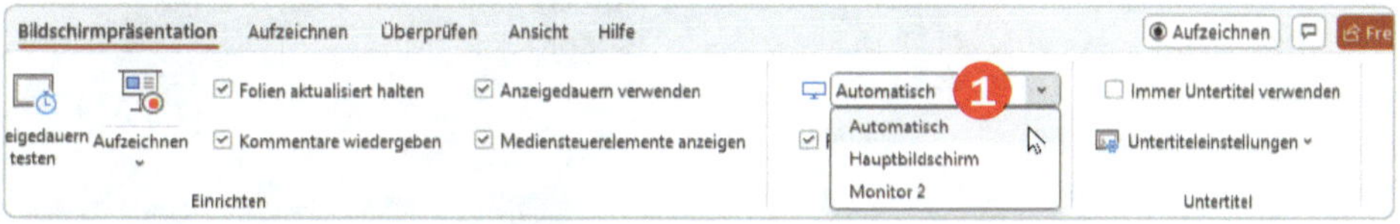

*Bild 9.54 Automatische Zuordnung der Bildschirme*

Bei aktivierter Referentenansicht sollte nun die Bildschirmpräsentation auf dem zweiten angeschlossenen Gerät erscheinen, während die Referentenansicht auf dem Bildschirm Ihres Computers sichtbar wird.

Sollte dies ausnahmsweise nicht der Fall sein, so ändern Sie die Zuordnung im Feld *Bildschirm* oder vertauschen die Geräte in der Referentenansicht über *Anzeigeeinstellungen*, siehe unten.

> **Referentenansicht ohne zweiten angeschlossenen Monitor testen**
>
> Wenn Sie die Referentenansicht ohne zweiten angeschlossenen Monitor oder Beamer testen möchten, dann starten Sie die Bildschirmpräsentation wie gewohnt und wechseln dann per Rechtsklick und den Befehl *Referentenansicht* in diese Ansicht. Oder starten Sie die Bildschirmpräsentation mit der Tastenkombination **Alt+F5**. Das Kontrollkästchen *Referentenansicht* muss dazu nicht aktiviert werden.

### So finden Sie sich in der Referentenansicht zurecht

Die Referentenansicht teilt den Bildschirm in drei Bereiche auf: Den größten Teil nimmt die aktuell gezeigte Folie ❶ ein (Bild 9.55), rechts daneben erhalten Sie eine Vorschau auf die nächste Folie ❷ und darunter sind Ihre Notizen zur aktuellen Folie sichtbar.

Unterhalb der Vorschau finden Sie neben den Schaltflächen bzw. Pfeilen *Nächste* und *Vorherige Folie* ❸ die bekannten Symbole *Stift und Laserpointer-Tools*, *Alle Folien anzeigen*, *Folieninhalt vergrößern*, *Schwarzer Bildschirm*, *Untertitel* und *Weitere Optionen* ❹, siehe Seite 359.

**Achtung!** Wenn Sie hier auf *Alle Folien anzeigen* klicken, sehen auch Ihre Zuschauer alle Folien.

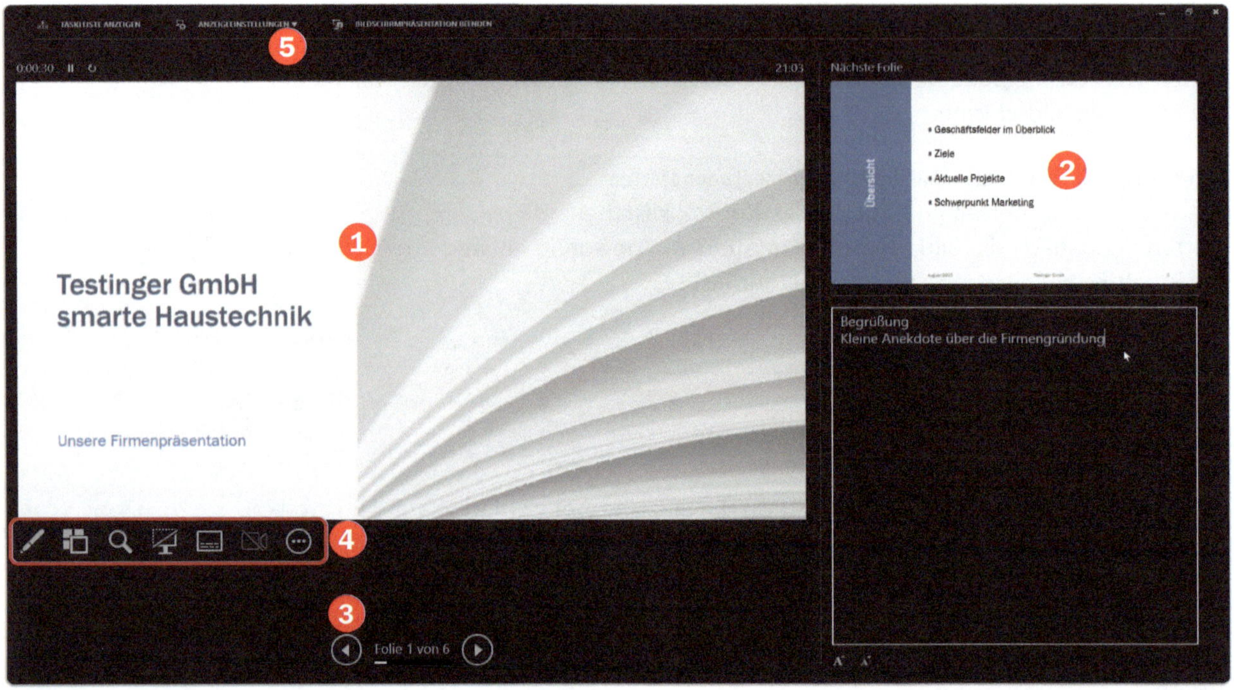


*Bild 9.55 Die Referentenansicht*

In der Leiste am oberen Bildschirmrand ❺ finden Sie neben dem Befehl zum Beenden der Bildschirmpräsentation noch folgende Möglichkeiten:

- **Taskleiste anzeigen:** Damit blenden Sie in der Referentenansicht und somit vom Zuschauer unbemerkt die Taskleiste ein, um z. B. eine Datei oder Anwendung zu öffnen.
- **Anzeigeeinstellungen:** Falls Referentenansicht und Bildschirmpräsentation doch einmal den falschen Monitoren/Projektoren zugeordnet wurden, kann über *Anzeigeeinstellungen* und *Referentenansicht und Bildschirmpräsentation vertauschen* schnell gewechselt werden. Der Befehl *Bildschirmpräsentation duplizieren* beendet die Referentenansicht und zeigt auf beiden Monitoren die Bildschirmpräsentation an.

*Bild 9.56 Anzeigeeinstellungen*

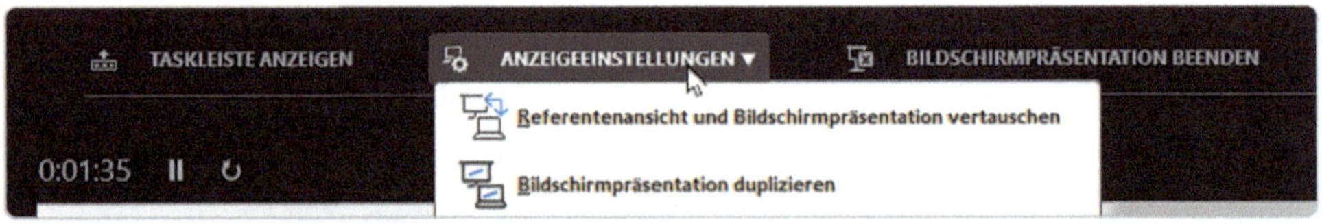


- **Zeitleiste**: Unterhalb sehen Sie am Zeitgeber, wie viel Zeit seit Beginn der Präsentation bereits vergangen ist. Für längere Diskussionen kann die Zeit über die beiden Symbole angehalten oder die Zeitmessung neu gestartet werden. So bleiben Sie im Zeitplan.

**Foliennavigation**

Am unteren Bildschirmrand befinden sich die Schaltflächen *Vorherige Folie* und *Nächste Folie* und Sie sehen, welche Folie gerade angezeigt wird.

**Alle Folien nur in der Referentenansicht anzeigen**

Wenn Sie während der Bildschirmpräsentation schnell zu einer bestimmten Folie springen und zu diesem Zweck alle Folien anzeigen möchten, dann können Sie statt auf das Symbol *Alle Folien anzeigen* auch auf die aktuelle Foliennummer klicken. Im Unterschied zum Symbol erscheint damit die Folienübersicht ausschließlich in der Referentenansicht und Ihre Zuschauer sehen nach wie vor die aktuelle Folie. Klicken Sie dann entweder auf die gewünschte Folie oder auf den Pfeil *Zurück* in der linken oberen Ecke, um zur Referentenansicht mit der aktuellen Folie zurückzukehren.

*Bild 9.57 Alle Folien nur in der Referentenansicht anzeigen*

## 9.6 Präsentation drucken

Zum Drucken einer Präsentation stellt PowerPoint verschiedene Möglichkeiten zur Verfügung. Sie können neben den Folien auch Handzettel, Gliederung und Notizenseiten ausdrucken. Den Befehl zum Drucken und eine Vorschau auf das Druckergebnis finden Sie im Register *Datei* unter *Drucken*. Hier wählen Sie auch den Druckbereich und legen die Druckoptionen fest.

Besonderheiten beim Drucken eines Posters, siehe Kap. 4.5 auf Seite 117.

### Präsentation in der Druckvorschau kontrollieren und drucken

Im rechten Bereich erhalten Sie eine Vorschau auf das Druckergebnis ❶. Mit der Standardeinstellung *Ganzseitige Folien* werden nur die Folien der Präsentation gedruckt und zwar jede Folie auf einer eigenen Druckseite.

Zum Blättern zwischen den Folien benutzen Sie die Schaltflächen ❷ am unteren Rand. Ganz rechts können Sie mit einem Schieberegler die Vorschau vergrößern oder verkleinern. Mit dem Symbol *Auf Seite zoomen* ❸ wird der Zoom automatisch so angepasst, dass eine Druckseite vollständig angezeigt wird.

**Druck starten/Drucker auswählen**

Zum Starten des Druckvorgangs klicken Sie auf die Schaltfläche *Drucken* ❹. Falls die Präsentation gleich mehrfach gedruckt werden soll, geben Sie die Anzahl im Feld *Exemplare* rechts daneben an.

Soll die Präsentation mit einem anderen als dem Standarddrucker gedruckt werden, dann wählen Sie zuvor den Drucker über das Feld *Drucker* ❺ aus. Weitere druckerspezifische Einstellungen erhalten Sie über den Link *Druckereigenschaften*.

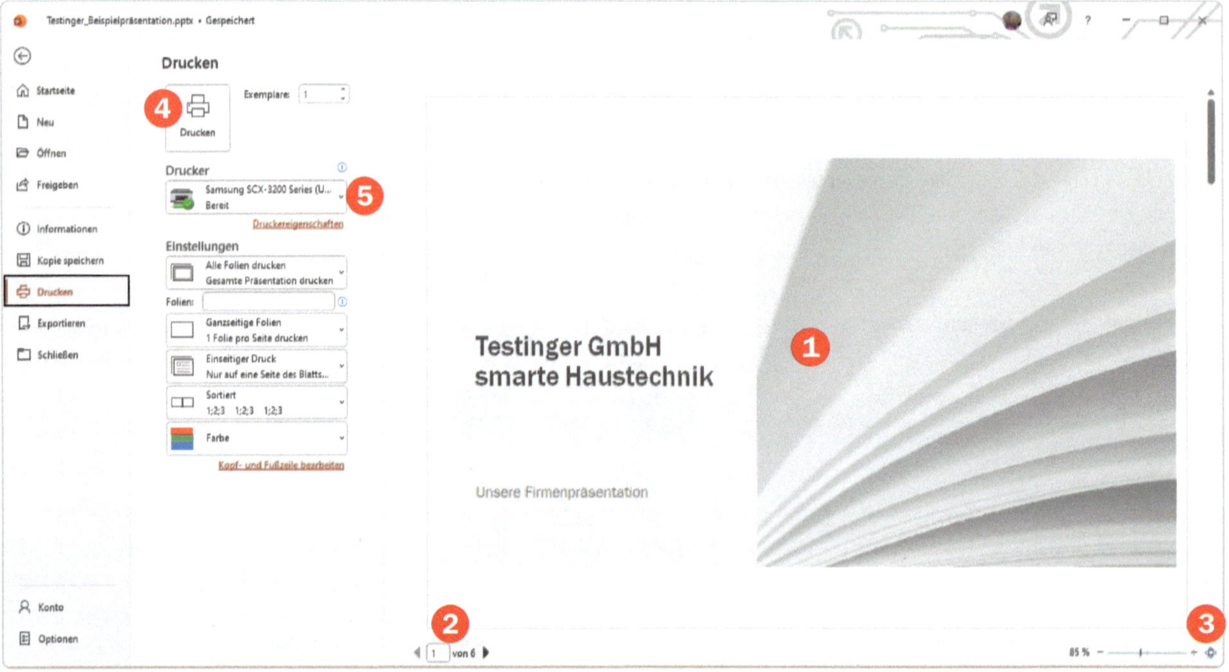


Bild 9.58 Datei - Drucken mit der Druckvorschau

### Einstellungen zum Druck

Unterhalb der Druckerauswahl finden Sie noch weitere *Einstellungen*, zum Ändern klicken Sie einfach in das betreffende Feld.

- **Druckbereich:** Standardmäßig werden alle Seiten bzw. Folien der Präsentation gedruckt (*Alle Folien drucken*). Möchten Sie stattdessen nur bestimmte Folien drucken, dann klicken Sie auf diese Einstellung und wählen einen Bereich.

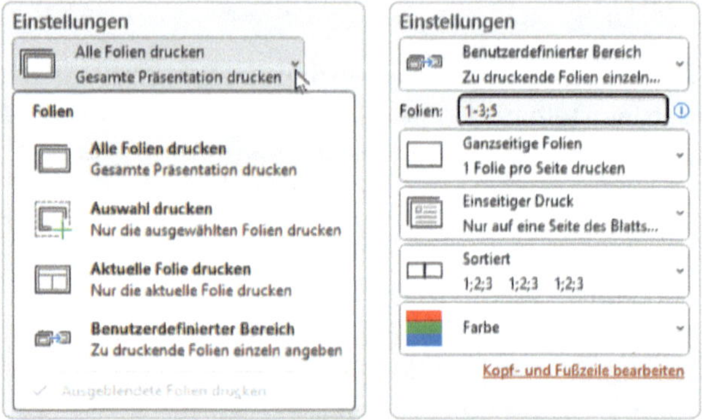


Bild 9.59 Druckbereich wählen

Mit der Auswahl *Benutzerdefinierter Bereich* können Sie unterhalb im Feld *Folien* die Nummern der zu druckenden Folien, entweder getrennt durch Semikolon (z. B. 1;2;5) oder als Bereich mit Bindestrich (7-10), eingeben.

Alternativ markieren Sie die zu druckenden Folien in der Foliennavigation (Anklicken mit gedrückter **Strg**-Taste) und wählen *Auswahl drucken*.

- **Einseitiger oder beidseitiger Druck:** Ob ein Blatt nur auf einer Seite oder beidseitig bedruckt wird, legen Sie mit Klick auf *Einseitiger Druck* (Standardeinstellung) fest.
- **Mehrere Exemplare drucken/Folien sortieren:** Falls die Präsentation in mehreren Exemplaren gedruckt werden soll, können Sie als Sortierung zwischen *Sortiert*, also in der richtigen Reihenfolge, und *Getrennt*, d. h. getrennt nach Folien, wählen.

- **Farbe oder Graustufen:** Um Druckkosten zu sparen bzw. die Druckgeschwindigkeit zu erhöhen, kann eine Präsentation anstatt in Farbe auch in *Graustufen* oder als *Reines Schwarzweiß* gedruckt werden. Klicken Sie dazu auf *Farbe*.
- **Mehrere Folien auf einer Druckseite, Seitenlayout:** Die Standardeinstellung ist *Ganzseitige Folien*, d. h. pro Druckseite eine Folie. Falls Sie gleich mehrere Folien auf einer Seite drucken möchten, so klicken Sie auf diese Einstellung und unter *Handzettel* auf die gewünschte Anzahl und Aufteilung. Zusätzlich finden Sie hier noch die folgenden Optionen zum Layout:
  - **Rahmen und Auflösung**: Auf Wunsch können Sie die Folien mit einem Rahmen versehen und in hoher Qualität drucken.
  - **An Seitenformat anpassen:** Das Seitenverhältnis einer Bildschirm-Präsentation entspricht nicht dem einer A4-Seite, daher werden in der Standardeinstellung alle Folien automatisch proportional auf das verwendete Papierformat verkleinert. Mit Deaktivieren der *Auf Seitenformat skalieren* können Sie dies unterbinden, allerdings werden dadurch Randbereiche der Folie abgeschnitten.
  - **Kommentare und Freihandanmerkungen drucken**: Ob Kommentare und Freihandanmerkungen zusammen mit der Folie gedruckt werden, entscheiden Sie mit den Optionen *Kommentare drucken* und *Freihandeingaben drucken*.

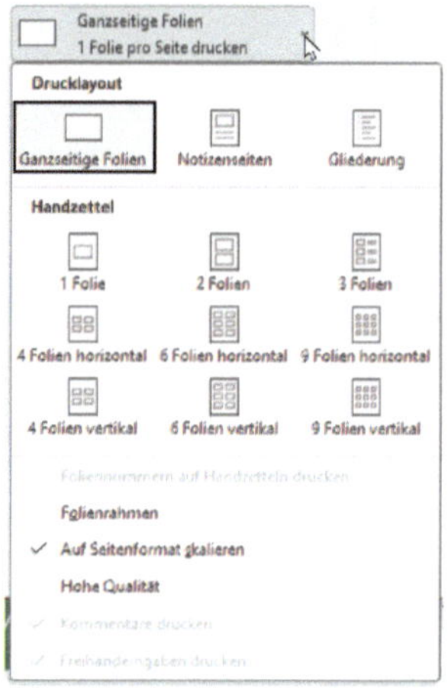


*Bild 9.60 Anzahl Folien je Druckseite und weitere Optionen*

## Notizen, Gliederung und Handzettel drucken

Wenn Sie Ihre Notizen oder die Gliederung drucken möchten, klicken Sie im Register *Datei* ▶ *Drucken* ebenfalls auf die Anzahl der zu druckenden Folien pro Seite, in der Standardeinstellung *Ganzseitige Folien*.

- Um die Notizen zusammen mit der Folie zu drucken, wählen Sie *Notizenseiten*.

- Mit der Auswahl *Gliederung* drucken Sie ausschließlich Text; Grafiken, Bilder, Tabellen und sonstige grafische Elemente werden nicht berücksichtigt. Der Ausdruck entspricht der Ansicht *Gliederung* im Navigationsbereich (Register *Ansicht*).
- *Handzettel* bedeutet, mehrere Folien auf einer Druckseite drucken.
- Beim Drucken von Notizenseiten, Handzetteln oder Gliederung können Sie außerdem zwischen Hochformat und Querformat wählen, klicken Sie auf die entsprechende Schaltfläche ❶, im Bild unten *Hochformat*.

**Tipp: Handzettel mit Platz für Notizen**

Wenn Sie unter *Handzettel* die Variante *3 Folien* ❷ wählen, dann erhalten Sie auf dem Ausdruck abweichend von den übrigen Handzettel-Layouts rechts von jeder Folie zusätzliche Linien für handschriftliche Notizen ❸.

*Bild 9.61 Beispiel Handzettel drucken*

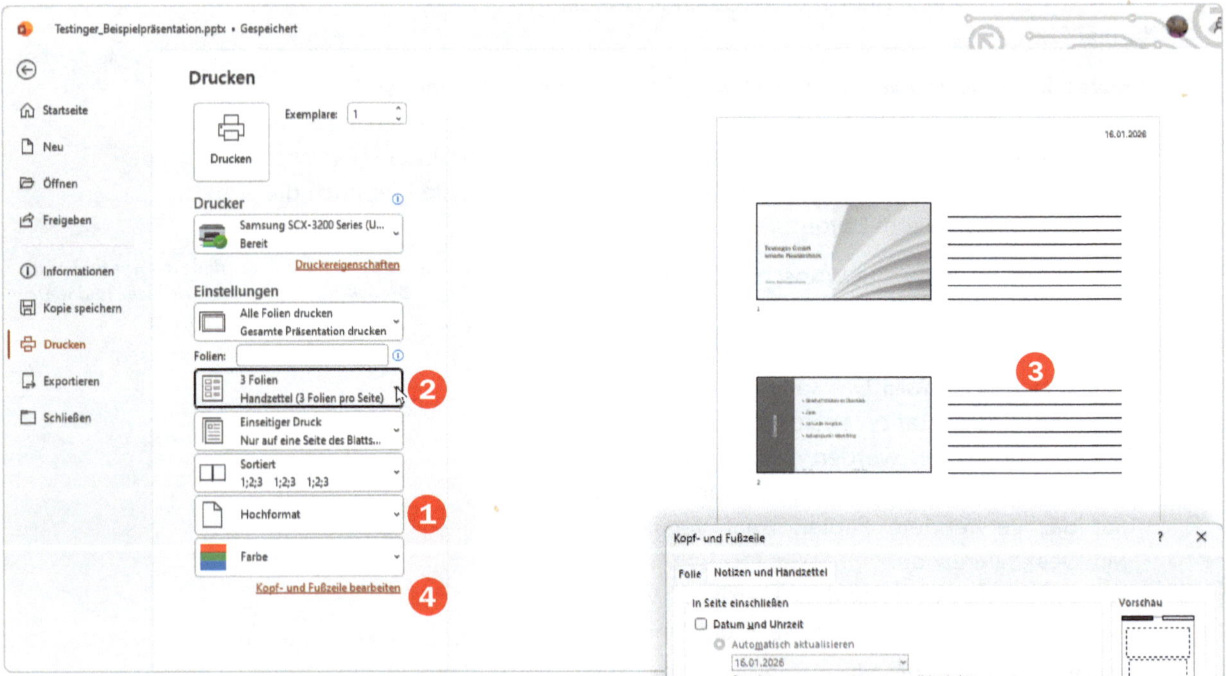


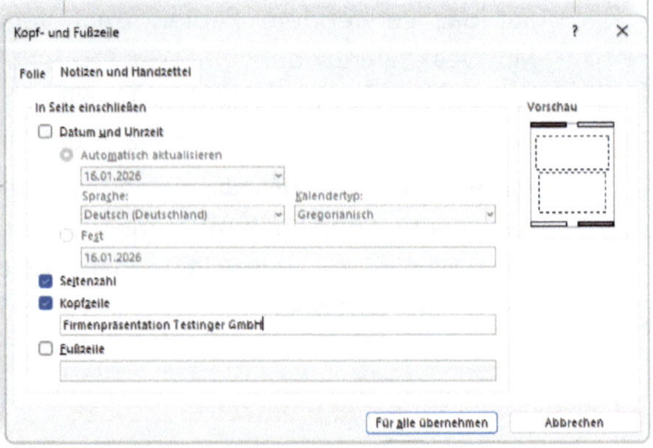


## Kopf- und Fußzeile für Handzettel und Notizenseiten einrichten

Wenn Sie Notizenseiten und Handzettel mit Seitenzahlen, Datum und/oder Kopf- und Fußzeilentext drucken möchten; dann klicken Sie auf den Link *Kopf- und Fußzeile bearbeiten* ❹ (Bild 9.61 oben). Das Fenster *Kopf- und Fußzeile* wird mit dem Register *Notizen und Handzettel* geöffnet, die Details unterscheiden sich mit Ausnahme einer zusätzlichen Kopfzeile nicht von den Kopf- und Fußzeilen für Folien, siehe Kapitel 5.6. Klicken Sie abschließend auf die Schaltfläche *Für alle übernehmen*.

### Layout von Notizenseiten und Handzettel über Master gestalten

Das Aussehen von Notizenseiten und Handzetteln können Sie auch mithilfe des Handzettelmasters und des Notizenmasters individuell einrichten. Wechseln Sie dazu zum Register *Ansicht* des Menübands und klicken Sie dort auf den jeweiligen Master.

*Bild 9.62 Handzettel- und Notizenmaster öffnen*

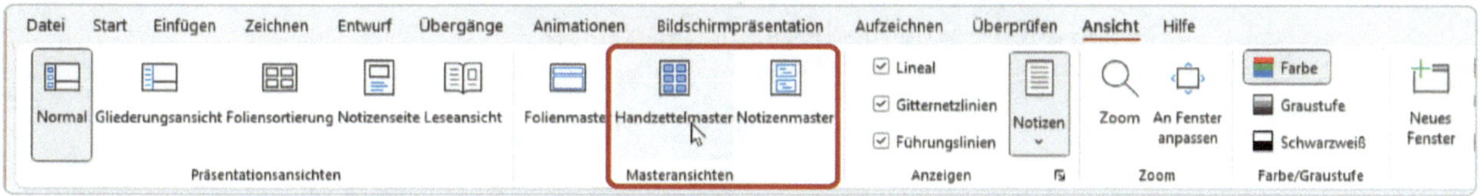


In dieser Ansicht können Sie Ausrichtung und Anzahl der Folien pro Seite, sowie Schriftarten, Farben und Hintergrund wählen und Elemente der Kopf- und Fußzeile positionieren. Die Arbeitsweise unterscheidet sich nicht vom Folienmaster, siehe Kapitel 5.4, im Bild unten als Beispiel die Ansicht Handzettelmaster.

*Bild 9.63 Beispiel Handzettelmaster*

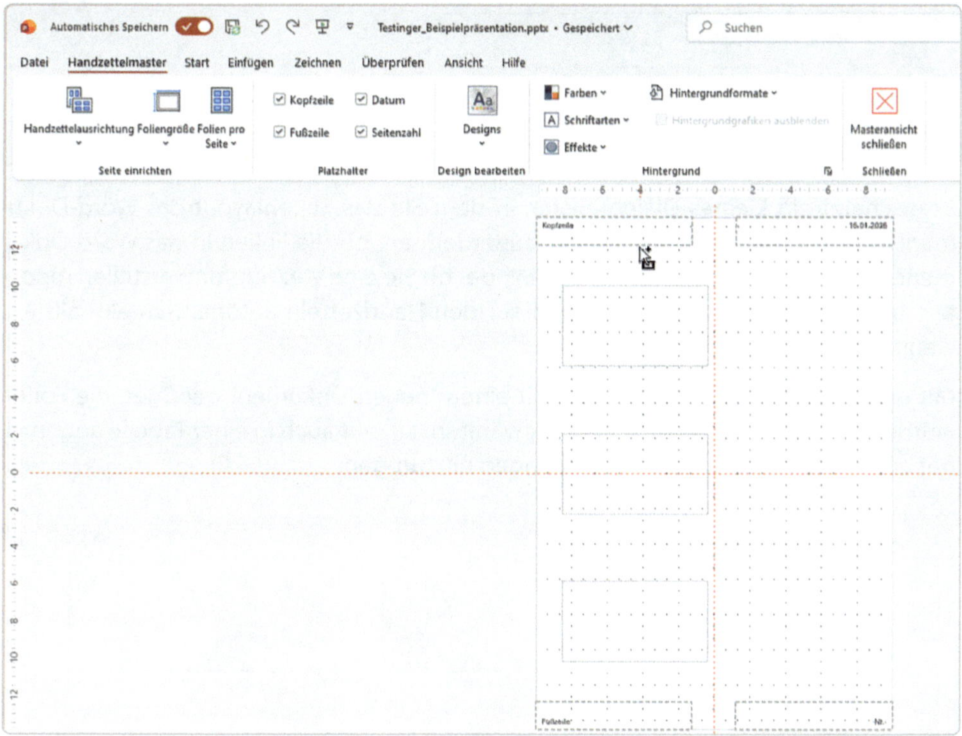


> Handzettelmaster und Notizenmaster sind unabhängig vom Folienmaster. Eine Änderung von Farben, Schriftarten usw. wirkt sich somit nicht auf Ihre Präsentationsfolien aus.

## Handzettel mit Microsoft Word bearbeiten

Wenn auf Ihrem Computer Microsoft Word installiert ist, dann ist für eine spätere Veröffentlichung auch die Weiterbearbeitung von Handzetteln mit Word möglich. Klicken Sie dazu im Register *Datei* auf *Exportieren* und auf *Handzettel erstellen*. Klicken Sie dann rechts auf die Schaltfläche *Handzettel erstellen*.

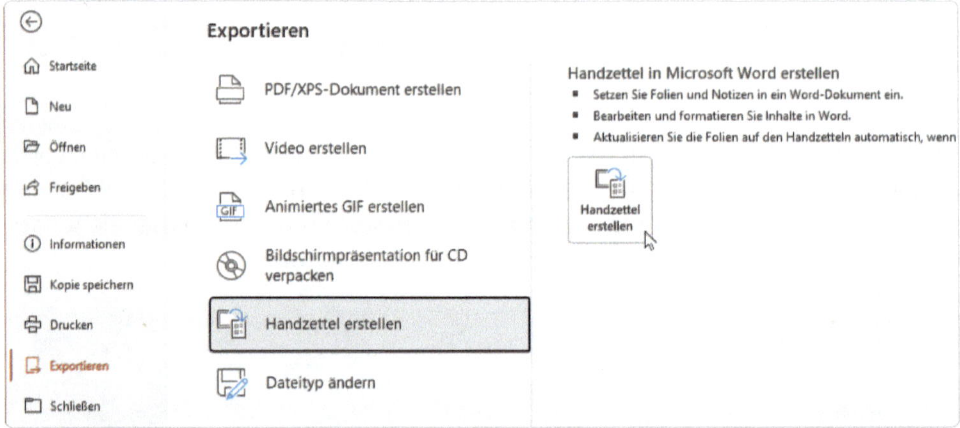


*Bild 9.64 Exportieren - Handzettel erstellen*

Es erscheint ein kleines Dialogfenster, in dem Sie das Seitenlayout des Word-Dokuments wählen (Bild 9.65). Geben Sie außerdem an, ob die Folien in das Word-Dokument als Kopie eingefügt werden sollen oder ob Sie eine Verknüpfung erstellen möchten. In diesem Fall werden die Folien auf den Handzetteln automatisch aktualisiert, wenn die Präsentation geändert wird.

Mit der Schaltfläche *OK* wird Word mit einem neuen Dokument geöffnet, die Folien wurden als Grafik eingefügt, je nach gewähltem Layout auch in einer Tabelle angeordnet und Sie können weitere Anmerkungen hinzufügen.

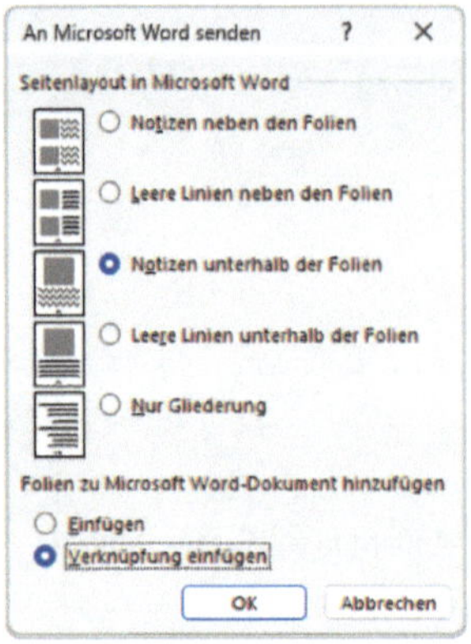


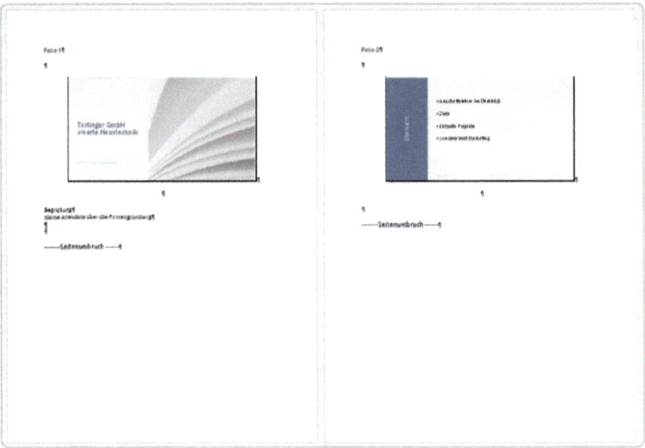

*Bild 9.65 Layout wählen*

*Bild 9.66 Handzettelseite in Word bearbeiten*

Je nach Umfang der Präsentation kann der Export einige Zeit dauern.

# 9.7 Präsentation weitergeben

## Präsentation als PDF-Dokument speichern

Das PDF-Dateiformat bietet gleich mehrere Vorteile: Alle Bilder, Texte und Formatierungen werden beibehalten und die Datei kann unabhängig von Computer und Betriebssystem auf jedem Gerät geöffnet und gelesen werden, hierzu ist nur ein in den meisten Betriebssystemen vorinstalliertes oder kostenlos erhältliches Leseprogramm erforderlich. Animationen werden allerdings vom PDF-Dateiformat nicht unterstützt. Auch viele Webbrowser können den Inhalt von PDF-Dateien anzeigen, so z. B. Microsoft Edge. Ein weiterer Vorteil: Änderungen am Inhalt sind nur mit spezieller Software möglich.

1 Wenn Sie zu Weitergabezwecken aus Ihrer Präsentation eine Datei im gängigen PDF-Dateiformat erstellen möchten, dann klicken Sie auf das Register *Datei* und hier auf *Exportieren*.

2 Wählen Sie *PDF/XPS-Dokument erstellen* und klicken Sie rechts auf die Schaltfläche *PDF/XPS-Dokument erstellen*.

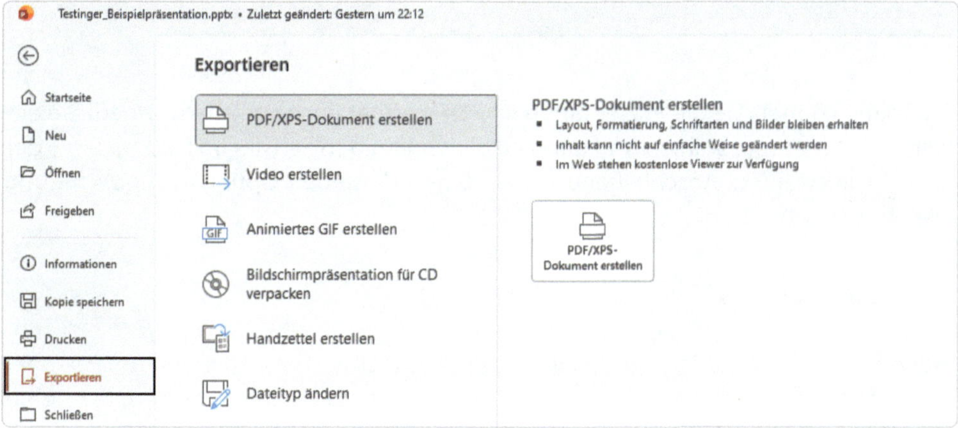


*Bild 9.67 Exportieren - PDF-Dokument erstellen*

3 Geben Sie anschließend im Fenster *Als PDF oder XPS veröffentlichen* einen Dateinamen ein und wählen Sie den Speicherort. Der Dateityp *PDF* ist bereits ausgewählt. Zusätzlich haben Sie folgende Möglichkeiten (Bild 9.68):

- Wenn die PDF-Datei nach dem Speichern automatisch geöffnet werden soll, dann aktivieren Sie das Kontrollkästchen *Datei nach dem Veröffentlichen öffnen*.
- Unter *Optimieren für* können Sie optional für Onlineveröffentlichungen oder Weitergabe per E-Mail den Speicherplatzbedarf verringern.
- Die Schaltfläche *Optionen...* erlaubt weitere Einstellungen, z. B. das Ausschließen von Freihandanmerkungen oder die Verwendung einer zielgruppenorientierten Präsentation (Bild 9.69). Für Barrierefreiheit muss außerdem das Kontrollkästchen *Dokumentstrukturtags für Barrierefreiheit* aktiviert sein.

Vor dem Export in ein PDF-Dokument können Sie die Präsentation ebenfalls auf Barrierefreiheit überprüfen lassen, siehe Seite 340. Klicken Sie dazu auf *Bedienungshilfen untersuchen.*

- **Tipp**: Falls Sie eine schreibgeschützte PDF-Datei erstellen möchten, so aktivieren Sie das Kontrollkästchen *PDF/A-kompatibel*.

4 Klicken Sie zuletzt auf die Schaltfläche *Veröffentlichen*.

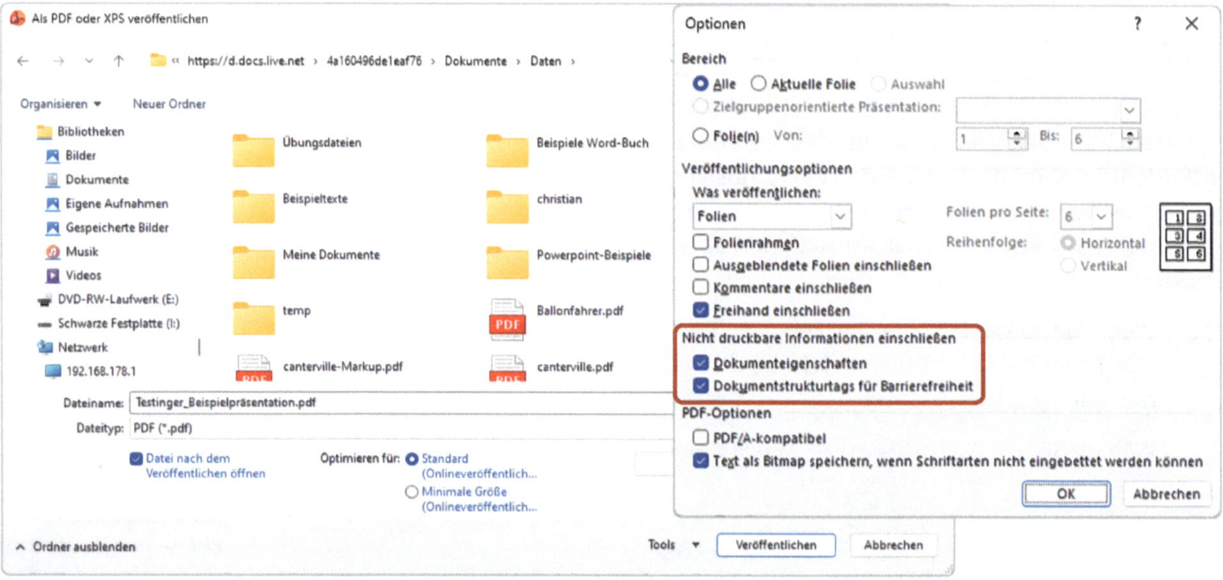


*Bild 9.68 Als PDF veröffentlichen*

*Bild 9.69 Optionen beim Exportieren in eine PDF-Datei*

Alternativ können Sie die Präsentation im PDF-Format auch speichern, indem Sie einfach *Speichern unter* wählen und dann im gleichnamigen Fenster im Feld *Dateityp* den Typ *PDF* auswählen. Anschließend stehen Ihnen dieselben Optionen zur Verfügung, wie oben beschrieben.

## Präsentation per E-Mail senden und im Team bearbeiten

Wenn Sie die Präsentation per E-Mail versenden möchten, um mit mehreren Personen daran zu arbeiten oder die Präsentation einfach nur zu zeigen, speichern Sie sie auf OneDrive und klicken dann im Register *Datei* auf *Freigeben*.

1 Tragen Sie im Feld *An Name, Gruppe oder E-Mail* die E-Mail-Adressen der Empfänger ein. Beim Tippen werden automatisch passende Empfänger aus Ihren Kontakten vorgeschlagen.

2 Schreiben Sie darunter im Feld *Nachricht* eine persönliche Nachricht an die Empfänger, damit die Präsentation dort nicht völlig unvermittelt ankommt.

3 Über die Zeile *Jeder mit dem Link kann bearbeiten* legen Sie fest, ob die Empfänger die Präsentation bearbeiten (s. Kap. „3.7 Präsentation im Team bearbeiten" auf Seite 86) oder nur ansehen dürfen. Hier entscheiden Sie auch, ob der Link aus der E-Mail für jeden funktioniert oder ob die Empfänger sich zunächst mit ihrem Microsoft-Konto anmelden müssen, um die Präsentation zu öffnen.

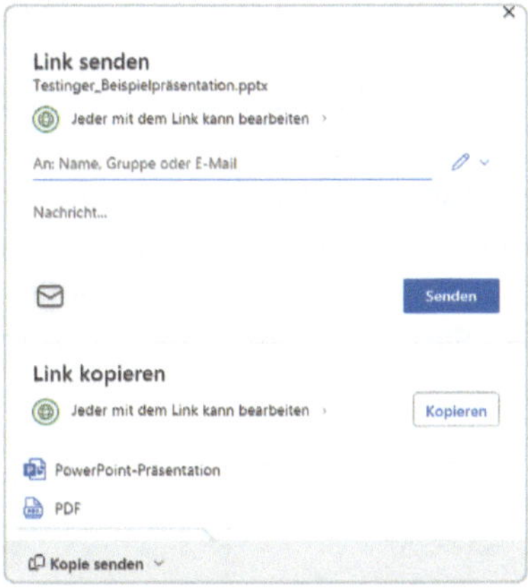


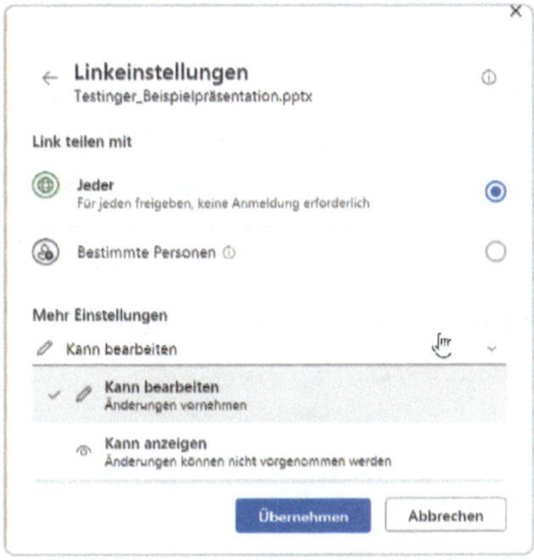


*Bild 9.70 Freigabelink oder Datei senden*

*Bild 9.71 Einstellungen für Freigabelinks*

4 Klicken Sie anschließend auf *Senden*, um allen ausgewählten Empfängern eine E-Mail mit dem Freigabelink zu schicken. Hierfür ist kein eigenes E-Mail-Programm erforderlich.

Statt direkt aus PowerPoint eine E-Mail zu schreiben, können Sie unter *Link kopieren* einen Freigabelink erzeugen und in die Zwischenablage kopieren. Diesen können Sie über beliebige Kommunikationswege, eigenes E-Mail-Programm, Messenger oder Link auf einer eigenen Webseite teilen.

Statt einen Link zu teilen, können Sie die Präsentation auch als Anhang an eine E-Mail versenden. Klicken Sie dazu im *Freigeben*-Fenster unten auf *Kopie senden*. Hier stehen die folgenden Möglichkeiten zur Auswahl:

- **PowerPoint-Präsentation** bedeutet, jeder Empfänger erhält eine Kopie der Präsentation und kann diese beliebig bearbeiten. Achtung bei verknüpften Dateien, diese werden nicht automatisch mit versendet.
- **PDF**, hier wird aus der Präsentation ein PDF-Dokument erstellt, siehe oben, und als Anlage versendet.

In beiden Fällen öffnet sich anschließend Outlook, leider nicht Ihr Standard-E-Mail-Programm, mit einer neuen E-Mail und die Präsentation wurde als Anlage eingefügt.

**Beim Versand als Anhang beachten**

Beachten Sie die Dateigröße beim Versand von Anhängen. Viele, aber eben nicht alle Mailserver können heute mit Anhängen umgehen, die einige MB groß sind. PowerPoint-Präsentationen können aber, besonders wenn Videos oder Audios eingebaut sind, schnell auch mal einige zig MB groß werden, was für eine E-Mail definitiv zu viel ist. Als Faustregel gilt: Was früher nicht auf eine Diskette passte, gehört auch nicht in einen E-Mail-Anhang. Besonders seit viele Menschen E-Mails auf dem Smartphone lesen, verbrauchen große Anhänge ungewollt viel Datenvolumen.

Ein weiterer Nachteil des Versandes als Kopie ist, dass Sie keinerlei Einfluss darauf haben, wer Ihre Präsentation verwendet und möglicherweise auch verändert. So kann es passieren, dass auf einmal nicht autorisierte Modifikationen Ihrer Präsentation irgendwo im Internet herumschwirren.

### Als Bildschirmpräsentation oder als Bildpräsentation speichern

Für die Weitergabe oder das Versenden als Anlage per E-Mail bieten sich statt einer normalen PowerPoint-Präsentation auch die beiden Dateitypen *Bildschirmpräsentation* ❶ und *Bildpräsentation* ❷ an. Beide Dateitypen finden Sie, wenn Sie im Register *Datei* auf *Exportieren* und auf *Dateityp ändern* klicken. Klicken Sie auf den gewünschten Dateityp und anschließend auf die Schaltfläche *Speichern unter* ❸. Das gleichnamige Fenster öffnet sich; wählen Sie den Speicherort, geben Sie einen Dateinamen ein und klicken Sie auf *Speichern*.

*Bild 9.72 Kopie unter anderem Dateityp speichern*

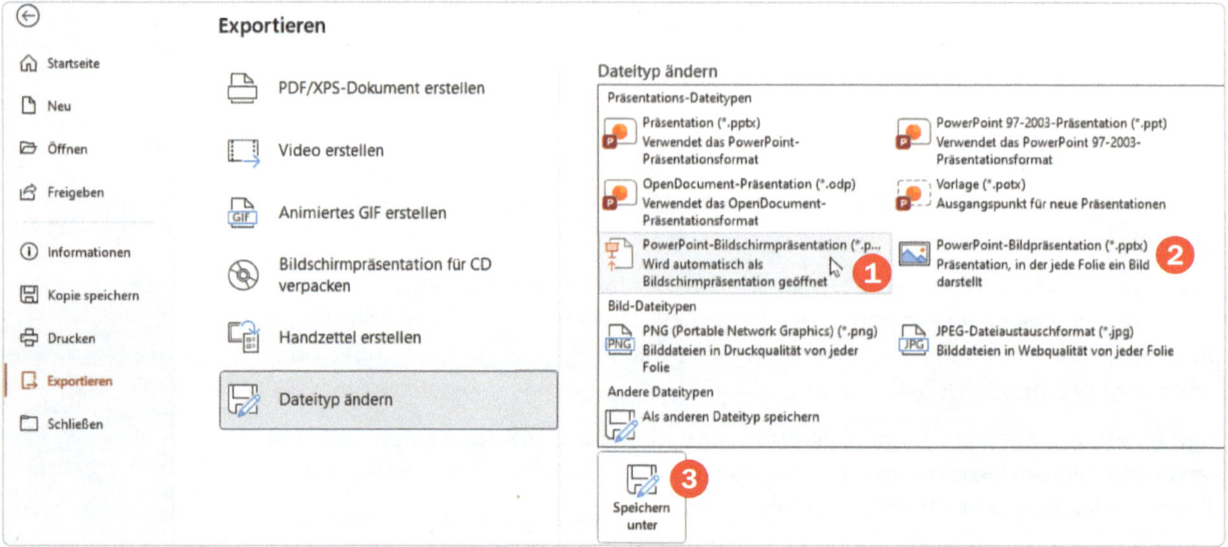


- **PowerPoint-Bildschirmpräsentation**
  Eine *PowerPoint-Bildschirmpräsentation* stellt einen eigenen Dateityp mit der Dateinamenerweiterung .ppsx dar. Dateien dieses Typs werden automatisch als Bildschirmpräsentation geöffnet und sämtliche Animationseffekte werden wiedergegeben. Beim Beenden der Bildschirmpräsentation wird die Präsentation wieder geschlossen und erscheint nicht in der Bearbeitungsansicht *Normal*. Dieser Dateityp verhindert also auch wirkungsvoll sämtliche Änderungen.

- **PowerPoint-Bildpräsentation**
  Eine *PowerPoint-Bildpräsentation* speichert dagegen eine Kopie der aktuellen Präsentation als normale PowerPoint-Präsentation (.pptx), wandelt aber jede Folie in ein Bild um. Folienübergänge bleiben erhalten, Animationen werden dagegen entfernt. Die Präsentation wird wie jede andere Präsentation in der Ansicht *Normal* geöffnet, Sie können hier zwar einzelne Folien vertauschen, löschen oder mit Übergangseffekten versehen, nicht aber die Folieninhalte bearbeiten.

  **Achtung:** Eine PowerPoint-Bildpräsentation erhält dieselbe Dateinamenerweiterung (.pptx) wie eine normale PowerPoint-Präsentation! Verwenden Sie daher beim Speichern unbedingt einen anderen Dateinamen, um zu verhindern, dass die Originaldatei durch die Kopie überschrieben wird.

## Folien als Bilddatei speichern

Einzelne oder alle Folien einer Präsentation können auch als Bilddatei gespeichert und z. B. als Grafik in ein Word-Dokument eingefügt oder anderweitig veröffentlicht werden.

1 Dazu klicken Sie im Register *Datei* auf *Exportieren* und auf *Dateityp ändern*.

2 Rechts werden verschiedene Präsentations-Dateitypen aufgelistet. Am Ende der Liste finden Sie die beiden *Bild-Dateitypen* PNG und JPEG.

- Das Dateiformat PNG sollten Sie wählen, wenn Sie die Folien in Druckqualität benötigen.
- JPEG liefert dagegen Bilder in Webqualität und eignet sich aufgrund des geringeren Speicherplatzbedarfs für die Veröffentlichung im Web. Besonders bei einfarbigen Flächen oder harten Kontrasten (schwarze Schrift auf weißem Grund) entstehen die typischen Kompressionsartefakte, weshalb das JPG-Format nur für Fotos verwendet werden sollte.

3 Klicken Sie auf den gewünschte Bild-Dateityp und auf *Speichern unter*. Geben Sie einen Dateinamen ein und legen Sie den Speicherort fest. Anschließend können Sie wählen, ob nur die aktuelle Folie bzw. *Nur diese Folie* oder *Alle Folien* exportiert werden sollen.

- Wenn Sie auf *Nur diese Folie klicken*, wird diese anschließend unter dem angegebenen Dateinamen gespeichert.
- Wählen Sie dagegen *Alle Folien*, so erstellt PowerPoint am angegebenen Speicherort einen Ordner mit dem zuvor angegebenen Namen und speichert hier jede Folie als gesonderte Bilddatei.

*Bild 9.73 Dateityp ändern - Bild-Dateitypen*

*Bild 9.74 Folien auswählen*

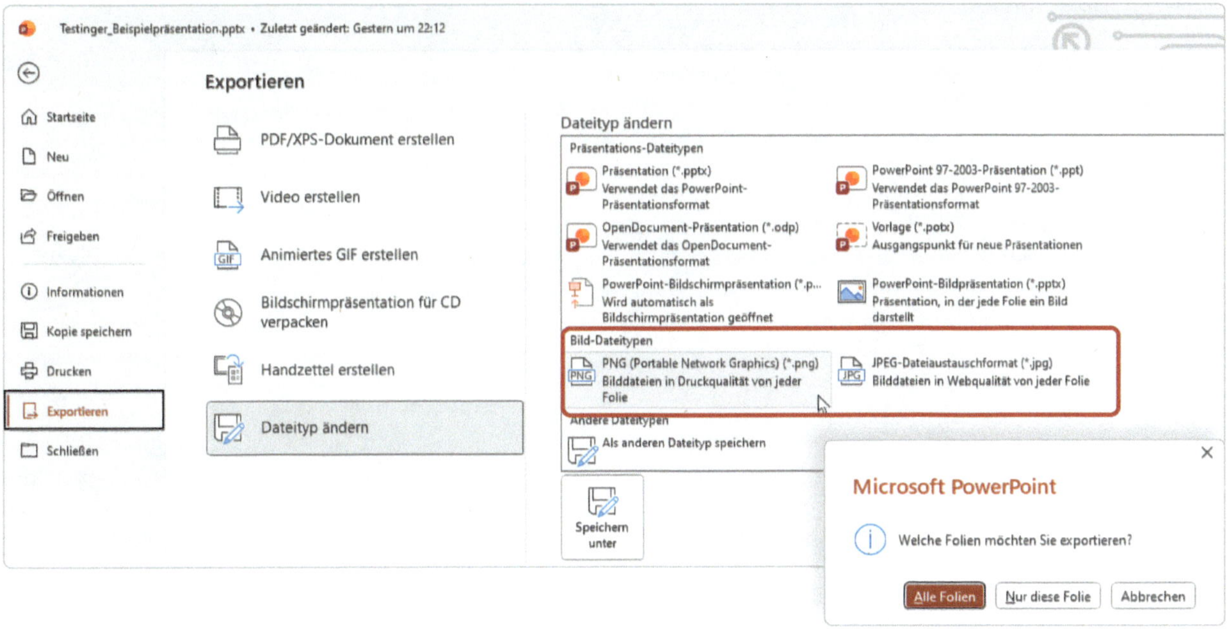

### Animiertes GIF aus Folie oder Bildschirmpräsentation erstellen

GIF = Abkürzung für Graphics Interchange Format

GIF ist ein spezielles Grafikformat mit der Dateinamenerweiterung .gif, das sich in erster Linie für Animationen eignet. Ein weiterer Vorteil von GIF-Dateien ist die geringere Dateigröße im Vergleich zu JPEG-Dateien. Allerdings geht dies zu Lasten der Farbtiefe, da sie nur 256 Farben darstellen können. Die Animation läuft bei GIF-Dateien nach dem Prinzip eines Daumenkinos ab und wird meist automatisch nach wenigen Sekunden wiederholt. Auch PowerPoint unterstützt das Speichern von animierten GIFs, aber nur in der Version Microsoft 365 und PowerPoint 2021. Alle Animationen, Folienübergänge, 3D-Modelle, Videos und Freihandanmerkungen bleiben erhalten, aufgezeichnete Anzeigedauern werden dagegen ignoriert.

**Achtung**: Diese Methode eignet sich weniger für umfangreiche Bildschirmpräsentationen mit zahlreichen Bildern, da hier die Dateigröße sehr schnell ansteigt, sondern eher für einzelne oder ausgewählte Folien.

Mit PowerPoint erhalten Sie eine fortlaufende Wiederholung. Diese kann nicht begrenzt werden.

1. Um aus der aktuellen Bildschirmpräsentation ein animiertes GIF zu erstellen, klicken Sie im Register *Datei* auf *Exportieren* und wählen *Animiertes GIF erstellen*.
2. Wählen Sie rechts daneben die Auflösung und damit die Dateigröße, legen Sie die Mindestdauer je Folie fest und wählen Sie unterhalb eventuell noch die benötigten Folien aus. Für die Anzeigedauer gilt:
   - Enthält eine Folie Animationen, die länger dauern als die angegebene Mindestdauer, dann wird die Animationsdauer berücksichtigt.
   - Zeiten für Folienübergänge zählen nicht zur Anzeigedauer.
3. Klicken Sie dann auf die Schaltfläche *GIF erstellen* und wählen Sie anschließend Speicherort und Dateiname.

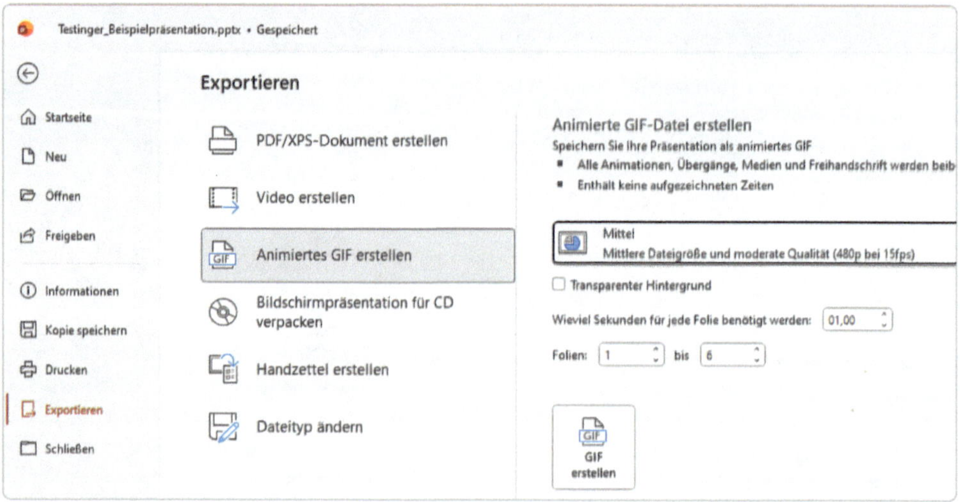


*Bild 9.75 Animiertes GIF erstellen*

# 10 Die KI Copilot in Microsoft PowerPoint

**In diesem Kapitel lernen Sie, wobei der KI-Assistent Copilot behilflich sein kann:**

- Layoutvorschläge
- Texte umschreiben, kürzen, zusammenfassen
- Gesamte Präsentation erstellen (momentan noch mit Einschränkungen)

**Das sollten Sie bereits wissen**

- Texteingabe
- Grundlegender Umgang mit Folien und Folienlayout

Copilot

Der KI-Assistent **Copilot** ist in Microsoft 365 integriert und soll den gesamten Prozess der Präsentationserstellung – von der ersten Idee bis zum fertigen Folienmaster – beschleunigen und optimieren. Im Einzelnen kann Copilot hier helfen:

- **Erstellung von Präsentationen** (aus dem Nichts oder Dateien): Copilot kann auf der Grundlage einfacher Textbefehle oder bestehender Dokumente (Word, PDF) vollständige Präsentationen erstellen. Er entwirft eine Gliederung, erstellt die Folien inklusive Text, fügt passende Bilder hinzu und strukturiert den Inhalt.
- **Zusammenfassung und Überarbeitung:** Copilot kann lange Präsentationen automatisch zusammenfassen, in kurze Aufzählungspunkte umwandeln oder den Tonfall der Texte anpassen (z. B. professioneller oder kürzer).
- **Entwurfsvorschläge:** Die klassische *Designer*-Funktion in PowerPoint wurde durch sogenannte *Entwurfsvorschläge* aufgewertet. Copilot schlägt Layouts, Grafiken, SmartArts und passende Bilder vor, um Folien visuell ansprechender zu gestalten.
- **Sprechernotizen und Übersetzung:** Copilot generiert automatisch Sprechernotizen für Folien und kann Präsentationen in andere Sprachen übersetzen, was die Vorbereitung erleichtert.
- **Arbeiten mit Unternehmensinhalten:** Copilot kann darauf zugreifen, um Präsentationen nach den Designrichtlinien des Unternehmens zu erstellen.

**Copilot** kann wie sein großes Vorbild ChatGPT, mit dem Benutzer im Klartext chatten und dabei auch eigene Texte liefern, die in PowerPoint direkt verwendet werden können.

**Achtung: Texte immer hinterfragen**

Copilot formuliert seine Texte in einwandfreiem Deutsch, das manchmal etwas gekünstelt klingt. Lassen Sie sich davon aber nicht blenden, was die inhaltliche Qualität angeht. Copilot kann wunderschöne Märchen schreiben, ist aber Fachwissen gefragt, sind die Texte trotz perfekter Formulierung oft sachlich falsch. Recherchieren Sie alle Fakten immer selber, bevor Sie einen von Copilot erstellten Text veröffentlichen.

**Copilot aktivieren**

Sollte das **Copilot**-Symbol auf dem Menüband *Start* ausgegraut sein, ist Copilot deaktiviert. Zum Aktivieren gehen Sie so vor:

1. Klicken sie auf der Registerkarte *Datei* ganz unten auf *Optionen*, im nächsten Fenster schalten Sie im Bereich *Copilot* den Schalter *Copilot aktivieren* ein.
2. Klicken Sie außerdem im Bereich *Trust Center* auf die Schaltfläche *Einstellungen für das Trust Center*. Jetzt öffnet sich ein neues Fenster. Klicken Sie hier im Bereich *Datenschutzoptionen* auf *Datenschutzeinstellungen* und schalten dann im Bereich *Verbundene Erfahrungen* alle drei Schalter ein.

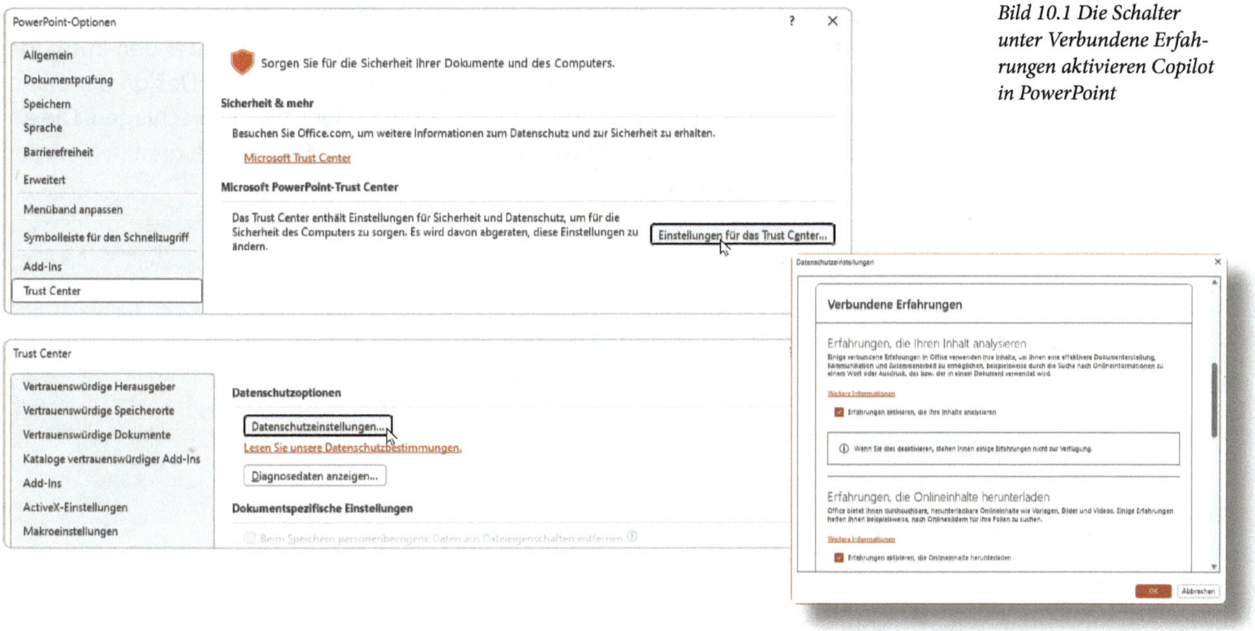


*Bild 10.1 Die Schalter unter Verbundene Erfahrungen aktivieren Copilot in PowerPoint*

# 10.1 Entwurfsvorschläge zur Gestaltung von Präsentationen

Um eine Präsentation ansprechender zu gestalten, können Sie KI-basierte Entwurfsvorschläge verwenden und damit jeder Folie einen eigenen Ausdruck verleihen.

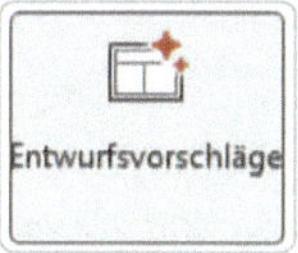


Nachdem Sie die Inhalte aller Folien Ihrer Präsentation erstellt haben, klicken Sie im Register *Start* auf *Entwurfsvorschläge*. Hier werden verschiedene Vorschläge angeboten, die die Inhalte der aktuellen Folie auf verschiedene Weise darstellen. In einigen Fällen erscheinen die Entwurfsvorschläge sogar automatisch beim Anlegen einer neuen Folie.

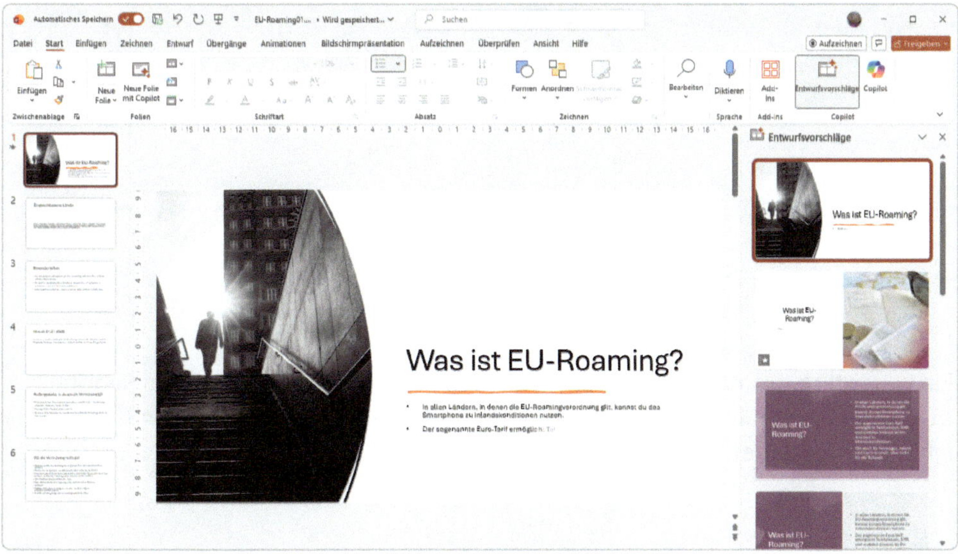


*Bild 10.2 Erste Folie einer Tabelle mit Entwurfsvorschlägen verbessert*

Auf die gleiche Weise können Sie jetzt auch alle anderen Folien gestalten lassen. Und hier taucht auch gleich das erste Problem auf. Die KI **Copilot**, die hinter den Entwurfsvorschlägen steht, versucht zwar, Vorschläge zu liefern, die sich am Design der ersten Vorlage orientieren. Oft bleibt es aber bei ein bis zwei derartigen Vorschlägen. Die anderen passen gar nicht dazu. Würde man diese verwenden, würde die Präsentation höchst unprofessionell wirken.

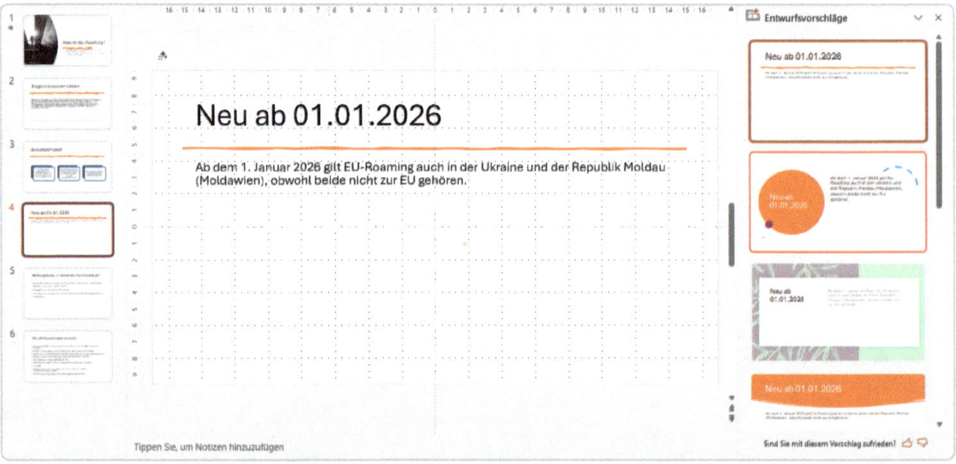


*Bild 10.3 Die Entwurfsvorschläge für weitere Folien passen nicht immer zur ersten.*

Leider passen bei manchen Entwurfsvorschlägen auch Schriftgrößen, Zeilenabstände sowie die Größe von Textfeldern nicht zusammen. Dieses Problem lässt sich aber durch manuelles Ändern von Schriftgröße und Zeilenabstand sowie Verschieben des Textfeldes leicht beheben.

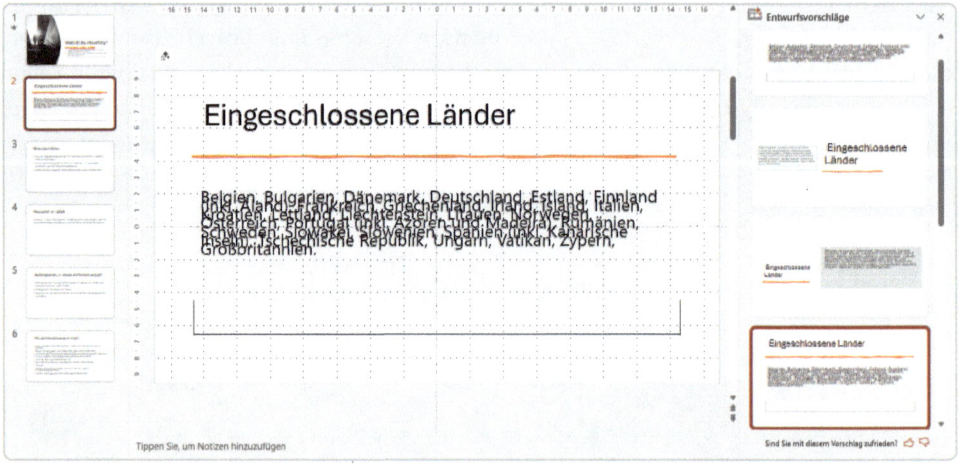


*Bild 10.4 Schriftgröße und Zeilenabstand passen nicht zusammen*

Ein wesentlich professionelleres Ergebnis erhalten Sie, wenn Sie zuerst im Register *Entwurf* der Präsentation ein Design zuweisen. Damit werden alle Folien zunächst einmal einheitlich gestaltet.

*Bild 10.5 Präsentation mit einem vorgefertigten Design*

Schalten Sie jetzt die Entwurfsvorschläge ein, sind diese alle passend zum verwendeten Design gestaltet. Dadurch sind sie in vielen Fällen durchaus nutzbar. Beim Stil der verwendeten Abbildungen sowie bei Hintergrundfarben der Textblöcke sollten Sie dennoch auf eventuelle Designrichtlinien Ihrer Firma oder Ihres Kunden achten.

*Bild 10.6 Entwurfsvorschläge für weitere Folien im ausgewählten Design*

## Text umschreiben

Mit **Copilot** können Sie Texte einfach umschreiben, wobei im Optimalfall der Inhalt sinngemäß erhalten bleibt. **Copilot** verwendet im Allgemeinen eine sehr einfache Sprache, was komplizierte Texte verständlich macht, aber einige Details, wie auch literarische Qualität verloren gehen lässt. Da Texte in PowerPoint immer möglichst kurz gehalten werden sollten, ist diese Eigenschaft von **Copilot** hier nicht so wichtig, wie in Word.

Markieren Sie ein Textfeld, erscheint danach automatisch ein Stiftsymbol. Klicken Sie auf dieses Symbol.

Jetzt erscheint ein Auswahlmenü von Copilot. Wählen Sie hier *Automatisch umschreiben*. **Copilot** schreibt den Text im Textfeld um und zeigt unten eine Symbolleiste an.

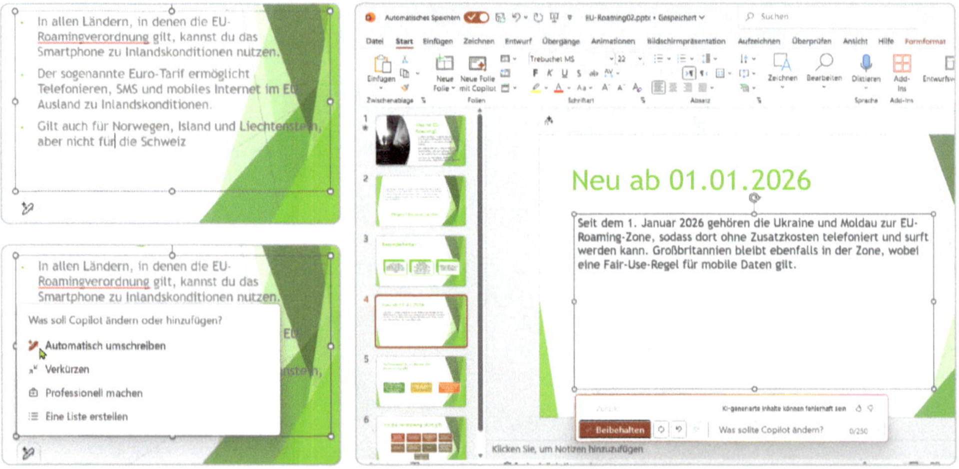


*Bild 10.7 Texte mit Copilot automatisch umschreiben. Ob der KI-Text besser ist als das Original, müssen Sie selbst entscheiden.*

Ein Klick auf *Beibehalten* ersetzt den Inhalt des Textfeldes durch den von **Copilot**, umgeschriebenen Text und blendet die Symbolleiste aus.

| | |
|---|---|
| | Dieses Symbol generiert eine neue Variante für eine Textumschreibung. |
| | Mit diesem Symbol setzen Sie den Text wieder auf die letzte Version bzw. das Original zurück. |

**Vorsicht mit dem Urheberrecht**

Texte aus dem Internet, die nicht unter einer freien Lizenz veröffentlicht wurden, dürfen ohne Zustimmung des Autors nicht weiter veröffentlicht werden, auch nicht nach Umformulierung durch eine KI. Begehen Sie nicht den Fehler, zu glauben, da käme niemand darauf. Es gibt deutlich intelligentere KI-Systeme als Copilot, die auf das Aufdecken von Urheberrechtsverstößen spezialisiert sind. Diese finden nicht nur den Originaltext, sondern erkennen anhand typischer Formulierungen auch, welche KI den Text umgeschrieben hat.

Immer wieder kommt es vor, dass Copilot eine Fehlermeldung anstelle eines Textes liefert. Dies kann verschiedene Gründe haben. Schließen Sie die Meldung einfach und versuchen es direkt noch einmal. In den meisten Fällen funktioniert es beim zweiten Mal, vorausgesetzt, Ihre Internetverbindung läuft stabil. In seltenen Fällen ist Copilot auch wirklich für ein paar Minuten nicht erreichbar.

## Text kürzen

Die von **Copilot** umgeschriebenen Texte sind in der Regel manchmal länger, als die Originaltexte, die man in PowerPoint möglichst kurz und prägnant halten sollte. Möchten Sie eine noch kürzere Variante eines Textes, ohne Rücksicht auf Vollständigkeit oder sachliche Richtigkeit, wählen Sie im **Copilot**-Menü *Verkürzen*. Diese Option empfiehlt sich nur für längere Texte, über mehrere Sätze.

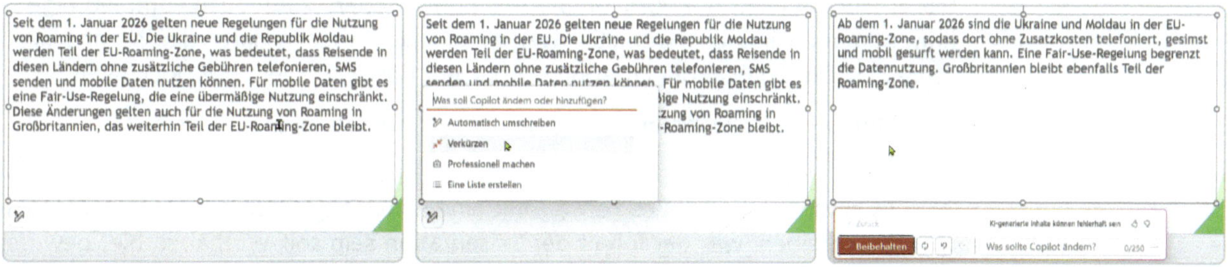


*Bild 10.8 Längeren Text mit Copilot kürzen*

## Text professionell machen

Eine ähnliche Funktion ist das sogenannte *professionell machen* von Texten. Auch hier versucht **Copilot**, umzuschreiben, ohne Inhalte zu verändern. Allerdings geht es nicht vorrangig um das Kürzen, sondern der Text wird in eine professionell klingende Sprache ohne direkte Rede umgeschrieben. Leider kann Copilot auch hier nicht Wichtiges von Unwichtigem unterscheiden und setzt daher im neuen Text die Schwerpunkte oft anders, als vom Autor vorgesehen.

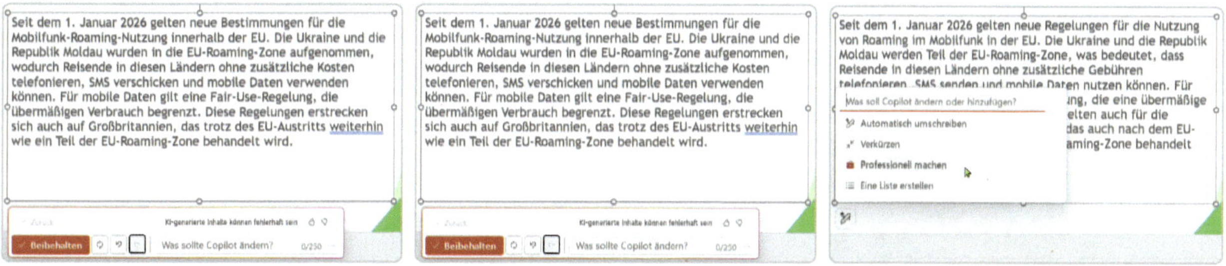


*Bild 10.9 Ob der neue Text professioneller als das Original wirkt, müssen Sie selbst entscheiden*

## Text zu Listen zusammenfassen

Der Menüpunkt *Eine Liste erstellen* versucht, den Text zu wichtigen Stichpunkten zusammenzufassen und als nummerierte Liste darzustellen. Hier gehen oft wichtige Inhalte verloren oder Fakten unterschiedlicher Relevanz werden gleichrangig dargestellt. Nehmen Sie solche Listen daher nur als Grundlage und erweitern Sie sie dann selbst um wirklich wichtige Fakten.

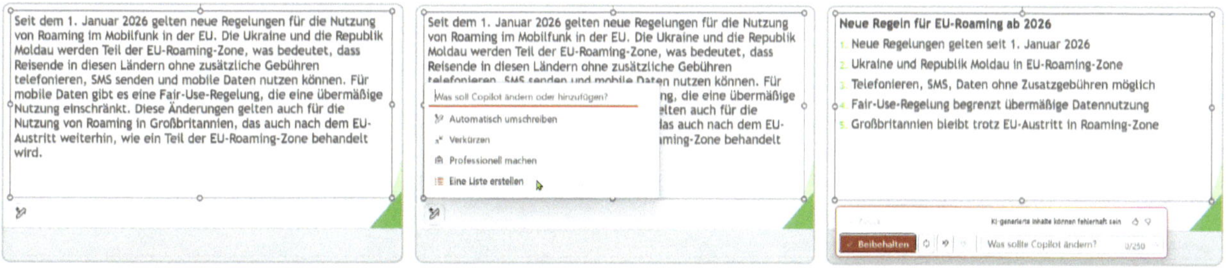


*Bild 10.10 Copilot erstellt eine Liste als Zusammenfassung des Textes*

## 10.2 Präsentationen mit Copilot neu erstellen

**Copilot** schreibt nicht nur vorhandene Texte um, sondern kann auch komplett eigene Präsentationen erstellen, wenn Sie dazu ein paar Vorgaben in klaren deutschen Sätzen schreiben. Die Qualität der Ergebnisse überzeugt bis jetzt allerdings noch nicht.

Mit Copilot erstellen

1. Öffnen Sie im Register *Datei* eine neue Präsentation, indem Sie auf *Mit Copilot erstellen* klicken.
2. Es erscheint ein großes Fenster mit einem kleinen Texteingabefeld, in dem Sie beschreiben, was der Inhalt der Präsentation sein soll. Wir haben hier bewusst das gleiche Thema, wie im vorherigen Beispiel gewählt, um Stärken und Schwächen KI-generierter Präsentationen zu zeigen.

*Bild 10.11 Anweisung im Klartext, zu welchem Thema Copilot die Präsentation erstellen soll*

3. **Copilot** beginnt, Themen zu suchen und diese zu Gruppen zusammenzufassen, aus denen dann die Folien erstellt werden.

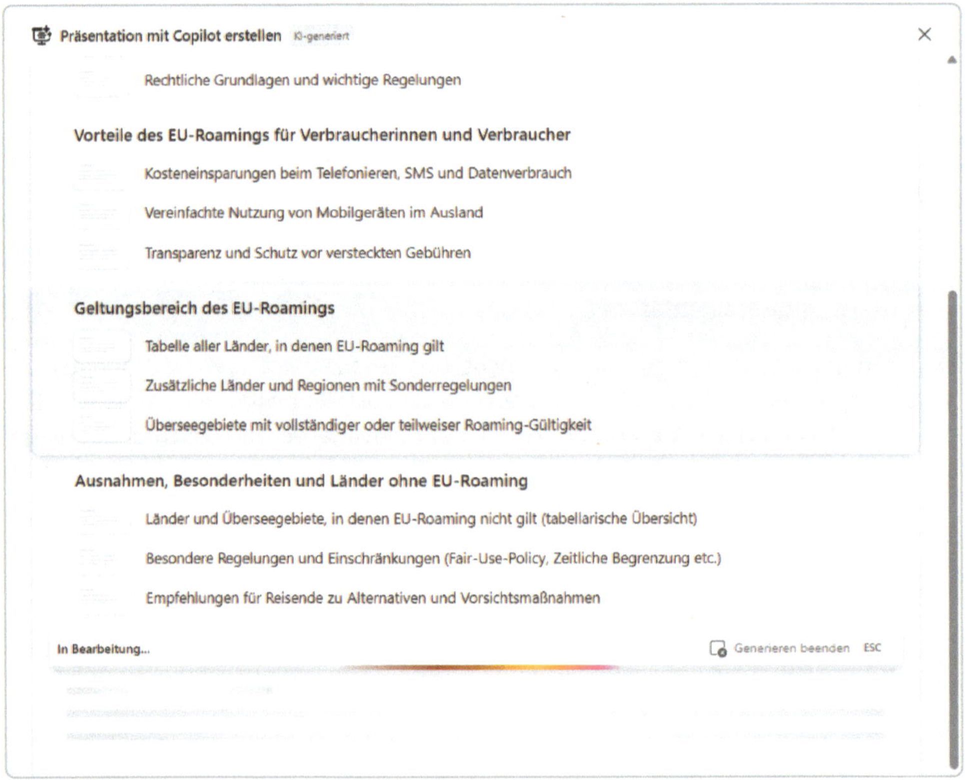


*Bild 10.12 Themen finden*

4 Nach Erstellung der Folienthemen fragt **Copilot** nach einem Design für die Folien und macht verschiedene Vorschläge. Wählen Sie einen davon aus.

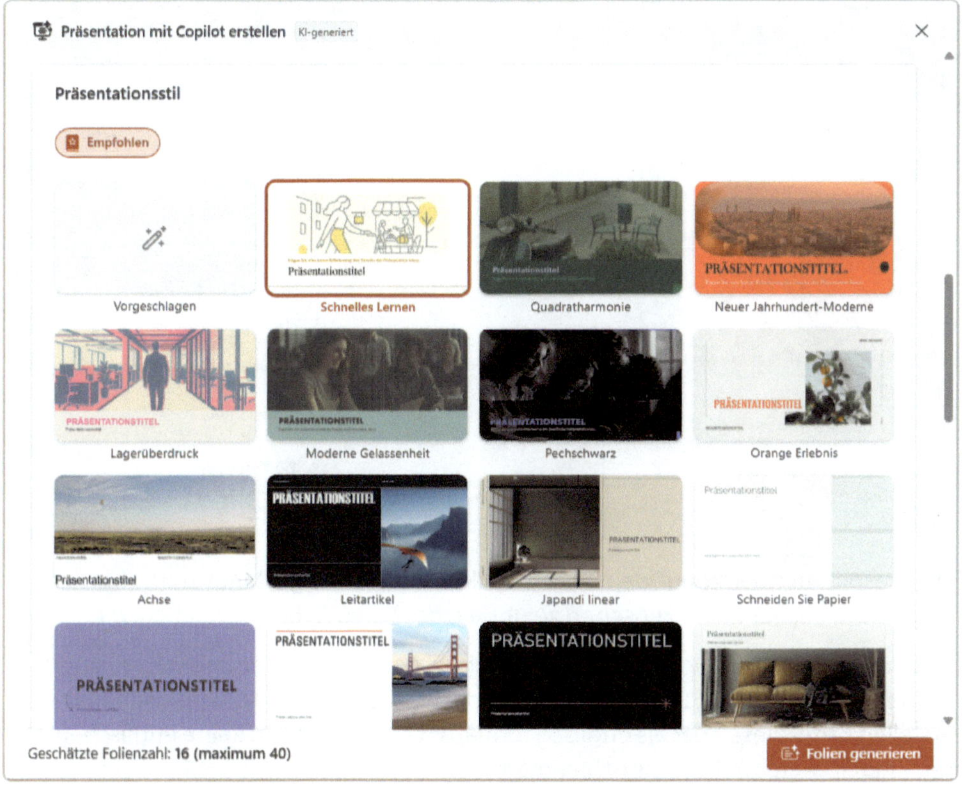


*Bild 10.13 Präsentationsstil auswählen*

5 Wählen Sie im nächsten Schritt den Stil der Grafiken aus, die automatisch in die Präsentation eingefügt werden sollen.

6 Klicken Sie abschließend auf *Folien generieren*.

*Bild 10.14 Stil der Grafiken auswählen*

PowerPoint erstellt jetzt automatisch die Folien auf Basis der KI-generierten Inhalte und mit den gewünschten Einstellungen.

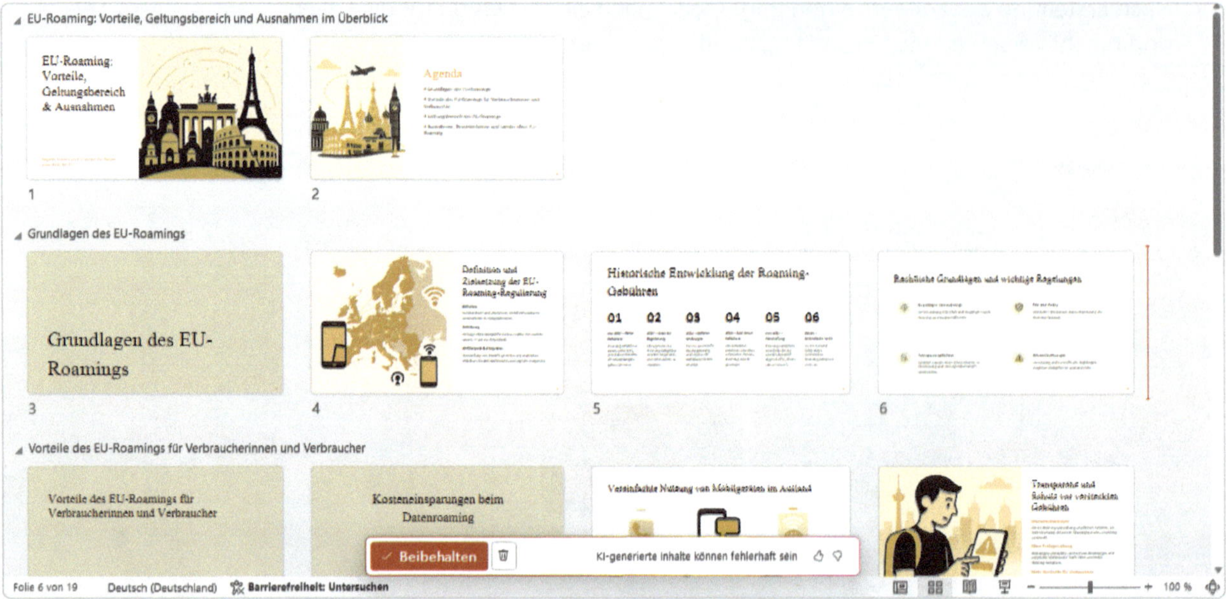


*Bild 10.15 Automatisch mit Copilot erstellte Präsentation*

Die Präsentation wirkt auf den ersten Blick professionell gestaltet und übersichtlich gegliedert. Bei genauem Hinsehen zeigt sie jedoch deutliche Schwächen.

Auf den Folien und auch in den automatisch generierten Kommentaren sind viele Wörter rot unterringelt. Das kommt daher, dass **Copilot** zwar Texte in deutscher Sprache erstellen kann, diese aber als englisch formatiert. Wo es sich um keine englischen Wörter handelt, werden diese als Fehler markiert.

*Bild 10.16 Englisch formatierte deutsche Wörter (Folie 2)*

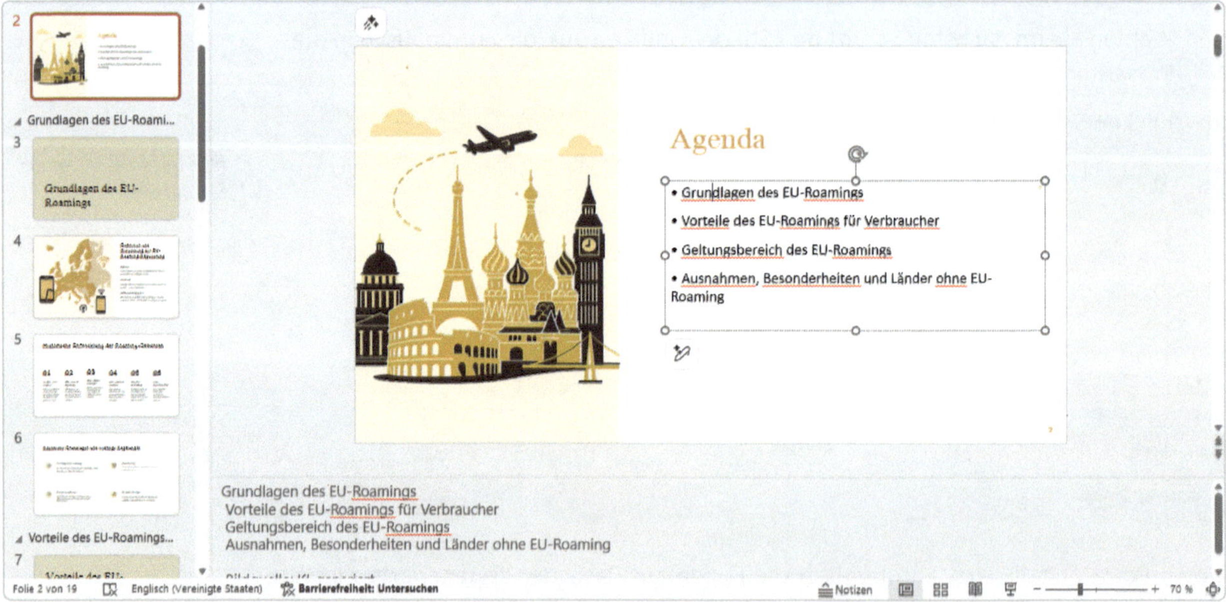

Die Landkarte (Folie 4) zeigt einen falschen Geltungsbereich für das EU-Roaming. Dieses gilt in Moldawien und der Ukraine, aber nicht in der Schweiz.

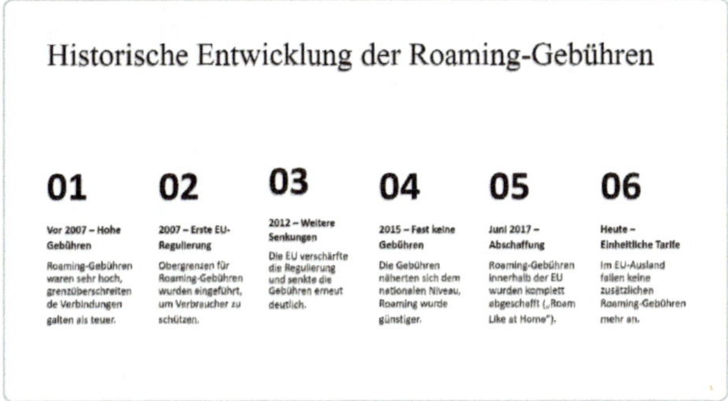


*Bild 10.17 Links (Folie 4): Falsche Landkarte auf einer Folie, rechts (Folie 5): unprofessionelle Formatierung*

Die Formatierung mancher Folien (z. B. Folie 5) wirkt unprofessionell. Die Texte sind nicht auf einer Horizontalen ausgerichtet, der Zeilenabstand am Ende einiger Absätze stimmt nicht.

Das für die meisten Betrachter wichtigste Element der Präsentation, die Tabelle der Länder, in denen EU-Roaming gilt, wurde von **Copilot** nicht erstellt (Folie 12). Hier steht nur ein belangloser Text, der nicht einmal passend auf die Folienbreite formatiert wurde.

*Bild 10.18 Links (Folie 12): Fehlende Informationen, rechts (Folie 13): Belanglose Informationen*

Die Folie *Zusätzliche Länder und Regionen mit Sonderregelungen* (Folie 13) ist ein typisches Beispiel, wie KI-generierte Präsentationen völlig belanglose Informationen ohne wirklich relevante Inhalte auf eine professionelle Weise darstellen, abgesehen von den falschen Zeilenabständen der jeweils letzten Zeilen.

Auch die Folie *Roaming-Gültigkeit in EU-Überseegebieten* (Folie 14) finden sich ebenfalls nur belanglose und unvollständige Informationen. Wem hilft es, wenn nur ein Teil der jeweiligen Länder erwähnt ist? Die Karte auf der Folie zeigt keine Informationen zu den Ländern, z. B. durch farbige Hervorhebung. Die Kreise und Quadrate im unteren Bereich deuten eine Legende an, die aber nicht vorhanden ist.

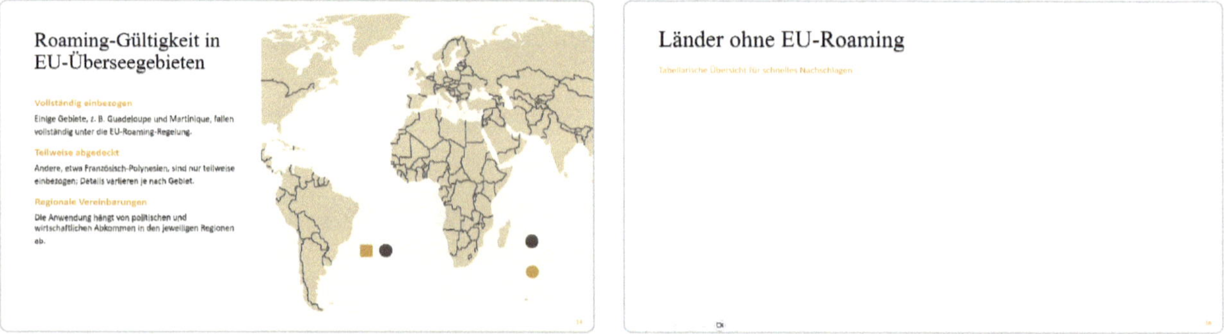


*Bild 10.19 Links (Folie 14): Unvollständige Informationen in Text und Karte, rechts (Folie 16): entscheidende Informationen fehlen*

Ein sehr wichtiges Element der Präsentation, die Tabelle der Länder, in denen EU-Roaming nicht gilt, wurde von **Copilot** nicht erstellt (Folie 16). Diese Folie bleibt kommentarlos leer.

**Fazit:** Präsentation weitgehend unbrauchbar.

Dass Sie sich nicht blind auf die Ausgaben von **Copilot** verlassen sollten, selbst wenn Informationen geliefert werden, zeigt ein weiteres Beispiel aus dem Alltag am Ende dieses Kapitels.

## 10.3 Chatten mit Copilot

Neben den integrierten **Copilot**-Funktionen bietet PowerPoint auch ein Chatfenster, wie es auch im Microsoft Edge Browser eingebaut ist. Klicken Sie dazu auf das farbige **Copilot**-Logo im Menüband *Start*. Jetzt öffnet sich rechts im PowerPoint-Fenster ein **Copilot**-Chat.

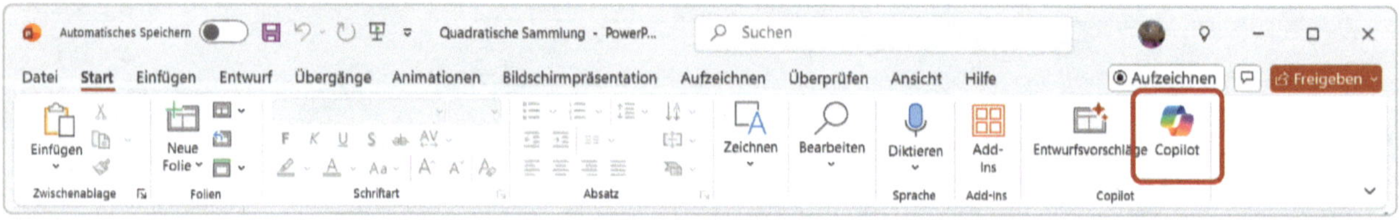


*Bild 10.20 Copilot-Chat öffnen*

Das Chatten mit einer KI funktioniert ähnlich wie das Chatten in bekannten Messengern mit Freunden. Allerdings chattet man hier mit einem Programm, das darauf trainiert ist, Text basierend auf eingegebenen Daten zu generieren. **Copilot** und ähnliche Programme nutzen maschinelles Lernen und künstliche neuronale Netze, um Muster in Daten zu erkennen und darauf basierend Antworten zu formulieren. Wenn ein Benutzer eine Frage stellt oder einen Kommentar eingibt, analysiert die KI diese Eingabe, sucht nach relevanten Informationen in ihrer Datenbank und generiert eine Antwort, die möglichst gut der Absicht des Benutzers entspricht. Fragt der Benutzer nach einer Antwort der KI nochmal nach oder präzisiert seine Frage, antwortet die KI in einem sinnvollen Kontext, wobei die erste Frage und bereits gegebene Antworten berücksichtigt werden.

**Unterschied zu Suchmaschinen**

Auf den ersten Blick ähnelt ein KI-Chat einer Suchmaschine, die inzwischen auch Anfragen in ganzen Sätzen recht gut verstehen. KI-Chatbots basieren auf sogenannten Large Language Models (LLMs) und nutzen maschinelles Lernen und künstliche Intelligenz, um Dialoge in menschlicher Sprache zu führen und auf komplexe Anfragen zu reagieren. Sie verstehen Kontexte und können personalisierte Antworten liefern, die auf vorherigen Interaktionen basieren.

Im Gegensatz dazu sind Suchmaschinen darauf ausgelegt, eine breite Palette von Informationen aus dem gesamten Internet zu indizieren und Nutzern Zugriff auf diese Daten durch effiziente Suchalgorithmen zu ermöglichen. Während KI-Chatbots interaktive Erfahrungen bieten und immer weiter lernen können, bieten Suchmaschinen schnellen Zugriff auf eine Vielzahl von Informationen und Quellen.

Geben Sie unten im Fenster *Nachricht an Copilot* ❶ Ihre Frage ein und klicken auf den Pfeil. Copilot erstellt daraufhin einen Text, der zunächst nur im Seitenfenster erscheint, losgelöst vom Dokument im Hauptfenster. Leider ist es nicht möglich, mit dem **Copilot**-Chat direkt die Inhalte der Präsentation zu bearbeiten oder die Optik zu verändern. Mit dem Symbol *Antwort kopieren* unterhalb einer Antwort kopieren Sie diese als unformatierten Text in die Zwischenablage und können so zumindest den Text in die Präsentation übertragen. Um die Formatierung müssen Sie sich anschließend selber kümmern.

Unterhalb des erzeugten Textes werden die verwendeten Quellen ❷ genannt, was leider fehlt, wenn **Copilot** direkt eine Präsentation erstellt. Mit Hilfe dieser Quellen können Sie den KI-generierten Text überprüfen. Ein Klick auf eine Quelle öffnet diese im Standardbrowser.

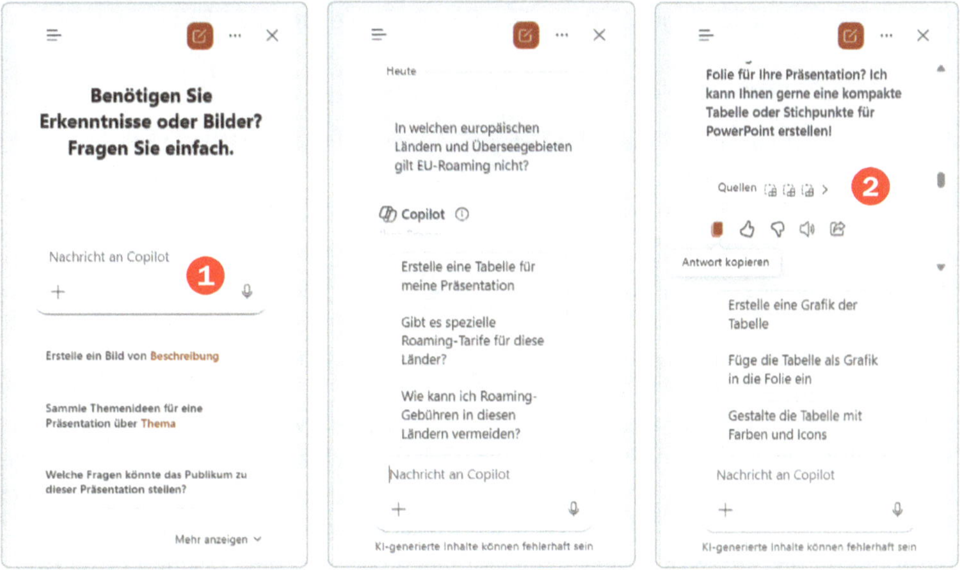


*Bild 10.21 Das Chatfenster von Copilot in PowerPoint*

In manchen Fällen kann die Antwort sehr ausführlich ausfallen. Wundern Sie sich, dass **Copilot** auf einmal richtige Antworten liefert und auch Formulierungen verwendet, die Ihnen bekannt vorkommen?

Ein Blick auf die angegebene Quellenangabe zeigt die Lösung. Findet der **Copilot**-Chat in der gerade geöffneten Präsentation die Antwort auf die Frage, wird diese Präsentation als zuverlässige Quelle angenommen und Antworten daraus extrahiert.

*Bild 10.22 Copilot kann sehr ausführliche Antworten liefern, wenn es die verwendete Quelle hergibt*

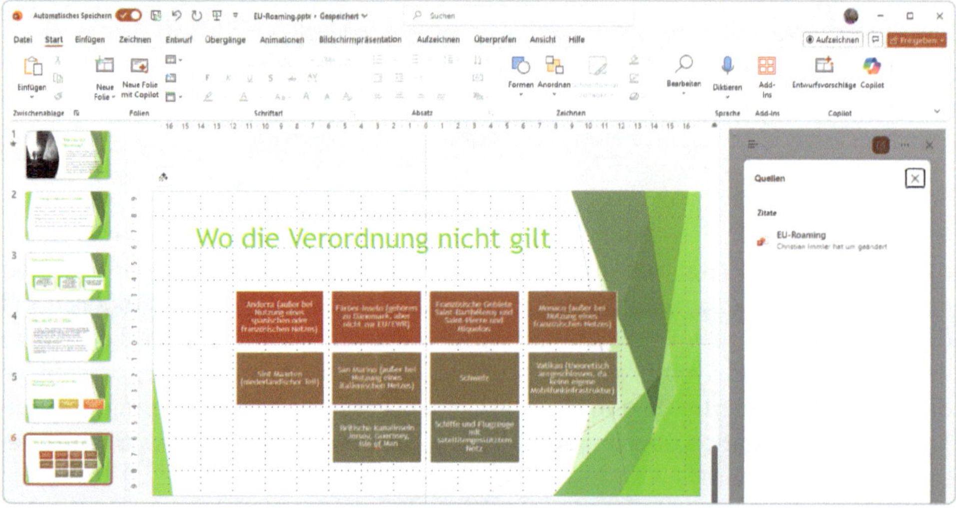


*Bild 10.23 Die aktuelle Präsentation wird automatisch als Quelle bevorzugt*

Im Beispiel läuft der **Copilot**-Chat in einer manuell bearbeiteten Präsentation. Stellt man die gleich Frage im Chat der weiter oben gezeigten KI-generierten Präsentation, sind die Antworten von **Copilot** genauso unzureichend, wie der Inhalt der Präsentation.

Unterhalb der Quellenangaben finden Sie fünf Symbole für nützliche Funktionen:

| | |
|---|---|
| | Das Kopieren-Symbol kopiert den Text in die Zwischenablage. |
| | Der Daumen nach oben markiert den Text als gute Antwort, was Einfluss auf zukünftige Antworten zu diesem Thema hat. |
| | Der Daumen nach unten markiert den Text als schlechte Antwort. Auch das wird für zukünftige Antworten berücksichtigt. |
| | Das Lautsprechersymbol liest den Text vor. |
| | Das Teilen-Symbol erstellt einen teilbaren Link mit dem Prompt und der zugehörigen Antwort. |

Ganz unten im **Copilot**-Fenster erscheinen Vorschläge für weitere Fragen, die Sie mit einem Klick stellen können. Die Antworten beziehen sich auf den bisherigen Chatverlauf. Das Gleiche gilt auch, wenn Sie selbst weitere Fragen an **Copilot** in diesem Fenster formulieren. Leider funktionieren viele der vorgeschlagenen Fragen nicht, wenn es darum geht, die Antwort, Tabellen oder Grafiken direkt in die Präsentation einzufügen. Daher wäre es schön, man könnte diesen Bereich verkleinern, um mehr von der Antwort zu sehen, was aber nicht möglich ist.

Das KI-Symbol oberhalb der ersten Folie einer leeren Präsentation bietet einen Menüpunkt, der eine Präsentation zu einem bestimmten Thema erstellen soll.

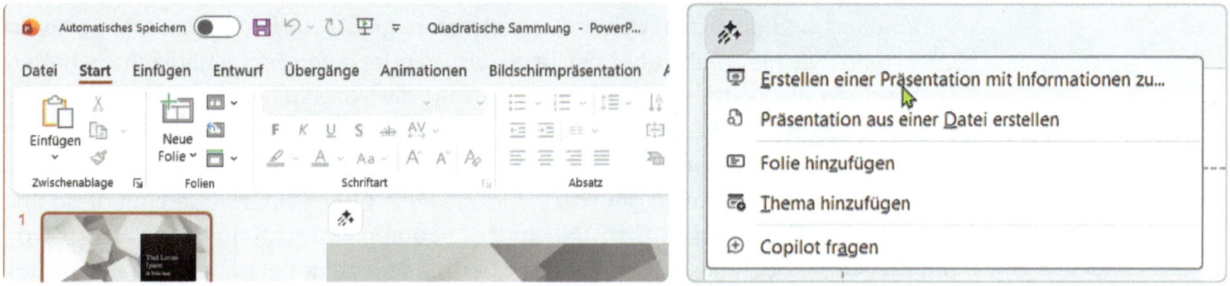


*Bild 10.24 Menü unter dem KI-Symbol bei einer neuen Präsentation*

Dieser Menüpunkt öffnet den **Copilot**-Chat. Hier können Sie das Thema der gewünschten Präsentation eingeben. Geben Sie einen Schrägstrich ein (/), erscheint eine Auswahl zuletzt verwendeter Dokumente. Hier können Sie eines wählen, das **Copilot** als Quelle verwenden soll. So können Sie eine seriöse Quelle als Grundlage der Präsentation nutzen und die Quellenauswahl nicht dem Zufall überlassen.

Da die Angabe einer Webseite nicht möglich ist, verwenden wir das in den Beispieldateien mitgelieferte Dokument *EU-Roaming.docx*, das Inhalte von *www.smartphone-faq.de* enthält – im QR-Code verlinkt.

Link zum Download der Beispieldaten. bildnerverlag.com/00752

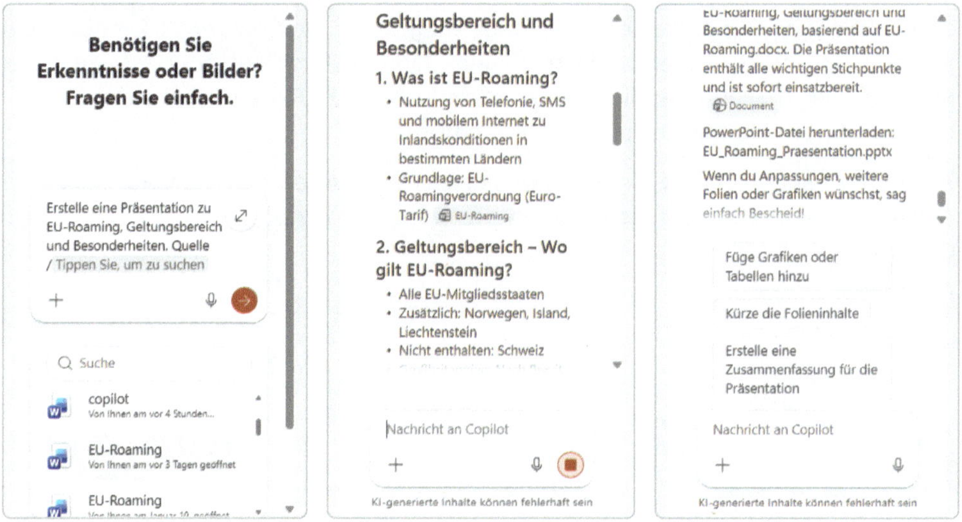


*Bild 10.25 Inhalte aus einem Dokument übernehmen und der Versuch, eine Präsentation zu erstellen*

Leider hat die von Microsoft beworbene Möglichkeit, die aus dem Dokument herausgezogenen Inhalte direkt in eine Präsentation zu verwandeln, in unseren Versuchen nie funktioniert. Die angebotenen Downloadlinks im **Copilot**-Chat führten zu einem Online-Chat im Browser oder waren gar nicht erst vorhanden. Sie können natürlich für jede Folie einzeln die KI-generierten Texte kopieren und dann in der Präsentation ansprechend formatieren.

### Beispiel: Texte wirken gut recherchiert, sind aber oft belanglos oder komplett falsch

Die von **Copilot** erzeugten Texte wirken professionell – wenn auch in einfacher Sprache – formuliert und erwecken daher einen seriösen, glaubwürdigen Eindruck. Da **Copilot** aber so gut wie nie zugibt, etwas nicht zu wissen oder einen Fehler gemacht zu haben, entspringen die Texte oft purer Phantasie und die vorgegaukelten Fakten erweisen sich bei Eigenrecherche als falsch. Dazu kommt, dass **Copilot** wie viele KI-Chatbots nur schwer zwischen seriösen und unseriösen Quellen unterscheiden kann. Oftmals sind Textbausteine so allgemein gehalten, dass sie auch ohne Faktenwissen auf diese und ähnliche Fragen passen können. Bei einer genaueren Betrachtung liegen die Antworten dann aber doch falsch. Ein einfacher Beispieltext zeigt bei näherer Analyse offensichtliche Fehler. Die Frage lautet:

*Bild 10.26 Eine ganz alltägliche Frage an Copilot*

Warum gerade diese Frage? In meinem Heimatort kenne ich mich so gut aus, dass ich selber als Fremdenführer tätig sein könnte. Hier gibt es keinen Leuchtturm, da Nienburg nicht an der Küste liegt. Die Frage mag daher weit hergeholt klingen, aber jemand, der eine KI nach einem Plan für einen Tagesausflug fragt, erwartet von dieser KI genau die Ortskenntnis, die ihm selbst fehlt. Tipps zu Reisen gehören nach einer Umfrage zu den häufigsten Fragen an KI-Chatbots.

Als Antwort liefert Copilot einen auf den ersten Blick gute Tipps mit Vorschlägen für Aktivitäten. Sehen wir uns die KI-generierte Präsentation genau an (*Nienburg.pptx* in den Übungsdateien).

*Bild 10.27 Folien 1 und 2*

**Allgemein:** Die Agenda ist so allgemein gehalten, dass sie auf jeden Tagesausflug passen kann.

**Richtig:** Copilot hat richtig erkannt, dass es sich bei der Frage nach Nienburg höchstwahrscheinlich um die bekannte, 1000 Jahre alte Kreisstadt Nienburg (Weser) in der Mittelweserregion handelt und nicht um den kleinen Ort Nienburg (Saale) in Sachsen-Anhalt.

**Falsch:** Es gibt in Nienburg keinen Leuchtturm. Die Bilder sind frei erfunden. Der Textumbruch der Überschrift ist falsch.

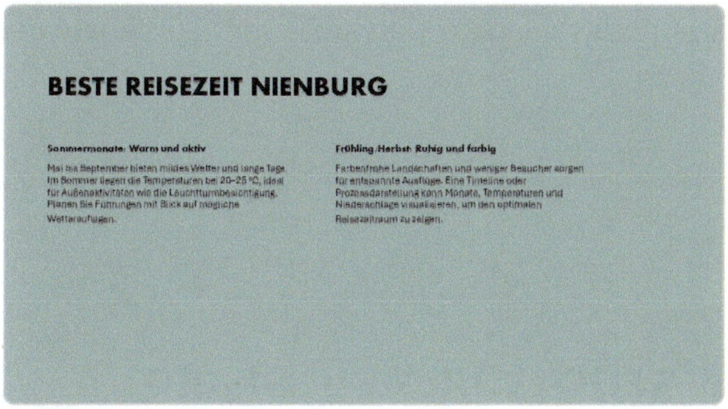


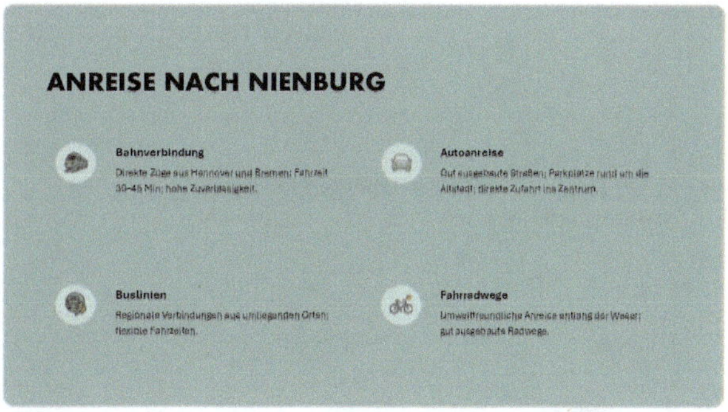


Bild 10.28 Folien 3 und 4

**Allgemein:** Die beste Reisezeit passt für jede Kleinstadt in Deutschland.

**Richtig:** Die Anreiseinformationen sind zutreffend, wenn auch recht allgemein. Allerdings wird die Möglichkeit, mit einem Ausflugsschiff auf der Weser anzureisen, nicht erwähnt. Auch fehlt ein Hinweis auf den Flugplatz Nienburg-Holzbalge.

Bild 10.29 Folien 5 und 6

**Allgemein:** Die Seite *Ausrüstung* passt auf jeden Tagesausflug.

**Falsch:** Die in der Überschrift erwähnten Mitbringsel werden nicht erklärt.

Bild 10.30 Folien 7 und 8

**Allgemein:** Der Altstadtrundgang könnte in jede Kleinstadt der Mittelweserregion passen. Hier gibt es überall enge Gassen mit historischen Fachwerkhäusern. Auch die Folie *Besuch regionaler Märkte und Cafés* passt in jede Kleinstadt.

**Richtig:** Das Rathaus wurde im 15. Jahrhundert erbaut.

**Falsch:** Die Kirche heißt St. Martin und nicht St. Martini. Der Wochenmarkt findet nicht „meist vormittags an zentralen Plätzen" statt, sondern Mittwochs und Samstags in der Langen Straße.

*Bild 10.31 Folien 9 und 10*

**Falsch:** Es gibt in Nienburg keinen Leuchtturm und kein Weserwehrmuseum. Vom ehemaligen Schloss Wölpe sind nur eine Infotafel und ein zugewucherter Burghügel ohne erhaltene Bebauung übrig.

**Allgemein:** Die Abschnitte *Stadtmuseum* und *Weitere Sehenswürdigkeiten* passen in jede Kleinstadt.

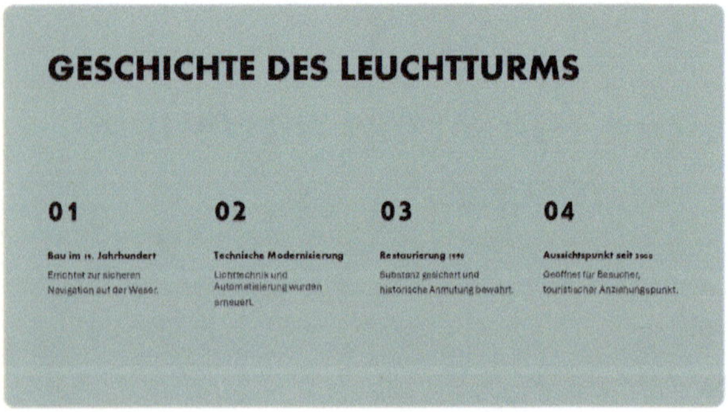


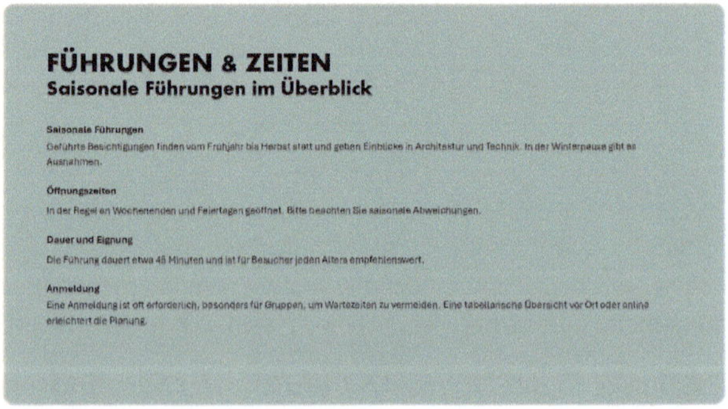


*Bild 10.32 Folien 11 und 12*

**Falsch:** Es gibt in Nienburg keinen Leuchtturm. Seine Geschichte und die Informationen zu Führungen sind völlig frei erfunden.

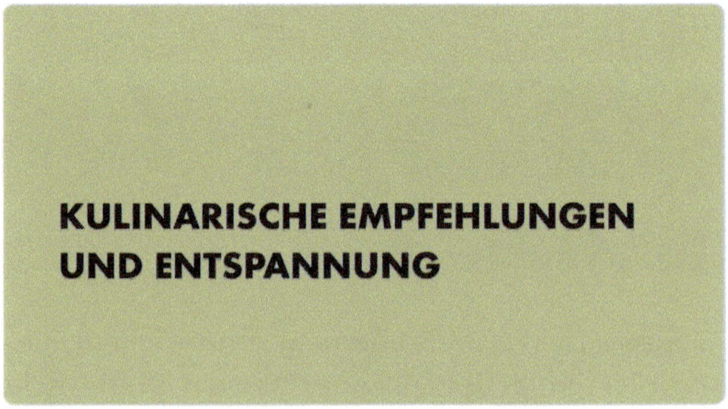


*Bild 10.33 Folien 13 und 14*

**Falsch:** Es gibt in Nienburg keinen Leuchtturm. Die Informationen zu *Aussicht & Fotomöglichkeiten* sind völlig frei erfunden. Der Textumbruch der Überschrift ist falsch.

*Bild 10.34 Folien 15 und 16*

**Allgemein:** Die Tipps zu regionalen Spezialitäten und Pausen passen auf jeden Tagesausflug in der Mittelweserregion.

**Falsch:** Es gibt in Nienburg keine typische Wurst und auch nur ein Café am Weserufer.

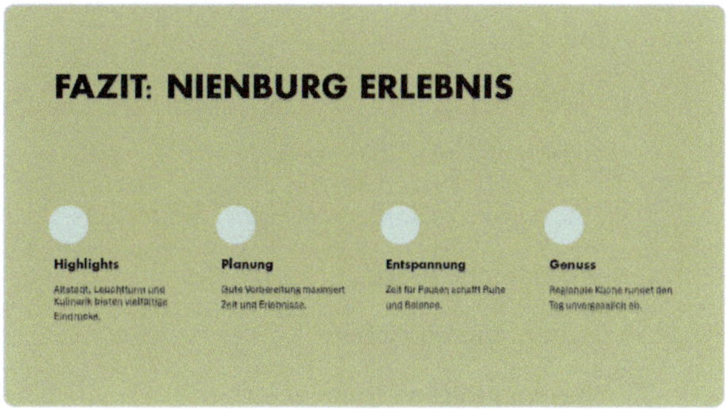


*Bild 10.35 Folien 17 und 18*

**Allgemein:** Auch diese Folien passen auf jeden Tagesausflug in der Mittelweserregion.

**Falsch:** Es gibt in Nienburg keinen Leuchtturm.

**Fazit:** Der Informationsgehalt geht gegen 0 und ist teilweise auch wirklich falsch.

Was das Beispiel zeigen soll: Antworten von **Copilot** sind oft sehr allgemein gehalten, sodass sie auf den ersten Blick seriös wirken, und dem Leser die sachlichen Schwächen und sogar Fehler nicht auffallen. In vielen Fällen können Sie den Text als Grundlage verwenden, sollten aber jeden einzelnen erwähnten Fakt selbst recherchieren oder mit eigener Erfahrung und dem sogenannten „gesunden Menschenverstand" prüfen.

Möchten Sie vor einem absolut desinteressierten Publikum mit einem nicht vorhandenen Wissen glänzen, ohne dass die Gefahr besteht, dieses Wissen könnte hinterfragt werden, können Sie **Copilot** eine Präsentation erstellen lassen. Möchten Sie dagegen Ihre Fakten, Meinungen oder auch Produkte einem Publikum enthusiastisch und überzeugend nahe bringen, erstellen Sie Ihre Präsentation lieber selber.

In diesem Sinne viel Spaß mit PowerPoint!

Die Autoren und das gesamte Team des BILDNER Verlags

# Tastenkombinationen

Setzen Sie Tastenkombinationen ein, um PowerPoint schneller zu bedienen. Hier eine Zusammenstellung, nach Aufgaben geordnet.

### Allgemein

| | |
|---|---|
| Alles markieren | Strg+A |
| Kopieren | Strg+C |
| Ausschneiden | Strg+X |
| Einfügen | Strg+V |
| Format kopieren | Strg+Umschalt+C |
| Format einfügen | Strg+Umschalt+V |
| Nach Kopieren oder Ausschneiden das Dialogfenster Inhalte einfügen aufrufen | Strg+Alt+V |
| Suchen | Strg+F |
| Ersetzen | Strg+H |
| Aktion rückgängig machen | Strg+Z |
| Aktion wiederholen bzw. wiederherstellen | Strg+Y |
| Präsentation drucken | Strg+P |
| Präsentation speichern | Strg+S |
| Präsentation speichern unter | F12 |

### Arbeitsoberfläche

| | |
|---|---|
| PowerPoint-Hilfe aufrufen | F1 |
| Menüband ein- bzw. ausblenden | Strg+F1 |
| Zwischen den Bereichen der Arbeitsoberfläche wechseln | F6 |
| Rechtschreibprüfung starten | F7 |
| Zwischen Normal- und Gliederungsansicht wechseln | Strg+Umschalt+Tab |
| Gitternetzlinien ein- bzw. ausblenden | Umschalt+F9 |
| Führungslinien ein- bzw. ausblenden | Alt+F9 |
| Lineal ein- bzw. ausblenden | Umschalt+Alt+F9 |
| Windows Snipping Tool (Screenshot) | Windows+Umschalt+S |

### Präsentation erstellen

| | |
|---|---|
| Neue Präsentation erstellen | Strg+N |
| Neue Folie einfügen | Strg+M |
| Folie oder markiertes Objekt duplizieren | Strg+D |
| Dialogfenster Schriftart aufrufen | Strg+T<br>Strg+Umschalt+A |
| Schriftgrad vergrößern | Strg + : |
| Schriftgrad verkleinern | Strg + ; |
| Text linksbündig ausrichten | Strg+L |
| Text rechtsbündig ausrichten | Strg+R |
| Text zentriert ausrichten | Strg+E |
| Blocksatz | Strg+J |
| Text Fett | Strg+Umschalt+F |
| Text Kursiv | Strg+Umschalt+K |
| Text unterstrichen | Strg+U |
| Link einfügen | Strg+K |
| Bildschirmaufzeichnung beenden | Windows+Umschalt+Q |

### Zeichnen/Lineal

| | |
|---|---|
| Bedienungsmodus Lineal aktivieren | Umschalt+F6 |
| Bedienungsmodus Lineal ausschalten | Esc |
| Lineal verschieben | Pfeiltasten |
| Lineal drehen (1°- Schritte) | Strg+Alt+Pfeiltaste rechts /links |
| Lineal drehen (15°- Schritte) | Alt+Pfeiltaste rechts / links |

### Bildschirmpräsentation steuern

| | |
|---|---|
| Präsentation von Beginn an starten | F5 |
| Präsentation ab der aktuellen Folie starten | Umschalt+F5 |
| Referentenansicht ohne zweiten Bildschirm | Alt+F5 |
| Projizieren aufrufen (Bildschirm erweitern) | Windows+P |
| Nächste Folie bzw. Animation | Linke Maustaste oder Eingabe-Taste<br>Pfeiltaste rechts bzw. unten<br>Bildschirmseite nach unten<br>N oder Leertaste |

| | |
|---|---|
| Vorherige Folie bzw. vorige Animation | Pfeiltaste links bzw. oben<br>Bildschirmseite nach oben<br>P oder Rücktaste |
| Zur nächsten Folie wechseln, falls ausgeblendet | H |
| Wechsel zu einer bestimmten Folie | Foliennummer+Eingabetaste |
| Eine Folie verkleinern bzw. alle Folien anzeigen | G<br>- (Minus)<br>Strg + - |
| Zoom in einer Folie | + (Plus)<br>Strg + + |
| Dialogfenster Alle Folien aufrufen | Strg+S |
| Medien wiedergeben bzw. Wiedergabe pausieren | Alt+O |
| Medienwiedergabe beenden | Alt+Q |
| Medienwiedergabe leiser bzw. lauter | Alt+Pfeil nach unten bzw. nach oben |
| Anzeigen einer leeren schwarzen Folie | B (Black) oder . (Punkt)<br>Mit einer beliebigen Taste wird die Präsentation fortgesetzt |
| Anzeigen einer leeren weißen Folie | W (White) oder , (Komma)<br>Mit einer beliebigen Taste wird die Präsentation fortgesetzt |
| Zeiger in Stift ändern | Strg+P |
| Zeiger in Textmarker ändern | Strg+I |
| Zeiger in Pfeil ändern | Strg+A |
| Zeiger in Radierer ändern | Strg+E |
| Freihandmarkierungen ein- bzw. ausblenden | Strg+M |
| Zeichnung auf dem Bildschirm löschen | L |
| Zeiger in Laserpointer ändern | Strg+L |
| Taskleiste anzeigen | Strg+T |
| Pfeil bei Mausbewegungen ausblenden | Strg+H |
| Pfeil bei Mausbewegungen anzeigen | Strg+U |
| Sprachausgabe starten | Strg+Windows+Eingabetaste |
| Präsentation beenden | Esc |

# Glossar

| | |
|---|---|
| **Alternativtext** | Alternativtexte zu Grafiken werden nur für Screenreader und andere Tools benötigt, mit denen Menschen, die Schwierigkeiten mit dem Sehen haben, eine Präsentation verfolgen können. Diese Alternativtexte können frei eingegeben oder von einer KI generiert werden. Sie sind für Präsentationen, die von einem Redner präsentiert werden, nicht nötig. |
| **AutoKorrektur** | Im Gegensatz zur Rechtschreibprüfung korrigiert die Autokorrektur automatisch während der Eingabe und wandelt beispielsweise den ersten Buchstaben am Beginn eines Satzes oder Absatzes in einen Großbuchstaben um. Sie können die Autokorrektur rückgängig machen oder in den PowerPoint-Optionen ganz deaktivieren. |
| **Browser** | Als Browser (engl. to browse = durchsuchen) bezeichnet man Apps, mit denen Sie im Internet surfen. Neben dem, in Windows integrierten Browser Microsoft Edge, gehören unter anderem Mozilla Firefox, Chrome und Safari dazu. |
| **Cloud** | Als Cloud-Computing bezeichnet man die Nutzung von Dienstleistungen wie Software und Speicherplatz über ein Netzwerk. Der Begriff „Cloud" (dt. Wolke) rührt daher, dass für die Nutzer der genaue Ursprung und Speicherort nicht nachvollziehbar und undurchsichtig (verhüllt) ist. „In der Cloud speichern" bedeutet somit nichts anderes, als Daten nicht auf der Festplatte des eigenen PCs, sondern irgendwo auf einem anderen Computer im Internet zu speichern. |
| **Copilot** | Ein KI-gestützter Assistent, der in Microsoft 365 (Word, Excel, PowerPoint, Outlook) integriert ist, um Aufgaben zu automatisieren, die Produktivität zu steigern und die Erstellung von Inhalten (Texte, Präsentationen, Datenanalysen) zu erleichtern. |
| **Copy & Paste** | Englisch für Kopieren & Einfügen. Ein Element wird dabei in die Zwischenablage kopiert (beispielsweise mit der Tastenkombination Strg+C) und andernorts eingefügt (beispielsweise mit der Tastenkombination Strg+V). |
| **Creative Commons (CC)** | Grundsätzlich ist jedes Werk (Foto, Bild, Musikstück Text etc.) geistiges Eigentum des Urhebers und geschützt. Es darf also nicht einfach kopiert und verwendet werden. Vereinfacht gesagt, Sie dürfen nicht einfach ein Bild aus dem Internet kopieren und damit einen Flyer verschönern. Sie müssen zunächst den Urheber um Erlaubnis bitten. Einige Urheber sind durchaus bereit, Ihr Werk anderen zur Verfügung zu stellen. Hier hilft die Organisation Creative Commons (CC), die Urhebern vorgefertigte Linzenzverträge zur Verfügung stellt, durch die der Urheber sein Werk lizenziert und damit anderen Nutzern z. B. die Bearbeitung und kommerzielle Nutzungsrecht einräumt. |
| **Cursor** | Als Cursor bezeichnet man bei der Eingabe von Text die Einfügemarke oder aktuelle Schreibposition. |

| | |
|---|---|
| **Dateinamenerweiterung** | Jeder Dateiname erhält beim Speichern automatisch einen Zusatz, die Dateinamenerweiterung (extension), bestehend aus einem Punkt, gefolgt von drei oder vier Buchstaben. Sie kennzeichnet den Dateityp, d.h. legt fest, welche Anwendung zum Öffnen der Datei verwendet wird. Standardmäßig ist die Dateinamenerweiterung nicht sichtbar, kann aber im Menüband des Datei-Explorers eingeblendet werden.<br>PowerPoint-Präsentationen erhalten die Dateinamenerweiterung .pptx, Vorlagen den Zusatz .potx und Designs .thmx |
| **Datenpunkt** | Als Datenpunkt wird ein einzelner Wert in einem Diagramm bezeichnet. |
| **Datenreihe** | Ein Diagramm kann Werte aus mehreren Zeilen oder Spalten einer Tabelle darstellen. Ein Datenreihe kann entweder aus den Zeilen oder den Spalten der Tabelle gebildet werden. |
| **Design** | Ein Design ist eine Zusammenstellung von Formatierungen, Farben, Schriftarten, Effekten und Folienhintergrund und wird bei der Erstellung einer Präsentation verwendet, um allen Folien ein einheitliches Aussehen zu geben. |
| **Duplizieren** | Mit Duplizieren (Strg+D) stellt PowerPoint eine schnelle Methode zur Verfügung, um Folien und Elemente zu vervielfältigen. Im Gegensatz zur Verwendung der Zwischenablage werden duplizierte Elemente anschließend sofort in die Folie eingefügt. |
| **Dropdown-Pfeil / Kombinationsfeld** | Viele Felder erfordern keine Eingabe, sondern bieten Werte zur Auswahl an. In diesen Feldern befindet sich rechts ein kleines, nach unten weisendes Dreieck bzw. ein Pfeil und ein Klick darauf öffnet die Liste. Alternativ können Sie die Liste auch mit der Tastenkombination Alt+Pfeil nach unten öffnen, die Auswahl erfolgt dann mit den Pfeiltasten und durch Drücken der Eingabe-Taste wird die markierte Auswahl übernommen. Eine weitere Möglichkeit: tippen Sie die ersten Zeichen ein, so wird Ihre Eingabe automatisch ergänzt. |
| **Entwurfsvorschläge** | PowerPoint erstellt bei grafischen Aufgaben wie z. B. beim Erstellen eines Folienlayouts automatisch Vorschläge mit zu den bereits vorhandenen Elementen passenden, Farben und Designs, die Sie mit einem Klick übernehmen können. |
| **Folienmaster** | Der Folienmaster ist eine Vorlage für das Aussehen aller Folien einer Präsentation. Änderungen am Folienmaster wirken sich auf alle Folien aus. |
| **GIF** | Abkürzung für Graphics Interchange Format, ein Grafikformat für Bilder mit einer Farbpalette von max. 256 Farben. Darüber hinaus können mehrere Einzelbilder übereinander abgespeichert werden, die z. B. im Webbrowser nach dem Prinzip eines „Daumenkinos“ als Animation wiedergegeben werden. |
| **Handzettel** | Auf Handzetteln werden mehrere, meist zwei bis sechs Folien auf einer einzigen Druckseite verkleinert gedruckt. |
| **Hyperlink (Link)** | Hyperlinks, auch kurz als Links bezeichnet, sind Verknüpfungen zu Webseiten, anderen Dateien oder bestimmten Folien in der Präsentation. |

| | |
|---|---|
| **Manueller Zeilenumbruch** | Ein manueller Zeilenumbruch mit den Tasten Umschalt (Shift)+ Eingabe-Taste beginnt eine neue Zeile, beendet aber nicht den Absatz. |
| **Masterlayout** | Das Masterlayout legt ein Folienlayout fest, das beim Einfügen einer neuen Folie ausgewählt werden kann. |
| **Morphen** | Als Morphen oder Morphing bezeichnet man einen computergesteuerten Spezialeffekt der Bildbearbeitung mit dem Ziel, ein Bild fließend, d. h. ohne abrupte Übergänge zu verändern. In PowerPoint erlaubt der Übergangseffekt Morphen, dass beim Wechsel zur nächsten Folie, einzelne Folienobjekte wie Bilder, Formen, SmartArt oder Text übergangslos ihr Aussehen ändern. Die Berechnung des Übergangs erfolgt automatisch durch PowerPoint. |
| **Notizen** | In der Ansicht Normal steht Ihnen ein gesonderter Notizenbereich zur Verfügung, in dem Sie Anmerkungen zu jeder Folie eingeben und speichern können. Die Notizen können später auch gedruckt werden. |
| **Objekte** | PowerPoint bezeichnet alle Elemente einer Folie als Objekte. Dies können Platzhalter, bzw. Textfelder sein, aber auch Grafiken, Diagramme oder Zeichnungselemente. Die Bearbeitung und Formatierung der Objekte unterscheidet sich nur geringfügig. |
| **OLE** | Object Linking and Embedding, kurz OLE, ist eine Methode, um Objekte aus anderen Anwendungsprogrammen, insbesondere Microsoft Word oder Excel in eine PowerPoint-Präsentation einzufügen. Die Bearbeitung eingebetteter und verknüpfter Objekte erfolgt immer in der jeweiligen Anwendung. Eingebettete Objekte werden zusammen mit der PowerPoint-Präsentation gespeichert, bei verknüpften Dateien wird nur der Dateipfad in der Präsentation gespeichert. |
| **OneDrive** | In Verbindung mit einem Microsoft-Konto steht Ihnen unter der Bezeichnung OneDrive ein kostenloser Speicher von standardmäßig 5 GB Microsoft 365: 1 TB) in der Cloud zur Verfügung. Dieser ist vollständig in den Datei-Explorer von Windows integriert. |
| **PDF** | PDF ist die Abkürzung für Portable Document Format, ein Dateiformat für Dokumente in dem alle Bilder und Formatierungen beibehalten werden. Die Inhalte können unabhängig vom Betriebssystem auf jedem Computer gelesen werden, dazu wird nur ein kostenlos erhältliches Leseprogramm, z. B. Adobe Reader benötigt, auch im Browser Microsoft Edge können PDF-Dateien angezeigt werden. Nachträgliche Änderungen am Inhalt sind dagegen nur mit spezieller Software möglich. |
| **Punkt (pt)** | Punkt ist eine typografische Maßeinheit, in der Maße wie Schriftgrad (Schriftgröße) oder Abstände angegeben werden. 1 Punkt entspricht etwa 0,35 mm. |
| **Raster** | Beim Einfügen und Verschieben von Objekten werden diese standardmäßig an einem, meist unsichtbaren, Raster ausgerichtet. Sie können das Raster als Hilfsmittel zur Ausrichtung einblenden, bzw. die Rasterabstände ändern. |

| | |
|---|---|
| **RGB Farbmodell** | Das RGB-Farbmodell stellt eine Farbe durch Zahlenwerte für jede der drei Farben (Rot, Grün, Blau) dar. Die Zahlen zwischen 0 und 255 geben die Intensität der Farbe an. |
| **Serifen** | Als Serife (franz. Füßchen) bezeichnet man die feinen Linien, die bei manchen Schriftarten einen Buchstabenstrich am Ende quer zu seiner Grundrichtung abschließen, dadurch soll eine bessere Lesbarkeit der Schrift erreicht werden. Viele bevorzugen deshalb eine Serifenschriftart in Präsentationen. Eine der bekanntesten Serifenschriftarten ist Times New Roman. |
| **Server** | Als Server bezeichnet man Computer, genauer gesagt spezielle Software, die in einem Netzwerk oder dem Internet Informationen, Speicherplatz und andere Dienste (z. B. E-Mail Postfach) bereitstellt. |
| **SmartArt** | Als SmartArt bezeichnet PowerPoint eine Sammlung von grafischen Layouts zur visuellen Darstellung von Textinformationen, die anstelle von einfachen Textfeldern bzw. Absätzen verwendet werden können. |
| **Taskleiste** | Die Taskleiste befindet sich am unten Rand des Bildschirms. Neben der Schaltfläche Start zeigt sie alle geöffneten Anwendungen (Tasks) an und erlaubt den schnellen Wechsel zwischen diesen. |
| **Textfeld** | Die Texteingabe in einer Folie erfolgt in PowerPoint entweder in den Platzhalterfeldern oder einem Textfeld. |
| **Trigger** | Das englische Wort Trigger bedeutet auf deutsch „Auslöser". Dieser Begriff findet in vielen Bereichen, z. B. in der Psychologie Verwendung. PowerPoint bezeichnet als Trigger ein Ereignis, z. B. in der Regel einen Mausklick auf ein bestimmtes Objekt, das ein anderes Ereignis auslöst. |
| **Übergänge** | PowerPoint bietet eine Reihe von Möglichkeiten, Übergänge zwischen den Folien einer Präsentation mit Effekten zu gestalten. |
| **Verbindungen** | Mit Verbindungen lassen sich schnell Formen über Linien miteinander verbinden. Verbindungen sind am Objekt verankert, beim nachträglichen Verschieben einer Form bleibt die Verbindung erhalten. |
| **XML** | „Extensible Markup Language", eine Auszeichnungssprache zur Darstellung hierarchisch strukturierter Daten in Form von Textdateien. XML ist vor allem für den Datenaustausch von Bedeutung. |
| **XPS** | XPS war ein von Microsoft entwickeltes PDF-Konkurrenzformat, das sich jedoch kaum durchsetzte und nicht auf allen Geräten geöffnet werden konnte. Microsoft hat die Unterstützung inzwischen weitgehend eingestellt: Windows 11 enthält keinen XPS-Viewer mehr und auch aktuelle Edge-Versionen zeigen XPS-Dateien nicht mehr an. |
| **Zwischenablage** | Die Zwischenablage speichert ausgeschnittene oder kopierte Elemente. Diese können anschließend beliebig oft wieder eingefügt werden. Die Zwischenablage kann auch zum Datenaustausch zwischen verschiedenen Dokumenten oder Anwendungen verwendet werden. |

# Stichwortverzeichnis